高等学校法学系列教材·基础与应用

# 经济法

## （第二版）

孟庆瑜◎主　编
房建恩　霍艳梅　马立民◎副主编

清华大学出版社
北　京

## 内 容 简 介

本书在全面总结第一版教学与应用经验和效果的基础上，坚持以习近平法治思想为根本遵循，深入挖掘经济法学思政元素，以当代中国经济法理论通说为基点，尊重经济法的规律性和发展性，辨明影响经济法发展的相关因素，紧跟国内外经济法学理论前沿和经济法治实务动态，明晰经济法的未来发展方向。本书注重原理阐释与制度实践相结合，传统议题分析与热点问题回应相结合，专业知识传授与实践能力培养相结合，着力打造一部教师好用、学生乐学的专业教材。



**图书在版编目(CIP)数据**

经济法/孟庆瑜主编. —2 版. —北京：清华大学出版社，2021.7
高等学校法学系列教材. 基础与应用
ISBN 978-7-302-58629-6

Ⅰ. ①经… Ⅱ. ①孟… Ⅲ. ①经济法—中国—高等学校—教材 Ⅳ. ①D922.29

中国版本图书馆 CIP 数据核字(2021)第 134802 号

**责任编辑**：刘 晶
**封面设计**：李伯骥
**责任校对**：王荣静
**责任印制**：丛怀宇

**出版发行**：清华大学出版社
**网　　址**：http://www.tup.com.cn，http://www.wqbook.com
**地　　址**：北京清华大学学研大厦 A 座　　**邮　　编**：100084
**社 总 机**：010-62770175　　**邮　　购**：010-83470235
**投稿与读者服务**：010-62776969，c-service@tup.tsinghua.edu.cn
**质量反馈**：010-62772015，zhiliang@tup.tsinghua.edu.cn
**印 装 者**：三河市金元印装有限公司
**经　　销**：全国新华书店
**开　　本**：185mm×260mm　　**印　　张**：26.75　　**字　　数**：564 千字
**版　　次**：2014 年 6 月第 1 版　2021 年 7 月第 2 版　　**印　　次**：2021 年 7 月第 1 次印刷
**定　　价**：89.80 元

产品编号：074405-01

本书撰稿人：（按撰写章节排序）

孟庆瑜　黄茂钦　赵树文

霍艳梅　郭　辉　刘广明

房建恩　徐　超　李　蕊

赵金龙　马立民

# 目　　录

# 第三编 宏观调控法律制度

# 绪　论

一部教材通常以绪论(或绪言、导论、前言等)开篇,目的在于就其研究对象、研究方法、课程体系以及学习过程中需要注意的有关问题作出概要的说明。同样,本教材的绪论亦将围绕经济法学的有关问题作出简要的介绍与阐释,以帮助学生和其他读者能够对经济法这门课程有一个总体的把握和明确的预期。经济法作为一门新兴的法学学科,是以经济法及其发展规律为研究对象的,但是经济法在国内与国外,立法与司法,形式与实质等不同层次与侧面,均呈现出明显的多样性与差异性,需要我们予以正确认识与把握。同时,在学习经济法学的过程中,应当着重处理好经济法基本理论与经济法律制度之间的关系,经济法与民商法、行政法等相邻部门法之间的关系,经济法与经济学等相关学科之间的关系。

## 一、正确认识经济法学的研究对象

任何一门独立的法学学科,均应以特定的法律现象及其发展规律为研究对象。经济法学作为现代法学学科体系的重要组成部分,是以经济法及其发展规律为研究对象的。经济法作为现代市场经济条件下应运而生的一种新生法律现象的大量涌现,加之以此为研究对象的职业法学家群体的形成,成就了经济法学的诞生及其在现代法学学科体系中的特殊地位和重要作用。但是,与其他任何新生事物一样,经济法因自身的强大生命力和发展性而在不同国度的不同发展阶段呈现出鲜明的多样性或差异性的特征。

从语源考察,一般认为,“经济法”这一概念的使用最早可以追溯到 1755 年的法国空想社会主义者摩莱里(Morelly)的著作《自然法典》。但是,作为现代法学意义上的“经济法”概念则是在第一次世界大战以后由德国学者提出和使用的。19 世纪末 20 世纪初的德国因其当时特定的经济、社会、政策、法律形势,以及德国学者长于理性思维、强调法律概念体系等因素的影响,而成为以经济法为研究对象的经济法学的发祥地。而经济法作为一种新生的法律现象,则是在市场经济从自由竞争阶段过渡到垄断阶段以后才产生的,并呈现出不同的时代特征。其中,早期的经济法以 1890 年的美国《谢尔曼法》、1896 年的德国《反对不正当竞争法》等有关规范市场经济行为的法律为典型代表。后来,伴随着世界政治经济形势的发展变迁,经济法在西方国家先后经历了第一次世界大战时期的“战时经济法”(或“统制经济法”),20 世纪 30 年代的“危机对策法”,以及第二次世界大战后的“复兴经济法”等不同历史阶段的多种法律样态。20 世纪 20 年代,俄国在十月革命后社会主义公有制的基础上,适应国家组织管理经济生活的需要,于颁布《苏俄民法典》前后,也颁行了许多经济法规。在前捷克斯洛伐克共和国,还曾制定过世界范围内的唯一一部经济法典——《捷克斯洛伐克经济法典》(1964 年)。

综观经济法的发展演化和表现形式,在英美法系国家或地区,如美国、加拿大、澳大利亚、英国、新西兰、新加坡、中国香港等,并不存在形式意义的经济法典和体系化的经济法,其重点在于针对具体经济问题进行的法律规制,是点到点的、选择性的。而大陆法系国家或地区,如德国、法国、意大利、日本、韩国、中国台湾等,在很大程度上是把经济法作为独立的法律领域进行研究的。在法系的竞争中,德国的经济(行政)法在许多国家产生影响并被借鉴。经济(行政)法是一个独立的、系统的领域,当前特别是国际和欧共体经济规则加速了这一领域的法制化进程,这将使得经济(行政)法在国内和国际层面更加受到重视。〔1〕

在中国,传统上并不存在西方式的从学科知识分工、体系的角度来研究和教授法律的现象,这是包括经济法(学)在内的整个中国法学的限定性。〔2〕 中国的经济法是在中国共产党第十一届三中全会成功召开之后,党和国家的工作重心转移到经济建设上来,实行改革开放的特定历史条件下应运而生的。但是,囿于当时法制建设、法学教育和法学研究的环境资源条件的局限,"经济法"在其诞生之初就带有着新生事物固有的饱受争议性和发展性,在不同知识背景的群体的认知中呈现出明显的差异性。其中,对于没有接受过系统的法科训练或培训且无法律专业诉求的普通民众而言,更多的是把"经济法"等同于所有与经济有关的法律,并没有及时跟踪或关注到法学学科内部的精细化发展与分类。而从学科意义上来看,现今的经济法不仅与普通民众视野范围内的"经济法"相差甚远,就是与诞生之初的"经济法"的范围相比,也是不可同日而语的。客观而言,在我国 20 世纪 70 年代末 80 年代初的特定政治经济和文化条件下,尤其是在不承认法律的"公""私"划分,民商事法律没有得到充分发展的特殊环境下兴起的"经济法",在其涵容的法律现象的范围上与普通民众的认识基本上是一致的。但是,随着我国经济体制改革的不断推进和法治建设进程的不断加快,相较于学科意义的经济法的调整范围的快速变动,普通民众对于经济法的认识明显滞后了。如果可以把诞生之初的"经济法"称为最广泛意义的"经济法"的话,那么经历深刻变化与调整的当今学科意义上的"经济法",堪称严格意义上的"经济法",仅有关涉国家干预经济关系的经济法律才被划入经济法的范围,而调整平等主体之间经济关系的经济法律则被分别划归到民商法和社会法等范围之列。

从立法的视域来看,作为"国家干预经济的基本法律形式"的"经济法",一直得到了中国国家立法机关的关注和肯定。特别是在依法治国,建设社会主义法治国家的历史进程中,随着社会主义市场经济体制的逐步建立、发展和完善,经济法无论是在数量上,还

〔1〕 [德]罗尔夫·施托贝尔:《经济宪法与经济行政法》,谢立斌译,14 页,北京,商务印书馆,2008。
〔2〕 史际春主编:《经济法》,14 页,北京,中国人民大学出版社,2005。

是在质量上，均实现了快速增加和整体提升，现已发展成为中国特色社会主义法律体系中不可或缺的重要组成部分。根据中国人大网显示，截止到 2021 年 1 月 22 日十三届全国人大常委会第二十五次会议闭幕，我国现行有效法律 275 件。按法律部门分类，经济法有 75 件，内容涉及经济体制改革与对外开放，计划、投资、财政、税收、金融、基本建设、标准化、计量、质量管理、统计、资源与资源利用、能源与能源工业、交通运输、邮政电讯、农牧业、工业、商贸物资仓储、工商管理、物价管理、市场中介机构、对外经济合作和对外贸易等诸多领域。[3] 与国家法律相配套，国务院，省、自治区、直辖市和设区的市人民代表大会及其常务委员会、民族自治地方的人民代表大会还制定有数量可观的行政法规、地方性法规、自治条例和单行条例，国务院有关部门以及省、自治区、直辖市和设区的市的人民政府还制定有大量规章，由此共同构筑起了以宏观调控和市场管理为主要作用机制的规范市场经济秩序的法律制度体系。但须说明的是，源于多重因素的影响或制约，如此规模和体量的经济法律法规，并未完全地实质性纳入经济法学的研究视野和课程教授范围，还需要经济法学界进一步研究与解决。

## 二、学习经济法应当正确认识和处理的几个问题

经济法学作为一门以经济法为研究对象的法学专业核心课，是法科学生的完备的知识结构体系中不可缺少的组成部分。但是，由于经济法的发展性及其与经济生活的密切关联性等因素的影响，使得学生乃至讲授这门课程的教师常常遇到一些现实的困惑和困难，需要释明、克服。

1. 学习经济法需要坚持“国家干预经济的基本法律形式”这一有关经济法本质属性的基本共识。回望中国经济法的发展历史，我们不难发现，伴随经济体制改革的不断深化和依法治国进程的全面推进，经济法的基本理论框架和制度体系也一直在进行着相应的调整与完善。尤其是以 1993 年宪法修正案为界点，学界以“国家实行社会主义市场经济”为依据，对经济法进行了大规模的理论重塑，形成了以“市场失灵”和“政府失灵”为理论依据的，以“需要国家干预论”“国家调节论”“平衡协调论”“国家协调论”等为代表的经济法主流学说，标志着经济法由此进入发展成熟的新阶段。因此，在研修经济法的过程中，只有坚持传承与创新相结合的原则，不断深化“国家干预/调节/协调经济之法”的理论共识，求同存异，共谋发展，才是经济法逐步走向成熟与完善的必由之路。

2. 学习经济法应当客观看待经济法学原理与经济法律制度之间的关系。作为一门正在发展成熟的法学学科的基本理论，经济法原理理应符合逻辑地诠释相关法律领域存在或出现的现实问题，指导相关法律制度的创制与实施。但是，我们必须深刻认识到，作为新兴的法学学科的经济法，尽管其基本原理和理论体系伴随着我国社会主义市场经济

[3] 详见《现行有效法律目录（275 件）》，网址：中国人大网 http://www.npc.gov.cn/npc/c30834/202101/170eaa5d4a994214aaf88e5dfac97665.shtml。

体制的建立和发展正在逐步走向成熟与完善,可是现实中或多或少、或轻或重存在的经济法理论体系的逻辑自洽性不足,经济法原理与经济法制度之间的"两张皮"等现象,仍是我们需要正视并亟须加以研究解决的重要课题。对此,我们的基本态度是,既要充分肯定经济法在过去的发展进程中取得的突出成绩和达成的重要共识,又要坚持不懈地研究解决经济法发展中依然存在的突出的理论与实践问题,以不断提升经济法学基本理论的科学性、系统性和解释力。

3. 学习经济法需要正确处理与民商法、行政法等相关法学学科之间的关系。一个完备的法学学科体系,定然是一个由包括经济法在内的不同学科构成的既相对独立又相互依存的开放性的有机整体。每一个学科在其中都有其特定地位,发挥着特殊的作用,共同支撑着整个学科体系。但是,在经济法学的快速发展的历史进程中,时常面临着来自于民商法、行政法等传统学科基于固有的关于法学学科划分的理论认知而提出的质疑甚或否定的观点和主张。事实上,任何一种厚此薄彼或非此即彼的认识和做法,既不利于维持学科体系内部相互之间的和谐共生关系,也不利于充分关照和及时回应社会经济发展对于相关法学学科的内在反应和客观需要。因此,无论是作为新兴学科的经济法,还是作为传统学科的民商法、行政法等,均需以更加开放和包容的态度和立场,尊重对方的存在,支持对方的发展,最终达致一种互动互融、共同发展的和谐学术生态。

4. 学习经济法学需要有经济学、管理学等相关学科知识的必要储备。在经济法学的教学实践中,经常有学生反映,经济法学很"难学"。分析其中的缘由,关键在于作为经济法学研究对象的经济法,与传统部门法相比较具有的鲜明经济性。因为不论是市场监管法律,还是宏观调控法律,如果缺乏竞争、财税、金融等相关领域的专业基础知识,要想学会学好相应的经济法律制度及其运行机理,定然会遭遇不少的困难。这就要求教授这门课程的专业教师以及学习这门课程的广大学生,必须通过一定的方法和途径获取与经济法有关的相关学科知识,所要达到的熟练程度以能够正确理解和运用相关学科的基本范畴、基本方法等为必要,进而为正确理解和适用经济法律制度提供必要的多学科知识背景和条件支撑。

## 三、关于本书体系安排的几点说明

尽管学界关于经济法的理论认知已达成广泛共识,但在经济法教材的体系安排上仍可谓仁者见仁,智者见智。本书坚持传承与创新相结合的基本态度,在准确把握经济法理论研究前沿和制度实践动态的基础上,结合法学专业本科课程体系的总体安排和课堂教学的实际需要,作出了由经济法基本理论、市场规制法律制度和宏观调控法律制度三部分构成的教材体系安排,现就其中的几点考虑说明如下:

1. 关于经济法主体问题。在大多数经济法教材中,经济法主体是以独立的篇章存在的,并就其呈现出的以政府(国家经济管理机关)、社会中间层和市场主体(企业)为主要构成的多元体系形成基本共识。但在本教材中，“经济法主体”是与“经济法行为”合并为一章在“经济法基础理论”篇中作出讲解的。我们之所以作出如此安排，主要是基于对同一主体承担不同法律角色的现实境况和经济法主体需要持续推进理论创新的充分考量。因为我们必须认识到，尽管经济法学界伴随我国经济体制的改革转型，自觉地对经济法主体作出了较大程度的理论改造与体系升级，但距离真正形成具有经济法话语特色的主体理论和制度体系仍存在一定差距。其中，对于政府或国家经济管理机关主体的理论阐释，仍难以摆脱与行政法主体相混淆、与经济法子部门主体相脱节的困局；对于市场主体或企业主体，尽管力求做到与民商法主体相区分，但仍难避免与民商法主体的体系重叠，个性特征并不鲜明；对于社会中间层主体，尽管国家和社会均给予其快速发展的期冀，但囿于其在我国生存与发展的现实状况，迄今尚难成体系。当然，这并不动摇我们对于经济法主体的特定体系的理性追求和实践探索。

2. 关于自然资源和能源法律制度问题。与经济法主体一样，在不少的经济法教材中，自然资源法和能源法是作为经济法律制度的重要组成部分而独立存在的，国家最高权力机关也是把其划入经济法部门的。但在本教材中并未给予其应有的地位。之所以这样安排，主要是充分考虑了环境资源法的法学专业核心课程和独立专业设置的制度安排和客观现实。尽管在科学完备的经济法理论和制度体系中，由于自然资源法、能源法与经济法所特有的国家干预属性的内在关联性所决定，一直保留着包括能源法在内的自然资源法的特殊位置和重要地位，但不可否认的是，自然资源法更是“环境资源法”作为法学专业核心课程和研究生专业设置所不可或缺的重要组成部分，且规模可观、自成体系。为了避免法学专业本科教学和学生学习中存在的交叉与重复，保持相关法学课程之间的合理分工，我们在本教材的体系安排中不再将自然资源法（包括能源法）涵括其中。

3. 关于收入分配调节法律制度问题。读者在读到本教材第一章“经济法的概念和调整对象”时会发现，我们对于经济法的调整对象的框定是基于市场在宏观经济、微观经济和收入分配三个方面存在失灵的认知，因此收入分配调节法律制度理应成为经济法体系中的独立组成部分，但我们在本教材中并未作出如此安排。其中的原因有二，一是市场规制法律制度和宏观调控法律制度已经成为经济法理论和制度体系中的两大支柱得到了学界的广泛认同，也是学界在经济法调整对象上达成的重要共识，理应得到广大经济法学人的传承；二是鉴于分配调节关系与宏观调控关系和市场监管关系之间的重合性和一致性，为了保证经济法理论和制度体系的简洁性和严谨性，我们在本教材的具体制度体系安排上，分配调节法律制度将被分解到宏观调控法律制度和市场规制法律制度两个篇章中去讲解，而不再以独立篇章的形式存在。

# 第一编　经济法基础理论

# 第一章　经济法的概念和调整对象

**【导语】**　科学界定经济法的概念和调整对象，是正确认识和理解经济法的逻辑起点。本章将从经济与法律之间因应关系的考察入手，全面揭示经济法作为现代市场经济条件下应运而生的一个新兴法律部门所依存的经济根源、利益基点、法律基础和政治条件。其中，国家基于市场失灵干预经济关系是经济法兴起的决定性因素；社会利益的独立和社会本位观的形成是经济法兴起的基本利益诉求；传统法律部门应对法律社会化的自身局限是经济法兴起的法律前提；政府失灵和政府干预的法治化是经济法兴起的政治条件。遵循传承与创新的学术进路，秉承“经济法——国家干预经济的基本法律形式”这一基本理论共识，全面阐释“经济法”概念的基本内涵，厘定以市场规制经济关系和宏观调控经济关系为调整对象的外延边界。同时，目的功能、干预路径和作用领域的特定性决定了经济法与民商法、行政法等传统部门法之间的差异性，也决定了经济法在一个国家法律体系中的独立地位和重要作用。

## 第一节　经济法的兴起

任何一种新的法律现象的出现或者一个新兴法律部门的诞生，都是一定历史时期的经济基础与上层建筑之间矛盾运动的产物，是经济、社会、政治和文化等诸多因素综合作用的结果。关于经济法的起源，从单纯的法律条文、法律规范的角度来考察，在前资本主义“诸法合体”的法律体系中，就存在着许多国家干预经济关系的法律规定，甚至完全可以用现代的概念赋予这些规范以经济法的外壳。但从部门法划分的角度来分析，真正体现国家干预经济的基本精神和理念的现代经济法则是人类社会进入资本主义社会以后产生的一种新的法律现象，是自由商品经济经过充分发展后步入垄断阶段，适应国家干预经济的客观需要而产生的法律现象。

### 一、国家基于市场失灵而干预经济关系是经济法兴起的决定性因素

现代经济法作为一类区别于传统法律的新型法律现象，之所以能够在这个时期诞生，根源于这一特定时期的社会物质生活条件，即社会经济生活的发展变化对于新型法律门类的内在需求。众所周知，自由经济发展时期的资本主义法制是建立在以亚当·斯密的古典经济学为理论基础的自由商品经济基础之上的。市场在社会资源配置方面的

决定性作用得到了充分的重视和发挥,政府则在“最小的政府、最好的政府”这样一种主导性理念的指引之下,被定位为“守夜人”的角色,其职能和作用被压缩和限制在了最小范围之内。与此相适应,自由或自治成为这一时期的资本主义经济发展和法律制度构建的核心理念或价值,得到了充分的确认和保障,强制或干预则作为自由秩序的破坏性因素始终受到人们的高度警惕和防范。当自由资本主义市场经济经历了充分发展后,市场所固有的缺陷或市场失灵的问题不可避免地显现了出来。

对于何谓“市场缺陷”或“市场失灵”,它有哪些具体表现,在西方经济学上有着大致相同或类似的概括和列举。诺贝尔经济学奖获得者斯蒂格利茨将它概括为公共产品、外部性、垄断尤其是自然垄断。[1] 现代学者则将其具体表现概括为市场的不完全、市场的不普遍、信息失灵、外部性问题、公共产品和存在经济周期等六个方面。着眼于市场经济生活的总体性,分析比较市场失灵的这些表现,我们可以将其大体上归结为三个层面,即宏观经济的不稳定、微观经济的低效益和社会分配的不公平。所谓宏观经济的不稳定,就是指在自由市场主导下的国民经济呈现周期性发展态势,国民经济的总供给与总需求的均衡是通过周期性频繁发生的经济危机而自发调节实现的,每当此时总会造成巨大的社会资源浪费和经济的停滞不前;所谓微观经济的低效益是指由于市场竞争的自由充分发展而诱发的垄断和不正当竞争,最终使得市场经济的竞争规律、供求规律和价值规律难以发挥作用,使市场配置社会资源的功能难以得到发挥和实现,整个国民经济处于低效益运行状态;而社会分配的不公平则是指在自由市场经济条件下,社会资源和产品的分配是按生产要素或按贡献原则进行的,它并不以所有社会成员的平等分取和占有社会财富为目的,恰恰相反,分配公平的目标是通过一定程度上的结果不平等来实现的。但是这种不平等超过必要限度时,必将导致收入分配的两极分化,进而影响到社会的安全与稳定,甚至导致社会革命。但是,自由资本主义的社会经济实践证明,所有这些市场缺陷或市场失灵问题的解决仅仅依靠市场自身是难以奏效的,必须寻求和依靠市场之外的力量和机制。在这样一种社会经济背景下,以凯恩斯为代表的国家干预经济学应运而生。相应地,确认、规范和保障国家干预经济职能的法律,也将不再是传统意义上的行政法和民商法等所能够胜任的,承担此项重任的必将是一种富有现代性的新兴法律——经济法。

## 二、社会利益的独立和社会本位观的形成是经济法兴起的基本利益诉求

在一定意义上讲,一定的社会关系总会以一定的利益关系的形式体现出来。回顾人类社会走过的不同历史发展阶段,我们不难发现,社会利益并没有能够始终保持自身的

[1] [美]斯蒂格利茨:《政府为什么干预经济》,郑秉文译,69页,北京,中国物资出版社,1998。

独立的利益存在形态和实现机制。〔2〕其中，在经历漫长发展的古代农业社会，由于拥有神秘面纱遮蔽而具有当然合法性和正当性的政治国家缺乏来自市民社会的有力抗衡和制约，而使得以政治国家为主体的国家利益在各种利益关系中，始终处于绝对优势并占据主导地位；个人利益则因缺乏来自内部的支持和外部的保护而经常遭受随意的压制和排挤；社会利益更是因缺乏独立的存在形态和实现机制而异化为国家利益的附属物，最终被彻底湮没在国家利益的浪潮和漩涡之中。整个社会的基本利益关系在大多情况下只是呈现为国家利益和个人利益之间的一种矛盾运动。

人类历史不可阻挡地跨入工业文明时代后，在古典自由主义经济理论的支持下，在公法与私法截然分离的法制框架内，建立在社会契约论基础上的政治国家及其国家利益受到了来自市民社会的有力抗衡，以及由自由和民主主导的资本主义法制的严格限定和控制，个人利益由此而获得了充分的保护和极大的张扬。但是，作为第三种利益形态的社会利益在市场这只“看不见的手”的无形调整与支配下被认为与个人利益具有高度一致性，依然没有摆脱被遮蔽或吸收的命运，而是被从国家利益的怀抱中剥离出来，拱手移交到了个人利益的掌控之下，并被当然地认为“追求个人利益的结果促进了社会利益”，〔3〕要增进社会利益必须以充分实现个人利益为前提。

这里值得提及的是，在曾经实行自由市场经济替代方案即高度集中的计划经济体制的社会主义国家，由于无产阶级执掌政权而使政治国家在追求高度民主性、广泛人民性等方面所具有空前理论优势的背景下，国家利益、社会利益和广大人民群众的个人利益被想当然地认为在实践层面上亦具有高度的一致性。但是，社会主义的经济实践客观地告诉我们，在缺乏充分、可靠的信息支撑和及时、有效的法治约束的社会现实面前，不仅社会利益被国家利益所吸收，而且个人利益也在不同程度上被国家利益所替代，社会利益和个人利益均陷入被剥夺或侵害的境地，三大利益主体之间的利益关系在虚幻的理论一致性的背景下，实际上发生着极大的扭曲和异化。

只是到了现代社会，我们才可以清晰地洞见个人利益、国家利益和社会利益三者之间的分立。〔4〕这是因为，自19世纪末以来，科学技术和社会分工的飞速发展，生产社会化和市场化的程度空前提高，打破了“看不见的手”万能的神话，个人的逐利行为能自动增进社会利益的迷梦亦化作一团泡影。此时的私人利益不仅不表现为社会利益，而且直接危害了社会利益，尤其是在具有外部性的产业和部门，私人利益反倒是要由社会利益来为之提供实现的外部条件。此外，因社会分工、科技发展、经济竞争等诸多因素的影响，包括消费者问题、劳动者问题、产品责任问题、贫富差别问题等在内的大量社会问题的产生，无一不与私人利益的盲目追逐和市场机制调节失灵直接相关，个人利益与社会

〔2〕孟庆瑜：《论社会本位及其经济法的本位观》，24页，载张守文主编：《经济法研究》，北京，北京大学出版社，2010。

〔3〕[美]萨缪尔森·诺德豪斯：《经济学》(第12版)，高鸿业等译，67页，北京，中国发展出版社，1992。

〔4〕吕忠梅、廖华：《论社会利益及其法律调控》，载《郑州大学学报》，2003(1)。

利益的相对独立性日益显现了出来。与此同时,政治国家因日渐脱离市民社会的控制而在运行机制和利益形态上所具有的独立性要求,以及在实践层面客观存在的政府失灵的种种情形,使得社会利益同样难以透过国家或政府以国家利益的形式来实现。所有这些都使得社会利益作为一种相对独立的利益形态,亟须建立起属于自己的以社会为本位的利益表达机制和法律保护机制。这样就使得整个社会的利益关系由原来的二元结构关系逐步演化为了国家利益、个人利益和社会利益相互独立、和谐共生的现实格局。反映在法律上,整个资本主义世界的国家法律的发展呈现出一种社会化的总体趋势。对此,以国家本位和个人本位为宗旨的传统行政法和民商法,自然也在努力作出自身的调整与修正,对于自身固有的性质和功能缺陷作出了有限度的克服。但要把实现社会公共利益,确立社会本位价值观的重任全都寄托在它们的自我调整上,显然是不现实的。因为它们在实现社会公共利益方面都存在着不可克服的功能局限性。因此,必须要突破传统的公私法分立的法律框架,才能有新型的法律门类的诞生。经济法正是以体现社会公共利益和以确认社会本位价值观的法律类型顺势而生的。

## 三、传统法律部门应对法律社会化的功能局限是经济法兴起的法律前提

当社会经济生活对法律调整提出新的要求时,人们为了对这一问题作出回应,大多是首先从现有的法律中寻找解决问题的方法和手段。但是,以民商法和行政法等为代表的传统法律囿于自身固有的性质和功能上的局限,难以当此重任。毫无疑问,为了适应新形势的发展与需要,传统法律也在不断地作出自我调整与完善,但我们必须认识到,这种调整总是有限度的,超过必要的限度必将发生异化,甚至丧失自我。众所周知,由民商法和行政法的基本属性所决定,它们作为市场经济的基本法,在厘定和确保市场与政府、自由与干预、权利与权力等矛盾关系界限和并行发展方面发挥着不可替代的基础性调整作用。其中,民商法满足着市场经济的要素构成和市场运行的基本法律诉求;行政法则担负着架构政府、控制行政权力、防止公权力滥用和保障政府高效运转的重要法律职责。两者一私一公共同构筑了市场经济得以有效有序运转的两大法制基础。但是,科技进步日新月异、企业组织迅猛发展、社会关系更趋复杂和变异,老毛病和新问题共生发展,使得固守公私分野、个人和国家界限分明的民商法和行政法,面对保护弱势群体,提高市场效率,维护经济稳定,促进社会公平,增加社会福利,实现人口、资源、环境与经济、社会可持续发展的新时代的呼声和需要,只能是望洋兴叹,束手无策。尽管两者也都进行了各自的调整与修正,但囿于各自的属性和局限而难有作为。

现代社会不仅需要传统的民商法、行政法等一般法制为基础,更需要体现时代精神、具备现代性、拥有综合手段、突破原有法域限制、以社会公益为基点的新型制度支撑。这个新制度就是经济法,经济法正是适应这一形势和要求诞生的。正如拉德布鲁赫所言,“经济法产生于立法者不再满足于从公平调停经济参与人纠纷的角度考虑和处理经济关

系，而侧重于从经济的共同利益、经济生产率，即从经济方面的观察角度调整经济关系的时候。经济法产生于国家不再任由纯粹私法保护自由竞争，而寻求通过法律规范以其社会学的运动法则控制自由的时候。”[5]经济法是私法与公法、民法与行政法之间的僵死划分越来越趋于动摇，并逐渐渗透融合而产生的一个全新的法律领域。经济法作为国家运用国家公权力对市场失灵进行干预的法律，在克服市场失灵方面具有民法、行政法等传统法律不可比拟的优势。具体而言：一是经济法可以直接限制市场主体的私权；二是经济法可以直接改变市场主体的利益结构以达到干预的目的；三是经济法具有公共利益优势和远视优势。这主要缘于经济法背后的国家存在，是应对市场失灵所必需的，也是民法、行政法等传统法律所难以企及的。

## 四、政府失灵和政府干预的法治化是经济法兴起的政治条件

市场缺陷或市场失灵的存在需要国家干预，现代政府确实也在干预经济生活、克服市场缺陷或失灵方面发挥着强大的作用，但是国家或政府的经济职能一旦确认和行使，便不会再退出经济生活领域。如果缺乏相应的抗衡力量和制度约束，国家干预自然也会呈现一种不断强化的趋势，潜藏着被滥用的风险。与市场一样，政府也有失效的领域，也有失败的时候，这是政府局限性所造成的后果。总体来说，政府失灵既包括政府干预不到位，也包括政府干预错位，还包括政府干预不起作用。其具体表现形式不可能有一个固定的模式，往往因时空差异而不同。一般而言，主要表现为：第一，政府运行效率低下。阻滞政府运行效率的因素很多，但通常表现为机构臃肿、人浮于事、官僚主义、形式主义以及办事效率低下，等等。从根本上说，这是政府作为一个国家范围内的最大垄断组织而难以避免的自然结果，只是在不同的国度，政府运行效率低下的程度有所不同而已。第二，过度干预。这是集权体制下通常发生的情形，但从集权体制向市场体制的转型过程中，过度干预的惯性依然会发生作用。第三，公共产品供应不足。即公共产品的供给不能满足人们日益增长的物质和文化生活的需要。既可以表现为硬件性质的公共产品（如基础设置）供应不足，也可表现为软件性质的公共产品（如法律制度）供应不足。第四，政府不受产权约束。这种情形通常发生在政府代表国家行使国家产权的领域，既包括不当地行使国有产权，如低价出卖国有产权，也包括无端侵害非国有产权，如不当征税、收费、罚款等，同时还包括司法实践中很难追究政府的财产责任等。第五，预算分配偏离社会需要。这主要包括预算最大化倾向和预算不合理问题，既可以表现为不适当地加大某个领域的预算份额，如扩大政府开支，也可能表现为不适当地缩小某个领域的预算份额，如教育、科技支出等。第六，权力寻租。即个人或者利益集团为了谋取自身的经济利益，而采取行贿等不正当手段对权力执掌者施加影响的活动，其实质就是寻求政府的强制性或特权供应，以便获取市场价格与权力价格之间的差额。同时，政府在干预经

---

[5] [德]拉德布鲁赫：《法学导论》，米健、朱林译，77页，北京，中国大百科全书出版社，1997。

济和管理社会事务中,也存在利用权力进行设租的行为,其目的在于通过设租以获得不正当利益。

在当今经济全球化的时代背景下,积极发挥政府的经济职能;在经济法治的保障下,走适度干预的市场经济之路,是世界各国经济理论和经济实践的共同选择。因此,经济法不仅要确认政府对于社会经济生活的干预,更要规范和限制政府干预经济的权力。离开了对政府经济权力限制的经济法,也将不是完整意义上的现代经济法。详言之,经济法所确认的政府干预法治化主要表现为:第一,干预领域和干预范围的法定化。这是国家干预法治化的最实质的部分。坚持市场经济条件下政府"有所为、有所不为"的原则,根据不同领域在国民经济中的相应地位和具体情况,来确定干预的程度和范围。其中,要特别注意政府干预权在政府内部的合理分配,部门立法中日渐加剧的不适当扩大干预范围以及地方保护主义等问题或倾向。第二,干预方式的法定化。即通过制定法律创设政府干预社会经济生活的具体方式,通常包括公权介入和私权介入两种方式。前者是指国家以公权者身份依法对各种经济关系进行调整的措施和手段的总和,如强制性调整方法和指导性调整方法;后者是指国家使用非权力的、私法的手段直接介入经济生活的干预方式,如国债制度、政府采购制度、国家投资制度等。第三,干预程序和干预责任的法定化。这要求政府干预必须依照法律规定的条件和程序进行,努力实现政府干预的民主化和科学化,减少乃至杜绝政府干预权的滥用。在注重赋予政府干预权限的同时,还要重视对政府及其工作人员的违法干预行为的制度约束和责任追究。

## 第二节 经济法的概念和调整对象

概念是反映客观事物本质属性或特有属性的思维形态,是人们在感觉、知觉和印象的基础上,用相对固定的词语对多个具有同类属性事物的一种表述。任何一门学科都是以一定的客观事物为研究对象的理论,都是在一系列概念和判断基础上形成的论证体系,其成熟的标志,总是表现为将已经取得的理性知识的成果——概念、范畴、定律和原理系统化,构成一个科学的理论体系。具体到经济法而言,其科学概念的形成,是与其理论的形成过程不可分割的。换言之,对于"经济法"概念的科学界定,需要从中国经济法理论的产生、发展,并逐步走向成熟的演化过程中去探寻。

### 一、中国经济法理论的发展与变迁

从语源上来看,"经济法"是一个舶来品,但自从其进入中国的法学话语体系开始,就植根于中国特有的政治经济社会和文化土壤之中,紧跟时代的步伐,不断发展与创新,呈现出良好的发展态势和繁荣景象。纵观中国经济法产生以来的发展历程,一个鲜明的特征就是经济法的概念界定和理论建构始终与中国经济体制改革和依法治国、建设社会主义法治国家的总体进程保持着密切的联动性。特别是以 1992 年党的十四大提出建立社会主义市场经济体制的改革目标和 1993 年宪法修正案明确规定“国家实行社会主义市场经济”为界点，中国经济法在立论基础和框架体系上进行了大规模、实质性的理论重塑，形成并呈现出与此前明显不同的发展愿景。

### （一）社会主义市场经济体制确立之前的经济法

社会主义市场经济体制确立之前是中国经济法的初步确立和发展时期。缘于国家经济体制改革和法制建设均处于启动和初步发展阶段，立基于此的中国经济法呈现出鲜明的初创性和不确定性。其间，既有承认经济法的独立部门法地位的多种经济法理论观点，也有质疑或否定经济法的独立性的各种学术主张。这理应是任何一个新生事物在诞生初期所具有的普遍性特征。

1. 综合经济法论。持这种观点的是当时中国社会科学院法学研究所的王家福和王保树两位教授。他们认为经济法乃是国家根据统治阶级意志和依照人民意志认可或制定的，以经济民法方法、经济行政方法、经济劳动方法调整平等的、行政管理性的、劳动的社会经济关系的法律规范的总称。〔6〕具体来说，经济法的调整对象由平等的社会经济关系、行政管理性的社会经济关系和劳动的社会经济关系综合构成；其调整方法有经济民法、经济行政法和经济劳动法等方法构成；其特征是综合性、经济性。这种学说认为经济法作为综合的法律部门所占据的地位是重要的，但它不是一个独立的法律部门。

2. 学科经济法论。持这种观点的是当时中国人民大学法律系的佟柔教授。他认为经济法是研究经济法规运用各个基本法手段和原则对经济关系进行综合调整的规律的法律学科。这种学说认为，经济法一词有两种含义，一是指国家制定和颁布的经济法规范，二是指在理论上形成的经济法学科。其中，从法律规范上说，经济法不能形成独立的法律部门，所谓经济法无非是运用民法、行政法、刑法、程序法等基本部门法的手段来调整经济关系的经济法规，是这些基本部门法的具体化。但是从学科上看，经济法是一门必要的法律学科。〔7〕因为传统法学对经济的法律调整缺乏综合研究，建立经济法学科可以弥补传统法学学科的不足，实践中有利于加强法律对国民经济的综合性调整。

3. 经济行政法论。梁慧星、王利明教授持这种观点。他们认为经济法就是经济行政法，其调整对象就是国民经济行政管理中所发生的各种关系，即国家经济行政机关在对国民经济实行计划、组织、管理、监督、调节和干预中所形成的各种联系。〔8〕这种关系是以隶属性为特征的。其本质在于运用行政法律手段解决经济问题，通过行政权力活动调

---

〔6〕 王家福、王保树：《综合经济法论》，载《中国经济法诸论》编写组：《中国经济法诸论》，2～3 页，北京，法律出版社，1987。

〔7〕 佟柔：《学科经济法论》，载《中国经济法诸论》编写组：《中国经济法诸论》，221～222 页，北京，法律出版社，1987。

〔8〕 梁慧星、王利明：《经济法的理论问题》，196 页，北京，中国政法大学出版社，1986；梁慧星、王利明、崔勤之：《经济行政法论》，载《中国经济法诸论》编写组：《中国经济法诸论》，129 页，北京，法律出版社，1987。

整经济管理关系。它与行政法其他部分的区分是经济行政法所调整的经济管理关系兼有行政性和经济性,经济行政法在采用传统的行政法调整方法及行政命令方法的同时,还广泛运用其他调整方法,特别是着重发挥经济调节手段的作用。其要旨认为经济法隶属于行政法,是行政法的一个分支,不构成任何法的部门,并且尽可能避免使用经济法的措辞,以免造成经济法是一个法律部门的错觉。

4. 纵横经济法论。这是早期中国经济法学界大多数学者所持有的一种学术主张,其理论源泉直接来源于苏联。该学说的倡导者拉普捷夫对纵横经济法做过经典性论述,认为应该考虑横向经济关系和垂直经济关系的不可分割的联系,调整横向经济关系和垂直经济关系的规范组成一个统一的法律部门——经济法。[9] 它的调整对象是计划组织因素与财产因素密切结合的那种经济关系,这种关系是在领导和实现经济活动的过程中形成的。中国纵横经济法论的基本观点是,经济法既要调整一定范围的纵向经济管理关系,也调整一定性质的横向经济协作关系。[10] 其中,徐杰教授认为,经济法是调整经济管理和经营协作中所产生的经济关系的法律规范的总和。陶和谦教授认为,经济法是调整经济管理关系和与经济管理密切相关的经济关系的法律规范的总和。李昌麒教授认为,经济法是调整经济管理关系以及与经济管理关系有密切联系的经济协作关系的法律规范的总称。杨紫烜教授认为,经济法是调整经济管理关系和经济协作关系的法律规范的总和。潘静成、刘文华教授认为,经济法是确立国家机关、社会组织和其他经济实体在国民经济体系中的法律地位,调整它们在经济管理和与管理、计划密切相联系的经济协作过程中所发生的经济关系的法律规范的总称。王榕、马绍春教授认为,经济法是调整经济活动中发生的兼有商品性(财产)和行政性(权力)双重因素的经济关系的法律规范的总称。潘念之、王峻岩教授认为,经济法是调整国家在组织国民经济中、国家在管理企业中、企业在内部管理中以及企业相互之间的协作过程中发生的各种经济关系的法律的总和。[11] 比较分析上述学术观点,我们不难看出,尽管它们均可划入纵横经济法论的范围之内,但是相互之间在"纵向经济关系"和"横向经济关系"的范围界定上还是存在一定差异的。

5. 纵向经济法论。这是在《中华人民共和国民法通则》颁行后,平等主体之间的横向经济关系划归民法调整时产生的一种经济法观点。其中,孙亚明教授认为,经济法就是调整我国社会主义经济关系中的宏观纵向经济关系的法律规范的总和;郭锐、谢次昌教授认为,经济法是调整宏观国民经济管理关系和微观企业管理关系的法律规范的总和;谢怀轼教授认为,经济法是调整社会主义计划经济里的各种关系的法律规范的总和。[12]

---

〔9〕 [苏]B.B.拉普捷夫主编:《经济法论问题》,40页,北京,中国人民大学出版社,1980。

〔10〕 李昌麒主编:《经济法学》,55页,北京,法律出版社,2008。

〔11〕 许明月主编:《经济法学论点要览》,1~47页,北京,法律出版社,2000。

〔12〕 许明月主编:《经济法学论点要览》,1~47页,北京,法律出版社,2000。

### （二）社会主义市场经济体制确立之后的经济法

随着社会主义市场经济体制在国家法治框架内的确立和发展，使得以回应和协调社会经济关系，实现社会公共利益为使命的中国经济法必须改进甚或重建自己的理论根基。在此背景下，各主流经济法学说先后以服务于社会主义市场经济健康有序发展为宗旨，以正确处理政府与市场、干预与自由、权力与权利等基本矛盾关系为主要内容，对各自的经济法理论体系进行了大规模改造甚或重构，使得站在新起点上的中国经济法呈现出阔步走向成熟的新格局和新气象。

1. 需要国家干预论。西南政法大学李昌麒教授持这种观点，认为经济法是国家为了克服市场失灵而制定的调整需要由国家干预的具有全局性和社会公共性的经济关系的法律规范的总称。简言之，经济法是调整需要由国家干预的经济关系的法律规范的总称。〔13〕

2. 国家调节论。武汉大学漆多俊教授持这种观点，认为经济法是调整在国家调节社会经济过程中发生的各种社会关系，以保障国家调节、促进社会经济协调、稳定和发展的法律规范的总称。〔14〕

3. 国家协调论。北京大学杨紫烜教授持这种观点，认为经济法是调整在国家协调本国经济运行中发生的经济关系的法律规范的总称。〔15〕

4. 纵横统一论。中国人民大学潘静成、刘文华教授持这种观点，认为经济法是调整经济管理关系、维护公平竞争关系、组织管理性的流转和协作关系的法。这里的"统一"是指经济法调整的对象是经济和国家意志这二者之统一。作为经济法调整对象的经济关系，"纵"不包括非经济的管理关系，国家意志不直接参与或应由当事人自治的企业内部管理关系；"横"不包括公有制组织自由的流转和协作关系以及其实体权利义务不受国家直接干预的任何经济关系。〔16〕

5. 社会公共性说。清华大学王保树教授持这种观点，认为经济法是调整发生在政府、政府经济管理机关和经济组织、公民个人之间的以社会公共性为根本特征的经济管理关系的法律规范的总和。〔17〕

6. 国家调制论。北京大学张守文教授持这种观点，认为经济法是调整在现代国家对市场经济进行宏观调控和市场规制的过程中发生的经济关系的法律规范的总称。简言

---

〔13〕 李昌麒：《经济法——国家干预经济的基本法律形式》，208页，成都，四川人民出版社，1995；李昌麒主编：《经济法学》，37页，北京，中国政法大学出版社，1999。

〔14〕 漆多俊：《经济法基础理论》，14页，武汉，武汉大学出版社，1996。

〔15〕 杨紫烜、徐杰主编：《经济法学》，41页，北京，北京大学出版社，1997；杨紫烜主编：《经济法》，35页，北京，北京大学出版社，1999。

〔16〕 潘静成、刘文华主编：《经济法》，55页，北京，中国人民大学出版社，1999。

〔17〕 王保树：《关于经济法概念的考察》，载漆多俊主编：《经济法论丛》（第二卷），64页，北京，中国方正出版社，1999；王保树主编：《经济法原理》，26页，北京，社会科学文献出版社，1999。

之,经济法就是调整调制关系的法律规范的总称。[18]

7. 新经济行政法论。中国社会科学院法学研究所王家福先生持这种观点,认为经济法是国家从社会整体利益出发,对市场进行干预和调控、管理的法律。究其性质而言,它是公法,也就是经济行政法。[19]

这里需要说明的是,上述这些列举并非是当今经济法理论学说的全部,仅是在经济法学界拥有较大影响的学说或称之为主流学说。比较分析上述理论观点或学说,我们不难发现,它们相互之间在具体的概念界定或表达方式上存在的差异和不同,但其间的共识也是显而易见的,主要表现为以下方面:

第一,所有学者均以社会主义市场经济作为构建经济法学说的立论基础。这是中国经济法回归正途并能够保持良好发展态势的基本前提。因为从经济法兴起的经济根源来看,只有建立在市场经济体制基础上的经济法,才符合经济法产生发展的客观需要和基本规律。

第二,所有学者都把社会公共利益、整体利益或社会本位作为经济法的基本立场和出发点。这使得经济法在现今的复杂社会经济关系和多元利益诉求中找到了自己的利益依归,以及经济法干预市场经济关系时应当坚持的利益基点和评判依据。

第三,所有学者都认同经济法在实质上体现为国家或政府对于市场经济生活的一种适度干预或矫正。尽管不同学者所采用的表达方式和术语不同,但他们在揭示经济法概念的内涵时都承认了经济法确认和保障的是国家或政府对于市场经济的一种必要干预的理论预设或前提。

第四,所有学者都认为经济法所调整的对象主要是发生在政府与市场主体之间的行为及其由此而发生的经济关系,政府经济管理机关和市场主体始终是经济法主体体系的主要组成部分。

## 二、经济法的概念界定

何谓"经济法"?这是一个学习和研究经济法时必须解决的本原性问题。在全面梳理和评析中国经济法的理论和学说的基础上,坚持求同存异、传承与创新的原则立场,我们认为,"经济法——国家干预经济的基本法律形式"这一理论主张是对经济法本质属性和理论内涵的科学界定和恰当表述。具体而言,所谓经济法,就是指国家为了克服市场失灵而制定的调整需要由国家干预的具有全局性和社会公共性的经济关系的法律规范

---

〔18〕 张守文、于雷:《市场经济与新经济法》,66～67页,北京,北京大学出版社,1993。张守文:《经济法理论的重构》,212页,北京,人民出版社,2004。

〔19〕 王家福:《社会主义市场经济法律制度建设问题》,载司法部法制宣传司编:《中共中央举办法律知识讲座纪实》,98～99页,北京,法律出版社,1995。

的总称。简言之，经济法是调整需要由国家干预的经济关系的法律规范的总称。[20] 对于这一定义，我们可以从以下几个方面来深化认识：

1. 从经济法的产生基础来看，经济法是现代市场经济条件下应运而生的产物。尽管在历史上，曾经不同程度和不同规模地存在过国家干预经济的法律现象，并且不少学者认为这就是经济法存在的历史样态。但是，我们不能将以诸法合体形式存在的古代法律中的带有国家干预经济性质的法律规范与在市场经济条件下为了克服市场失灵而产生的国家干预经济的法律规范等同看待。理解现代意义的经济法，必须将其置于市场经济这一环境条件下。历史的经验和逻辑表明，经济法对经济体制的依赖，决定了经济法与市场经济体制存在天然的共生性和契合性。真正意义上的经济法，必须建立在现代市场经济体制之上，以尊重和运用市场规律为基础。否则，还真有可能回落到古代社会或统制经济条件下的国家对经济生活的恣意干预的老路上去。

2. 从经济法的目的功能来看，经济法以克服市场和政府的双重失灵为使命。市场缺陷和政府失灵在现实中是具有共生性的，我们所面临的是在不完善的市场与政府之间谋求一种协调和均衡，而不是在市场与政府二者中必挑其一的选择。这种复杂的社会现实图景就决定了一种能够衡平各方主体利益关系的新制度的诞生和运行，这是任何以调整和保护其中一个方面为主要功能的法律制度难以胜任的。经济法并不寻求替代民商法、行政法等传统法律，而是从互动互融的角度，在它们为市场经济运行提供公法与私法的制度前提的基础上，通过特定的调整机制和调整方法来协调个人利益与国家利益、市场与政府的关系，进而实现社会利益这一基本目标的。立足于市场缺陷的有效克服，经济法是通过市场内部的权利义务的直接再分配和市场外部的经济政策和相关措施的间接诱导等双重调节机制来实现的。服务于规范政府经济行为的目标要求，经济法着眼于政府干预经济行为的适度和规范，是直接通过对政府经济干预权的依据、范围和边界、干预的方式和方法、程序保障及法律责任等方面的严格界定和规范实施来达至的。

3. 从经济法的作用范围来看，经济法以调整具有全局性和社会公共性的经济关系为限度。毋庸置疑，经济法当然是以经济关系为作为发挥作用的对象的。当今世界正在经历百年未有之大变局。世界多极化、经济全球化、社会信息化、文化多样化深入发展，全球治理体系和国际秩序变革加速推进。[21] 无论是一个国家的宏观经济形势，还是微观市场竞争格局，总是呈现出与以往相比日渐复杂的态势。这不仅需要国际社会的深化交流与合作，而且更加需要各国政府的综合性、全方位和立体化的积极应对。因此，在考量和判断不同种类的法律对于经济关系的作用范围时，必须强化一种共生意识和合作机制。任何一种过分地强化或夸大某一类法律的功能和范围的做法都是错误和有害的。

---

〔20〕 李昌麒：《经济法——国家干预经济的基本法律形式》，208 页，成都，四川人民出版社，1995；李昌麒主编：《经济法学》，37 页，北京，中国政法大学出版社，1999；李昌麒主编：《经济法学》，53 页，北京，法律出版社，2008。

〔21〕 中共中央宣传部：《习近平新时代中国特色社会主义思想学习纲要》，第 2 页，北京，学习出版社、人民出版社，2019。

因此,经济法所作用的经济关系必须限定在具有全局性和社会公共性的范围之内,必须以维护和保障社会公共利益或社会整体利益为目的,以克服市场失灵或弥补市场缺位为必要。

4. 从经济法的调整机制来看,经济法以确认、规范与保障政府对于经济生活的适度干预为路径选择。政府干预是一种客观存在,具体表现为深入市场内部的政府规制和立足市场外部的宏观调控。在市场内部的调整方面,经济法是通过对市场经济的基本法律要素,即市场主体在市场行为和交易标的等方面的权利义务再分配来实现国家干预的,从而形成具有明显直接性、强制性,与调整原初社会关系的民商法所不同的特定调整机制。在市场外部的调控方面,经济法则是通过授权特定政府适时运用各种经济政策和经济杠杆对市场主体的市场行为的调控诱导来实现国家干预的,从而形成了具有鲜明间接性和诱导性,与调整行政管理关系的行政法所不同的特定调整机制。不同的社会经济条件决定了不同的国家经济职能及其政府干预路径和程度。鉴于中国市场经济发展的实际情况以及政府与市场之间关系的不断调适,政府的干预职能具有与纯粹的市场经济体制和典型的计划经济体制下所不同的特点和要求。因此,在确认政府对于社会经济关系进行干预的同时,更要强调通过行政法和经济法的同步建设,共同作用,规范和约束政府职能,以降低或消除与政府干预相伴的问题与缺陷。

## 三、经济法的调整对象

经济法的调整对象是一个与经济法的定义紧密相关的基本问题。如果说定义是对经济法内涵的揭示,那么调整对象就是对经济法外延的划定。基于前文对经济法概念的法律界定,我们认为,经济法作为国家干预经济的基本法律形式,其调整对象是由市场失灵的范围决定的,即只有市场不能发挥作用、不能充分发挥作用和发挥作用失败的地方,才是国家可以介入和干预的领域。具体包括以下方面:

1. 宏观调控关系。这是政府基于"宏观经济的不稳定"这一市场失灵的表现和领域,主动介入和逆向干预经济时所发生的一类经济关系。因为在崇尚自由放任的市场经济条件下,国民经济在宏观运行上表现出的周期性、波动性特点和后果,为政府在宏观经济领域采取干预措施提出了客观要求。宏观调控旨在实现国民经济总量的均衡和结构的优化,实现物价平稳、就业充分和国际收支平衡,促进国民经济的有序运行和持续增长。为此,政府可以适时采取包括规划、财政、税收、金融、价格等在内的各种经济调控手段,引导广大市场主体的经济行为转向国家干预经济运行的目标,以保障国民经济的平稳运行与持续发展。同时,为了规范和保障政府的宏观经济调控行为的科学性和适度性,防范政府经济行为的主观随意性或滥用等缺陷和后果,必须将这类经济关系纳入经济法的调整范围,置于法治的运行轨道上。

2. 市场规制关系。这是政府基于"微观经济的低效益"这一市场失灵的表现和领域,主动介入和管理、规制经济时所发生的一类经济关系。因为在崇尚自由放任的市场经济条件下，国民经济在微观运行中表现出的垄断、不正当竞争以及广大消费者权益受损等低效益的问题与后果，为政府在微观经济领域采取干预措施提出了客观要求。市场规制旨在恢复和维护公平竞争机制，提高市场配置资源的效率，保护经营者和消费者的权利和利益。为此，政府可以因地制宜地采取反对垄断、反对不正当竞争、加强产品质量管理、保护消费者权益等各种措施，直接介入和规制广大市场主体的具体经济行为，以修正市场在社会资源微观配置过程中的效益损失。同时，为了规范和保障政府的市场监管行为的合法性和正当性，必须将这类经济关系纳入经济法的调整范围，确保政府经济行为的合法性和有序性。

3. 分配调节关系。这是政府基于“收入分配的不公平”这一领域和市场失灵的表现而产生的一类经济关系。自由市场经济的竞争机制决定了与其相适应的社会资源分配机制的特殊性——按生产要素分配。因为社会经济生产在很大程度上直接表现为通过自由市场交易而形成的包括资本、土地、劳动力、技术、管理等在内的各种生产要素在特定时空条件下的质和量的有机结合，由此也就决定了生产劳动成果只有在各生产要素的所有者之间进行分配才是公平的。但是，由于各生产要素在生产过程中的地位和贡献不同，劳动成果在相关主体之间的分配也自然是不平等的。再加之“资本雇佣劳动”规律的作用和社会制度等其他因素的影响，使得劳动成果在广大社会主体之间的分配，尤其是在资本与劳动力所有者之间的分配呈现出较大的差异性，直至发生社会产品在不同社会阶层之间分配的两极分化。由此引发的问题是一个国家或社会的稳定与安全机制遭受威胁与破坏，乃至于发生社会革命。面对这种由自由市场机制造成的分配结果，只能通过国家力量的介入方能有效解决，即国家通过对于国民收入的再分配来适度干预和修正社会分配结果，以维护社会稳定与安全。为了规范和保障这种政府分配调节行为的公正和有序，也必须将其纳入经济法的调整范围，使其受到经济法的调控与规制。

这里还需要说明的是，由于收入分配关系是在一个国家国民经济的宏观和微观两个层面同时发生和存续的，服务于公平分配的目标，政府所采取的收入分配调节措施和手段，与政府进行的宏观经济调控和微观市场监管之间，存在着很大程度的交叉甚或重合。例如，服务于宏观收入分配公平的政府预算方案，也是政府进行宏观调控的重要手段。与此同时，政府在宏观和微观两个层面上所采取的主要调控和监管措施，如财税政策、货币政策、价格管制等，也是通过各种调控和监管措施的固有的分配功能来实现的。

## 第三节 经济法的地位和体系

在经济法的本体论中，经济法的地位问题是一个在很长时期内被广泛关注和讨论的焦点问题，这是与其新兴法的属性或特征相关联的。在整个法律体系中，经济法作为一个新成员，它有无自己的地位，如何取得自己的地位，地位高低或所处层次如何，与相关部门法的关系如何等,都是需要作出研究和论证的。

## 一、经济法的地位

所谓经济法的地位,是指经济法在一个国家的法律体系中所处的位置,主要涉及经济法是否能够成为一个独立的法律部门,在法律体系中居于何种层次,及其与其他法律部门的关系等问题。在经济法的理论发展史上,对其地位的判断曾经被广大经济法学者认为是一个事关经济法生存与发展的根本性问题,对于传统部门法来说则是一个关涉法律资源,尤其是法学学术资源的重新分配的问题。因此,探讨经济法的地位问题主要是看它能否成为一个独立的部门法,与其他部门法之间是一个什么样的位次关系,而不是比较经济法在学科体系中的地位或专业设置上的地位。[22] 同时,我们还可以从经济法的法域归属、功能与使命等多个视角或维度来研究。

### (一)经济法是一个独立的法律部门

法律部门的划分可以追溯至古罗马时期。古罗马法学家乌尔比安即把法律分为公法与私法。法国继承了古罗马法的传统,在拿破仑执政时期,从立法上实践了法律部门的划分理论,先后制定了民法典、刑法典、商法典、诉讼法典、宪法典,为以后的法律部门划分奠定了基础。这是法学界最为常用的一种视角或维度。经济法能否成为一个独立的法律部门,直接关系到它在法律体系中是否具有独立的地位,关系到其存在的合理性、合法性问题。

1. 经济法拥有自己特定的调整对象。这是论证经济法是一个独立的法律部门时必须要解决的根本性问题。因为自法理而言,特定的调整对象是划分法律部门的基本依据或标准。只有存在自己独特的调整对象,只有存在调整相同性质的社会关系的法律规范,才能构成一个独立的法律部门。因此,经济法学界乃至整个法学界都非常关注经济法调整对象的研究,并根据对经济法是否存在特定的调整对象的认识,作出了对其独立地位的肯定或否定的评断。这在经济法学研究有一定基础的国家,几乎是一个普遍现象。特别是德国、日本以及受其影响的其他国家,在经济法学发展的最初阶段,此类情况是非常普遍的。随着人们对于经济法认识的不断深入,尤其是随着对于市场经济及其相关理念和制度的认识的不断加深,我国学者对于经济法调整对象的认识也日益清晰。

通观当今中国的主流经济法学说,不论对于经济法的概念作出何种表达和概括,也不论这种表达和概括之间存在多大的差异和不同,在经济法的具体调整对象的阐释与架构中,都表现出了很大程度的一致性,即都认为宏观调控经济关系和市场规制经济关系是经济法调整对象中必不可少的两大支柱。因此,在明确界定经济法调整对象的情况下,按照传统的部门法理论,经济法当然可以成为一个独立的法律部门,在整个法律体系

[22] 张守文:《经济法理论的重构》,247~248页,北京,人民出版社,2004。

中具有自己的独立地位，并且已经成为中国特色社会主义法律体系中的一个重要子系统。[23] 经济法的独立部门法地位，不是经济法学界的自我吹捧和孤芳自赏，而是整个法学界正在形成和不断增进的一种共识。这种共识连同经济法本身在经济和社会生活中所发挥的重要作用，不仅得到了国家立法机关一贯的明确肯定和认同，而且正在获得社会公众的普遍接受和认可。

2. 经济法拥有自己独特的调整方法。在传统的部门法划分理论中，调整方法也是用来判定一个独立法律部门的重要参考依据或标准，在某些情况下甚至是主要标准。所谓经济法的调整方法，就是指经济法借以作用于社会经济关系的方式和方法，是经济法能动作用得以实现的手段。经济法选择什么样的调整方法，归根结底取决于它所调整的社会经济关系的性质和要求。基于对经济法调整对象的认识和界定，我们发现简单采用传统法律部门所运用的单一的调整方法，已不足以解决现代社会经济生活和国民经济运行中所遇到的现实问题，因此综合采用民事的、行政的和刑事的等在内的多种调整方法就成为一种必需和必然。

所谓综合调整方法，就是指对于违反经济法律的行为，可以单独或组合采取民事的、行政的和刑事的方法或公法的和私法的方法加以调整和处理。这种综合性的调整方法不是单种属性的方法的简单相加，而是综合成为了经济法的特有方法。这是现代社会生活日益复杂化、国家与社会之间的矛盾对立趋于缓和、法律对社会关系的调整不断深化的结果。正如漆多俊教授所言，经济法调整方法的特征在于强制性规范与提倡性规范相结合，经济制裁与经济奖励相结合。李昌麒教授则把经济法的调整方法概括为四个方面：即指令性的调整方法、指导性的调整方法、直接介入经济的调整方法、惩罚与激励相结合的调整方法。所谓指令性的调整方法，是指国家权力机关和国家行政机关以某种形式指令相对人作为或不作为，而相对人应予服从的一种调整方法。所谓指导性的调整方法，是指国家机关采取非强制性的措施引导公民和法人的经济活动以符合某种既定的经济管理目标而实施的一种调整方法。所谓直接介入经济的调整方法，是指国家使用非权力的、私法的手段直接或间接介入经济的一种调整方法。这种调整是国家作为经济活动的主体和国家对于私人经济给予经济援助的情况下发生的。所谓惩罚与激励相结合的调整方法，是经济法把惩罚和激励相结合作为自己的一个调整方法。惩罚是所有法律共同的调整方法，但是，不是所有的法律部门都有激励这种调整方法。经济法的法律法规中不仅规定了受惩罚的条件，同时也规定了受奖励的条件。

这里必须强调的是，无论是市场规制还是宏观调控，均是国家经济职能的重要体现，必须借助于政府的力量，运用国家公权力来实现。因此，在经济法的实施过程中，政府扮

---

〔23〕 中华人民共和国国务院新闻办公室：《中国的法治建设》，http://www.scio.gov.cn/zfbps/ndhf/2008/Document/307866/307866_2.htm；徐显明：《中国特色社会主义法律体系之树有七条主枝》，http://www.npc.gov.cn/zgrdw/npc/zhibo/zzzb21/2011-03/10/content_1640705.htm。

演着极为重要的角色,从而使执法因素在经济法的运行中具有特殊的重要性。[24] 同时,政府这种经济职能的行使必须建立在尊重市场机制的基础上,以社会整体利益的维护为其出发点和归宿,而不能放任国家公权力的行使或滥用。当然,尽管政府的经济管理离不开行政权的作用,但经济法视野中的经济管理已不是一般的行政管理,而是国家以社会公共管理者的身份着眼于维护经济发展所需的秩序和共同条件的公共管理。经济法所调整的经济管理关系,融社会性与管理性于一体;社会性寓于管理性之中,管理性是外观表现,社会性则是实质内涵。[25]

### (二)经济法是社会本位法

自法域而言,整个法律被划分成公法和私法两大领域,在此基础上形成了有关公法与私法的不同理论和研究。对于经济法这个新兴法律部门来说,就其法域归属问题历来存在不同认识。其中,代表性的认识主要有两种:一种观点是基于经济法对于国家、国家公权力的依赖以及行政主导性特征的认识,认为经济法仍然属于公法的范畴;另一种观点则基于经济法产生的时代背景和法益基础等,认为经济法是既具公法属性又有私法性质的第三法域——“社会法”。我们认为,经济法作为适应法律的社会化诉求而诞生的新型法律部门,天然地担负着全面确立和实现社会本位的法律功能和作用。同时,社会本位作为一种区别于传统的个人本位和国家本位的新型的基本法律理念,也决定着经济法的基本立场、发展走向和最终归宿。

1. 经济法调整对象的社会本位性。比较分析各种经济法学说,尽管有关经济法调整对象的界定或表述存在一定的差异性,但我们不难发现宏观调控关系和市场规制关系(又称为市场监管关系或市场管理关系)从来就是经济法的专属“领地”,很少遭受其他法律部门的“染指”或割取。与此相比,其他经济关系的命运就是另一番境地了,时常出现多个法律部门的交叉干预或调整,而难以找到确定的依归。因为不管是宏观调控所应对的宏观经济不稳定问题,还是市场规制所针对的微观经济低效益问题,它们都是在现代市场经济条件下直接关涉社会整体利益实现和保护的全局性问题或公共性问题,带有着鲜明的社会本位性。这也是多年以来尤其是我国正式确立社会主义市场经济体制的改革目标以来,经济法学界乃至法学界在经济法调整对象问题上取得的基本共识之一。[26] 宏观调控与市场监管相结合,共同建构和服务于以社会整体利益或公共利益为本位的经济法的调整目标,即“通过对于两类社会经济关系的调整,不断地解决个体营利性和社会公益性的矛盾,兼顾效率与公平,从而持续地解决市场失灵问题,促进经济的稳定增长,保障社会公益和基本人权,进而实现经济和社会的良性运行和协调发展”。[27] 正如李昌

---

〔24〕 张守文:《经济法理论的重构》,472页,北京,人民出版社,2004。

〔25〕 谢增毅:《论经济法的社会性》,载《江海学刊》,2003(6)。

〔26〕 肖江平:《中国经济法学史研究》,179页,北京,人民法院出版社,2002。

〔27〕 张守文:《经济法理论的重构》,315页,北京,人民出版社,2004。

麟先生所指出的，“经济法并不调整所有的经济关系，而仅仅是调整具有全局性的和社会公共性的经济关系。这不仅揭示了经济法是以‘社会本位’作为存在的基础的，而且还划清了它与以国家为本位的行政法和以个体为本位的民法的界限”。[28]

2. 经济法调整机制的社会本位性。自法理而言，“法是以权利和义务为机制调整人的行为和社会关系的。”[29]正是不同主体之间这种权利义务结构上的差异，形成了各类法律制度或部门法在调整机制上的特殊性，确立了他们各自的特定价值理念，维系了它们在调整社会关系方面的互补性。具体到经济法的调整机制来看，由于经济法主体的“二元结构”和综合性特征所决定，权利义务在不同的经济法主体之间的配置也呈现出明显的结构差异性，即调控或规制主体之间的“权责结构”和调控或规制受体之间的“权义结构”。在宏观调控法领域，法律往往授予宏观调控主体以更多的权利，而对于作为调控受体的市场主体的权利则规定较少。在市场规制法领域，法律对于从事经营活动的广大市场主体作出的大多是义务性规定，而对于他们的权利内容的规定明显较少。经济法之所以奉行这种带有明显“倾斜性”的权利义务配置模式和调整机制，同样缘起于经济法所坚持的社会本位的价值理念和基本立场。这是经济法所担负的维护宏观经济稳定和追求微观经济效益的目标使然和使命所致，坚持社会本位原则是进行包括宏观调控权、市场规制权和经济自由权等在内的经济法权力（职权或权利）在相应主体之间进行法律配置时的基本立场，是保障国家干预的必要性和适度性，衡平国家干预与市场自由之间关系，防止国家权力滥用和市场权利专横的价值底线。经济法对于权利义务的配置主要不是着眼于交易双方利益的平衡，而是以承认并维护自然人和法人的独立地位为基点，服务于社会整体利益的宏观调控和市场规制，从而使个体的市场行为符合社会整体利益的要求。通过对于社会整体利益的保护，“可以建立一种秩序，使公民个人利益、法人个别利益、国家利益最大限度地得以实现，但同时又使这诸多利益实现的任意性得到节制。”[30]

### （三）经济法与民商法、行政法等相邻部门法之间的互动关系

关于经济法与相邻部门法的关系问题，大多数学者的思路是从如何划清经济法与民商法、行政法等法律部门之间界限的角度来分析的。但是，这种路径似乎陷入了孤立和静止地研究问题的泥潭，我们需要另辟蹊径，即从法律部门互动互融的视角来重新审视经济法与民商法、行政法等传统部门法之间的关系。因为一个国家的法律体系是由多个法律部门组成的有机整体，所有法律部门在这个体系框架内的作用可能有所不同，但它们的重要性是一样的，因此，在注重法律部门之间界限和差异的同时，更要重视法律部门之间的联系和互动，进而为国家法治的有效运行提供环境条件支撑。

---

[28] 李昌麒：《经济法学》，41页，北京，中国政法大学出版社，2002。

[29] 张文显：《法理学》，86页，北京，高等教育出版社，1999。

[30] 王保树：《论经济法的法益目标》，载《清华大学学报》，2001(5)。

1. 经济法与相邻部门法互动的法理基础。自法理而言,部门法互动的基础有二:一是法治系统的统一性。因为法治系统的统一必须以承认法律部门的协调与互动为前提。在整个法治系统中,各个部门法是它的子系统,分别发挥和承担着某方面的功能与作用,并通过相互的运动和制衡共同支持整个法治系统的运行。建立法治系统并不是最终目的,而是要最大限度地发挥它们各个组成部分的职能。各个组成部分的职能,共同一致地作用于系统,就是整个法治系统的总职能,这样,总职能就一定能够大于分职能的总和。[31] 因此,互动就成为了法治体系发挥最大功能的基本要件。二是法律部门划分的局限性。任何法律部门的划分都是对法律规范类别形式的分类,是相对的、不全面的和形式上的,对于法律体系的整体性及法律部门间的联系性没有任何的影响。因此,我们现在所要强调的不应当是部门法的绝对划分,而是它们的绝对互动。而这种互动又来源于它们之间的特殊联系,即文化与精神的互补性,法功能的相互矫正性和调整对象的交叉性。

2. 建立经济法与相邻部门法互动关系的路径。建立经济法与相邻部门法,尤其是与民商法、行政法之间的良性互动机制,对于形成促进和发展社会主义市场经济的"法律合力"具有重要意义。形成这种合力的途径和方式多种多样,应主要包括以下方面:[32]第一,立法上的互动。即国家立法机关在考虑完善经济法、民商法和行政法中的任何一个法律部门的时候,须同时考虑其他两个法律部门的完善。这就要求在立法指导思想上必须树立"同步完善"的思想。只有这样,才有利于消除在立法技术和立法内容上的冲突。在我国全面深化改革的新形势下,如何规范政府行为,使之更快更好地促进市场经济体系的建立,将成为未来立法中的一个重要而迫切的任务。第二,法律实施上的互动。法律的有效实施需要充足的"法律能量",而法律能量分布不均,直接导致相关法律部门在实施中不能很好配合协调,尤其是随着高能量的行政法向低能量的民商法特别是经济法领域的大量渗透,"不仅造成了中国经济法律体系结构的不合理,而且使中国经济法步入越走越窄的危险境地。"[33]要改变这种状况,除了在相关部门法的实施中合理配置人力、物力资源外,更重要的是在法的价值观方面,使三者能相互协调配合,真正树立起经济法治信仰。第三,法律权威上的互动。经济法与民商法、行政法等部门法的共同发展在市场经济条件下对于树立法律权威有着极为重要的意义,各自都发挥着不可替代的作用。其中,加强行政法制建设,实现依法行政,对于增强法律的外在影响力是极为重要的;而加强民商法制建设,对于增强法律的内在影响力意义重大;经济法则对民商法、行政法各自优势的"兼容并蓄",能够保障国家的适度干预,增强国家的合法性基础。

---

〔31〕 李昌麒、周亚伯:《怎样运用系统论研究法学问题》,载《系统科学论著选》,419页,北京,中国政法大学出版社,1987。

〔32〕 李昌麒、岳彩申、叶明:《论民法、行政法、经济法的互动机制》,载《法学》,2001(5)。

〔33〕 周林彬:《法律经济学论纲》,356页,北京,北京大学出版社,1998。

## 二、经济法的体系

经济法作为新兴法律部门，可以说其体系仍处于构造之中。[34] 不同学者基于各自对经济法的理论界定构建起了不同的经济法体系。按照构造依据划分，主要包括依照社会主义市场经济体系构建经济法体系，依照经济失灵的领域和表现构建经济法体系，依照现实经济立法构建经济法体系，依照国家与市场的关系及国家在经济生活中的职能构建经济法体系等多种思路。[35] 我们认为，经济法的体系构建既要能够支撑和体现经济法的理论证成，又要能够统领和关照经济法的立法现实。换言之，我们应当按照国家干预经济的内在逻辑，根据经济法调整对象划定的具体范围，结合国家经济立法的现实情况，来构建经济法的体系。

### （一）经济法主体制度

自法理而言，主体是任何一个部门法和法学学科都必须加以深入研究和科学划定的基础性问题。纵观中国经济法主体制度的发展历程可以发现，与中国经济法一样，它经历了由计划经济体制向市场经济体制的逐步转型而引发的理论变迁和制度重构过程。具体而言，从中国经济法诞生到社会主义市场经济体制的宪法确立这一阶段，尽管其中不乏打造经济法主体范畴的探索与尝试，但是主导这一时期经济法主体的理论研究却始终没能跳出原有或传统部门法主体理论的窠臼而呈现出鲜明的复制性，其基本路径表现为对以拉普捷夫为代表的苏联经济法学者的主体理论的搬用或者对民商法主体（尤其是法人）理论和行政法主体（尤其是行政机关）理论的套用。在这种缺乏独立品性的主体理论的指引下，经济法主体被架构为由国家机关、社会组织和公民等构成的宽泛体系。[36] 伴随中国经济体制的根本性转变和经济法的理论重构和创新发展，经济法主体理论由此步入自主创新与发展的新阶段。各经济法理论学说大都以“国家对经济生活的适度干预”为主线，坚守“严格意义的经济法”立场，尝试提出和论证了以政府、市场主体和社会中间层为构成要素的经济法主体制度体系。其中，作为经济法主体的政府，主要是指依据宪法和法律规定，担负国家干预经济职能的中央和地方各级政府及其职能部门。在此，是否依法享有宏观调控和市场监管等国家干预经济的职能，就成为了判断一级政府及其职能部门是否具备经济法主体身份的具体标准，也是用来界分其经济法主体抑或行政法主体角色的主要依据。作为经济法主体的市场主体，主要是指依法取得主体资格，参与市场交易和竞争活动的企业法人、其他经济组织和广大消费者。在此，用来判断一个市场主体是否具备经济法主体身份的基本依据，就是其是否参与了依照国家法律规定

---

〔34〕 史际春主编：《经济法》，100页，北京，中国人民大学出版社，2005。

〔35〕 王艳林：《中国经济法理论问题——探求经济法走向成熟的思考与评论》，319～334页，北京，中国政法大学出版社，2001。

〔36〕 孟庆瑜：《反思与前瞻：中国经济法主体研究30年》，载《云南大学学报（法学版）》，2009(1)。

而实施的政府干预经济的有关经济法律关系，这也是在现代社会经济关系复杂化，市场主体角色多元化背景下，区分一个市场主体的具体法律主体身份时应当参考的主要依据。作为经济法主体的社会中间层，是20世纪70年代以来，伴随新技术革命的深化发展，社会分工的精细化和政府失灵的显现，政治国家与市民社会的关系理念由"对抗—制衡"转化为"和谐—协调"，市场与政府的相互渗透、融合发展催生的，"独立于政府与市场主体，为政府干预市场、市场影响政府和市场主体之间相互联系发挥中介作用"[37]的一类新型主体。它们架起了市场和政府之间沟通和联络的桥梁，回应了当代社会经济对于运行机制多元化发展的现实需要，呈现出特别保护性、辅助政府调控性、公共服务性和自治性等特征，是经济法主体范围的新拓展。[38]

### （二）市场监管法律制度

这是国家基于市场失灵在国民经济微观运行方面的具体表现——低效益而干预经济生活时需要创制和实施的一类经济法律制度，是经济法体系的重要组成部分。经济法对于市场监管关系的法律调整，是直接进入市场内部，通过对市场经济的基本法律要素，即市场主体在市场行为和交易标的等方面的权利义务再分配来实现国家干预的，从而形成具有明显直接性、强制性，与调整原初社会关系的民商法所不同的特定调整机制。市场主体是市场经济关系的参加者，无论是经营者，还是消费者，民商法都为他们能够成为一个市场主体参与市场经济活动进行了原初的制度架构，即他们的平等、独立和自由。但是伴随企业法律形态的不断创新，科学技术的迅猛发展，经营者、劳动者和消费者之间原初的相对均衡的状态已经被因资本、信息以及抗风险能力等因素所导致的事实上的不平等、难独立和不自由的现实境况所替代，广大劳动者、消费者作为市场主体的另一方，明显处于弱势群体的不利地位。因此，一种新的权利义务在经营者与劳动者和消费者之间的再配置就成为必要和必然，因为欲求事实上的平等只能通过法律上的不平等待遇来实现，所以专门保护弱势群体的劳动法和消费者权益保护法由此诞生。这种法律就是通过赋予广大劳动者和消费者在交易、信息、安全等多方面以更多权利，让经营者承担更多义务的不平等的权利义务配置方式，来弥补两者之间事实上的不平等缺陷。市场行为包括市场竞争行为和市场交易行为等，构成了市场经济的主要内容。民商法同样地为市场行为的自由发生提供了原初的行为规则和法律形式。但是，伴随市场行为的自由发生和异化发展，旨在限制和消除竞争的垄断现象大量出现，低价倾销和不正当竞争行为遍布市场，行为的自由走向了自由的反面，使得重新界定自由和设置权利义务，以规范引导市场行为成为急需。因此，在民商法的基础上对广大经营者之间的权利义务进行重新调配，导致了对市场行为进行合理规制的反垄断法、反倾销法、反不正当竞争法、证券法、保险法、银行业监督管理法等的出现。

---

〔37〕 王全兴：《经济法基础理论专题研究》，524页，北京，中国检察出版社，2002。

〔38〕 孟庆瑜：《论社会中间层及其在经济法中的角色定位》，载《河北大学学报》（哲学社会科学版），2009(1)。

交易标的即市场主体之间的交易对象，是权利义务的载体。伴随技术、信息和资本证券化的飞速发展，传统的交易标的范围已获很大拓展，但也导致了关于交易标的信息偏在问题日趋恶化。因此进一步加强信息优势方的质量保证义务、信息披露义务等，从而矫正信息分布偏差、保护信息弱势方的利益，对维护社会的诚信基础和市场经济秩序意义重大。由此包括产品质量法、食品安全法、药品管理法、广告法、房地产管理法等在内的一系列与交易标的相关的专门法律大量涌现。

### （三）宏观调控法律制度

这是国家基于市场失灵在国民经济宏观运行方面的具体表现——不稳定而干预经济生活时需要创制和实施的一类经济法律制度，也是经济法体系的重要组成部分。经济法对于宏观调控关系的法律调整，是着眼于市场外部，通过授权特定政府适时运用各种经济政策和经济杠杆对市场主体的市场行为的调控诱导来实现国家干预的，从而形成了具有鲜明间接性和诱导性，与调整行政管理关系的行政法所不同的特定调整机制。在宏观经济领域，由市场的分散决策、自发形成和自由竞争特点所决定，整个宏观经济潜藏着极大的不稳定性、风险性和不可持续性。单靠市场经济自身，面对严重失衡的供求关系和过度紧张的人与自然关系，只能凭靠周期性爆发的经济危机和生态环境灾难来强制性地实现平衡与和谐，其代价之昂贵和损失之惨重是不言而喻的。因此，适时地单个或组合运用包括计划、产业、投资、货币、财政等各种经济政策、经济杠杆和人口、环境、资源政策进行逆向调控就成为经济法保障下的现代国家政府的基本经济职能。由此，计划法、产业法、投资法、中央银行法、预算法、自然资源法、能源法等应运而生，成为一个国家宏观调控法律制度的重要组成部分。在社会分配领域，市场经济所要求的法律面前人人平等与物质的平等不仅不同，而且还彼此冲突，自由所要求的法律面前人人平等反而会导向物质的不平等。但是，经济的不平等虽说是社会恶弊现象之一，但却绝不构成我们把歧视性强制措施或特权当作一种克服这种不平等现象的救济方案而加以诉诸的正当理由。因为一定程度上的社会分配不平等正是市场经济条件下竞争机制发挥作用的动力源，平均主义是竞争的大敌。这就决定了经济法只能通过赋予政府采取税收、财政转移支付等手段的调控诱导，适度修补由民商法调整的初始分配不公，维持效率与公平之间的均衡，消除严重的两极分化给社会稳定造成的损害。由此，预算法、税法、政府采购法、财政转移支付法等成为一个国家收入分配调节法律制度的主要内容。

**【拓展阅读】**

1. 李昌麒：《经济法——国家干预经济的基本法律形式》，四川人民出版社 1999 年版。

2. 漆多俊：《经济法基础理论》，武汉大学出版社 2005 年版。

3. 史际春、邓峰：《经济法总论》，法律出版社 2008 年版。

4. 杨紫烜：《经济法》，北京大学出版社 1999 年版。

5. 王保树主编:《经济法原理》,社会科学文献出版社 1999 年版。

6. 张守文:《经济法理论的重构》,人民出版社 2004 年版。

7. 邱本:《经济法原论》,高等教育出版社 2001 年版。

8. 单飞跃、卢代富等:《需要国家干预——经济法视域的解读》,法律出版社 2005 年版。

9. 薛克鹏:《经济法基本范畴研究》,北京大学出版社 2013 年版。

10. 肖江平:《中国经济法学史研究》,人民法院出版社 2002 年版。

11. [日]金泽良雄:《经济法概论》,满达人译,中国法制出版社 2005 年版。

12. [日]丹宗昭信、伊从宽:《经济法总论》,吉田庆子译,中国法制出版社 2010 年版。

13. [法]阿莱克西・雅克曼、居伊・施朗斯:《经济法》,宇泉译,商务印书馆 1997 年版。

14. [德]罗尔夫・施托贝尔:《经济宪法与经济行政法》,谢立斌译,商务印书馆 2008 年版。

15. [德]斯特博:《德国经济行政法》,苏颖霞等译,中国政法大学出版社 1999 年版。

16. [苏]B.B.拉普捷夫:《经济法理论问题》,中国人民大学出版社 1980 年版。

# 第二章 经济法的理念和基本原则

**【导语】** 经济法的理念是对经济法的内在精神和运行模式的理性概括和总结。经济法理念的合理界定不仅有助于深刻揭示经济法的本质、本源以及经济法的价值追求，而且有利于深化经济法学研究和促进经济法治建设。经济法的基本原则作为经济法理念的基本载体，对于经济法的创制和实施具有重要的指导意义。伴随着中国经济法的理论发展与制度变迁，在适应中国特色社会主义法治体系日渐形成与完善的过程中，经济法的基本原则体系建构在内容科学化、表述规范化方面取得了显著进步，但距离达到广泛共识、有效指导法治建设、保障经济高质量发展等方面的要求仍然存在较大的提升空间。本教材基于对当前经济法学理论关于经济法的理念和基本原则问题的梳理，介绍了以人本主义理念、实质正义理念、社会本位理念、可持续发展理念、适度干预理念以及形式理性优先理念为内容的经济法理念，阐释了以社会本位原则、适度干预原则、经济民主原则、经济公平原则以及经济安全原则为内容的经济法基本原则。

## 第一节 经济法的理念

弗里德曼曾指出："法典背后有强大的思想运动。""历史上没有一部完美的法典是不以完备的思想作为基础的，先要了解法律思想，才能具备法律的精神，然后才能提升法律的价值。"[1]事实上，法律思想折射出人们籍以发现、解释或建构社会制度的法律理念，而正是法律理念成为人类行动的指南和制度创新的先导。研究经济法的理念，探究经济法背后所蕴藏的思想，不仅具有深化经济法理论研究、完善经济法理论体系的学理价值，而且具有指导经济法治建设实践、提高经济治理绩效的现实意义。

### 一、经济法理念的含义和功能

法律理念是一个具有多维度内涵的重要法学范畴，涵括了法律的本质、本源、运行、本位、精神、目的、价值、方法等多个方面的要素，需要人们在现实的法律生活中加以认识、体验、遵循和实现。具体到经济法理念而言，通过梳理和分析学界对其进行多视角研究的成果可知，所谓经济法理念，它是现代国家在依法适度干预经济的过程中，人们通过

---

〔1〕 [英]丹尼斯·罗伊德：《法律的理念》，张茂柏译，中文版序1页，北京，新星出版社，2005。

理性认识能力所把握到的经济法的内在精神和运行模式。[2] 在经济法的制定和实施过程中,其内在精神成为人们为自己的经济法实践活动所确立的最高价值目标,其运行模式成为人们指导经济法治建设各个方面的基本原则。经济法理念既植根于实在的经济法,又着眼于未来的经济法;它既产生于经济法的事实,又连接着经济法的价值;既具有形而上的关切与反思,又离不开形而下的体认和实现;既具有超越特定时代和国别的普遍性,又具有融入当下时空和本土的多样性。

作为经济法理论范围内最高抽象层次的范畴,经济法理念体现出重要的认识论功能和方法论功能。就其认识论功能而言,即经济法理念对经济法本质、本源以及经济法价值的揭示,有助于经济法学理论研究以致整个法学理论研究的深入,同时,也有助于经济法实践的正确进行。正如史尚宽先生所说:“依法之理念以指导立法及法之运用。故法之理念,不独为立法原理,而亦为法的解释之指导原理。……立法不依法之理念,则为恶法,窒碍难行。解释法律不依此指导原则,则为死法,无以适应社会之进展。”[3]同时,就其方法论功能而言,即经济法理念能够为经济法学研究和经济法实践提供重要的方法论指导。正如李双元先生等在谈到法律理念的方法论意义时所说,在某种程度上,法律理念相当于库恩所说的“范式”或“专业母质”。一方面,它代表着法律的信仰、目的、理想、精神、理论、手段、方法、准则等因素的集合体;另一方面,它又是解决法律常规或反常问题的模型。[4]

## 二、经济法理念的构成及其逻辑

关于经济法理念的构成问题,学界并未达成完全一致的共识。例如,有学者认为,经济法理念的核心内容是社会整体经济利益的实现,表现为公私交融法、社会本位法、平衡协调、综合调整法。[5] 又如,有学者主张,我国经济法的基本理念是社会整体利益观,进而在遵循市场运行规律的基础上,经济法对各领域的经济活动和经济关系展开适当的调整。[6] 再如,有学者认为,经济法理念的内容是指经济法的宗旨及其实现途径;从维护掌握国家政权的阶级的根本利益出发,实现经济法主体利益的协调发展,是经济法宗旨的基本内容;对本国经济运行依法进行国家协调是经济法宗旨的基本实现途径。[7] 鉴于秉承“经济法——国家干预经济的基本法律形式”的判断和认知,我们主张将经济法理念概括为人本主义理念、实质正义理念、社会本位理念、可持续发展理念、适度干预理念、

---

[2] 李昌麒主编:《经济法理念研究》,22页,北京,法律出版社,2009。

[3] 史尚宽:《法律之理念与经验主义法学之综合》,载刁荣华主编:《中西法律思想论集》,272页,台北,台湾汉林出版社,1984。

[4] 李双元、蒋新苗、沈红宇:《法律理念的内涵与功能初探》,载《湖南师范大学社会科学学报》,1997(4)。

[5] 史际春主编:《经济法》,88页,北京,中国人民大学出版社,2005。

[6] 顾功耘:《略论经济法的理念、基本原则与和谐社会的构建》,载《法学》,2007(3)。

[7] 杨紫烜主编:《经济法》,53～54页,北京,北京大学出版社,2008。

形式理性优先理念六个方面。之所以如此，主要是基于以下思考：[8]

1. 人本主义理念于经济法而言，具有价值论和方法论的意蕴。从价值论上说，法作为服务于人的规则不可能不彰显人本主义这种价值判断，各个部门法也都从不同的角度体现并实现着人本主义。具体到经济法这一新兴的法律制度，其人本主义理念的形成源自以法律的形式来克服现代市场经济中人为物所异化以及由此所导致的人的分化。在经济法视野下，作为元理念的人本主义理念可以进一步解读和推演为共生理念、和谐理念、发展理念。在人本主义理念下，经济法的价值取向体现为自由与秩序、公平与效率的整合；进而，融入自由与秩序、公平与效率价值意蕴的市场规制法和宏观调控法通过各自的运行，来化解经济发展中出现的社会强弱势群体分化、区域经济发展失衡以及贫富两极分化等现实问题。从方法论上说，经济法的人本主义方法论立基于"失衡—均衡"的基本分析框架，其中，失衡是前提和假设，均衡是手段和目的；[9]籍此，致力于在经济治理中以法治的途径来确保资源配置的均衡、防止资源配置的失衡。

2. 实质正义理念是经济法的重要价值诉求。从法治演进的视角来看，经济法实质正义理念的形成反映了人们在法律形式正义被过度强调而身陷现代性困境时，力求通过制度的变革来重塑社会经济生活的事实。经济法实质正义理念的基本内涵可以从以下四个方面来理解：其一，在社会经济领域，主张实质而非形式的机会公平；其二，面对经济法主体时，关注具体而非抽象的人格平等；其三，就主体间利益的对待，强调全局性而非局部性的社会利益；其四，就其实现方式而言，可通过"利益倾斜性配置"，去调节和消除人基于出身、禀赋等偶然因素而形成的不平等关系以及社会历史过程中基于财富累加而形成的"交易优势"。[10] 经济法实质正义理念的兴起顺应了20世纪反形式主义的法治变迁，满足了社会对法律提出的关涉个人道德和尊严、关涉公共利益和秩序、关涉社会发展和资源保护以及对弱势群体的关注等各种新的要求，与此同时，充分展现和阐释了经济法作为一个独立法域所特有的理念秉性。

3. 社会本位理念是认识论意义上的经济法的基本立场和归宿。相较而言，以个人和个人权利为目标的个人本位法律制度构成了近代西方各国社会结构中最稳定的制度形态，并成为日后以社会本位为要义的现代新兴法律制度产生的前提条件。而社会本位理念的形成则体现了经济法对经济社会化和法律社会化的回应，它不仅表征着经济法作为现代市场经济条件下应运而生的一个新兴法律部门所具有的独立品性，而且还标志着经济法的理论研究和法治实践正在逐步走向成熟与完善。经济法以社会本位为理念，本质上就是在传统法的基础上，重新配置权利和义务，建构起以社会公共利益为中心的适应现代市场经济运行需要的行为模式，从而使得经济法担负起维护和促进社会整体利益的

[8] 李昌麒主编：《经济法理念研究》，6～8页，北京，法律出版社，2009。

[9] 李永成：《经济法人本主义论》，155页，北京，法律出版社，2006。

[10] 江帆：《经济法实质正义及其实现机制》，载《环球法律评论》，2007(6)。

功能和作用。[11] 这样,就使得经济法在调整对象、调整机制、调整方法等方面都必须具有社会本位性。由此,社会本位理念在很大程度上决定着经济法的基本立场、发展走向和最终归宿。

4. 可持续发展理念是经济法对多代人正义的价值诉求。所谓可持续发展,是指既能满足当代人的需要,又不对后代人满足其需要的能力构成危害的发展。2015 年 9 月 25 日,联合国可持续发展峰会通过了纲领性文件《改变我们的世界——2030 年可持续发展议程》,该《议程》为各国坚持走绿色、低碳、循环、可持续发展之路提供了行动标准。近年来,我国以推进绿色发展的方式传承与深化了全球可持续发展理念。实践中,推行可持续发展模式,既要考虑共时性与历时性的发展,又要同等重视发展过程中量的增长和质的提高,因此,这是一种包含经济发展、社会发展、生态发展的全方位发展。经济法以可持续发展作为其重要理念,一是要求经济法应具有对代内公平与代际公平同等关注的公平性;二是要求经济法应具有考虑经济社会发展不超越资源与环境承载能力的可持续性;三是要求经济法应具有注重经济、社会、生态的全方位发展的整体性。此外,可持续发展理念也可以为经济法视野下的国家干预提供正当性,并在一定程度上界定国家干预的范域。

5. 适度干预理念是方法论意义上的经济法的实施理念。我国国务院新闻办公室在 2011 年发布的《中国特色社会主义法律体系》白皮书中,就描述经济法"为国家对市场经济进行适度干预和宏观调控提供法律手段和制度框架",由此展现了这一重要的实施理念。在经济法视野下,当我们论及"适度干预"时,就要求国家对市场的干预以不破坏市场机制的正常运行为限度。这就要求经济法在决定是否干预以及如何干预市场经济时,应综合考察市场的需求、政府的"经济人"特性、政府干预能力的边界、干预的成本以及经济法相对于道德、民法、行政法在克服市场失灵中的比较优势等因素。现实中,应避免走向适度干预的反面,也就是干预过度,或者是干预不足,而当下在我国,更多的是需要注意防止干预过度。干预过度会对市场的良性运行造成极大损害,因而需要从制度上予以制止。而要做到适度干预,就必须针对决策程序、信息获取方式以及权力寻租等方面存在的问题进行制度化克服。

6. 形式理性优先理念是经济法在规则适用方面仍然应当坚持的方法论。现实中,我们虽然强调经济法的实质正义理念,但是并不意味着要把经济法的实质理性与形式理性对立起来,事实上,它们完全可以在经济法体系的框架内,或者在某一具体的经济法之中,求得有机的结合与统一。在经济法的语境中,一方面,倡导实质理性意味着借此应对和化解因法律形式理性的过度运用而引发的现代性问题;另一方面,形式理性优先理念则意味着当经济法的形式理性与实质理性发生冲突与矛盾时,将把以规则和程序为核心的形式理性的要求放在优先的地位去看待和遵守,从而使形式理性获得更强的指导性与

[11] 薛克鹏:《论经济法的社会本位理念及其实现》,载《现代法学》,2006(6)。

约束力。从这个意义上说，形式理性优先理念旨在强调经济法对实质正义的追求并不能脱离以规则和程序为核心的法律形式正义。此外，经济事实与目标的不可预测性、实质理性命题的可证伪性、实质理性的不可操作性也在很大程度上说明，经济法在规则适用上坚持形式理性优先理念有其合理性。

## 第二节　经济法的基本原则

经济法的基本原则与经济法的理念具有十分密切的联系，因为经济法的基本原则作为指导经济法实践的法理依据，实际上源自经济法理念的支撑，是经济法理念在经济法的创制和实施层面更为具象的体现。而在论及经济法的基本原则时，首先应了解法律原则的含义。从法理角度来看，法律原则是指可以作为法律概念、法律规则等法的要素之基础或本源的综合性原理和出发点。它既存在于各种法律之中，能够进行经验层面的认识，也存在于某个法律体系之中，能够进行逻辑层面的把握。实践中，法律原则在指导法律的制定、直接作为执法依据、指导疑难案件的裁决等方面均发挥着重要的作用。[12] 具体到经济法而言，其基本原则是指规定于或寓意于经济法律制度之中，对经济立法、经济执法、经济司法和经济守法均具有指导意义或适用价值的基本准则。值得注意的是，囿于经济法作为一个新兴法律部门所具有的发展性和变动性，不同阶段以致同一阶段的不同经济法学说对于经济法基本原则体系的构建均呈现出一定的差异性。

### 一、关于经济法基本原则的不同认识

关于经济法基本原则的认识是与我国经济体制发展变化的步伐相伴而生的。具体而言，在我国改革开放初期至社会主义市场经济体制正式确立这一时期内，由于经济法的立论依据的错位或缺失，致使学界关于经济法基本原则的概括和总结呈现出明显的差异性。其间，有的将经济规律，如“遵循客观经济规律”“生产关系一定要适合生产力性质”等，直接表述为经济法的基本原则，混淆了经济法作为法律与经济之间的界限；有的将社会主义法的一般原则，如“保障以公有制为主体的多种所有制经济发展”“社会主义法制”等，直接表述为经济法的基本原则，混淆了经济法基本原则与一般法律原则之间的界限；有的将宪法、行政法、民商法等其他部门法的基本原则，如“充分发挥中央和地方两个积极性”“民主集中”“诚实信用”等，直接表述为经济法的基本原则，混淆了经济法与相邻部门法之间的界限。随着社会主义市场经济体制在我国的建立和发展，适应中国经济法理论发展的科学立论依据的确立，经济法基本原则的理论研究和体系构建也获得了科学发展的机遇并取得了丰硕的成果。其中，代表性观点主要有：

1. 一原则论。这种观点将经济法的基本原则界定为“维护和促进社会经济总体效率

[12] 张文显主编：《法理学（第五版）》，120页，北京，高等教育出版社、北京大学出版社，2018。

和社会公平”。注重“维护社会经济总体效益,兼顾社会各方经济利益公平”,或称为“在社会总体经济效率同个体经济效率、社会公平同个体间公平之间进行衡平”。[13] 一原则论的依据在于,经济法价值、功能和理念的特点在于社会经济效率和社会经济公平(以及建立在此基础上的社会经济秩序和社会经济正义等),这一特点决定了经济法的基本原则的基本要求。

2. 二原则论。这种观点又有多种认识:(1)一种认识是将经济法的原则总结为经济法主体利益协调原则和国家协调本国经济运行法定原则。其中,前一原则的主要精神是经济法主体的依法作为或不作为对于经济社会的发展作出了贡献,就应依法获得相应的利益,即在增量利益的总和之中占有一个相对合理的比例,以实现经济法主体之间利益关系的“配合适宜”。后一原则的内容则包括经济法主体法定,经济法主体的行为以及行为后果的法定。[14] (2)另一种认识是将经济法的基本原则概括为市场竞争原则和宏观调控原则。这里的市场竞争强调的是市场的竞争、自由竞争、公平竞争和有序竞争;宏观调控则意指对市场的宏观调控、宏观领域的调控、有限调控、民主调控和法律调控。宏观调控是市场竞争的条件,市场竞争是宏观调控的依归。[15] (3)还有一种认识是将经济法的原则概括为适当干预原则和合理竞争原则。[16] 所谓适当干预,是指国家或经济自治团体应当在充分尊重经济自主的前提下对社会经济生活进行一种有效但又合理谨慎的干预。所谓合理竞争,意指有序、有效的竞争,其中,有效竞争是合理竞争原则以及构建其上的具体规则的运用结果及其表现。(4)还有学者将经济法基本原则概括为社会利益最大化原则和实质公平原则;[17]或者将经济法基本原则概括为社会本位原则和效率优先、兼顾公平原则;[18]或者将经济法基本原则表述为公平原则和效益原则;[19]或者将经济法基本原则总结为资源配置的帕累托有效原则和分配中的交叉公平原则。[20]

3. 三原则论。这种观点也有多种认识:(1)一种认识是把平衡协调原则、维护公平竞争原则和责权利相统一原则归结为经济法的三大基本原则。其中,平衡协调原则是指经济法的立法和执法要从整个国民经济的协调发展和社会整体利益出发,来调整具体经济关系,协调经济利益关系,以促进、引导或强制社会整体目标与个体利益目标的统一。维护公平竞争原则和制度的出现,是通过国家的“有形之手”来纠正市场“看不见的手”所导致的弊端,同时又力求使“看不见的手”在最大范围内、最高程度上发挥作用的产物。责

---

[13] 漆多俊:《经济法基础理论(第五版)》,174～175 页,北京,法律出版社,2017。

[14] 杨紫烜主编:《经济法》,66～69 页,北京,北京大学出版社,2008。

[15] 邱本:《自由竞争与秩序调控——经济法的基础建构与原理阐析》,311～338 页,北京,中国政法大学出版社,2001。

[16] 鲁篱:《经济法的基本范畴研究》,63～68 页,北京,法律出版社,2008。

[17] 王全兴:《经济法基础理论专题研究》,283～300 页,北京,中国检察出版社,2002。

[18] 程宝山:《经济法基本理论研究》,123～126 页,郑州,郑州大学出版社,2003。

[19] 钱玉林:《经济法基本原则之新探》,载《法学》,1995(1)。

[20] 刘水林:《经济法基本原则的经济学及法哲学解释》,载《法商研究》,1998(5)。

权利相统一原则，是指在经济法律关系中各管理主体和公有制经营主体所承受的权(力)利、义务和职责必须相一致，不应当有脱节、错位、不平衡等现象存在。三大原则协同一致，致力于实现公正、效益、经济自由、经济民主和经济秩序的统一。[21] (2)另一种认识则把经济法的基本原则概括为调制法定原则、调制适度原则和调制绩效原则三个方面。其中，依据调制法定原则，调制的实体内容和程序规范都要由法律来加以规定，只是在法律明确授权的特殊情形下，才能由行政法规加以规定。调制适度原则的基本要求是调制行为必须符合规律，符合客观实际，要兼顾调控和规制的需要与可能，保障各类主体的基本权利。调制绩效强调兼顾效率与公平，追求总量的平衡和社会福利的增长。三项原则之间关系密切，调制法定是调制适度和调制绩效的基础，调制适度是调制法定的展开，是实现调制绩效的手段，而调制绩效则是调制法定和调制适度的总体目标。[22] (3)还有学者把经济法的原则表述为经济上的公平与公正原则，违法行为法定原则和经济管理权限和程序法定原则；[23]或者将经济法基本原则归结为社会整体效率原则、经济公平与公正原则和经济协调行为法定原则；[24]或者将经济法基本原则划分为有效调制原则、社会利益本位原则和经济安全原则。[25]

4. 八原则论。这种观点认为，经济法基本原则应由资源优化配置原则、国家适度干预原则、社会本位原则、经济民主原则、经济公平原则、经济效益原则、经济安全原则和可持续发展原则八个方面构成。上述原则是相互联系、相互促进、缺一不可的有机整体。它们的逻辑联系是：寻求资源的优化配置，是经济法首先追求的目标；在寻求资源优化配置的过程中，国家干预起着不可忽视的作用；但是，国家干预的范围并不是任意的，它必须以社会公共利益为自己的出发点和归宿；国家对经济实行干预的时候，又必须有利于促进和保障经济民主和经济公平的实现；经济民主和经济公平是推动和提高经济效益的重要因素；在实现经济效益的同时，还必须防范经济全球化的发展背景下经济风险的产生，确保经济安全；最后，经济法所能做到的或者经济法的现代化发展的趋势，是要促进全球性的可持续发展战略在中国的实现，以及用科学发展观指导我国的经济社会发展。[26]

除上述代表性观点外，学界还有其他观点。如有学者将经济法基本原则概括为经济民主，效率优先、兼顾公平，可持续发展和经济公正四个方面；[27]有学者将经济法基本原

---

〔21〕 史际春、邓峰：《经济法总论》，153～164页，北京，法律出版社，2008。

〔22〕 张守文：《经济法理论的重构》，337～342页，北京，人民出版社，2004；张守文：《经济法学》，63～65页，北京，中国人民大学出版社，2008。

〔23〕 王保树主编：《经济法原理》，37～38页，北京，社会科学文献出版社，2004。

〔24〕 肖江平：《中国经济法学史研究》，228～229页，北京，人民法院出版社，2002。

〔25〕 《经济法学》编写组：《经济法学(第二版)》，55～62页，北京，高等教育出版社，2018。

〔26〕 李昌麒主编：《经济法学》，77～85页，北京，法律出版社，2008；李昌麒主编：《经济法学》，53～62页，北京，中国政法大学出版社，2007。

〔27〕 顾功耘主编：《经济法教程》，57页，上海，上海人民出版社，2002。

则概括为遵循客观经济规律，巩固和发展社会主义公有制和保护多种经济成分合法发展，国家统一领导和经济实体相对独立，市场经济与宏观调控相结合，责、权、利、效相结合五个方面；[28]还有学者将经济法基本原则概括为六个方面，即按客观经济规律办事，坚持和发展社会主义公有制与保护非公有制合法发展，国家宏观调控与市场机制相结合，实行责权利相结合和国家、集体、个人利益相统一，兼顾公平与效率，经济民主与经济法制相结合。[29] 还有学者将经济法基本原则总结为七个方面，即促进和保障社会主义市场经济健康发展，促进和保障以社会主义公有制为主体的多种经济成分共同发展，遵循客观规律，实行经济民主，促进和保障社会主义公平竞争，兼顾国家、集体和个人利益，经济效益和社会效益相结合。[30] 在此不再一一详述。

## 二、确立经济法基本原则的主要依据

通过前文的不完全列举，我们可以清晰地看到，在有关经济法的基本原则问题上，学界尚未达成获得广泛认同的理论共识，无论是在体系建构上，还是在具体表述上，其间的差异性仍是十分明显的。当然，透过这种纷乱差异的表象，我们也可以深刻地感受到，蕴含在或潜藏于这种多样化的基本原则概括和表述中间的共同性和一致性，尤其是在基本价值取向、作用领域和调整机制等方面，这种共识又是强烈的、深刻的。有鉴于此，我们应当在坚持统一的确立基本原则的依据或标准的前提下，遵循基本法律原则的内在规律性和客观性，扩大共识，求同存异，最终达致科学构建经济法基本原则体系的应然状态。

1. 经济法的基本原则应当确认和体现经济法的特质和使命。任何基本法律原则的确立都必须建立在对它所调整或作用的社会经济关系的基本属性和特征的普遍认同和正确把握的基础上。否则，便会是无源之水、无本之木。经济法作为回应现代社会经济条件下的市场和政府的“双重失灵”而新兴的法律部门，在充分尊重广大社会主体追求和实现个体利益的正当性的基础上，既注重充分发挥国家对于社会经济生活的必要的适度干预功能，又要防范政府在干预社会经济生活过程中可能出现的恣意或任性，最大限度地维护和实现社会整体利益或社会公共利益，理应成为其必须坚守的基本立场和特殊使命。[31] 这就是我们对于现代经济法的基本属性和本质特征所达成的最大共识，这理应成为经济法基本原则应当确认和负载的根本利益所在。而且，它还应当作为经济法特有的法律精神和理念，在未来的理论研究与制度建设中予以巩固与传承。

2. 经济法的基本原则应当凸显其在经济法体系中的根本性和指导性。经济法的基本原则作为体现经济法本质属性的基本准则，当然适用于所有的经济法领域，不论是宏

〔28〕 黄菊昌主编：《经济法》，12～15页，南宁，广西人民出版社，1996。

〔29〕 刘隆亨主编：《经济法概论》，55～68页，北京，北京大学出版社，1997。

〔30〕 肖平主编：《中国经济法》，23～28页，北京，中国政法大学出版社，1994。

〔31〕 孟庆瑜：《伦中国经济法的特殊使命及其完善》，载《兰州大学学报》，2005(3)。

观调控法律领域，还是市场规制法律领域，概莫能外；不仅要适用于经济法的立法之中，还要贯彻于经济法的执法、司法和守法的全过程，具有在经济法领域适用的完整性。因此，那些仅仅适用于部分经济法领域或经济法体系局部的法律准则，只能是经济法子部门的法律原则，如宏观调控法的原则或市场规制法的原则，而不能称其为经济法的基本原则。同时，经济法的基本原则作为特别适用于经济法领域的基本原则，不能与适用于其他法律领域的基本原则，如民商法、行政法等相邻法律部门的基本原则相混同；也不能与所有法律部门通用的一般法律原则，如社会主义法治的基本原则相混同；更不能与在经济生活中发挥根本指导作用的经济规律等非法律原则，如尊重客观经济规律等相混同。否则，将会失去经济法基本原则的特质和方向。

## 三、经济法的基本原则体系

基于对经济法本质属性和基本特征的判断，结合对确立经济法基本原则的主要依据的认识，我们认为，经济法的基本原则体系应由以下五个方面构成：

1. 社会本位原则。这是经济法用来规范和解决社会矛盾关系的基本立场和归宿。在法哲学层面上，法的本位问题是一个关于在法这一规范化、制度化的权利和义务体系中，权利和义务何者为主导（起点、轴心、重点）的问题。[32] 进一步讲，法的本位可以划分为国家本位、个人本位和社会本位三个基本类型。[33] 之所以将社会本位原则奉为经济法的第一原则，就是强调经济法是以维护和实现社会利益为基本立场的，社会本位以“社会中心”为价值取向，注重社会整体发展的均衡，保障社会整体效率的提升，追求社会公共利益和总体利益的最大化。

作为一种新的法律理念和法律改革思想，社会本位是在19世纪末20世纪初产生并发展起来的，旨在矫正19世纪的立法过分强调个人利益、个人权利而忽视社会利益之偏颇。但是，它并非完全否定个人本位，它依然承认个人相对于社会的独立地位，确保个人与社会之间的关系趋向和谐。[34] 同时，由于国家常常被视为社会公共利益的当然代表，特别是人们经常从人格化社会的角度使用国家一词，从而使社会本位与国家存有密切联系，但绝不能把社会本位等同于国家本位。相较而言，国家本位作为行政法的本位思想，其一方面表明行政法在其运行过程中体现着国家意志；另一方面也应当注意到从行政法最基本的表现形式来看，它所关注的仍然是对行政这种意志加以限制，[35]从而避免行政

---

〔32〕 张文显：《法哲学范畴研究》，345页，北京，中国政法大学出版社，2001。

〔33〕 这里需要说明的是，由于权利本位和义务本位、个人本位和社会本位分别是两种研究范式之下依据不同的标准所作出的两种不同的类型划分，因此，在奉行不同分类标准之下的法本位类型之间不可避免地会存在着重合与交叉，个人本位的法可以是权利本位法，社会本位的法也并不拒绝义务的强化；同样，权利本位的法有助于实现个人本位，义务本位的法亦可以支撑社会本位目标的实现。

〔34〕 薛克鹏：《论经济法的社会本位理念及其实现》，载《现代法学》，2006(6)。

〔35〕 参见［美］E.博登海默：《法理学：法律哲学与法律方法》，邓正来译，383页，北京，中国政法大学出版社，2017。

权力过度介入社会生活。

具体来看,经济法的社会本位原则体现在以下两个方面:

其一,社会本位原则发挥作用的现实基础在于现代社会的有机连接。社会化大生产背景下的现代社会形成了越来越细密的专业分工,各种生产要素的配置在越来越开放的市场环境下进行,各种商品和服务的生产、分配、交换、消费在广阔的实体空间和虚拟空间中进行,由此形成了个人与组织之间广泛而有机的连接。这一重要的现实基础成为了以维护和实现社会利益为目标的经济法在其制定和实施时需要考虑的依据,因为无论是对各类市场主体具体市场行为的微观法律规制,还是对某个统一大市场中经济运行的宏观法律调控,都是以有机连接的市场环境为条件、以各种资源的有效配置为目标、以社会利益的实现为旨归的,这成为指引和评价经济法运行的重要标准。

其二,社会本位原则的运用致力于维护和实现社会利益。基于整体主义的立场和考量,社会利益就是社会作为有实质意志的独立存在的有机整体的利益。着眼于社会利益的要素分析,它同时具有不可分割性,受益的不可排他性及非竞争性,受益的开放性及对象的不确定性,生成的历史积淀性,主体的历史延续性,表现形式或载体的状态性,代表的组织性及机制的复杂化等多个方面的特征和属性。〔36〕 社会利益不能简约或还原为个人利益的加总,多数人的利益未必一定就是社会整体利益。同时,我们也不能把社会利益与国家利益相互混同,因为国家自身利益只存在于国家的稳定与安全、国际法上的国家主权、民法上的国家财产利益这三种情况。在此意义上,国家利益有别于社会利益。

2. 适度干预原则。这是经济法所特有的旨在实现社会利益而在路径选择方面应当坚持和遵循的基本准则,是经济法的本质特征或特殊规定性的集中体现。所谓适度干预,是指国家在经济自主和国家统治的边界条件或临界点范围内,对社会经济生活所作出的一种介入行为和状态。经济法之所以要将"适度干预"确定为基本原则,根源于其自身的"国家干预经济的基本法律形式"这一本质属性。因为在市场经济条件下,市场缺陷的客观存在和市场失灵的现实发生,为经济法所确认的国家干预——即国家行使经济职权干预经济生活提供了直接依据。〔37〕 有关国家在特定社会经济条件下的经济立法的创制与实施的成功实践,也有力证明了国家干预经济的必要性和正当性。与此同时,国家应该在多大范围内干预经济,如何干预经济,干预到何种程度等问题成为摆在世人面前的一项重要课题。由此,"适度"干预就成为了国家在需要干预经济的条件下的不选之选。

这里的"适度"具有以下几个方面的内涵:

首先,体现为国家干预经济生活的范围划定的适度。从理论上讲,市场失灵界定了

---

〔36〕 刘水林:《经济法基本范畴的整体主义解释》,153页,厦门,厦门大学出版社,2006。

〔37〕 应飞虎:《需要干预经济关系论——一种经济法的认知模式》,载《中国法学》,2001(2)。

政府活动的范围。[38] 同时，也不是所有的市场失灵都可以由国家干预，当干预的成本过高或干预能力过弱时，国家对市场的干预范围也是应该受到限制的。因此，适度干预定然是一种"有限干预"。

其次，体现为国家选择干预经济生活的方法和手段的适度。通常，国家可以运用经济、行政、政治等多种方法和手段干预经济生活，但是，只有选择与经济生活的实际情况相适应的方法和手段才是"适度"的。例如，应对宏观经济运行的不稳定，常常需要采取间接性、诱导性的方法与手段施加干预与引导，而应对微观经济运行的低效益，采取直接的、强制的方法与手段予以干预与规范则可能更为适当。因此，适度干预必定是一种"适当干预"。

最后，体现为国家干预经济生活程度的适度。从理论上讲，这种程度上的"适度"，体现为一种国家的干预供给与市场的干预需求之间的均衡。它要求国家干预的供给量与市场对干预的需求量相一致。进言之，市场缺陷导致市场产生外力干预需求，而国家的干预只能严格限定在这种需求的范围内，否则就会导致干预的不均衡，这种不均衡主要表现为干预供给大于干预需求（即过度干预）和干预供给小于干预需求（即干预不足），两者都会导致市场运行的低效率。[39] 可见，适度干预也应是一种"均衡干预"。

我们在确立适度干预原则的同时，必须要从中国国情出发，防范和克服国家主义积弊的横行。所谓国家主义，是指以国家权力为核心，以权力至上为价值基础的一种普遍存在于社会意识形态领域的观念体系。这种观念以重国家轻社会、重权力轻权利、重人治轻法治、重集权轻分权、重集体轻个人、重实体轻程序等为内在精神体现，将影响和阻滞中国法治建设的进程。经济法的国家干预经济基本法律形式的本质，决定了经济法与国家之间的密切关系或国家在经济法中的重要地位。因此，在经济法的发展过程中，必须防止国家主义对经济法的统治或者经济法的国家主义倾向，剔除经济法理论和实践中既存的国家主义影响。这不仅对于保持经济法的独特品质，而且对于真正实现经济法治的特殊使命，都具有极为重要的意义。[40]

3. 经济民主原则。民主是一个与专制相对应的概念，是指在尊重个人权利基础上的多数决定，或者说以多数决定来防止共同体的人格化身为所欲为，从而保护公民个人权利的一种机制。[41] 民主是一种社会管理体制，在该体制中，社会成员大体上能直接或间接地参与或可以参与影响全体成员的决策。[42] 可见，是否尊重个人权利，不仅是自由与不自由，而且也是民主与专制的根本区别所在。一般意义上的民主是如此，经济民主同

---

〔38〕 [美]斯蒂格利茨：《政府为什么干预经济》，郑秉文译，69页，北京，中国物资出版社，1998。

〔39〕 应飞虎：《需要干预经济关系论——一种经济法的认知模式》，载《中国法学》，2001(2)。

〔40〕 王立林、孟庆瑜：《中国经济法发展中的国家主义之克服》，载《东方论坛》，2002(5)。

〔41〕 秦晖：《相克亦相生》，载刘军宁等编：《经济民主与经济自由》，20页，北京，生活·读书·新知三联书店，1997。

〔42〕 [美]科恩：《论民主》，聂崇信、朱秀贤译，10页，北京，商务印书馆，1988。

样如此。经济民主原则的确立,对于确保经济法所确认、规范和保护的国家干预的正当性,防范国家干预中可能发生的经济专制风险具有重要意义。具言之,经济民主原则的内涵体现在以下三个方面。

首先,经济民主原则要求市场主体以及接受国家干预的其他利益相关者均有权利参与国家干预经济的政策、法律制度的决策过程。参与是民主的关键,政策法律制度的利益相关者能否参与决策,有多少人能够参与决策,在决策中能够发挥什么样的作用等,都是判断经济民主的范围、广度和深度的重要尺度。这就要求国家在制定或出台干预经济生活的有关政策、法律制度时,要严格遵守民主决策的规则和程序,充分尊重广大市场主体的自主选择权,充分保障广大市场主体的利益表达机会,努力将国家干预经济的政策、法律制度的决策过程设置成为国家、个人和社会之间充分达致利益博弈与均衡的过程,切实提高政策、法律制度的社会认同度和自觉遵守度,最大限度地降低政策、法律制度的执行或实施中的效能耗损,确保国家干预经济的政策、法律目标的有效实现。

其次,经济民主原则要求正确处理政府与市场之间的关系。早在1978年召开的中央工作会议上,邓小平谈到发扬经济民主的问题时就深刻地指出,“现在我国的经济管理体制权力过于集中,应该有计划地大胆下放,否则不利于充分发挥国家、地方、企业和劳动者四个方面的积极性,也不利于实行现代化的经济管理和提高劳动生产率”。[43] 党的十四大提出,“要使市场在社会主义国家宏观调控下对资源配置起基础性作用”;党的十八大提出,“更大程度更广范围发挥市场在资源配置中的基础性作用”;党的十八届三中全会把市场在配置中的“基础性作用”修改为“决定性作用”;党的十九大再次强调,“使市场在资源配置中起决定性作用”。[44] 由此,改革与调整政府与市场之间的关系就成为贯穿中国经济体制改革全过程的一条主线。其间,一方面,广大市场主体的独立法律地位和自主经营权逐步得到相关立法的确认、尊重与保护;另一方面,政府及其经济管理部门的经济管理权限也逐步实现法定化、规范化和程序化。可见,经济民主原则已经成为指导我国国家干预经济生活的方法、手段等逐步走向科学化和法治化的价值追求和精神指引。

最后,经济民主原则要求进一步搭建和完善实现经济民主的法治条件。具体来讲,形成这一法治条件需要从以下两个方面作出努力:[45]一是填补中国经济法的制度缺位和司法缺位。即针对经济法律制度建设相对于国家干预经济生活需要的缺失和滞后问题,不断完善公平竞争、产品质量、消费者保护等市场规制法律制度,着力加强有关经济规划、产业调节、区域发展、财税金融等宏观调控法律制度;针对经济法在司法程序保障方面的现实问题,着力推进解决经济法纠纷的司法机构的重塑和公益诉讼程序制度的完

[43] 《邓小平文选》第三卷,135页,北京,人民出版社,1993。

[44] 中共中央宣传部:《习近平新时代中国特色社会主义思想学习纲要》,114页,北京,学习出版社、人民出版社,2019。

[45] 孟庆瑜:《论中国经济法的特殊使命及其完善》,载《兰州大学学报》,2005(3)。

善。二是矫正中国经济法的立法错位和执法错位。即针对因创制机关和创制内容上受不当利益影响而偏离经济法预期目标的现象和问题，通过加强中央立法和人大立法，规范授权立法，推动部门立法模式改革，冲破部门分割和地方保护主义的藩篱；针对有关经济管理部门在执法过程中存在的执法不力、执法不当等问题，通过整合执法机构、提升执法层级，规范执法程序，强化责任追究，加大执法力度，加重违法成本，维护经济行政执法的秩序和权威。

4. 经济公平原则。"公平"从来就是一个与"正义"密切相关的概念，它指向的是一个法律部门或一项法律制度所追求的社会目的，反映着法律创制和实施的宗旨，是法律价值系统中的目的价值构成。正如罗尔斯所说，"作为人类活动的首要价值，真理和正义是绝不妥协的"。〔46〕因此，所有的法律都应以自己的方式追求和践行正义理想，共同维护和实现各国以致国家间制度的正义宗旨。所谓经济公平，就是国家法律体系的正义宗旨在经济法部门的具体化，是经济法的实质正义理念的价值体现和原则确认。在我国的实践中，最容易影响经济公平的是行政干预、差别政策、税赋不公、发展失衡、不正当竞争和垄断等因素。〔47〕而要克服这些因素的不利影响，经济法必须按照社会主义市场经济的要求，把实现经济公平作为自己的一项基本原则。

从本质上讲，经济法上的经济公平，是在承认广大市场主体的资源和禀赋等方面差异的前提下，追求一种结果上的公平，即实质公平。其具体包含以下方面的内容：

首先，经济公平原则尊重和保护竞争公平。竞争是市场发挥作用和实现资源优化配置的动力机制，但是，不加任何规制的竞争又常常会因垄断、限制竞争和不正当竞争等而走向竞争的反面，违反经济民主，触及社会利益。因此，经济公平原则下的公平竞争，应该是遵守反垄断法和反不正当竞争法的相关规则下的市场竞争。

其次，经济公平原则注重和保护分配公平。市场经济体制内生着与其适应的分配机制——按生产要素贡献分配，由此决定了各生产要素所有者之间分配结果不平等的正当性。正如罗尔斯所言，"基本结构被如此安排，以至于当每一个人都遵守公共承认的合作规则，并履行这些规则所规定的各项条款的时候，由此产生的具体商品分配就可被接受为正义的(或至少不是不正义的)，而无论这些分配的结果是什么"。〔48〕而经济公平原则下的分配公平则是着眼于全体社会成员对资源成果的公平分享，这需要通过财政、税收、法律等二次分配制度的科学构建与规范实施，来适度弥合收入分配差距，维护收入分配结果的合理化。当然，这里的分配公平并不意味着追求收入分配的平均主义，因为在一个尊重个人选择权利为基础的市场经济中，平均主义，特别是针对结果的平均主义很难

---

〔46〕［美］约翰·罗尔斯：《正义论》，何怀宏等译，3～4页，北京，中国社会科学出版社，1988。

〔47〕李昌麒主编：《经济法学》，82页，北京，法律出版社，2008。

〔48〕［美］约翰·罗尔斯：《作为公平的正义——正义新论》，姚大志译，81页，上海，上海三联书店，2002。

成为一个被接受的公平标准。[49]

最后,经济公平原则关注和保护代际公平。这是经济法对于眼前利益与长远利益、当代人与未来各代人之间环境资源利益公平分配和分享的价值关照。世代间的公平问题产生于"不可更新资源的耗竭和可更新资源的减少,产生于诸如空气、水、土壤等环境资源质量的下降,产生于自然资源环境功能的丧失,产生于文化资源的丧失,产生于缺乏利用自然和文化资源的有效途径",由此导致属于后代人的资源的消耗、属于后代人的资源质量的下降以及从前人获得的资源中获益的可能性丧失等多个方面的问题。[50] 因此,经济公平原则强调通过国家的统筹和对市场主体意思自治的限制,对有限的资源进行公平分配,消除发达地区对落后地区、当代人对后代人的盘剥和掠夺,以求实现当代人之间的公平、当代人与未来各代人之间的公平以及资源分配与利用的公平,给世世代代以公平的发展权。

5. 经济安全原则。回顾经济法生成的历程可知,"经济安全"贯穿了经济法产生与发展的全过程,成为人们运用经济法这一制度方案解决现代市场经济中出现的诸多问题时所需要借助的重要理念。[51] 之所以要确保市场运行中的经济安全,其根源在于社会化大生产条件下,经济运行的复杂性、科技发展的不确定性乃至市场主体对经济理性的滥用,使得人为制造的"文明的风险"无论是类型还是数量都在日渐增多,而风险也已经成为现代社会的显著特征,其所引发的"系统性的"损害促使政府与社会必须合力予以应对。[52] 关于何为经济安全,可以描述为通过采取某种经济法律制度使得微观经济或宏观经济保持有序运行和稳定发展的状态。在经济法领域内,"经济安全"的类型主要表现在消费安全、投资安全、产业安全、能源安全、金融安全、财政安全等方面;而其作为一项重要的法律原则,对于经济法治实践的指导作用则体现在经济法的立法、执法、司法和守法等各个环节。

目前,在我国已步入高质量发展阶段的背景下,国家正着力"统筹发展和安全",实施"国家安全战略","把安全发展贯穿国家发展各领域和全过程",推进"实现更高质量、更有效率、更加公平、更可持续、更为安全的发展"。[53] 为给经济高质量发展提供法治保障,经济法治建设在其推进过程中应坚持经济安全原则,具体表现在以下方面。

其一,提升参与经济法治实践的各类主体的经济安全意识。在经济法领域,无论是

---

〔49〕 孟庆瑜:《分配关系的法律调整——基于经济法的研究视野》,73页,北京,法律出版社,2005。

〔50〕 [美]爱蒂斯·布朗·魏伊丝:《公平地对待未来人类:国际法、共同遗产与世代间衡平》,汪劲等译,4~5页,北京,法律出版社,2000。

〔51〕 单飞跃、刘思萱:《经济法安全理念的解析》,载《现代法学》,2003(1)。

〔52〕 [德]乌尔里希贝克:《风险社会:新的现代性之路》,张文杰、何博闻译,6~8页,北京,法律出版社,2000。

〔53〕《中共中央关于制定国民经济和社会发展第十四个五年规划和二〇三五年远景目标的建议》(2020年10月29日中国共产党第十九届中央委员会第五次全体会议通过)。

经济管理主体，还是市场主体，抑或社会中间层主体，在其依法干预经济生活、从事市场交易、参与经济治理过程中，均需要树立经济安全意识。其中，经济管理主体在其履职过程中，需要坚持经济安全意识，加强经济安全风险预警、防控机制和能力建设，以此应对和化解各类经济风险，促进安全发展；市场主体在其从事市场交易活动中，需要养成经济安全意识，通过合理评估市场风险和慎重参与市场交易、有效借助实现经济安全的执法和司法资源，来维护自身合法权益；社会中间层主体在其参与经济治理过程中，需要秉持经济安全意识，从确保经济安全的角度来加强自治自律、参与经济合作治理，从而在促进安全发展中积极发挥作用。总之，在各类主体参与经济法治实践的过程中，“经济安全原则”具有重要的认识论和方法论意义。

其二，在经济法治实践的各领域和全过程践行经济安全原则。随着经济全球化和法律全球化的不断发展，各国和地区乃至全球的经济运行呈现出规模越来越大、交往越来越频繁、有机联系越来越紧密的系统化特征。在这样一个复杂性不断增长的经济系统中，为了确保我国国内国际双循环相互促进的新发展格局的逐步形成和发展，就需要相应的经济法治实现与社会系统的同步变化和发展，使得市场活动带来的机会以及可能造成的风险均具有可计算性、可预测性，并且通过经济法治建设来保障市场主体从事市场交易、防范市场风险，从而形成稳定、健康、可控的经济秩序。[54] 具体到经济法治实践的各领域，均需要践行经济安全原则，使得市场准入与退出、企业治理、消费者保护、质量监管、维护竞争、经济规划、产业发展、财政税收、金融监管、公共投资等各个方面，都能够以经济安全作为出发点和落脚点；同时，在经济法治实践的全过程，将经济安全原则融入每一项经济法治实践活动，形成事前预警防范、事中应对化解、事后评估矫正的动态安全保障机制。

**【拓展阅读】**

1. [美]约翰·罗尔斯：《正义论》(修订版)，何怀宏等译，中国社会科学出版社 2009 年版。

2. [美]E.博登海默：《法理学：法哲学与法律方法》，邓正来译，中国政法大学出版社 2017 年版。

3. [英]丹尼斯·罗伊德：《法律的理念》，张茂柏译，新星出版社 2005 年版。

4. 张文显：《法哲学范畴研究》，中国政法大学出版社 2001 年版。

5. 李昌麒：《经济法理念研究》，法律出版社 2009 年版。

6. 张守文：《经济法原理(第二版)》，北京大学出版社 2020 年版。

7. 单飞跃：《经济法的理念与范畴的解析》，中国检察出版社 2002 年版。

---

[54] [德]尼克拉斯卢曼：《法社会学》，宾凯、赵春燕译，54～57 页，上海，上海世纪出版集团，2013。

8. 岳彩申:《论经济法的形式理性》,法律出版社 2004 年版。

9. 孟庆瑜:《分配关系的法律调整:基于经济法的研究视野》,法律出版社 2005 年版。

10. 刘水林:《经济法基本范畴的整体主义解释》,厦门大学出版社 2006 年版。

11. 黄茂钦:《经济法现代性研究》,法律出版社 2006 年版。

12. 李永成:《经济法人本主义论》,法律出版社 2006 年版。

13. 甘强:《经济法利益理论研究》,法律出版社 2009 年版。

# 第三章 经济法的主体与行为

**【导语】** 经济法的主体与行为是经济法基础理论中的重要范畴，是经济法作为独立部门法的重要理论支撑，是科学认识与架构经济法具体制度的重要逻辑基石。伴随中国经济市场化改革的深化和经济法基本理论的重塑与发展，经济法主体呈现出体系构成多样性、主体地位差异性和权利义务配置的不对等性等特点，具体由政府经济管理主体、社会中间层和市场主体等三类主体构成的多元体系。由此也决定了经济法主体资格取得方式的多样性和经济法权利义务内容的复杂性。相较之下，经济法行为理论尚需更加深入系统的研究。基于经济法的国家干预本质的认识，经济法行为主要表现为国家干预经济行为，但并不等同于经济合法行为。沿着"主体——行为"的逻辑思路，经济法行为因政府经济管理主体、社会中间层和市场主体的类型划分而呈现复杂性特征。其中，对政府经济管理主体的宏观调控行为和市场规制行为的类型划分基本定型，但对于社会中间层和市场主体的经济法行为的类型划分和具体表现，需要根据其接受经济法调整或参与经济法律关系的实际情况而具体确定。

## 第一节 经济法主体

自法理而言，主体是任何一种法律关系的三大构成要素之一，任何一个法律部门都有其特定的主体及其制度体系，并且"主体制度属于部门法中的基础性制度"〔1〕，经济法也不例外。"经济法主体是经济法律关系构成中的能动性要素，因此也是最活跃的要素，在经济法律关系的发生、存在与消灭的过程中起到决定性的作用。"〔2〕所以，正确界定经济法主体的含义，科学构建经济法主体体系，对于夯实经济法的基本理论，完善经济法制度体系，均具有重要意义。

### 一、经济法主体的概念和特征

法律概念的界定对于法律制度的构建具有最基本的理论指导意义，正如著名学者博登海默所指出的，"由一个法理制度所确定的概念，主要是用来形构法律规则和法理原则

〔1〕 焦海涛：《经济法主体制度重构：一个常识主义视角》，载《现代法学》，2016(3)。

〔2〕 顾功耘：《经济法教程》，39页，上海，上海人民出版社，2002。

的”。[3] 因此,经济法主体概念的科学界定对于经济法的法律制度构建具有重要影响。

### (一)经济法主体的概念

学习和研究经济法的主体理论和主体制度,需从科学界定经济法主体的概念入手。在我国经济法理论发展的不同阶段,由于受到苏联经济法理论和国家经济体制改革的深刻影响,关于经济法主体的概念界定是带有明显的时代印记的。但是,伴随社会主义市场经济体制在我国的逐步建立和发展,中国经济法主体的概念界定和理论研究也渐趋成熟。其中,北京大学杨紫烜教授指出:“简言之,经济法主体,是指经济法法律关系的参加者。”[4]张守文教授认为:“经济法主体是依据经济法而享有权力或权利,并承担相应义务的组织体或个体。”[5]中国政法大学徐杰教授提出,经济法主体“是指在宏观经济调控、市场秩序监管以及政府参与的法律关系中依法享有权利(力)、承担义务的当事人”。[6] 西南政法大学李昌麒教授认为:“经济法主体即经济法律关系主体,是指参加经济法律关系,拥有经济权限的当事人。”[7]中南大学漆多俊教授认为:“经济法法律关系主体,简称经济法主体,亦即国家经济调节法律关系主体,它是指受经济法调整的国家经济调节关系的参加者即当事人,是国家经济调节管理活动中权利义务的承受者。”[8]中国人民大学史际春教授认为:“经济法律关系的主体,是指经济法律关系的参加者,也即在经济管理、竞争、组织管理性的流转和协作等法律关系中享有一定权(力)利、承担一定义务的当事人。”[9]华东政法大学顾功耘教授认为:“经济法律关系主体又称为经济法的主体,它是以自己的名义独立参加经济法律关系的当事人,是经济法律关系权利的享有者和义务的承担者。”[10]此外,还有其他学者也对经济法主体的概念作出了自己的界定,不再一一叙述。

通过上述不完全的列举,我们可以清晰地发现,关于经济法主体的概念界定,从表述形式上看,是存在一定差别性的,不同学者都在以自己独特的表达方式对经济法主体的概念进行界定,并力求凸显与其他概念界定的区别。但从本质内容上看,却呈现出明显趋同性,并无实质性差异,即大都是以法律关系理论为基础,以经济权利(力)、义务为中心,对经济法主体进行概念界定。这是因为,“法律关系是社会关系主体根据法律规定建立的权利和义务关系。每一个法律关系的参加者都是一定权利的享有者和义务的承担者。因此,权利和义务是法律关系的基本内容,也是法律关系的主要构成要素之一。”[11]

---

[3] [美]博登海默:《法理学:法律哲学与法律方法》,邓正来译,509页,北京,中国政法大学出版社,1998。

[4] 杨紫烜:《国家协调论》,321页,北京,北京大学出版社,2009。

[5] 张守文:《经济法学(第五版)》,48页,北京,北京大学出版社,2008。

[6] 徐杰:《经济法概论》,5页,北京,首都经济贸易大学出版社,2006。

[7] 李昌麒、刘瑞复:《经济法》,96页,北京,法律出版社,2004。

[8] 漆多俊:《经济法学》,69页,北京,高等教育出版社,2007。

[9] 史际春:《经济法总论》,174页,北京,法律出版社,2008。

[10] 顾功耘:《经济法教程》,39页,上海,上海人民出版社,2002。

[11] 葛洪义:《法理学》,211页,北京,中国人民大学出版社,2007。

可见，从本质上讲，法律关系与权利（力）、义务构成一个问题的两个方面，没有无法律关系的权利（力）、义务，也没有无权利（力）、义务的法律关系，法律关系必然是指特定主体之间的权利（力）、义务，而特定主体之间的权利（力）、义务自然呈现为一定的法律关系。

综上，我们认为，所谓经济法主体，就是指在经济法律关系中，根据经济法律、法规的规定，享有经济权利（力），承担经济义务的当事人。对于这一概念，可以从以下四个方面来理解：

第一，经济法主体是经济法律关系的参加者。也就是说，只有参加了经济法律关系，才能成为经济法主体。但是，参加经济法律关系只是经济法主体的一个必要条件，而非充分条件，因为并不是所有经济法律关系的参加者就一定是经济法主体，他也可能是民事法律关系主体。

第二，经济法主体享有经济权利（力），承担经济义务。任何法律关系的主体都是特定法律权利（力）和义务的承载者，经济法主体同样如此，只不过经济法主体享有的是经济权利，承担的是经济义务，其权利（力）、义务都与经济运行相关。

第三，经济法主体的权利（力）、义务源自经济法律、法规。经济权利与经济义务在实践中有多种表现形式，民法当中也有经济性的权利与义务，例如民事赔偿等，但民事赔偿并不构成经济法主体的权利义务。只有根据经济法律、法规之规定，享有权利（力）、承担义务的当事人，才能称之为经济法主体。“经济法若无规定，他们就不能成为经济法主体，不得享有经济法所赋予的国家经济调节的权利，不承担有关义务。”〔12〕

第四，经济法主体与民商法主体以及行政法主体之间存在着交叉。“事实上，同一主体，由于受不同的法律规制，因而其角色可能会有所不同。”〔13〕同样是自然人，在民法的调整中则是平等的民事法律关系主体，例如婚姻关系中的自然人；但是当其作为消费者与经营者发生产品质量关系时，则受《消费者权益保护法》的保护，就是经济法主体；当其受行政法规制时，又是行政法主体——行政相对人。因此，同一主体在民商法、行政法以及经济法上存在着交叉，正是这些不同的法律从不同的角度或领域对同一主体进行调整或规制，从而塑造了同一主体的民商法主体身份、行政法主体身份以及经济法主体身份。对经济法主体的理解，不应割裂各个部门法之间的联系，应该看到不同部门法之间的角色交叉，“我们既不能因自然人、法人和非法人组织具有民商法主体身份而否认其经济法主体资格，也不能因国家行政机关等具有行政法主体资格而否认其经济法主体身份”〔14〕。

### （二）经济法主体的特征

每一个部门法主体都有其自身的特征。相对于民商法主体、行政法主体而言，经济

---

〔12〕 漆多俊：《经济法》，69页，北京，高等教育出版社，2007。

〔13〕 张守文：《经济法》，48页，北京，北京大学出版社，2007。

〔14〕 孟庆瑜：《反思与前瞻：中国经济法主体研究30年》，载《云南大学学报》（法学版），2009（1）。

法主体也有其自身特征:

1. 主体的多样性。这一特征是指"经济法律关系的当事人在类型上具有广泛性"[15]。这是相对于民事法律关系主体与行政法律关系主体而言的,民事法律关系主体主要包括作为平等主体的法人、自然人以及非法人组织,而国家或政府机关则相对较少作为民事主体出现,但是国家却是经济法律关系当中最重要的主体,在所有的宏观调控和市场规制关系当中,国家都是其法律关系主体;行政法律关系主体则主要为行政机关、法人、自然人以及非法人组织。相对而言,经济法的主体则更具多样性,不仅一般的法人、自然人以及非法人组织可以成为经济法的主体,而且国家、各种立法机关、行政机关以及部分社会中介组织都可以成为经济法的主体。"判断是否为经济法主体的标志,不是该组织或个人是否为法人、能否独立承担民事责任,而是该组织或个人是否享有与经济干预活动有关的权利或权力,是否负有与经济干预活动有关的义务和责任。"[16]

2. 主体地位的差别性。经济法主体地位的差别性是其显著特点,这种差别性既根本区别于民事法律关系主体的抽象平等性,又区别于行政法律关系的不对等性。主体地位平等是民法奉行的最基本原则之一,虽然民事法律关系主体可划分为自然人、法人与非法人组织,但是这些主体之间的法律地位是完全平等的,在民法看来,这些主体均为抽象的、均质的人。相对而言,经济法主体则具有明显的差别性,首先,经济法是国家(政府)对经济运行进行干预之法,因此,国家(政府)是市场规制与宏观调控的主体,而消费者与经营者则是市场规制与宏观调控的受体,政府与消费者以及经营者之间是管理与被管理的关系。在行政法律关系中,虽然行政主体与行政行为相对人之间是管理与被管理的关系,但是这种不对等的主体关系与经济法主体的差别性依然不同,因为在经济法主体的差别性中除了管理者与被管理者之间的不对等外,还包括由于自身实力的差距而导致的交易中地位的不对等性,典型的表现便是同作为被管理者的消费者与经营者在实力方面的差别。单个的消费者往往囿于自身资金等资源上的差距而成为弱者,而经营者则源于其雄厚的资本而处于强势地位,他们之间的实力对比常常相差悬殊,因此消费者与经营者之间存在明显的差别性。

3.主体权利、义务配置的不对等性。经济法以社会为本位,意在实现社会的实质公平,因此经济法在具体权利、义务的配置上必然会考虑经济法主体的不对等性,并根据这种不对等性赋予当事人享有不同的权利并承担不同的义务。"在特定经济法律关系中,强者的义务与责任往往多于权利与权力;与此同时,弱者通常拥有比强者更多的权利与权力。"[17]例如,《消费者权益保护法》对消费者与经营者之间权利、义务的配置便明显地考虑到了两者实力的不同:消费者在交易当中处于弱势地位,而经营者则处于强势地位,

---

[15] 李曙光主编:《经济法学》,56页,北京,中国政法大学出版社,2007。

[16] 李昌麒主编:《经济法学》,118页,北京,法律出版社,2008。

[17] 李昌麒、刘瑞复:《经济法》,97页,北京,法律出版社,2004。

因此该法更多地规定了消费者的权利，如安全权、知情权、选择权、公平交易权、求偿权、监督权、知识获取权甚至网络购物的后悔权等，而对经营者则是更多地规定了其应对消费者承担的法律义务，如保障消费者人身、财产安全的义务、品质担保的义务以及退换货的义务等。

## 二、经济法主体的类型化分析

在明确经济法主体的概念与特征之后，“还有一个基础性问题——划分经济法主体的基本类型”[18]，即对经济法主体进行类型化分析。类型化分析是当前法学研究中的一种重要方法，它不仅确立一种分析问题的方法，而且它介于抽象的概念与具体的事务之间，能够给予实践的研究更具体的指引，因为“从抽象的概念到具体应用，其中间必须有一个最佳的衡量方法，能够使抽象概念成为一种可变动的事物，又能指导具体的实践活动。这种方法就是类型化方法。”[19]“经济法主体的类型，也可称为‘经济法主体的模式’或者‘经济法主体的人格预设’，它是指在对经济法主体的行为观察和分析的经验基础上，结合一定的目的，在对有关要素进行取舍和先验性假定条件下，从而确定的经济法主体的一般形式。”[20]类型化的分析方法对于经济法主体的研究同样具有重要意义，因为不同的经济法主体所从事的行为不同，所享有的权利(力)与承担的义务不同。只有对经济法的主体进行类型化的分析，才能够更好区分各种主体在经济法律关系中的地位与作用，明确他们在国家经济调节当中所享有的权利(力)与义务，最终推进经济法体系的完善。因此，有学者对经济法主体类型化的研究给予了高度评价：经济法主体的类型属于经济法主体构成的范畴，而经济法主体构成范畴的研究则是经济法主体研究中的重中之重。[21]

### (一) 经济法主体类型化研究述评

学界虽然鲜见“经济法主体类型化”的表达，但是许多学者对经济法主体都实质性地进行了类型化研究，而且成果丰富。其间，李昌麒教授主张按照国家干预经济的路径，应将经济法主体划分为经济决策主体、经济管理主体、经济实施主体等；[22]史际春教授认为经济法律关系的主体大致可以分为经济管理主体和经济活动主体；[23]张守文教授提出经济法主体可以分为宏观调控法主体和市场规制法主体两类，宏观调控法主体可以分为调控主体和受控受体(或称承控主体)，市场规制法主体可分为规制主体与受制主

---

〔18〕 焦海涛：《经济法主体制度重构：一个常识主义视角》，载《现代法学》，2016(3)。

〔19〕 李求轶：《公司诉讼类型化探析》，48页，北京，法律出版社，2010。

〔20〕 张波：《经济法主体研究》，63页，西南政法大学博士论文，2008。

〔21〕 肖江平：《中国经济法学史研究》，238页，北京，人民法院出版社，2002。

〔22〕 李昌麒：《经济法——国家干预经济的基本法律形式》，464～466页，成都，四川人民出版社，1995。

〔23〕 史际春、邓峰：《经济法总论》，175页，北京，法律出版社，2008。

体;〔24〕顾功耘教授将经济法主体划分为管理者与被管理者两大主体;〔25〕郑州大学程宝山教授把经济法主体具体划分为国家、国家机关、经营者、社会自治体(中间层)以及消费者(劳动者);〔26〕武汉大学冯果教授则将经济法主体划分为市场主体、经济行政主体与社会团体;〔27〕蒋悟真教授试图超越传统理论,从抽象与具体的角度将经济法主体划分为抽象的国家、抽象的社会、具体的行政机关、具体的立法机关、具体的司法机关、具体的国家工作人员、具体的社会中介组织与行业协会以及具体的经营者,等等。〔28〕由此可见,不同学者对经济法主体的类型化的理解不同、表达方式不同,并且他们都在努力对经济法主体进行创新性研究,以期实现对既往研究成果的超越。从20世纪90年代李昌麒教授关于"经济决策主体、经济管理主体以及经济实施主体"的划分,到21世纪初张守文教授关于"宏观调控法主体与市场规制法主体"的划分,再到冯果教授关于"市场主体、经济行政主体与社会团体"的划分,无不浸透着理论界对经济法主体类型化研究的不懈努力和创新思维。归结起来,上述研究成果大体可以划归三种类型:第一类,以经济法的调整对象,即市场规制关系与宏观调控关系为基础,将经济法主体划分为宏观调控法主体与市场规制法主体;第二类,以经济法主体的自身组织特性为基础,将其划分为国家、国家机关、社会团体、经营者以及消费者等;第三类,以不同经济法主体的角色定位为基础,将其整体上划分为国家管理主体、社会中间层主体与市场主体。所有这些分类,都给我们认识和理解经济法主体的特殊规定性及其制度体系提供了有益的视角和成果支撑,也为我们进一步探索经济法主体的类型化提供了重要指引。与此同时,我们也深刻感受到,对经济法主体进行科学统一的类型化界分并不是一件容易的事情,这种困难既源自经济法学者的研究方式不同,也源自经济法主体自身的广泛性。

### (二)经济法主体的类型化构成

对经济法主体进行分类的目的和意义,在于更好地区分各种主体在经济法律关系中的地位和作用,明确各类主体在国家经济调节过程当中的权利、义务,以便更好地对其加以规范与引导。因此,我们认为,经济法主体可以具体化为以下三种类型:

1. 经济管理主体。所谓经济管理主体,"主要是指依据宪法和行政法设立,由宪法和行政法明确其性质、职能、任务、隶属关系等,承担决策、协调、执行、监督等国民经济管理职能的组织或机构。"〔29〕这类主体是经济法当中最重要的主体,主要体现为国务院及其承担经济管理职能的各个部委、各级地方政府及其职能部门以及由国家和法律授权的具有一定经济管理职能的经济组织,如中国投资有限责任公司、中国华融资产管理股份有

〔24〕 张守文:《经济法》,49页,北京,北京大学出版社,2007。

〔25〕 顾功耘:《经济法教程》,40页,上海,上海人民出版社,2002。

〔26〕 程宝山:《经济法》,44～46页,郑州,郑州大学出版社,2009。

〔27〕 冯果:《经济法——制度·学说·案例》,39～68页,武汉,武汉大学出版社,2012。

〔28〕 蒋悟真:《传承与超越:经济法主体理论研究》,载《法商研究》,2007(4)。

〔29〕 史际春、邓峰:《经济法总论》,175页,北京,法律出版社,2008。

限公司等。经济管理主体是缘于对经济运行进行管理而取得经济法主体资格的,尽管其主要为各级政府及其所属部门或机构,但是其既不同于行政机关参与民事活动时的民事主体资格,也不同于行政机关对行政相对行为人进行一般行政管理时的行政法主体资格。该主体的突出特征是管理性与经济性的结合,不仅其管理对象具有强烈的经济性,而且其管理手段也具有强烈的经济性,前者体现为宏观层面的国民经济整体运行、中观层面的市场运行与市场秩序以及微观层面的市场主体行为;后者则体现为具体的经济干预方式,如利率、汇率以及税率等经济手段。

经济管理主体是一个主体体系,在这一体系当中又可以对其作出进一步的划分,例如,从干预的领域而言,可以划分为宏观经济管理主体即宏观调控法主体和市场管理主体即市场规制法主体,而宏观调控法主体又可以进一步划分为计划调控法主体、财政调控法主体、中央银行调控法主体以及价格调控法主体等,而市场规制法主体又可以划分为竞争法规制主体、产品质量法规制主体等;从经济管理的具体环节来看,可以划分为最高经济管理主体、中层经济管理主体,例如,国务院是最高经济管理主体,除此之外的各级政府及职能部门都是中层经济管理主体,如各级地方政府,这些主体直接对被管理主体而言进行管理,承担着管理者的角色,同时这些主体相对于其上级管理主体而言又是被管理主体,其承担着管理者与被管理者的双重角色。

当然,在这里需要特别指出的是,在经济管理主体中不应当排除权力机关与司法机关,它们也是经济法主体。其中,权力机关不仅是对经济法进行创制的主体,而且有权对各级行政机关以及司法机关的行为进行监督。国家权力机关,特别是最高国家权力机关是行使国家经济管理职能的最重要机关,政府的各种经济管理活动都要受权力机关的制约,同时权力机关的职权也并不局限于立法,它还有权参与国家重大事务的决策与监督。司法机关也是国家实现其经济调节的重要主体,其实施的司法行为是对国民经济运行进行干预的重要方式,不仅市场主体、社会中间层主体,甚至各级政府及其职能部门的经济管理行为都可能受到司法机关的司法裁决。

2. 社会中间层。社会中间层是指独立于政府与市场的主体,为政府干预市场、市场影响政府和市场主体之间相互联系起中介作用的主要团体,如工商业者团体、消费者团体、劳动者团体、资产评估机构,等等。[30] 社会中间层突破了传统的国家与市场的二元社会主体结构,使社会呈现为国家——社会中间层——市场主体的三元社会结构,而其作为经济法主体当中的重要一级在经济运行中发挥着重要作用,是联系政府与市场主体的桥梁和纽带,也是缓冲政府与市场主体之间矛盾的中间地带。例如,在克服市场失灵方面,消费者社会团体可以通过定期发布商品信息改变信息不对称的问题,来促使市场正常运行;劳工组织通过团体契约改善个别劳动者因处于弱势地位而受限压迫之情况;

〔30〕 王全兴:《经济法基础理论专题研究》,524～525页,北京,中国检察出版社,2002。

中小企业联合组织通过反垄断、反独占以确保市场机制有效运行等。[31]作为经济法主体体系的重要组成部分,社会中间层呈现以下鲜明特征:

(1) 中介性。这种中介性体现为其在不同市场主体之间发挥着中介性的功能,如律师事务所、会计师事务所以及审计师事务所等机构,这些机构通过其专业性的服务协调不同市场主体之间的关系。

(2) 专业性。即社会中间层对某一特定领域的专门事务进行管理或者服务,例如,资产评估事务所为其他市场主体提供资产评估服务、会计师事务所为其他市场主体提供会计服务、审计师事务所为其他市场主体提供审计服务,等等。

(3) 管理性。社会中间层主体的管理性体现在对市场主体行为规范的管理与监督上,“在市场主体看来,中介组织是国家管理职能的部分承担者,虽然这些管理职能并不完全具备法律上的强制力后盾,但是对于自己而言,却是实实在在的、能够影响自己利益的一类管理主体”[32]。

(4) 民间性。尽管社会中间层在一定程度上替代政府履行着管理职能,但是社会中间层主体毕竟不是政府机关,他独立存在于政府系统之外,组织具有自主性,活动目的、方式以及内容均不受政府的直接干预,工作人员也不是公务员,其主体身份具有显著的民间性。

社会中间层主体具体包括行业性中介组织、特殊资格的企业以及其他中介组织。这些经政府授权的组织根据法律规定、自律性规范以及特定机关的授权,享有一定的经济权限,进而在其职能范围内对经济运行进行协调与管理,为政府干预市场运行提供服务。

(1) 行业性中介自律组织。所谓行业性中介自律组织,是指由同一行业或者具有同一特性的成员组成,并以促进行业或者该集合群体的公共利益为目的的非营利性中介组织。[33] 具体包括行业协会、商会组织,如会计师协会、温州商会等。尽管行业性中介组织不是国家机关,但是其在经济运行实践中发挥着巨大的作用,例如经过政府的授权,它可以进行与行业有关的资质评定、原产地认定、行业调查、行业统计、制定行业发展规划等,同时它还可以对会员进行非法律性惩罚,包括实施罚金、名誉惩罚、集体抵制、开除以及市场禁入,等等。

(2) 特殊资格的企业。政府为了更好地调节经济运行,往往会赋予某些企业特别的权利,这些企业与一般的企业不同,会因国家机关的授权而享有普通企业所不能具有的管理职能。例如,中国进出口银行、中国农业发展银行、国家开发银行以及国有资产投资公司等,他们或者通过货币资本业务或者通过具体的投资行为,对经济活动进行调节。

(3) 中介服务性组织。这些组织主要是为当事人提供中介性服务,如会计师事务所、

[31] 冯果主编:《经济法——制度·学说·案例》,69~70页,武汉,武汉大学出版社,2012。

[32] 顾功耘:《经济法教程》,49页,上海,上海人民出版社,2002。

[33] 杨紫烜:《国家协调论》,325页,北京,北京大学出版社,2009。

审计师事务所、资产评估事务所、产权交易所、房屋中介所、拍卖行以及招投标代理机构等。虽然上述中介组织本身并不具备管理职能，但是“他们依法介入了企业设立及经营过程中的资产评估、财务信息提供等，实际上可以被看作是得到了政府的授权”[34]。

3. 市场主体。市场主体是指经营者、劳动者以及消费者等社会经济活动的基本参加者。市场主体是国民经济活动的基本细胞、基本单位，国家的经济管理活动通过他们才能够最终得以实现。他们在社会经济运行中处于被管理、被调节的地位，同时他们也是社会经济运行中最活跃、最积极以及最主动的主体。

(1) 经营者。经营者是经济法中广泛使用的一个概念，无论是在《中华人民共和国反不正当竞争法》(以下简称《反不正当竞争法》)中，还是在《中华人民共和国反垄断法》(以下简称《反垄断法》)中都有明确的规定。具体而言，“经营者即经济法中的生产经营主体，是指根据宪法和有关法律规定，从事生产经营和服务性活动，以盈利为目的的社会实体，这里主要指各类企业、个体经营户和承包户。他们以自身的生产经营或者服务性活动实现自己的经济目的，取得各项权益。同时又以自身的各种法律行为履行对国家和社会的义务”[35]。经济法中的经营者主要是指从事生产与销售的经济实体，如公司、合伙企业、个人独资企业、农村集体经济组织以及个体农户，等等。经济法中的经营者不同于商法中的经营者，商法中的经营者主要是指董事、经理等高级管理者。

(2) 投资者。“投资者是指将其拥有的货币、实物或无形财产投入企业，取得出资者所有权，以追求保值增值为目标并承担一定风险的市场主体。”[36]它又进一步划分为法人投资者与自然人投资者、国有投资者与非国有投资者，以及内资投资者与外资投资者等。

(3) 劳动者。“劳动者是指在法定劳动年龄范围内具有劳动能力的公民。”[37]劳动者是社会生产力中最重要、最活跃的要素，是社会物质财富的主要创造者，他们与国家以及企业之间存在着密切的联系。虽然劳动者与作为用人单位的企业之间是平等关系，但是由于劳动者在劳动合同的订立中处于弱势地位，因此国家对劳动者与用人单位之间的劳动合同的订立进行了特别的干预，这种干预主要体现在《中华人民共和国劳动法》(以下简称《劳动法》)与《中华人民共和国劳动合同法》(以下简称《劳动合同法》)之中。

(4) 消费者。“所谓消费者，是指为自己的营业、事业或者专门职业以外的目的而购买商品和接受服务的自然人。”[38]消费者作为经济法中的一个重要主体主要是与经营者相对应而言的，因为消费者是经营者的交易相对人，而经营者在经营规模、信息、谈判能力以及诉讼能力等相关方面都要远远强于消费者，因此国家对消费者给予特殊保护，这

---

〔34〕 李曙光主编：《经济法学》，57页，北京，中国政法大学出版社，2007。

〔35〕 杨紫烜主编：《经济法》，82页，北京，北京大学出版社、高等教育出版社，2008。

〔36〕 王全兴：《经济法基础理论专题研究》，418页，北京，中国检察出版社，2002。

〔37〕 王全兴：《经济法基础理论专题研究》，426页，北京，中国检察出版社，2002。

〔38〕 冯果主编：《经济法——制度·学说·案例》，246页，武汉，武汉大学出版社，2012。

种特殊保护主要体现于《中华人民共和国消费者权益保护法》(以下简称《消费者权益保护法》)中,该法主要是通过赋予消费者权利、规定经营者义务而实现的,例如,2013年新修订的《消费者权益保护法》中对消费者网购"后悔权"的规定便是典型例证。

## 三、经济法主体资格的取得

任何法律都有其主体产生的资格,主体资格表明了其享有权利(力)、履行义务的能力。经济法主体也不例外,经济法主体资格问题实际就是经济法主体的产生依据问题,也有学者将其称之为经济法主体产生的条件[39],"经济法主体资格是指经济法主体得以参加经济法律关系的资格。"[40]"经济法主体资格的取得,是指社会实体依法成为经济法律关系参加者的法律人格。"[41]经济法主体具有多样性,不同主体的资格取得的方式也不尽相同,大致可以分为以下几类:

### (一)法定取得

经济法主体资格的法定取得是指当事人的经济法主体资格直接源自于宪法、法律法规的规定而取得。法定取得是经济管理主体取得经济法主体资格的基本方式。具体而言,经济管理主体的权力是根据宪法、法律法规的规定而享有的,其义务的履行也是根据宪法、法律法规的规定而进行的。例如,国家税务机关作为经济法主体行使税收权力就是根据税法及相关法律而进行的;反垄断执法机构作为经济法主体,对垄断案件的调查须根据的规定而进行。

### (二)授权取得

授权取得是经济法主体取得资格的一种重要方式,是指特定的组织根据国家机关的授权而取得经济法主体资格的方式。通过授权取得经济法主体资格的,主要是行业性中介组织、特殊资格的企业以及其他中介组织,这些经授权的组织在授权范围内行使其经济职权,在一定程度上替代国家机关干预经济活动。这些组织以行业协会为代表,例如中国注册会计师协会,该协会除了承担《中华人民共和国注册会计师法》(以下简称《注册会计师法》)赋予的职能外,还承担国家机关委托或授权的其他有关工作。

### (三)经审批、登记取得

经审批、登记而取得经济法主体资格的,主要是经营者。有些经营者需要经过审批、登记而取得,如商业银行,其必须经过国务院银行业监督管理委员会的审查批准,然后再办理登记手续,方可获得经济法主体资格,类似的还有保险公司、证券公司等;有些经营者则只需登记即可取得经济法主体资格,例如个人独资企业,只需根据《中华人民共和国

〔39〕 程宝山:《经济法学》,46页,郑州,郑州大学出版社,2009。

〔40〕 李昌麒、刘瑞复主编:《经济法》,102页,北京,法律出版社,2004。

〔41〕 杨紫烜:《国家协调论》,325页,北京,北京大学出版社,2009。

个人独资企业法》(以下简称《个人独资企业法》)的规定进行登记即可。

### (四) 由其具体经济法上的行为而取得

除上述各种经济法主体资格的取得方式之外,许多主体根据其经济法行为而取得经济法主体资格,例如消费者。消费者本身无须授权与审批,尽管《消费者权益保护法》对消费者的身份判定作出了法律规定,但是消费者的经济法主体资格主要是根据其行为而取得的,即只要其实施了消费行为,就具备了消费者主体身份,就享有《消费者权益保护法》赋予消费者的各项权利。

## 四、经济法主体的权利(职权)、义务(职责)

法律关系以权利义务为内容,而权利义务总要归属于特定的法律主体,因此对法律关系中权利义务的研究实际上就是对相关法律关系主体的权利义务研究。这里需要说明的是,经济法中的权利和义务,需从广义上理解,其中包含着某些主体可能享有的职权和应当履行的职责。[42] 其中的权利实际上是权利与职权的统一体,义务则是义务与职责的统一体。对于作为管理者的国家而言,享有的主要是职权(特殊情况下也可以是权利),承担的主要是职责(特殊情况下也可以是义务);对于作为被管理者的经营者、消费者以及劳动者而言,则是权利与义务。因此经济法主体的权利(职权)是指经济法主体根据法律规定或者国家机关的授权而享有作为或不作为和要求他人作为或不作为的资格;经济法主体的义务(职责)是指经济法主体根据法律规定或者国家机关的授权必须作为或不作为的约束。具体而言,经济法主体的权利作为经济法规定的一种资格或许可,就意味着:经济法主体的权利是根据经济法律、法规而产生的;经济法主体权利的内容是要求其他主体作为或不作为,以实现自身的利益和要求;与其他部门法权利一样,经济法主体权利同样需要救济,当经济法主体权利受到侵犯时,可以请求有关国家机关给予救济。经济法主体的义务作为应当为一定行为或不为一定行为的责任,其内容包括:经济法主体的义务源自于经济法律、法规的规定;经济法主体的义务是为一定行为或不为一定行为,该行为直接关系到其他主体或整个社会的利益;如果经济法主体违反其义务,则应当承担相应的责任。

### (一) 经济管理主体的经济职权与经济职责

1. 经济职权。这里的经济职权不仅包括抽象意义上的国家的职权,而且包括各级国家机关的相应职权。具体而言,主要包括两个方面:

(1) 宏观调控权。宏观调控是国家从经济运行的全局出发,运用各种宏观经济手段,对国民经济总体的运行关系进行调节和控制。宏观调控是国家实现经济总量平衡的重要手段。一般而言,国家的宏观调控权可以划分为宏观调控立法权与宏观调控执法权两

[42] 张守文:《经济法》,61页,北京,北京大学出版社,2007。

类,同时还可以根据宏观调控的具体领域与方式再进行具体的划分。例如,根据宏观调控的具体方式不同,可以将宏观调控权划分为税收调控权、金融调控权、计划调控权、价格调控权、资源管理调控权、产业政策调控权以及外贸调控权等。

(2) 市场规制权。市场规制是国家为了实现经营者之间的公平竞争以及消费者权利的保护,而对经济运行进行的规制,市场规制也是国家对经济运行进行调节的一种重要手段。一般而言,市场规制也可以划分为市场规制立法权与市场规制执法权。从市场规制的具体范围来看,主要涉及对垄断行为的规制、对不正当竞争行为的规制、对价格行为的规制、对产品质量的规制以及对侵害消费者权益行为的规制等,因此,市场规制权可以具体划分为垄断行为规制权、不正当竞争行为规制权、价格规制权、产品质量规制权以及侵害消费者权益规制权等。

2. 经济职责。作为经济法的重要主体之一,国家在享有宏观调控权与市场规制权的同时也必须履行相应的经济职责,其经济职权与经济职责是相互统一的。具体包括:

(1) 依法调控与规制的职责。国家依法调控与规制是其首要职责,因为宏观调控权与市场规制权的行使对整个宏观社会经济运行以及微观市场主体的利益产生着重要影响,只有国家机关依法行使其权力,才能够更好地协调整个国民经济的发展以及保护微观市场主体的利益。法律为国家行使宏观调控权与市场规制权提供了依据、划定了边界,国家不能够超出法律的规定滥用权力或者从事与法律规定相背离的行为。

(2) 不得放弃调控或规制的职责。国家对经济运行的宏观调控与市场规制是其权利也是其义务,正如沈宗灵先生所指出的:“职权一词,不仅指法律关系主体具有从事这种行为的资格或能力,而且也意味着他必须从事这一行为,否则就成为失职或违法。”[43]因此,经济管理主体作为最重要的经济法主体,在经济运行中需要宏观调控或市场规制时,其不能放弃权利的行使,不能够违法不作为或者消极对待,必须进行适当的调控与规制,这是其必须遵守的职责。

### (二) 社会中间层的经济权利与经济义务

社会中间层的经济权利是一种广义的经济权利,包含着内部的组织管理权力。不同的社会中间层主体享有的权利也不尽相同,那些具有特殊资格的企业以及社会中介性服务组织,尽管也具有一定的经济管理职能,在一定程度上替代政府履行着市场监管职能,但是其权利更多是在一般的市场行为中实现的。例如会计师事务所、审计师事务所以及资产评估事务所通过有偿服务,进而对企业设立、经营过程中的资产评估以及财务信息提供等进行监管。因此,对社会中间层经济权利与经济义务的分析是以行业性社会团体组织为对象的,因为行业性社会团体的经济权利与经济义务具有代表性和典型性。

---

〔43〕 沈宗灵:《法理学》,73页,北京,北京大学出版社,2003。

1. 社会中间层的经济权利。主要包括：

（1）规章制定权。这是一些行业性团体组织实现其职能的必要基础，它是一种以制定规范为目的的权力，通过制定规范来配置行业内部的资源，确定内部成员的权利、义务及其行为规范，从而为进一步行使权力提供框架和制度基础。

（2）监管权。这是行业性社会团体对其内部成员是否按照内部规章制度进行经营活动而进行监督与管理的权利，如行业协会对违反内部规章的成员的监督与管理。

（3）奖惩权。行业性社会团体有权根据其规章制度，对遵守其规定的成员进行奖励，对违反其规定的成员进行惩罚。

（4）诉讼权。当行业性社会团体的自身利益、其成员利益等遭受侵犯时，其有权代表自身或其成员提起诉讼，如消费者协会代表消费者所行使的诉讼权。

（5）建议权。社会中间层主体是辅助政府对国民经济运行进行干预的重要力量，其对政府的经济决策以及相关立法具有建议权。例如，轻工协会就曾协助政府有关部门制定、修订及落实了"八五"计划和十年规划，起草了行业"九五"计划和2010年长远规划，并协助起草了《盐业管理条例》《传统工艺美术保护条例》等。[44]

2. 社会中间层的经济义务。社会中间层享有的诸项权利是其自治权的体现，也是实现其服务、干预以及协调职能的必要条件，但是其在享有自治权的同时，也必须承担一定的义务。这些义务主要包括：

（1）依法进行行业组织管理的义务。社会中间层必须依法组织管理，其对内部成员市场行为的约束不得违反法律的规定。例如，《反垄断法》第11条规定：行业协会应当加强行业自律，引导本行业的经营者依法竞争，维护竞争市场秩序。

（2）接受政府部门指导的义务。作为政府对经济运行进行干预的辅助力量，社会中间层的活动必须接受政府的依法指导，例如，《中华人民共和国价格法》（以下简称《价格法》）第17条规定：行业组织应当遵守价格法律、法规，加强价格自律，接受政府价格主管部门的工作指导。

### （三）市场主体——经营者、消费者等主体的经济权利与经济义务

1. 经济权利。作为市场主体的经营者、消费者等经济法主体有其自身的权利，尽管其处于被管理者的地位，但是其经济法权利不容忽视，正是权利的行使有力表征着其经济法主体资格的存在。

（1）经济自由权。经营者、消费者等作为市场主体依据经济法享有的一切基本权利称之为经济自由权。[45] 其典型形态包括经营者的自主经营权、竞争权以及消费者的消费行为权。被管理主体的上述经济权利在市场经济条件下非常重要，因为市场经济强调市场对经济运行发挥基础性的调节功能，政府对经济运行的调控与规制必须在市场失灵的情形下才能进行，因此经济自由权是被管理主体的最基本经济权利。在通常情形下，

---

〔44〕 王维达：《论公民在公共行政程序中的参与程序及其在中国的发展》，载《中国行政管理》，1998(3)。

〔45〕 张守文：《经济法学》，65页，北京，北京大学出版社，2007。

对经济自由权是不加限制的,只要不违反法律的强制性规定,经营者就有权在法定范围内进行自主经营。

(2) 经济建议权。作为被管理主体的经营者、消费者可以对政府的调控与规制措施提出建议,例如,可以对政府指导价与政府定价提出调整的建议,可以对政府采购行为提出相关的建议。例如《价格法》第25条规定:消费者、经营者可以对政府指导价、政府定价提出调整建议。

(3) 经济监督权。例如,对不正当竞争行为的监督权,《反不正当竞争法》第5条规定:国家鼓励、支持和保护一切组织和个人对不正当竞争行为进行社会监督。因此,任何经营者与消费者都有对不正当竞争行为进行监督的权利。

(4) 经济救济权。当被管理主体的利益受到侵害时,可以对其进行救济。救济权既包括对其他经营者侵害其利益的赔偿请求权,也包括对管理主体调控、规制行为的抗辩权、诉讼权。例如,《反垄断法》第53条规定:对反垄断执法机构依据本法第28条、第29条作出的决定不服的,可以先依法申请行政复议;对行政复议决定不服的,可以依法提起行政诉讼。对反垄断执法机构作出的前款规定以外的决定不服的,可以依法申请行政复议或者提起行政诉讼。

2. 经济义务。市场主体的义务主要是接受国家根据经济法所进行的调控与规制的义务。市场主体的义务主要是针对经营者而言的,具体可以划分为宏观调控中市场主体的义务与市场规制中市场主体的义务。就前者而言,主要包括市场主体接受计划调控、财政调控、产业政策调控、税务调控以及金融调控的义务,等等;就后者而言,主要包括经营者不得进行垄断、滥用市场地位限制竞争与协议限制竞争行为的义务,经营者不得进行违反国家价格规制的行为的义务,经营者不得进行违反不正当竞争法禁止的行为的义务,经营者不得进行销售假冒伪劣商品的行为的义务,等等。

## 五、持续深化经济法主体研究的重要意义

### (一) 影响着经济法理论体系的逻辑自洽

"法律主体是法学学科理论不可或缺的一部分,亦是法哲学中的一个重要范畴。"[46]显然,从基本的法哲学视角分析,经济法主体显然是经济法理论的一个重要构成内容,如果对经济法主体缺乏深刻的认识,就难以形成完备的经济法理论体系,从而影响着对经济法学研究的学理支撑,正如有学者在评价经济法主体理论时所指出的:"作为一个独立的部门法学学科,如果不能为该部门法建立起相对独立的主体理论,则其理论体系是不够完善的。"[47]更重要的是,经济法理论自身是一个独立的系统,经济法理论体系当中的

〔46〕 李长健、李曦:《论经济法的主体类型——基于法律之权威性的理解》,载《经济法研究》,2018(2)。

〔47〕 李友根:《论经济法主体》,载《当代法学》,2004(1)。

各个构成要素之间是一个有机整体，是一个独立的系统，如果抛开系统分析的观点，必然会严重影响经济理论体系的逻辑自洽。例如，经济法行为与经济法责任也是经济法学理论体系的重要构成内容，甚至有学者认为"'主体—行为—责任'构成经济法之法律关系全部的结构性特征"[48]，但是行为是主体的行为，责任是主体的责任，在经济法理论体系中，"主体—行为—责任"必须有机统一，否则就有违整体认识的基本理论要求，容易使经济法的理论研究限于"狭隘的、孤立的、静止的认识状态中"，从而影响着经济法的整个理论体系，这也正是李昌麒教授强调经济法学研究必须注重系统论方法的一个重要原因。[49]

### （二）影响着经济法制度的具体建构

经济法学理论研究的重要目标在于指导并推进经济法的制度建构，经济法主体研究亦不例外，而且其对经济法制度建构的影响更加突出，因为经济法制度自身的特点取决于经济法主体的特点，"经济法上的一切制度安排，都是为了规范相关主体的行为，调整这些主体之间发生的社会关系，保护各类主体的合法权益"[50]。换言之，经济法作为国家干预经济之法，其本质是对经济法主体的干预，是通过对主体权利、义务的设置进而影响其行为。所以，主体是经济法制度建构关注的核心，脱离对经济法主体特性的科学认识，就难以形成经济法制度的合理架构，而正是由于对经济法主体的科学认识，推进着经济法的制度发展。例如，正是基于经营者与消费者之间的地位的不对等性，《消费者权益保护法》强化了消费者的权利设计，同时辅之以经营者的义务规范；正是由于互联网经济时代的来临，电子商业的迅猛发展，使消费者的弱势地位更加凸显，我国《消费者权益保护法》在修正案中引入了"消费者后悔权制度"；正是基于市场垄断主体的存在，《反垄断法》应运而生。所以，必须强化对经济法主体理论的深入研究，以期深化对经济法主体的认识，特别是对经济法主体类型化构成及其动态发展的科学认识，进而围绕着经济法主体权利义务的设置推进对经济法制度的具体建构。

## 第二节　经济法行为

法律作为一种行为规范，是借助权利、义务模式安排，通过调整一定范围内的主体的行为，以维护社会秩序的。因此，在法学的各个分支中，行为理论研究都是非常重要的，如民法上的民事行为、行政法上的行政行为、刑法上的犯罪行为等，在某种程度上讲，行为理论的完善是一个法律学科成熟的重要标志。经济法行为理论同样重要，正如有学者指出："经济法行为作为联结'主体'与'责任'、沟通'知'与'行'的桥梁和纽带，一直被视

〔48〕 张继恒：《从"规范教义"到"法理守则"：经济法学研究之转型》，载《法商研究》，2015(5)。

〔49〕 参见李昌麒：《经济法学》，13页，北京，法律出版社，2008。

〔50〕 张守文：《经济法原理》，125页，北京，北京大学出版社，2013。

为经济法各项理论和制度的‘中心点’。”[51]因此，作为经济法理论体系的重要组成部分，深入开展经济法行为研究理应成为经济法学研究中的一项重要内容。

## 一、经济法行为的概念界定

经济法行为是经济法理论研究中需要持续深化的重要领域，更广泛意义上的共识尚待达成。就“经济法行为”的称谓而言，学界存在“经济法行为”[52]“经济行为”[53]“经济法律行为”[54]“经济法主体行为”[55]等多种表达方式。就其具体内容而言，也存在着较大的差异。其间，李昌麒教授采用“经济行为”的概念，认为经济行为是由一定的组织或个人在其主观意志支配下自觉实施的，能够引起经济法律关系产生、变更或消灭的有意识的活动；[56]吕忠梅教授采用“经济法律行为”的概念，认为经济法律行为是指能够发生经济法上效果的人们发自意思所表现出来的一种法律事实；[57]张守文教授则认为：“经济法主体的行为，是特定主体的特定行为，要体现出主体的特定意志和意思，反映主体的不同利益追求和价值目标。其中，国家一方所从事的行为，是国家为了实现国家利益所从事的宏观调控行为和市场规制行为，而市场主体一方所从事的行为，则是体现其自身利益追求的相关对策行为。”[58]凡此种种，不再一一列举。当然，透过这些表面的差异性，也不难看出蕴含于这些表述中的共同性认识：一是强调经济法行为的意志性。意志是人们在改变外部世界的过程中，为实现某种目的而具有的主观心理状态，其核心是行为主体的行为目的。经济法行为同样体现着经济法主体的目的性——国家干预、调节或协调经济关系或经济运行。二是强调经济法行为的客观性。经济法行为同样具有鲜明的客观性，这种客观性就体现在各种具体的经济法行为上。无论是国家的调控与规制行为，还是市场主体的被调控与被规制行为，都是一种具体的客观存在。三是强调经济法行为的法律效果性。法律效果强调的是法律主体通过其自身行为进而产生、变更或者消灭某种权利、义务关系的结果。“不能产生任何法律效果的行为，亦即不能导致任何一个具体法律关系产生、变更或终止的行为不是法律意义上的行为，也不是任何意义上的法律行为。”[59]经济法行为是一种具有法律意义、能够产生法律效果的法律行为，这种行为既可能是合法的，也可能是违法的，既可能为经济法所鼓励，也可能为经济法所禁止，但是必然会产生法律上的效果。

---

〔51〕 张继恒：《从“规范教义”到“法理守则”：经济法学研究之转型》，载《法商研究》，2015(5)。

〔52〕 冯果：《超越局部与个体的经济法行为》，载《法学杂志》，2008(3)。

〔53〕 李昌麒主编：《经济法学》，92 页，北京，法律出版社，2009。

〔54〕 吕忠梅、陈虹：《经济法原论》，197 页，北京，法律出版社，2007。

〔55〕 张守文：《经济法学》，54～58 页，北京，北京大学出版社，2007。

〔56〕 李昌麒主编：《经济法学》，52 页，北京，法律出版社，2006。

〔57〕 吕忠梅：《论经济法律行为》，载《福建政法管理干部学院学报》，2000(1)。

〔58〕 张守文：《经济法理论的重构》，367 页，北京，人民出版社，2004。

〔59〕 佘发勤：《经济法律行为范畴研究》，46 页，北京，中国检察出版社，2011。

综上所述，我们认为，经济法行为就是经济法主体为了实现一定的经济目的而进行的能够引起经济法律关系产生、变更与终止的活动。对于这一概念，需要从以下几个方面来理解：

第一，经济法行为主要表现为国家干预行为。因为从本质上来说，经济法作为国家干预经济之法，其目的和宗旨的实现必将主要依赖于国家对于经济关系的宏观调控行为或市场规制行为。当然，国家干预行为并不是经济法行为的全部，广大的市场主体为了回应国家干预而采取的相应市场行为，如经营行为、救济行为以及市场主体的内部组织管理行为等，在一定条件下也具有经济法行为的属性。

第二，经济法行为并不等同于经济合法行为。在传统民法中，民事法律行为是被界定为合法行为的，因此有学者照搬民事法律行为之内涵，将经济法行为也界定为经济合法行为，其实这是不科学的。正如龙卫球教授所言，法律客观地说就是一种规范，它可以规范正面的行为，也可以规范负面的行为，因此将民事法律行为限定于合法行为是不科学的。[60] 同样，经济法行为作为经济法主体根据其个人意志而作出的行为，既可能为经济法所允许而产生积极的法律效果，也可能为经济法所禁止而产生消极的法律效果。可见，无论是产生积极效果的经济法行为，还是产生消极后果的经济法行为，都是经济法行为，这种行为的性质不会因为其效果的不同而发生改变。

第三，经济法行为具有复杂性。与民事行为以及行政行为相比较，经济法行为在构成上具有明显的复杂性。无论是民事行为，还是行政行为都具有单一性。民事行为是单一的、平等的，因为对民事主体的假设是均质的、平等的；行政行为是单一的管理与被管理行为。经济法行为则是复杂的，因为经济法主体的差异性，经济法主体行为具有差别性与非均衡性，因而必然呈现出多层次性、多类别化，这也是对经济法行为进行类型化分析的必要性所在。

第四，经济法行为以经济法的存在为基础。任何法律行为的存在都以其相对应的法律规范为基础，法律行为的概念离不开部门法的支持，民事法律行为以民法规范为基础，犯罪行为以刑事法律为基础，行政行为以行政法为基础。同样，经济法行为必然以经济法的存在为基础，经济法是判断经济法行为的前提。

## 二、经济法行为的类型化分析

经济法行为的概念具有高度的抽象性，要全面、准确地理解这一概念，“还必须对其类型化，因为类型化或划分是揭示其外延的逻辑方法。”[61]这也是当前经济法学界关注的重点内容，许多学者沿着各自的分析路径对此作出了深入研究。例如，漆多俊教授认为，经济法行为可以划分为两种基本类别，即基本经济行为与国家经济调节管理行为，前

〔60〕 龙卫球：《民法总论》，427 页，北京，中国法制出版社，2002。

〔61〕 薛克鹏：《经济法基本范畴研究》，85 页，北京，北京大学出版社，2013。

者具体包括市场主体的转移或取得财产行为、完成具有特定经济性成果的行为、提供劳务行为等;后者包括国家的决策行为、组织实施行为以及纠纷调处行为等。[62] 史际春教授主张,经济法行为主要包括经济管理行为和给付行为,前者指的是国家及其相关部门的管理行为,主要包括制定规章、决策、执行、命令、指示、组织协调、处罚以及监督等行为;后者主要是指市场主体的经济行为,主要包括特定市场主体向他方交付一定财物、完成一定工作或者提供一定劳务等行为。[63] 张守文教授则提出,经济法行为总体上可以分为调制主体的调制行为以及调制受体的对策行为,其中调制行为又可以进一步划分为宏观调控行为以及市场规制行为。宏观调控行为又可以进一步划分为财税调控行为、金融调控行为、计划调控行为等;市场规制行为又可以进一步划分为一般市场规制行为和特殊市场规制行为。[64] 薛克鹏教授则认为,经济法行为既可以划分为市场主体行为与政府经济行为,又可以划分为自由经济行为和管制性经济行为,还可以划分为合法经济行为与非法经济行为。[65] 可见,不同学者对经济法行为的类型化分析的差异是明显的。这种差别既体现于对经济法行为类型表达形式上的差异,也体现于对经济法行为的划分标准和行为内容理解上的不同。我们认为,尽管经济法行为的类型划分标准可以是多样的,但特定的行为总是与一定的行为主体密切相连的,换言之,经济法行为的类型划分应最大限度地回应经济法主体的类型划分、行为属性及其相应的权利义务配置结构。

### (一)经济管理主体的经济法行为

学界关于政府经济管理主体的经济法行为的内涵界定并不统一,主要呈现两种基本思路:一是传统思路,即以法学理论中的法律行为界定为模板,将政府经济法行为界定为政府作为经济法主体而进行的旨在设立、变更或终止经济法律关系的行为;[66]二是特殊思路,即以政府干预经济运行的两种基本路径即宏观调控与市场规制为基础,将政府行为界定为国家为了实现国家利益和社会公共利益所从事的宏观调控行为和市场规制行为。[67] 我们认为,前一种思路根据一般法律行为的界定模式对政府经济法行为进行界定,不足以反映政府经济法行为的特性,而后一种思路则能够比较准确地把握政府经济法行为的特质。具体说明如下:

1. 宏观调控行为。宏观调控是指“国家从经济运行的全局出发,运用各种宏观经济手段,对国民经济总体的供求关系进行调节和控制”[68]。宏观调控行为是以国民经济总量的平衡为目标,以间接手段为主要调控方式,以对经济利益的引导为主要手段。宏观

〔62〕 参见漆多俊:《经济法学》,84～85 页,北京,高等教育出版社,2008。

〔63〕 史际春、邓峰:《经济法总论》,176～177 页,北京,法律出版社,2008。

〔64〕 参见张守文:《经济法原理》,148 页,北京,北京大学出版社,2013。

〔65〕 薛克鹏、张钦昱:《经济法学》,95～96 页,北京,中国政法大学出版社,2017。

〔66〕 吕忠梅、刘大洪:《经济法的法学与法经济学分析》,150 页,北京,中国检察出版社,1998。

〔67〕 张守文:《经济法原理》,148 页,北京,北京大学出版社,2013。

〔68〕 李昌麒主编:《经济法学》,396 页,北京,法律出版社,2007。

调控行为可具体划分为财税调控行为、计划调控行为、产业调控行为、价格调控行为以及金融调控行为，等等。当然，这些行为类型还可以进一步细分，如财税调控行为可以划分为预算调控行为、税收调控行为以及国债调控行为等，金融调控行为还可以划分为银行调控行为以及证券调控行为等。

2. 市场规制行为。市场规制行为是指通过具有权威色彩的、单向的、有拘束力的措施，对相对人设立、变更、消灭某种权利义务的各种方法和手段。〔69〕它是国家从社会整体利益出发，对偏离市场机制正常轨道的行为进行的规制，以期维护正常的市场竞争秩序。市场规制行为可具体划分为一般市场规制行为和特殊市场规制行为。同样，上述市场规制行为也可进一步细分，如一般市场规制行为可以划分为产品质量规制行为、不正当竞争规制行为以及垄断规制行为；特殊市场规制行为可以划分为电信市场规制行为、电力市场规制行为，等等。

### （二）社会中间层的经济法行为

社会中间层的经济法行为是指社会中间层主体根据法律的授权或者其自身规章制度的规定而进行的经济管理、协调、服务等行为。具体而言，其行为至少包括规章制定行为、对内部成员的管理行为、非法律惩罚行为、诉讼行为以及为政府机关进行服务的行为，等等。社会中间层的上述经济法行为还可以进一步划分，如管理行为可以划分为自律管理行为与授权管理行为，非法律惩罚行为可以划分为批评教育、内部通报、行业曝光、道德谴责以及集体抵制，等等。在当前推进社会多元治理与创新发展的时代背景下，社会中间层的经济法行为更具现实意义，其不仅有助于分解行政干预行为的压力，而且有助于对抗非法行政干预行为对市场竞争的侵害；不仅能够促进社会整体利益的有效实施，而且能够推动社会整体利益的不断发展。〔70〕

### （三）市场主体的经济法行为

市场主体的经济法行为是指经营者以及消费者等市场主体为了实现其个人利益而进行的横向竞争、纵向交易、法定给付行为以及个人消费行为，等等。当然这里的交易行为应作广义上的理解，既包括市场主体之间的平等交易行为，也包括市场主体向管理主体所进行的法定给付行为，如商业银行向中国人民银行所上缴的存款准备金，纳税人依法向税务征缴机关所缴纳的税收，等等。

1. 横向市场竞争行为。横向市场竞争行为是指同业经营者之间为了争夺市场资源而进行的经济竞争行为。这种横向市场竞争行为既包括正当的竞争行为、公平的竞争行为，也包括垄断行为以及不正当竞争行为。

2. 纵向市场交易行为。纵向交易行为是指经营者以获取利润为目的同其上游或下

---

〔69〕 靳文辉：《经济法行为理论研究》，186页，北京，中国政法大学出版社，2012。

〔70〕 参见曹胜亮：《社会转型视阈下经济法价值的实现理路研究》，载《政法论丛》，2016(3)。

游经营者或者消费者等市场主体所进行的商品、劳务等交易行为。[71] 例如,经营者之间的原料采购行为、商品批发行为、经营者与消费者之间的买卖行为。

3. 法定给付行为。法定给付行为是指特定的市场主体向他方所进行的交付一定财物、完成一定工作以及提供一定劳务的行为。[72] 如政府部门之间的转移支付行为、经营者的缴纳税款行为、商业银行缴纳法定存款准备金的行为,等等。

4. 消费行为。消费行为是指消费者为了满足其生活需要而进行的购买商品以及接受服务的行为。消费行为是消费者作为经济法主体所特有的行为,该行为不是为了盈利,而是为了满足消费者的生活需要,与经营者的经济法行为存在着显著的差别。

## 三、经济法行为研究的重要意义

### (一) 影响着经济法理论体系建构的完整性

"行为理论是整个经济法理论中的重要组成部分,缺少行为理论的经济法理论是不完整的。"[73]行为是法律问题的核心命题之一,不同法律主体的特性正是通过其行为而得以展现,正是由于行为导致法律关系的产生,进而引发权利、义务关系的出现,并导致法律责任的承担。所以说,行为在法律关系的运行当中居于核心地位。任何部门法理论都高度重视行为理论的研究,注重行为范畴的提炼。经济法学研究同样如此,经济法行为研究是经济法学理论体系的一个重要组成部分,是经济法主体理论与经济法责任理论衔接的桥梁,"主体—行为—责任"已经成为经济法理论研究中的公认范式,如果缺少对行为理论的研究,经济法主体与经济法责任的研究就失去了有机的衔接,会严重影响到经济法理论体系建构的协同性与完整性。

### (二) 影响着经济法独立部门法地位的认定

"经济(法)行为是决定经济法与经济法学存在与否的一个关键范畴"[74],作为一个新兴法律部门,经济法迫切需要提炼出自身的行为理论与行为范畴,以彰显其与传统民商事法律部门的区别。因为不同的法律部门不仅仅有不同的调整对象,而且拥有不同的法律行为调整方式,特别是在法律调整对象存在着交叉之时,对法律行为的认定与调整就成为区别不同法律部门的一个重要参考,因为"一个独立的部门法必然以特定的行为作为规范对象,否则,就不具备部门法的基本条件。"[75]所以,经济法行为范畴的提炼有助于凸显经济法自身制度规范的结构性特征,使其与传统的民商事法律区别开来。

---

[71] 史际春、邓峰:《经济法总论》,176页,北京,法律出版社,2008。

[72] 史际春、邓峰:《经济法总论》,176页,北京,法律出版社,2008。

[73] 张守文:《经济法原理》,146页,北京,北京大学出版社,2013。

[74] 薛克鹏:《经济法基本范畴研究》,76页,北京,北京大学出版社,2013。

[75] 薛克鹏:《经济法基本范畴研究》,76页,北京,北京大学出版社,2013。

### （三）影响着经济法制度的具体建构与发展

经济法具体制度的建构与发展同经济法行为之间存在着紧密的关联，“经济（法）行为是经济法学的一个基本范畴，是明确经济法这一概念的前提，更是经济法设定权利和义务的基本依据。”[76]尽管经济法主体的非均质性是经济法制度架构的重要依据，但是其更多的是奠定基本的权利、义务规制方向，例如《消费者权益保护法》因为消费者与经营者的不对等地位，以消费者权利与经营者义务为基本方向而搭建其自身的制度体系，但是具体微观制度的推进则与经济法行为紧密地连接在一起。例如惩罚性赔偿制度的建立就是为了应对经营者的欺诈行为，消费者后悔权则是基于网络消费行为中消费者权益的保护而产生。所以，关注经济法行为理论，对经济法具体制度的建构与发展具有重要价值。

## 【拓展阅读】


1. [美]博登海默：《法理学：法律哲学与法律方法》，邓正来译，中国政法大学出版社1998 年版。

2. 沈宗灵主编：《法理学》，北京大学出版社 2003 年版。

3. 吕忠梅、刘大洪：《经济法的法学与法经济学分析》，中国检察出版社 1998 年版。

4. 杨紫烜：《国家协调论》，北京大学出版社 2009 年版。

5. 李昌麒、刘瑞复主编：《经济法》，法律出版社 2004 年版。

6. 李曙光主编：《经济法学》，中国政法大学出版社 2007 年版。

7. 顾功耘主编：《经济法教程》，上海人民出版社 2002 年版。

8. 吕忠梅、陈虹：《经济法原论》，法律出版社 2007 年版。

9. 王全兴：《经济法基础理论专题研究》，中国检察出版社 2002 年版。

10. 佘发勤：《经济法律行为范畴研究》，中国检察出版社 2006 年版。

11. 靳文辉：《经济法行为理论研究》，中国政法大学出版社 2013 年版。

12. 张波：《经济法主体研究》，西南政法大学博士论文 2008 年。

13. 冯果：《超越局部与个体的经济法行为》，载《法学杂志》2008 年第 3 期。

14. 蒋悟真：《传承与超越：经济法主体理论研究》，载《法商研究》2007 年第 4 期。

15. 孟庆瑜：《反思与前瞻：中国经济法主体研究 30 年》，载《云南大学学报》（法学版）2009 年第 1 期。

16. 焦海涛：《经济法主体制度重构：一个常识主义视角》，载《现代法学》2016 年第3 期。


---

[76] 薛克鹏：《经济法基本范畴研究》，76 页，北京，北京大学出版社，2013。

# 第四章　经济法的责任与实施

【导语】 经济法的责任与实施是经济法理论体系中的一项极富争议和难度的话题，直接关系着经济法的立法宗旨的实现问题。经济法的责任作为经济法主体因违反经济法职责和义务而应承担的法律后果，具有鲜明的经济性、社会性、复合性和差别性等特征，且因经济管理主体、社会中间层和市场主体的角色定位差异而有不同的责任方式，与传统的民事责任、行政责任和刑事责任等责任形态相比较，具有自身的特殊性和独立性。经济法的实施作为经济法主体贯彻执行经济法规范，把法定的权利义务转化为现实的权利义务，实现经济法价值的动态过程，具体包括经济法的遵守、执行和适用等多个环节。其中，经济法的遵守作为经济法实施的正常机制和理想状态，取决于广大社会主体对经济法所确认和保障的社会整体利益关系及其特殊实现方式的尊重和认同；经济法的行政执行则因经济法自身的政策性和行政主导性等特征所决定，在经济法制度的运作和实施中发挥着极为重要和特殊作用；经济法的司法适用则因经济法的社会整体利益观和可诉性等因素制约，依然面临着重塑诉讼机构、健全诉讼程序、完善诉讼制度等诉讼机制创新的重要任务。

## 第一节　经济法的责任

法律责任是法律义务履行的保障机制，无论是法理学研究、部门法探讨，还是立法与司法实践，都必须面对这一传统而又复杂的课题。法律正是通过法律责任达致对权利的保障和对违反义务的救济之目的。同样，尽管在现今的经济法学研究中，鲜见有权威的、统一的关于经济法责任的成果或共识，但是这并不能否认经济法责任理论研究的重要性，因为“经济法责任是经济法基础理论的重要组成部分”[1]，而且其不仅关系到经济法理论的成熟与否，还是经济法律制度有效实施的重要保障。

### 一、经济法责任的概念和特征

#### （一）经济法责任的概念界定

“在经济法理论中，责任理论是一个公认的‘难垦之域’，不仅研究难度较大，而且研

[1] 张守文主编：《经济法学》，88页，北京，高等教育出版社，2018。

究成果的认同度相对较低。”[2]这一点在有关经济法责任的概念表述和内涵界定上均有清晰的体现。有学者认为，经济法责任是指经济法主体由于实施了违反经济法律法规的行为而应承担的由法律规定的具有强制性的法律义务；[3]有学者认为经济法责任是指经济法主体违反经济法规定的义务所应付出的代价；[4]有学者认为，经济法责任是由于经济法主体的经济违法行为以及法定特别损害后果的发生，而使有责主体必须承担的否定性经济法后果；[5]有学者认为，经济法责任是指经济法主体在违反经济法律规范时，应当对国家或者受害者承担相应的法律后果；[6]有学者将“经济法责任”称为“经济法主体的法律责任或者经济法上的法律责任”，是指经济法主体因实施了违反经济法规定的行为而应承担的法律后果，或者说，是因实施了违法行为，侵害了经济法所保护的权益，而应受到的经济法上的制裁；[7]有学者认为，经济法责任是指经济法主体因违反经济法上的法律义务而应承担的特殊义务；[8]等等。综观上述关于经济法责任的表述和界定，大体可归结为后果说、义务说和代价说三种。但从法理学的角度看，否定性的法律后果即第二性的法律义务，这种后果或者义务对经济法责任主体而言必然是一种代价，是对其违反法定义务的一种制裁。正如有学者指出的那样，经济法责任既可以称之为后果，也可以称之为制裁，不同的概念表述和界定并不存在实质性差异，都强调是经济法主体因违反经济法而应承担的法律后果，都是对经济法主体违法行为的否定性评价。这种否定性的评价本质上是对违反法律义务的一种制裁，无论是否定性的法律后果还是第二性的法律义务，其实质都是通过对违法者的制裁进而实现对权利人的救济，正如凯尔森所指出的：“法律责任是与法律义务相关的概念，一个人在法律上要对一定的行为负责，意思就是，他作相反行为时，他应受制裁。”[9]有鉴于此，我们认为，所谓经济法责任，就是经济法主体因其违反经济法律法规的行为，损害其他经济法主体的权益，根据经济法的规定所应承受的法律制裁。对于“经济法责任”这一概念，我们可以从以下方面作出更进一步的理解：

第一，经济法责任是一种法律责任。经济法责任是法律责任的一种表现形式，它不是经济责任、道义责任，也不是纪律责任，其产生于经济法创制和经济法执行中的国家强制力保障，是一种典型的法律责任。

第二，经济法责任更加强调对责任主体的经济制裁。相对于民事责任、行政责任以及刑事责任，经济制裁是经济法责任的重要责任方式。其中，民事责任主要是补偿性责

---

〔2〕 张守文：《经济法责任理论之拓补》，载《中国法学》，2003(4)。
〔3〕 李昌麒：《经济法——国家干预经济的基本法律形式》，482页，成都，四川人民出版社，1995。
〔4〕 漆多俊：《经济法基础理论》，36页，武汉，武汉大学出版社，2000。
〔5〕 石少侠：《经济法新论》，57页，长春，吉林大学出版社，1996。
〔6〕 潘静成、刘文华：《经济法基础理论教程》，北京，高等教育出版社，1994。
〔7〕 张守文：《经济法原理》，195页，北京，北京大学出版社，2013。
〔8〕 焦富民：《论经济法责任制度的建构》，载《当代法学》，2004(5)。
〔9〕 [奥] H.凯尔森：《法与国家的一般理论》，73页，北京，中国大百科全书出版社，1996。

任,尽管重视对权利主体的经济赔偿,但这种赔偿不能过高,也不能过低;行政责任主要强调对行政管理主体的行政职权的规制;刑事责任则主要强调对犯罪人的人身自由的强制。与它们不同,经济法责任特别强调对违法主体的经济制裁,经济制裁构成经济法责任的突出特征。例如我国经营者因欺诈行为而对消费者所担负的双倍赔偿责任,美国反垄断法中的三倍赔偿制度等,无不体现着经济法责任的经济制裁属性。

第三,经济法责任是以经济法为依托的责任。任何法律责任都必须依托于一定的部门法,因为“法律责任本身是不能单独存在的,它必须依附于某一个属于它的法律部门才能存活下去”。[10] 经济法责任亦不例外,当然以经济法部门为依托。民事法律责任中的经济性责任,如民事赔偿;行政法律中的经济性责任,如行政罚款;以及刑事法律中的经济性责任,如罚金,都分别是民事责任、行政责任以及刑事责任的责任方式,都不能称之为经济法责任。因为它们分别规定于民法、行政法与刑法中,并非源自经济法。

### (二)经济法责任的特征

与民事责任、行政责任以及刑事责任相比较,经济法责任具有以下显著特征:

1. 经济法责任的经济性。这是由经济法的经济性特征所决定的,系国家经济调节中发生的法律责任。[11] “经济法具有突出的经济性,因而经济法上的责任主要是经济性的责任。在传统的法律制度中,经济性责任被分散到民事、行政和刑事责任中,但其共有的经济性往往被忽视。在经济法,尤其应当关注责任的经济性,因为经济法主要是通过引导人们的趋利避害的行为来实现其调整的目标。”[12]例如,《消费者权益保护法》规定经营者对消费者的赔偿责任、《反垄断法》规定的垄断者责任、税法中税收缴纳者的责任等都具有鲜明的经济性。

2. 经济法责任的社会性。这是由经济法的社会法属性决定的,强调这种法律责任直接与社会利益相关。[13] 经济法是典型的社会法,是以社会利益为本位的法,追求社会公共利益的提升。“社会公共性要求是经济法产生的终极原因。没有社会公共性的要求,就没有经济法的产生。”[14]作为经济法保障实施的重要条件,经济法责任自然具有鲜明的社会性。例如,取消各种资格(如吊销营业执照、剥夺其某种经济法主体的资格),使其失去某种活动能力,特别是进入某种市场的能力;信誉评估或评级制度、纳税信息公告制度、上市公司的PT制度、各种“黑名单”制度等,都是基于社会整体利益的考量制定的,其目的在于通过上述责任制度的实施,引起潜在的社会相关主体的注意,或者给潜在的不特定社会主体以直接的保护。

3. 经济法责任的复合性。这是由经济法的综合性特征决定的,意指经济法主体违反

---

〔10〕 陈婉玲:《经济法原理》,126页,北京,北京大学出版社,2011。

〔11〕 漆多俊主编:《经济法学》,101页,北京,高等教育出版社,2007。

〔12〕 张守文:《经济法原理》,197页,北京,北京大学出版社,2013。

〔13〕 漆多俊主编:《经济法学》,101页,北京,高等教育出版社,2007。

〔14〕 邱本:《经济法总论》,192页,北京,法律出版社,2007。

经济法所承担的责任往往表现出非单一性的特征，而是表现为民事责任、行政责任与刑事责任等多种传统责任的融合[15]或组合适用。经济法是调整市场规制关系与宏观调控关系的法律，经济法主体无论是违反市场规制法，还是违反宏观调控法，其法律责任都具有综合性，这种综合性是相对于民事责任、行政责任以及刑事责任而言的。民事法律责任的实现方式是以财产为代表的民事制裁为主，行政法律责任的实现方式则是以行政处罚和行政处分为代表的行政制裁为主，刑事法律责任则是以对人身自由的限制为代表的刑事制裁为主。在经济法中，民事制裁、行政制裁与刑事制裁都存在，且民事制裁的处罚与行政制裁的处罚并重。因为经济法主体的违法行为不仅会损害具体的个体利益，而且会侵害社会公共利益，因此经济法主体不仅承担民事责任、行政责任，而且还要承担刑事责任，只有这种综合性的责任才能有效地遏制违反经济法的行为。对违反经济法的行为，如果仅剥夺其资格权利(力)，而不同时要求其赔偿经济损失，限制其自由乃至剥夺其生命，就无法弥补其造成的损害，不足以惩罚其犯罪行为。[16] 例如，在税法、金融法、反垄断法、消费者权益保护法当中都有行政责任以及刑事责任的规定。

4. 经济法责任的差别性。经济法责任的差别性也称为经济法责任的角色性或不对等性，是指由于经济法主体地位的不对等性进而导致的经济法责任的不同。国家是经济法中的管理主体，是进行宏观调控与市场规制的主体，而经营者、消费者等是经济法中被管理的主体，是国家进行宏观调控与市场规制的受体。由于上述主体的不同法律地位，其权利、义务结构也并不相同，因此其责任制度必然存在差别。例如，调制主体则可能承担政治性责任(如引咎辞职等)，以使其付出“合法性减损”或“信用减等”的代价，甚至是被剥夺进行市场规制与宏观调控的权力，而作为市场主体的经营者与消费者则不存在被剥夺宏观调控与市场规制权利的情况；同时市场主体被吊销执照、责令停业整顿等责任形式又很难用于作为管理者的国家之上。

## 二、经济法责任的类型化分析

当前关于经济法责任类型的研究众说纷纭，莫衷一是。有学者认为经济法责任可以依据不同的标准进行不同的分类，例如，依据违反经济法的具体门类的不同，可以分为违反宏观调控法的责任和违反市场规制法的责任；依据违法主体的不同则可以划分为调制主体的责任与调制受体的责任。[17] 有学者认为经济法是由调整市场竞争方面的法律与宏观调控方面的法律所构成的，因此，经济法责任是由违反市场竞争方面法律的经济责任以及违反宏观调控方面的法律责任所构成。[18] 有学者认为经济法责任包括财产和其

---

〔15〕 冯果主编：《经济法——制度・学说・案例》，109页，武汉，武汉大学出版社，2012。

〔16〕 邱本：《经济法总论》，270页，北京，法律出版社，2007。

〔17〕 张守文：《经济法原理》，195页，北京，北京大学出版社，2013。

〔18〕 邱本：《经济法总论》，272页，北京，法律出版社，2007。

他经济利益方面的责任、经济行为方面的责任、经济信誉方面的责任以及经济管理行为方面的责任。〔19〕有学者认为经济法责任包括经济责任与非经济责任,经济责任包括补偿性责任与惩罚性责任;非经济责任又有行为责任、信誉责任、资格减免责任和人身责任之分。〔20〕有学者认为经济法责任的承担形式有财产责任、非财产责任、行政责任、民事责任、刑事责任、调控主体的责任、调控受体的责任等。〔21〕上述这些关于经济法责任的不同观点反映出不同学者对经济法责任构成的不同理解,同时也反映出了经济法责任制度的复杂性。我们认为,上述各种界定都包含一定的合理性,部分观点也体现出了经济法责任的特殊性,对于我们从不同角度认识和理解经济法责任类型是有重要借鉴意义的。但划分标准的多元化,也使得人们不免产生认识上的混乱或分歧,进而不利于经济法责任的落实。我们认为,相对而言,调制主体责任与调制受体责任、市场竞争法责任与宏观调控法责任的类型划分,较好地反映了因经济法主体法律地位的不同而承担不同经济法责任的特点。换言之,经济法责任是经济法主体的责任,是经济法主体因经济法行为而承担的否定性法律后果,主体、行为与责任之间存在着密切的联系。因此,对经济法责任类型化的分析,应当考虑其与经济法主体以及经济法行为之间的联系,努力与经济法主体、经济法行为的类型化分析保持一致。鉴于经济法主体的类型划分,我们也将分经济管理主体、社会中间层以及市场主体三个类别阐述经济法责任。

### (一)经济管理主体的经济法责任

所谓经济管理主体的经济法责任,是指违反经济法所规定的经济调节管理义务的国家经济管理机关及其工作人员,以其经济调节管理行为受到某种限制为代价而承担责任的方式。〔22〕经济管理主体承担经济法责任有双责制和单责制之分。所谓双责制,是指国家机关和负有管理或直接责任的国家工作人员,均要承担一定的法律责任。〔23〕例如,根据《价格法》第45条规定:地方各级政府或各级政府有关部门违反本法规定,超越定价权限和范围擅自制定、调整价格或者不执行法定的价格干预措施、紧急措施的,责令改正,并可以通报批评,对直接负责工作人员和其他直接责任人员依法给予行政处分。单责制则是指法律责任只由国家机关承担,或只由负管理责任或直接责任的工作人员承担。例如,根据《价格法》第46条规定:价格工作人员泄露国家秘密、商业秘密以及滥用职权、徇私舞弊、玩忽职守构成犯罪的,依法追究刑事责任;尚不构成犯罪的,依法给予行政处分。

经济管理主体承担经济法责任的方式是多样的,这里仅介绍以下主要责任承担方式:

〔19〕漆多俊主编:《经济法学》,101页,北京,高等教育出版社,2007。

〔20〕杨紫烜、徐杰主编:《经济法学》,116页,北京,北京大学出版社,2012。

〔21〕井涛:《经济法责任的独立性问题探讨》,载《华东政法学院学报》,2004(1)。

〔22〕漆多俊:《经济法学》,103页,北京,高等教育出版社,2007。

〔23〕王金平:《经济法责任研究》,86页,中南大学博士论文,2010。

(1) 责令退还。行政处分是针对各级政府及其管理机关中的个别行政人员的责任形式，例如《中华人民共和国产品质量法》(以下简称《产品质量法》)第 66 条规定：产品质量监督部门在产品质量监督抽查中超过规定的数量索取样品或者向被检查人收取检验费用的，由上级产品质量监督部门或者监察机关责令退还；情节严重的，对直接负责的主管人员和其他直接责任人员依法给予行政处分。

(2) 责令改正。责令改正是各级政府及其管理机关承担经济法责任的一种重要形式，例如《反垄断法》第 51 条规定：行政机关和法律、法规授权的具有管理公共事务职能的组织滥用行政权力，实施排除、限制竞争行为的，由上级机关责令改正；对直接负责的主管人员和其他直接责任人员依法给予处分。

(3) 经济赔偿。经济赔偿既针对各级政府及其管理机关，又针对其个别工作人员。例如《中华人民共和国农业法》(以下简称《农业法》)第 90 条规定：违反本法规定，侵害农民和农业生产经营组织的土地承包经营权等财产权或者其他合法权益的，应当停止侵害，恢复原状；造成损失、损害的，依法承担赔偿责任。国家工作人员利用职务便利或者以其他名义侵害农民和农业生产经营组织的合法权益的，应当赔偿损失，并由其所在单位或者上级主管机关给予行政处分。

(4) 警告、记过、降级、撤职、开除。警告、记过、降级、撤职、开除是针对政府管理机关工作人员的责任形式，例如，《中华人民共和国食品安全法》(以下简称《食品安全法》)第 144 条规定：违反本法规定，县级以上人民政府食品安全监督管理、卫生行政、农业行政等部门有下列行为之一，造成不良后果的，对直接负责的主管人员和其他直接责任人员给予警告、记过或者记大过处分；情节较重的，给予降级或者撤职处分；情节严重的，给予开除处分：①在获知有关食品安全信息后，未按规定向上级主管部门和本级人民政府报告，或者未按规定相互通报；②未按规定公布食品安全信息；③不履行法定职责，对查处食品安全违法行为不配合，或者滥用职权、玩忽职守、徇私舞弊。

(5) 引咎辞职。引咎辞职是针对政府部门管理机关主要负责人的责任形式，例如，《食品安全法》第 144 条规定：违反本法规定，县级以上人民政府食品安全监督管理、卫生行政、农业行政等部门有下列行为之一的，造成严重后果的，其主要负责人还应当引咎辞职：①隐瞒、谎报、缓报食品安全事故；②未按规定查处食品安全事故，或者接到食品安全事故报告未及时处理，造成事故扩大或者蔓延；③经食品安全风险评估得出食品、食品添加剂、食品相关产品不安全结论后，未及时采取相应措施，造成食品安全事故或者不良社会影响；④对不符合条件的申请人准予许可，或者超越法定职权准予许可；⑤不履行食品安全监督管理职责，导致发生食品安全事故。

(6) 刑事责任。刑事责任是对各级政府及其管理机关中违法人员最为严厉的责任形式，例如《反垄断法》第 54 条规定：反垄断执法机构工作人员滥用职权、玩忽职守、徇私舞弊或者泄露执法过程中知悉的商业秘密，构成犯罪的，依法追究刑事责任；尚不构成犯罪的，依法给予处分。

### (二) 社会中间层的经济法责任

对于社会中间层的经济法责任的研究成果非常鲜见,但是社会中间层作为经济法主体的一个重要组成部分,在经济运行中扮演着特殊角色,必须对其经济法行为负责,也必须对其违法行为承担法律责任。其主要经济法责任方式有:

(1) 损害赔偿责任。例如《产品质量法》第58条规定:社会团体、社会中介机构对产品质量作出承诺、保证,而该产品又不符合其承诺、保证的质量要求,给消费者造成损失的,与产品的生产者、销售者承担连带责任。

(2) 没收违法所得。例如《食品安全法》第140条规定:食品行业协会以广告或者其他形式向消费者推荐食品,消费者组织以收取费用或者其他牟取利益的方式向消费者推荐食品的,由有关主管部门没收违法所得。

(3) 罚款。例如《反垄断法》第46条第1款规定:行业协会违反本法规定,组织本行业的经营者达成垄断协议的,反垄断执法机构可以处50万元以下的罚款。情节严重的,社会团体登记管理机关可以依法撤销登记。

(4) 暂停营业。例如《注册会计师法》第39条规定:会计师事务所违反本法第20条、第21条规定的,情节严重的,可以由省级以上人民政府财政部门暂停其经营业务。

(5) 撤销登记。例如《反垄断法》第46条第2款规定:行业协会违反本法规定,组织本行业的经营者达成垄断协议的,情节严重的,社会团体登记管理机关可以依法撤销登记。

### (三) 市场主体的经济法责任

市场主体的法律责任主要是就经营者而言的,劳动者、消费者等作为弱势群体,经济法更多的是赋予其权利。经营者的经济法责任主要有以下方面:

(1) 损害赔偿责任。赔偿责任是指经营者就其违法行为向其他市场主体所作的赔偿。例如《产品质量法》第43条规定:因产品存在缺陷造成人身、他人财产损害的,受害人可以向产品的生产者要求赔偿,也可以向产品的销售者要求赔偿。属于产品的生产者的责任,产品的销售者赔偿的,产品的销售者有权向产品的生产者追偿。属于产品的销售者的责任,产品的生产者赔偿的,产品的生产者有权向产品的销售者追偿。

(2) 没收违法所得。例如《产品质量法》第50条规定:在产品中掺杂、掺假,以假充真,以次充好,或者以不合格产品冒充合格产品的,责令停止生产、销售,没收违法生产、销售的产品,并处违法生产、销售产品货值金额50%以上3倍以下的罚款;有违法所得的,并处没收违法所得。

(3) 罚款。例如《价格法》第39条规定:经营者不执行政府指导价、政府定价以及法定的价格干预措施、紧急措施的,责令改正,没收违法所得,可以并处违法所得5倍以下的罚款;没有违法所得的,可以处以罚款;情节严重的,责令停业整顿。

(4) 吊销执照。例如《产品质量法》第 51 条规定：生产国家明令淘汰的产品的，销售国家明令淘汰并停止销售的产品的，责令停止生产、销售，没收违法生产、销售的产品，并处违法生产、销售产品货值金额等值以下的罚款；有违法所得的，并处没收违法所得；情节严重的，吊销营业执照。

(5) 刑事责任。例如《消费者权益保护法》第 57 条规定：经营者违反本法规定提供商品或者服务，侵害消费者合法权益，构成犯罪的，依法追究刑事责任。

## 三、经济法责任是一种独立的法律责任

### （一）关于经济法责任独立性的争论

关于经济法责任的独立性问题是存在争议的，有学者认为根本不存在独立的经济法责任，经济法责任只不过是借用经济责任、行政责任与刑事责任而已；[24]有学者认为经济法责任是一种相对独立的责任，而且在性质上兼具补偿性和惩罚性；[25]有学者则明确指出经济法责任是一种独特的责任，是与民事责任、行政责任以及刑事责任相并列的一种责任。[26] 可以说，学界至今并未对经济法责任的独立性达成广泛共识，持质疑性观点乃至否定观点的学者仍不在少数。因此，对经济法责任进行深入研究，探求经济法责任的独立性对于经济法学理论研究而言依然十分重要。我们认为，经济法责任是一种独立于民事责任、行政责任以及刑事责任的法律责任形态，经济法责任的独立性源自经济法调整对象和作用机制的特殊性。经济法责任因其宗旨、功能及其具体制度架构区别于传统的民事责任、行政责任以及刑事责任，而成为整个法律责任体系当中的重要组成部分。

### （二）传统法律责任分类及其评析

法律责任依据不同的标准可以作出不同的分类。“例如，按照承担责任主体的不同，法律责任可以分为自然人责任、法人责任和国家责任；按照责任承担内容的不同，可以划分为财产责任与非财产责任；按照责任的程度，可以分为有限责任和无限责任；按照责任实现的程度，可以分为惩罚性责任与非惩罚性责任；按照引起责任的法律事实与责任人的关系的不同，可以分为直接责任、连带责任和替代责任。”[27]但是对经济法责任独立性的判断有重要影响的分类标准主要有以下几种：

(1) 民事责任、行政责任、刑事责任与违宪责任。这是依据部门法的性质的不同，对法律责任作出的最基本的分类，是传统责任分类中的所谓“三大责任”或“四大责任”，是法学界对部门法责任进行研究的基础。其中，民事责任是指公民、法人以及其他民事主

[24] 钱晓英：《经济法概论》，24 页，北京，电子工业出版社，2002。
[25] 井涛：《经济法责任的独立性问题探讨》，载《华东政法学院学报》，2004(1)。
[26] 邱本：《经济法总论》，266～267 页，北京，法律出版社，2007。
[27] 张文显：《法理学》，126 页，北京，高等教育出版社、北京大学出版社，2011。

体由于违反民事法律、违约或根据民法规定所应承担的一种法律责任。它主要是一种救济性、补偿性法律责任类型,其主要责任方式有停止侵害、返还原物、排除妨碍、赔礼道歉与赔偿损失等。行政责任是指违反行政法律或行政法规而应承担的责任,它具有惩罚、救济和预防的功能,既包括行政机关及其工作人员的法律责任,也包括行政机关授权的主体的法律责任以及公民等行政相对人的法律责任。刑事责任是指行为人因其犯罪行为所必须接受的由司法机关代表国家所确定的否定性法律后果,它以人身处罚为主,它是严格的行为人个人责任,也是最严厉的一种法律责任。违宪责任是指由于违反了宪法所应承担的法律责任。它通常是指有关国家机关制定的某种法律、法规和规章,以及国家机关、社会组织或公民的某种行为与宪法相抵触。

毫无疑问,任何法律规范都必须有法律责任,这是法的强制性的体现和法能够在现实生活中发挥作用的保障条件。同样,任何部门法都必须有属于本部门法的法律责任,否则,该部门法只能是书面上的法律,不可能在现实生活中发挥实质性作用。可见,法律责任自身是不能独立存在的,它必须依附于某个部门法而存在。离开了具体的部门法的规定,法律责任便无独立存在的实际意义。这便是传统法律责任划分的法理基础。同时,我们也必须注意到,依据部门法的性质而作出的这种法律责任的类型划分也并非是完美无缺的,尤其是仅以上述三个或四个部门法进行法律责任形态的划分,并不一定总是恰当的。这是因为:

首先,现有部门法的划分是人们认识与研究法的一种学术活动与方法,不能过分强调其客观性,将其绝对化。如果将法律部门及其划分当作客观的事物或现象,则无异于把一些人的主观意志强加于客观的社会经济及法治实践,使得法律部门的划分与客观实际相脱节。因此,现有部门法的划分并非是绝对科学的,也并不能够涵盖所有法律内容的。同样,传统的“三大责任”或“四大责任”的部门法划分本身并不意味着每一个新法的诞生都必须被其涵括,从而并必须划归传统责任类型之中。

其次,作为法律部门的划分标准有两个:一是法所调整的社会关系,二是社会关系的法律调整机制,而调整机制则包括法律调整的方法,法律关系中主体权利义务确定的方式与方法,权利的确定性和自主性程度,法律事实的选择,法律关系各方主体的地位和性质,保障权利的途径和手段等。实际上许多学者对法律部门的划分的第二个标准的判断往往只是更多地考虑了法律的调整方法这一个方面,有的学者甚至将调整方法等同于法律责任的承担方式。正如有学者在论及划分法律部门时,将法律规范的调整方法作为划分标准,把凡以刑罚制裁方法为特征的法律规范划归刑法部门,凡以承担民事责任方式为特征的法律规范划归民法部门等。需要指出的是,我们不能以法律调整机制中的调整方法作为唯一的判断标准,而不考虑调整机制中的其他要素,如法律关系主体的地位和性质;同时,法律的调整方法也不等同于法律责任的实现方式,法律责任的实现方式只是法律调整方法中的构成要素之一而已。在法律责任基本定型化的今天,如果把法律责任的实现方式等同于法的调整方法,并据此来判断部门法的成立与否,也是不科学的。例如，劳动法是独立的部门法已经为多数人接受，但是劳动法的责任并没有超出已有的责任方式。

再次，依据不同部门法所做的法律责任类型划分之间也存在着一定的交叉和内在的关联，不同的部门法可能会对某类形式的责任更为侧重一些，但并不意味着要排除其他责任类型。例如，民法中有赔偿，行政法中也有赔偿；行政法中有拘留，刑法中也有拘留。因此，经济法责任中当然也可以有民事责任形式、行政责任形式，乃至刑事责任形式，但多种责任形式在经济法中的复合型存在并不能否认经济法这一法律部门的独立性。

最后，传统的民事责任、行政责任与刑事责任等类型区分的强化，是与民法、行政法与刑法的悠久历史及其法典化、界域的相对明晰，以及立法的相对成熟等因素有着密切关系的，这也造成了人们在思考法律责任分类时的惯性思维，似乎谈到法律责任时就只有这几种责任方式，很难再考虑并深刻认知从而最终承认其他法律责任的存在。随着法律对社会关系和社会生活的调整日益深入细致，并不断趋于专业化、技术化，原有的法律部门划分的观点和方法的局限性日渐显现，并在某些方面阻碍乃至损害了法学研究与法治实践的发展。例如，对于迅猛发展起来的教育、医疗卫生、传媒、体育、计划生育等社会法现象，我们很难再将其纳入传统的法律部门，因为实践的发展已经为新的部门法的诞生提出了客观要求。

(2) 财产责任与非财产责任。这是根据法律责任的内容所做的分类，财产责任是指以财产为主要内容的一种法律责任，其责任的目的主要是弥补当事人所遭受的财产损失，因而这种责任以追求等价性、功利性为主要目的，如民事责任中的赔偿损失、返还原物。当然，有的财产责任也具有一定的惩罚目的，如行政责任中的罚款等。非财产责任指的是违反了非财产上的义务，不以财产为责任承担内容而是以人身、人格、行为等为责任承担内容的法律责任。它不以等价性为原则，而是以道义性惩罚为目的，如刑事责任中的拘役、徒刑、行政责任中的拘留、训诫等都属于非财产责任。非财产责任又可以分为能力责任、自由责任和声誉责任。能力责任是指以剥夺责任主体从事某种行为的能力或资格为内容的责任，自由责任是指以剥夺责任主体的人身自由为内容的责任，声誉责任是指以剥夺责任主体的声誉利益为内容的责任。这种根据法律责任的内容而进行的财产性责任与非财产性责任的划分，并不排斥其在经济法中的运用。比如，罚款具有明显的财产性质，但是吊销营业执照则明显是对主体经营资格的限制(尽管最终会影响到主体的经济利益)，这种责任的组合运用在经济法中是比较普遍的。

(3) 补偿性责任和惩罚性责任。这是以追究责任的目的为标准而划分的责任类型。因为法律责任包含功利性关系和道义性关系，与此相适应，法律责任可以分为补偿与惩罚两类。如民法中的返还原物、赔偿损失等都是以补偿为目的的，而行政法中的罚款、行政拘留以及刑事责任等则是具有惩罚目的的。这种责任类型在很多法律部门中得以适用。例如，民法上的损害赔偿、税法上的滞纳金等，一般都被看作赔偿责任的形式；而财产罚、自由罚、声誉罚等，无论是侧重于物质还是侧重于精神，无论是体现为传统的刑罚还是行政罚,往往被看作是惩罚性责任的表现形式。而补偿性责任与惩罚性责任的分类在经济法中也同样适用。事实上,经济法主体可能承担诸多责任,既可能是对私人主体或公共主体损失的一种补偿,也有可能是对违法行为人的一种惩罚。可见,赔偿责任并非都是民事责任,惩罚性责任也并非都是行政责任或刑事责任。

上述三种主要分类是密切联系的。其一,因为所谓的“三大责任”或“四大责任”的具体内容区分过于绝对:不是财产性的就是非财产性的,加之其目的不是补偿就是惩罚,而且其本身的具体实现方式并非为与之相适应的某一部门法所独有,如财产性责任在各个部门法中都有体现,自由责任在行政法中与刑法中也都有创设。事实上,我们日常所说的民事责任只不过是在民法中对财产性内容的责任形式更为侧重一些,行政责任只不过是在行政法中对声誉责任与能力责任(降级、撤职与通报批评等)更为侧重一些,刑事责任只不过是对以自由责任为代表的人身责任更为侧重一些。因此,每当遇到财产责任时,我们总是容易与民事责任相联系,遇到声誉责任与能力责任时总是容易与行政责任相联系,遇到自由责任时总是容易与刑事责任相联系。实际上,我们是在主观上自觉或不觉地把责任本身等同于责任的实现方式。但是,独立的责任形式并不意味着在既有法律体系内创造出完全独立的责任实现方式,责任类型的改变并不意味着制裁手段的必然改变,在既有的法律体系内,法律制裁的实现无不是以补偿或惩罚为目的,以财产性的内容或非财产性的内容即财产责任、能力责任、声誉责任和自由责任为实质,而形式上又恰好符合了民事责任、行政责任与刑事责任的常见表现。所以,独立的经济法责任的实现方式在表面上符合民事责任、行政责任和刑事责任这并非不可接受,它们的实质内容是存在交叉的。其二,从法律责任的实现方式这一点上来看,这几种分类也存在着必然的密切联系。法律责任的实现方式包括法律责任的对象和责任形式两方面的问题。法律责任的对象有生命、身体、自由、财产和名誉等;责任实现形式只是对责任对象所采取的制裁方法,如赔偿、恢复原状、赔礼道歉、警告、开除、拘役、有期徒刑和无期徒刑,等等。尽管法律责任的对象和责任形式处于发展变动中,但是其种类和数量却是十分有限的。其中,人身责任主要是拘留、徒刑、降级、开除等;而财产责任总是以利益减损为基本出发点,无非是返还财产、赔偿、罚款、罚金、收缴或没收财产等。

### (三)经济法责任独立性的表现

1. 经济法责任主体的特殊性。任何法律责任都离不开特定的主体,法律责任只能是特定主体的法律责任,是特定主体因其行为而承担的否定性后果。因此,主体与责任不可分离。同样,对经济法责任的研究也不能脱离经济法主体,而经济法责任主体相对于民事责任主体、行政责任主体以及刑事责任主体而言,确实存在着特殊性,这种特殊性就体现在国家(包括各级政府、职能部门及其工作人员)以及经营者是经济法责任主体的最重要的组成部分。民事责任主体是自然人、法人以及非法人组织,而国家及其机关很少成为民事责任主体。“行政法是规范行政权力和限制行政权力滥用,保护行政相对人权利的法律。从控权的角度出发,真正的行政违法就是行政机关及其公务人员违反行政法律规范的行为。”[28]因此,行政法责任主体只能是处于强势地位的行政机关,处于弱势的行政相对人不应成为行政法责任主体。刑事责任主体主要是针对自然人以及单位组织而言的,国家机关很少成为刑事责任主体。

2. 经济法责任内容的特殊性。这集中体现在经济法责任的类别构成与具体制度构成上。就责任的类别而言,财产性责任是民事责任的核心,声誉与能力责任则是行政责任的核心,行为自由责任是刑事责任的核心,但是经济法责任则是民事责任、行政责任以及刑事责任的融合,在经济法责任体系当中,常常是财产责任、行为责任、声誉责任以及能力责任并重。就责任的形式而言,经济法责任形式在传统民事、行政、刑事责任形式的基础上有着更丰富的发展。例如美国《谢尔曼法》中的三倍赔偿制度、我国《消费者权益保护法》中的双倍赔偿制度、专业不名誉制度、资格递减制度、垄断企业的拆分制度等都体现出了与传统民事、行政以及刑事责任形式的区别。

3. 经济法责任归责原则的特殊性。归责原则是确定责任归属所必须依据的法律准则,它所解决的是依据何种事实状态确定责任归属问题。具体而言,归责原则主要包括过错原则、过错推定原则以及无过错原则。过错原则是指以过错作为价值判断标准,判断行为人对其造成的损害应否承担侵权责任的归责原则;过错推定原则是指在法律有特别规定的场合,侵害人就其所致的损害不能证明自己没有过错,就应当负担赔偿责任的归责原则;无过错责任是在法律有特别规定的情况下,以已经发生的损害结果为价值判断标准,由与该损害结果有因果关系的行为人,不问其有无过错,来承担侵权赔偿责任的归责原则。[29] 民事责任的归责原则主要是过错责任,辅之以过错推定责任以及无过错责任,行政责任则主要是过错责任。经济法是以社会利益为本位的法,其目的在于保护社会公共利益,对社会利益的保护主要是通过对处于强势地位的市场主体的义务性规制而实现的,其保护的利益主要是以相对弱势群体为代表的社会利益,因此其在归责原则上主要采用的是过错推定责任与无过错责任。

4. 经济法责任追究程序的特殊性。这种特殊性体现在行政程序与司法程序并重之上,“在一个个具体的经济法律关系的保护中努力挖掘传统法律救济的资源,关注行政处罚、私人诉讼乃至公益诉讼等不同救济手段在政府监管中组合使用的可能性和可行性,将有助于提高政府监管的效率”[30]。行政程序构成了经济法责任实施的重要内容,特别是对经营者的经济法责任追究当中,行政责任是其中最为核心的一个组成部分,例如在《反不正当竞争法》以及《产品质量法》中,行政处罚都是责任体系中的核心内容;而司法程序也构成了经济法责任实现的重要内容,市场主体对其他市场主体损害赔偿责任的追

[28] 杨解君:《行政违法论纲》,42 页,南京,东南大学出版社,1999 。

[29] 参见汪莉:《论经济法责任的独立性》,载《政治与法律》,2007(3)。

[30] 李曙光主编:《经济法学》,65 页,北京,中国政法大学出版社,2007。

究主要是通过诉讼程序解决，这里的诉讼既包括私人诉讼，也包括集团诉讼，尤其是集团诉讼在经济法责任的追究中发挥着重要作用。

5. 经济法责任功能的特殊性。任何法律责任的制度设计都是为了实现特定的功能，民法的任务是保障平等主体之间的合法权益，民事责任制度的核心在于对受害者的补救，因此补偿性功能是民事责任的首要功能，补偿的主要是作为个体的民事主体的利益；行政法的主要任务是规范政府的行政行为，因此行政责任的主要功能在于预防，预防各级政府及其职能部门的行政违法行为；刑法的主要任务是惩罚犯罪，其采取自由刑甚至生命刑，其目的在于惩罚与预防。经济法责任具有预防、补偿与惩罚的功能，并且这三种功能常常并重，但在各自功能的具体指向上与民事责任、行政责任以及刑事责任存在着明显的区别。具体而言，经济法责任的补偿功能更加侧重于对社会利益的补偿，而不是单纯针对个体利益的补偿；经济法责任的预防功能主要针对的是经济活动中私权利(包括直接参与经济活动的政府的公权力)对社会整体利益的侵害；经济法责任的惩罚功能主要是强调通过对行为人的惩罚从而限制其从事经济活动的能力，以更好地保护社会利益，为补偿社会成本所实施的惩罚，不仅是罚款、罚金或自由罚，同样还可以包括资格罚、能力罚、声望罚等。

### (四) 经济法责任独立性的意义

1. 推进经济法理论体系的完善。“从法理学的角度讲，法律关系、法律主体、法律责任等是构成法本体的基本要素。”[31]所以，法律责任必然是部门法学理论研究的重点内容，而且法律责任与法律主体、法律行为等密切联系，形成一个有机统一的整体，对整个部门法学的理论体系具有重要的支撑功能。同理，经济法责任则是经济法理论体系研究的核心内容，缺失成熟的经济法责任理论，必然影响着整个经济法体系的完备性，而且会严重影响经济理论体系自身内部构成的协同性，因为经济法责任理论与经济法主体理论以及经济法行为理论等相关内容都是紧密交叉、相辅相成的，他们构成了一个有机整体，对经济法责任的分析离不开经济法主体及其行为特性的判定。反之，正是由于经济法主体以及行为的特性决定着经济法责任的特性。所以，对经济法责任的意涵、特性、构成及其功能等相关内容的研究不仅关系到经济责任理论自身内容的建构，而且对整个经济法基础理论体系都是重要的推进。

2. 强化经济法独立的部门法地位。尽管经济法在当前我国经济发展当中的作用愈发突出，但是其独立的部门法地位依然受到许多质疑，推进经济法独立性的论证依然是经济法学界面临的一个重要任务。法律的调整方法是对独立部门法进行认定的一个重要标准，而法律责任则是法的调整方法的一个重要体现，两者之间存在着紧密的关联。所以，“经济法责任制度是经济法理论研究的重要问题之一，也是法学界论证经济法是否

---

〔31〕 靳文辉：《经济行为理论研究》，94页，北京，中国政法大学出版社，2013。

为独立法律部门的重要依据”〔32〕。作为公法私法化以及私法公法化过程中产生的第三法域，经济法是在顺应社会经济发展变迁的过程中弥补民商法等传统法律部门功能缺陷的产物，“相应地，其法律责任也必然是现实经济生活突破传统法律体系而生成的”〔33〕，这一点在经济法学界也有着广泛的共识，例如有学者明确指出：“经济法的责任制度体系中的一些具体规定已经明显突破了传统民事、行政、刑事三大责任制度体系的范畴。”〔34〕例如，惩罚性赔偿制度无疑是对传统民商事法律责任的重要突破，而该责任在经济法体系当中有着充分的表现，例如美国《反垄断法》所规定的三倍惩罚赔偿请求权、我国《食品安全法》所规定的十倍惩罚赔偿请求权以及《消费者权益保护法》所规定的三倍赔偿请求权等。因此，经济法责任制度必然区别于传统的民商事法律责任制度，也彰显着经济法调整方法与传统法律部门的区别，从而成为印证经济法独立性的一个重要支点。

3. 提升经济法实施的效率。法律制度的实施需要法律责任的保障，因为法律责任预示着行为人的违法成本，科学的法律责任设置会阻吓行为人潜在的违法动机，促使行为人更好地遵守法律规范，降低法律实施的各种成本，进而提升法律的实施效率。经济法责任则是提升经济法的实施效率的重要因素，因为“经济法法律责任是经济法主体违反经济法法律所应承担的不利后果，是经济法违法行为的代价与成本，是实施经济法的关键”〔35〕。而经济法责任的独立性表明了其对传统民事责任、行政责任以及刑事责任的超越，这种超越源自经济法责任与经济法主体的内在关联性，正是“因为经济法主体的‘非均质性’，以及由此形成的主体地位、法律待遇等方面的差异，导致‘角色责任’的特点更为突出”〔36〕。也正是经济法的这种“角色责任”彰显着经济法责任的独立性，使得经济法实施具备了针对不同主体而设置不同责任的保障措施，对经济法责任的精细化推进，显然更加有利于约束各个经济法主体的行为，更好地贯彻经济法律制度，从而提升经济法的实施效率。

4. 弥补民商法责任功能的不足。对法律责任的终极评判依然在于其具体功能的实现，经济法责任独立性也预示着其不同于传统部门法特殊的功能，所以，“从经济法律调整市场经济时对民商事法律的功能补充、纠偏、修正角度分析，经济法律责任有不同于民商事法律责任的独特表现形式，这是我们认识经济法律责任独立性的必由路径”〔37〕。相对民商事法律而言，经济法的法律责任功能弥补主要体现在以下几个方面：第一，惩罚性赔偿责任对补偿性赔偿责任的弥补。民商事责任注重补偿功能，惩罚功能不足，经济法

---

〔32〕 史际春、姚海放：《再识“责任”与经济法视角》，载《江苏行政学院学报》，2004(2)。

〔33〕 谭德凡：《论经济法责任的独立——以惩罚性赔偿制度的确立为例》，载《武汉大学学报(哲学社会科学版)》，2012(1)。

〔34〕 李曙光：《经济法学》，68页，北京，中国政法大学出版社，2018。

〔35〕 单飞跃、余骁：《经济法法律责任：语义、规范及其整体谱系》，载《现代法学》，2017(3)。

〔36〕 张守文：《经济法原理》，213页，北京，北京大学出版社，2013。

〔37〕 徐晓兰、刘爱珍：《论经济法律责任的独立性——基于经济法与民商法功能互补的视角》，载《新视野》，2013(5)。

中惩罚性赔偿责任则有效的弥补了民商事责任的这一不足,有力遏制了市场主体的逐利机会主义行为。第二,严格责任对过错责任的弥补。民商法强调“过错责任”,而经济法则以“严格责任”为主,注重对“过错”的客观化认定,在过错认定中并不关注侵权行为人的主观心理状态,而是关注行为人作为一个理性人是否违反了在经济生活中“注意义务”这一客观准则。[38] 第三,公益追责启动程序对个人追责启动程序的弥补。民商法奉行“不告不理”原则,只有当事人积极主动地行使诉权,才会进入司法程序,而经济法则突破了这一传统诉讼定式,例如在消费者权益保护公益诉讼以及环境权益保护公益诉讼中,无须受害人自己提起诉讼,检察机关或者消费者协会或者环境保护组织等社会组织就可以积极主动地提起诉讼,要求侵权行为人承担法律责任。

## 第二节 经济法的实施

经济法的实施是经济法运行系统的基本要素和必经环节,直接关系着经济法的立法宗旨的实现问题,历来为经济法学研究和经济法律实践所关注。尤其是《最高人民法院机关机构改革方案》(2000 年)的正式实施和存续逾 20 年的经济审判庭从全国范围的人民法院审判机构序列中的逐步淡出,直接引发了法学界尤其是经济法学界对于经济法实施问题的广泛关注和热烈讨论。但时至今日,经济法的实施机制问题并没有因此而解决,诸多经济法律依旧遭遇着系统性的实施问题的困扰。所以,当前“加强对经济法实施问题的关注具有重要意义”[39],如何冲破经济法实施的瓶颈,彻底摆脱“花瓶”立法的尴尬,真正走上经济运行法治化的轨道,仍然是经济法的理论研究和制度创新中亟须解决的重要问题。

### 一、经济法实施的概念和特征

概念界定是开展理论研究的逻辑起点。基于法学理论对“法的实施”的一般性定义,我们可以对“经济法的实施”作出演绎性表述,即经济法主体贯彻执行经济法规范,把法定的权利义务转化为现实的权利义务,实现经济法价值的动态过程,具体包括经济法的遵守、执行和适用等环节。[40] 对此,学界认识基本一致,只存在表述性差异,不存在实质性区别。[41] 经济法的实施与传统部门法相比,具有鲜明的时代特征:第一,明显的综合性。即经济法的实施应多方策应、多管齐下,需依靠守法、执法和司法等多条途径来实

[38] 参见邱聪智:《公害法原理》,182 页,台北,三民书局股份有限公司,1984。

[39] 刘乃梁:《私人在经济法实施中的作用——理论逻辑与发展路径》,载《浙江工商大学学报》,2014(4)。

[40] 孟庆瑜:《中国经济法实施问题的理论检视与思考》,载《法学杂志》,2010(10)。

[41] 杨紫烜主编:《经济法》(第二版),85 页,北京,北京大学出版社,2006;潘静成、刘文华主编:《经济法》(第二版),101 页,北京,中国人民大学出版社,2005;李昌麒:《经济法——国家干预经济的基本法律形式》,487 页,成都,四川人民出版社,1999;漆多俊:《经济法基础理论》(第四版),278~281 页,北京,法律出版社,2008。

现。第二，独特的行政性。由经济法在制度运作上的现代性所决定，司法权进入行政领域以及将实体性规范与程序性规范加以融合的自足性，使得那些具有宏观调控职能和市场规制职能的行政机关成为了经济法的主要执法主体。〔42〕第三，高度的专业化。经济法是一个高度专业性、技术性和知识性的法律部门，不具备专门知识和能力的人员和机构，很难保障经济法的有效实施。第四，严格的程序性。经济法是国家干预社会经济之法，为了切实保护广大市场主体的正当权益，防范国家经济干预权力的滥用，经济法的运行必须依据严格的程序进行。〔43〕

## 二、国家或政府在经济法实施中的主导地位

### （一）政府及其职能部门的守法活动

"法的实施包括法律的遵守与法律的适用两个方面。遵守法律是法律实施的基础，是其最基本的一面。"〔44〕对于经济法的实施而言，经济守法仍然是经济法实施的基础，如果所有的经济法主体都严格遵守经济法的规定，那么经济法司法程序也就无从谈起，这必将大大降低经济法的实施成本。而在经济法的守法活动中既包括市场主体、社会中间层主体，更包括作为经济管理主体的政府及其职能部门，并且经济法是国家干预经济运行之法，是国家以其"有形之手"对市场自发配置资源的这只"无形之手"的干预，国家干预成为了经济法律关系当中最重要的行为，因此政府及其职能部门的守法活动在经济法的实施过程中占有更加重要的地位。正如有学者所指出的，"由于经济法的特性，决定了国家（政府）机关在经济法中居于宏观调控主体以及监管主体的重要地位，而政府宏观调控权以及监管权的公权性质、政府法定权利与义务的同一性，决定了在经济法的实施中，国家（政府）机关的守法活动——政府依照法定程序行使宏观调控权与市场监管权的活动是经济法主体守法的重要环节。"〔45〕

### （二）各级政府及其职能部门在经济法的实施中居于主导地位

"国家各级行政机关是国家经济调节任务的执行机关，也是经济法适用的主要机关——行政执法机关。"〔46〕行政执法相对于司法而言，其重要的意义在于行政执法的专业性与效率性，无论是宏观调控法的实施，还是市场规制法的实施，各级政府及其职能部门都是重要主体。在宏观调控法当中，无论是计划法中国民经济发展计划的制订、税法中税款的征收与追缴、预算法中预算方案的制定与执行以及金融法中金融宏观调控措施的制定都体现着政府的干预。在市场规制法中，政府的行政执法行为更加明显。以竞争

〔42〕 张守文：《论经济法的现代性》，载《中国法学》，2000(5)。

〔43〕 邱本、梁代军：《经济法实施研究》，载《法学评论》，2000(3)。

〔44〕 漆多俊：《经济法学》，105页，北京，高等教育出版社，2007。

〔45〕 李曙光：《经济法学》，66页，北京，中国政法大学出版社，2007。

〔46〕 漆多俊：《经济法学》，107页，北京，高等教育出版社，2007。

法为例,为了更好地规制垄断行为,行政权力高度地介入了对垄断行为的规制中。在美国,反托拉斯局和联邦贸易委员会是反垄断法的联邦执法机构,州政府也可以根据各个州的反垄断法享有相应的执法权;在日本的反垄断执法机构中,行政权力同样居于核心地位,作为日本反垄断执法机构的公平交易委员会,不仅享有行政执法权,甚至还有准立法权与准司法权;德国的反垄断执法机构则是联邦卡特尔局、联邦经济部、州卡特尔局;而我国《反垄断法》则明确规定,国务院设立反垄断委员会,负责组织、协调、指导反垄断工作,具体则由商务部、发展改革委员会和国家工商总局分别负责特定领域的反垄断法的实施。

### (三)司法机关是经济法实施的重要保障

司法是国家司法机关依照法定职权和法定程序具体应用法律处理案件的专门活动。司法活动具有独立性、权威性、严格程序性以及事后性等特点,是推进经济法实施的重要保障。在依照经济法实施的国家干预经济活动中,市场主体之间的经济纠纷、市场主体与经济管理主体之间的经济纠纷、社会中间层与市场管理主体之间的经济纠纷,都可以通过向法院提起诉讼进而通过司法途径加以解决,特别是鉴于经济法主体之间力量的不对等性,对于处于弱势地位的经济法主体而言,通过司法诉讼方式来实现其经济法权利尤为重要。同时,对于某些侵害社会公共利益的行为,单纯的行政干预以及社会力量的自治干预并不能够对其进行有效的制约,司法力量的介入就显得尤为重要,例如公益诉讼制度的构建对于环境污染等侵害社会公共利益的经济法违法行为具有重要的制约作用。

### (四)权力机关是经济法实施的监督机关

权力机关也是经济法实施的主体,尽管权力机关并不像行政机关和司法机关那样在经济法的实施中扮演着常态化的重要作用,但是作为经济法主体的构成要素,其也在经济法的实施当中发挥着重要作用。“国家权力机关、特别是最高国家权力机关在国家经济调节方面的主要任务是负责重大决策,制定法律,决定经济和社会发展计划及各项重大经济政策;他们也需要对计划、政策和法律的实施、执行情况进行检查、监督,特别是对各行政机关及其工作人员在实施政策和法律中的情况进行检查。”〔47〕

## 三、关于经济法实施问题的主要争议

综观我国经济法实施的理论研究现状,回望我国经济法律制度的具体实践效果,我们可以清楚地看到,主要的理论纷争集中在了经济法的可诉性及其司法诉讼问题上,而有关经济法的行政执行和经济法的遵守等问题,则处于亟须理论升华的研究阶段。

在一个较长时期内,学界尤其是经济法学界并未给予经济法的司法诉讼机制以实质

〔47〕 漆多俊:《经济法学》,107页,北京,高等教育出版社,2007。

性的理论关注，而且想当然地把我国各级人民法院机构序列中的经济审判庭的设置和运行视为经济法独立部门法地位的司法机构依托和程序制度支撑。直至世纪之交，为了回应最高人民法院推行的包括裁撤经济审判庭在内的机构改革举措，经济法的可诉性及其司法诉讼问题才真正进入经济法学者的理论研究视域，并由此引发了有关经济法诉讼模式选择——独立经济法诉讼抑或综合经济法诉讼——的理论争鸣和不同经济法诉讼制度的理论架构。

所谓“独立经济法诉讼”，即基于经济法的独立部门法地位和经济法纠纷的“公益”性特征而作出的不同于传统三大诉讼的经济法诉讼实施机制的理论证成和制度建构。对于建立独立的经济法诉讼的理论和实践依据，有学者指出，有特殊调整对象、调整方法的经济法的存在，是经济公益诉讼制度产生的逻辑前提；侵害国家经济利益、扰乱社会经济秩序的事件的急剧增加，是经济公益诉讼制度产生的现实依据。[48] 经济法是维护社会公共利益的法，违反经济法，侵害的是社会整体经济利益。因此，要使我国人民法院能够追究违反经济法，侵害社会利益行为的法律责任，就必须在我国建立公益诉讼制度，在诉讼制度上作出创新。只有建立为维护社会公益起诉的制度，法院才可以一体追究违反经济法行为。[49] 有学者则在反思中国经济诉讼的历史和现实的基础上提出了经济诉讼独立性的主张，即“经济法律关系主体对经济权利和经济义务发生法律上的争议，并将争议提交国家司法机关，国家司法机关在争议双方的参与下，根据经济法律法规，遵循经济诉讼程序（或经济特别程序），对争议事实进行审理并作出裁判时发生的诉讼活动和诉讼关系的总和”。经济诉讼是一种融传统三大诉讼于一体，但又有着自己特征的新型诉讼。基于对经济法本质所达成的共识，涉及社会公共利益和国家适度干预经济生活则构成经济诉讼的主要特征。[50] 颜运秋教授进一步指出，新的诉讼形式的出现总是与相应的实体法相适应，并且是为了满足解决相关社会冲突的客观要求。经济法是以社会公共利益为本位的部门法，与之相适应，经济法的程序始终贯穿着一条主线，即对社会公共利益的关注，一种旨在建立一套程序规则，以有效保护社会公共利益不受侵害的理念。经济法与公益经济诉讼具有契合性，经济民主宪政和司法能动性以及法律的可诉性决定了经济法可诉性的特殊性，决定了公益经济诉讼存在的合理性。经济法规范在我国的大量颁布不可避免地导致了公益经济诉讼的产生，公益经济诉讼作为经济法的“内部生命的表现”有效地体现了经济法规范所内涵的强制约束力，维护了经济法的切实实施。[51]

“综合经济法诉讼”则是基于经济法与传统法律部门的密切联系和自身特殊性，紧紧依托现有的三大诉讼形式而构建的解决经济法纠纷的司法诉讼模式。这种理论观点在

---

〔48〕 韩志红、阮大强：《新型诉讼——经济公益诉讼的理论与实践》，55～86页，北京，法律出版社，1999。

〔49〕 韩志红：《中国经济法实施机制的完善与创新》，载朱崇实主编：《经济法理论与实务热点问题探讨——2001年全国经济法学理论研讨会论文选》，716页，厦门，厦门大学出版社，2002。

〔50〕 孟庆瑜：《论中国经济法的诉讼保障机制——中国经济诉讼的反思与重构》，载《法学论坛》，2002(2)。

〔51〕 颜运秋：《公益经济诉讼：经济法诉讼体系的构建》，116～158页，北京，法律出版社，2008。

评析和反思“独立经济法诉讼”相关理论观点的基础上,提出经济法诉讼是解决经济法纠纷的诉讼制度的综合,而不是与民事诉讼、行政诉讼、刑事诉讼相并列的第四种诉讼形式。因为经济法不只关心公共利益,也关心个体利益,还特别强调在维护公共利益的时候,必须对个体利益给予充分的尊重。经济法纠纷有时就是私人利益之间的争讼,经济法诉讼显然不能排除私益诉讼。可见,经济法诉讼与其他诉讼形式相互依赖与交织,不可能独立出来形成一个完全不同的诉讼模式。[52]

对于经济法诉讼的独立性的不同认识自然决定了经济法诉讼制度建构上的差异性。其中,前者主要是围绕着经济法利益基点的“公益性”进行了包括原告、受案范围、管辖、诉讼费用、激烈约束、审判机构与程序等方面制度的讨论与设计;后者则根据经济法纠纷的多样性特点,分别就解决经济法纠纷的普通民事诉讼和行政诉讼的适用与制度创新、公益民事诉讼制度和特别行政诉讼制度的构建,以及经济法诉讼支持系统等问题进行了理论探讨。

此外,还有学者从剖析最高人民法院推行的所谓“大民事”司法“改革”实则退回“小民事”的举措的基础上,指出司法真的要改革,就要确立真正的“大民事”或经济法理念,即对法的性质及其对社会关系的调整作大而化之的划分,凡是“刑”或“军”之外的法都是“民”,其调整的社会关系都属于民事范畴,而不局限于“私”的关系,政府的行为尤其是政府管理经济和参与、涉及经济的活动,都纳入民事范畴。[53]

## 四、完善我国经济法实施机制的若干思考

面向经济法实施机制的未来发展与完善,客观评述有关经济法实施的已有研究成果,我们应当着重就以下争议或问题作出更进一步的研究与探索,以有效推动经济法的实施和实现,促进经济法的理论发展和制度体系的完善。

### (一) 关于经济法的社会认同与遵守

法的遵守是指“国家机关及其工作人员,社会组织和公民个人,自觉按照法律规范的要求进行活动,把法的要求变为自己的行为,形成法律所要求的现实社会关系”。[54] 法的遵守无须经过专门机构对法的积极适用,没有国家强制力的显性威慑与干预,具体表现为相关主体对于法律权利的正确享有、积极义务的全面履行和禁止性规范的自觉遵守。法的遵守是法的内在要求,是法的实施的正常机制,是法的实现的理想状态。法的遵守可能是出于法的威慑、道德的要求、社会的压力,甚或是心理的惯性,[55]但从根本上

---

〔52〕 王新红:《经济法纠纷司法解决机制研究》,46~73 页,北京,中国法制出版社,2006。

〔53〕 史际春、孙虹:《论“大民事”》,载朱崇实主编:《经济法理论与实务热点问题探讨——2001 年全国经济法学理论研讨会论文选》,56~75 页,厦门,厦门大学出版社,2002。

〔54〕 黄建武:《法的实现——法的一种社会学分析》,46 页,北京,中国人民大学出版社,1997。

〔55〕 张文显:《法理学》(第二版),253~256 页,北京,高等教育出版社,2003。

来看，取决于广大社会主体对法所确认和保障的利益关系的尊重和认同。因为现实社会中的利益关系，不仅是法的创制的现实基础，还是法律实现的现实基础，它不会在影响立法之后就失去作用，它还将在社会中继续存在，影响人们对于合法行为和违法行为的现实选择。无论行为人是选择合法，还是选择违法，都是因为这种方式是实现主体所尊重或追求的利益的有效方式，都符合由利益决定行为的经济性原则。因此，法律向人们提供利益实现的有效方式固然重要，但是通过有效途径使得相关利益主体认识到这种方式，并且愿意选择这种方式，对于保障法的实施和实现更为关键。

具体到我国经济法的实施来看，一个根本性的问题就是经济法所确认和保障的社会整体利益关系及其实现的特殊方式，尚未完全获得广大社会民众、经济组织，乃至于国家机关的实质认同和遵守。究其原因固然是多方面的，但以下两个方面的问题尤其应当值得我们注意和解决：其一，社会民众心目中的经济法与严格意义上的经济法存在明显出入。从我国广大社会民众对于"经济法"的朴素认识来看，基本还停留在改革开放初期的"大经济法"的状态，依然把"经济法"视为与经济有关的法律，对于"经济法"的利益基点和价值追求的认识仍然是混沌的。这种状况并没有因为法学教育的快速发展和普法活动的持续推进而发生实质性改变，甚或可以说改变是缓慢的。而严格意义上的"经济法"则伴随经济体制改革和学科整合而曲折发展并不断走向成熟与科学，经济法的社会整体利益或社会公共利益的基本立场和实现路径渐趋清晰。但其影响和认同更多是学科意义上的，是学界尤其是经济法学界范围内的。可见，经济法所负载的利益关系及其实现方式，尚未实现与社会民众所追求的利益目标和实现途径的有效对接，要想修正沉积于民众意识之中的关于"经济法"的认识错误或偏差，并获实质意义上的认同，仍须社会各界的共同努力。其二，立法意义的经济法与司法意义的经济法存在严重脱节。经济法在中国的诞生和发展一直在裹挟着立法机关一路前行，现已发展成为我国社会主义法律体系的七大法律部门之一和三个不同层级的法律规范体系的不可或缺的组成部分，有54部现行有效法律文件被列入经济法范围。[56] 但是经济法的立法确认和发展并不直接引致司法认同的同步跟进，尤其是在中国存续20余年的经济审判庭从民众熟悉的人民法院机构序列中的淡出，使得原本就不本真和稳固的经济法的司法支撑从此陷入困境。这不仅让我们深刻体会到经济法未能获得司法机关广泛认同的客观现实，而且社会民众对于经济法的模糊认识也由此而变得更加难以廓清。可见，冲破传统法律部门和诉讼体系的划分对于司法机关的思想束缚，使经济法重获司法认同，仍是一个有待尽快完成的艰巨任务。

### （二）关于经济法的作用边界与行政执法

行政执法是指国家行政机关和法律授权、委托的组织及其公职人员，依照法定职权

[56] 中华人民共和国国务院新闻办公室：《中国的法治建设》，http://news.xinhuanet.com/legal/2008-02/28/content_7687348.htm。

和程序,贯彻实施法律的活动。行政执法具有主体法定、内容广泛、单方性、主动性和效率性等特点,是最广泛的最普遍的实施法律的活动,是法律实现的主要途径。[57] 由经济法具有显著的政策性和浓重的行政主导性等特征[58]所决定,经济法的制度运作主要体现在行政领域,尤其是那些具有宏观调控职能和市场规制职能的行政机关成为了经济法的主要执法主体。因此,经济法的实施状况如何直接取决于这些机关的经济行政执法能力和水平,但现实是令人担忧的。

一个方面是经济行政执法不力,这主要表现在行政执法的及时性以及对违法者责任追究的宽严度方面。及时性是行政机关适用法律迅速发现和解决问题、维护正常秩序的基本要求和特点;责任追究的宽严度则是惩治违法、保护合法的晴雨表,对违法行为的宽容或纵容就是对合法行为、对守法者的保护不力,甚至是惩罚。在市场经济条件下,违法者侵害的并非仅仅是直接利益相关者,还包括整个市场经济秩序,因此必须要让损害制度的违法者承担修补制度的代价。但在我国的经济行政执法中,行政执法不力已成了我国经济法治的顽症和痼疾,行政执法相对人的违法成本过低,即违法行为人因违反法律所获得的收益远远大于因为违法行为而可能遭受的损失的问题长期以来没有得到有效解决。

另一个方面就是经济行政执法不当,这主要表现在消极行政执法、越权行政执法和滥用行政执法等方面。根据现代法治的理念和精神,行政执法从产生到终结的全部过程都必须严格限定在法治的轨道上运行。任何偏离或越轨的行为或环节都意味着对法治原则的背叛和破坏。[59] 现实生活中,我国的经济行政执法机关有着一种对自己部门有利的事管得多、管得过,对本部门利少或无利的事就管得少或不管的不良偏好,从而使得政府与市场、干预与自由的界限在我国一直处于模糊不清的状态。这个问题的实质是一个国家权力与市场自由的边界和权力介入程度的问题,或者是一个行政执法的范围边界和程度的问题,也是政府失灵的一种具体表现。可见,加快法治政府建设,努力提高依法行政水平,任重而道远。

### (三)关于经济法的公益性与司法诉讼

司法是国家司法机关依据法定职权和法定程序,具体应用法律处理案件的专门活动。它不同于其他国家机关、社会组织和公民实施法律的活动,具有职权法定性、程序法定性和裁决权威性特点。[60] 司法是确保包括宪法在内的所有法律得以有效实施的最终保障,是阻止制度弱化的最后一道防线,经济法亦不例外。但是,最高人民法院撤销经济审判庭的改革举措以及由此而引发的经济法的可诉性之争及其诉讼模式选择之辩,似乎

---

〔57〕 张文显:《法理学》(第二版),263～265 页,北京,高等教育出版社,2003。

〔58〕 史际春、邓峰:《经济法总论》,62～66 页,北京,法律出版社,2008。

〔59〕 黄永忠:《论行政执法的基本原则》,载《中国行政管理》,2002(11)。

〔60〕 张文显:《法理学》(第二版),276～277 页,北京,高等教育出版社,2003。

又向我们预示了经济法的司法诉讼之路的坎坷与险峻。但我们认为，问题可能并非如此严重。因为从目前学界公认的市场规制和宏观调控两大经济领域的法律法规的司法适用来看，并没有因为人民法院内部审判机构设置的调整而陷入"告状无门"的境地，也没有因为与经济法实体规范相对应的诉讼程序制度的"缺失"而陷入"程序混乱"的窘态。那么究竟是何种原因导致了理论诉求与诉讼实践之间的这种巨大反差呢？在此，我们当然需要关注普通程序下经济法的司法诉讼所面临的实际困难，但我们更要重视理论视野中经济法的司法诉讼所遭遇的"水土不服"，即因经济法的利益观和可诉性的认识分歧引致的与经济法的诉讼实践的脱节或偏离。

具体到经济法的利益观来看，作为适应法律社会化诉求而诞生的新兴法律部门，经济法天然担负着全面确立和实现社会本位的法律功能和作用。同时，社会本位作为一种区别于个人本位和国家本位的基本法律理念，也决定着经济法的基本立场、发展走向和基本归宿。〔61〕但是，经济法又是具有深厚人文底蕴并与人们的日常生活密切相关的法律，它不仅仅要保护社会利益，同时也要保护个人利益和国家利益，三者之间及其各自内部的矛盾关系构成经济法的基本利益构造。〔62〕这种利益构造的复杂性决定了经济法的司法诉讼机制必然是一种包括私益诉讼和公益诉讼在内的综合体系。传统意义上的民事诉讼、行政诉讼乃至刑事诉讼虽然都可以在各自的角色和功能范围内发挥着解决经济法纠纷的作用，但是我们必须深刻地认识到，只有其中的公益诉讼，才是凸现经济法社会本位利益观的诉讼机制，才真正抓住了经济法纠纷的社会公益的特质。由此看来，仅仅依靠传统的三大诉讼模式是不够的，经济法的实施必须寻求诉讼机制的创新。换言之，构建和实施以实现"社会公益"为宗旨的诉讼模式和制度体系，理应成为经济法诉讼机制的理论研究和制度创新的中心任务。

毋庸置言，公益诉讼并不是一个内涵和外延都十分精准的概念。有学者将当今中国学者、律师和媒体在使用"公益诉讼"一词时的含义分别总结为三种不同的理解，即"公共利益＋诉讼"意义上的公益诉讼，诉讼法意义上的公益诉讼和民权运动意义上的公益诉讼等。〔63〕但是，"维护社会公共利益"却是所有人在使用"公益诉讼"这一概念时的共同的利益支点和价值取向。理论的不成熟和不完善并不能阻挡人们对于"公益诉讼"的热情实践，在人们尚未就"公益诉讼"展开实质意义的理论争鸣之前，公益诉讼的法律实践就已经悄然开始了。1998 年 10 月葛锐诉郑州铁路局火车站高价候车室非法收取"如厕费"案，2001 年 4 月乔占祥诉铁道部春运非法涨价案，2004 年 8 月郝劲松诉国家税务总局行政不作为案，2005 年 3 月胡风滨诉首都高速公路发展有限公司不合理收费案，2006 年 4 月蒋石林诉常宁市财政局超预算购车案等，一起起带有典型意义的公益诉讼案件不

〔61〕 李昌麒：《经济法理念研究》，164 页，北京，法律出版社，2009。

〔62〕 甘强：《经济法利益理论研究》，85～107 页，北京，法律出版社，2009。

〔63〕 林莉红：《法社会学视野下的中国公益诉讼》，载贺海仁主编：《公益诉讼的新发展》，4～5 页，北京，中国社会科学出版社，2008。

时地闯入人们的视野之中。尽管由于种种因素的影响和制约,这些诉讼实践并没有完全实现诉讼人原初的“维护社会公共利益”的预期,还有不少案件被人民法院裁定“不予受理”而“扼杀”在摇篮之中,但是,这种为社会公益而奔走呼号的法律行动已经为中国的诉讼制度改革乃至中国的法治进程注入了一股清风。放眼世界范围的公益诉讼实践,回望中国公益诉讼这场“方兴未艾的法律运动”,[64]我们不难发现,建立和发展经济法上的公益诉讼机制,同样面临着诸多因素的影响和制约,有待研究与解决。

首先是主体性局限,即由于诉讼的公益性目标与原告当事人的个体利益的非直接关联性所致,公益诉讼常常面临原告当事人的主体缺位或动力不足的问题。即便原告是违法行为的受害者,但只是人数众多的同样情况的受害者之一,也同样面临着“得不偿失”和其他受害者“搭便车”的问题。正如有学者所言,不论在何种层面理解“公益诉讼”,它的对象往往源于“不合理的社会制度”或“错误的法律”又或“国家权力的滥用”等社会结构性问题,而且大部分当事人往往没有能力直接提起诉讼以救济自己的权利。因此,此类诉讼往往在该问题为目标的社会运动大背景下,通过富有使命感的律师或公益诉讼组织有计划、有组织的介入来进行。[65] 正是这种主体性局限,也使得很多需要通过公益诉讼获得救济的权利、需要改进的制度和政策被搁置一旁。因此,从更广泛的社会参与角度分析公益诉讼之社会现象,探讨包括当事人作为原告提起诉讼、律师或公益组织工作人员作为诉讼代理人参加诉讼、检察机关作为公益代表人提起公益诉讼等更多的社会主体对于公益诉讼机制的运用,对于创新与发展经济法的公益诉讼的范围和形式将具有重要意义。

其次是程序制度障碍,即由于公益诉讼实践的快速发展与相关程序制度建设的缺失或迟滞而受到的传统诉讼制度的制约或束缚,诸如起诉资格问题、诉讼请求与处分权问题、司法审查的力度、诉讼费用问题、审判机构设置和程序运行问题等,使得公益诉讼实践经常遭遇败诉、驳回起诉、不予受理等法律上的不利后果。通过对我国相关媒体公开的已发生的各类公益诉讼案件的实际效果分析发现,确实已经出现一些直接达到法律效果的公益诉讼案件,但总体而言,公益诉讼的胜诉比例还是明显偏低的。很大一部分公益案件甚至都很难进入诉讼程序;很多法院以“原告与案件没有直接的利害关系”为由拒绝受理环境保护方面的公益诉讼;在各地此起彼伏的平等权诉讼中,法院不予受理或者驳回起诉的案件要占绝大多数。此外,在大部分消费者权利保护方面的公益诉讼中,诉讼请求也多被法院以各种理由驳回。[66] 因此,冲破传统三大诉讼模式和程序制度的思

---

〔64〕 黄金荣:《一场方兴未艾的法律运动——对当代中国公益法实践的观察与评论》,载北京市东方公益法律援助律师事务所编:《公益诉讼》(第一辑),131~158页,北京,中国检察出版社,2006。

〔65〕 [韩]赵庸焕:《韩国公益诉讼的成就及存在的问题》,王嫣译,在北京市东方公益法律援助律师事务所编:《公益诉讼》(第二辑),180~181页,北京,中国检察出版社,2006。

〔66〕 黄金荣:《一场方兴未艾的法律运动——对当代中国公益法实践的观察与评论》,载北京市东方公益法律援助律师事务所编:《公益诉讼》(第一辑),147~148页,北京,中国检察出版社,2006。

想束缚和路径依赖，加快公益诉讼机制的理论研究与程序制度建设，对于贯通经济法的公益诉讼的理性设计与实践操作之间的程序制度阻隔具有紧迫而重要的意义。

最后是公益诉讼的激励机制与滥诉的预防机制之协调。通过原告资格放宽、惩罚性赔偿或补偿奖励等制度创设，建立起对于提起诉讼或者参与诉讼的当事人的激励机制，对于提升公益诉讼的主体积极性和公益性目标，都将发挥重要作用。但是，我们也必须注意到，这些激励措施在形成公益诉讼的同时，也可能诱发滥诉，造成司法资源浪费的后果；也可能使无辜的被告陷于所谓的“公益诉讼”的纠缠之中，进而浪费社会资源。因此，在我们通过寻求制度设计以鼓励人们为维护社会公共利益挺身而出的同时，还需要重视防范滥诉机制的及时跟进和有效对接，以保证公益诉讼制度的本真。

**【拓展阅读】**

1. 张文显主编：《法理学》(第四辑)，高等教育出版社、北京大学出版社 2011 年版。

2. 黄建武：《法的实现——法的一种社会学分析》，中国人民大学出版社 1997 年版。

3. 朱崇实主编：《经济法理论与实务热点问题探讨——2001 年全国经济法学理论研讨会论文选》，厦门大学出版社 2002 年版。

4. 顾功耘、罗培新主编：《经济法前沿问题研究》，北京大学出版社 2009 年版。

5. 韩志红、阮大强：《新型诉讼——经济公益诉讼的理论与实践》，法律出版社 1999 年版。

6. 颜运秋：《公益经济诉讼：经济法诉讼体系的构建》，法律出版社 2008 年版。

7. 王新红：《经济法纠纷司法解决机制研究》，中国法制出版社 2006 年版。

8. 贺海仁主编：《公益诉讼的新发展》，中国社会科学出版社 2008 年版。

9. 王金平：《经济法责任研究》，中南大学博士论文 2010 年。

10. 张守文：《经济法责任理论之拓补》，载《中国法学》2003 年第 4 期。

11. 汪莉：《论经济法责任的独立性》，载《政治与法律》2007 年第 3 期。

12. 焦富民：《论经济法责任制度的建构》，载《当代法学》2004 年第 5 期。

13. 井涛：《经济法责任的独立性问题探讨》，载《华东政法学院学报》2004 年第 1 期。

14. 孟庆瑜：《论中国经济法的诉讼保障机制——中国经济诉讼的反思与重构》，载《法学论坛》2002 年第 2 期。

15. 孟庆瑜：《中国经济法实施问题的理论检视与思考》，载《法学杂志》2010 年第 10 期。

16. 应飞虎：《中国经济法实施若干问题》，载《现代法学》2013 年第 5 期。

# 第二编　市场规制法律制度

# 第五章　反垄断法律制度

【导语】 反垄断法有“经济宪法”之称，不仅在规制垄断和限制竞争行为、维护市场竞争秩序等方面发挥着重要作用，而且在经济法制度体系中占据特殊地位。随着我国社会主义市场经济体制的逐步建立和发展，反垄断的重要性和紧迫性日渐凸显，我国《反垄断法》于2007年8月30日由第十届全国人民代表大会常务委员会第二十九次会议通过，共8章，57条。《反垄断法》明确规定了对垄断协议、滥用市场支配地位、经营者集中、滥用行政权力排除、限制竞争四种垄断行为的法律规制。其自2008年8月1日生效以来，在预防和制止垄断行为，保护市场公平竞争，提高经济运行效率，维护消费者利益和社会公共利益，促进社会主义市场经济健康发展等方面，已经并将继续担当重要角色，发挥重要作用。特别是近年来，随着国家层面对公平竞争的日益重视，基于平台经济等新业态的发展，在反垄断执法机构、司法机构及理论界的共同努力下，我国反垄断法的理论研究和制度实践呈现出繁荣景象，《反垄断法》的修订完善亦呈现出现实性和重要性。

## 第一节　垄断与反垄断立法

### 一、垄断

#### （一）垄断的含义

垄断首先是一个经济学概念，是指单个经营者或少数经营者凭借优势，单独或联合对相关市场的控制、操纵，并在实质上限制竞争的一种行为或状态。人们最初是从结构主义的视角认识垄断的，认为经营者只要具备垄断地位或占据市场支配地位，便有损竞争和经济发展。后来，人们逐步认识到，真正带来危害的是垄断行为，而非垄断地位，即转向了行为主义的认识视角。正如经济学家张五常所言，“反托拉斯反对的是动词的垄断（monopolize）而非名词的垄断（monopoly）”。在垄断严重扰乱竞争秩序，危害市场经济发展，而传统民商事法律又无能为力的情况下，国家运用公权力对其实施规制就成为必需，进而助推了各国反垄断立法的相继出台。

经济学意义上的垄断，为立法规制垄断行为或状态提供了合理内核，但法律上的垄断还应体现其法律判断的特殊性。它是指各国反垄断法律中规定的，垄断主体对市场的经济运行过程进行排他性控制或者对市场竞争进行实质性限制，以妨碍公平竞争的行为或状态。对于这一概念的理解,应着重把握两个方面的要素:一是危害性,即垄断行为或状态产生或者可能产生的排除或者限制竞争的危害性后果,法律禁止和反对垄断正是基于其反竞争性,这是判定垄断构成的关键性要素;二是违法性,即垄断行为或状态违反了国家反垄断法律的禁止性或强制性规定,换言之,一种垄断行为或状态是否被规制或禁止,还要取决于国家反垄断法的立法选择与判断,这也是判定垄断构成的重要要素。

### (二)垄断的类型

根据不同标准,可以对垄断作出不同的类型划分。根据垄断的具体组织形式,可将其划分为卡特尔、辛迪加、托拉斯和康采恩四种类型。卡特尔,原意为协定或同盟,是指生产或销售某一同类商品的企业,为垄断市场,获取高额利润,通过在商品价格、产量和销售区域等方面订立协议而形成的同盟。参加这一同盟的成员在生产、商业和法律上仍然保持独立性,但必须遵守协议所规定的内容。辛迪加,原义是组合、联合,是指同一生产部门的少数大企业为了获取高额利润,通过签订共同销售产品和采购原料的协定而建立的垄断组织。参加辛迪加的企业在生产上、法律上保持独立,但在商业上已失去了自主性。托拉斯,是较高级的垄断组织形式,是指由许多生产同类商品或在生产上有密切关系的企业为了垄断某些商品的产销,以获得高额利润而组成的大垄断企业,覆盖整个采购、生产和销售。康采恩,原义为多种企业集团,是指分属于不同经济部门的许多企业联合在一起,以其中实力最为雄厚的垄断企业为核心组成的企业集团。此外,根据垄断行为的形式特征可将其划分为协议垄断和经济优势滥用;根据垄断的地域状况可将其划分为国内垄断和国际垄断;根据国家立法对垄断的态度可以将其划分为合法垄断和非法垄断。根据垄断的产生与行政权力的关系可将其划分为经济性垄断和行政性垄断。所有这些分类不仅有助于深化人们对于垄断的理论认识,而且也可为国家反垄断立法提供决策参考。根据我国的实际情况,《反垄断法》具体规定了四种垄断类型,即垄断协议、滥用市场支配地位、经营者集中和滥用行政权力排除、限制竞争。

### (三)垄断与不正当竞争的关系

不正当竞争有广义和狭义之分。广义的不正当竞争包括垄断、限制竞争和狭义的不正当竞争。垄断(monopoly)是"独占、专卖"之义,经营者通过自身发展或企业合并等方式形成的对相关市场的独占或控制,是特定主体对相关市场竞争所持有的排他性控制状态。限制竞争与垄断联系紧密,通常被同时规定在反垄断法中,是指单个经营者滥用市场支配地位或几个经营者通过联合方式排斥竞争的行为,如掠夺性定价、限定交易、横向价格协议、联合抵制交易等。狭义的不正当竞争与前两者排斥竞争的性质相反,是不择手段的过度竞争,通过滥用他人竞争优势(如商业标识混淆、侵犯商业秘密等)、诋毁他人竞争优势(如诋毁商誉等)、非法获得竞争优势(如虚假宣传、商业贿赂等)来争夺交易机会和客户市场,扰乱市场竞争秩序。

## 二、反垄断立法

基于不同的国情，考虑到一个国家经济发展的不同时期，其竞争法的任务和重心是不同的。在市场经济发达国家，垄断较之狭义的不正当竞争更为突出，故其竞争法往往以反垄断法为重心，反垄断法也被赋予“经济宪法”之美誉；而在发展中国家，如我国市场经济发展初期，过度的不正当竞争则较为突出，故竞争法以反不正当竞争为重心。随着中国特色社会主义市场经济的逐步建立和发展，反垄断的重要性和紧迫性日益显现，并推动了反垄断立法的适时制定和出台。

### （一）国外反垄断立法

现代意义的反垄断立法可以追溯到19世纪末。当时的美国，随着交通、电信、金融的发展，企业规模日渐扩大。1879年，第一个托拉斯“洛克菲勒美孚石油公司”成立，掌控了美国全部的石油生产。嗣后企业并购风潮兴起，托拉斯风靡全国，钢铁、制糖等行业的生产均被托拉斯掌控，仅美国钢铁公司便控制了七百多家企业。[1] 过度的经济集中限制了竞争，使得市场失去活力。同时，托拉斯对经济领域的掌控引发了社会各界的不满，反垄断思潮和抵制托拉斯的群众运动出现。1890年，由美国参议员约翰·谢尔曼提出的《抵制非法限制与垄断保护贸易及商业法案》（有的译为《保护贸易和商业不受非法限制和垄断侵害法案》）获得国会通过，称为《谢尔曼法》。1914年，美国国会通过《克莱顿法》，明确规制价格歧视、独家交易和公司合并等行为。迄今，美国的反垄断立法已历经百余年发展，并日臻完善。同时，作为判例法国家，美国司法机关对垄断案件的判决也是反垄断法的重要组成部分。

第二次世界大战之后，英国、德国、荷兰、比利时、瑞士、挪威等欧洲传统市场经济国家纷纷制定反垄断法。日本、智利等亚洲和南美洲的后起国家也随之效仿。其间，国际贸易组织的《哈瓦那宪章》规定了成员国的反垄断义务；欧共体于1957年的成立条约——《罗马条约》也明确规定了反垄断条款。

20世纪80年代至今，是反垄断法的繁盛发展时期。不仅新兴或发达国家纷纷制定或修改本国的反垄断法，社会主义转型经济国家也制定了反垄断法。如韩国于1980年制定了《规制垄断和公平交易法》；意大利于1990年颁布《反垄断法》；英国制定了新的《竞争法》；德国、荷兰、瑞士、挪威等国修订了反垄断法；波兰、匈牙利、罗马尼亚、俄罗斯等国均出台了反垄断法。与此同时，随着经济全球化，反垄断的国际合作亦得到积极发展。[2]

---

〔1〕 黄河：《经济法》（第三版），14页，北京，中国人民大学出版社，2011。

〔2〕 邵建东等著：《竞争法学》，195页，北京，中国人民大学出版社，2009。

### (二)我国反垄断立法

1.《反垄断法》的立法历程。我国《反垄断法》的立法历程可谓“二十年磨一剑”。1987年,国务院法制局成立起草小组,拟采取合并立法模式,制定一部既规制狭义的不正当竞争也规制垄断的综合竞争法。1988年,该小组提出《中华人民共和国反对垄断和不正当竞争暂行条例草案》。由于当时我国尚未实行社会主义市场经济体制,对反垄断立法的必要性尚存在较多质疑。1993年9月,第八届全国人大常委会第三次会议通过《反不正当竞争法》,明确规制了11种不正当竞争行为,其中6种为狭义的不正当竞争行为;5种为带有垄断、限制竞争性质的行为,包括公用企业限定专购、搭售、不正当亏本销售、行政垄断、串通招投标。1994年,我国曾成立反垄断法起草小组,但因种种原因,并未取得实质进展。2003年,商务部开始负责反垄断法起草工作,2004年向国务院法制局提交《反垄断法(送审稿)》。2005年形成《反垄断法(讨论稿)》。2006年,国务院将《反垄断法草案》提交全国人大常委会初审后,形成二审审议稿。2007年8月,第十届全国人大常委会第二十九次会议正式通过了《反垄断法》,标志着我国竞争法律制度体系建设进入一个崭新阶段。

可以说,《反垄断法》在很大程度上促进了包括行政主体在内的社会各界的公平竞争意识。至2018年《反垄断法》实施10年之际,我国调查、审查反垄断案件近3000件,累计罚款超过110亿元,包括高通垄断案等许多案件引发了强烈的社会反响。

2016年,国务院制定发布《关于在市场体系建设中建立公平竞争审查制度的意见》,确立公平竞争审查制度。2019—2020年,国家市场监督管理总局先后制定《禁止垄断协议暂行规定》《禁止滥用市场支配地位行为暂行规定》《制止滥用行政权力排除、限制竞争行为暂行规定》《经营者集中审查暂行规定》《关于禁止滥用知识产权排除、限制竞争行为的规定》。2020年,最高人民法院《关于审理因垄断行为引发的民事纠纷案件应用法律若干问题的规定》修正。同年,《反垄断法》修订草案(公开征求意见稿)发布。2009—2021年,国务院反垄断委员会先后发布《关于相关市场界定的指南》《经营者反垄断合规指南》《关于汽车业的反垄断指南》《关于平台经济领域的反垄断指南》。可见,一个以《反垄断法》为基础的反垄断法律制度体系正在逐步形成。

2.《反垄断法》的立法目的。《反垄断法》第1条开宗明义规定了立法目的,即“为了预防和制止垄断行为,保护市场公平竞争,提高经济运行效率,维护消费者利益和社会公共利益,促进社会主义市场经济健康发展,制定本法”。

3.《反垄断法》的适用范围。

(1)地域效力范围。与其他国内法的地域效力范围不同,《反垄断法》既有域内效力,也有域外效力。即发生在中华人民共和国境内经济活动中的垄断行为,当然适用《反垄断法》;发生在中华人民共和国境外的垄断行为,对境内市场竞争产生排除、限制影响的,也适用《反垄断法》。之所以规定《反垄断法》的域外效力,主要是基于对等原则设立,以便必要时与其他国家沟通、协商,维护我国的利益。[3] 其间波音与麦道合并案是反垄断法域外效力的典型案例。波音公司和麦道公司在美国航空制造业市场分居第一位和第二位,在世界航空制造业市场分居第一位和第三位。该合并案虽然得到了美国竞争执法机构的批准,但欧共体委员会对两公司的合并启动反垄断调查程序,认为合并将使波音公司的市场支配地位进一步强化,从而限制欧共体相关市场的有效竞争。波音公司对此提出了一系列补救措施,最终得到了欧共体委员会的合并准许。

(2) 主体范围。《反垄断法》明确规制了三类主体,即经营者、行业协会和行政主体。《反垄断法》规定的经营者是指从事商品生产、经营或者提供服务的自然人、法人和其他组织。根据国家市场监督管理总局《禁止垄断协议暂行规定》,行业协会是指由同行业经济组织和个人组成,行使行业服务和自律管理职能的各种协会、学会、商会、联合会、促进会等社会团体法人。行政主体指行政机关和法律、法规授权的具有管理公共事务职能的组织。经营者作为竞争主体,有可能通过垄断协议、滥用市场支配地位等排斥竞争,当然成为《反垄断法》首要规制的对象。在社会生活中,很多垄断协议行为是由行业协会组织本行业的经营者实施的,对行业协会进行规制有助于遏制经营者之间的联合垄断行为。目前,行政性垄断现象仍然很严重,《反垄断法》适应我国国情,专章对行政主体滥用行政权力排除、限制竞争行为进行了规制。

(3) 适用除外情形。并不是所有的垄断行为都被《反垄断法》禁止。某些行为虽然具有排斥、限制竞争性质,但具有一定的合理性,或符合国家在现阶段倾向保护的利益,依法排除适用反垄断法。如,合法行使知识产权的行为。《反垄断法》第 55 条规定,"经营者依照有关知识产权的法律、行政法规规定行使知识产权的行为,不适用本法;但是,经营者滥用知识产权,排除、限制竞争的行为,适用本法"。知识产权是一种为保护知识产权人而设立的法定的垄断权,这种权利的行使具有专有性和排他性,[4]本质上属于合法垄断,依法行使知识产权不适用《反垄断法》。如著作权集体管理协会的组建及活动具有限制竞争的性质,[5]但依据国务院《著作权集体管理条例》,著作权集体管理组织经权利人授权,可以对权利人的著作权实施集中管理,行使权利人的有关权利,如与使用者订立许可使用合同、收取使用费等。因此,著作权集体管理属于合法使用知识产权行为,应适用除外。但是,如果经营者滥用知识产权,排除、限制竞争,如不正当维持独占行为等则适用《反垄断法》。高通公司对过期无线标准必要专利收取许可费,要求被许可人将专利进行免费反向许可,且没有正当理由搭售非无线标准必要专利许可,属于典型的滥用知识产权排除、限制竞争行为,最终被反垄断执法机构处以巨额罚款。再如,农业协同行为。《反垄断法》第 56 条规定,"农业生产者及农村经济组织在农产品生产、加工、销售、

[3] 史际春等著:《反垄断法理解与适用》,19 页,北京,中国法制出版社,2007。
[4] 刘继峰等著:《竞争法学》,19 页,北京,中国政法大学出版社,2017。
[5] 邵建东等著:《竞争法学》,208 页,北京,中国人民大学出版社,2009。

运输、储存等经营活动中实施的联合或者协同行为,不适用本法”。农业生产的特点和农业在社会经济体系中的特殊地位,决定了农业不适用一般的竞争规则,并应受到适度保护:农业生产受自然条件影响很大,迄今很大程度上仍是靠天收;我国农业产业化程度不高,农民的经济和社会地位低。为稳定农产品的有效供给、确保粮食安全和经济稳定,应当鼓励农民通过合作社、农业协会等组织起来,提高竞争力。2007年实施的《中华人民共和国农民专业合作社法》鼓励、支持、引导农民专业合作社的发展。所谓农民专业合作社,是指在农村家庭承包经营基础上,农产品的生产经营者或者农业生产经营服务的提供者、利用者,自愿联合、民主管理的互助性经济组织。农民专业合作社以其成员为主要服务对象,开展以下一种或者多种业务:农业生产资料的购买、使用;农产品的生产、销售、加工、运输、贮藏及其他相关服务;农村民间工艺及制品、休闲农业和乡村旅游资源的开发经营等;与农业生产经营有关的技术、信息、设施建设运营等服务。农民专业合作社依法可以就农产品经营进行联合、互助合作。对农民、农民专业合作社和其他农村经济组织在农产品生产、销售、加工、运输、贮藏等经营活动中实施的联合行为,除外适用反垄断法,属于国际上通行的做法。但应注意,农业协同行为的适用除外须符合三个条件:一是主体是农民或以农民为主兴办的经营农产品的合作社、农会等农村经济组织,非农业生产者或农村经济组织即使从事农产品经营也不得除外;[6]二是客体是农产品;三是行为只是联合或者协同行为,即只有垄断协议适用除外。

## 第二节 反垄断法律制度的主要内容

### 一、对垄断协议的法律规制

#### (一)垄断协议的含义

垄断协议也称为限制竞争协议,是指排除、限制竞争的协议、决定或者其他协同行为。[7] 排除、限制竞争的协议、决定可以是书面、口头等形式;其他协同行为是指经营者之间虽未明确订立协议、决定,但实质上存在协调一致的行为。显然,垄断协议一词中的“协议”是广义的,既包含狭义的协议,也包含其他联合行动合意,如行业协会的决定,或者经营者之间通过信件往来、数据电文或资料信息交换、座谈碰头等形成的约定以及其他没有书面协议的协同行为。如,平台经济领域经营者通过数据、算法、平台规则或者其他方式达成的实质上协调一致的行为。《反垄断法》规定的垄断协议外延非常宽泛,彰显了立法者力图遏制各种联合垄断行为的意图,起到了兜底保护的作用。

---

〔6〕 史际春等著:《反垄断法理解与适用》,123页,北京,中国法制出版社,2007。

〔7〕 参见《反垄断法》第13条第2款之规定。

### （二）垄断协议的类型

1. 横向垄断协议。这种垄断协议又被称为水平垄断协议或卡特尔，是指相互具有直接竞争关系（处于同一生产经营环节）的经营者之间就价格、产量、交易对象、交易地区等达成的垄断协议。一般而言，横向垄断协议对竞争的危害是直接的、严重的，通常适用"本身违法原则"，各国竞争法均将之作为规制重点。根据《反垄断法》第13条规定，横向垄断协议具体表现为以下情形：

（1）固定或者变更商品价格。即横向价格垄断协议，又称价格卡特尔，俗称价格同盟，是指具有直接竞争关系的经营者通过协议、决定或其他协同行为确定、维持或改变价格的行为。由于价格在竞争机制中处于核心地位，横向价格垄断协议亦成为最严重的反竞争行为，是各国反垄断法首要的规制对象。各国法律一般都规定价格卡特尔属本身违法行为，即只要行为存在，就认定其违法。如，方便面集体涨价风波即为此种情形。2007年7月左右，十多家方便面厂家同时宣布涨价，幅度平均为20%，引发社会各界的强烈反应。国家发展和改革委员会（以下简称"国家发改委"）调查后确认，所谓世界拉面协会中国分会曾多次召集方便面厂家召开所谓峰会，讨论统一涨价事宜。彼时，《反垄断法》草案正在审议之中。该事件引起立法层的高度关注，牵头涨价的所谓世界拉面协会中国分会也进入法律规制的视野。2007年8月通过的《反垄断法》正式将行业协会纳入规制主体范围。

根据《禁止垄断协议暂行规定》，"固定或者变更商品价格"应作宽泛理解，不仅包括确定一个明确价格，也包括确定最高价、最低价；确定价格的方式、公式、标准；确定折扣率、手续费；限制参与协议的经营者的自主定价权等。如，上海黄金饰品垄断案。2013年，上海黄金饰品行业协会组织老凤祥银楼、老庙、亚一、城隍珠宝、天宝龙凤等金店召开会长会议，商议制定《上海黄金饰品行业黄金、铂金饰品价格自律实施细则》，约定黄金、铂金饰品零售价的测算方式、测算公式和定价浮动幅度。老凤祥银楼等五家金店依据该实施细则规定的测算公式，在规定的浮动范围内制定本金店的黄金、铂金饰品零售牌价。反垄断执法机构根据公式测算，与金店零售价几乎一致。

（2）限制商品的生产数量或者销售数量。即横向数量垄断协议，又称数量卡特尔。相关市场中，商品供应量直接影响价格。通过限制数量，可使相关市场处于"不饱和"状态，维持商品的相对高价和经营者的较高利润。在社会经济生活中，数量卡特尔总与价格卡特尔联系在一起，一般也适用本身违法原则。我国涌现的数量卡特尔，普遍存在于供过于求的行业。如，汶川地震后四川砖瓦市场曾迅猛发展，但随着震后重建工作的逐步完成，砖瓦的市场需求量逐步减少，价格一路走低。2009年7月，宜宾市砖瓦行业影响较大的四家砖瓦企业牵头组建了宜宾市砖瓦协会，吸纳了宜宾56家砖瓦企业进入。协会成立后，成员企业立即协商制定了一份管理办法，主要内容是控制砖瓦的生产数量。具体操作方法是，由协会统一安排企业生产或歇业，生产企业按每块砖3分钱向协会交纳“技术服务费”,协会将其中的2分5厘补助给歇业企业,剩下5厘留作协会运作经费。在控制了砖瓦生产数量后,宜宾砖瓦价格相应提升了。由于此举违反《反垄断法》,宜宾市砖瓦协会被四川省工商局处以罚款50万元,协会内的7家企业,按上年度销售额相应比例,每家罚款10万元至30万元不等。

根据《禁止垄断协议暂行规定》,以限制产量、固定产量、停止生产等方式限制商品的生产数量,或者限制特定品种、型号商品的生产数量;以限制商品投放量等方式限制商品的销售数量,或者限制特定品种、型号商品的销售数量;以及通过其他方式限制商品的生产数量或者销售数量等,属于数量卡特尔的表现。

(3) 分割销售市场或者原材料采购市场。即横向区域垄断协议,又称地域(区域)卡特尔、分割市场卡特尔。其基本表现形式是地理市场的划分。通过市场划定,使得在特定区域内某经营者处于独占或优势地位,相关市场呈现无竞争或少竞争状态,消费者的自主选择权和公平交易权会受到严重损害。如,2007年,中国电信和中国网通签订协议,约定南方21个省为中国电信的核心业务区域,北方10个省为中国网通的核心业务区域,双方在对方的核心业务区域互不拓展业务。

根据《禁止垄断协议暂行规定》,划分商品销售地域、市场份额、销售对象、销售收入、销售利润或者销售商品的种类、数量、时间;划分原料、半成品、零部件、相关设备等原材料的采购区域、种类、数量、时间或者供应商;以及通过其他方式分割销售市场或者原材料采购市场等,属于地域卡特尔的表现。其中,原材料包括经营者生产经营所必需的技术和服务。

(4) 限制购买新技术、新设备或者限制开发新技术、新产品。即横向技术垄断协议,又称技术卡特尔。技术创新本是经营者之间的竞争手段之一,但新技术、新产品的更新换代,使得老产品销售不畅,库存量增大,影响经营者的利润追求,所以经营者之间有可能达成限制新技术开发、延缓新产品上市的协议。由于技术卡特尔严重背离产业技术进步,遏制甚至扼杀经营者之间的技术竞争,损害社会公共利益,必须予以规制。某些情况下,技术卡特尔与滥用知识产权相关。依法行使知识产权的行为本属于反垄断法的除外适用情形,但是如果滥用知识产权,限制受让方购买新技术、新设备或者限制开发新技术、新产品时,将不再予以除外。

根据《禁止垄断协议暂行规定》,限制购买、使用新技术、新工艺;限制购买、租赁、使用新设备、新产品;限制投资、研发新技术、新工艺、新产品;拒绝使用新技术、新工艺、新设备、新产品;以及通过其他方式限制购买新技术、新设备或者限制开发新技术、新产品等,属于技术卡特尔的表现。

(5) 联合抵制交易。又称集体拒绝交易,我国台湾地区称为“杯葛”(boycott)[8],指经营者之间联合起来不与其他竞争对手、供应商或者客户交易的横向垄断协议。联合抵

〔8〕 邵建东等著:《竞争法学》,243页,北京,中国人民大学出版社,2009。

制交易不仅排斥了参与行动的经营者之间的竞争，损害竞争秩序，也同时侵害了交易相对人、消费者的选择权。“杯葛”源自 boycott 的音译，有集体抵制之意。英军上尉查理·博伊考特(Charlie Boycott)退役后在爱尔兰担当土地经纪人，因为反对当时的土地改革，拒绝降低地租，并驱逐佃户，受到了由爱尔兰土地同盟组织的集体抵制，被迫离开爱尔兰。在我国，1998 年济南七大商场联合宣布拒售“长虹”彩电，同时将各自商场的“长虹”彩电撤柜。七大商场宣称“长虹”售后服务质量不好，但“长虹”称，每天有四辆流动服务车在市内流动维修，济南市消费者协会也证实没有关于“长虹”彩电的投诉。实际原因是，“长虹”采取现款现货经销制，不同意对七大商场办理赊销，即先给货后付款。

根据《禁止垄断协议暂行规定》，联合拒绝向特定经营者供应或者销售商品；联合拒绝采购或者销售特定经营者的商品；联合限定特定经营者不得与其具有竞争关系的经营者进行交易；以及通过其他方式联合抵制交易等，属于联合抵制交易的表现。

(6) 其他横向垄断协议：即国务院反垄断执法机构认定的其他垄断协议。这是补漏性、兜底性法律规定。社会生活复杂多样，经营者的竞争手段千变万化，上述列举的横向垄断协议类型不可能涵盖所有的垄断协议行为。为保证法律规制目的的实现，当出现其他未列举的垄断协议行为时，可以由国务院反垄断执法机构依照垄断协议的含义、性质予以认定。

兜底条款有利于对垄断协议的规制，但体现了行政前置，对当事人直接通过民事诉讼，由法院认定其他垄断协议构成限制和约束。

近年来，原料药领域的垄断行为较为突出。2016 年华中药业、山东信谊、常州四药等三家公司达成并实施艾司唑仑原料药、片剂垄断案就是典型的横向垄断协议案。

2. 纵向垄断协议。又称垂直垄断协议、非横向垄断协议，指经营者与交易相对人之间(处于不同的生产经营环节，相互不具有直接竞争关系)达成的垄断协议。如生产者与销售者订立的垄断协议。纵向垄断协议对竞争的排除、限制影响比横向垄断协议弱。《反垄断法》第 14 条列举了两项纵向垄断协议，并规定了国务院反垄断执法机构有认定其他纵向垄断协议的权力。

(1) 固定转售价格：即固定向第三人转售商品的价格。上游经营者(如生产者或批发商)在向下游经营者(如批发商或零售商)供应商品时，以停止供应为要挟，固定下游经营者向第三人转售商品的价格。

(2) 限定转售最低价格：即限定向第三人转售商品的最低价格。上游经营者(如生产者或批发商)在向下游经营者(如批发商或零售商)供应商品时，以停止供应为要挟，限定下游经营者向第三人转售商品的最低价格。

上述两种情形均为纵向价格垄断协议，其行为特征是具有强制性，因而体现出明显的反竞争性，体现了上游经营者在价格方面削弱乃至取消下游经营者竞争的意图，通过纵向实现了横向限制竞争的效果，等于使上游经营者之间无形中形成了价格同盟，使得下游经营者没有自由定价权，不能根据成本和供求状态合理确定销售价格，从而展开有效竞争,且转售价格多高于市场竞争价格,损害消费者利益。而且,对于生产商而言,维持转售价格就等于维持出厂价格。由于销售商按照固定价格或最低限价销售商品,生产商免于受到在市场充分竞争状态下来自销售商要求降低出厂价格的压力。[9] 如,2012年底至2013年初,茅台集团、五粮液集团高调处罚违规经销商,引起反垄断执法机构的注意。在茅台集团年度经销商大会上,茅台集团董事长以近乎训斥的口吻警告2000余位经销商:“一定要沉着,一定要挺住,谁低就取缔谁,毫不含糊!”他给出的命令是:零售价不能低于1519元,团购价不能低于1400元。茅台集团下发通报文件,对低价和跨区域销售的3家经销商处以暂停执行茅台酒合同计划、扣减20%保证金、黄牌警告等处罚。五粮液集团也在2012年12月对全国市场进行了例行抽查,2013年1月对15家经销商通报批评、扣除经销商保证金。然而,整改经销商尚未完成,茅台、五粮液就发布了自己“被整改”通报。因反垄断执法机构的介入调查,1月中旬五粮液集团称撤销此前对经销商的处理通报,并承诺会严格依据《反垄断法》进行彻底整改。茅台集团也发布声明称,决定取消以前违反《反垄断法》的营销政策,进行彻底整改。这意味着茅台集团实施多年的限价令成为历史。茅台和五粮液集团最终因价格垄断被罚款4.49亿元,创下当时我国反垄断史上最大罚单。

(3)其他纵向垄断协议:即国务院反垄断执法机构认定的其他垄断协议。和前述横向垄断协议的兜底条款一样,其他未列举的纵向垄断协议可以由国务院反垄断执法机构依法认定,体现行政前置。

横向垄断协议对竞争的排除、限制效果突出,通常依据“本身违法原则”直接认定。纵向垄断协议的影响,较之横向垄断协议复杂,积极影响与消极影响并存,需要研判利弊。如固定转售价格虽具有反竞争性,但有利于避免恶性价格竞争,维护品牌形象等。纵向垄断协议一般依据“合理原则”,综合相关市场的竞争状况、经营者在相关市场的地位、行为背景目的、行为是否实质性损害竞争等进行考量。

纵向垄断协议与滥用市场支配地位的联系密切。通常,上游经营者具有市场支配地位,才能以停止、减少供应为要挟,强制下游经营者订立纵向垄断协议。某些具有纵向垄断协议特征的行为,如限定交易,根据《反垄断法》将作为滥用市场支配地位行为予以规制。

平台经济新业态下,垄断行为出现了新的表现形式。国务院反垄断委员会于2021年2月发布《关于平台经济领域的反垄断指南》。指南指出,具有竞争关系的平台经济领域经营者既可能利用平台收集并交换价格、销量、成本、客户等敏感信息,利用技术手段进行意思联络,利用数据、算法、平台规则等实现协调一致行为,从而达成价格卡特尔等横向垄断协议;平台经济领域经营者与交易相对人亦可能利用技术手段对价格进行自动化设定,利用平台规则对价格进行统一,利用数据和算法对价格进行直接或者间接限定,

---

[9] 史际春等著:《反垄断法理解与适用》,107~108页,北京,中国法制出版社,2007。

利用技术手段、平台规则、数据和算法等方式限定其他交易条件，从而达成固定转售价格等纵向垄断协议。而平台经营者要求平台内经营者在商品价格、数量等方面向其提供等于或者优于其他竞争性平台的交易条件的行为可能构成垄断协议，也可能构成滥用市场支配地位行为；具有竞争关系的平台内经营者可能借助与平台经营者之间的纵向关系，或者由平台经营者组织、协调，达成具有横向垄断协议效果的轴辐协议。

### （三）行业协会的限制竞争行为

行业协会作为非盈利、自律性的社团组织，容易组织本行业的经营者联合行为。行业协会组织的经营者联合行为虽然从形式上是以一个主体的名义作出的，但却是协会成员的复数意思表示，如果在客观上排斥、限制了竞争，那么在性质和后果上就是成员之间的垄断协议。协会作出的协定、决议、决定完全符合垄断协议的定义。《反垄断法》不仅特意将行业协会从事垄断行为在“垄断协议”这一章作了禁止规定，明确“行业协会不得组织本行业的经营者从事本章禁止的垄断行为”，而且将垄断协议的含义外延从单纯的狭义“协议”扩大为“排除、限制竞争的协议、决定或者其他协同行为”。

近年来，我国反垄断实践中，很多垄断协议是由行业协会组织实施的。2011 年，江苏省连云港市建筑材料和建筑机械行业协会混凝土委员会和当地 5 家混凝土企业被处罚。这是《反垄断法》施行后国家工商行政管理机关第一起予以行政处罚的垄断案件。2009 年 3 月，混凝土委员会组织连云港润丰混凝土有限公司等 16 家混凝土企业召开会议，协商订立预拌混凝土企业行业自律条款及检查处罚规定。行业自律条款规定：混凝土委员会对会员企业的生产线、搅拌车、泵送设备进行打分，以此确定各会员企业的市场份额，设备得分多少即为该企业所占工程数量的比例；明确市场划分原则，即“市区的砼市场原则上按东西区域、就近安排来划分”；会员企业以设备得分为标准，交纳 15 万元至 30 万元的保证金；会员企业销售合同必须到混凝土委员会备案，没有备案的企业视为违约，予以处罚；会员企业不配合混凝土委员会检查的，每次给予一定数额的处罚。行业自律条款及相关处罚规定订立后，混凝土委员会即着手实施，多次组织对会员企业进行检查，并对其认定的违规企业以“误接其他成员单位工程”和“漏报工程量”等理由处罚。混凝土委员会曾数次召开会议，商讨有关运作、合同备案、信息收集、工程分配、违约单位处罚等事项，组织行业自律条款的实施。

### （四）垄断协议的豁免情形

垄断协议的认定一般适用“本身违法原则”，即只根据行为本身认定，无须考虑是否对竞争造成实质损害。这有利于提高执法效率，减少执法成本，但是可能忽略积极方面，导致一定程度的不公正，比如经营者可能出于社会公共利益而联合行动。合理原则是对本身违法原则的修正及限制，它强调考察涉嫌垄断的经营者的有关情况，以判断其行为是否合理，对竞争是否构成实质性损害或是否有利于更大利益。基于对垄断协议利弊两方面复杂情况的客观认识，各国反垄断法都设立了垄断协议的豁免制度，我国《反垄断法》亦不例外。因为垄断协议通常适用本身违法原则,而滥用市场支配地位和经营者集中需单项审查是否成立,所以豁免情形主要针对垄断协议。根据《反垄断法》第15条规定,经营者能够证明所达成的协议属于下列情形之一的,不适用垄断协议规定。

1. 为改进技术、研究开发新产品的。即技术研发协议豁免。经营者之间为改进技术、研发新产品达成协议或协同行为,对于技术进步、提高生产效率、避免重复研究等有积极意义,即使在一定程度上限制竞争,但有利于经济发展和社会公共利益,应予豁免。

2. 为提高产品质量、降低成本、增进效率,统一产品规格、标准或者实行专业化分工的。即标准化、专业化协议豁免。标准化协议,如经营者约定采用统一的产品标准或规格型号,虽一定程度上限制了竞争,但有助于推进标准化生产,降低生产成本,也有利于消费者,应予豁免。专业化协议,如经营者之间约定生产、经营的专业化分工的协议。如,各手机生产商签订协议,统一充电器等手机附件的规格、标准,在客观上对消费者有利,应予豁免。

3. 为提高中小经营者经营效率,增强中小经营者竞争力的。即中小企业协议豁免。中小企业的市场竞争力较弱,允许中小企业合作,使之能够与优势企业竞争,会促进市场竞争活力。《反垄断法》赋予中小企业特殊权益,有利于提高其市场竞争力,维护市场经济的良性发展,体现了经济法的倾斜保护。

4. 为实现节约能源、保护环境、救灾救助等社会公共利益的。即社会公益协议豁免。作为经济法之下的单行法,反垄断法亦是以社会为本位,维护社会整体利益、公共利益。如果经营者之间为实现节约能源、保护环境、救灾救助等目的而达成垄断协议,《反垄断法》应予豁免。2020年在新型冠状病毒肺炎疫情的影响下,反垄断执法机构放宽了经营者的卡特尔认定标准。

5. 因经济不景气,为缓解销售量严重下降或者生产明显过剩的。即不景气协议豁免。经济不景气甚而发生经济危机时,产品需求萎缩、价格竞争激烈、企业普遍亏损、市场环境恶劣,允许经营者达成数量、价格等方面的协议,"抱团取暖",有助于企业度过经济危机或摆脱不景气。因此传统上,发达国家都允许经济危机或经济不景气时期的垄断协议存在。此处经济不景气,应指宏观经济、大环境的不景气,不是某一局部、某一区域、某一行业自身不景气。如,前述宜宾砖瓦案不能豁免。

6. 为保障对外贸易和对外经济合作中的正当利益的。即进出口协议豁免。进口商或出口商之间就价格、数量、地区等进行适当协调,可以有效避免恶性竞争。发达国家传统上也明确这类协议可豁免。长期以来,我国进出口商之间存在盲目竞争,不仅损害企业、行业的利益,对我国经济亦造成严重损害。如一次性筷子出口的恶性竞争,导致相关企业亏损倒闭,资源过度开采;铁矿石的进口因为不能一致对外,导致定价权长期被外商控制,任人宰割。需要注意的是,在贸易自由化和经济全球化的背景下,进出口协议容易引起贸易摩擦。近年来,发达国家有取消进出口卡特尔豁免的趋势。各国反垄断法依据其域外效力,调查他国企业的进出口协议行为已不罕见。我国出口企业已数次遭受美国的反垄断起诉。因此，进出口协议必须慎用。[10]

2016年，美国国际贸易委员会(ITC)宣布对我国出口的碳钢与合金钢产品发起“337调查”，几乎涵盖了我国对美出口的所有钢铁产品，涉及宝钢、首钢、鞍钢等所有大型骨干钢铁企业，这在我国遭遇的美国“337调查”案件中前所未有。此次调查针对所谓垄断、侵犯商业秘密、虚构原产地等三个方面对我国钢铁产业进行指控。其中反垄断诉点是，指控我国钢铁企业在钢铁工业协会的组织下，形成垄断联盟，通过价格同盟、控制产量及出口量等手段，进行不公平竞争。2019年，美国国际贸易委员会(ITC)公告终止碳钢与合金钢产品“337案”反垄断指控调查。至此，历经三年，我国钢铁企业在三个诉点全部胜诉，成功保住了近28亿美元的钢铁出口市场。

7. 法律和国务院规定的其他情形。此为兜底性、补漏性规定。

不难看出，上述豁免情形的共性具有一定的合理性。需要注意的是，上述豁免情形并非全部、绝对、当然地豁免适用《反垄断法》。除进出口卡特尔豁免外，其他豁免均需要自证。根据《反垄断法》第15条第2款规定，如果属于上述第1项至第5项情形之一的，经营者还应当证明所达成的协议不会严重限制相关市场的竞争，并且能够使消费者分享由此产生的利益，才能享受豁免待遇。

### （五）垄断协议的法律责任

根据《反垄断法》，垄断协议的法律责任分为以下情形：

1. 民事责任。《反垄断法》第50条规定，“经营者实施垄断行为，给他人造成损失的，依法承担民事责任”。垄断协议作为垄断行为的一种，给他人造成损失的，应依法承担停止侵害、赔偿损失等民事责任。

2. 行政责任。垄断协议的行政责任集中体现在《反垄断法》第46条，具体包括：

(1) 经营者违反本法规定，达成并实施垄断协议的，由反垄断执法机构责令停止违法行为，没收违法所得，并处上一年度销售额1%以上10%以下的罚款；

(2) 经营者尚未实施所达成的垄断协议的，可以处50万元以下的罚款；

(3) 经营者主动向反垄断执法机构报告达成垄断协议的有关情况并提供重要证据的，反垄断执法机构可以酌情减轻或者免除对该经营者的处罚。这被称为“宽恕制度”。近年来的反垄断实践中，宽恕制度的运用很常见。因为垄断协议的隐蔽性，反垄断执法机构在调查取证上存在很大难度，而宽恕制度可以利用经营者的趋利避害选择，成功地分化、瓦解垄断协议同盟，取得关键证据。如，2013年国家发改委对奶粉生产商的行政处罚案。从2013年3月开始，根据举报，国家发改委对合生元、美赞臣、多美滋、雅培、富仕兰(美素佳儿)、恒天然、惠氏、贝因美、明治等乳粉生产企业开展了反价格垄断调查。证据材料显示，涉案企业均对下游经营者进行了不同形式的转售价格维持，存在固定转售

[10] 邵建东等著：《竞争法学》，233页，北京，中国人民大学出版社，2009。

商品价格或限定转售商品最低价格的行为。具体的措施和手段方面,各企业有所差别,主要包括:合同约定、直接罚款、变相罚款、扣减返利、限制供货、停止供货等。这些措施和手段均具有惩罚性和约束性,一旦下游经营者不按照涉案企业规定的价格或限定的最低价格进行销售,就会遭到惩罚。涉案企业的上述行为均达到了固定转售商品价格或限定转售商品最低价格的效果,事实上达成并实施了销售乳粉的价格垄断协议,违反了《反垄断法》第14条的规定,不正当地维持了乳粉的销售高价,严重排除、限制了同一乳粉品牌内的价格竞争,削弱了不同乳粉品牌间的价格竞争,破坏了公平有序的市场竞争秩序,损害了消费者利益。在调查过程中,涉案企业均承认自身的转售价格维持行为涉嫌违法,并且无法证明其控制价格的行为符合《反垄断法》第15条规定的豁免条件。国家发改委依据《反垄断法》第46条的规定,决定对其中六家乳粉生产企业的价格垄断行为进行处罚,共处罚款6.6873亿元。其中,对主动向反垄断执法机构报告达成垄断协议有关情况、提供重要证据,并积极主动整改的惠氏营养品(中国)有限公司及惠氏(上海)贸易有限公司、浙江贝因美科工贸股份有限公司、明治乳业贸易(上海)有限公司适用宽恕制度,免除处罚。

根据《禁止垄断协议暂行规定》,经营者提供的"重要证据"指能够对反垄断执法机构启动调查或者对认定垄断协议起到关键性作用的证据,包括参与垄断协议的经营者、涉及的商品范围、达成协议的内容和方式、协议的具体实施等情况。经营者提出宽恕申请的,反垄断执法机构应当根据经营者主动报告的时间顺序、提供证据的重要程度以及达成、实施垄断协议的有关情况,决定是否减轻或者免除处罚。对于第一个申请者,反垄断执法机构可以免除处罚或者按照不低于80%的幅度减轻罚款;对于第二个申请者,可以按照30%～50%的幅度减轻罚款;对于第三个申请者,可以按照20%～30%的幅度减轻罚款。

(4) 行业协会违反本法规定,组织本行业的经营者达成垄断协议的,反垄断执法机构可以处50万元以下的罚款;情节严重的,社会团体登记管理机关可以依法撤销登记。

从反垄断执法实例看,行业协会组织的垄断协议,不仅行业协会要承担行政责任,相关经营者也需承担相应责任。

3. 刑事责任。《反垄断法》并没有规定直接与刑法相衔接的刑事责任条款。有学者认为,串通招投标是垄断协议行为,而《中华人民共和国刑法》有串通招投标罪的明确规定,所以垄断协议有刑事责任的体现。[11]

## 二、对滥用市场支配地位行为的法律规制

禁止经营者滥用市场支配地位(或优势地位),是各国反垄断法的共同内容,是针对具有特殊地位的经营者所禁止的一类垄断行为。对滥用市场支配地位的认定一般涉及

〔11〕 吕明瑜著:《竞争法教程》,123页,北京,中国人民大学出版社,2008。

三步骤，分别是界定相关市场、认定经营者在相关市场具有市场支配地位、判定具有市场支配地位的经营者无正当理由实施了滥用行为。

### （一）滥用市场支配地位的含义

滥用市场支配地位也称滥用市场优势地位，是指在相关市场中占据支配地位的经营者利用其地位实施不公平、不正当的交易或者排挤竞争对手的行为。从概念可看出，滥用市场支配地位行为的构成主要须具备主体、客观行为要件。大多数国家采用不充分列举的办法对滥用行为表现进行界定，一般为列举加补漏性条款。

反垄断法对具有市场支配地位的企业的规制经历了一个从结构主义到行为主义的变化。结构主义理论认为，具有市场支配地位的企业通常会滥用其地位，排斥竞争。所以政府应控制相关市场的集中度，控制企业结构，对大企业进行限制或拆分，以维护竞争性的市场结构，消除大企业对竞争的潜在威胁。而行为主义理论认为，竞争法的目的是促进效率，具有市场支配地位的企业是竞争的胜利者，是有效率的表现。规模大、市场份额高并不代表企业本身必然违法，规制重点应放在对其行为的控制上，反垄断法应通过规范具有市场支配地位的企业的经营行为，来排除其对竞争的危害，起到遏制其为所欲为的效果。结构主义立法以日本反垄断法为代表，行为主义立法以德国反垄断法和欧盟竞争法为代表。目前行为主义立法已成为反垄断法的主流，原属结构主义立法的美国反垄断法也自20世纪70年代开始悄然向行为主义立法靠拢。[12]

### （二）市场支配地位的含义及认定

1. 市场支配地位的含义。《反垄断法》所称市场支配地位，是指经营者在相关市场内具有能够控制商品价格、数量或者其他交易条件，或者能够阻碍、影响其他经营者进入相关市场能力的市场地位。

判断经营者是否具有市场支配力，一是需要界定相关市场，因为经营者的竞争行为乃至垄断行为都发生在一定的市场（主要包括商品市场和地域市场）；二是需要进而判断经营者在相关市场是否具有两种能力之一，即经营者或者具有控制交易条件的能力，或者具有阻碍其他经营者进入相关市场的能力。

相关市场的界定很关键。市场范围的大小对于认定经营者是否构成支配地位具有重要作用。同样的主体，在一个较小范围的市场中可能具有优势地位，而在一个较大范围的市场中则可能不具有优势地位。如果相关市场界定过宽，会人为减少一个企业的实际市场份额，淡化其市场影响力，使该企业逃脱反垄断法的规制；如果相关市场界定过窄，则会人为夸大一个企业的市场份额，使反垄断法的规制过于严苛。[13] 对反垄断案件的当事人而言，相关市场的界定对于案件成败具有非常重要的意义，甚至是决定性的意

---

〔12〕 徐孟洲等著：《竞争法》，170～171页，北京，中国人民大学出版社，2008。

〔13〕 徐孟洲等著：《竞争法》，178页，北京，中国人民大学出版社，2008。

义。在美国杜邦公司垄断案中,杜邦公司在玻璃纸产品市场占据100%的市场份额,但在包装材料产品市场仅占据18%的市场份额。美国政府认定相关产品市场为玻璃纸市场,则杜邦公司具有市场支配地位;而美国联邦最高法院将包装材料市场认定为相关产品市场,则杜邦公司不具有市场支配地位,因而美国政府败诉。在我国奇虎360诉腾讯公司垄断纠纷案件中,腾讯公司是否构成滥用市场支配地位,相关市场的界定是个关键因素。

2. 相关市场。事实上,在禁止经营者达成垄断协议、禁止经营者滥用市场支配地位、控制具有或者可能具有排除、限制竞争效果的经营者集中等反垄断执法工作中,均可能涉及相关市场的界定问题。但鉴于滥用市场支配地位行为的确定前提是经营者具有市场支配地位,而市场支配地位的确定前提是界定相关市场。所以,我们在该部分进行相关市场的具体阐述。《反垄断法》仅规定了相关市场的含义,国务院反垄断委员会制定的《关于相关市场界定的指南》对界定相关市场的作用、基本依据、考虑因素、一般方法等作了具体规定。

(1) 界定相关市场的意义。任何竞争行为(包括具有或可能具有排除、限制竞争效果的行为)均发生在一定的市场范围内。界定相关市场就是明确经营者竞争的市场范围。科学合理地界定相关市场,对识别竞争者和潜在竞争者、判定经营者的市场份额和市场集中度、认定经营者的市场地位、分析经营者的行为对市场竞争的影响、判断经营者行为是否违法等关键问题,具有重要的作用。因此,相关市场的界定通常是对竞争行为进行分析的起点,是反垄断执法工作的重要步骤。

(2) 相关市场的含义。《反垄断法》第12条规定,相关市场是指经营者在一定时期内就特定商品或者服务(以下统称商品)进行竞争的商品范围和地域范围。可见,在反垄断执法实践中,相关市场界定通常需要界定两个市场,即相关商品市场和相关地域市场。相关商品市场,是指根据商品的特性、用途及价格等因素,由消费者等需求者认为具有较为紧密替代关系的一组或一类商品所构成的市场。这些商品表现出较强的竞争关系(性能相同或近似,价格差距不大等),在反垄断执法中可以作为经营者进行竞争的商品范围。相关地域市场,是指消费者等需求者获取具有较为紧密替代关系的商品的地理区域。这些地域表现出较强的竞争关系(运输成本差距不大等),在反垄断执法中可以作为经营者进行竞争的地域范围。当生产周期、使用期限、季节性、流行时尚性或知识产权保护期限等已构成商品不可忽视的特征时,界定相关市场还应考虑时间性。随着科技的迅猛发展,产品的更新换代速度日益加快,企业的某种产品也许在某一时间内确实具有市场支配地位,但很可能稍纵即逝。在技术贸易、许可协议等涉及知识产权的反垄断执法工作中,可能还需要界定相关技术市场,考虑知识产权、创新等因素的影响。

(3) 界定相关市场的基本依据。界定相关市场的基本依据是替代性分析。在反垄断执法实践中,相关市场范围的大小主要取决于商品或地域的可替代程度。在市场竞争中对经营者行为构成直接和有效竞争约束的,是市场里存在需求者认为具有较强替代关系的商品或能够提供这些商品的地域。因此,界定相关市场主要从需求者角度进行需求替代分析。当供给替代对经营者行为产生的竞争约束类似于需求替代时，也应考虑供给替代。需求替代是指根据需求者对商品功能用途的需求、质量的认可、价格的接受以及获取的难易程度等因素，从需求者的角度确定不同商品之间的替代程度。原则上，从需求者角度来看，商品之间的替代程度越高，竞争关系就越强，就越可能属于同一相关市场。供给替代是指根据其他经营者改造生产设施的投入、承担的风险、进入目标市场的时间等因素，从经营者的角度确定不同商品之间的替代程度。原则上，其他经营者生产设施改造的投入越少，承担的额外风险越小，提供紧密替代商品越迅速，则供给替代程度就越高，界定相关市场尤其在识别相关市场参与者时就应考虑供给替代。

(4) 界定相关市场的考虑因素。界定相关商品市场考虑的主要因素分为需求替代、供给替代两角度。从需求替代角度界定相关商品市场，可以考虑的因素包括但不限于以下各方面：第一，需求者因商品价格或其他竞争因素变化，转向或考虑转向购买其他商品的证据。第二，考虑商品的外形、特性、质量和技术特点等总体特征和用途，商品可能在特征上表现出某些差异，但需求者仍可以基于商品相同或相似的用途将其视为紧密替代品。第三，考虑商品之间的价格差异，通常情况下，替代性较强的商品价格比较接近，而且在价格变化时表现出同向变化趋势，在分析价格时，应排除与竞争无关的因素引起价格变化的情况。第四，考虑商品的销售渠道，销售渠道不同的商品面对的需求者可能不同，相互之间难以构成竞争关系，则成为相关商品的可能性较小。第五，考虑其他重要因素，如需求者偏好或需求者对商品的依赖程度，如可能阻碍大量需求者转向某些紧密替代商品的障碍、风险和成本，以及是否存在区别定价等。从供给角度界定相关商品市场，一般考虑的因素包括：第一，其他经营者对商品价格等竞争因素的变化作出反应的证据；第二，其他经营者的生产流程和工艺，转产的难易程度，转产需要的时间，转产的额外费用和风险，转产后所提供商品的市场竞争力，营销渠道等。任何因素在界定相关商品市场时的作用都不是绝对的，可以根据案件的不同情况有所侧重。

界定相关地域市场考虑的主要因素也包括需求替代、供给替代两角度。从需求替代角度界定相关地域市场，可以考虑的因素包括但不限于以下各方面：第一，需求者因商品价格或其他竞争因素变化，转向或考虑转向其他地域购买商品的证据；第二，考虑商品的运输成本和运输特征，相对于商品价格来说，运输成本越高，相关地域市场的范围越小，如水泥等商品，商品的运输特征也决定了商品的销售地域，如需要管道运输的工业气体等商品；第三，多数需求者选择商品的实际区域和主要经营者商品的销售分布；第四，考虑地域间的贸易壁垒，包括关税、地方性法规、环保因素、技术因素等，如关税相对商品的价格来说比较高时，则相关地域市场很可能是一个区域性市场；第五，考虑其他重要因素，如特定区域需求者偏好；商品运进和运出该地域的数量。从供给角度界定相关地域市场时，一般考虑的因素包括：第一，其他地域的经营者对商品价格等竞争因素的变化作出反应的证据；第二，其他地域的经营者供应或销售相关商品的即时性和可行性，如将订单转向其他地域经营者的转换成本等。

(5) 界定相关市场的一般方法。界定相关市场的方法不是唯一的。在反垄断执法实践中,根据实际情况,可能使用不同的方法。界定相关市场时,可以基于商品的特征、用途、价格等因素进行需求替代分析,必要时进行供给替代分析。在经营者竞争的市场范围不够清晰或不易确定时,可以按照"假定垄断者测试"的分析思路来界定相关市场。反垄断执法机构鼓励经营者根据案件具体情况运用客观、真实的数据,借助经济学分析方法来界定相关市场。无论采用何种方法界定相关市场,都要始终把握商品满足消费者需求的基本属性,并以此作为对相关市场界定中出现明显偏差时进行校正的依据。

"假定垄断者测试"是界定相关市场的一种分析思路,可以帮助解决相关市场界定中可能出现的不确定性,目前为各国和地区制定反垄断指南时普遍采用。依据这种思路,人们可以借助经济学工具分析所获取的相关数据,确定假定垄断者可以将价格维持在高于竞争价格水平的最小商品范围和地域范围,从而界定相关市场。假定垄断者测试一般先界定相关商品市场。首先从反垄断审查关注的经营者提供的商品(目标商品)开始考虑,假设该经营者是以利润最大化为经营目标的垄断者(假定垄断者),那么要分析的问题是,在其他商品的销售条件保持不变的情况下,假定垄断者能否持久地(一般为 1 年)小幅(一般为 5%～10%)提高目标商品的价格。目标商品涨价会导致需求者转向购买具有紧密替代关系的其他商品,从而引起假定垄断者销售量下降。如果目标商品涨价后,即使假定垄断者销售量下降,但其仍然有利可图,则目标商品就构成相关商品市场。如果涨价引起需求者转向具有紧密替代关系的其他商品,使假定垄断者的涨价行为无利可图,则需要把该替代商品增加到相关商品市场中,该替代商品与目标商品形成商品集合。接下来分析,如果该商品集合涨价,假定垄断者是否仍有利可图。如果答案是肯定的,那么该商品集合就构成相关商品市场;否则还需要继续进行上述分析过程。随着商品集合越来越大,集合内商品与集合外商品的替代性越来越小,最终会出现某一商品集合,假定垄断者可以通过涨价实现盈利,由此便界定出相关商品市场。

界定相关地域市场与界定相关商品市场的思路相同。首先从反垄断审查关注的经营者经营活动的地域(目标地域)开始,要分析的问题是,在其他地域的销售条件不变的情况下,假定垄断者对目标地域内的相关商品进行持久(一般为 1 年)小幅涨价(一般为 5%～10%)是否有利可图。如果答案是肯定的,目标地域就构成相关地域市场;如果其他地域市场的强烈替代使得涨价无利可图,就需要扩大地域范围,直到涨价最终有利可图,该地域就是相关地域市场。

同时,"假定垄断者测试"需要注意一些实际问题。一是原则上,在使用假定垄断者测试界定相关市场时,选取的基准价格应为充分竞争的当前市场价格。但在滥用市场支配地位、共谋行为和已经存在共谋行为的经营者集中案件中,当前价格明显偏离竞争价格,选择当前价格作为基准价格会使相关市场界定的结果不合理。在此情况下,应该对当前价格进行调整,使用更具有竞争性的价格。二是一般情况下,价格上涨幅度为 5%～10%,但在执法实践中,可以根据案件涉及行业的不同情况,对价格小幅上涨的幅度进行分析确定。三是在经营者小幅提价时，并不是所有需求者群体(或地域)的替代反应都是相同的。在替代反应不同的情况下，可以对不同需求者群体(或地域)进行不同幅度的测试。此时，相关市场界定还需要考虑需求者群体和特定地域的情况。

2013年3月28日，广东省高级人民法院对北京奇虎科技有限公司诉腾讯科技(深圳)公司、深圳市腾讯计算机系统有限公司滥用市场支配地位纠纷一案作出一审判决，驳回奇虎公司全部诉讼请求，认定腾讯公司不构成垄断。这是国内首个在即时通讯领域对垄断行为作出的判决。广东省高级人民法院审理认为，即时通讯与微博等构成强竞争和替代关系，而且这是一个全球性市场，充分竞争，腾讯不存在市场支配地位，也不存在滥用问题。认为奇虎公司对本案相关产品市场界定错误，其所提供证据不足以证明腾讯公司在相关产品市场上具有垄断地位，故驳回原告全部诉讼请求。2014年2月24日，最高人民法院对腾讯公司诉奇虎360不正当竞争案作出终审判决：驳回奇虎360的上诉，维持广东高院的一审判决，奇虎360赔偿腾讯公司500万元经济损失。这是《反垄断法》出台以来，最高人民法院审理的首例互联网反垄断案。

3. 市场支配地位的认定。形成市场支配地位的原因很广泛，可能来自法律授权、技术优势等，如专利持有企业。市场份额是认定具备市场支配地位的关键因素，但市场支配地位不能简单地与市场份额挂钩。

(1) 市场支配地位的认定依据。根据《反垄断法》第18条，认定经营者具有市场支配地位，应当依据下列因素：该经营者在相关市场的市场份额，以及相关市场的竞争状况；该经营者控制销售市场或者原材料采购市场的能力；该经营者的财力和技术条件；其他经营者对该经营者在交易上的依赖程度；其他经营者进入相关市场的难易程度；与认定该经营者市场支配地位有关的其他因素。需要说明的是，伴随以互联网垄断为主的新场景下垄断行为的不断发生，现行《反垄断法》中关于滥用市场支配地位的认定条款已经难以对其涵盖和有效规制，网络效应、规模经济、锁定效应、掌握和处理相关数据的能力等因素需要作为新的认定依据及时入法，以备法律实践之所需。可以确定的是，法律中市场支配地位的认定依据还会基于市场份额推定和市场因素的综合考虑而产生变化，值得拭目以待。

经营者的市场优势地位是在与其他竞争者、交易相对人之间的关系中体现出来的。考察竞争者的反应，例如某经营者提高价格，其他竞争者也随之提高，则表明该经营者的行为对价格有较大影响；在其他经营者价格提高幅度与之相当情况下，如果市场份额没有显著变化，则可表明该经营者不受其他竞争者和交易方的制约，自由决定价格，具有优势地位。考察交易相对人的反应，例如经营者提高价格后，其交易相对人转而购买其他产品，经营者因此失去市场份额，则表明市场弹性较高，经营者对市场的影响有限。反之，如果交易相对人、消费者对经营者有很强的依赖关系，即使经营者提出不合理的交易条件,他们也只能被迫接受,则该经营者具有相当的优势地位。[14]

(2) 市场支配地位的推定情形。《反垄断法》第 19 条第 1 款规定,有下列情形之一的,可以推定经营者具有市场支配地位:一个经营者在相关市场的市场份额达到 1/2 的;两个经营者在相关市场的市场份额合计达到 2/3 的;三个经营者在相关市场的市场份额合计达到 3/4 的。

(3) 抗辩制度。有《反垄断法》第 19 条第 1 款第(2)项、第(3)项规定的推定情形,即两个经营者在相关市场的市场份额合计达到 2/3 的或三个经营者在相关市场的市场份额合计达到 3/4 的,但其中有的经营者市场份额不足 1/10 的,不应当推定该经营者具有市场支配地位。另外,被推定具有市场支配地位的经营者,有证据证明不具有市场支配地位的,也不应当认定其具有市场支配地位。

### (三) 滥用市场支配地位的表现情形

市场支配地位本身并不违法,具有市场支配地位的主体并不必然滥用其地位,不公平地对待交易相对人。只有实施滥用地位行为时才可能损害竞争。《反垄断法》第 17 条规定,禁止具有市场支配地位的经营者从事下列滥用市场支配地位的行为。

1. 以不公平的高价销售商品或者以不公平的低价购买商品,也称不公平垄断价格。不公平垄断价格是滥用市场支配地位的普遍和典型的表现行为,是垄断企业侵害交易相对人、消费者的利益,获取垄断利润的主要形式。[15] 能够实施垄断价格的经营者,有些是具有独占地位的公用企业,对其价格的规制除了依据《反垄断法》,也依据《价格法》通过政府定价或政府指导价进行约束。认定的难点在于如何认定垄断价格与竞争价格的差异,如何界定该价格不公平、不合理?根据《禁止滥用市场支配地位行为暂行规定》,认定"不公平的高价"或者"不公平的低价",可以考虑下列因素:销售价格或者购买价格是否明显高于或者明显低于其他经营者在相同或者相似市场条件下销售或者购买同种商品或者可比较商品的价格;销售价格或者购买价格是否明显高于或者明显低于同一经营者在其他相同或者相似市场条件区域销售或者购买商品的价格;在成本基本稳定的情况下,是否超过正常幅度提高销售价格或者降低购买价格;销售商品的提价幅度是否明显高于成本增长幅度,或者购买商品的降价幅度是否明显高于交易相对人成本降低幅度;需要考虑的其他相关因素。如,山东药企案中,潍坊两家医药公司通过签订独家代理销售协议,垄断了抗高血压药复方利血平的原料药——盐酸异丙嗪在国内的全部销量。在强迫下游企业抬高复方利血平的价格并返利的无理要求被拒绝后,两医药公司将盐酸异丙嗪的价格从每公斤 178 元提高到 2600 元,使得下游企业的生产成本大幅增加 9000 万元,被迫停产。两医药公司最终被发改委重罚。

2. 没有正当理由,以低于成本的价格销售商品,也称不当亏本销售、掠夺性定价或不

---

〔14〕 史际春等著:《反垄断法理解与适用》,156~157 页,北京,中国法制出版社,2007。

〔15〕 徐孟洲等著:《竞争法》,182 页,北京,中国人民大学出版社,2008。

当贱卖。掠夺性定价的说法来自美国，指经营者利用市场支配地位，以排挤竞争对手为目的，在相关市场内阶段性地以低于成本的价格销售商品。该行为具有明显的反竞争性质，直接威胁竞争对手的生存发展。构成该情形的前提是"没有正当理由"。《禁止滥用市场支配地位行为暂行规定》明确列举了正当理由，包括降价处理鲜活商品、季节性商品、有效期限即将到期的商品和积压商品的；因清偿债务、转产、歇业降价销售商品的；在合理期限内为推广新商品进行促销的；能够证明行为具有正当性的其他理由。该行为客观方面的特征为销售价格低于成本，应当重点考虑价格是否低于平均可变成本。平均可变成本指随着生产的商品数量变化而变动的每单位成本。涉及互联网等新经济业态中的免费模式，应当综合考虑经营者提供的免费商品以及相关收费商品等情况。

3. 没有正当理由，拒绝与交易相对人进行交易，也称不当拒绝交易或不当抵制交易。该行为的典型表现是拒绝供货或拒绝提供服务，如拒绝提供交易相对人产生依赖性的必要配件、原料或必需设备；拒绝知识产权许可使用；拒绝交易相对人使用其设施、资源等。虽然契约自由，经营者有权选择自己的交易对象。但是一个具有市场支配地位的企业应当负有向所有具备资格的交易相对人提供产品或服务的义务，如公用企业负有普遍服务义务。具有市场支配地位的企业拒绝交易可能会排挤竞争对手，会损害下游环节的竞争关系，使其垄断区域、范围扩张，使下游环节因此出现差别待遇。通常，在某经营者拥有基础性设施或资源情况下易出现此种行为，如机场、电线网、港口设备、电力通讯网等。事实上，反垄断法针对的是人为的市场进入壁垒。如，日本东洋制罐公司占据全日本食品罐头罐市场56%的市场份额，为制止下游罐头生产商准备自己制罐的行动，东洋制罐公司曾以拒绝供应施加压力。

根据《禁止滥用市场支配地位行为暂行规定》，拒绝交易的正当理由包括：因不可抗力等客观原因无法进行交易；交易相对人有不良信用记录或者出现经营状况恶化等情况，影响交易安全；与交易相对人进行交易将使经营者利益发生不当减损；以及能够证明行为具有正当性的其他理由。

4. 没有正当理由，限定交易相对人只能与其进行交易或者只能与其指定的经营者进行交易。也称不当限定交易、排他性交易、独家交易或强制交易，多见于公用企业。如，某市自来水公司在水表分户改造中，通知改造所需的器材、水表、龙头配件等必须统一向其指定的某器材经销部购买，否则不予办理改装手续。如，某航空公司在某省民用航空市场上的占有率高达60%～65%。该公司对机票代理商实施"忠诚代理制度"，即按照代理商对其的"忠诚度"将代理商分为五级，分别享受不同的销售待遇（包括机票种类和促销奖励）。其中五级待遇最高，可销售该公司所有的机票及各种优惠票，优先供应热线航班机票，手续费折扣及各种奖励最高，条件是不得销售任何其他航空公司机票，不得向其他代理商提供该公司的机票及航班信息。其他级别待遇依次降低。为了维持这一制度，该公司还采取了一系列措施。如装扮成顾客考察代理商的忠诚度，没收代理商销售的其他航空公司机票，通过网络监控代理商每天的售票情况，对不守规定的代理商屏蔽该公司的航班信息,增加退票难度等。在电子商务新业态下,具有市场支配地位的平台经济领域经营者,如果滥用其支配地位,无正当理由要求平台内经营者在竞争性平台间进行"二选一",并通过屏蔽店铺、搜索降权、流量限制、技术障碍、扣除保证金等惩罚性措施实施限制,亦构成本行为。2021年,饿了么起诉美团利用市场优势地位,用不正当手段限制、阻碍商户与其进行交易,获得法院支持。

根据《禁止滥用市场支配地位行为暂行规定》,限定交易包括限定交易相对人不得与特定经营者进行交易;限定交易可以是直接限定,也可以是以设定交易条件等方式变相限定。正当理由包括:为满足产品安全要求所必须;为保护知识产权所必须;为保护针对交易进行的特定投资所必须;以及能够证明行为具有正当性的其他理由。

5. 没有正当理由搭售商品,或者在交易时附加其他不合理的交易条件,也称不当搭售或附加其他不合理交易条件。不当搭售指经营者利用市场支配地位,违背交易惯例、消费习惯等或者无视商品的功能,将不同商品强制捆绑销售或者组合销售,事实上也是一种不合理的交易条件。附加其他不合理的交易条件,指经营者违背交易相对人的意愿,对合同期限、支付方式、商品的运输及交付方式或者服务的提供方式等附加不合理的限制;对商品的销售区域、销售对象、售后服务等附加不合理的限制;交易时在价格之外附加不合理费用;附加与交易标的无关的交易条件等。如微软搭售案:微软公司利用其在视窗操作系统市场的优势地位,将浏览器软件与视窗操作系统软件捆绑销售。再如高通垄断案:反垄断执法机构认为,高通公司滥用在无线标准必要专利许可市场的支配地位,在无线标准必要专利许可中没有正当理由搭售非无线标准必要专利许可;且高通公司滥用在基带芯片市场的支配地位,在基带芯片销售中附加不合理条件。再如,具有市场支配地位的平台经济领域经营者,如果滥用其支配地位,无正当理由利用格式条款、弹窗、操作必经步骤等交易相对人无法选择、更改、拒绝的方式,将不同商品进行捆绑销售,或者强制收集非必要用户信息等,亦构成本行为。

本行为主观上强调强制性,即交易相对人如果不接受被搭售商品或不合理条件,将不能获得意愿中的主产品。经营者将搭售商品的优势性不正当地延伸至被搭售商品市场(即垄断力扩张),给被搭售商品的其他经营者造成竞争障碍。客观上强调不合理性,需要区分是否具有正当理由,是否合理,如果符合商业惯例如茶杯与茶壶、鞋带与鞋子成套销售等,则应视为有正当理由。根据《禁止滥用市场支配地位行为暂行规定》,本行为的正当理由包括:符合正当的行业惯例和交易习惯;为满足产品安全要求所必须;为实现特定技术所必须;能够证明行为具有正当性的其他理由。

6. 没有正当理由,对条件相同的交易相对人在交易价格等交易条件上实行差别待遇。也称不当差别待遇或不当歧视待遇,最典型的就是价格歧视。实施差别待遇,可能会使部分交易相对人(如经销商)具有竞争优势,在交易相对人中起到限制竞争效果;也可能为达到限定交易目的(如所谓忠诚度差别);也可能会排挤同行业竞争者(如中国电信与联通黑白名单案)。根据《禁止滥用市场支配地位行为暂行规定》,差别待遇包括:实行不同的交易价格、数量、品种、品质等级；实行不同的数量折扣等优惠条件；实行不同的付款条件、交付方式；实行不同的保修内容和期限、维修内容和时间、零配件供应、技术指导等售后服务条件。条件相同是指交易相对人之间在交易安全、交易成本、规模和能力、信用状况、所处交易环节、交易持续时间等方面不存在实质性影响交易的差别。正当理由包括：根据交易相对人实际需求且符合正当的交易习惯和行业惯例，实行不同交易条件；针对新用户的首次交易在合理期限内开展的优惠活动；以及能够证明行为具有正当性的其他理由。

2011年被媒体曝光的中国电信与联通价格歧视案引起社会广泛关注。据报道，在互联网接入市场上，中国电信和中国联通共占有90%以上的市场份额。他们设立"黑白名单"，将用户分为两类：一类用户就是跟他们有竞争关系的"弱势运营商"，如铁通、广电、长城等宽带商，当这些运营商需要接入服务时，电信和联通采取高价结算，高达100万元/G/月以上，并且指定必须由集团审批，必须到指定的北京、上海、广州三个节点接入。另一类用户就是没有竞争关系的运营服务商，如大的互联网络公司，电信和联通则给予低价结算，25万元至40万元/G/月甚至低至10万元/G/月。如此一来，铁通、广电等弱势运营商只能借助"穿透流量"(即一些公司以低价向中国电信购买流量，自己不用转手卖给铁通、广电等赚取差价)做法，以相对低廉的价格接入电信骨干网。2010年下半年，中国电信曾正式向"穿透流量"开战，斩断"穿透流量"，令其他接入运营商遭受重创。仅广东铁通就爆发了37477件用户投诉，38443个用户拒绝缴费，并有28210个用户面临退网。

具有市场支配地位的平台经济领域经营者，如果滥用其支配地位，基于大数据和算法，无正当理由根据交易相对人的支付能力、消费偏好、使用习惯等，实行差异性交易价格或者其他交易条件，即所谓大数据"杀熟"，亦被认为构成本行为。

7. 国务院反垄断执法机构认定的其他滥用市场支配地位的行为。此为兜底条款，但体现行政前置。

### （四）滥用市场支配地位的法律责任

滥用市场支配地位涉及民事责任和行政责任。民事责任方面，《反垄断法》第50条"经营者实施垄断行为，给他人造成损失的，依法承担民事责任"的规定同样适用于滥用市场支配地位。行政责任方面，根据《反垄断法》第47条，经营者滥用市场支配地位的，由反垄断执法机构责令停止违法行为，没收违法所得，并处上一年度销售额1%以上10%以下的罚款。

## 三、对经营者集中的法律控制

### （一）经营者集中的概念

经营者集中为反垄断法律术语，有的称为企业集中或企业结合等，指一个经营者实质取得对另一个经营者的支配权的状态,包括两个或两个以上相互独立的企业合并为一个企业,或者企业通过取得股份、财产或协议等方式,能够直接或间接控制另一个企业。根据《反垄断法》第20条的规定,经营者集中是指下列情形:

1. 经营者合并。这是最为紧密的经营者集中形式。

2. 经营者通过取得股权或者资产的方式取得对其他经营者的控制权。股权或者资产是实现控制权的载体,这是一种重要的经营者集中形式。在某企业决定收购目标公司时,通常采用取得其股份或资产的方式。

3. 经营者通过合同等方式取得对其他经营者的控制权或者能够对其他经营者施加决定性影响。除了合并和取得股权或者资产,经营者还可能以合同等方式对目标公司的经营、人事安排取得控制权或施加决定性影响,达到紧密联系、共同行动,排除或限制竞争的效果。上述第1项情形属于合并型经营者集中,第2、3项情形属于控制型经营者集中。第2项和第3项的区别在于,获得控制权的途径不同,前者是通过取得股权或者资产的途径,后者是通过合同等方式。

经营者集中有横向集中、纵向集中和混合集中的形态,兼具积极性与消极性。积极性体现在:经营者集中是经营者追求利润最大化的手段之一,其存在本身具有合理性,对经济发展也具有重要的促进作用。经营者集中并不当然会削弱竞争,适度集中反而有利于发挥规模经济效益,提高相关产业的国际竞争力。消极性体现在:经营者集中易使经营者形成或进一步巩固市场支配地位;易制造进入相关市场的障碍或壁垒等,从而改变相关市场的竞争格局。由于经营者集中对市场经济发展具有积极与消极的双重作用,所以应合理把握经营者集中的“适度”,既要允许经营者依法适度合并,发挥规模经济的积极作用;又要防止过度集中,避免垄断行为出现,破坏竞争秩序。[16] 因此,《反垄断法》既规定“经营者可以通过公平竞争、自愿联合,依法实施集中,扩大经营规模,提高市场竞争能力”,同时又专章规制了具有或者可能具有排除、限制竞争效果的经营者集中,对经营者集中确立个案申报及审查制度。之所以反对具有或者可能具有排除、限制竞争效果的经营者集中,是因为随着经营者集中,相关市场的集中度提高,市场结构随之改变,竞争格局随之变化,经营者有可能改变定价等经营策略,抑制相关市场的竞争,影响消费者利益。经营者集中的规制,重点针对大企业,规定达到一定规模的经营者集中必须事先申报,经反垄断执法机构批准后才能实施集中。

### (二)经营者集中的事先申报制度

美国《克莱顿法》确立了“早期原则”,即当合理预见到经营者集中将对相关市场的竞争产生损害时,法律禁止该行为,体现在程序上便是,达到一定规模的经营者集中必须事先申报。但并不是所有的经营者集中都需要申报。《反垄断法》第21条规定,经营者集

〔16〕 吕明瑜:《竞争法教程》,168页,北京,中国人民大学出版社,2008。

中达到国务院规定的申报标准的，经营者应当事先向国务院反垄断执法机构申报，未申报的不得实施集中。

1. 经营者集中的申报标准。根据国务院于 2008 年 8 月 1 日通过的《关于经营者集中申报标准的规定》第 3 条，经营者集中达到下列标准之一的，经营者应当事先向国务院反垄断执法机构申报，未申报的不得实施集中：(1)参与集中的所有经营者上一会计年度在全球范围内的营业额合计超过 100 亿元人民币，并且其中至少两个经营者上一会计年度在中国境内的营业额均超过 4 亿元人民币。(2)参与集中的所有经营者上一会计年度在中国境内的营业额合计超过 20 亿元人民币，并且其中至少两个经营者上一会计年度在中国境内的营业额均超过 4 亿元人民币。营业额的计算，应当考虑银行、保险、证券、期货等特殊行业、领域的实际情况，具体办法由国务院反垄断执法机构会同国务院有关部门制定。《关于经营者集中申报标准的规定》第 4 条规定，经营者集中未达到本规定第 3 条规定的申报标准，但按照规定程序收集的事实和证据表明该经营者集中具有或者可能具有排除、限制竞争效果的，国务院反垄断执法机构应当依法进行调查。

2. 豁免申报情形。《反垄断法》第 22 条规定，经营者集中有下列情形之一的，可以不向国务院反垄断执法机构申报：(1)参与集中的一个经营者拥有其他每个经营者 50%以上有表决权的股份或者资产的。可以形象地理解为“母子公司”。(2)参与集中的每个经营者 50%以上有表决权的股份或者资产被同一个未参与集中的经营者拥有的。可以形象地理解为“姐妹公司”。之所以针对“母子公司”和“姐妹公司”可以豁免申报，是因为他们本身就是控制和从属关系，这样的经营者集中在本质上并不改变相关市场的竞争状况。

3. 申报材料。《反垄断法》规定，经营者向国务院反垄断执法机构申报集中，应当提交下列文件、资料：申报书；集中对相关市场竞争状况影响的说明；集中协议；参与集中的经营者经会计师事务所审计的上一会计年度财务会计报告；国务院反垄断执法机构规定的其他文件、资料。申报书应当载明参与集中的经营者的名称、住所、经营范围、预定实施集中的日期和国务院反垄断执法机构规定的其他事项。经营者提交的文件、资料不完备的，应当在国务院反垄断执法机构规定的期限内补交文件、资料。经营者逾期未补交文件、资料的，视为未申报。

4. 审查程序及期限。根据《反垄断法》规定，对经营者集中的审查包括以下程序：

(1) 初步审查。国务院反垄断执法机构应当自收到经营者提交的符合规定的文件、资料之日起 30 日内，对申报的经营者集中进行初步审查，作出是否实施进一步审查的决定，并书面通知经营者。国务院反垄断执法机构作出决定前，经营者不得实施集中。国务院反垄断执法机构作出不实施进一步审查的决定或者逾期未作出决定的，经营者可以实施集中。

(2) 进一步审查。国务院反垄断执法机构决定实施进一步审查的，应当自决定之日起 90 日内审查完毕，作出是否禁止经营者集中的决定，并书面通知经营者。作出禁止经营者集中的决定,应当说明理由。审查期间,经营者不得实施集中。有下列情形之一的,国务院反垄断执法机构经书面通知经营者,可以延长前款规定的审查期限,但最长不得超过60日:经营者同意延长审查期限的;经营者提交的文件、资料不准确,需要进一步核实的;经营者申报后有关情况发生重大变化的。国务院反垄断执法机构逾期未作出决定的,经营者可以实施集中。可口可乐公司收购汇源公司案、百胜公司收购小肥羊案,都曾进入进一步审查环节。百胜公司收购小肥羊案还曾延长进一步审查期限,当时媒体以"小肥羊难变外国羊"为题予以报道。

根据《经营者集中审查暂行规定》,参与集中的经营者所占的市场份额小于规定比例或者有其他规定情形的,经营者可以作为简易案件申报,国务院反垄断执法机构按照简易案件程序进行审查。

5. 审查考虑因素。《反垄断法》规定,审查经营者集中,应当考虑下列因素:参与集中的经营者在相关市场的市场份额及其对市场的控制力;相关市场的市场集中度;经营者集中对市场进入、技术进步的影响;经营者集中对消费者和其他有关经营者的影响;经营者集中对国民经济发展的影响;国务院反垄断执法机构认为应当考虑的影响市场竞争的其他因素。以可口可乐公司收购汇源公司案、百胜公司收购小肥羊案为例,前者当时在中高端果汁市场的市场份额合计超过50%,而根据中国连锁经营协会的调查数据,后者在国内餐饮业的市场份额合计仅约2%。两案中,参与集中的经营者在相关市场的市场份额差距明显,也是导致可口可乐公司收购汇源公司被禁止,而百胜公司收购小肥羊获得批准两种不同结局的因素之一。

可口可乐收购汇源案的审查中,国务院反垄断执法机构认定:此项集中将对竞争产生不利影响。集中完成后可口可乐公司可能利用其在碳酸软饮料市场的支配地位,搭售、捆绑销售果汁饮料,或者设定其他排他性的交易条件,集中限制果汁饮料市场竞争,导致消费者被迫接受更高价格、更少种类的产品;同时,由于既有品牌对市场进入的限制作用,潜在竞争难以消除该等限制竞争效果;此外,集中还挤压了国内中小型果汁企业生存空间,给中国果汁饮料市场竞争格局造成不良影响,因而禁止实施该项集中。

6. 决定。国务院反垄断执法机构经过审查,作出的决定分为三种情形。

(1) 禁止经营者集中的决定:经营者集中具有或者可能具有排除、限制竞争效果的,国务院反垄断执法机构应当作出禁止经营者集中的决定。

(2) 不予禁止经营者集中的决定:经营者集中虽然具有或者可能具有排除、限制竞争效果的,但经营者能够证明该集中对竞争产生的有利影响明显大于不利影响,或者符合社会公共利益的,国务院反垄断执法机构可以作出对经营者集中不予禁止的决定。这是经营者集中豁免制度的体现。

(3) 附条件的不予禁止经营者集中的决定:对不予禁止的经营者集中,国务院反垄断执法机构可以决定附加减少集中对竞争产生不利影响的限制性条件。限制性条件包括:剥离有形资产、知识产权等无形资产或者相关权益等结构性条件(即剥离业务);开放其网络或者平台等基础设施、许可关键技术(包括专利、专有技术或者其他知识产权)、终止排他性协议等行为性条件;结构性条件和行为性条件相结合的综合性条件。国务院反垄断执法机构有权对限制性条件的实施进行监督检查。

在通用电气(中国)有限公司与中国神华煤制油化工有限公司设立合营企业的反垄断审查案中,鉴于该合营企业的设立对中国水煤浆气化技术许可市场可能具有限制竞争影响,国务院反垄断执法机构决定附加限制性条件批准此项集中,要求通用电气(中国)有限公司与中国神华煤制油化工有限公司履行如下义务:设立合营企业,从事水煤浆气化技术许可,不得利用限制供应水煤浆气化技术原料煤,或者以供应原料煤为条件,迫使技术需求方使用该合营企业的技术,或者提高使用其他技术的成本。

### (三)外资并购中的国家安全审查制度

《反垄断法》第31条规定,对外资并购境内企业或者以其他方式参与经营者集中,涉及国家安全的,除依照本法规定进行经营者集中审查外,还应当按照国家有关规定进行国家安全审查。经济全球化背景下,外资并购活动日益频繁。出于对本国产业安全的考虑,各国逐步确立了外资并购的国家安全审查制度。《关于外国投资者并购境内企业的规定》规定,"外国投资者并购境内企业并取得实际控制权,涉及重点行业、存在影响或可能影响国家经济安全因素或者导致拥有驰名商标或中华老字号的境内企业实际控制权转移的,当事人应就此向商务部进行申报。当事人未予申报,但其并购行为对国家经济安全造成或可能造成重大影响的,商务部可以会同相关部门要求当事人终止交易或采取转让相关股权、资产或其他有效措施,以消除并购行为对国家经济安全的影响"。

### (四)经营者集中的法律责任

经营者违反《反垄断法》规定实施集中的,由国务院反垄断执法机构责令停止实施集中、限期处分股份或者资产、限期转让营业以及采取其他必要措施恢复到集中前的状态,可以处50万元以下的罚款。

## 四、对滥用行政权力排除、限制竞争行为的法律规制

行政性垄断在我国由来已久,改革开放以后地方政府实施地区封锁的现象曾非常普遍。为此,1993年《反不正当竞争法》、2000年国务院《关于禁止在市场经济活动中实行地区封锁的规定》进行过针对性的整治。近年来,地区封锁等行政性垄断形式发生了较大变化,更趋隐蔽性和多样性。[17] 如针对外地产品重复检验、超严检验;工程招投标中"暗箱"操作,排斥外地投标企业;借助地方立法权从而"合法化",制定妨碍外地企业的相应规定等。《反垄断法》没有使用行政性垄断的概念,而以"滥用行政权力排除、限制竞争"为题作了专章规定。

---

[17] 吕忠梅等著:《经济法原论》,389页,北京,法律出版社,2008。

### (一) 滥用行政权力排除、限制竞争的含义

滥用行政权力排除、限制竞争,指行政机关和法律、法规授权的具有管理公共事务职能的组织(以下统称行政主体)滥用行政权力,排除、限制竞争的行为。此处的行政机关指国务院各部委和地方各级政府及其所属部门;法律、法规授权的具有管理公共事务职能的组织则通常是被授权的事业单位、行业协会或某些特殊企业,如我国银保监会、证监会均属于事业单位,但根据《银行业监督管理法》《保险法》《证券法》分别行使对银行业、保险业、证券业的监督管理职能。《反垄断法》第5章专章规定了对行政性垄断的规制,包括对具体行政性垄断行为和抽象行政性垄断行为的规制。

### (二) 滥用行政权力排除、限制竞争的表现形式

1. 行政性限定交易。指行政主体滥用行政权力,限定或者变相限定单位或者个人经营、购买、使用其指定的经营者提供的商品。如,某市公安局通知各单位只能购买其指定消防器材厂的消防器材、设备。需要注意,本行为与滥用市场支配地位中的限定交易在主体上存在本质区别。

根据《制止滥用行政权力排除、限制竞争行为暂行规定》,行政性限定交易包括:以明确要求、暗示、拒绝或者拖延行政审批、重复检查、不予接入平台或者网络等方式,限定或者变相限定经营、购买、使用特定经营者提供的商品;通过限制投标人所在地、所有制形式、组织形式等方式,限定或者变相限定经营、购买、使用特定投标人提供的商品;没有法律、法规依据,通过设置项目库、名录库等方式,限定或者变相限定经营、购买、使用特定经营者提供的商品;以及限定或者变相限定单位或者个人经营、购买、使用其指定的经营者提供的商品的其他行为。

2. 地区封锁。指行政主体滥用行政权力,实施下列行为,妨碍商品在地区之间的自由流通:(1)对外地商品设定歧视性收费项目、实行歧视性收费标准,或者规定歧视性价格;(2)对外地商品规定与本地同类商品不同的技术要求、检验标准,或者对外地商品采取重复检验、重复认证等歧视性技术措施,限制外地商品进入本地市场;(3)采取专门针对外地商品的行政许可,限制外地商品进入本地市场;(4)设置关卡或者采取其他手段,阻碍外地商品进入或者本地商品运出;(5)妨碍商品在地区之间自由流通的其他行为。如,某市政府设置关卡,禁止本地各饭店、食品加工厂采购外地生鲜猪肉,并对采购者进行处罚。再如,某省对购买外地汽车者,除收取正常的车辆牌照费外,还强制缴纳数万元的所谓"解困基金",从而阻碍外地汽车进入本地市场。

3. 排斥或者限制外地经营者参加本地的招标投标活动。指行政主体滥用行政权力,以设定歧视性资质要求、评审标准或者不依法发布信息等方式,排斥或者限制外地经营者参加本地的招标投标活动。如,某市市政工程招标时,对外地企业设置高于本地企业的投标资质要求。

4. 对外地经营者实行差别待遇。指行政主体滥用行政权力,采取与本地经营者不平

等待遇等方式，排斥或者限制外地经营者在本地投资或者设立分支机构。如，某市采取差别税收、差别环境保护标准等歧视性措施，对外地经营者提出苛刻要求。

5. 强制经营者从事垄断行为。指行政主体滥用行政权力，强制经营者从事《反垄断法》规定的垄断行为。如，某市强制本地区经营者以协议方式划分销售区域；强制价格协同等。

6. 从事排除、限制竞争的抽象行政行为。指行政主体滥用行政权力，制定含有排除、限制竞争内容的规定。在社会生活中，很多行政性限定交易、地区封锁行为是以行政机关制定发布文件的形式来进行的。前 5 种具体行政性垄断行为都可能以抽象行政行为的面目出现。抽象行政性垄断行为具有可持续性和表面“合法性”，对竞争的危害更为持久和严重。《反垄断法》针对此，作出专项列举规定。

2016 年 6 月，国务院发布《关于在市场体系建设中建立公平竞争审查制度的意见》。2017 年 10 月，国家发改委、财政部、商务部、原工商总局、原国务院法制办联合发布《公平竞争审查制度实施细则(暂行)》。公平竞争审查制度正式确立，要求行政机关及法律法规授权组织在制定涉及市场主体经济活动的市场准入、经营行为等方面的规章等政策措施时，必须进行公平竞争审查。只有经审查不具有排斥限制竞争影响的政策措施方可以实施。目前，国家及各省市已经全面推行公平竞争审查制度。公平竞争审查制度作为抽象性行政垄断行为的事前规制，与反垄断执法一同形成维护市场公平竞争的治理合力。公平竞争审查制度标志着我国竞争政策基础性地位的确立。

### （三）滥用行政权力排除限制竞争行为的法律责任

《反垄断法》第 51 条规定，行政机关和法律、法规授权的具有管理公共事务职能的组织滥用行政权力，实施排除、限制竞争行为的，由上级机关责令改正；对直接负责的主管人员和其他直接责任人员依法给予处分。反垄断执法机构可以向有关上级机关提出依法处理的建议。法律、行政法规对行政机关和法律、法规授权的具有管理公共事务职能的组织滥用行政权力实施排除、限制竞争行为的处理另有规定的，依照其规定。如，河北省交通厅等三部门规定河北省客运企业享受过路过桥费半价优惠，国家发改委向河北省人民政府发出执法建议函，建议立即责令三部门改正错误。不难看出，上述行政性垄断的法律责任规定软弱无力，只能由上级机关责令改正及进行行政处分，缺乏有效的制裁措施。另外，从上述法律责任规定和最高行政机关的性质可以判断出，行政性垄断行为的主体不包括国务院。

## 五、反垄断机构及相关制度

### （一）反垄断机构

国务院机构改革之前，我国曾经是以反垄断委员会为组织指导，以商务部、发改委、国家工商行政管理总局为具体执法机构的反垄断体制("双层多元"机制)。根据《中共中央关于深化党和国家机构改革的决定》《深化党和国家机构改革方案》和第十三届全国人民代表大会第一次会议批准的《国务院机构改革方案》,2018 年 4 月 10 日,新组建的国家市场监督管理总局挂牌成立,标志着我国统一的反垄断执法机构正式形成。

1. 反垄断委员会。国务院设立反垄断委员会,负责组织、协调、指导反垄断工作,履行下列职责:研究拟订有关竞争政策;组织调查、评估市场总体竞争状况,发布评估报告;制定、发布反垄断指南;协调反垄断行政执法工作;国务院规定的其他职责。国务院反垄断委员会的组成和工作规则由国务院规定。

2. 反垄断执法机构。

(1) 国务院规定的承担反垄断执法职责的机构(统称为国务院反垄断执法机构)依照反垄断法规定,负责反垄断执法工作。国务院反垄断执法机构根据工作需要,可以授权省、自治区、直辖市人民政府相应的机构,依照反垄断法规定负责有关反垄断执法工作。

垄断案件的行政执法机构应是省级以上机构。而根据 2020 年 12 月修正的《最高人民法院关于审理因垄断行为引发的民事纠纷案件应用法律若干问题的规定》,第一审垄断民事纠纷案件由知识产权法院,省、自治区、直辖市人民政府所在地的市、计划单列市中级人民法院以及最高人民法院指定的中级人民法院管辖。表明垄断案件的复杂性和界定难度,对行政执法与司法机构的级别及相关人员的素质有较高要求。

(2) 执法程序。反垄断执法机构依法对涉嫌垄断行为进行调查。对涉嫌垄断行为,任何单位和个人有权向反垄断执法机构举报。反垄断执法机构应当为举报人保密。举报采用书面形式并提供相关事实和证据的,反垄断执法机构应当进行必要的调查。

反垄断执法机构调查涉嫌垄断行为,可以采取下列措施:进入被调查的经营者的营业场所或者其他有关场所进行检查;询问被调查的经营者、利害关系人或者其他有关单位或者个人,要求其说明有关情况;查阅、复制被调查的经营者、利害关系人或者其他有关单位或者个人的有关单证、协议、会计账簿、业务函电、电子数据等文件、资料;查封、扣押相关证据;查询经营者的银行账户。采取前款规定的措施,应当向反垄断执法机构主要负责人书面报告,并经批准。

反垄断执法机构调查涉嫌垄断行为,执法人员不得少于二人,并应当出示执法证件。执法人员进行询问和调查,应当制作笔录,并由被询问人或者被调查人签字。反垄断执法机构及其工作人员对执法过程中知悉的商业秘密负有保密义务。被调查的经营者、利害关系人或者其他有关单位或者个人应当配合反垄断执法机构依法履行职责,不得拒绝、阻碍反垄断执法机构的调查。被调查的经营者、利害关系人有权陈述意见。反垄断执法机构应当对被调查的经营者、利害关系人提出的事实、理由和证据进行核实。反垄断执法机构对涉嫌垄断行为调查核实后,认为构成垄断行为的,应当依法作出处理决定,并可以向社会公布。

### （二）相关制度

1. 承诺制度。《反垄断法》第 45 条规定，对反垄断执法机构调查的涉嫌垄断行为，被调查的经营者承诺在反垄断执法机构认可的期限内采取具体措施消除该行为后果的，反垄断执法机构可以决定中止调查。中止调查的决定应当载明被调查的经营者承诺的具体内容。反垄断执法机构决定中止调查的，应当对经营者履行承诺的情况进行监督。经营者履行承诺的，反垄断执法机构可以决定终止调查。有下列情形之一的，反垄断执法机构应当恢复调查：经营者未履行承诺的；作出中止调查决定所依据的事实发生重大变化的；中止调查的决定是基于经营者提供的不完整或者不真实的信息作出的。如，中国电信与联通案中，适用了承诺制度。2011 年 12 月 2 日，中国电信、中国联通分别在其公司官网上发表声明称，他们认真学习了《反垄断法》等相关法律法规，并积极主动配合发改委的调查工作，已经向发改委提交了整改方案和中止调查的申请。发改委价格监督检查与反垄断局有关负责人证实，已收到两公司中止调查的申请，两公司明确承诺整改。2012 年 2 月，两公司递交了整改工作的进展情况，发改委表示将继续督促两家企业整改。

2. 宽恕制度。在前文的垄断协议的法律规制中已有阐述，在此不再赘述。

3. 豁免制度。在前文的垄断协议的豁免情形中已有阐述，在此亦不再赘述。

### 【法条链接】

1.《反垄断法》。

2. 国务院《关于经营者集中申报标准的规定》。

3. 国务院反垄断委员会《关于相关市场界定的指南》《经营者反垄断合规指南》《关于汽车业的反垄断指南》《关于平台经济领域的反垄断指南》。

4. 国家市场监督管理总局《禁止垄断协议暂行规定》《禁止滥用市场支配地位行为暂行规定》《制止滥用行政权力排除、限制竞争行为暂行规定》《经营者集中审查暂行规定》《关于禁止滥用知识产权排除、限制竞争行为的规定》。

5. 最高人民法院《关于审理因垄断行为引发的民事纠纷案件应用法律若干问题的规定》。

### 【拓展阅读】

1. 史际春等著：《反垄断法理解与适用》，中国法制出版社 2007 年版。

2. 王晓晔：《竞争法学》，社会科学文献出版社 2007 年版。

3. 刘继峰：《竞争法学原理》，中国政法大学出版社 2007 年版。

4. 全国人大常委会法制工作委员会经济法室编：《〈中华人民共和国反垄断法〉条文说明、立法理由及相关规定》，北京大学出版社 2007 年版。

5. 徐孟洲等著：《竞争法》，中国人民大学出版社 2008 年版。

6. 吕明瑜：《竞争法教程》，中国人民大学出版社 2008 年版。

7. 邵建东等编著:《竞争法学》,中国人民大学出版社 2009 年版。

8. 王晓晔:《反垄断法》,法律出版社 2011 年版。

9. 时建中编:《反垄断法:法典释评与学理探源》,中国人民大学出版社 2008 年版。

10. 王先林:《中国反垄断法实施热点问题研究》,法律出版社 2011 年版。

11. 文学国等著:《反垄断法执行制度研究》,中国社会科学出版社 2011 年版。

12. 徐孟洲:《经济法学原理与案例教程》,中国人民大学出版社 2016 年版。

13. 刘继峰等著:《竞争法学》,中国政法大学出版社 2017 年版。

14. 时建中、焦海涛、戴龙编:《反垄断行政执法典型案件分析与解读:2008—2018》,中国政法大学出版社 2018 年版。

15. 薛克鹏等著:《竞争法学》,中国政法大学出版社 2019 年版。

# 第六章　反不正当竞争法律制度

**【导语】** 竞争是市场经济最基本的运行机制。竞争过程中会出现正当的竞争行为和不正当的竞争行为，各种不正当竞争行为往往造成对公平竞争秩序的严重破坏，影响市场经济的健康发展。因此，凡是实行市场经济的国家，无论政治与社会制度如何，都把反不正当竞争的法律作为规范市场经济关系的基本经济法律之一。《反不正当竞争法》是在我国《宪法》正式确立"国家实行社会主义市场经济"改革目标以来制定出台的第一部竞争法。该法于1993年9月2日由第八届全国人民代表大会常务委员会第三次会议通过，2017年11月4日第十二届全国人民代表大会常务委员会第三十次会议修订，根据2019年4月23日第十三届全国人民代表大会常务委员会第十次会议《关于修改〈中华人民共和国建筑法〉等八部法律的决定》修正。现行《反不正当竞争法》适应时代变化，就混淆行为、商业贿赂行为、虚假宣传行为、侵犯商业秘密行为、不正当有奖销售行为、商业诋毁行为和网络不正当竞争行为等社会经济生活中的典型不正当竞争行为进行了法律规制。《反不正当竞争法》对于制止不正当竞争行为，鼓励和保护公平竞争，保护经营者和消费者的合法权益，保障社会主义市场经济健康发展，发挥了重要作用。《反不正当竞争法》与《反垄断法》共同构筑了我国竞争法律制度体系的基础。

## 第一节　不正当竞争与反不正当竞争立法

### 一、不正当竞争行为

#### （一）不正当竞争行为的含义

1850年前后，法国法院首次提出"不正当竞争"的概念，1896年德国《反不正当竞争法》是世界上第一部反不正当竞争单行法。[1] 有学者认为，不正当竞争行为的概念最早见于《保护工业产权巴黎公约》，"凡在工商业事务中违反诚实习惯做法的竞争行为构成不正当竞争的行为"。关于何为不正当竞争行为，各国的理论和立法不尽一致。因为该行为的表现形式复杂多样，有学者将其比喻为云海，意指变幻无穷。德国1909年修订的《反不正当竞争法》最先设立了一般条款，随着该立法例的传播，进而成为竞争法独特的

〔1〕 邵建东等著：《竞争法学》，4页，北京，中国人民大学出版社，2009。

立法模式——概括加列举式,[2]我国亦是如此。我国《反不正当竞争法》第 2 条第 2 款概括规定了不正当竞争行为的概念,即“本法所称的不正当竞争行为,是指经营者在生产经营活动中,违反本法规定,扰乱市场竞争秩序,损害其他经营者或者消费者的合法权益的行为”,同时第 2 章专章列举了我国当前社会经济条件下最典型的 7 种有名不正当竞争行为。

### (二)不正当竞争行为的特征

1. 主体的特定性。不正当竞争行为的主体是经营者。所谓经营者,《反不正当竞争法》第 2 条第 3 款规定,“本法所称的经营者,是指从事商品生产、经营或者提供服务(以下所称商品包括服务)的自然人、法人和非法人组织”。需要注意的是,个别不正当竞争行为在侵权主体上不受经营者所限,例如经营者以外的其他自然人、法人和非法人组织实施《反不正当竞争法》第 9 条禁止的违法行为的,视为侵犯商业秘密。

2. 行为的违法性。即经营者在生产经营活动中,违反《反不正当竞争法》的规定,实施了不正当竞争行为。需要进一步思考的是,如果经营者实施了无名不正当竞争行为,应该如何规制。

3. 行为的侵权性。即不正当竞争行为损害了其他经营者的公平竞争权等合法权益,损害了消费者的合法权益。

4. 行为的社会危害性。即不正当竞争行为扰乱了市场竞争秩序。

## 二、反不正当竞争立法

### (一)反不正当竞争法

反不正当竞争法有狭义和广义之分。

狭义的反不正当竞争法,专指 1993 年 9 月第八届全国人大常委会第三次会议通过、2017 年 11 月第十二届全国人民代表大会常务委员会第三十次会议修订,2019 年 4 月第十三届全国人民代表大会常务委员会第十次会议修正的《反不正当竞争法》。

广义的反不正当竞争法,除《反不正当竞争法》外,还包括其他法律中规制不正当竞争的相关规范。如《价格法》禁止不正当价格行为的规定,《产品质量法》禁止生产销售假冒产品的规定,《专利法》和《商标法》中禁止专利和商标侵权的规定等。事实上,《反不正当竞争法》对知识产权法起补充作用,如《反不正当竞争法》保护经营者有一定影响的商品名称、包装、装潢;亦保护经营者的商业秘密。此外,还包括最高人民法院《关于审理侵犯商业秘密民事案件适用法律若干问题的规定》《关于审理不正当竞争民事案件应用法律若干问题的解释》(2020 年 12 月修正)。

---

〔2〕 刘继峰等著:《竞争法学》,5 页,北京,中国政法大学出版社,2017。

### （二）《反不正当竞争法》的立法宗旨

《反不正当竞争法》第1条明确规定了本法的立法宗旨，即“为了促进社会主义市场经济健康发展，鼓励和保护公平竞争，制止不正当竞争行为，保护经营者和消费者的合法权益，制定本法”。

在社会实践中，经营者实施的很多不正当竞争行为，在损害竞争对手的同时，会同时侵害到消费者权益。如混淆行为、虚假宣传行为、不正当有奖销售行为等。虽然《反不正当竞争法》的立法宗旨始终包含保护消费者的合法权益，但问题是，当消费者的合法权益受到不正当竞争行为的侵害时，能否直接依据《反不正当竞争法》提起诉讼进行维权？《反不正当竞争法》修改后，在不正当竞争行为的概念中体现了“消费者的合法权益”，并在第4章法律责任中增加了“经营者违反本法规定，给他人造成损害的，应当依法承担民事责任”的规定，“他人”自然应该包含消费者在内。因此，某种意义上可以认为《反不正当竞争法》对消费者从间接保护逐步过渡到直接保护。

## 第二节　反不正当竞争法律制度的主要内容

### 一、不正当竞争行为的表现形式

《反不正当竞争法》明确规制了7种典型的不正当竞争行为。

#### （一）混淆行为

1. 混淆行为的含义。亦称假冒混同行为、仿冒行为等，指经营者通过擅自使用他人有一定影响的商业标志，引人误认为是他人商品或者与他人存在特定联系的行为。混淆行为是一种传统、典型的不正当竞争行为，俗称“傍名牌”“搭便车”。

2. 混淆行为的具体情形。根据我国《反不正当竞争法》第6条，包括以下情形：

(1) 商品标识混淆。即经营者擅自使用与他人有一定影响的商品名称、包装、装潢等相同或者近似的标识，引人误认为是他人商品或者与他人存在特定联系。商品标识混淆的界定需要关注以下方面：“相同或近似”的认定；“擅自使用”的含义；“混淆、误认”的含义等。

实践中，假冒商品标识比假冒商标更频繁，因其更具混淆性。需要注意，根据《反不正当竞争法》第2条第3款，商品包括服务在内，即经营者擅自使用与他人有一定影响的服务名称、包装、装潢等相同或者近似的标识，引人误认为是他人服务或者与他人存在特定联系，亦构成商品标识混淆行为，如，某些餐饮企业在服务名称、包含营业场所装饰、营业用具式样、营业人员服饰等在内的整体营业形象方面的混淆纠纷；商品标识混淆既包括相同使用，也包括近似使用；且没有限定同种或类似商品。如，天津某日用化工厂生产的水果精华果王洗发露仿照天津某食品果汁有限公司生产的橙汁包装装潢，造成消费者误购甚至误饮。

(2) 经营者名称混同。即经营者擅自使用他人有一定影响的企业名称(包括简称、字号等)、社会组织名称(包括简称等)、姓名(包括笔名、艺名、译名等),引人误认为是他人商品或者与他人存在特定联系。如,天津中国青年旅行社诉天津国青国际旅行社经营者名称混同案。经营者名称混同未体现包括近似使用。

(3) 网络标识混淆。即经营者擅自使用他人有一定影响的域名主体部分、网站名称、网页等,引人误认为是他人商品或者与他人存在特定联系。如,宝洁公司诉国网公司域名案。网络标识混淆未体现包括近似使用。

(4) 其他混淆行为。即经营者实施了其他足以引人误认为是他人商品或者与他人存在特定联系的混淆行为。此为补漏性、兜底性规定。意味着,除了商品标识混淆、经营者名称混同、网络标识混淆外,其他混淆行为也应受到《反不正当竞争法》惩戒。

### (二) 商业贿赂行为

1. 商业贿赂行为的含义。所谓商业贿赂行为,是指经营者采用财物或者其他手段贿赂相关单位或者个人,以谋取交易机会或者竞争优势的行为。商业贿赂是市场竞争中常见的现象,通常指经营者通过金钱等方式收买交易相对方获取交易机会和竞争优势。商业贿赂导致商业道德腐败,竞争秩序混乱。19 世纪末期,欧洲一些国家就针对大量出现的商业贿赂行为进行规制。《反不正当竞争法》第 7 条明确禁止商业贿赂行为。

2. 商业贿赂行为的法律特征(构成要件)。

(1) 主体。该行为的主体为两方,包括受贿者和行贿者。具体而言,行贿者为经营者,即使是工作人员为之,也是代表经营者,应当认定为经营者的行为(除非经营者有证据证明属于该工作人员的行为与为经营者谋取交易机会或者竞争优势无关);而受贿者范围广泛,并不局限于经营者,包括“交易相对方的工作人员;受交易相对方委托办理相关事务的单位或者个人;利用职权或者影响力影响交易的单位或者个人”。受贿者可能是负责人、经办人、采购员等有决定权的人以及对此项交易具有影响力的一切人员。

(2) 主观方面。必须为故意,目的是获得交易机会和商业利益,排挤竞争对手,促成交易达成,推销商品或购买紧俏商品。商业贿赂行为大多发生于竞争较为激烈的行业中。行贿者的目的是借助贿赂手段促成交易或在交易中排挤同业竞争者,取得竞争优势。这与为了获得一些非商业利益和其他机会而采用贿赂手段,如竞选贿赂、考试舞弊贿赂是有区别的。

(3) 客观方面。表现之一是贿赂方式的多样性。贿赂方式包括财物或其他手段,“其他手段”含义广泛,如安排出国旅游、留学、高消费招待、娱乐赌博、装修、低价购房、出售原始股以及为对方提供明显可营利的业务项目、合同等。根据最高人民法院、最高人民检察院的相关解释,贿赂方式包括金钱、财物、代币券(卡)、银行卡、房屋装修、出国旅游、咨询费等,可以折算出实际金钱价值。商业活动中,贿赂方式日趋具有非货币化的倾向。

表现之二是贿赂行为的隐蔽性。通常秘密进行，如在账外暗中给予相关单位或个人回扣或不以明示方式给对方折扣、给中间人佣金等。商业贿赂一般是暗中进行的，钱款等财物的支付与个人收受过程都是通过隐秘方式进行，通常采用不入账或伪造会计账册的形式进行掩盖。俗称的“回扣”是商业贿赂的一种表现形式，即经营者销售商品时在账外暗中退给相关单位或个人的一定比例的商品价款。相应行为按行贿、受贿论处，构成犯罪的，追究刑事责任。《刑法》规定了商业受贿罪、商业行贿罪，单位可作犯罪主体。明示的折扣（减价、打折）、佣金（居间费用），如实入账，是合法许可的。

（4）客体。商业贿赂侵害了其他经营者的公平竞争机会及竞争秩序，违背了诚实信用原则和公认的商业道德，损害了其他经营者的合法利益，扰乱了市场秩序。

### （三）虚假宣传行为

1. 虚假宣传行为的含义。虚假宣传行为也称为商业误导行为，指经营者利用广告或者其他方法，对其商品（包括服务）的性能、功能、质量、销售状况、用户评价、曾获荣誉等作虚假或者引人误解的商业宣传行为。虚假宣传行为违反诚实信用原则，故意告知虚假信息或者故意隐瞒、遗漏真实信息，使消费者基于错误认识作出交易判断。

2. 虚假宣传行为的法律特征（构成要件）。

（1）主体。该行为的主体是经营者，主要对应《广告法》规定的广告主，即为推销商品或者服务，自行或者委托他人设计、制作、发布广告的自然人、法人或者其他组织。

《反不正当竞争法》修改后，针对网络平台交易中的“刷单”等行为，增加规定一款“经营者不得通过组织虚假交易等方式，帮助其他经营者进行虚假或者引人误解的商业宣传”。

（2）主观方面。商品服务经营者在主观方面应是故意，且具有欺骗、误导消费者的动机。

（3）客观方面。虚假宣传呈现方法多样化特征，包括广告或者其他方法。广告是经营者最常用、最主要的宣传方式。根据《广告法》，广告是指商品经营者或者服务提供者通过一定媒介（如广播电视、报纸杂志、网络等）和形式直接或者间接地介绍自己所推销的商品或者服务的商业广告。除了广告宣传，经营者也可能通过其他方法进行虚假宣传。《反不正当竞争法》对“其他方法”没有进一步界定，应包含一切可以对商品或服务进行宣传的形式，如举办新闻发布会、展览会、展销会等。

同时，虚假宣传还呈现出类型多样化的特征。一是进行与客观事实完全不符、直接虚假的宣传。如，上海某企业宣传其生产的“换肤霜”使用一次即更换老化皮肤，使用八次则彻底换模样，引诱消费者踊跃购买，但使用后却出现红肿、起疙瘩、发痒及溃疡等后果。如，宝洁公司在广告宣传册中称“某产品使用当今最有效击退细纹及皮肤粗糙松弛的科技，是现实最有效的紧肤技术。使用后 10 分钟出现奇迹，连续使用 28 天，细纹及皱纹明显减少 47%，肌肤年轻 12 年”。因无法提供关于上述宣传属实的证明文件，南昌市原工商局对其作出20万元行政处罚。中央电视台曝光的欧典地板事件也是典型的虚假宣传行为。从2004年7月开始,欧典地板在全国强力推出每平方米2008元的天价地板。"像船甲板一样坚固耐用""2008元/平方米,全球同步上市!"的绿色巨幅地板广告牌,出现在许多大中城市,几乎每个装修过住房的人都听说过"欧典"这个品牌。欧典地板的宣传册上写着:德国欧典创建于1903年,在欧洲拥有1个研发中心5个生产基地,产品行销全球80多个国家。此外,在德国巴伐利亚州罗森海姆市拥有占地超过50万平方米的办公和生产厂区。然而,2006年中央电视台3·15晚会,向全国消费者揭开了欧典地板内幕。原来,德国欧典总部根本不存在。据央视驻德国记者调查,当地并没有一家叫欧典的企业。欧典宣称的所谓德国总部,其实是当地一家木产品企业汉姆贝格公司,但这家公司声明,与欧典也没有任何产权隶属关系。不仅德国欧典不存在,央视记者在国内工商部门查询发现,国内也根本没有一家名叫欧典的公司注册。"百年欧典"到底是一家怎样的企业呢?实际上,欧典这个商标2000年才正式注册,注册人是1998年成立的北京欧德装饰材料有限责任公司,在北京门头沟工业区某厂、大兴某小厂,湖北、杭州等多地均有过生产。欧典企业总裁闫培金承认欧典地板"德国制造"的显赫身世不过是一个国际玩笑,"德国总部"根本不存在,曾在宣传手册中出现的两名"德国总部"负责人也是虚构的,他郑重向全国消费者致歉。2006年4月,北京市原工商局丰台分局对欧典地板下达处罚决定通知书,按照违反《广告法》和《反不正当竞争法》进行处罚,处以广告费五倍的罚款,罚金高达7473776元。

二是以歧义性语言或其他引人误解的方式进行,足以造成相关公众误解的宣传。如通过歧义性语言或违背常理陈述,使消费者对商品的真实情况产生错误联想,从而导致消费者误购。陈述的文字可以有,两种理解而其中一种带有欺骗误导性的,即为歧义性语言。而故意混淆含义,省略词句,模糊语义或故意省略、弱化常规计量单位,违背常理等,也易造成消费者误解。如"意大利聚酯漆家具""中国台湾水果""小区距离火车站仅10公里"(实际为地图计算的直线距离,与实际路径相差悬殊)或引人误解的虚假价格宣传等。2018年,山东省原工商局集中约谈山东联通、山东移动、山东电信三大通信运营商负责人,并发出《责令整改通知书》。三大运营商发布"流量不限量"广告,与实际使用不一致,且"达量降速"影响使用,涉嫌误导消费者。

三是对商品作片面的宣传或对比,足以造成相关公众误解的宣传。这类情形有时与商业诋毁行为竞合。如,某洗衣粉对比广告。

四是将科学上尚未定论的观点、现象等当作定论的事实用于商品宣传,足以造成相关公众误解。例如,某金胆暖壶生产企业公开宣称传统银胆暖壶含有毒砷化物,对人体有害,只有使用该厂首创的无毒金胆暖壶才能"保温又保命"。

但是,虚假宣传应与商业吹嘘加以区分。后者是运用明显夸张的方式进行宣传,不足以造成相关公众误解,现行法律采取容忍态度,不予惩戒。例如,某美容香皂"今年二十,明年十八"的广告。

(4) 客体。虚假宣传行为侵害消费者的知情权，损害诚信经营者的利益，扰乱市场竞争秩序。

### （四）侵犯商业秘密行为

1. 侵犯商业秘密行为的含义。侵犯商业秘密行为是指经营者等主体为取得竞争优势，通过不正当手段获取、披露、使用或者允许他人使用权利人的商业秘密的行为。该行为在社会生活中表现很突出，危害性极大。《反不正当竞争法》对该行为进行了重点规范。2020 年 9 月，最高人民法院公布《关于审理侵犯商业秘密民事案件适用法律若干问题的规定》。

2. 商业秘密的界定。

(1) 商业秘密的概念。根据《反不正当竞争法》第 9 条规定，商业秘密是指不为公众所知悉、具有商业价值并经权利人采取相应保密措施的技术信息、经营信息等商业信息。各国法律都把商业秘密界定为某种处于秘密状态下的技术诀窍、技能、经验或信息。《与贸易有关的知识产权协议》(TRIPS)中，商业秘密被称为“未公开信息”而纳入保护范围，同时界定了这些未公开信息应当具有保密性和商业价值。

(2) 商业秘密的特征。商业秘密是一类特殊的知识产权客体，既不同于专利权等一般知识产权，也不同于个人隐私等一般秘密。商业秘密应当同时具备以下基本特征：

其一，秘密性。又称非公开性，指不为公众所知悉，处于保密状态，一般人不易通过正当途径获得或探明。秘密性是商业秘密最核心的特征。法律对商业秘密最重要的要求，就是该商业秘密在事实上应是秘密的。商业秘密不能从公开渠道直接获取，这使得商业秘密区别于其他知识产权客体。专利是通过公开技术、牺牲其保密性来换取法律的直接保护，以在有限的时期内维持其价值的存续。而商业秘密需要通过权利人采取适当的保密措施，并辅之以法律进行保护。但是，商业秘密的非公开性只能是相对的，不能要求商业秘密处于绝对的、完全的保密状态下。因为一项商业秘密在使用和管理中是无法避免在一定范围内或一定程度上向外界公开的。为此，最高人民法院《关于审理侵犯商业秘密民事案件适用法律若干问题的规定》第 3 条对“公众”进行了限缩解释，规定权利人请求保护的信息在被诉侵权行为发生时不为“所属领域的相关人员”普遍知悉和容易获得的，应认定为“不为公众所知悉”。

最高人民法院《关于审理侵犯商业秘密民事案件适用法律若干问题的规定》第 4 条列举了可以认定有关信息“为公众所知悉”的五种情形：该信息在所属领域属于一般常识或者行业惯例的；该信息仅涉及产品的尺寸、结构、材料、部件的简单组合等内容，所属领域的相关人员通过观察上市产品即可直接获得的；该信息已经在公开出版物或者其他媒体上公开披露的；该信息已通过公开的报告会、展览等方式公开的；所属领域的相关人员从其他公开渠道可以获得该信息的。同时规定，将为公众所知悉的信息进行整理、改进、加工后形成的新信息，在被诉侵权行为发生时不为所属领域的相关人员普遍知悉和容易获得的,应认定为该新信息不为公众所知悉。

其二,价值性。又称经济性,是指商业秘密因不为公众所知悉而具有现实的或者潜在的商业价值。权利人拥有该商业秘密,比不知晓或不使用该商业秘密的同行业竞争者具有更有利的地位和竞争优势,从而能在竞争中领先取胜。生产经营活动中形成的阶段性成果也可以成立价值性。价值性体现了保护商业秘密的内在原因。

其三,保密性。指权利人采取了相应保密措施。权利人采取保密措施,包括订立保密协议,建立保密制度及采取其他合理的保密措施。判断是否具有保密性,一般从两方面考察:一是经营者内部是否建立了完善的保密制度,使其员工能够明晰该商业秘密的重要性、保密方法和泄露责任等;二是与相对方(被许可方、合营合作方、法律顾问等)发生业务时,对该商业秘密是否采取了合理的保密措施如协议约定。只要权利人提出了保密要求,权利人的员工或与权利人有业务关系的他人知道或应该知道存在商业秘密,即视为权利人采取了合理的保密措施,员工或他人就对权利人承担保密义务。

法律所要求的保密措施只能是在相对合理的程度上。正如美国法院在审理"杜邦公司商业秘密案"中指出的,"保密措施犹如对善意过路者的一道栅栏,足以使善意的过路人不能在一眼看去或稍加理解就可搞清商业秘密的同时,警告其不可进一步把脚踏入被禁止入内的领地;如果法律要求企业为其商业秘密营造一座滴水不漏、可防范任何不可预测和不可察觉的间谍行为的堡垒,是不现实的。[3]"

最高人民法院《关于审理侵犯商业秘密民事案件适用法律若干问题的规定》对保密措施作了规范。权利人为防止商业秘密泄漏,在被诉侵权行为发生以前所采取的合理保密措施,应当认定为"相应保密措施"。人民法院应当根据商业秘密及其载体的性质、商业秘密的商业价值、保密措施的可识别程度、保密措施与商业秘密的对应程度以及权利人的保密意愿等因素,认定权利人是否采取了相应保密措施。具有下列情形之一,在正常情况下足以防止商业秘密泄漏的,应当认定权利人采取了相应保密措施:签订保密协议或者在合同中约定保密义务的;通过章程、培训、规章制度、书面告知等方式,对能够接触、获取商业秘密的员工、前员工、供应商、客户、来访者等提出保密要求的;对涉密的厂房、车间等生产经营场所限制来访者或者进行区分管理的;以标记、分类、隔离、加密、封存、限制能够接触或者获取的人员范围等方式,对商业秘密及其载体进行区分和管理的;对能够接触、获取商业秘密的计算机设备、电子设备、网络设备、存储设备、软件等,采取禁止或者限制使用、访问、存储、复制等措施的;要求离职员工登记、返还、清除、销毁其接触或者获取的商业秘密及其载体,继续承担保密义务的;采取其他合理保密措施的。

(3) 商业秘密的种类。根据内容和性质不同,商业秘密分为技术秘密和经营秘密等。其中技术秘密(技术信息)指与技术有关的结构、原料、组分、配方、材料、样品、样式、植物新品种繁殖材料、工艺、方法或其步骤、算法、数据、计算机程序及其有关文档等信息。经

[3] 吕忠梅等著:《经济法原论》,342页,北京,法律出版社,2008。

营秘密(经营信息)是指与经营活动有关的创意、管理、销售、财务、计划、样本、招投标材料、客户信息、数据等信息。其中,客户信息包括客户的名称、地址、联系方式以及交易习惯、意向、内容等信息。当事人仅以与特定客户保持长期稳定交易关系为由,主张该特定客户属于商业秘密的,人民法院不予支持。客户基于对员工个人的信赖而与该员工所在单位进行交易,该员工离职后,能够证明客户自愿选择与该员工或者该员工所在的新单位进行交易的,人民法院应当认定该员工没有采用不正当手段获取权利人的商业秘密。

3. 商业秘密权利人的含义。根据最高人民法院《关于审理侵犯商业秘密民事案件适用法律若干问题的规定》,权利人应为商业秘密的所有人,但是,经权利人许可使用商业秘密的被许可人也可以提起诉讼。

4. 侵犯商业秘密的具体表现

(1) 以盗窃、贿赂、欺诈、胁迫、电子侵入或者其他不正当手段获取权利人的商业秘密。如,内部人员盗窃、外部人员盗窃、内外勾结盗窃权利人的商业秘密等;以财物或其他方式贿赂权利人的技术人员或经营人员泄露商业秘密;威胁强迫提供权利人的商业秘密;假借商业洽谈、磋商、合作开发研究等套取权利人的商业秘密等。修订后的《反不正当竞争法》增加了"电子侵入"手段。根据最高人民法院《关于审理侵犯商业秘密民事案件适用法律若干问题的规定》第 8 条,以违反法律规定或者公认的商业道德的方式获取权利人的商业秘密的,应当认定为以"其他不正当手段"获取权利人的商业秘密。

(2) 披露、使用或允许他人使用以前项手段获取的权利人的商业秘密。这是行为人不当获取商业秘密后的继续行为。如,将以不正当手段获取的商业秘密,伪称自己的技术转让给其他经营者,获得非法收入。非法获取商业秘密的行为人将其所获取的商业秘密转告第三人或将其公布于众,自己使用或允许他人使用该商业秘密,都会使权利人受到的损害进一步扩大,使后果更加严重。

(3) 违反保密义务或违反权利人有关保守商业秘密的要求,披露、使用或允许他人使用其所掌握的商业秘密。与权利人有业务关系的单位、个人或者权利人的员工违反合同约定或者违反权利人保守商业秘密的要求,披露、使用或者允许他人使用其所掌握的权利人的商业秘密构成侵犯商业秘密。如,甲、乙公司签订专有技术许可使用合同,合同约定作为使用人的乙公司负有保密义务,但乙公司却擅自许可他人使用。本项与第(2)项的区别在于侵权人获取商业秘密的方式是否合法。即使当事人未在合同中约定保密义务,但根据诚信原则以及合同的性质、目的、缔约过程、交易习惯等,侵权人知道或者应当知道其获取的信息属于权利人的商业秘密的,根据最高人民法院《关于审理侵犯商业秘密民事案件适用法律若干问题的规定》,人民法院亦应当认定被诉侵权人对其获取的商业秘密承担保密义务。

(4) 教唆、引诱、帮助他人违反保密义务或者违反权利人有关保守商业秘密的要求,获取、披露、使用或者允许他人使用权利人的商业秘密。如,以提供优厚待遇为诱惑,引诱权利人的技术人员、经营人员"跳槽",从而获取权利人的商业秘密。

另外,第三人明知或者应知商业秘密权利人的员工、前员工或者其他单位、个人实施前述所列违法行为,仍获取、披露、使用或者允许他人使用该商业秘密的,视为侵犯商业秘密。如,乙明知甲持有的商业秘密是不法获得或应知其非法性(出售价格低廉或公知是权利人所有)仍受让、使用,则视为侵犯商业秘密。将第三人的恶意行为作为侵权行为进行制裁,追究第三人的责任具有重要的理论价值和实践意义。因为,虽然第三人并非直接以不正当手段获得他人的商业秘密,但是,这种类似于"销赃"的行为对于商业秘密的侵害以及对公平竞争秩序的危害与前述所列四种违法行为是同样的。正因为有了转让的市场,才促使侵权人去实施上述行为。因此,将其列入侵权行为,有利于制止违法行为。此外,对规范人才流动中商业秘密流失也起到一定的预防作用,让用人单位尽到"合理注意"义务,不能以挖墙脚的方式获取原雇主的商业秘密。

5. 权利人的举证责任及有关规定。2019 年修订的《反不正当竞争法》中的举证责任规定更加有利于权利人。该法第 32 条规定,在侵犯商业秘密的民事审判程序中,商业秘密权利人提供初步证据,证明其已经对所主张的商业秘密采取保密措施,且合理表明商业秘密被侵犯,涉嫌侵权人应当证明权利人所主张的商业秘密不属于本法规定的商业秘密。商业秘密权利人提供初步证据合理表明商业秘密被侵犯,且提供以下证据之一的,涉嫌侵权人应当证明其不存在侵犯商业秘密的行为:有证据表明涉嫌侵权人有渠道或者机会获取商业秘密,且其使用的信息与该商业秘密实质上相同;有证据表明商业秘密已经被涉嫌侵权人披露、使用或者有被披露、使用的风险;有其他证据表明商业秘密被涉嫌侵权人侵犯。

需要注意的是,通过自行开发研制或反向工程获得信息的,不属于侵犯商业秘密行为。"反向工程",是指通过技术手段对从公开渠道取得的产品进行拆卸、测绘、分析等而获得该产品的有关技术信息。侵权人以不正当手段获取权利人的商业秘密后,又以反向工程为由主张未侵犯商业秘密的,人民法院不予支持。

经营者恶意实施侵犯商业秘密行为,情节严重的,可以增加惩罚性赔偿数额。《反不正当竞争法》第 17 条第 3 款规定,因不正当竞争行为受到损害的经营者的赔偿数额,按照其因被侵权所受到的实际损失确定;实际损失难以计算的,按照侵权人因侵权所获得的利益确定。经营者恶意实施侵犯商业秘密行为,情节严重的,可以在按照上述方法确定数额的一倍以上五倍以下确定赔偿数额。赔偿数额还应当包括经营者为制止侵权行为所支付的合理开支。

### (五) 不正当有奖销售行为

1. 不正当有奖销售行为的含义。所谓不正当有奖销售行为,是指经营者不正当地利用金钱、物品或其他经济利益误导或诱引消费者购买商品(包括服务)的行为。有奖销售包括奖励部分购买者的抽奖式有奖销售和奖励所有购买者的附赠式有奖销售。其中,抽奖式有奖销售是经营者以抽奖等带有偶然性的方法决定购买方是否中奖,并提供奖品或奖金的销售方式。

正当的有奖销售是经营者的让利，作为一种促销手段是法律许可的。但禁止以虚假的有奖销售欺骗消费者或以过高的巨额奖品诱惑消费者，利用消费者的盲目投机心理来损害其权益。"羊毛出在羊身上"，利用有奖销售推销商品时，经营者实际上是把奖品的价值计入了商品的总成本，对消费者而言，实质上并没有得到无偿的奖品。有奖销售诱发错误的购物导向，在奖品的强烈诱惑下，消费者往往不去考虑价格、质量、性能以及是否需要等本应考虑的因素，而是盲目购买。

2. 不正当有奖销售行为的类型。

(1) 所设奖的种类、兑奖条件、奖金金额或者奖品等有奖销售信息不明确，影响兑奖。如，上海吉盛伟邦环球家居品牌管理有限公司佛山禅城分公司为提高知名度进行有奖开业促销活动，经佛山市原工商局调查，其宣传的"奔驰豪车大奖"实际上是售价仅 4.5 万元的二手奔驰 Smart 轿车的一年使用权，"38 个免单大奖"中全免单奖项只有 1 个，"3000 份万元温度礼包"的获奖可能性极低。佛山市工商局认定，该公司对上述 3 项奖品的信息未做明确清晰表述，谋取不正当竞争优势，构成不正当有奖销售。2018 年 1 月，原佛山市工商局对当事人作出罚款的行政处罚。

(2) 采用谎称有奖或者故意让内定人员中奖的欺骗方式进行有奖销售。此谓欺骗性有奖销售。这种行为存在于抽奖式有奖销售中，其实质是经营者采用欺骗手段使其所设"奖励"不能如实为购买者所得。如，宣称有"特等奖、一等奖"，但实际发送的奖券中根本无此号码，无人中奖。如，把有中奖标志的奖券或号码直接送给内定人员，或把有中奖标志的商品、有奖号码作特殊记号后告之内定人员抽取。

(3) 抽奖式的有奖销售，最高奖的金额超过 5 万元。此谓巨奖销售行为，只限定在抽奖式有奖销售中。如果奖金过高，会过度刺激消费者的购买动机，从整体上不利于维护市场竞争秩序，故法律给予"封顶式"限制。世界各国竞争法均原则性禁止超过一定限额的巨奖销售行为。

### （六）商业诋毁行为

1. 商业诋毁行为的含义。商业诋毁行为，也称商业诽谤行为，指经营者编造、传播虚假信息或者误导性信息，损害竞争对手的商业信誉、商品声誉。商誉是商业信誉和商品声誉的统称，商誉反映了社会对经营者及其商品、服务的综合评价，具有无形财产的价值，能给经营者带来强大的市场竞争优势，应受到法律保护。商誉在市场竞争中关系重大，甚至可以说是企业的生命，直接维系着企业利益、优势地位。法人也有名誉权、荣誉权，此行为也是对法人人格权的侵犯。经营者一旦丧失商誉，后果不堪设想，如冠生园"陈馅月饼"事件、三鹿"三聚氰胺"事件均导致相应企业破产。

2. 商业诋毁行为的法律特征(构成要件)。

(1) 主体。必须是经营者，通常是竞争对手。如果是不从事经营活动的个人实施了商业诋毁行为,除证明是受经营者唆使外,不构成不正当竞争行为,依其他法律追究其侵权责任。竞争对手可能是特定的,也可能是同行业的不特定经营者。

(2) 主观方面。必须具有损害竞争对手的故意,并非出于言行不慎。例如,在图尔克(天津)传感器有限公司与青岛九鑫工贸有限公司不正当竞争纠纷案中,青岛瑞普电气有限公司将从青岛九鑫工贸有限公司购买的传感器送交图尔克(天津)传感器有限公司检验。天津图尔克公司向瑞普公司出具"鉴定证明",称送检产品系非该公司生产的假冒产品。收到该鉴定后,瑞普公司未向九鑫公司付款,并通知九鑫公司将全部退货,并追回由此造成的一切经济损失。青岛市其他与九鑫公司有业务往来的单位也纷纷致函九鑫公司。但事实上,九鑫公司出售的传感器是德国原装进口。一审法院认为天津图尔克的不当鉴定行为损害了作为同业经营者的九鑫公司的商誉,构成不正当竞争行为。二审法院认为天津图尔克不存在诋毁九鑫公司商誉的主观故意,其是应瑞普公司的要求进行无偿鉴定,没有证据证明其知道送检产品是九鑫公司销售的,虽然没有谨慎鉴定,但主观为过失而非故意,且鉴定结论是依据其现有资料进行,亦只通知了瑞普公司一家,不存在捏造、散布虚假事实行为,因此不构成不正当竞争,但确实对九鑫公司的商誉造成影响,应依据民法关于损害法人名誉权的规定进行裁判。

(3) 客观方面。实施了诽谤行为,即编造、传播虚假信息或误导性信息。如果经营者编造、传播对竞争对手不利的事情,但不属于无中生有或故意歪曲,而是客观事实,不能构成该行为。商业诋毁行为在现实中的表现形式多样,包括利用散发公开信、召开新闻发布会、刊登对比性广告、声明性广告等形式,编造、散布贬损竞争对手商业信誉、商品声誉的虚假事实;在对外经营过程中,向业务客户及消费者散布虚假事实,以贬低竞争对手的商业信誉,诋毁其商品或服务的质量声誉;组织人员,以顾客或消费者的名义,向有关监督管理部门作关于竞争对手产品质量低劣、服务质量差、侵害消费者权益等情况的虚假投诉,从而达到贬损其商誉的目的,等等。例如,"娃哈哈"诉"巨人"不正当竞争一案中,"娃哈哈"诉称,"娃哈哈儿童营养液"有较高的商业信誉和商品声誉,其广告词"喝了娃哈哈,吃饭就是香"已经家喻户晓。"巨人"生产了类似产品"巨人吃饭香",并专门印制了宣传册子,在全国各地的经销单位、消费者中广为散发。该宣传册子中称,"据说娃哈哈有激素,造成小孩早熟,产生许多现代儿童病"。为此,全国各地娃哈哈产品的销售商和消费者纷纷要求解释,致使娃哈哈儿童营养液在全国各地的销售量下跌,由此减少销售收入 4492.92 万元,直接经济损失达 673.938 万元。娃哈哈良好的商业信誉、商品声誉和企业形象受到极大损害。法院审理查明,"娃哈哈儿童营养液"经鉴定,不存在含"有激素,造成小孩早熟,产生许多现代儿童病"的问题。最后在法院主持下,双方调解结案。巨人承认有不正当竞争行为,给娃哈哈的商业信誉和商品声誉造成损害,向娃哈哈赔礼道歉,消除影响,赔偿直接经济损失人民币 200 万元。

(4) 客体。侵害了竞争对手的商誉(商业信誉或商品声誉)及竞争秩序。如果受害方不是竞争对手,或者侵害的是竞争对手的个人名誉而非商誉,则属于一般民事人身权的侵害,由民法调整,不属于竞争法调整。

### （七）网络不正当竞争行为

随着电子商务新业态的发展,新型的网络不正当竞争手段逐渐出现。较之传统不正当竞争方式,网络不正当竞争行为借助技术手段,依赖网络平台实施,隐蔽性、危害性更突出。网络不是法外之地,电子商务经营活动一样需要遵守法律和商业道德,恪守公平竞争规则。《反不正当竞争法》契合社会经济发展,增加了对该行为的规制。

1. 网络不正当竞争行为的含义。

广义的网络不正当竞争涵盖了传统不正当竞争和狭义的网络不正当竞争。此处为狭义的指称,是指经营者利用技术手段,通过影响用户选择或者其他方式,妨碍、破坏其他经营者合法提供的网络产品或者服务正常运行的行为。

2. 网络不正当竞争行为的法律特征(构成要件)。

(1) 主体。一般情况下局限于电子商务经营者。根据《电子商务法》的规定,电子商务经营者是指通过互联网等信息网络从事销售商品或者提供服务的经营活动的自然人、法人和非法人组织,包括电子商务平台经营者、平台内经营者以及通过自建网站、其他网络服务销售商品或者提供服务的电子商务经营者。

(2) 主观方面。只能是故意,具有不当干扰其他经营者的网络产品或服务的目的。

(3) 客观方面。体现为利用技术手段实施各种不当干扰行为,包括未经其他经营者同意,在其合法提供的网络产品或者服务中,插入链接、强制进行目标跳转;误导、欺骗、强迫用户修改、关闭、卸载其他经营者合法提供的网络产品或者服务;恶意对其他经营者合法提供的网络产品或者服务实施不兼容;其他妨碍、破坏其他经营者合法提供的网络产品或者服务正常运行的行为。

例如,列入“反垄断与反不正当竞争行政执法十大典型案件”的嘉兴市洞洞拐网络科技有限公司网络不正当竞争案。2018 年 4 月,嘉兴市洞洞拐网络科技有限公司作为外卖平台海盐地区代理商,通过后台管理软件修改数据、缩小商家配送范围等手段,迫使平台上有关商家退出另一公司运营的竞争平台,给部分商家和竞争对手造成了经济损失。2018 年 7 月,海盐县市场监管局调查认定,该公司行为违反《反不正当竞争法》第 12 条规定,属不正当竞争行为,责令当事人停止违法行为,并处罚款 20 万元。

再如,入选最高人民法院“2013 年十大创新案件”的北京百度网讯科技有限公司等诉北京奇虎科技有限公司等不正当竞争纠纷案。原告百度公司是 www.baidu.com 网站经营者,被告奇虎公司为 www.360.cn 网站及 360 安全卫士经营者。百度公司诉称:奇虎公司不仅篡改百度搜索页面进行恶意插标(注:有选择地插入红底白色感叹号图标作为警告标识,以警示用户该搜索结果对应的网站存在风险),还通过插标引导用户点击安装 360 安全浏览器。且奇虎公司改变了百度网站在其搜索框中的下拉提示词,引导用户访问与搜索结果无关的被告经营的影视、游戏等页面。北京市一中院认为:奇虎公司 360

安全卫士未经百度公司许可,在百度网站搜索结果页面任意插入标志,改变了百度向用户提供的内容,其行为应被法律禁止。且奇虎公司通过利用百度搜索引擎服务引导用户安装360安全浏览器的行为,以及通过修改百度网站搜索框中的下拉提示词劫持流量的行为亦违反了诚实信用原则。故北京市一中院判决被告奇虎公司停止侵权、消除影响、赔偿原告百度公司的经济损失及合理支出共计45万元。该案所涉行为在当时是作为无名不正当竞争行为,根据《反不正当竞争法》一般条款惩戒。《反不正当竞争法》修改后,该案所涉行为符合网络不正当竞争行为的法律特征。

(4) 客体。侵犯了其他经营者的合法权益、消费者权益及公平竞争秩序。

## 二、不正当竞争行为的监督检查及法律责任

### (一) 不正当竞争行为的监督检查

1. 监督检查部门。

不正当竞争行为的监督检查部门原为工商行政管理部门,2018年国务院机构改革后,原工商行政管理部门被新组建的市场监督管理部门替代。

2. 监督检查措施。

根据《反不正当竞争法》第13条的规定,监督检查部门调查涉嫌不正当竞争行为,可以采取下列措施:(1)进入涉嫌不正当竞争行为的经营场所进行检查;(2)询问被调查的经营者、利害关系人及其他有关单位、个人,要求其说明有关情况或者提供与被调查行为有关的其他资料;(3)查询、复制与涉嫌不正当竞争行为有关的协议、账簿、单据、文件、记录、业务函电和其他资料;(4)查封、扣押与涉嫌不正当竞争行为有关的财物;(5)查询涉嫌不正当竞争行为的经营者的银行账户。采取前款规定的措施,应当向监督检查部门主要负责人书面报告,并经批准。采取前款第(4)项、第(5)项规定的措施,应当向设区的市级以上人民政府监督检查部门主要负责人书面报告,并经批准。

### (二) 不正当竞争行为的法律责任

1. 民事责任。民事责任主要是损害赔偿。经营者违反《反不正当竞争法》规定,给他人造成损害的,应当依法承担民事责任。经营者的合法权益受到不正当竞争行为损害的,可以向人民法院提起诉讼。因不正当竞争行为受到损害的经营者的赔偿数额,按照其因被侵权所受到的实际损失确定;实际损失难以计算的,按照侵权人因侵权所获得的利益确定。经营者恶意实施侵犯商业秘密行为,情节严重的,可以在按照上述方法确定数额的一倍以上五倍以下确定赔偿数额。赔偿数额还应当包括经营者为制止侵权行为所支付的合理开支。

经营者实施混淆行为、侵犯商业秘密行为的,权利人因被侵权所受到的实际损失、侵权人因侵权所获得的利益难以确定的,由人民法院根据侵权行为的情节判决给予权利人

500 万元以下的赔偿。

这里需要注意的是，根据《反不正当竞争法》第 27 条规定，经营者违反该法规定，应当承担民事责任、行政责任和刑事责任时，如其财产不足以支付的，应当优先用于承担民事责任。

2. 行政责任。行政责任主要是行政处罚，包括责令停止违法行为、没收违法所得、罚款、吊销营业执照等。当事人对监督检查部门作出的决定不服的，可以依法申请行政复议或者提起行政诉讼。

3. 刑事责任。违反《反不正当竞争法》的规定，构成犯罪的，依法追究刑事责任。对经营者而言，实施混淆、商业贿赂、商业诋毁、侵犯商业秘密等行为，构成犯罪的，应依法承担刑事责任。

经营者违反《反不正当竞争法》的规定，应当承担民事责任、行政责任和刑事责任，其财产不足以支付的，优先用于承担民事责任。经营者从事不正当竞争，受到行政处罚的，由监督检查部门记入信用记录，并依照有关法律、行政法规的规定予以公示。

**【法条链接】**

1.《反不正当竞争法》。

2. 最高人民法院《关于审理不正当竞争民事案件应用法律若干问题的解释》。

3. 最高人民法院《关于审理侵犯商业秘密民事案件适用法律若干问题的规定》。

**【拓展阅读】**

1. 邵建东：《德国反不正当竞争法研究》，中国人民大学出版社 2001 年版。

2. 刘继峰：《竞争法学原理》，中国政法大学出版社 2007 年版。

3. 王晓晔：《竞争法学》，社会科学文献出版社 2007 年版。

4. 黄勇、岑兆琦：《中外反不正当竞争法经典案例评析》，中信出版社 2007 年版。

5. 徐孟洲等著：《竞争法》，中国人民大学出版社 2008 年版。

6. 吕明瑜：《竞争法教程》，中国人民大学出版社 2008 年版。

7. 吕忠梅等著：《经济法原论》，法律出版社 2008 年版。

8. 邵建东等著：《竞争法学》，中国人民大学出版社 2009 年版。

9. 袁达松等著：《中外竞争法经典案例评析》，法律出版社 2011 年版。

10. 徐孟洲：《经济法学原理与案例教程》，中国人民大学出版社 2016 年版。

11. 刘继峰等著：《竞争法学》，中国政法大学出版社 2017 年版。

12. 薛克鹏等著：《竞争法学》，中国政法大学出版社 2019 年版。

13. 孔祥俊：《反不正当竞争法新原理》，法律出版社 2019 年版。

# 第七章　产品质量法律制度

**【导语】** 产品质量关系广大人民群众的生命、健康和财产安全，关系企业的生存与发展，因此，世界各国都非常重视运用专门性立法来规范产品质量问题。我国《产品质量法》颁行以来，在加强对产品质量的监督管理，明确产品质量责任，保护消费者的合法权益，维护社会经济秩序等方面发挥了极其重要的作用。以《产品质量法》为核心的产品质量监管法律，着重就产品质量的监督，生产者、销售者的产品质量义务和责任，损害赔偿等作出了法律规定，构建起了以政府及其职能部门、社会组织和企业为主体，以产品质量检验、产品质量标准、企业质量体系认证和产品质量认证、产品监督检查、产品价格监管、产品计量监管等为主要制度内容的监督体制和体系，为保障人民群众生命财产安全，构建现代市场经济秩序和确保社会健康发展提供了法律保障。

## 第一节　产品质量与产品质量立法

### 一、产品、产品质量与产品质量法

#### （一）产品

广义的产品，是指自然物之外的一切劳动生产物。但各国产品质量立法中所规定的产品并没有如此广泛，同时，不同国家和地区的法律，对产品的范围界定存在差异。

《美国统一产品责任示范法》第 102 条规定："产品是指具有真正价值的、为进入市场而生产的，能够作为组装整件或者作为部件、零件交付的物品，但人体组织、器官、血液组成成分除外。"随后，美国在司法实践中，又扩大了产品的外延。在"兰塞姆诉威斯康星电力公司"案中，法院确认"电"属于产品；1978 年"哈雷斯诉西北天然气公司"案中，将天然气纳入产品范畴；同年，科罗拉多州法院在案件中裁定，将血液也视为产品。[1] 日本《制造物责任法》第 2 条规定："本法规定的制造物是指被制造或者加工的动产。土地、建筑物之类的不动产，未经加工的农产品除外。"英国 1987 年通过的《消费者买卖法》将产品定义为，任何可移动的有形物品、电以及组装于其他物品内的部件及原材料，血液及其制品也属于产品责任中的产品。德国《产品责任法》将产品定义为，产品是指任何动产，即

〔1〕 李昌麒主编：《经济法学》(第四版)，350 页，北京，中国政法大学出版社，2011。

使其已被装配在另一动产或不动产之内，还包括电，但未经初步加工的包括种植业、畜牧业、养蜂业、渔业产品在内的农业产品除外，狩猎产品也不属于产品范畴。1985 年《欧洲经济共同体产品责任指令》第 2 条规定："产品是指初级农产品和狩猎物以外的所有动产，即使已被组合在另一动产或不动产之内。初级农产品是指种植业、畜牧业、渔业产品，不包括经过加工的这类产品。产品也包括电。"我国台湾地区的"消费者保护法"中的"商品"是指"交易客体之动产或者不动产，包括最终产品、半成品、原材料和零部件。"[2]

我国《产品质量法》规定的产品与德国、日本的规定类似，范围较窄。该法第 2 条第 2 款规定："本法所称产品是指经过加工、制作，用于销售的产品。"第 3 款规定："建设工程不适用本法规定；但是，建设工程使用的建筑材料、建筑构配件和设备，属于前款规定的产品范围的，适用本法。"第 73 条规定："军工产品质量监督管理办法，由国务院、中央军事委员会另行规定。因核设施、核产品造成损害的赔偿责任，法律、行政法规另有规定的，依照其规定。"由此可知，我国《产品质量法》中的"产品"是指以销售为目的，通过工业加工、手工制作等生产方式所获得的具有特定使用性能的物品。产品应具备两个条件：其一，经过加工、制作。加工、制作是人类的一种劳动，物品必须附加人类的劳动才可能成为产品，同时，这种劳动也是对原材料的进一步加工、制作，如果不是在原材料的基础上进一步制造出来的，也不是产品，比如鱼塘中的鱼、土地中的小麦等。其二，用于销售。这里的"销售"是从产品的生产目的上来说的，并不意味着实际上实现了销售，只要产品是为了销售目的而加工、制作，无论是无偿的还是有偿的，均可以作为"产品"。如果加工、制作的物品仅仅是为了自产自用，则不能适用《产品质量法》。举例来讲，如果某企业生产罐头，将其中一部分赠与员工，发生质量问题则适用《产品质量法》[3]；如果某个人加工罐头目的是自己食用，赠与邻居一瓶发生质量问题，发生法律纠纷可以适用《中华人民共和国民法典》(以下简称《民法典》)，但不适用《产品质量法》。

下列物品不属于《产品质量法》规定的产品范围：(1)未经加工的天然物品，如原煤、石油、天然气、狩猎产品、采集产品等。(2)初级农产品，指种植业、养殖业、林业、渔业等产品。但如果将初级农产品进行了加工制作，则成为此处的产品，如小麦磨成的面粉、做成的面条、面包。(3)无形物品和建设工程，建筑物、工程等不动产和无形物品发生质量问题适用其他相关法律，但建设工程使用的建筑材料、建筑构配件和设备属于产品。(4)军工产品，但军工企业生产的民用产品原则上适用《产品质量法》。(5)非用于销售目的的物品。

### (二) 产品质量

产品质量是指反映产品满足明示和隐含要求的各种特性的总称，具体来说，是指由

---

〔2〕 王卫国、李东方主编：《经济法学》，350 页，北京，中国政法大学出版社，2008。

〔3〕《最高人民法院关于审理食品药品纠纷案件适用法律若干问题的规定》(2020 年)第 4 条规定：食品、药品生产者、销售者提供给消费者的食品或者药品的赠品发生质量安全问题，造成消费者损害，消费者主张权利，生产者、销售者以消费者未对赠品支付对价为由进行免责抗辩的，人民法院不予支持。

国家有关法律法规、质量标准等确定的以及由当事人约定的有关产品适用、安全、外观等特性的总称。根据国际标准化组织颁布的《质量术语》,“产品质量”指产品必须具备规定的,或潜在需要的性能,也即产品自身应固有安全性、适用性的一般性能,以及可替换性、可维修性等个别性能。

一般来说,安全性和适用性是衡量产品质量最重要的两项指标。由产品缺陷产生的产品不安全和由产品瑕疵形成的产品不适用是最主要的两大产品质量问题。

根据《产品质量法》第 26 条规定,符合质量标准的产品,应当符合三项最基本的要求:(1)不存在危及人身、财产安全的不合理的危险,有保障人体健康和人身、财产安全的国家标准、行业标准的,应当符合该标准;(2)具备产品应当具备的使用性能,但是,对产品存在使用性能的瑕疵作出说明的除外;(3)符合在产品或者其包装上注明采用的产品标准,符合以产品说明、实物样品等方式表明的质量状况。其中,第(1)项指产品应具备安全性;第(2)项指产品应符合关于适用性的默示担保要求,前提是不违反安全性要求,不属于缺陷产品;第(3)项指产品应符合明示担保要求。

### (三) 产品质量法律关系

产品质量法律关系主要包括两方面的内容:第一,产品质量监督管理关系。这一关系是指产品质量监管部门在履行产品质量监督管理职能的过程中与生产者、销售者之间发生的关系,是监督管理与被监督管理的关系;第二,产品质量责任关系。这一关系是发生在生产者、销售者与消费者、用户及其相关第三人之间的因产品质量问题引发的法律责任关系,是一种平等主体间的关系。

## 二、产品质量立法

### (一) 国外产品质量立法

通过立法规范产品质量问题有着久远的历史。公元前 18 世纪古巴比伦的《汉谟拉比法典》中就有房屋和船舶质量不合格要受处罚的规定。罗马法则确立了卖方对标的物瑕疵的担保责任,当产品有瑕疵时,买主有权请求解除契约或者减少价金。进入资本主义社会,伴随着大工业生产的到来和商品经济的不断发展,缺陷产品损害事件日渐频繁。此时,全球范围内消费者保护运动日益高涨,各国愈加重视产品质量立法,相继通过修订民法,或颁布专门的产品责任法对产品质量问题予以规制。与此同时,有关产品责任的公约也陆续产生,如《关于产品责任的法律适用公约》《关于人身伤亡的产品责任公约》《欧洲经济共同体产品责任指令》等。在当代,产品质量立法模式主要有三种体例:一是在民法中规定产品责任。通过完善民法规定,使民法规则得以扩张,在侵权法、合同法领域增加产品责任条款。二是制定专门的产品责任法。如德国、丹麦、挪威等国的《产品责任法》,日本的《制造物责任法》以及美国的《统一产品责任示范法》。三是制定与产品质量相关的立法和特殊产品责任的立法。

### （二）我国产品质量立法

我国很早就出现了有关产品质量的法律规定。早在西周时期，当时的统治者就规定了一系列的产品质量管理措施。古代影响较大的产品质量管理措施有：(1)物勒工名，即在产品上勒写制造工匠的名字，发现产品质量不合格时，追究工匠及经管人的责任；(2)禁止劣质产品在市场上出卖，规定“布帛精粗不中数、幅广狭不中量，不粥于市”；(3)实行商品分级分类陈列规则，将质量相近的产品放在一起陈列，目的是使购买者能够比较不同质量的商品，避免上当；(4)规定产品质量不合格的，行为人承担刑罚处罚。秦朝以后，产品质量立法逐步完善，形成了相对成熟的有关产品生产、销售、保管、流通法律规则体系。秦律、唐律、明律、清律中都规定了制造或销售不合格产品的责任，依据产品质量的不同情况论罪处罚。生产供军事和官家使用的产品质量不合格的，加重处罚。

新中国成立之初，由于实行高度集中的计划经济体制，国家虽然对产品质量工作比较重视，但缺乏法律手段调整，致使产品质量、消费者利益缺乏可靠的法律保障。改革开放以后，我国逐步推行全面的产品质量管理，产品质量立法工作开始起步。国务院于1986年发布了《工业产品质量责任条例》。1993年2月22日，第七届全国人民代表大会常务委员会第三十次会议通过了《产品质量法》，该法于2000年、2009年、2018年做了三次修订。此外，我国先后制定、出台了一系列与产品质量法相配套或者特殊产品质量管理的法律法规，如《药品管理法》《计量法》《标准化法》《价格法》《食品安全法》《认证认可条例》等。截至目前，我国已经形成了较为完善的产品质量立法体系。

### （三）《产品质量法》的立法宗旨和适用范围

1. 立法宗旨。《产品质量法》第1条明确规定，该法的立法宗旨是为了加强对产品质量的监督管理，提高产品质量水平，明确产品质量责任，保护消费者的合法权益，维护社会经济秩序。

(1) 加强监管，保障和提高产品质量。保障和提高产品质量是产品质量立法的直接目的。现代市场经济条件下，经营者主要借助“产品”这一媒介与社会保持沟通与联系。因此，产品质量状况决定了在激烈的市场竞争中企业的生存状况。“质量就是生命”应成为经营管理的第一理念，尤其是经济全球化的今天，产品质量已上升到国际竞争的高度。竞争主体经济实力的对比，主要取决于产品质量。我国市场经济尚不发达，提高产品质量仅仅依靠经营者自身的力量和经济手段远远不够，必须借助法律这一国家强制性手段，加强监管，才能真正、有效促使企业不断采用新的技术和工艺、改进技术，提高质量。

(2) 切实保护消费者权益。维护消费者的权益是产品质量立法的重要目的和任务。有效保护消费者、用户与相关第三人的合法权益，是产品质量立法的生命之本。各国有关产品的立法均由最初侧重于维护经营者的利益，以期他们能为社会提供更多的合格产品，逐渐发展到愈加侧重维护消费者、用户及相关第三人的利益，这既是产品立法的价值重心的转移,也是产品质量立法发展中的一个自我矫正过程。大多数产品质量问题都是在设计、制造、销售等环节中产生的,消费者、购买者在接受该产品时难以知晓,亦无法加以有效防范。因而,如何维护其权益便成为产品立法的宗旨。现代各国都把消费者权益的保护列为产品立法的宗旨之一,明确提出消费者享有对产品质量监督的权利。而缺陷产品适用严格责任原则的确定和惩罚性赔偿责任的规定,都是为了更好地维护消费者的合法权益。

(3) 维护健康、有序的市场秩序。市场秩序规制法旨在维护交易秩序,进而达到交易安全。而交易安全在市场交易中的一个决定因素,是交易客体是否"货真价实"。因此,产品质量高低是市场交易优劣的一个基本尺度,故依法规制产品质量是保证市场健康发展的最有效手段。《产品质量法》对各种违法行为的规制及对违法经营者的处罚措施规定,与反不正当竞争法有着密切的联系,是从产品质量管理方面来维护公平的市场竞争秩序的有力措施。

2. 适用范围。《产品质量法》第 2 条规定,"在中华人民共和国境内从事产品生产、销售活动,必须遵守本法"。因此,该法适用的地域范围为中华人民共和国境内;适用的产品范围参见前文关于产品的界定;适用的环节范围为产品的生产、销售活动,产品质量的主要责任主体即生产者、销售者。此外,相关法律法规还规定了运输、仓储环节的产品责任。

## 第二节　产品质量法律制度的主要内容

产品质量监督管理是保障消费者权益、维护市场秩序有效运行的重要手段。产品质量监督管理制度与产品质量责任制度是产品质量法的两大基石,前者主要是保障产品质量的防范性措施,后者是救济受害人权益的救助性举措。产品质量监督管理制度由产品质量监督管理体制和一系列产品质量监督管理的具体制度组成。我国产品质量监督管理制度的形成与完善大体经历了三个阶段:第一阶段,新中国成立至 20 世纪 70 年代末,该阶段是产品质量监督管理制度的初创时期。该时期,我国主要从苏联和东欧各国引进有关产品监督管理的制度,但并没有形成严密的、完善的监督管理体系。第二阶段,1979 年至 20 世纪 90 年代初,该阶段是产品质量监督管理制度的快速发展时期。该时期,国家制定了数量众多的产品质量监督管理法律法规。第三阶段,1993 年至今,该阶段是产品质量监督管理的成熟完善时期。该时期,社会主义市场经济体制逐步确立,以《产品质量法》为核心的相关法律法规相继制定、修改,使产品质量监督管理走向成熟和完善。

### 一、产品质量监督管理体制

产品质量监督管理体制是国家为加强对产品质量的监督管理而设置的管理机构及

其职责权限的制度统称。《产品质量法》第 8 条规定："国务院市场监督管理部门主管全国产品质量监督工作。国务院有关部门在各自的职责范围内负责产品质量监督工作。县级以上地方市场监督管理部门主管本行政区域内的产品质量监督工作。县级以上地方人民政府有关部门在各自的职责范围内负责产品质量监督工作。法律对产品质量的监督部门另有规定的，依照有关法律的规定执行。"

### （一）机构设置

我国的产品质量监督机构伴随经济社会的发展，经历了不断变化的过程。1985 年，国家标准局主管全国的产品质量监管工作。1988 年，国务院决定撤销原国家标准局、国家计量局，将国家经委质量局等并入，组建国家技术监督局。1998 年，国家技术监督局更名为国家质量技术监督局。2001 年，将国家质量技术监督局和国家出入境检验检疫局合并，组建国家质量监督检验检疫总局。2018 年，将国家工商行政管理总局的职责，国家质量监督检验检疫总局的职责，国家食品药品监督管理总局的职责，国家发展和改革委员会的价格监督检查与反垄断执法职责，商务部的经营者集中反垄断执法以及国务院反垄断委员会办公室等职责整合，组建国家市场监督管理总局，作为国务院直属机构。将国家质量监督检验检疫总局的出入境检验检疫管理职责和队伍划入海关总署。不再保留国家工商行政管理总局、国家质量监督检验检疫总局、国家食品药品监督管理总局。目前，我国的产品质量监督管理主管部门是：国家市场监督管理总局和县级以上地方人民政府市场监督管理部门。

### （二）职责权限

国家市场监督管理总局主要职责是：(1)负责市场综合监督管理。起草市场监督管理有关法律法规草案，制定有关规章、政策、标准，组织实施质量强国战略、食品安全战略和标准化战略，拟订并组织实施有关规划，规范和维护市场秩序，营造诚实守信、公平竞争的市场环境。(2)负责监督管理市场秩序。依法监督管理市场交易、网络商品交易及有关服务的行为，组织指导查处价格收费违法违规、制售假冒伪劣行为，指导查处无照生产经营和相关无证生产经营行为，指导中国消费者协会开展消费维权工作。(3)负责宏观质量管理。拟订并实施质量发展的制度措施，会同有关部门组织实施重大工程设备质量监理制度，建立并统一实施缺陷产品召回制度，监督管理产品防伪工作。(4)负责产品质量安全监督管理。管理产品质量安全风险监控、国家监督抽查工作，建立并组织实施质量分级制度、质量安全追溯制度，指导工业产品生产许可管理。(5)负责特种设备安全监督管理。综合管理特种设备安全监察、监督工作，监督检查高耗能特种设备节能标准和锅炉环境保护标准的执行情况。(6)负责食品安全监督管理综合协调。组织制定食品安全重大政策并组织实施，负责食品安全应急体系建设，组织指导重大食品安全事件应急处置和调查处理工作，建立健全食品安全重要信息直报制度，承担国务院食品安全委员会日常工作。(7)负责食品安全监督管理。建立覆盖食品生产、流通、消费全过程的监督检查制度和隐患排查治理机制并组织实施,防范区域性、系统性食品安全风险,推动建立食品生产经营者落实主体责任的机制,健全食品安全追溯体系,组织开展食品安全监督抽检、风险监测、核查处置和风险预警、风险交流工作,组织实施特殊食品注册、备案和监督管理。(8)负责统一管理计量工作。推行法定计量单位和国家计量制度,管理计量器具及量值传递和比对工作,规范、监督商品量和市场计量行为。(9)负责统一管理标准化工作。依法承担强制性国家标准的立项、编号、对外通报和授权批准发布工作,制定推荐性国家标准,依法协调指导和监督行业标准、地方标准、团体标准制定工作,组织开展标准化国际合作和参与制定、采用国际标准工作。(10)负责统一管理检验检测工作。推进检验检测机构改革,规范检验检测市场,完善检验检测体系,指导协调检验检测行业发展。(11)负责统一管理、监督和综合协调全国认证认可工作。建立并组织实施国家统一的认证认可和合格评定监督管理制度。

县级以上地方市场监督管理部门职责权限主要是产品质量监督和产品质量违法案件查处。包括:(1)对当事人涉嫌从事违反本法的生产、销售活动的场所实施现场检查;(2)向当事人的法定代表人、主要负责人和其他有关人员调查、了解与涉嫌从事违反本法的生产、销售活动有关的情况;(3)查阅、复制当事人有关的合同、发票、账簿以及其他有关资料;(4)对有根据认为不符合保障人体健康和人身、财产安全的国家标准、行业标准的产品或者有其他严重质量问题的产品,以及直接用于生产、销售该项产品的原辅材料、包装物、生产工具,予以查封或者扣押。

## 二、产品质量检验制度

产品质量检验是指按照一定的标准,对产品质量、规格、性能等进行检测,以判明产品是否合格的质量监管制度。产品质量检验的标准有国际标准、国家标准、行业标准、地方标准和企业标准,如果产品需符合强制性标准的,必须按照强制性标准进行检验。产品质量检验主要包括经营者自检和第三方检验两种。

### (一)经营者自检

经营者自检是指生产者、销售者在采购、生产、销售等环节对产品的自行检验。《产品质量法》第12条规定:“产品质量应当检验合格,不得以不合格产品冒充合格产品。”产品或其包装上的标识必须有产品质量检验合格证明。通过检验程序,使经营者把好产品的质量关。

### (二)第三方检验

第三方检验是指由买卖双方之外的专门产品质量检验机构对产品的检验。第三方检验由法律赋予检验权的专门机构和社会中介机构组成。产品质量检验专门机构是指县级以上人民政府产品质量监督管理部门依法设置的,对某些特殊产品实施检验的机构。如《药品管理法实施条例》第 2 条规定："国务院药品监督管理部门设置国家药品检验机构。省、自治区、直辖市人民政府药品监督管理部门可以在本行政区域内设置药品检验机构。"除依照法律法规设立的特殊质量检验机构外，其他产品质量检验机构是社会中介机构。产品质量检验机构必须依法设立，并不得与行政机关和其他国家机关存在隶属关系或者其他利益关系，必须具备相应的检测条件和能力，经省级以上人民政府市场监督管理部门或者其授权的部门考核合格后，方可承担产品质量检验工作，必须依法按照有关标准，客观、公正地出具检验结果，不得向社会推荐生产者的产品，不得以对产品进行监制、监销等方式参与产品经营活动。

产品质量检验机构的检测事项有多种，主要包括：第一，对特定产品是否合格进行检验。如药品检验机构对药品的检验。第二，对当事人有争议的、申请检验的特定产品质量进行检验。《产品质量法》第 48 条规定，仲裁机构或者人民法院可以委托产品质量检验机构，对有关产品质量进行检验。第三，在国家产品质量抽查中，对抽查的产品进行检验。第四，在产品质量认证中，对需要认证的产品进行检验，以查明特定产品是否具备获准认证的条件。

需说明的是，产品免检制度曾经是产品质量检验制度的一项重要内容。原国家质量技术监督总局制定的《产品免于质量监督检查管理办法》在 2009 年被废止，产品质量免检制度从此退出历史舞台。

## 三、产品质量标准化制度

产品质量标准化制度是关于产品质量标准的制定、实施、监督等一系列规则的总称，是产品质量监督管理的基础制度。国家市场监督管理总局负责统一管理标准化工作。

依据标准制定主体及适用范围的不同，产品标准分为国际标准、国家标准、行业标准、地方标准和企业标准。（1）国际标准，由国际标准化委员会（International Organization for Standardization）制定，在全球推行。国际标准化委员会简称 ISO，是一个全球性的非政府组织，也是世界上最大的非政府性标准化专门机构。前身是国家标准化协会国际联合会和联合国标准协调委员会。1946 年 10 月，25 个国家标准化机构的代表在伦敦召开大会，决定成立新的国际标准化机构，定名为 ISO。（2）国家标准，国家市场监督管理总局负责统一管理标准化工作，依法承担强制性国家标准的立项、编号、对外通报和授权批准发布工作，制定推荐性国家标准。（3）行业标准，没有国家标准的，行业主管部门可以制定行业标准，报经备案后在行业内适用，国家标准出台后废止。（4）地方标准，没有国家标准和行业标准的，可以由省级标准化行政主管机关制定地方标准，报经备案后在本省适用，国家标准或行业标准出台后废止。（5）企业标准，由企业制定，在本企业内部适用。没有国家标准和行业标准的，企业应制定企业标准；有国家标准或行业标准的，国家鼓励企业制定严于国家标准或行业标准的企业标准。

依据标准性质的不同,产品标准分为强制性标准和推荐性标准。保障人体健康,人身、财产安全的国家标准、行业标准以及法律、行政法规规定强制执行的标准是强制性标准,其他标准是推荐性标准。《产品质量法》第13条规定,可能危及人体健康和人身、财产安全的工业产品,必须符合保障人体健康和人身、财产安全的国家标准、行业标准;未制定国家标准、行业标准的,必须符合保障人体健康和人身、财产安全的要求。禁止生产、销售不符合保障人体健康和人身、财产安全的标准和要求的工业产品。实施强制性标准的主要有药品标准、食品安全标准、兽药标准,国家需要控制的重要产品质量标准,等等。强制性标准必须执行,禁止生产、销售和进口不符合强制性标准的产品。推荐性标准是不具有强制执行效力,属于自愿采用的标准。国际标准是推荐性标准。强制性国家标准的代号为"GB",推荐性国家标准的代号为"GB/T"。

## 四、产品质量认证制度

所谓认证是指由认证机构证明企业、产品、服务、管理体系符合相关技术规范或者标准的合格评定活动,包括企业质量体系认证和产品质量认证。国家市场监督管理总局负责统一管理、监督和综合协调全国认证认可工作。

### (一)企业质量体系认证

企业质量体系认证是指依照特定的标准,经过认证机构的独立评审,对符合条件者颁发认证证书,从而证明认证企业的质量体系达到相应标准的活动。企业质量体系由组织机构、职责、程序、过程和资源五个方面组成,企业质量体系认证的基本内容即是对这五个方面情况的评价。[4] 企业质量体系认证的对象是企业。承担企业质量体系认证的认证机构必须是权威的第三方,能保证质量体系认证的公正性和权威性。企业质量体系认证是一种独立的社会认证,并非是政府的行政行为,政府只能对认证机构及其认证活动进行引导和规范,不能进行干预。

企业质量体系认证实行企业自愿原则。《产品质量法》第14条规定,国家根据国际通用的质量管理标准,推行企业质量体系认证制度。企业根据自愿原则可以向国务院市场监督管理部门认可的或者国务院市场监督管理部门授权的部门认可的认证机构申请企业质量体系认证。经认证合格的,由认证机构颁发企业质量体系认证证书。

### (二)产品质量认证制度

产品质量认证是指认证机构对产品符合特定标准和相应技术要求进行监督的活动。经认证合格的,认证机构颁发认证证书和认证标志。实行产品质量认证的目的在于保证和提高产品质量,提高产品信誉,增强产品的竞争能力,开拓国内外市场。

产品认证根据强制性不同,分为自愿认证和强制认证两种。我国对涉及人类健康和

〔4〕 张守文主编:《经济法学》,311页,北京,高等教育出版社,2018。

安全，动植物生命和健康，以及环境保护和公共安全的产品实行强制性认证。根据《强制性产品认证管理规定》，为保护国家安全、防止欺诈行为、保护人体健康或者安全、保护动植物生命或者健康、保护环境，国家规定的相关产品必须经过认证，并标注认证标志后，方可出厂、销售、进口或者在其他经营活动中使用。国家对实施强制性产品认证的产品，统一产品目录，统一技术规范的强制性要求、标准和合格评定程序，统一认证标志，统一收费标准。目前，我国强制认证产品的范围由《中华人民共和国实施强制性产品认证的产品目录》来确定。对于列入目录的产品，必须经国务院认证认可监督管理部门指定的认证机构进行认证。国家强制性认证标志名称为"中国强制性认证"，英文名称为"China Compulsory Certification"，简称为"3C 认证"或"CCC 认证"。

自愿认证是指国家对产品是否认证没有强制性的要求，是否认证取决于企业自愿。自愿认证一般针对危险性较小的产品。《产品质量法》第 14 条规定，企业根据自愿原则可以向国务院市场监督管理部门认可的或者国务院市场监督管理部门授权的部门认可的认证机构申请产品质量认证。在获准认证的产品中标注产品质量认证标志，能够向公众传达正确可靠的质量信息，表明该产品经过认证机构的检查和监督，有助于提高商品的知名度和竞争力。如绿色食品标志，纯羊毛标志等。

依据认证的性质不同，产品质量认证还可分为安全认证和合格认证两种。安全认证是指以安全标准为依据进行的认证或只对产品中有关安全的项目进行的认证。合格认证是指对产品的全部性能、要求，依据标准或相应的技术要求进行的认证。经认证合格的，由认证机构颁发产品质量认证证书，准许企业在产品或者其包装上使用产品质量认证标志。

认证机构必须依法按照有关标准，客观、公正地出具认证证明。产品质量认证机构应当依照国家规定对准许使用认证标志的产品进行认证后的跟踪检查；对不符合认证标准而使用认证标志的，要求其改正；情节严重的，取消其使用认证标志的资格。认证机构出具的证明不实，造成损失的，应当承担相应的赔偿责任；造成重大损失的，撤销其认证资格。认证机构对不符合认证标准而使用认证标志的产品，未依法要求其改正或者取消其使用认证标志资格的，对因产品不符合认证标准给消费者造成的损失，与产品的生产者、销售者承担连带责任；情节严重的，撤销其认证资格。

## 五、产品质量监督检查制度

### （一）产品质量监督

产品质量监督具有监督主体的广泛性和监督过程的全面性特点。产品质量监督包括企业自我监督、社会监督和国家监督。

企业自我监督是指企业按照技术标准和合同约定标准对产品质量进行严格检查。企业自我监督包括企业生产过程中的劳动者自检、企业专门机构的专职检验等。产品生产过程中,企业要对原材料、半成品、成品及主要的工序质量、生产机器等进行检查、检验,以保证生产出来的产品质量合格。

产品质量的社会监督就是依靠社会力量对产品质量进行监督、评议,以促进企业提高产品质量,维护国家和消费者的利益。社会监督的主要方式包括消费者、用户投诉、社会公众举报、消费者协会等社会组织监督、媒体舆论监督等。消费者有权就产品质量问题向生产者、销售者查询;有权向产品质量监督管理部门以及有关部门申诉,接受申诉的部门应当负责处理。保护消费者权益的社会组织可以就消费者反映的产品质量问题建议有关部门处理,有权支持消费者对因产品质量造成的损害提起诉讼。消费者协会针对产品质量事件,可以代表消费者利益提起公益诉讼。

产品质量的国家监督是指代表国家的政府专门机构依法实施的监督,主要包括抽查型监督和评价型监督。抽查型监督是指质量监督机构通过抽取样品进行检验,以此认定产品质量是否合格,并对不合格产品的经营者责令改正以及采取其他行政处罚的形式进行的监督。评价型监督是指质量监督机构对企业的生产条件、产品质量考核后,通过颁发不同证书对产品进行的监督。产品认证制度、生产许可证制度等就属于评价型监督的重要方式。

### (二)产品质量检查

产品质量检查是一种强制性的行政措施,它以监督抽查为主要方式,目的在于加强对生产、流通领域的产品实施监督,以确保产品质量,维护国家和社会公众的利益,维护社会经济秩序。根据《产品质量法》第 15 条规定,国家对产品质量实行以抽查为主要方式的监督检查制度。

产品抽查的对象主要有三类产品:(1)可能危及人体健康和人身、财产安全的产品,如药品、食品等。(2)影响国计民生的重要工业产品,如钢铁、汽车等。(3)消费者、有关组织反映有质量问题的产品。

监督抽查工作由国务院市场监督管理部门规划和组织。县级以上地方市场监督管理部门在本行政区域内也可以组织监督抽查。法律对产品质量的监督检查另有规定的,依照有关法律的规定执行。

监督抽查遵守以下规则:(1)对依法进行的产品质量监督检查,生产者、销售者不得拒绝。(2)抽查的样品应当在市场上或者企业成品仓库内的待销产品中随机抽取。(3)检验抽取样品的数量不得超过检验的合理需要,并不得向被检查人收取检验费用。监督抽查所需检验费用按照国务院规定列支。(4)国家监督抽查的产品,地方不得另行重复抽查;上级监督抽查的产品,下级不得另行重复抽查。生产者、销售者对抽查检验的结果有异议的,可以自收到检验结果之日起 15 日内向实施监督抽查的市场监督管理部门或者其上级市场监督管理部门申请复检,由受理复检的市场监督管理部门作出复检结论。

监督抽查的产品质量不合格的，由实施监督抽查的市场监督管理部门责令其生产者、销售者限期改正。逾期不改正的，由省级以上人民政府市场监督管理部门予以公告；公告后经复查仍不合格的，责令停业，限期整顿；整顿期满后经复查产品质量仍不合格的，吊销营业执照。监督抽查的产品有严重质量问题的，依法给予处罚。《产品质量法》规定，国务院和省、自治区、直辖市人民政府的市场监督管理部门应当定期发布其监督抽查的产品的质量状况公告。

## 六、缺陷产品召回制度

缺陷产品召回是指对于流通中存在的缺陷产品，在可能导致损害发生的情况下，产品经营者采取发布公告、通知等措施召回缺陷产品，并采取有效措施消除缺陷、防止损害发生的一种救济措施。《消费品召回管理暂行规定》第 3 条规定，召回是指生产者对存在缺陷的消费品通过补充或者修正警示标志、修理、更换、退货等补救措施，消除缺陷或者降低安全风险的活动。《食品召回管理规定》第 4 条规定，食品召回是指食品生产者按照规定程序，对由其生产原因造成的某一批次或类别的不安全食品，通过换货、退货、补充或修正消费说明等方式，及时消除或减少食品安全危害的活动。

缺陷产品召回具有以下特征[5]：第一，缺陷产品召回是一种针对具有同一性、系统性缺陷的产品采取的救济措施。该措施是针对批量产品，而非个别产品；该措施是事先防御措施，目的在于防止损害发生。缺陷产品具有批量生产、同质性的特征，实施召回能够避免损害发生，维护消费者利益，同时也避免经营者承担产品侵权责任。第二，缺陷产品召回是质量担保的补充形式，并不是经营者承担的附加义务。因为经营者对产品质量负有的担保义务是持续的、多环节的，对于存在缺陷但损害尚未发生的产品进行召回，是其法定的义务。第三，缺陷产品召回具有明显的社会利益导向。因为产品召回面向众多消费者，这无疑会增加企业的额外经营成本。但是，缺陷产品的召回有利于维护消费者的人身、财产安全以及社会整体利益。

实施缺陷产品召回的主体是生产者。销售者及其他流通环节中的经营者承担协助召回义务。《消费品召回管理暂行规定》第 4 条规定，生产者应当对其生产的消费品的安全负责。消费品存在缺陷的，生产者应当实施召回。《食品安全法》第 63 条规定，食品生产者发现其生产的食品不符合食品安全标准，应当立即停止生产，召回已经上市销售的食品，通知相关生产经营者和消费者，并记录召回和通知情况。食品经营者发现其经营的食品不符合食品安全标准，应当立即停止经营，通知相关生产经营者和消费者，并记录停止经营和通知情况。食品生产者认为应当召回的，应当立即召回。《缺陷汽车产品召回管理条例》规定，对缺陷汽车产品，生产者应当依照本条例全部召回；生产者未实施召回的，国务院产品质量监督部门应当依照本条例责令其召回。第 11 条规定了相关经营

[5] 徐孟洲：《经济法原理与案例教程》，96 页，北京，中国人民大学出版社，2006。

者的协助义务,销售、租赁、维修汽车产品的经营者获知汽车产品存在缺陷的,应当立即停止销售、租赁、使用缺陷汽车产品,并协助生产者实施召回。

缺陷产品召回的客体是缺陷产品。对于缺陷产品的概念,相关法律有明确的界定。《产品质量法》第46条规定,缺陷产品是指存在危及人身、财产安全的不合理危险或有保障人体健康和人身、财产安全的国家标准、行业标准的,但不符合该标准的产品。《消费品召回管理暂行规定》规定,缺陷是指因设计、制造、警示等原因,致使同一批次、型号或者类别的消费品中普遍存在的危及人身、财产安全的不合理危险。《食品召回管理规定》第3条、第4条规定,缺陷产品是指不安全食品。不安全食品是指有证据证明对人体健康已经或可能造成危害的食品,包括:已经诱发食品污染、食源性疾病或对人体健康造成危害甚至死亡的食品;可能引发食品污染、食源性疾病或对人体健康造成危害的食品;含有对特定人群可能引发健康危害的成分而在食品标签和说明书上未予以标识,或标识不全、不明确的食品;有关法律、法规规定的其他不安全食品。

缺陷产品的召回有两种方式:主动召回和强制召回。主动召回是指生产者及相关经营者发现产品存在缺陷后及时报告政府相关部门和告知消费者,并采取停止生产或销售、警示、召回、无害化处理、销毁等措施。生产者或市场监督管理部门发现消费品可能存在缺陷的,应立即组织调查分析,认定消费品存在缺陷的,生产者立即实施召回。强制召回是指生产者及相关经营者对于缺陷产品不实施主动召回措施,由缺陷产品召回的监督者强制经营者采取措施召回缺陷产品。采取召回措施的,经营者应当承担消费者因产品被召回支出的必要费用。

## 七、产品生产许可证制度

生产许可证是国家机关依法赋予企业生产某项产品资格的凭证。它是政府实行市场准入制度的重要措施。国家并非对所有产品实行生产许可证制度,仅对涉及人体健康、人身财产安全以及其他需要控制的产品实行生产许可证制度,实行生产许可证管理的产品目录由国务院技术监督行政部门审批公布。

2005年国务院出台的《工业产品生产许可证管理条例》第2条规定,国家对生产下列重要工业产品的企业实行生产许可证制度:乳制品、肉制品、饮料、米、面、食用油、酒类等直接关系人体健康的加工食品;电热毯、压力锅、燃气热水器等可能危及人身、财产安全的产品;税控收款机、防伪验钞仪、卫星电视广播地面接收设备、无线广播电视发射设备等关系金融安全和通信质量安全的产品;安全网、安全帽、建筑扣件等保障劳动安全的产品;电力铁塔、桥梁支座、铁路工业产品、水工金属结构、危险化学品及其包装物、容器等影响生产安全、公共安全的产品;法律、行政法规要求依照本条例的规定实行生产许可证管理的其他产品。

《食品安全法》和《食品生产许可管理办法》对食品生产许可制度作了具体规定。国家对食品生产经营实行许可制度，从事食品生产、食品流通、餐饮服务，应当依法取得食品生产许可、食品流通许可、餐饮服务许可。国家对食品添加剂的生产亦实行许可制度，申请食品添加剂生产许可的条件、程序，按照国家有关工业产品生产许可证管理的规定执行。生产许可实行期限制，如食品生产经营许可的有效期为5年。

任何企业、单位和个人未取得生产许可证不得生产列入《实施工业产品生产许可证制度的产品目录》中的产品。未取得生产许可证而擅自生产该产品的，视为无证生产。工业产品生产许可证标志由“企业产品生产许可”拼音 Qiyechanpin Shengchanxuke 的缩写“QS”和“生产许可”中文字样组成。企业应当在其食品或者其包装上标注食品生产许可证编号和标志；没有食品生产许可证编号和标志的，不得出厂销售。

## 八、产品计量监管制度

产品计量监管是指国家为了保障产品计量单位制的统一和量值的准确可靠而确立的监督管理规则。所谓量值是指用一个数和一个合适的计量单位表示的量，如1cm、1kg、1￥。在市场经济活动中，经营者可能通过作弊或破坏计量器的方式使所售出的产品缺斤少两，从而谋取不法利益。因而，通过确立计量监管措施，促使有关部门、单位和个人遵守计量法、维护计量工作秩序就显得尤为重要。

### （一）法定计量单位

法定计量单位是指国家以法律的形式明确规定并允许在全国范围内统一实行的计量单位。我国《计量法》第3条规定，国家实行法定计量单位制度。国际单位制计量单位和国家选定的其他计量单位，为国家法定计量单位。国家法定计量单位的名称、符号由国务院公布。因特殊需要采用非法定计量单位的管理办法，由国务院计量行政部门另行制定。国际单位制源自公制或米制，是现时世界上最普遍采用的标准度量衡单位系统，采用十进制进位系统，其国际简称为SI。如时间单位“秒”，长度单位“米”，面积单位“平方米”，质量单位“千克”等。在面积方面，我国除了采用国际单位制“平方米”作为法定计量单位外，还包括国家确定的其他计量单位，如“公顷”“平方公里”。

### （二）计量器具

所谓计量器具是指能用以直接或间接测出被测对象量值的装置、仪器仪表、量具和用于统一量值的标准物质，包括计量基准器具、计量标准器具、工作计量器具。计量器具广泛应用于生产科研领域和人民生活等各方面，在整个计量立法中处于相当重要的地位。因为全国量值的统一，首先反映在计量器具的准确一致上，计量器具不仅是监督管理的主要对象，而且是计量部门提供计量保证的技术基础。

计量基准器具是指用于复现和保存计量单位最值，作为统一全国量值最好依据的计量器具。计量基准就是在特定领域内，具有最高计量特性、其值不必参考相同量的其他标准,而被指定的或普通承认的测量标准。《计量法》规定,国务院计量行政部门负责建立各种计量基准器具,作为统一全国量值的最高依据。

计量标准器具是指准确度低于计量基准器具,用于检定工作计量器具的计量器具。计量标准器具在量值传递中起着承上启下的作用,是连接计量基准器具和工作计量器具的中间纽带,目的是确保工作计量器具的准确可靠。计量标准器具包括社会公用计量标准器具、部门计量标准器具和企事业单位计量标准器具。《计量法》规定,县级以上地方人民政府计量行政部门根据本地区的需要,建立社会公用计量标准器具,经上级人民政府计量行政部门主持考核合格后使用;国务院有关主管部门和省、自治区、直辖市人民政府有关主管部门,根据本部门的特殊需要,可以建立本部门使用的计量标准器具,其各项最高计量标准器具经同级人民政府计量行政部门主持考核合格后使用;企业、事业单位根据需要,可以建立本单位使用的计量标准器具,其各项最高计量标准器具经有关人民政府计量行政部门主持考核合格后使用。

工作计量器具是指一般日常工作中所用的计量器具,它可获得给定量的计量结果。

将计量基准器具的量值准确传递给计量标准器具,然后再由计量标准器具传递给工作计量器具,保证计量对象的量值准确一致的过程叫做量值传递。

### (三)计量器具管理

根据《计量法》的规定,制造、修理计量器具的企业、事业单位,必须具有与所制造、修理的计量器具相适应的设施、人员和检定仪器设备。制造计量器具的企业、事业单位生产本单位未生产过的计量器具新产品,必须经省级以上人民政府计量行政部门对其样品的计量性能考核合格,方可投入生产。任何单位和个人不得违反规定制造、销售和进口非法定计量单位的计量器具。制造、修理计量器具的企业、事业单位必须对制造、修理的计量器具进行检定,保证产品计量性能合格,并对合格产品出具产品合格证。使用计量器具不得破坏其准确度,损害国家和消费者的利益。

### (四)计量检定

计量检定是指为评定计量器具的计量性能,确定其是否合格所进行的全部工作,包括检验和加封盖印等。计量检定是保证量值准确一致的重要措施。

计量检定分为强制性检定和非强制性检定。县级以上人民政府计量行政部门对社会公用计量标准器具,部门和企业、事业单位使用的最高计量标准器具,以及用于贸易结算、安全防护、医疗卫生、环境监测方面的列入强制检定目录的工作计量器具,实行强制检定。未按照规定申请检定或者检定不合格的,不得使用。实行强制检定的工作计量器具的目录和管理办法,由国务院制定。其他计量标准器具和工作计量器具,使用单位应当自行定期检定或者送其他计量检定机构检定。

## 九、产品质量责任制度

产品质量责任是指产品的生产者、销售者和对产品质量负有直接责任的其他责任者，因违反《产品质量法》规定的产品质量义务而承担的全部法律后果。产品质量责任是一种综合性的责任，既包括因违反产品质量义务而承担的民事责任，也包括行政责任、刑事责任。

### （一）产品质量义务

《产品质量法》以“生产者、销售者的产品质量责任和义务”为名称，专章规定了生产者、销售者的产品质量义务。我们认为，义务与责任具有不同含义，产品质量责任是生产者、销售者违反产品质量义务后产生的法律后果，故在此处分开使用。

1. 生产者的产品质量义务，主要包括三项：

(1) 保证质量的义务。包括：第一，保证产品的安全性，避免不合理危险，即产品应当“不存在危及人身、财产安全的不合理的危险，有保障人体健康，人身、财产安全的国家标准、行业标准的，应当符合该标准”。第二，保证产品的适用性，即产品具备应当具备的使用性能。第三，保证产品符合明示担保义务，即符合在产品或其包装上注明采用的产品标准，符合以产品说明、实物样品等方式表明的质量状况。

(2) 遵守产品质量表示义务。产品质量表示是产品生产者用文字、图形及其组合说明产品质量及其使用性能、使用方式的行为。它是产品进入流通环节的前提，也是消费者、用户了解产品和正确使用产品的指南。依据《产品质量法》的规定，除裸装的食品和其他根据产品的特点难以附加标识的裸装产品可以不附加产品标识外，其他产品或其包装上的标识必须真实并符合下列要求：①有产品质量检验合格证明；②有中文标明的产品名称、生产厂厂名和厂址；③需要标明产品规格、等级、所含主要成分的名称和含量的，用中文相应予以标明；需要事先让消费者知晓的，应当在外包装上标明，或者预先向消费者提供有关资料；④限期使用的产品，应当在显著位置清晰地标明生产日期和安全使用期或失效日期；⑤使用不当，容易造成产品本身损坏或者可能危及人身、财产安全的产品，应当有警示标志或者中文警示说明。鉴于裸装食品不加标识易损害消费者权益，《食品安全法》明确规定“食品经营者销售散装食品，应当在散装食品的容器、外包装上标明食品的名称、生产日期、保质期、生产经营者名称及联系方式等内容”。另外，《产品质量法》对易碎、易燃、易爆、有毒、有腐蚀性、有放射性等危险产品的包装作了特殊规定。

(3) 不得实施法律禁止行为的义务。《产品质量法》规定，生产者不得生产国家明令淘汰的产品；不得伪造产地，不得伪造或者冒用他人的厂名、厂址；不得伪造或者冒用认证标志等质量标志；生产产品不得掺杂、掺假，不得以假充真、以次充好，不得以不合格产品冒充合格产品。

2. 销售者的产品质量义务，包括：(1)进货检验义务。销售者应当建立并执行进货检查验收制度,验明产品合格证明和其他标识。(2)保持产品质量义务。在进货之后,销售者应当采取措施,保证销售产品的质量。(3)遵守产品质量表示义务。符合前述《产品质量法》对生产者生产的产品及包装标识的要求。(4)不得实施法律禁止行为的义务。销售者不得销售国家明令淘汰并停止销售的产品和失效、变质的产品;不得伪造产地,不得伪造或者冒用他人的厂名、厂址;不得伪造或者冒用认证标志等质量标志;销售产品,不得掺杂、掺假,不得以假充真、以次充好,不得以不合格产品冒充合格产品。

### (二)产品质量民事责任

产品质量民事责任是产品质量责任的下位概念。产品质量民事责任即违反产品质量义务而承担的民事法律后果,可以具体区分为产品瑕疵责任和产品缺陷责任两种。

1. 产品瑕疵责任。产品瑕疵责任是一种基于违约行为而产生的责任,因此也被称为产品质量合同责任,是指经营者交付的产品不完全符合法律规定或当事人的约定,但不存在危及人身、财产安全的不合理危险而产生的违约责任。

关于瑕疵,没有明确的立法界定。《现代汉语词典》对瑕疵的解释是:微小的缺点。瑕疵的含义可大可小,缺陷可看成大瑕疵,但狭义的瑕疵仅指一般性的质量问题,即指产品存在除危及人身、他人财产安全的不合理危险之外的其他质量问题。"产品的瑕疵与产品的缺陷有着不同的含义。……显著区别是产品是否存在着危及人身、财产安全的不合理的危险。也可以这样说,产品存在除危险之外的其他质量问题,是产品存在瑕疵"[6]。另外,从《消费者权益保护法》"消费者在购买该商品或者接受该服务前已经知道其存在瑕疵,且存在该瑕疵不违反法律强制性规定的除外"规定的内容看,瑕疵理应属于一般性的质量问题,因为,对于瑕疵产品,消费者如果明知存在瑕疵可以自行决定是否购买,但是如果明知产品存在危及人身、他人财产安全的不合理危险,销售者不应出售,一旦销售者出卖了缺陷产品,即使购买者明知产品存在缺陷,生产者和销售者也不能免除责任承担。依据《产品质量法》第40条的规定,属于产品瑕疵的情形有:第一,不具备产品应当具备的使用性能而事先未作说明的;第二,不符合在产品或者其包装上注明采用的产品标准的;第三,不符合以产品说明、实物样品等方式表明的质量状况的。

产品瑕疵责任是合同责任,因而购买到瑕疵产品的消费者或用户只能要求销售者承担责任。销售者承担责任以后,属于生产者或者属于向销售者提供产品的其他销售者(即供货者)的责任的,销售者有权向生产者或其他供货者追偿。依据契约自由原则,生产者之间,销售者之间,生产者与销售者之间订立的买卖合同、承揽合同有不同约定的,当事人按照合同约定执行。

依据《产品质量法》和《消费者权益保护法》的相关规定,销售者承担产品瑕疵责任的主要方式是对瑕疵产品进行修理、更换、退货和赔偿损失等。如果消费者进行退货、更

---

〔6〕 国家技术监督局政策法规司编:《中华人民共和国产品质量法讲座》,136页,北京,世界图书出版公司,1993。

换、修理的，经营者还应当承担运输等必要费用。

产品瑕疵责任是合同责任，适用一般诉讼时效。《民法典》第 188 条规定，向人民法院请求保护民事权利的诉讼时效期间为 3 年。法律另有规定的，依照其规定。

2. 产品缺陷责任。产品缺陷责任又称为产品侵权责任、产品责任，是指产品的生产者、销售者因产品存在缺陷，给消费者的人身、财产造成损害而承担的民事责任。产品责任是在英美法系国家判例的基础上产生和发展起来的民事责任。20 世纪以前，世界各国均奉行“无合同、无责任”的原则，缺陷产品造成损害的，只有产品的购买者依据买卖合同才能要求赔偿，没有合同关系的其他受害人不能要求生产者和销售者赔偿。20 世纪 20～30 年代，随着消费者保护运动的日益高涨，消费者的地位得到了极大的提升，英美两国法院开始用侵权法理论解决产品责任案件。即只要产品因缺陷造成了他人人身、财产的损害，不论受害人是否为实际买受人，均可要求生产者和销售者赔偿。现在各国立法和司法实践基本都将产品责任作为一种侵权责任来处理。

与产品“瑕疵”没有立法界定不同，《产品质量法》第 46 条对产品“缺陷”进行了专门界定，“本法所称缺陷，是指产品存在危及人身、他人财产安全的不合理的危险；产品有保障人体健康和人身、财产安全的国家标准、行业标准的，是指不符合该标准。”其中所谓不合理的危险是指不应有的危险，这是认定产品存在缺陷的核心标准。例如食品中毒、手机或家电爆炸等均属缺陷，而香烟有害健康、药品列明的副作用则不属于缺陷（但药品未列明的毒副作用属于缺陷）。可见，缺陷是针对较大或严重的质量问题而言的。从不同角度，可以对缺陷进行不同分类。根据缺陷的形成阶段不同，可以分为产品投入流通前形成的缺陷和产品投入流通后形成的缺陷，前者主要包括设计缺陷、原材料缺陷、制造装配缺陷、指示缺陷等。根据缺陷的隐蔽程度，可以分为产品投入流通时科学技术水平能发现的缺陷和产品投入流通时科学技术水平尚不能发现的缺陷。根据《产品质量法》，投入流通后方形成的缺陷和投入流通时科学技术水平尚不能发现的缺陷均属于生产者的法定免责情形。

产品缺陷责任的构成要件。包括：第一，产品存在缺陷。第二，实际损害发生。所谓实际损害发生，是指产品已经造成了人身或他人财产（指缺陷产品以外的财产）损害。损害必须是客观的、已经发生的事实，如果产品存在缺陷，但尚没有造成人身或他人财产损害，或仅仅造成缺陷产品自身损害的，则不能追究生产者和销售者的产品侵权责任，只能主张产品违约责任，由销售者承担修理、更换、退货以及采取召回、排除妨碍、消除危险等措施。第三，产品存在缺陷与损害事实之间存在因果关系。即损害事实的发生是由于产品存在缺陷造成的，两者存在着法律上的因果关系。上述三要件必须同时具备。产品缺陷责任的构成要件体现出，既不要求受害者与生产者、销售者之间是合同关系，即受害者不一定是购买者，也不必然要求主观过错的存在。

关于产品缺陷责任的归责原则，学界比较一致的观点是，生产者对缺陷产品承担严格责任，但销售者对缺陷产品承担何种归责原则争议较大。有学者认为，缺陷产品的生产者适用严格责任原则,销售者适用过错推定责任原则。[7] 有学者主张,生产者适用严格责任原则,销售者的归责原则有两种情况:一种情况是实行过错责任原则,由于销售者的过错使产品存在缺陷,造成他人人身、财产损害的,销售者应当承担赔偿责任;另一种情况是实行过错推定原则,销售者不能指明缺陷产品的生产者,也不能指明缺陷产品的供货者的,销售者应当承担赔偿责任。[8] 有学者提出,我国《产品质量法》对于销售者的归责原则是过错责任原则与无过错责任原则并存的立法模式,销售者不能指明缺陷产品的生产者以及不能指明缺陷产品的供货者的,适用无过错归责原则。[9] 有学者指出,产品缺陷责任中,生产者和销售者均适用严格责任或无过错责任原则。[10] 我们认为,关于销售者适用何种归责原则产生的争议,主要是对《产品质量法》第42条的理解不同。《产品质量法》第42条规定:"由于销售者的过错使产品存在缺陷,造成人身、他人财产损害的,销售者应当承担赔偿责任。销售者不能指明缺陷产品的生产者也不能指明缺陷产品的供货者的,销售者应当承担赔偿责任。"如果单独依据该条的话,确实可以理解为销售者适用过错责任和过错推定两种归责原则。但我们认为,该条规定的应当是生产者和销售者之间承担最终责任的依据,是从生产者和销售者之间责任分担的角度来划分两者的责任,是一种内部的责任划分,而非受害人与加害人(生产者、销售者)外部的责任划分。受害人的人身、他人财产受到损害,追究销售者责任时,依据《产品质量法》第43条"因产品存在缺陷造成人身、他人财产损害的,受害人可以向产品的生产者要求赔偿,也可以向产品的销售者要求赔偿。属于产品的生产者的责任,产品的销售者赔偿的,产品的销售者有权向产品的生产者追偿。属于产品的销售者的责任,产品的生产者赔偿的,产品的生产者有权向产品的销售者追偿"的规定,销售者不管有无过错,都应该先对受害人承担责任,这是一种无过错责任或者说是严格责任。销售者对受害人承担赔偿责任以后,如果产品缺陷是生产者引起的,则销售者可以向生产者追偿;如果是销售者自己过错引起的,自己承担最终的责任后果。如果认定销售者承担无过错责任或严格责任,意味着受害人因缺陷产品受到损害,在追究销售者责任时,无须证明销售者是否存在过错,从而有利于受害人权益保护。这种理解也与旨在保护消费者利益的《消费者权益保护法》的宗旨是相符的。

产品缺陷责任的承担主体,也即受害人受到缺陷产品损害后可以主张的索赔主体。《产品质量法》第43条规定:"因产品存在缺陷造成人身、他人财产损害的,受害人可以向产品的生产者要求赔偿,也可以向产品的销售者要求赔偿。属于产品的生产者的责任,产品的销售者赔偿的,产品的销售者有权向产品的生产者追偿。属于产品的销售者的责任,产品的生产者赔偿的,产品的生产者有权向产品的销售者追偿。"依据上述法律的规

---

〔7〕 李昌麒主编:《经济法学》(第四版),364~366页,北京,中国政法大学出版社,2011。

〔8〕 杨紫烜主编:《经济法》(第三版),278页,北京,北京大学出版社、高等教育出版社,2008。

〔9〕 潘静成、刘文华主编:《经济法》,265~266页,北京,中国人民大学出版社,2008。

〔10〕 王卫国、李东方主编:《经济法学》,368页,北京,中国政法大学出版社,2008。

定，产品缺陷责任的承担可能涉及受害人索赔和责任主体之间追偿两个环节：第一，受害人与生产者、销售者之间的索赔环节。缺陷产品造成损害的，受害人既可以向产品的生产者提出赔偿请求，也可以向销售者提出赔偿请求，还可以同时起诉生产者和销售者及其他可能的经营者承担连带责任。[11] 第二，生产者、销售者以及其他相关责任主体之间的追偿环节。生产者或销售者对外承担了赔偿责任以后，其相互之间或与运输者、仓储者等第三人之间，可以依据过错责任原则，由非过错方向过错方进行追偿。

由于产品缺陷责任的构成要件之一是实际损害发生，所以其责任形式主要是损害赔偿。结合相关法律、司法解释的规定，赔偿范围包括：第一，造成受害人人身伤害的。《产品质量法》第 44 条第 1 款规定，因产品存在缺陷造成受害人人身伤害的，侵害人应当赔偿医疗费、治疗期间的护理费、因误工减少的收入等费用。如果缺陷产品造成受害人残疾的，除上述费用外，还应当支付残疾生活自助具费、生活补助费、残疾赔偿金以及由其扶养的人所必需的生活费等费用。如果缺陷产品造成受害人死亡的，并应当支付丧葬费、死亡赔偿金以及由死者生前扶养的人所必需的生活费等费用。第二，造成受害人财产损失的。《产品质量法》第 44 条第 2 款规定，因产品存在缺陷造成受害人财产损失的，侵害人应当恢复原状或者折价赔偿。受害人因此遭受其他重大损失的，侵害人应当赔偿损失。第三，惩罚性赔偿。《民法典》第 1207 条规定，明知产品存在缺陷仍然生产、销售，或者没有依据前条规定采取有效补救措施，造成他人死亡或者健康严重损害的，被侵权人有权请求相应的惩罚性赔偿。

《产品质量法》对因产品缺陷造成损害要求赔偿的诉讼时效作了特殊规定，"因产品存在缺陷造成损害要求赔偿的诉讼时效期间为 2 年，自当事人知道或者应当知道其权益受到损害时起计算"。适用新法优先旧法原理，《民法典》实施后，因产品缺陷造成损害要求赔偿的适用 3 年诉讼时效期间。另外，为平衡利益，体现公平，《产品质量法》第 45 条第 2 款规定了产品缺陷责任的索赔权行使期间，即因产品存在缺陷造成损害要求赔偿的请求权，在造成损害的缺陷产品交付最初消费者满 10 年丧失。但是，尚未超过明示的安全使用期的除外。

《产品质量法》明确规定了生产者的免责事由：第一，未将产品投入流通的。确定这一免责事由的关键在于如何认定"流通"。如果生产者已经将产品交给了销售者、运输

---

[11] 如《最高人民法院关于审理食品药品纠纷案件适用法律若干问题的规定》第 8 条规定：集中交易市场的开办者、柜台出租者、展销会举办者未履行食品安全法规定的审查、检查、报告等义务，使消费者的合法权益受到损害的，消费者请求集中交易市场的开办者、柜台出租者、展销会举办者承担连带责任的，人民法院应予支持。第 10 条规定：未取得食品生产资质与销售资质的民事主体，挂靠具有相应资质的生产者与销售者，生产、销售食品，造成消费者损害，消费者请求挂靠者与被挂靠者承担连带责任的，人民法院应予支持。第 11 条规定：消费者因虚假广告推荐的食品、药品存在质量问题遭受损害，依据消费者权益保护法等法律相关规定请求广告经营者、广告发布者承担连带责任的，人民法院应予支持。其他民事主体在虚假广告中向消费者推荐食品、药品，使消费者遭受损害，消费者依据消费者权益保护法等法律相关规定请求其与食品、药品的生产者、销售者承担连带责任的，人民法院应予支持。

者、购买者或者使用者,或者为向他们提供产品做好了准备,即为投入流通。[12] 对此造成损害的,生产者不能免除责任承担。如果产品并非由生产者基于销售目的而有意投入流通市场,即使因产品缺陷造成了损害,生产者也不承担责任。第二,产品投入流通时,引起损害的缺陷尚不存在的。这意味着,生产者只对其控制下形成的缺陷负责,生产者能够证明造成损害的缺陷在其控制产品时并不存在,生产者即可以免除责任承担。也就是说,生产者对产品进入流通后,由于销售者、其他责任主体的过错造成的产品缺陷损害不承担最终责任。第三,将产品投入流通时的科学技术水平尚不能发现缺陷存在的。如果产品投入流通时的科学技术水平使生产者无法发现产品的缺陷,即使以后随着科学技术进步发现了既有产品存在缺陷并造成了受害人的损害,生产者也不承担责任。

《产品质量法》规定了解决产品质量民事纠纷的法律方式。因产品质量发生民事纠纷的,当事人可以自愿通过协商或调解解决。市场监督管理部门及消费者权益保护组织根据当事人的申请予以调解,但这种调解不具有法律拘束力。当事人不愿通过协商、调解解决或者协商、调解不成的,可以根据当事人达成的仲裁协议向仲裁机构申请仲裁。当事人对争议事项约定仲裁协议的,必须通过仲裁方式予以解决,仲裁裁决具有和法院判决书、调解书同样的法律效力,当事人必须遵守。当事人各方没有达成仲裁协议或者仲裁协议无效的,可以直接向人民法院起诉。

### (三)产品质量行政责任

产品质量行政责任是指生产者、销售者因违反产品质量义务而承担的行政法律后果。行政责任主要分为行政处分和行政处罚两种,产品质量行政责任主要是行政处罚。根据《产品质量法》的规定,市场监督管理部门依法对违反产品质量的行为可以给予下列行政处罚:责令停止生产、销售;没收违法生产、销售的产品;罚款;没收违法所得;责令改正;警告;停业整顿;情节严重的,吊销营业执照等。

### (四)产品质量刑事责任

产品质量刑事责任是生产者、销售者因违反产品质量义务而承担的刑事法律后果。依据《产品质量法》的相关规定,承担刑事责任的情形有:(1)生产、销售不符合保障人体健康和人身、财产安全的国家标准、行业标准的产品,构成犯罪的;(2)在产品中掺杂、掺假,以假充真,以次充好,或者以不合格产品冒充合格产品,构成犯罪的;(3)销售失效、变质的产品,构成犯罪的;(4)产品质量检验机构、认证机构伪造检验结果或者出具虚假证明,构成犯罪;(5)知道或者应当知道属于该法规定禁止生产、销售的产品而为其提供运输、保管、仓储等便利条件的,或者为以假充真的产品提供制假生产技术的,构成犯罪的;(6)各级人民政府工作人员和其他国家机关工作人员包庇、放纵产品生产、销售中违反该法规定行为的、向从事违反该法规定的生产、销售活动的当事人通风报信,帮助其逃避查处的、阻挠、干预产品质量监督部门或者工商行政管理部门依法对产品生产、销售中违反

[12] 王翔:《关于产品责任抗辩事由的比较研究》,载《政治与法律》,2004(4)。

该法规定的行为进行查处，造成严重后果，构成犯罪的；(7)产品质量监督部门或者工商行政管理部门的工作人员滥用职权、玩忽职守、徇私舞弊，构成犯罪的；(8)以暴力、威胁方法阻碍产品质量监督部门或者工商行政管理部门的工作人员依法执行职务的。

**【法条链接】**

1.《产品质量法》(1993年，2018年修订)。
2.《食品安全法》(2009年，2018年修订)。
3.《食品安全法实施条例》(2019年)。
4.《药品管理法》(2001年)。
5.《消费者权益保护法》(1993年，2013年修订)。
6.《计量法》(1985年，2018年修订)。
7.《标准化法》(1988年，2017年修订)。
8.《电子商务法》(2018年)。
9.《广告法》(1994年，2018年修订)。
10.《价格法》(1997年)。
11.《市场监督管理投诉举报处理暂行办法》(2019年)。
12.《价格违法行为行政处罚规定》(2010年)。
13.《价格违法行为举报处理规定》(2014年)。
14.《消费品召回管理暂行规定》(2019年)。
15.《缺陷汽车产品召回管理条例》(2012年)。
16.《认证认可条例》(2003年，2016年修订)。
17.《民法典》(2020年)。

**【拓展阅读】**

1. 王卫国、李东方主编：《经济法学》，中国政法大学出版社2008年版。
2. 张守文主编：《经济法学》，高等教育出版社2018年版。
3. 刘继峰：《经济法学》，中国政法大学出版社2019年版。
4. 杨紫烜：《经济法》，北京大学出版社2015年版。
5. 李昌麒：《经济法学》，中国政法大学出版社2017年版。
6. 国务院法制办公室编：《中华人民共和国产品质量法典·注释法典(新四版)》，中国法制出版社2018年版。
7. 张云、徐楠轩编著：《产品质量法教程》，厦门大学出版社2011年版。
8. 王兴运主编：《产品质量安全法》，武汉大学出版社2012年版。
9. 李俊：《产品质量法案例评析》，对外经贸大学出版社2012年版。
10. 冉克平：《产品责任理论与判例研究》，北京大学出版社2014年版。
11. 许传玺：《美国产品责任制度研究》，法律出版社2013年版。
12. 刘文琦：《产品责任法律制度比较研究》，法律出版社2010年版。

# 第八章 房地产管理法律制度

【导语】 房地产是在我国改革开放之后,随着社会主义经济建设的发展和经济体制改革的深入而发展起来的一个新兴行业。数十年的实践证明,房地产对于城市建设水平的提高、人民居住条件的改善、经济社会的发展等,都具有十分重要的作用。准确把握住房的居住属性,努力实现“住有所居”的目标,立足于我国房地产发展的实际需求,坚持“房子是用来住的、不是用来炒的”定位,以《中华人民共和国城市房地产管理法》《中华人民共和国土地管理法》为核心构成的房地产管理法律法规体系,已逐步形成包括房地产开发管理、房地产开发用地管理、房地产交易管理、房地产权属登记管理等为主要内容的房地产法律制度体系,构成了我国经济法律制度体系的重要组成部分。

## 第一节 房地产与房地产管理法

### 一、房地产

#### (一) 房地产的概念

对房地产概念的分析,[1]是我们正确理解房地产法的调整对象和范围的前提。[2]但何谓房地产?我国有关房地产的法律、法规对此并无明确规定。从理论研究来看,目前学界对房地产的定义还存在不同认识,[3]但多数研究者认为,房地产是房产和地产的简称、统称。有研究者进一步指出,房地产是地产、房产及其衍生利益(权利)的集合体。[4] 房地产不仅包括土地和定着于土地之上的建筑物及其附属设施,还包括依托于

---

〔1〕 实际上,对于房地产概念的使用经历了一个由“房产”到“房地产”的演进过程。改革开放以前,我国房地产管理体制曾长期使用房产的概念。一般认为,所谓房产,是指在法律上有明确所有权权属关系的房屋财产。“具体包括:住宅、厂房、仓库,以及商业、服务、文化、教育、办公、医疗、体育等多方面的用房”。参见:李延荣、周珂,《房地产法》,3页,北京,中国人民大学出版社,2016;刁龙生、王肯堂,《中国房地产法实务全书》,34页,北京,今日中国出版社,1994。

〔2〕 李延荣、周珂:《房地产法》,1页,北京,中国人民大学出版社,2016。

〔3〕 代表性的观点有:(1)房和地有机整体论;(2)房产和地产统称论;(3)狭义房地产论;(4)广义房地产论;(5)房地产即不动产论。参见:曹振良等,《房地产经济学通论》,1页,北京,北京大学出版社,2003;陈耀东,《房地产法》(第二版),5页,上海,复旦大学出版社,2009;房绍坤,《房地产法》(第五版),1页,北京,北京大学出版社,2015。

〔4〕 参见邢万兵:《房地产法律实务》,1页,上海,法律出版社,2012;罗晋京、符启林,《房地产法原理》,3页,北京,中国政法大学出版社,2016年;符启林,《房地产法》,1页,北京,法律出版社,2004。

土地和建筑所产生的权利。[5]

在物质形态上,房地产主要由土地和房屋两部分构成。土地和房屋存在密切联系,虽并非法律意义上的主物与从物的关系,[6]但土地确实在二者关系中占据主导地位,这是由土地和房屋的物理属性所决定的:房屋必须建筑在土地之上,并不存在能够离开土地而单独存在的"空中楼阁"。[7] 土地是地球上可为人类利用的一片陆地,包括平坦的土地、丘陵地、山坡地、山地、荒漠、草原等,随着科学技术的进步,土地的开发利用逐渐由平面走向立体。地上空间利用类型主要包括轨道交通、高架线路、立交桥、步行连廊和输电线路等。[8] 从房地产开发的过程来看,房屋的建设以对土地进行必要开发为基础,土地是房屋建设与存在的基础。一个基本的样态就是"房依地建、地为房载",地可以单独存在,房却不能离地而存。[9]

在法律意义上,房地产又可进一步分解为房产和地产。物质形态的房屋、土地被赋予法律意义上的财产意义,即为"房产"和"地产"。[10] 房产与地产是对房屋与土地社会属性的体现和表达,但在什么是房产、什么是地产以及二者是什么关系的问题上,同样没有严格的法律定论。[11] 房产作为一种财产权利,体现的并非仅仅是基于房屋自然属性的满足人的物质需要的关系,而不是不同主体之间物质利益的权利义务关系。[12] 对于房产,多数研究者认为,房产是指在法律上具有明确所有权权属关系的房屋财产,其强调的是房屋的财产属性和权利属性。[13] 而对于地产,有的研究者认为,地产是指土地及依托于土地所产生的权利;[14]有的研究者则认为,地产是指对特定地块的排他性支配权利。[15] 有的研究者将地产进一步区分:广义上的地产是指有明确权属关系的土地,而这

[5] 杨勤法:《房地产法实务》,2页,北京,北京大学出版社,2017。

[6] 有研究者认为,在房地产这个统一体中,土地是主物,是房屋存在的基础和依托;房屋是从物,依附于土地,二者密不可分。(参见:邹永丽、伍军、储中喜:《房地产法律概论》,1页,北京,中国政法大学出版社,2015年。)依据物权法的一般原理,以物与物之间是否具有从属关系为标准,可以把物区分为主物和从物:凡两种以上的物相互配合、按一定经济目的组合在一起,起主要作用的物为主物;配合主物的作用而起辅助作用的为从物。从物是独立的物,而非主物的构成部分,但它在客观上、经济上从属于其他物,补充其他物的效用。区分主物与从物的意义就在于:在当事人没有特别约定时,对主物的处分及于从物,以贯彻物尽其用原则。(参见王利明:《民法》,92页,北京,中国人民大学出版社,2000年。)但从《民法典》《城市房地产管理法》等法律规定来看,房屋和土地虽存在一定联系,但均独立成物,且不存在主从关系,"房随地走""地随房走"两项流转规则的并行适用就是一个典型例证。

[7] 杨勤法:《房地产法实务》,5～6页,北京,北京大学出版社,2017。

[8] 申惠文:《房地产法学》,2页,武汉,武汉大学出版社,2015。

[9] 罗晋京、符启林:《房地产法原理》,3页,北京,中国政法大学出版社,2016;申惠文,《房地产法学》,2页,武汉,武汉大学出版社,2015。

[10] 吴访非、孟庆鹏:《房地产法》,1页,北京,中国电力出版社,2016。

[11] 李延荣、周珂:《房地产法》,1页,北京,中国人民大学出版社,2016。

[12] 李延荣、周珂:《房地产法》,3页,北京,中国人民大学出版社,2016。

[13] 参见:杨勤法,《房地产法实务》,3页,北京,北京大学出版社,2017;吴访非、孟庆鹏,《房地产法》,1～2页,北京,中国电力出版社,2016。

[14] 参见:杨勤法,《房地产法实务》,5页,北京,北京大学出版社,2017年;房绍坤,《房地产法》(第五版),4页,北京,北京大学出版社,2015。

[15] 吴访非、孟庆鹏:《房地产法》,2页,北京,中国电力出版社,2016。

个土地是由土地物质(纯自然土地)和全部土地资本构成的;[16]狭义上的地产则是指在法律上有明确的权属关系,可以由所有者、经营者和使用者进行土地开发经营并能够带来相应经济效益的建设用地。[17]

综合上述观点,我们认为,法律意义上的地产是指负载有特定主体排他性支配权利的具有特定四至范围的陆地表面及一定地下空间;而法律意义上的房产是指负载有特定主体排他性支配权利的建筑于特定地块上的形成固定活动空间的建筑物。

## (二)房地产的特征

房地产是如此的重要,而又如此的广受争议。它是财富的象征、经济周期之母、金融危机的策源地、大类资产配置的核心,同时它关系民生福祉、社会稳定、实体经济竞争力。[18] 作为主要的不动产和特殊的商品,房地产主要具有以下显著特征:

1. 固定性。所谓固定性,即区位固定性,又称不可移动性。简言之,就是指房地产总是固定于某一地方,其位置不能随便移动,无法像其他商品那样通过移动、运输而满足异地需求。这是房地产与其他商品的最大区别所在,是由房地产的自然属性所决定的,也是不动产的显著特性。房地产的固定性是由土地的不可移动性决定的:房地产的开发、建筑物的建造都必须依托土地完成,土地是无法移动的,房屋及其附属设施因此而无法移动。[19] 由房地产的固定性特点所决定,包括房地产所有权人在内的任何人都无法改变房地产的区位和坐落,无法按照自己的意愿移动房地产。也正因为这个特性,房地产成为最安全的财产,成为最常见的担保工具。同时,空间位置也是影响房地产价值的重要因素,乃至根本性因素。[20] 从实践来看,受区位和地段的不同的影响,不同位置的房地产的价格往往存在较大差异。

2. 特定性。所谓特定性,或称非标准化特性、异质性,简言之,就是指任何一处、一宗房地产都是以独一无二的状态存在的。房地产的特定性是由房地产的特定物性质所决定的。从物的分类来看,根据物是否具有独立的特征或者是否被权利人指定而特定化,可以将物分为特定物和种类物。一般认为,特定物就是指自身具有独立的特征,或者被权利人指定而特定化,不能以其他物代替的物,包括在特定条件下独一无二的物和种类物中根据民事主体的意志而特定化的物,如一幅古画、一件古物等。种类物则是指性质、种类相同,即具有共同的物理属性和经济意义,能够通过度、量、衡加以确定的物,如一堆玉米、一双筷子等。同时,种类物经过选择、购买、给付,也可以实现特定化进而成为特定物。房地产就是一类典型的特定物。因地理位置、周围环境、建筑材料、建筑风格、装饰

---

〔16〕 毕宝德:《中国房地产市场研究》,2页,北京,中国人民大学出版社,1994。

〔17〕 于光远:《经济大辞典》,622页,上海,上海辞书出版社,1990。

〔18〕 任泽平:《过去20年社会对房地产有太多误解》,"新浪网",http://finance.sina.com.cn/zl/2017-09-19/zl-ifykyfwq8295167.shtml,最后浏览日期2017年11月20日。

〔19〕 杨勤法:《房地产法实务》,3页,北京,北京大学出版社,2017。

〔20〕 申惠文:《房地产法学》,2~3页,武汉,武汉大学出版社,2015。

装修、坐落朝向等因素的差异，每一宗房地产都有区别于其他房地产的独特个性。[21] 可以说，世界上没有两处完全相同的房地产。[22]

3. 耐久性。所谓耐久性，又称永久性、非损耗性，是指房地产及其使用价值不会因其被利用而消耗掉，在不发生自然灾害或其他意外的情况下，能够实现长期存在。房地产的耐久性特征是由房地产的非消耗物属性所决定的。根据使用后形态的变化，物可以分为消耗物和非消耗物。一般认为，消耗物是指仅经过一次性有效使用就灭失或品质发生变化的物，如食品。物的消耗性大多是自然形成的，但在法律有特别规定的情形下，非自然的消耗物也可成为法定消耗物，如一次性针筒、杯、碗等。非消耗物，又称不可消耗物，是指可以长期多次使用，并不会改变其形态和性质的物，如房屋、机器设备等。消耗物和非消耗物区分的意义就在于使用权是否可以和所有权分开行使，比如房屋是否可以出租。对于房产而言，其虽然会自然灭失，但一般来说，一经建造即可以使用几十年甚至百年以上；对于地产而言，一些自然灾害虽然可能给土地造成一定的毁坏，但也只能破坏它的特定用途，土地仍然可以修复或者改为其他用途，实现永续存在。[23]

4. 稀缺性。所谓稀缺性，又称有限性，是指房地产是一种不能无度利用的稀缺资源。房地产的稀缺性在很大程度上是由土地的不可再生性决定的。作为自然生成物，土地不能通过人的劳动而获得，具有不可再生性，属于不可再生资源。[24] 尽管长期以来人们总是努力去获得更多的土地资源，如围海造田、围湖造田活动，总是努力提高对未利用土地的开发强度，但总体来说，土地资源依然是有限的，人们不可能从根本上改变土地供给的有限性。土地的有限性决定了房地产的稀缺性，特别是在现代化大城市中，这一点体现得尤为突出。[25]

5. 有益性。所谓有益性，又称有用性、必要性，是指对于人类而言，房地产必不可少。一方面，在生活上，房地产是人们的必备生活品，直接关乎居住需求的满足，千百年来“居者有其屋”一直是人们的追求；另一方面，在生产上，房地产是人类经济活动开展的必备载体，不仅是生产行为开展的关键依托，而且是经济发展的重要内容。

6. 价值差异性。所谓价值差异性，是指不同房地产的经济价值存在显著，甚至是巨大差距。从实践来看，区位、外形、年代、风格、建筑标准、功能用途等因素的不同均会导致房地产价值存在显著差异，这种差异尤其是体现在区位上。从地区差距来看，经济发达地区的房地产价值往往是欠发达地区和落后地区房地产价值的数倍、数十倍，甚至达百倍以上。即便是在同一幢建筑物中，楼层、户型、朝向的不同也会导致房地产在经济价值上存在巨大差异。

---

〔21〕 杨勤法：《房地产法实务》，3页，北京，北京大学出版社，2017。

〔22〕 申惠文：《房地产法学》，2～3页，武汉，武汉大学出版社，2015。

〔23〕 房绍坤：《房地产法》（第五版），1～2页，北京，北京大学出版社，2015。

〔24〕 房绍坤：《房地产法》（第五版），1～2页，北京，北京大学出版社，2015。

〔25〕 吴访非、孟庆鹏：《房地产法》，3页，北京，中国电力出版社，2016。

7. 保值性。所谓保值性,是指房地产的经济价值波动较小或者从长期来看价值处于一个逐步提高的状态。很多研究者认为,保值性与增值性是房地产的一个显著特征。一方面是由土地资源的稀缺性、有限性所决定的。因土地稀缺性而导致其经济价值不断提高,必然会带动房屋与房地产价值的整体提高。另一方面是由房地产的需求特征所决定的。随着社会的发展、进步,人口的不断增加,人类生活水平的不断提高,人类对房地产的需求也日益迫切,而房地产的供给往往滞后于对房地产的需求,依据供需机制的基本原理,房地产的经济价值会不断提升。由此决定了房地产具有显著的保值性和增值性。[26] 但需要说明一点的是,虽然相对于绝大多数商品而言,一般来说,房地产确实具有显著的保值性和增值性,但其亦会受到经济波动、政策调整等因素的影响而出现贬值的情况。

### (三) 房地产的分类

依据不同的标准,可以将房地产分为不同的类型,一般来说,房地产可做以下划分:

1. 公有房地产与私有房地产。根据房地产权属的不同,可将其分为公有房地产与私有房地产。一般认为,公有房地产,是指由国家机关、农村集体经济组织等拥有的房地产,其又可具体划分为国有房地产与农村集体所有房地产。私有房地产,是指由自然人等私人拥有的房地产。

对房地产做如此类型划分的主要意义在于:法律对公、私房地产的规制原则是不同的,对公有房地产规制较为严格,尤其是体现在流转交易层面,受限较多,对私有房地产的规制则较为宽松、限制也相对较少。

2. 经营性房地产与非经营性房地产。根据房地产的用途不同,可将其分为经营性房地产与非经营性房地产。经营性房地产,是指用于生产经营活动的房地产。非经营性房地产是指并非用于生产经营活动而是用于公益活动或公益事业的房地产,如国家机关、公益事业单位等拥有的房地产。对房地产做如此类型划分的主要意义在于:经营性房地产的用地一般采取有偿方式取得,多为出让方式;而非经营性房地产的用地则采取划拨等无偿方式取得。[27]

3. 自由流通房地产、限制流通房地产与禁止流通房地产。根据房地产流转的受限程度不同,可将其分为自由流通房地产、限制流通房地产与禁止流通房地产。自由流通房地产是指权利人有权依法自由处分的房地产。限制流通房地产是指法律对权利人的自由处分权作出一定限制的房地产。禁止流通房地产是指法律禁止流转的房地产,换言之,是指权利人不享有转让处分权的房地产。[28] 但需要说明的是,由不动产的属性所决定,房地产的流转都需要遵循相应规则,如以登记为公示公信方法,权利人的处分并非

---

〔26〕 房绍坤:《房地产法》(第五版),1~2页,北京,北京大学出版社,2015。

〔27〕 尤晓娜、刘广明:《房地产法原理与适用》,11页,石家庄,河北人民出版社,2018。

〔28〕 房绍坤:《房地产法》(第五版),2~4页,北京,北京大学出版社,2015。

“绝对自由”而需依规则行事。对房地产做如此类型划分的主要意义在于：法律对于不同类型房地产流转的评价不同，适用的法律规则也有异。

4. 城市房地产与农村房地产。根据房地产所处区位的不同，可将其分为城市房地产与农村房地产。城市房地产是指位于城市规划区之内的房地产。农村房地产是指位于农村地区的房地产。另外，有研究者认为，城市房地产系狭义意义上的房地产，而农村房地产则属于广义意义上的房地产。〔29〕对房地产做如此类型划分的主要意义在于：城市房地产的相关问题适用《中华人民共和国城市房地产管理法》（以下简称《城市房地产管理法》），而农村房地产现在还缺失专门性法律规定。

## 二、房地产管理法

### （一）房地产管理法的概念与特征

1. 房地产管理法的概念。

从理论研究现状来看，学界对于房地产管理法的概念界定还存在不同认识，并主要从两个层面对其进行探讨：一是从广义和狭义两个角度对房地产管理法的概念进行界定；二是从形式意义和实质意义两个角度对房地产管理法的概念进行界定。多数研究者认为，〔30〕房地产管理法这一概念有广义和狭义之分：狭义上的房地产管理法仅指我国现行的《城市房地产管理法》，而广义上的房地产管理法则是指调整房地产关系的法律规范的总称。〔31〕有的研究者在此基础上进一步提出了广义、狭义和最狭义的“三分法”：广义上的房地产管理法是指调整房地产关系的法律规范的总称，狭义上的房地产管理法则是指以《城市房地产管理法》为核心的，及与之相配套的专门调整房地产关系的法律规范；最狭义的房地产管理法则仅是指《城市房地产管理法》。〔32〕还有研究者认为，房地产管理法这一概念有形式意义和实质意义之分：形式意义上房地产管理法是指以“房地产法”命名的法律，如《城市房地产管理法》；而实质意义上的房地产管理法是指所有调整房地产关系的法律规范，包括宪法、法律、行政法规、地方性法规、部门规章以及国家政策、司法解释中有关调整房地产关系的法律规范。〔33〕

无论是从房地产管理法的准确适用，还是从房地产管理法理论的系统研究来看，对

---

〔29〕李延荣、周珂：《房地产法》，8页，北京，中国人民大学出版社，2016。

〔30〕参见朱珍华：《房地产法教程》，6页，成都，四川大学出版社，2014；邹永丽、伍军、储中喜：《房地产法律概论》，6页，北京，中国政法大学出版社，2015；申惠文，《房地产法学》，5页，武汉，武汉大学出版社，2015；吴访非、孟庆鹏，《房地产法》，7页，北京，中国电力出版社，2016。

〔31〕有的学者则对狭义和广义房地产法有另外一种解读：广义上的房地产法是指调整所有房地产关系的法律规范，既包括城市房地产关系，也包括农村房地产关系；狭义的房地产法仅是指调整城市房地产关系的法律规范，不包括调整农村房地产关系的法律规范。参见：房绍坤，《房地产法》（第五版），5页，北京，北京大学出版社，2015。

〔32〕李延荣、周珂：《房地产法》，30页，北京，中国人民大学出版社，2016。

〔33〕房绍坤：《房地产法》（第五版），5页，北京，北京大学出版社，2015。

于其概念界定而言，都应该是广义上和实质意义上的，狭义和形式意义的解读过于偏狭，既影响房地产管理法的准确适用，也不利于房地产管理法的系统研究。根据这一思路，我们认为，房地产管理法是指调整房地产所有人、使用人、修建人、管理人等相关主体在房地产开发、交易、管理等过程中发生的各种关系的法律规范总称。

2. 房地产管理法的特征。一般认为，房地产管理法主要具有以下特征：

（1）调整范围的广泛性。调整范围的广泛性是房地产管理法的首要特征，其调整的法律关系众多，主要包括房地产所有关系、房地产开发关系、房地产交易关系、房地产管理关系、房地产监管关系等。其中，既包括调整平等主体的房地产横向财产关系，如建设用地使用权转让关系、房屋买卖关系；也包括调整国家对房地产业的纵向管理关系，如房地产产权产籍管理关系；还调整房地产社会保障关系，如经济适用住房、廉租住房、公租房的开发建设与交易关系。〔34〕

（2）参与主体的多元性。由房地产管理法调整范围的广泛性所决定，参与主体的多元性是房地产管理法的另一显著特征。房地产管理法律关系的参与主体主要包括：房地产开发企业、建筑施工企业、项目勘察单位、项目设计单位、施工监理单位等房地产开发主体；自然资源与规划、住房和城乡建设等房地产管理主体；房地产经纪人、房地产销售公司、房地产价格评估机构等房地产中介服务主体；商业银行、信用社、贷款公司等房地产金融服务主体；物业服务主体；房地产所有权人；房地产使用权人；等等。

（3）规范属性的综合性。由房地产管理法调整范围的广泛性所决定，房地产管理法在规范属性上具有综合性的显著特征，房地产管理法律规范涉及众多法律部门，如民法、城乡规划法等，而且还制定有综合性的专门法律规范，如《城市房地产管理法》《土地管理法》等。〔35〕

（4）调整手段的国家干预性。由房地产的特殊性及其在社会经济生活中的重要作用所决定，国家对房地产关系这一特别市场关系进行了较为严格的监督与管理，并主要体现为房地产法调整手段上的国家干预性。其目的在于，通过实现对房地产关系的科学监管，以促进房地产市场健康有序发展，并有效维护房地产权利人的合法权益。〔36〕

（5）制度规则的本土性。制度规则的本土性是房地产管理法区别于其他法律部门的另一显著特征。所谓本土性，是指房地产管理法律制度与规则的设计是以本国社会经济实际情况为基础，并与本国历史文化和法律传统等因素存在直接联系。〔37〕一个显著的例证就是，房地产管理法中建设用地使用权取得制度的设计就是立足于社会主义公有制基础之上，充分体现了我国的特色。

---

〔34〕 王者洁、陈耀东：《房地产法》，12页，天津，南开大学出版社，2015。

〔35〕 房绍坤：《房地产法》（第五版），6～7页，北京，北京大学出版社，2015。

〔36〕 房绍坤：《房地产法》（第五版），6～7页，北京，北京大学出版社，2015。

〔37〕 罗晋京、符启林：《房地产法原理》，21页，北京，中国政法大学出版社，2016。

### （二）学科归属与调整对象

1. 学科归属。目前学界对于房地产管理法的学科归属问题还存在不同认识，有经济法、民法、行政法、综合法律规范说等多种理论观点。持经济法观点的研究者认为，房地产管理法应属于经济法范畴。其主要理由在于，在房地产法律关系中，不仅有平等主体之间的房地产交易、物业管理等关系，还有税收、金融等调控关系以及建设、预售、质量管理等监管关系。持民法观点的研究者认为，房地产管理法应属于民法范畴，其主要理由在于，房地产管理法所调整的房地产开发、交易、服务和管理过程中所发生的各种经济关系，基本上都是在平等主体之间发生的。持行政法观点的研究者认为，房地产管理法应属于行政法范畴，其主要理由在于，房地产关系可划分为房地产行政管理关系和房地产交易关系两大类，房地产行政管理关系自不待言，房地产交易关系虽发生在平等主体之间，但交易过程始终伴随着国家管理因素。[38] 持综合法律规范说观点的研究者认为，房地产管理法既不属于私法，也不属于公法，而是兼有私法与公法双重属性的，跨民法、经济法、行政法等诸多学科的法律规范，属于综合性的法律规范。[39]

有鉴于此，我们认为房地产管理法应属于经济法范畴，除上述所提及的依据外，主要是考虑到学科体系的相对完整。对于民法和行政法而言，其学科体系已经较为成熟和相对稳定，无论是将房地产管理法置于民法体系之中，还是置于行政法之中，都很难与其现有体系实现无缝衔接，反倒会影响现有体系的完整性与规范性。将房地产管理法置于经济法体系之中，更符合学科体系的逻辑完整性。房地产管理法置于经济法体系中的优势对于教学工作的顺利开展和法律的准确适用都大有裨益，但需要说明的是，对于房地产管理法相关问题的研究还是应该提倡、鼓励多学科综合性研究方法的运用。

2. 调整对象。房地产管理法的调整对象，是指房地产管理法所调整的特定领域的房地产社会经济关系。与房地产管理法的学科归属问题相似，目前学界对房地产管理法的调整对象问题还存在较大认知分歧，[40]但一般认为，房地产管理法的调整对象是房地产关系，又可作如下具体划分：

（1）房地产开发关系。是指房地产开发主体因在依法取得的建设用地上进行房屋及其附属设施建设而与其他主体形成的关系，如房地产开发主体与房地产建设施工主体之间形成的项目发包与承包关系。

（2）房地产交易关系。是指房地产所有权人因将其所拥有的房地产或者已经依法进行建设并达到规定标准的房地产进行出售、出租等而与其他主体形成的关系，如房地产

---

〔38〕 黄河：《房地产法》，10～11 页，北京，中国政法大学出版社，2016。

〔39〕 房绍坤：《房地产法》（第五版），6 页，北京，北京大学出版社，2015。

〔40〕 学界不仅对房地产法调整对象界定及层次划分存在认知分歧，甚至对房地产法是否有其调整对象都存在不同认识。例如，有的研究者认为，按照法学一般理论，只有独立的法律部门，才能有独立的调整对象，而房地产法并不是一个独立的法律部门，故不存在调整对象问题，但却存在着调整范围或规范事项。相关论述参见房绍坤：《房地产法》（第五版），7 页，北京，北京大学出版社，2015。

现售关系、房地产预售关系、房地产租赁关系等。

(3)物业管理关系。是指物业所有人为更好地利用其所拥有的房地产而将区分所有建筑物之共有部分及其公共设施委托于他人或者由部分所有人独立进行管理而形成的关系。

(4) 房地产管理关系。是指房地产管理主体对房地产关系进行干预而与其他主体形成的关系,主要包括两类:一是房地产监管关系,如政府及其职能部门对房地产建设、交易进行的日常监管;二是房地产调控关系,如政府及其职能部门对房地产价格的调控。与上述房地产关系不同的是,房地产管理关系是一种纵向关系。

### (三) 法律渊源与基本原则

1. 法律渊源。从我国现行法律规定来看,作为房地产管理法借以表现的各种形式,房地产管理法的法律渊源主要包括:

(1) 宪法。作为我国的根本大法,宪法具有最高法律效力,是房地产法的重要法律渊源。宪法中有关房地产的规定,是房地产管理法最重要的表现形式。现行《宪法》对国有土地的范围、集体所有土地的范围、土地使用权转让、土地利用、土地征收与征用等根本问题都进行了规定。例如,《宪法》第 10 条第 3 款规定,“国家为了公共利益的需要,可以依照法律规定对土地实行征收或者征用并给予补偿”。

(2) 专门性法律。这里所指的专门性法律是指作为房地产管理法体系核心构成的法律,主要包括《城市房地产管理法》与《土地管理法》。现行《城市房地产管理法》是由第八届全国人民代表大会常务委员会第八次会议在 1994 年 7 月 5 日审议通过的,并自 1995 年 1 月 1 日起施行。此后,该法经过了三次修改:2007 年 8 月 30 日第十届全国人民代表大会常务委员会第二十九次会议通过《关于修改〈中华人民共和国城市房地产管理法〉的决定》,为第一次修正;2009 年 8 月 27 日第十一届全国人民代表大会常务委员会第十次会议通过《关于修改部分法律的决定》,对《城市房地产管理法》进行第二次修正;2019 年 8 月 26 日第十三届全国人民代表大会常务委员会第十二次会议通过《关于修改〈中华人民共和国城市房地产管理法〉的决定》,为第三次修正。现行《土地管理法》是由第六届全国人民代表大会常务委员会第十六次会议于 1986 年 6 月 25 日审议通过的,并于 1987 年 1 月 1 日实施。此后,该法经过了四次修改:1988 年 12 月 29 日第七届全国人民代表大会常务委员会第五次会议通过《关于修改〈中华人民共和国土地管理法〉的决定》,为第一次修正;1998 年 8 月 29 日第九届全国人民代表大会常务委员会第四次会议对《土地管理法》进行修订;2004 年 8 月 28 日第十届全国人民代表大会常务委员会第十一次会议通过《关于修改〈中华人民共和国土地管理法〉的决定》,为第二次修正;2019 年 8 月 26 日第十三届全国人民代表大会常务委员会第十二次会议通过《关于修改〈中华人民共和国土地管理法〉的决定》,为第三次修正。

(3) 相关法律。从我国现行法律规定来看,《民法典》《中华人民共和国建筑法》(以下简称《建筑法》)等其他相关法律亦是房地产管理法的重要法律渊源。《民法典》由中华人民共和国第十三届全国人民代表大会第三次会议于2020年5月28日通过,并自2021年1月1日起施行。其中,"物权编"关于物权的设立、变更、转让和消灭等规定均是房地产管理法的重要基础。《建筑法》主要关涉房地产的开发与房屋的建设,其由第八届全国人大常委会第二十八次会议于1997年11月1日审议通过,并自1998年3月1日起施行;2011年4月22日第十一届全国人大常委会第二十次会议对该法进行第一次修正;2019年4月23日第十三届全国人民代表大会常务委员会第十次会议对该法进行第二次修正。

(4) 行政法规。作为国务院根据宪法和法律、按照法定程序制定的规范性文件的总称,行政法规亦是房地产管理法的重要渊源。从现行法律规定来看,主要包括:《物业管理条例》《国有土地上房屋征收与补偿条例》《房产税暂行条例》《城市房地产开发经营管理条例》《不动产登记暂行条例》《土地管理法实施条例》《住房公积金管理条例》《建设工程质量管理条例》《建设工程安全生产管理条例》等。

(5) 部门规章。作为房地产管理法的另一重要法律渊源,部门规章是国务院相关部门、委员会等根据法律、行政法规的规定和国务院的决定,在本部门的权限范围内制定和发布的调整本部门范围内的房地产管理关系的规范性文件的总称,其主要包括:《经济适用住房管理办法》《公共租赁住房管理办法》《城市房地产转让管理规定》《招标拍卖挂牌出让国有建设用地使用权规定》《建设项目用地预审管理办法》《闲置土地处置办法》《协议出让国有土地使用权规定》《关于变更土地登记的若干规定》《城市房地产抵押管理办法》《商品房屋租赁管理办法》《商品房销售管理办法》《城市商品房预售管理办法》《住宅专项维修资金管理办法》《不动产登记暂行条例实施细则》等。

(6) 地方性法规。作为地方立法机关制定或认可的、只能在地方区域内发生法律效力的规范性法律文件的总称,地方性法规也是房地产法的重要法律渊源。从实践来看,其数量较多,如《北京市物业管理办法》《上海市商品住宅维修基金管理办法》《天津市住房公积金管理条例》《广东省集体建设用地使用权流转管理办法》等。

(7) 司法解释。在我国,司法解释指由最高人民法院和最高人民检察院根据法律赋予的职权,对审判和检察工作中具体应用法律所作的具有普遍司法效力的解释。司法解释对法律的准确适用必不可少,能够起到填补法律漏洞的作用。司法解释亦是房地产法的重要法律渊源,主要包括:《最高人民法院关于审理涉及国有土地使用权合同纠纷案件适用法律问题的解释》《关于审理建设工程施工合同纠纷案件适用法律问题的解释》《最高人民法院关于审理建设工程施工合同纠纷案件适用法律问题的解释(一)》《最高人民法院关于审理城镇房屋租赁合同纠纷案件具体应用法律若干问题的解释》等。

2. 基本原则。作为房地产法的本质和特征的集中反映,房地产法的基本原则是房地产立法、执法、司法、守法的基本准则和指导思想,是房地产经济规律在法律上的反映,是始终贯穿于房地产法之中的基本精神,是我们理解房地产法律规范的指导方向,也是填补房地产法律缺漏的重要手段和机制。[41] 同时,房地产法的基本原则是由房地产法所调整的社会关系的基本性质所决定的,体现着国家的基本房地产政策。从我国现行法律规定来看,房地产法的基本原则主要包括:

(1) 土地公有制原则。土地公有制原则是房地产法所需坚持的首要原则,是由我国社会主义公有制所决定的,而土地公有则是公有制经济的重要组成部分。依据该原则,在我国,土地所有权只能归国家和农民集体所有。现行法律对土地公有制原则亦作出了明确规定。依据《宪法》第 10 条的规定,“城市的土地属于国家所有”,“农村和城市郊区的土地,除由法律规定属于国家所有的以外,属于集体所有;宅基地和自留地、自留山,也属于集体所有”。由该规定可推知,土地公有制原则不仅是房地产法的基本原则,而且是一项宪法原则。此外,《民法典》《土地管理法》等相关法律也对土地公有制原则进行了确认。

(2) 土地所有权与土地使用权分离原则。由土地公有制决定,对于土地的利用无法通过土地所有权的流转而实现。在此情况下,将土地所有权的相关权能予以剥离,以形成土地使用权这一新型用益物权就显得极为必要,而土地所有权与土地使用权分离原则由此成为我国房地产法的一项基本原则。[42] 依据该原则,土地使用权制度成为了房地产法的核心制度之一,对于房地产开发而言,其首先要依法获得土地使用权,并按照规定用途、期限行使土地使用权,以实现对土地合理利用的目的。

(3) 依规利用土地原则。土地是最可宝贵的自然资源,加之我国人均可利用土地资源又十分短缺,由此决定,依规利用土地是我国房地产法的又一项基本原则。依规利用土地原则的核心内容就是要十分珍惜、合理利用土地,尤其是切实保护耕地;依规利用土地原则的关键制度支撑就是要实行土地用途管制制度;依规利用土地不仅是对土地使用权人的基本要求,而且也是土地管理者应该遵循的基本原则,各级政府及其职能部门要按照“全面规划、严格管理”的基本精神有效保护土地资源,坚决打击非法利用土地的行为。《宪法》等相关法律对该原则进行了确认。例如,《宪法》第 10 条第 4 款明确规定:“一切使用土地的组织和个人必须合理地利用土地”。由该规定可知,“合理地利用土地”是土地使用权人的法定义务。而《土地管理法》则对政府在此方面的职责进行了明确:一方面,“各级人民政府必须贯彻执行十分珍惜和合理利用土地的方针,全面规划,加强管理,保护、开发土地资源,制止乱占耕地和滥用土地的行为”;另一方面,“在保护和开发土地资源、合理利用土地以及进行有关的科学研究等方面成绩显著的单位和个人,由人民政府给予奖励”。

(4) 综合开发原则。所谓综合开发,是指在房地产的开发经营过程中需实现经济效

---

[41] 杨勤法:《房地产法实务》,9～10 页,北京,北京大学出版社,2017。

[42] 依据现行《宪法》的规定,“任何组织或者个人不得侵占、买卖或者以其他形式非法转让土地”,“土地的使用权可以依照法律的规定转让”。

益、社会效益、环境效益的协调统一，寻求三者结合的最佳点。综合开发是确保房地产业持续健康良性发展的关键所在，其关键是要做到全面规划、合理布局、综合开发、配套建设。〔43〕

(5) 保护权利人合法权益原则。保护权利人合法权益既是房地产法的基本原则之一，也是房地产法的立法目的所在。保护权利人合法权益不仅是维护房地产正常市场秩序的基本要求，也是实现权利人参与房地产关系根本目的的关键环节。〔44〕现行法律对该原则予以明确规定。现行《房地产法管理法》第 5 条规定，"房地产权利人的合法权益受法律保护，任何单位和个人不得侵犯"。〔45〕

## 第二节　房地产管理法律制度的主要内容

### 一、房地产开发管理制度

#### （一）房地产开发的概念和特征

1. 房地产开发的概念界定。房地产开发属于综合性生产活动，涉及完整的产业链条，涉及征地拆迁、土地供给、地质勘查、规划设计、建设施工、工程验收等诸多环节。一般认为，所谓房地产开发，是指相关主体依法依规在一定区域内有计划、有步骤地进行土地开发和建筑物建设的活动。

2. 房地产开发的特征分析。依据我国现行法律规定和经济实践，房地产开发具有以下显著特征：

(1) 行为综合性强。房地产开发是一项综合性的经济活动。一方面，涉及许多部门，包括自然资源与规划、住房和城乡建设、税收、市场监管、应急管理、生态环境、城市综合管理等；另一方面，需要勘察、设计、施工、监理等单位的合作与配合，缺少这些单位的协作，房地产开发活动就难以顺利完成。

(2) 资金聚集度高。房地产行业是一个资金聚集度非常高的领域，房地产开发需要大量的资金投入，一个房地产开发项目所需的资金，少则上千万元，多则上亿元，甚至十几亿元、几十亿元。因此，房地产与金融的关系十分密切，房地产开发的顺利进行离不开金融机构的资金支持。

---

〔43〕 参见吴访非、孟庆鹏：《房地产法》，14～15 页，北京，中国电力出版社，2016；罗晋京、符启林：《房地产法原理》，23～26 页，北京，中国政法大学出版社，2016。

〔44〕 杨勤法：《房地产法实务》，9～10 页，北京，北京大学出版社，2017。

〔45〕 除《城市房地产管理法》对该原则作出明确规定外，其他法律也作出了相应规定。例如，《民法典》第 4 条就规定，"国家、集体、私人的物权和其他权利人的物权受法律保护，任何单位和个人不得侵犯"。从物权法的视角来看，房地产自然属于物权的重要客体，而房地产所有权、土地使用权等则显然属于物权，由此决定，房地产权利人的合法权益亦受到《民法典》的保护。

(3) 回报周期长。一个房地产开发项目通常需要经过立项、可行性研究、取得建设用地使用权、进行开发建设、开展经营销售等多个环节,且每个环节都需要一定时间,由此导致资金投入的回报周期相对较长。

### (二) 房地产开发的种类

房地产开发是一种复杂的、综合性的生产活动。一般可以分为以下几类:

1. 根据开发对象不同,房地产开发可以分为开发和再开发两类。开发是指在原有城市建成区范围之外进行房地产开发,一般是把农地开发成市地,亦称新区开发。再开发是指对原有房地产的更新改造,在原有城市建成区范围之内进行,又称旧区开发。随着社会经济的发展和人口的增长,未开发利用的土地数量有限,城市房地产开发中旧区开发占有很大比重,是政府鼓励的开发行为。

2. 根据开发方式区分,房地产开发可以分为单项开发、小区开发和成片开发三类。单项开发通常是指在新区开发或旧区开发中所形成的一个相对独立的开发项目。其规模小、占地少、项目功能和配套设施单一。小区开发有两种形式:一种是新区开发中的一个小区综合房屋开发,要求在开发区范围内做到基础设施和配套项目齐全,功能完善,这是目前住宅开发的主要形式;另一种是在旧城区更新改造中的局部改建。成片开发是指房地产开发企业在取得国有土地使用权以后,依照规划对较大面积的土地进行综合性的开发建设,形成工业用地或其他建设用地条件,然后进行土地使用权转让,或者建成通用工业厂房以及配套的生产、生活服务设施。

3. 根据开发主体区分,房地产开发可以分为政府开发和非政府开发。政府开发一般是由政府出面,组织人力和物力进行前期开发,将生地变为熟地,然后出让土地使用权。政府先期完成水、电、道路、绿地规划等基础设施建设,再以“熟地”的形式挂牌出让,对普通购房者而言,不必担心未来小区的道路交通是否便利,绿地状况、基础设施是否完备等,购房时少了后顾之忧。非政府开发主要是由房地产开发企业进行,指房地产开发企业依法取得开发项目后,对土地进行开发,建设房屋等建筑物。

### (三) 房地产开发管理的基本原则

1. 严格执行城市规划的原则。《城市房地产管理法》第 25 条明确规定,“房地产开发必须严格执行城市规划”。城市规划是政府对城市建设进行宏观调控和微观管理的重要措施,也是对城市房地产开发进行合理控制、实现土地资源合理配置的有效手段。科学制定和执行城市规划,是合理利用城市土地,合理安排各项建设,指导城市有序、协调发展的保证。

2. 坚持综合开发、配套建设的原则。综合开发、配套建设是指按照城市规划的功能分区,将某一区域内的房地产开发建设及配套设施建设统一规划,同步建设。综合开发的主要内容包括统筹资金,统一规划,统一开发。其主要特征是房地产开发企业统一承担开发区的勘测、设计、征地、拆迁,进行道路、给水、排水、供电、供气、供热、通信、绿化等工程建设，并统一承担住宅、生活服务设施、商业网点、文教卫生建筑等的建设，其开发结果是形成功能完整的住宅小区，满足人们生活多方面的需要。

3. 坚持经济效益、社会效益和环境效益相统一的原则。房地产业是高消耗资源的产业，房地产业的发展必将影响城市建设、文化事业乃至整个社会经济的发展。房地产开发不能以牺牲社会效益和环境效益为代价，片面追求经济效益，必须坚持经济效益、社会效益和环境效益三者的统一。只有坚持“三统一”原则，才符合房地产开发的客观经济规律，才能达到未来城市建设的要求。

4. 依法征收及补偿原则。《城市房地产管理法》第 6 条规定：“为了公共利益的需要，国家可以征收国有土地上单位和个人的房屋，并依法给予拆迁补偿，维护被征收人的合法权益；征收个人住宅的，还应当保障被征收人的居住条件。”房屋征收拆迁是房地产开发经营活动中的重要环节，关涉国家、单位和个人利益的协调与平衡，应当严格按照法定的事由、权限和程序进行征收，并对被征收人依法进行补偿。

### （四）房地产开发企业的设立与资质管理

房地产开发企业是以营利为目的，从事房地产开发和经营的企业。它是依法设立，具有企业法人资格的经济实体。房地产开发企业是房地产开发和交易的主体，也是房地产市场中的重要角色。房地产开发企业的开发、经营活动是否规范有序，直接关系着房地产业的繁荣和健康发展。

1. 房地产开发企业的设立条件。根据《城市房地产管理法》及相关规定，设立房地产开发企业应符合以下条件：

(1) 有自己的名称和组织机构。房地产开发企业是一个法人组织，应有自己的名称和组织机构。有了自己的名称和健全的组织机构，才能形成法人意志，对内执行法人意志，对外以法人名义参加经济活动。

(2) 有固定的经营场所。固定的经营场所一般是指企业主要办事机构所在地。固定的经营场所是房地产企业进行开发活动的中心点，是其对外进行联系、开展经营活动所必须的场所，也是国家对企业进行监督管理的必要条件。所以有关法律将“有固定的经营场所”作为房地产开发企业设立的重要条件之一。

(3) 有符合国务院规定的注册资本。注册资本是反映企业经济实力的重要标志，也是企业对外承担法律责任的基础。2013 年 12 月 28 日，第十二届全国人民代表大会常务委员会第六次会议对《中华人民共和国公司法》(以下简称《公司法》)作出第三次修正，此次修法的亮点之一就是“取消对公司注册资本实缴的限制”。也就是说，除法律、行政法规以及国务院决定对有限责任公司或者股份有限公司的注册资本实缴另有规定外，取消有限责任公司股东或者发起设立的股份有限公司的发起人的首次出资比例和最长缴足期限。房地产开发属于周期长、规模大、资金回收较慢的行业，需要较大数额的资本作为企业正常运行的保证。国务院于 1998 年 7 月通过的《城市房地产开发经营管理条例》就明确规定,“有100万元以上的注册资本”是房地产开发企业设立的法定条件之一。该《条例》虽经历5次修订,[46]但仍然保留了这一设立条件。

(4) 有足够的专业技术人员。房地产开发是一个专业性很强的行业,它不仅需要建筑、设计等方面的专业技术人员,而且还需要经济、法律、会计、统计等方面的专业人员。因此,现行《城市房地产管理法》第30条明确规定,“有足够的专业技术人员”是设立房地产开发企业的必要条件之一。2020年11月29日修订通过的《城市房地产开发经营管理条例》第5条明确规定,房地产开发企业设立的重要条件之一,是“有4名以上持有资格证书的房地产专业、建筑工程专业的专职技术人员,2名以上持有资格证书的专职会计人员”。同时,该《条例》还规定,省、自治区、直辖市人民政府可以根据本地方的实际情况,对设立房地产开发企业的注册资本和专业技术人员的条件作出更严格的规定。

(5) 法律、法规规定的其他条件。如《公司法》等法律、法规中有关企业组织形式、登记条件等规定。同时,外商投资设立房地产开发企业的,还应当符合外商投资法律、行政法规的规定。

2. 房地产开发企业的设立程序。

根据《城市房地产管理法》和《城市房地产开发经营管理条例》,房地产开发企业的设立需要办理工商登记和备案手续。

(1) 工商登记。现行《城市房地产管理法》第30条第2款明确规定:“设立房地产开发企业,应当向工商行政管理部门申请设立登记。工商行政管理部门对符合本法规定条件的,应当予以登记,发给营业执照;对不符合本法规定条件的,不予登记。”现行《城市房地产开发经营管理条例》第7条第1款进一步规定,“设立房地产开发企业,应当向县级以上人民政府工商行政管理部门申请登记”,工商行政管理部门对符合规定条件的,“应当自收到申请之日起30日内予以登记;对不符合条件不予登记的,应当说明理由”。

(2) 依法备案。现行《城市房地产管理法》第30条第4款规定:“房地产开发企业在领取营业执照后的一个月内,应当到登记机关所在地的县级以上地方人民政府规定的部门备案。”《城市房地产开发经营管理条例》第8条进一步规定,“房地产开发企业应当自领取营业执照之日起30日内,提交下列纸质或者电子材料,向登记机关所在地的房地产开发主管部门备案:(1)营业执照复印件;(2)企业章程;(3)专业技术人员的资格证书和聘用合同”。

3. 房地产开发企业的资质管理。

由房地产开发的行为属性及产品性质所决定,其不仅关乎房地产交易当事人合法权益的保护,而且关系公共安全的维护,因此,通过加强房地产开发企业资质审核管理以加强房地产开发管理就显得十分必要。现行《城市房地产开发经营管理条例》第9条规定:

[46] 具体修订历程如下:2011年1月8日进行第一次修订,2018年3月19日进行第二次修订,2019年3月24日进行第三次修订,2020年3月27日进行第四次修订,2020年11月29日进行第五次修订。

“房地产开发主管部门应当根据房地产开发企业的资产、专业技术人员和开发经营业绩等，对备案的房地产开发企业核定资质等级。房地产开发企业应当按照核定的资质等级，承担相应的房地产开发项目。”住房和城乡建设部于2015年5月修改后的《房地产开发企业资质管理规定》，进一步完善了房地产开发企业的资质管理法律制度。依据相关法律、法规规定，房地产开发企业资质管理的主要内容包括以下几个方面：

(1) 房地产开发企业应当按照规定申请核定企业资质等级，未取得房地产开发资质等级证书的企业，不得从事房地产开发经营业务。

(2) 房地产开发专营公司按照企业条件划分为一、二、三、四等四个资质等级，实行分级审批制度。一级房地产开发公司由省、自治区、直辖市人民政府建设行政主管部门初审，报国务院建设行政主管部门审批；二级资质及以下资质的审批办法由省、自治区、直辖市人民政府建设行政主管部门制定。

(3) 房地产开发专营公司的资质实行年检制度。对于不符合原定资质条件或者有不良经营行为的企业，由原资质审批部门予以降级或注销资质证书。

## 二、房地产开发用地管理制度

### （一）土地使用权出让

1. 土地使用权出让的概念。依据现行法律规定，[47]所谓土地使用权出让，或称国有建设用地使用权出让，是指国家以土地所有人身份将国有建设土地使用权在一定年限内让与使用者，由土地使用者向国家支付相应的土地使用权出让金的法律行为或法律制度。作为建设用地使用权设定的重要方式之一，国有建设用地使用权出让是建立在国有土地之上的，并且不改变或影响国有土地所有权的存在，其仅是所有权部分权能的剥离。

2. 土地使用权出让的特征

(1) 出让主体特定。因国有建设用地使用权产生于国有建设用地之上，因此，国有建设用地使用权的出让主体只能是国家及其实际代理人—政府。而在实践中，国有建设用地使用权的出让又是由国土资源部门予以具体实施的。现行《城市房地产管理法》第12条第1款明确规定，“土地使用权出让，由市、县人民政府有计划、有步骤地进行”，“出让的每幅地块、用途、年限和其他条件，由市、县人民政府土地管理部门会同城市规划、建设、房产管理部门共同拟订方案，按照国务院规定，报经有批准权的人民政府批准后，由市、县人民政府土地管理部门实施”。同时，需要说明的是，土地使用权出让的受让方则是不特定的，根据《城镇国有土地使用权出让和转让暂行条例》第3条，中华人民共和国境内外的公司、企业、其他组织和个人，除法律另有规定者外，均可依法取得土地使用权，

---

〔47〕《城镇国有土地使用权出让和转让暂行条例》第8条规定，“土地使用权出让是指国家以土地所有者的身份将土地使用权在一定年限内让与土地使用者，并由土地使用者向国家支付土地使用权出让金的行为”。

进行土地开发、利用、经营。

(2) 有偿出让。有偿是国有建设用地使用权出让最为显著的特征,土地使用者获得国有建设用地使用权是以支付相应土地使用权出让金为前提的。这是由国有建设用地使用权出让的性质所决定的,出让是依据市场机制而进行土地资源优化配置的重要方式。国有建设用地使用权出让使得国有土地的经济价值得以彰显,是实现国有土地资源合理利用的应有之意。

(3) 使用权有期限限制。依据现行法律规定,较之于划拨国有建设用地使用权、农村宅基地使用权等其他建设用地使用权类型,基于出让方式所获得的国有建设用地使用权是有期限限制的,并且根据具体用途的不同而在最高期限设定方面有所不同。

(4) 法律地位平等。所谓法律地位平等,是指在国有建设用地使用权出让法律关系中,国家及其实际代理人是以土地所有权人的身份参与出让活动的,其与土地使用权人之间的法律地位是平等的。[48]

3. 土地使用权出让的方式。

(1) 协议出让。协议出让国有土地使用权,是指国家以协议方式将国有土地使用权在一定年限内出让给土地使用者,由土地使用者向国家支付土地使用权出让金的行为。

(2) 拍卖出让。拍卖出让国有土地使用权,是指出让人发布拍卖公告,由竞买人在指定时间、地点进行公开竞价,根据出价结果确定土地使用者的行为,这种出让方式有效地引入了市场竞争机制,排除了主观因素的干扰,更充分地体现了公平、公开、公正的市场交易原则。

(3) 招标出让。招标出让国有土地使用权,是指市、县人民政府土地管理部门发布招标公告,邀请特定或不特定的公民、法人和其他经济组织参加国有土地使用权出让投标,根据投标结果确定土地使用者的行为。为了实现土地资源的优化配置,提高土地使用权益,对中标人的确定并非绝对遵循价高者得的原则。投标人能否中标主要取决于投标文件能否最大限度地满足招标文件中规定的各项综合评价标准,或者能否满足招标文件的实质性要求。这是招标出让与拍卖出让的最大区别。

(4) 挂牌出让。挂牌出让国有土地使用权,是指出让人发布挂牌公告,按公告的期限将拟出让宗地的交易条件在指定的土地交易所挂牌公布,接受竞买人的报价申请,并更新挂牌价格,根据挂牌期限截止时的出价结果确定土地使用者的行为。挂牌出让是近几年来在实践中出现的一种新的土地使用权出让方式,其主要特点是公开、透明、简便易行、交易成本较低,主要适用于那些地块小、起价低、竞买者较少的土地使用权的出让。

4. 出让土地使用权的期限和续期。依据《城镇国有土地使用权出让和转让暂行条

---

〔48〕 对于这一特征,学界还存在不同认识,即有研究者认为,在国有建设用地使用权出让法律关系中,作为出让人的国家及其实际代理人与作为受让人的市场主体并非处于平等地位,二者之间是一种管理关系。但这一认识实际上是混淆了国家及其实际代理人在国有建设用地使用权出让法律关系中的双重身份。相关论述参见:黄河,《房地产法》,51～52页,北京,中国政法大学出版社,2016。

例》第 12 条的规定，土地使用权出让最高年限依据具体用途不同而有所区别：居住用地使用权期限最高为 70 年；工业用地使用权期限最高为 50 年；教育、科技、文化、卫生、体育用地使用权期限最高为 50 年；商业、旅游、娱乐用地使用权期限最高为 40 年；综合或者其他用地使用权期限最高为 50 年。土地使用权出让中，人民政府应根据具体情况和国家的产业政策，在法定最高出让年限之内确定土地使用权出让的具体期限，超出法定最高出让年限出让土地使用权的，超出年限的约定无效。

在土地使用权因期限届满而终止的情况下，为了保护土地使用者的房屋财产权，满足房屋继续使用的要求，可依法进行续期。我国《民法典》第 359 条对建设用地使用权续期制度进行了明确规定：(1)住宅建设用地使用权期限届满的，自动续期，续期费用的缴纳或者减免，依照法律、行政法规的规定办理。(2)非住宅建设用地使用权期限届满后的续期，依照法律规定办理。该土地上的房屋以及其他不动产的归属，有约定的，按照约定；没有约定或者约定不明确的，依照法律、行政法规的规定办理。《城市房地产管理法》亦对该问题作出了相应规定：一方面，在续期申请时间上，土地使用者需要继续使用土地的，应当至迟于届满前一年申请续期；另一方面，在续期程序要求上，经批准准予续期的，应当重新签订土地使用权出让合同，依照规定支付土地使用权出让金。同时，法律还规定，土地使用者未申请续期或者虽申请续期但依照前款规定未获批准的，土地使用权由国家无偿收回。

## （二）土地使用权划拨

1. 土地使用权划拨的概念和特征。依据现行法律规定，[49]所谓土地使用权划拨，又称国有建设用地使用权划拨，是指县级以上人民政府依法批准，在土地使用者缴纳补偿、安置等费用后将该幅土地交付其使用，或者将土地使用权无偿交付给土地使用者使用的法律行为或法律制度。

土地使用者通过划拨方式取得的土地使用权，即划拨土地使用权，其具有以下几个特征：(1)没有明确期限。通过划拨方式取得的土地使用权，除法律、行政法规另有规定外，没有使用期限的限制。(2)无须支付土地使用权出让金。通过划拨方式取得土地使用权，虽然土地使用者要缴纳补偿、安置等费用，但不必向国家支付地租性质的费用。(3)不能随意转让、抵押和出租。通过划拨方式取得的土地使用权，除符合法律规定的条件外，不得转让、抵押和出租。所谓法律规定的条件，主要是指遵循《城市房地产管理法》等相关法律规定，如：以划拨方式取得土地使用权的，转让房地产时，应当按照国务院规定，报有批准权的人民政府审批；有批准权的人民政府准予转让的，应当由受让方办理土

---

〔49〕 现行《城市房地产管理法》第 23 条第 1 款规定，“土地使用权划拨，是指县级以上人民政府依法批准，在土地使用者缴纳补偿、安置等费用后将该幅土地交付其使用，或者将土地使用权无偿交付给土地使用者使用的行为”。此外，原国家土地管理局于 1992 年 3 月 8 日所通过的《划拨土地使用权管理暂行办法》第 2 条规定，“划拨土地使用权，是指土地使用者通过除出让土地使用权以外的其他各种方式依法取得的国有土地使用权”。

地使用权出让手续,并依照国家有关规定缴纳土地使用权出让金;以划拨方式取得土地使用权的,转让房地产报批时,有批准权的人民政府按照国务院规定,可以不办理土地使用权出让手续的,转让方应当按照国务院规定将转让房地产所获收益中的土地收益上缴国家或者作其他处理。

2. 土地使用权划拨的适用范围。通过划拨方式取得土地使用权,是国家为了扶持某些公益性事业或特殊行业的发展,而对其建设项目用地采用的特殊的供地方式。因此,《城市房地产管理法》对土地使用权划拨的适用范围作了明确规定,该法第 24 条规定:下列建设用地的土地使用权,确属必需的,可以由县级以上人民政府依法批准划拨:(1)国家机关用地和军事用地;(2)城市基础设施用地和公益事业用地;(3)国家重点扶持的能源、交通、水利等项目用地;(4)法律、行政法规规定的其他用地。

3. 划拨土地使用权的行使。土地使用者依法取得划拨土地使用权后,在法律规定的范围内对划拨的土地享有占有、使用和收益的权利。其权利的行使受国家法律的保护。但土地使用者在行使权利时,也必须遵守国家法律、法规的有关规定。(1)土地使用权人不得擅自改变土地用途。人民政府在批准土地划拨时,都确定了明确的用途,土地使用权人在使用土地过程中不得随意改变土地用途,因特殊情况确需改变土地用途的,应当依法经有关行政主管部门批准,并依法办理土地用途变更登记手续。(2)遇社会公共利益需要,有义务服从人民政府收回土地使用权的决定。(3)划拨土地使用权的转让、抵押和出租必须遵守有关法律、法规的规定。

## 三、房地产交易管理制度

房地产交易是对房地产转让、出租和抵押等活动的总的称谓。在我国现行制度下,房地产交易是指以房屋等建筑物、构筑物及其占用范围内的土地使用权为标的而进行的包括转让、出租和抵押等在内的商品交换活动。

### (一) 房地产转让管理

1. 房地产转让的含义和特征。房地产转让,是指房地产权利人通过买卖、赠与、交换或者其他合法方式将其房地产转移给他人的行为。

房地产转让是以房地产权利人(包括房产所有权人和土地使用权人)为转让方,以房屋所有权和该房屋占用范围内的土地使用权为转让标的,而进行的房地产交易活动。它是房地产交易的主要形式。其法律特征主要表现为:(1)房地产转让的标的必须合法。房地产转让的标的是房屋及其占用范围内的土地使用权。作为转让标的的房地产必须符合我国法律规定。《城市房地产管理法》第 38 条明确规定了不得转让的房地产情形,包括:以出让方式取得土地使用权的,不符合该法律规定条件的;司法机关和行政机关依法裁定、决定查封或者以其他形式限制房地产权利的;依法收回土地使用权的;共有房地产,未经其他共有人书面同意的;权属有争议的;未依法登记领取权属证书的;法律、行政法规规定禁止转让的其他情形。(2)房地产转让时,原土地使用者在土地使用权出让合同中所享有的权利和义务随之转移给受让方。原合同中所载明的各种权利和义务均由受让方享有和履行。(3)房地产转让属于要式法律行为。当事人双方应签订书面合同,并依法到有关管理机关进行权属变更登记,换领房地产权利证书。

2. 房地产转让的条件。为了保证房地产转让行为的合法有效性,房地产转让必须具备以下条件:

(1) 转让、受让双方须具有合法资格。房地产转让属于民事法律行为,转让、受让双方必须具有相应的主体资格和行为能力。自然人作为房地产转让主体时,必须具备民事权利能力和民事行为能力。法人或其他社会组织作为房地产转让主体的,应具有法人资格或符合法定条件。否则,其转让房地产的行为不具有法律效力。

(2) 房地产转让的客体必须符合法定要求。房地产属于特殊财产,国家对房地产的转让,尤其是土地使用权的转让,通常有较多的限制和特定的要求。根据《城市房地产管理法》第 39 条的规定,以出让方式取得土地使用权的,转让房地产时,应当符合下列条件:第一,按照出让合同约定已经支付全部土地使用权出让金,并取得土地使用权证书;第二,按照出让合同约定进行投资开发,属于房屋建设工程的,完成开发投资总额的 25%以上,属于成片开发土地的,形成工业用地或者其他建设用地条件。此外,转让房地产时房屋已经建成的,还应当持有房屋所有权证书。而如前述,以划拨方式取得土地使用权的,转让房地产时,应当按照国务院规定,履行报批、办理出让手续、缴纳土地使用权出让金等程序。

(3) 签订书面转让合同。房地产转让属于要式法律行为,转让、受让双方经协商达成协议后,应签订书面合同,明确载明土地使用权取得的方式、双方的权利义务及其他必要的条款。

## (二) 商品房销售管理

一般认为,所谓商品房销售,是指房地产开发企业将其建设的商品房出售给买受人,由买受人支付价款的行为。[50] 商品房销售包括商品房现售和商品房预售。其中,商品房现售是指房地产开发企业将竣工验收合格的商品房出售给买受人,并由买受人支付房价款的行为;商品房预售是指房地产开发企业将正在建设中的商品房预先出售给买受人,并由买受人支付定金或者房价款的行为。

1. 商品房现售的条件。依据现行法律规定,商品房现售应当符合以下条件:

(1) 现售商品房的房地产开发企业应当具有企业法人营业执照和房地产开发企业资质证书。

(2) 取得土地使用权证书或者使用土地的批准文件。

[50] 杨勤法:《房地产法实务》,94 页,北京,北京大学出版社,2017。

(3) 持有建设工程规划许可证和施工许可证。

(4) 已通过竣工验收。

(5) 拆迁安置已经落实。

(6) 供水、供电、供热、燃气、通讯等配套基础设施具备交付使用条件,其他配套基础设施和公共设施具备交付使用条件或者已确定施工进度和交付日期。

(7) 物业管理方案已经落实。

此外,房地产开发企业应当在商品房现售前将房地产开发项目手册及符合商品房现售条件的有关证明文件报送房地产开发主管部门备案。

2. 商品房预售的条件。商品房预售具有的特殊性决定了这种交易形式给购房人带来的风险性。如果有关法律制度不完善,监管不力,极易产生损害购房人合法权益的问题。因此,必须明确规定商品房预售的条件。根据《城市房地产管理法》和《城市商品房预售管理办法》,商品房预售应当符合以下条件:

(1) 房地产开发企业已交付全部土地使用权出让金,并取得土地使用权证书。房地产开发用地应以出让的方式取得土地使用权,而交付土地使用权出让金是取得土地使用权的前提,取得土地使用权证书是合法使用土地的标志和保证。

(2) 房地产开发企业持有建设工程规划许可证和施工许可证。根据我国有关法律规定,任何土地的开发、利用都须符合土地利用规划的要求。房地产开发企业在取得土地使用权后,还必须按有关规定申请并领取建设工程规划许可证和施工许可证,否则,不能开工建设。

(3) 按提供预售的商品房计算,投入开发建设的资金达到工程建设总投资的25%以上,并已经确定施工进度和竣工交付日期。房地产开发企业对土地的开发达不到此要求的,不得进行商品房预售。

(4) 取得商品房预售许可证。为了保护预售双方的合法权益,《城市房地产管理法》和《城市商品房预售管理办法》均明确规定,商品房预售实行许可制度。房地产开发企业进行商品房预售,应当向县级以上人民政府房地产管理部门申请预售许可,取得《商品房预售许可证》。

### (三) 房屋租赁管理

1. 房屋租赁的登记备案制度。房屋租赁,是指房屋所有权人作为出租人将其房屋出租给承租人使用,由承租人向出租人支付租金的行为。依照我国法律规定,房屋租赁实行登记备案制度。《城市房地产管理法》第54条明确规定,"房屋租赁,出租人和承租人应当签订书面租赁合同,约定租赁期限、租赁用途、租赁价格、修缮责任等条款,以及双方的其他权利和义务,并向房产管理部门登记备案"。《商品房屋租赁管理办法》规定,房屋租赁合同订立后30日内,房屋租赁当事人应当到租赁房屋所在地直辖市、市、县人民政府建设(房地产)主管部门办理房屋租赁登记备案。对符合要求的,建设(房地产)主管部门应当在 3 个工作日内办理房屋租赁登记备案，向租赁当事人开具房屋租赁登记备案证明。实行房屋租赁登记备案制度的目的是保障租赁双方的合法权益以及减少纠纷。直辖市、市、县建设（房地产）主管部门应当建立房屋租赁登记备案信息系统，逐步实行房屋租赁合同网上登记备案，并纳入房地产市场信息系统。

应当指出的是，房屋租赁登记备案并不是房屋租赁合同的有效条件，不能以没有办理房屋租赁登记备案为由认定房屋租赁合同无效。从性质上说，房屋租赁登记备案只是房屋租赁的行政管理手段。因此，当事人没有办理房屋租赁登记备案或备案的变更、延续或者注销手续，只承担行政责任，由直辖市、市、县人民政府建设（房地产）主管部门责令限期改正；个人逾期不改正的，处以 1000 元以下罚款；单位逾期不改正的，处以 1000 千元以上 1 万元以下罚款，但不能认定房屋租赁合同无效。

2. 廉租住房的租赁。改善低收入家庭的居住条件，是我国在城市化进程中面临的一个重要问题。低收入者的福利性住房保障制度在社会保障体系中占有重要地位。我国为了解决低收入家庭的住房困难，完善社会保障体系，继安居工程、经济适用住房之后，又实行了廉租房供给制度，并根据经济社会发展不断修订。1999 年 5 月开始施行《城镇廉租住房管理办法》，我国的廉租房供应体系进入起步阶段；2003 年 11 月，建设部、财政部、民政部、国土资源部、国家税务总局联合发布《城镇最低收入家庭廉租住房管理办法》，自 2004 年 3 月 1 日起施行，《城镇廉租住房管理办法》同时废止。2005 年 7 月，建设部和民政部联合印发《城镇最低收入家庭廉租住房申请、审核及退出管理办法》，进一步完善了我国的廉租住房管理制度。2007 年 11 月，建设部、国家发展和改革委员会、监察部制定《廉租住房保障办法》，自 2007 年 12 月 1 日起施行，《城镇最低收入家庭廉租住房管理办法》同时废止。

根据《廉租住房保障办法》第 5 条的规定，廉租住房保障方式实行货币补贴和实物配租等相结合。所谓货币补贴，是指县级以上地方人民政府向申请廉租住房保障的城市低收入住房困难家庭发放租赁住房补贴，由其自行承租住房。所谓实物配租，是指县级以上地方人民政府向申请廉租住房保障的城市低收入住房困难家庭提供住房，并按照规定标准收取租金。

### （四）房地产抵押管理

1. 房地产抵押的概念。根据《城市房地产管理法》第 47 条的规定，所谓房地产抵押，是指抵押人以其合法的房地产采用不转移占有的方式向抵押权人提供债务履行担保的行为。在房地产抵押法律关系中，提供房地产作担保的债务人或第三人为抵押人，接受房地产抵押以担保自己债权实现的债权人为抵押权人。债务人在不履行债务时，抵押权人有权就该房地产优先受偿。债权人依法享有的这种权利，即房地产抵押权。

2. 房地产抵押的标的。房地产抵押的标的是房地产，而且必须是合法的房地产。应注意的是，由于房屋与其占用范围内的建设用地使用权不可分离，因此，以建筑物抵押的,该建筑物占用范围内的建设用地使用权一并抵押;以建设用地使用权抵押的,该土地上的建筑物一并抵押。抵押人未依照前款规定一并抵押的,未抵押的财产视为一并抵押。

同一房地产设定两个以上抵押权的,抵押人应当将已经设定过的抵押情况告知抵押权人;以两宗以上房地产设定同一抵押权的,视为同一抵押房地产,但抵押当事人另有约定的除外;以享受国家优惠政策购买的房地产抵押的,其抵押额以房地产权利人可以处分和收益的份额比例为限;有经营期限的企业以其所有的房地产设定抵押的,所担保债务的履行期限不应当超过该企业的经营期限;以共有的房地产抵押的,抵押人应当事先征得其他共有人的书面同意;以具有土地使用年限的房地产设定抵押的,所担保债务的履行期限不得超过土地使用权出让合同规定的使用年限减去已经使用年限后的剩余年限;设定房地产抵押时,抵押房地产的价值可以由抵押当事人协商议定,也可以由房地产评估机构评估确定。

依据现行法律规定,下列房地产不得设定抵押:权属有争议的房地产;用于教育、医疗、市政等公共福利事业的房地产;列入文物保护的建筑物和有重要纪念意义的其他建筑物;已依法公告列入拆迁范围的房地产;被依法查封、扣押、监管或者以其他形式限制的房地产;其他依法不得抵押的房地产。

3. 房地产抵押登记。依据《民法典》等现行法律规定,房地产抵押实行登记制度。《城市房地产抵押管理办法》第 30 条明确规定,"房地产抵押合同自签订之日起 30 日内,抵押当事人应当到房地产所在地的房地产管理部门办理房地产抵押登记"。房地产抵押合同自抵押登记之日起生效。

以依法取得的房屋所有权证书的房地产抵押的,登记机关应当在原《房屋所有权证》上作他项权利记载后,由抵押人收执,并向抵押权人颁发《房屋他项权证》。以在建工程设定抵押的,当事人应当申请在建工程抵押权设立登记。在建工程竣工并经房屋所有权初始登记后,当事人应当申请将在建工程抵押权登记转为房屋抵押权登记。抵押合同发生变更或者抵押关系终止时,抵押当事人应当在变更或者终止之日起 15 日内,到原登记机关办理变更或者注销抵押登记。因依法处分抵押房地产而取得土地使用权和土地建筑物、其他附着物所有权的,抵押当事人应当自处分行为生效之日起 30 日内,到县级以上地方人民政府房地产管理部门申请房屋所有权转移登记,并凭变更后的房屋所有权证书向同级人民政府土地管理部门申请土地使用权变更登记。

## 四、房地产权属登记管理制度

### (一)房地产权属登记的概念和特点

1. 房地产权属登记的概念。房地产权属登记,又称房地产登记,是指房地产登记机构依其职权对房地产权利人合法的土地使用权和房屋所有权,以及由此产生的抵押权、地役权等房地产其他权利的登记。房地产权属登记是不动产登记的重要类型之一。根据《不动产登记暂行条例》第 2 条第 1 款的规定，所谓不动产登记，是指不动产登记机构依法将不动产权利归属和其他法定事项记载于不动产登记簿的行为。

2. 房地产权属登记的特点。房地产权属登记是房地产权属管理的重要内容。对于权利人来说，房地产登记是其权利的取得、设定、变更及丧失的法定依据。其具有以下特点：

(1) 强制登记。我国房地产登记不是自愿登记，而属义务规范，不登记者其权属不受法律保护。依据《民法典》第 208 条规定的规定，“不动产物权的设立、变更、转让和消灭，应当依照法律规定登记”。该法第 209 条进一步规定：“不动产物权的设立、变更、转让和消灭，经依法登记，发生效力；未经登记，不发生效力，但是法律另有规定的除外”。

(2) 统一登记。我国实行不动产统一登记制度。现行《不动产登记暂行条例》明确规定：国务院国土资源主管部门负责指导、监督全国不动产登记工作；县级以上地方人民政府应当确定一个部门为本行政区域的不动产登记机构，负责不动产登记工作，并接受上级人民政府不动产登记主管部门的指导、监督。

### (二) 房地产权属登记的功能

房地产权属登记有三项功能，即权利确认功能、权利公示功能和管理功能。

1. 权利确认功能，是指房地产权属登记确认房地产权利的归属状态，经登记的房地产权利受国家强制力保护，可以对抗权利人以外的任何人。

2. 权利公示功能，指房地产权属登记公开房地产权利变动情况，昭示利益关系人与社会公众，保障房地产交易的安全。

3. 管理功能，指房地产权属登记实现国家的管理意图，一方面通过登记建立产籍资料，进行产籍管理，另一方面通过登记审查相关权利设立、变更、终止的合法性，进而取缔或处罚违法行为。

依据现行法律规定，国务院国土资源主管部门应当会同有关部门建立统一的不动产登记信息管理基础平台，而各级不动产登记机构登记的信息应当纳入统一的不动产登记信息管理基础平台，确保国家、省、市、县四级登记信息的实时共享。此外，不动产登记有关信息与住房城乡建设、农业、林业、海洋等部门审批信息、交易信息等应当实时互通共享。

## 五、违反房地产管理的法律责任

违反房地产管理的法律责任，是指行为人因违反房地产法律法规规定，侵害相关主体的合法利益、扰乱房地产管理的正常秩序而应承担的不利的法律后果，包括民事责任、行政责任和刑事责任三种责任形态。

1. 民事责任。例如，依据《不动产登记暂行条例》第 29 条的规定，不动产登记机构登记错误给他人造成损害的,应当依法承担损害赔偿责任;行为人提供虚假材料申请登记给他人造成损害的,也应当依法承担赔偿责任。该《条例》第32条还规定,“不动产登记机构、不动产登记信息共享单位及其工作人员,查询不动产登记资料的单位或者个人违反国家规定,泄露不动产登记资料、登记信息,或者利用不动产登记资料、登记信息进行不正当活动,给他人造成损害的,依法承担赔偿责任”。

2. 行政责任。现行《城市房地产管理法》对房地产所涉行政法律责任作出了系统性规定,主要分为两大类型:(1)房地产行政管理部门的行政责任。《城市房地产管理法》第64条规定,违法擅自批准出让或者擅自出让土地使用权用于房地产开发的,由上级机关或者所在单位给予有关责任人员行政处分。该法第70条规定,“没有法律、法规的依据,向房地产开发企业收费的,上级机关应当责令退回所收取的钱款;情节严重的,由上级机关或者所在单位给予直接责任人员行政处分”。(2)房地产行政管理相对人的责任。《城市房地产管理法》第65条规定,违反法律规定,未取得营业执照擅自从事房地产开发业务的,由县级以上人民政府工商行政管理部门责令停止房地产开发业务活动,没收违法所得,可以并处罚款。该法第66条规定,违法转让土地使用权的,由县级以上人民政府土地管理部门没收违法所得,可以并处罚款。此外,违法转让房地产的,由县级以上人民政府土地管理部门责令缴纳土地使用权出让金,没收违法所得,可以并处罚款;违法预售商品房的,由县级以上人民政府房产管理部门责令停止预售活动,没收违法所得,可以并处罚款;违反法律规定,未取得营业执照擅自从事房地产中介服务业务的,由县级以上人民政府工商行政管理部门责令停止房地产中介服务业务活动,没收违法所得,可以并处罚款。

3. 刑事责任。现行《城市房地产管理法》第71条规定,房产管理部门、土地管理部门工作人员玩忽职守、滥用职权,构成犯罪的,依法追究刑事责任;房产管理部门、土地管理部门工作人员利用职务上的便利,索取他人财物,或者非法收受他人财物为他人谋取利益,构成犯罪的,依法追究刑事责任。《不动产登记暂行条例》第31条规定,“伪造、变造不动产权属证书、不动产登记证明,或者买卖、使用伪造、变造的不动产权属证书、不动产登记证明的,由不动产登记机构或者公安机关依法予以收缴”,“构成犯罪的,依法追究刑事责任”。

**【法条链接】**

1.《土地管理法》(1986年通过,1988第一次修正、1998修订、2004年第二次修正、2019年第三次修正)。

2.《城市房地产管理法》(1994年通过,2007年第一次修正、2009年第二次修正、2019年第三次修正)。

3.《城乡规划法》(2007年通过,2015年第一次修正、2019年第二次修正)。

4.《土地管理法实施条例》(1998年制定,2011年第一次修订、2014年第二次修订)。

5.《城镇国有土地使用权出让和转让暂行条例》(1990 年制定,2020 年修订)。

6.《城市房地产开发经营管理条例》(1998 年制定,2011 年第一次修订、2018 年第二次修订、2019 年第三次修订、2020 年第四次修订、2020 年第五次修订)。

7.《国有土地上房屋征收与补偿条例》(2011 年制定)。

8.《不动产登记暂行条例》(2014 年制定,2019 年修订)。

9.《房地产开发企业资质管理规定》(1993 年制定,2000 年修订、2015 年修正)。

10.《城市商品房预售管理办法》(1994 年制定,2001 年、2004 年修正)。

11.《城市房地产转让管理规定》(1995 年制定,2001 年修正)。

12.《城市房地产抵押管理办法》(1997 年发布,2001 年修正)。

13.《商品房屋租赁管理办法》(2010 年制定)。

14.《最高人民法院关于审理涉及国有土地使用权合同纠纷案件适用法律问题的解释》(2004 年制定,2020 年修正)。

15.《最高人民法院关于审理商品房买卖合同纠纷案件适用法律若干问题的解释》(2003 年制定,2020 年修正)。

## 【拓展阅读】

1. 房绍坤:《房地产法》(第六版),北京大学出版社 2020 年版。
2. 符启林:《房地产法》(第 5 版),法律出版社 2018 年版。
3. 陈耀东:《新编房地产法学》(第 2 版),北京大学出版社 2018 年版。
4. 杨勤法:《房地产法实务》,北京大学出版社 2017 年版。
5. 高富平、黄武双:《房地产法学》(第四版),高等教育出版社 2016 年版。
6. 李延荣、周珂:《房地产法》(第五版),中国人民大学出版社 2016 年版。

# 第九章　金融监管法律制度

【导语】 金融是现代经济的血脉,金融活,经济活;金融稳,经济稳。防范、化解金融风险特别是防止发生系统性金融风险是金融工作的根本性任务,是经济高质量发展的内在要求。随着我国金融体制改革的不断深化,金融体系、金融市场、金融监管和调控体系日益完善,金融机构实力大大增强,以银行业监管法律制度、证券业监管法律制度、保险业监管法律制度为核心内容的金融监管法律体系也日趋完善。其中,完善的银行业监管法律制度主要包括市场准入制度、审慎监管制度、银行市场退出和保障制度等。完善的证券业监管法律制度主要包括证券发行审核制度、证券交易监管制度、强制信息披露制度等。完善的保险业监管法律制度主要包括偿付能力监管制度、市场行为监管制度、公司治理监管制度。有完善的金融监管法律制度作保证,才能实现有效的金融监管,保持金融稳定,促进经济健康有序地发展。

## 第一节　银行业监管法律制度

### 一、银行业监管与银行业监管法

#### （一）银行业监管

银行业监管有广义和狭义两种理解。从狭义上讲,银行业监管,是指国家金融监管机构对银行业金融机构的组织及其业务活动进行监督和管理的总称。广义的银行业监管则不仅包括国家金融监管机构对银行业金融机构的外部监管或他律监管,也包括银行业金融机构的内部监管或自律监管。国家金融监管机构对银行业的外部监管与银行业金融机构的自律监管是相辅相成的。国家金融监管机构的外部监管以维护社会公共利益、保障金融秩序的宏观稳定为目标,以防范和化解银行业风险为重点,在银行业监管中起着主导作用。然而,国家金融监管机构的外部监管不可避免地带有滞后性和监管盲区,很难及时有效地予以监管。因此,自 20 世纪末,金融创新对传统银行监管制度提出了挑战,各国开始普遍重视金融机构的自律管理,纷纷立法,要求银行等金融机构加强以内部风险控制为核心的自我监管,并制定标准指导银行对其自身风险进行内部考量与评估。可见,银行业金融机构的内部自律监管是政府监管部门外部监管的必要的有益补充。

### （二）银行业监管法

一般认为，所谓银行业监管法，是指调整国家金融监管机构对银行业金融机构的组织及其业务活动进行监督管理过程中发生的经济关系的法律规范的总称。

世界各国有关银行业监管的法律规定一般散见于其中央银行法、商业银行法或其他的金融立法中。我国是世界上少有的制定专门性的银行业监管法的国家。2003 年 12 月 27 日，第十届全国人大常委会第六次会议表决通过了《中华人民共和国银行业监督管理法》（以下简称《银行业监督管理法》）。《银行业监督管理法》自 2004 年 2 月 1 日起施行，并于 2006 年 10 月 31 日由第十届全国人民代表大会常务委员会第二十四次会议进行修正，由 6 章 52 条构成。

我国有关银行业监督管理的法律规范主要体现在《银行业监督管理法》这一专门立法中，但也有相当的法律规范同时体现在其他有关法律中，如《中华人民共和国人民银行法》（以下简称《人民银行法》）、《中华人民共和国商业银行法》（以下简称《商业银行法》）。例如，现行《商业银行法》（1995 年制定，2003 年、2015 年两次修正）以专章形式对"监督管理"进行全面规定。依据《商业银行法》第 62 条第 1 款的规定，国务院银行业监督管理机构有权依照法律规定，"随时对商业银行的存款、贷款、结算、呆账等情况进行检查监督"，"商业银行应当按照国务院银行业监督管理机构的要求，提供财务会计资料、业务合同和有关经营管理方面的其他信息"。

此外，行政法规、部门规章等也是银行业监管法律体系的重要构成，包括《商业银行互联网贷款管理暂行办法》《商业银行理财子公司净资本管理办法（试行）》《商业银行股权托管办法》《商业银行代理保险业务管理办法》《商业银行理财子公司管理办法》《商业银行理财业务监督管理办法》《商业银行大额风险暴露管理办法》《商业银行股权管理暂行办法》《商业银行流动性风险管理办法》《商业银行保理业务管理暂行办法》《银行业金融机构董事（理事）和高级管理人员任职资格管理办法》《银行业金融机构衍生产品交易业务管理暂行办法》《非法金融机构和非法金融业务活动取缔办法》《商业银行与内部人和股东关联交易管理办法》《金融机构撤销条例》等。上述规定均是《银行业监督管理法》的配套和补充，促进了银行业监管法治化水平的提高。

## 二、银行业监管主体和对象

### （一）监管主体

1. 中国银行保险监督管理委员会。《银行业监督管理法》以专章形式对"监督管理机构"作出了系统规定，并明确提出，"国务院银行业监督管理机构负责对全国银行业金融机构及其业务活动监督管理的工作"。目前，作为法定银行业监督管理机构，中国银行保险监督管理委员会，简称银保监会，成立于 2018 年，系国务院直属正部级事业单位，有法规部、普惠金融部、银行检查局等27个内设机构,并在北京市、河北省等31个省(直辖市、自治区)以及大连、宁波、厦门、青岛、深圳等5个计划单列市设有36个监管局。依据现行法律规定,作为中国银保监会的派出机构,36个监管局应当在授权范围内,依法履行监督管理职责。

依据《银行业监督管理法》等法律规定和国务院的授权,银保监会在银行业监督管理方面主要承担以下职责:(1)依照法律、行政法规规定的条件和程序,审查批准银行业金融机构的设立、变更、终止以及业务范围;(2)对银行业金融机构的董事和高级管理人员实行任职资格管理;(3)依照法律、行政法规制定银行业金融机构的审慎经营规则;(4)对银行业金融机构的业务活动及其风险状况进行非现场监管,建立银行业金融机构监督管理信息系统,分析、评价银行金融机构的风险状况;(5)对银行业金融机构的业务活动及其风险进行现场检查,指定现场检查程序,规范现场检查行为;(6)对银行业金融机构实行并表监督管理;(7)会同有关部门建立银行业突发事件处置制度,制定银行业突发事件处置预案,明确处置机构和人员职责、处置措施和处置程序,及时、有效地处置银行业突发事件;(8)负责统一编制全国银行业金融机构的统计数据、报表,并按照国家有关规定予以公布;(9)对银行业自律组织的活动进行指导和监督;(10)开展与银行业监督管理有关的国际交流、合作活动;(11)对已经或者可能发生信用危机,严重影响存款人和其他客户合法权益的银行业金融机构实行接管或者促成机构重组;(12)对有违法经营、经营管理不善等情形的银行业金融机构予以撤销;(13)对涉嫌金融违法的银行业金融机构及其工作人员以及关联行为人的账户予以查询,对涉嫌转移或者隐匿违法资金的申请司法机关予以冻结;(14)对擅自设立银行业金融机构或非法从事银行业金融机构的业务活动的,予以取缔;(15)负责国有重点银行业金融机构监事会的日常管理工作;(16)承办国务院交办的其他事项。

2. 中国人民银行。现行《人民银行法》(1995年制定,2003年修正)第2条规定:"中国人民银行是中华人民共和国的中央银行。中国人民银行在国务院领导下,制定和执行货币政策,防范和化解金融风险,维护金融稳定。"依据该规定,作为我国的中央银行,中国人民银行的定位是金融调控主体,主要职能在于"防范和化解金融风险,维护金融稳定"。但是,需要予以明确的是,中国人民银行还是重要的银行业监管主体,如《人民银行法》以专章形式对"金融监督管理"问题进行了全面规定。依据《人民银行法》第4条的规定,中国人民银行在银行业监管方面主要承担以下职责:监督管理银行间同业拆借市场和银行间债券市场;实施外汇管理,监督管理银行间外汇市场;指导、部署金融业反洗钱工作,负责反洗钱的资金监测;国务院规定的其他职责。在执法方面,依据法律规定,"当银行业金融机构出现支付困难,可能引发金融风险时,为了维护金融稳定,中国人民银行经国务院批准,有权对银行业金融机构进行检查监督";此外,"中国人民银行根据执行货币政策和维护金融稳定的需要,可以建议国务院银行业监督管理机构对银行业金融机构进行检查监督”；[1]同时，“中国人民银行根据履行职责的需要，有权要求银行业金融机构报送必要的资产负债表、利润表以及其他财务会计、统计报表和资料”。

3. 银行业自律组织。基于金融领域高风险的特点，除政府及职能部门监管外，往往需要发挥行业自律监管的积极作用。就银行业监管而言，亦是如此，以中国银行业协会为代表的行业自律监管是银行业监管体系的重要构成，是银保监会、人民银行等部门监管的有益补充。

中国银行业协会成立于2000年5月，是经中国人民银行和民政部批准成立，并在民政部登记注册的全国性非营利社会团体，是中国银行业自律组织。依据现行规定，凡经业务主管单位批准设立的、具有独立法人资格的银行业金融机构（含在华外资银行业金融机构）和经相关监管机构批准、具有独立法人资格、在民政部门登记注册的各省（自治区、直辖市、计划单列市）银行业协会以及相关监管机构批准设立，具有独立法人资格的依法与银行业金融机构开展相关业务合作的其他类型金融机构，以及银行业专业服务机构均可申请加入中国银行业协会成为会员单位。

中国银行业协会的最高权力机构为会员代表大会，由300名会员代表组成。会员代表大会的执行机构为理事会，对会员代表大会负责。理事会在会员代表大会闭会期间负责领导协会开展日常工作。理事会闭会期间，常务理事会行使理事会职责。常务理事会由会长1名、专职副会长1名、副会长若干名、秘书长1名组成。协会设监事会，由监事长1名、监事若干名组成。根据工作需要，中国银行业协会设立有包括银行卡专业委员会、村镇银行工作委员会等在内的32个专业委员会。截至2020年11月，中国银行业协会共有743家会员单位，涉及政策性银行、国有大型商业银行、股份制商业银行、城市商业银行、民营银行、农村商业银行等诸多类型。

中国银行业协会以促进会员单位实现共同利益为宗旨，履行自律、维权、协调、服务职能，维护银行业合法权益，维护银行业市场秩序，提高银行业从业人员素质，提高为会员服务的水平，促进银行业的健康发展。作为银行业各金融机构利益的代表、政府和银行之间的纽带，中国银行业协会已成为市场经济条件下金融市场中不可或缺的社会团体。在与银行开展监管博弈的过程中，如果任何违法、违规、违纪行为都由中央银行直接处理，不仅监管成本极高，而且将使中央银行陷入日常琐事中，影响央行对货币政策等宏观调控职能的发挥。行业组织的存在及其自律行为对行业的稳定发展必不可少，它能够防止过度竞争，减少社会的交易成本，降低政府的监管费用，在保护经营者与消费者的利益方面发挥着积极的作用。凡是金融业发达的国家或地区，其金融监管当局除自身对金融业进行现场和非现场检查外，都非常重视行业自律组织职能的发挥。如美国基金联合会、中国香港银行公会、中国台湾证券投资顾问商业同业公会等行业组织，都对其所在国

[1] 依据《银行业监督管理法》第26条的规定，“国务院银行业监督管理机构对中国人民银行提出的检查银行业金融机构的建议，应当自收到建议之日起30日内予以回复”。

(地区)金融业的发展起到过良好的促进作用。

中国银行业协会应接受中国银保监会及其派出机构的指导和监督。行业自律是银行业监督管理活动的一个有机组成部分,也是《巴塞尔新资本协议》中第三支柱市场约束中的重要内容。但是银行业自律组织不是一个正式的外部监管机构,其活动往往带有市场性、自发性和非强制性等特点。要引导银行业金融机构健康稳健地发展,保护存款人和其他客户的利益,防止其片面追求行业利益最大化,对社会公众利益造成侵害,需要国务院银行业监督管理机构对其活动进行指导和监督。

## (二) 监管对象

银行业监管的对象包括银行业金融机构、境内设立的其他金融机构和境外设立的金融机构三类。

1. 银行业金融机构。依据《银行业监督管理法》第 2 条第 2 款的规定,法定意义上的银行业金融机构,是指在中华人民共和国境内设立的商业银行、城市信用合作社、农村信用合作社等吸收公众存款的金融机构以及政策性银行。这是银行业监督管理的主要对象。据中国银保监会官网的信息显示,截至 2020 年 6 月 30 日,共有城市商业银行 135 家、村镇银行 1633 家、股份制商业银行 12 家、国有大型商业银行 6 家、开发性金融机构 1 家、民营银行 19 家、农村合作银行 27 家、农村商业银行 1500 家,农村信用社 694 家、外资法人银行 41 家、政策性银行 2 家、住房储蓄银行 1 家。[2]

2. 其他金融机构。《银行业监督管理法》第 2 条第 3 款的规定,“对在中华人民共和国境内设立的金融资产管理公司、信托投资公司、财务公司、金融租赁公司以及经国务院银行业监督管理机构批准设立的其他金融机构的监督管理,适用本法对银行业金融机构监督管理的规定”。据中国银保监会官网的信息显示,截至 2020 年 6 月 30 日,共有贷款公司 13 家、货币经纪公司 5 家、金融资产管理公司 4 家、金融租赁公司 71 家、农村资金互助社 42 家、企业集团财务公司 255 家、汽车金融公司 25 家、消费金融公司 26 家、信托公司 68 家、其他金融机构 27 家。[3]

3. 境外设立的金融机构。依据《银行业监督管理法》第 2 条第 4 款的规定,对国务院银行业监督管理机构依法批准在境外设立的金融机构、境内银行业金融机构以及其他金融机构在在境外的业务活动实施监督管理。例如,截至 2017 年末,工商银行已在 45 个国家和地区建立 419 家境外机构,境外机构总资产 3586 亿美元。其中,工商银行在“一带一路”沿线国家和地区拥有 129 家分支机构。境外机构 2017 年实现净利润 31.5 亿美

---

〔2〕《银行业金融机构法人名单(截至 2020 年 6 月 30 日)》,载于中国银保监会官网,http://www.cbirc.gov.cn/cn/view/pages/govermentDetail.html? docId=924532&itemId=863&generaltype=1,最后访问日期:2021 年 3 月 8 日。

〔3〕《银行业金融机构法人名单(截至 2020 年 6 月 30 日)》,载于中国银保监会官网,http://www.cbirc.gov.cn/cn/view/pages/govermentDetail.html? docId=924532&itemId=863&generaltype=1,最后访问日期:2021 年 3 月 8 日。

元，同比增长 23.5％，境外机构总资产同比增长 17％。[4]

### （三）监管目标与原则

1. 监管目标。依据现行法律规定，银行业监督管理的目标主要包括：(1)促进银行业的合法、稳健运行；(2)维护公众对银行业的信心；(3)保护银行业公平竞争，提高银行业竞争能力。

2. 监管原则。依据现行法律规定，银行业监督管理应当遵循如下原则：(1)依法监管。2014 年 10 月 23 日中国共产党第十八届中央委员会第四次全体会议通过的《中共中央关于全面推进依法治国若干重大问题的决定》强调指出，“依法治国，是坚持和发展中国特色社会主义的本质要求和重要保障，是实现国家治理体系和治理能力现代化的必然要求，事关我们党执政兴国，事关人民幸福安康，事关党和国家长治久安”。就银行业监管管理而言，依法为之是基本要求，这是全面依法治国的应有之义。(2)公开、公正监管。所谓公开监管，是指监管主体在对银行业金融机构实施监管时，应当依法向社会公开相关信息，接受社会监督；所谓公正监管，是指监管主体在实施监管时，应当对作为监管对象的银行业金融机构予以平等对待，做到“一视同仁”。(3)效率监管。效率监管的意涵丰富，至少体现在以下两个层面：一是从微观视角来看，监管主体在对银行业金融机构进行监督管理时，要考虑投入与产出问题，提高监管效率；二是从宏观视角来看，监管主体在对银行业金融机构进行监督管理时，一定要有利于银行业的持续健康发展，进而为经济社会发展提供重要助推。(4)独立监管。所谓独立监管，是指监管主体在实施监管时，依法独立进行，不受任何主体的不当干预。《银行业监督管理法》第 5 条明确规定，“银行业监督管理机构及其从事监督管理工作的人员依法履行监督管理职责，受法律保护”，“地方政府、各级政府部门、社会团体和个人不得干涉”。

## 三、银行业监管体制

银行业监管体制，是指国家对银行业进行监督管理的职责划分的方式和组织制度。与本国的政治经济体制、宏观调控手段、金融体制、金融市场发育程度相适应，各国确立了各具特色的银行业监管体制。

### （一）银行监管体制的类型

1. 中央银行与其他金融监管机关共同监管体制。采用共同监管体制的国家，其银行业是由中央银行与其他金融监管机关进行共同监管的。美国、德国等国家采用了该种体制。

美国的银行监管体制实行双轨银行制，即银行既可以在联邦的相应金融管理机构注

---

[4] 《工商银行已建立超 400 个境外机构》，载于新华网，http://www.xinhuanet.com/fortune/2018-03/27/c_1122599478.htm，最后访问日期：2021 年 3 月 8 日。

册,也可以在各州的金融管理机构注册,领取营业许可。银行监管机构相应的也由两个层次组成:一是各州的银行监管机构;二是联邦一级的三个主要监管机构,即财政部下设的货币监理署、美联储和联邦存款保险公司。其中,财政部货币监理署负责联邦银行的注册许可及监管事宜;美联储除行使美国中央银行的职能,还对其成员银行及金融控股公司进行监管;联邦存款保险公司则对参加存款保险的所有银行进行监管。除这三个主要的联邦监管机构外,财政部下设的储贷监理署、国家信用联盟管理局分别对联邦注册的存贷款机构、信用联盟进行监督管理。在美国这种多重监管体制下,各监管机构职能重叠,造成很多弊端,招致众多争议。尤其是1994年美国颁布《跨州银行法》,允许银行跨州设立分支机构,1999年颁布的《金融现代化服务法》又允许银行、证券、保险混业经营,美国金融业出现了越来越多的混业经营和跨区域经营,在这种情况下,金融监管体制是否需要整合、如何防范混业经营后的金融风险,引起了美国各界更强烈的关注,但至今改革无实质性进展。

德国采取货币政策执行与银行监管相分离的模式,其中央银行——德意志联邦银行主要负责国家货币政策的制定与执行,联邦金融市场监管局则统一行使对银行、保险、证券及其他金融服务公司的监管职责。但在银行业具体监管上,德意志联邦银行与联邦金融市场监管局分工协作,两者职能密不可分。联邦金融市场监管局是银行业监管的主要机构,负责制定联邦政府有关金融监管的规章制度,在银行的市场准入、信息披露、重大的股权交易、资本充足性、市场退出等方面实行全面监管。但由于金融市场监管局自身没有分支机构,必须借助德意志联邦银行的机构和网点才能有效实施金融监管,因此,德意志联邦银行负责对银行进行日常监管,对银行呈交的报表进行初审并转报金融市场监管局。

2. 专门银行业监管机构监管体制。采用专门监管体制的国家,其银行业是由专门的银行业监管机构行使监管职能的,中央银行不行使对银行业的监管职能。英国、日本等国家采用了该种体制。专门监管模式有两种不同的监管体制:

(1) 综合监管体制,即所设立的专门的金融监管机构具有统一监管银行、证券、保险等所有金融领域的职能,英国等国家采取了该种模式。

长期以来,英国的英格兰银行是发达国家中少数不具备独立制定货币政策权力的中央银行之一,因而在金融监管方面,由英格兰银行、证券投资委员会分别负责银行业和证券业的监管。此外,金融行业自律组织在监管中也发挥着相当重要的作用。随着英格兰银行独立性的逐渐增强和金融混业趋势的抬头,英国的金融改革也随之展开。《1998年英格兰银行法》赋予英格兰银行独立制定货币政策的能力。同年,英国政府将英格兰银行的银行监管职能分离出来,与原有的证券投资委员会等9个金融监管机构合并成立了独立于中央银行的综合性金融监管机构——金融服务局,负责对所有金融机构和金融市场进行监管。2000年6月,英国通过了《金融市场与服务法案》,从法律上进一步确认了上述金融监管体制的改变,明确金融监管局是唯一的对金融业进行全面监管的机构。尽管在此之前，北欧各国和加拿大均已分离了中央银行的监管职能，但作为主要国际金融中心进行的首次尝试，英国的此项改革在国际上产生了极大影响，被舆论称为“金融大爆炸”，韩国、澳大利亚、卢森堡、匈牙利和日本等国先后进行了类似改革。

(2) 分业监管体制，即银行、证券、保险分别由专门的银行业监管机构、证券业监管机构以及保险业监管机构进行监管，日本等国家采取了该种模式。

日本的金融监管传统上以大藏省为主，大藏省负责制定金融政策，对金融机构的准入及其业务活动进行监管。1998 年以来，日本对金融监管体系进行重大改革，主要包括：一是大藏省不再行使货币政策的制定和金融监管职能，废除大藏省原享有的对日本的中央银行——日本银行的业务管理权及高级职员的人事任免权；二是通过 1998 年新的《日本银行法》，赋予日本银行独立制定货币政策的权力；三是成立了独立于日本银行之外的金融监管厅(2000 年更名为金融厅)，接收了原大藏省检查、监督和审批金融机构准入的全部职能，统一负责对各类金融机构进行监管。2001 年 1 月，日本大藏省改名为财务省，与金融厅真正成为权限分立、分别执掌金融行政和金融监管的政府机构。

## （二）中国的银行监管体制

通说认为，我国目前所采用分业监管体制，由中国银行保险监督管理委员会作为专门的银行业和保险业监管机构，依法依规对全国银行业和保险业实行统一监督管理，维护银行业和保险业合法、稳健运行，防范和化解金融风险，保护金融消费者合法权益，维护金融稳定；同时，中国证券监督管理委员会(简称“证监会”)则对依法依规统一监督管理全国证券期货市场，维护证券期货市场秩序，保障其合法运行。我国的银行监管模式随经济体制和金融体制改革的不断深入而逐步形成，经历了一个较长的发展过程，大致可分为以下阶段：

1. 从新中国成立到 1984 年，我国实行的是大一统的人民银行体制，谈不上有真正意义上的金融监管和银行监管。1983 年 9 月 17 日国务院出台《关于中国人民银行专门行使中央银行职能的决定》，明确中国人民银行是领导和管理全国金融事业的国家机关，中国人民银行开始专门行使中央银行职能，标志着现代中央银行制度在我国的初步形成。这一阶段，中国人民银行对银行业、证券业、保险业实行统一监管，即混业管理阶段。

2. 1992 年 10 月，国务院证券委员会和中国证券监督管理委员会成立，证券业的监管职能从中国人民银行分离，证券业由人民银行和证监会共同实施监管。1993 年 12 月 25 日，国务院颁布《关于金融体制改革的决定》，明确了银行业、证券业和保险业分业经营。1995 年 3 月 18 日，《中国人民银行法》颁布实施，以法律形式确立了中国人民银行作为中央银行的法律地位，明确其基本职责是制定和执行货币政策、实施金融监管、提供金融服务。

3. 1998 年 6 月，为应对亚洲金融危机，国务院对金融监管组织框架进行了重大调整，国务院证券委员撤销并入中国证监会，中国人民银行亦将对证券机构的监管职能全部移交给证监会。1998 年 11 月,国务院决定成立中国保险业监督管理委员会负责对中国保险业的监督管理,将保险业的监管从中国人民银行剥离,中国人民银行主要负责银行业的监管。至此,我国按照分业经营、分业监管的理念,形成了三大金融监管机构并存的格局。中国证监会和中国保监会分别对证券业和保险业行使监管职能,中国人民银行则负责银行业监管及货币政策的制定与执行。

4. 2003 年 3 月,中国银行业监督管理委员会成立,并被授权统一监督管理全国银行业金融机构,中国人民银行的银行监管职能被剥离。2003 年 12 月 27 日,第十届全国人民代表大会常委会第六次会议通过了《银行业监督管理法》,这是我国第一部系统完整规范银行业监管的法律,同时对《中国人民银行法》和《商业银行法》进行了修改。我国正式确立了银监会、证监会、保监会分工明确、独立监管、相互协调的金融分业监管体制,而中国人民银行自新中国成立 50 多年来的集货币政策和银行监管于一身的"大一统"时代也告结束,只负责制定和执行货币政策、维护金融稳定和提供金融服务。

5. 2018 年 3 月 17 日第十三届全国人民代表大会第一次会议审议通过了《关于国务院机构改革方案的决定》,该《方案》规定,"将中国银行业监督管理委员会和中国保险监督管理委员会的职责整合,组建中国银行保险监督管理委员会","将中国银行业监督管理委员会和中国保险监督管理委员会拟订银行业、保险业重要法律法规草案和审慎监管基本制度的职责划入中国人民银行"。2018 年 4 月 8 日,中国银行保险监督管理委员会在北京挂牌,标志着新组建的中国银行保险监督管理委员会正式运行。银保监会的成立是我国深化金融监管体制改革的一次有益尝试,有助于强化综合监管,优化监管资源配置,是建立符合现代金融特点、统筹协调、有力有效的现代金融监管框架的一项重要举措,具有里程碑式意义。[5]

## 四、银行业市场准入监管制度

银行监管的重要环节之一,市场准入监管是被称为银行监管的"第一道防线"。由于银行业所具有的社会公共性和高风险性,各国对银行业的市场准入都规定了非常严格的条件和程序。

### (一) 机构准入监管

1. 基本要求。设立银行业金融机构,应当经国务院银行业监督管理机构批准。国务院银行业监督管理机构依照法律、行政法规规定的条件和程序,审查批准银行业金融机构的设立、变更、终止以及业务范围。银行业金融机构必须依法设立,未经国务院银行业监督管理机构批准,任何单位或者个人不得设立银行业金融机构。

---

〔5〕《近日,新组建的中国银行保险监督管理委员会正式挂牌——防风险攻坚战有了新利器》,载于国务院官网,http://www.gov.cn/xinwen/2018-04/16/content_5282699.htm,最后访问日期:2021 年 3 月 8 日。

2. 设立条件。银行业金融机构必须要具备法律所规定的设立条件,才能依法成立。例如,依据现行法律规定,设立商业银行,应当具备下列条件:(1)章程。有符合《公司法》和《商业银行法》规定的章程;(2)注册资本。设立全国性商业银行的注册资本最低限额为10亿元人民币,设立城市商业银行的注册资本最低限额为1亿元人民币,设立农村商业银行的注册资本最低限额为5000万元人民币。注册资本应当是实缴资本,且国务院银行业监督管理机构根据审慎监管的要求可以调高注册资本最低限额;(3)人员。有符合任职资格条件的董事、高级管理人员和熟悉银行业务的合格从业人员;(4)制度。有健全的组织机构和管理制度;(5)场所与设施。有与业务经营相适应的营业场所、安全防范措施和与业务有关其他设施;(6)其他审慎性条件。

由银行业性质的特殊性所决定,在市场准入制度设计上,除对银行业金融机构设立的条件予以明确规定外,还对银行业金融机构股东的资格进行了相应要求,主要体现为股东资格审查机制的建立。依据现行法律规定,申请设立银行业金融机构,或者银行业金融机构变更持有资本总额或者股份总额达到规定比例以上的股东的,国务院银行业监督管理机构应当对股东的资金来源、财务状况、资本补充能力和诚信状况进行审查。此外,法律还规定,任何单位和个人购买商业银行股份总额5%以上的,应当事先经国务院银行业监督管理机构批准。

3. 设立程序。由银行业的特殊性质所决定,在绝大多数国家,对银行业的市场准入实行许可制,我国亦是如此。在我国设立银行业金融机构,除要具备法律规定的实体性条件外,还必须遵守法律所规定的相应程序。例如,依据现行法律规定,设立商业银行,申请人应当向国务院银行业监督管理机构提交下列文件、资料:申请书,申请书应当载明拟设立的商业银行的名称、所在地、注册资本、业务范围等;可行性研究报告;国务院银行业监督管理机构规定提交的其他文件、资料。经批准设立的商业银行,由国务院银行业监督管理机构颁发经营许可证,并凭该许可证向工商行政管理部门办理登记,领取营业执照。依据现行法律规定,监管部门自收到设立申请文件之日起6个月内作出批准或者不批准的书面决定;决定不批准的,应当说明理由。

### (二)银行业金融机构的业务范围监管

依据现行法律规定,国务院银行业监督管理机构还应当对银行业金融机构的业务范围进行监管,主要体现为业务的审查和批准。银行业金融机构业务范围内的业务品种,应当按照规定经国务院银行业监督管理机构审查批准或者备案。需要审查批准或者备案的业务品种,由国务院银行业监督管理机构依照法律、行政法规作出规定并公布。

依据《商业银行法》第3条的规定,商业银行可以经营下列部分或者全部业务:吸收公众存款;发放短期、中期和长期贷款;办理国内外结算;办理票据承兑与贴现;发行金融债券;代理发行、代理兑付、承销政府债券;买卖政府债券、金融债券;从事同业拆借;买卖、代理买卖外汇;从事银行卡业务;提供信用证服务及担保;代理收付款项及代理保险业务;提供保管箱服务;经国务院银行业监督管理机构批准的其他业务。上述业务应当由商业银行章程予以规定,同时还需要“报国务院银行业监督管理机构批准”。国务院银行业监督管理机构应当自收到申请文件之日起3个月内作出批准或者不批准的书面决定;决定不批准的,应当说明理由。其中,需要予以特别说明的是,商业银行拟“经营结汇、售汇业务”的,需要经中国人民银行而非国务院银行业监督管理机构批准。未经国务院银行业监督管理机构批准,任何单位或者个人不得从事银行业金融机构的业务活动。

### (三)银行业金融机构高级管理层的任职资格监管

作为经营管理的决策和执行人员,董事和高级管理人员的品德和能力直接关系银行业金融机构的经营和发展,直接关涉金融风险的防范和控制,因此,各国对银行业金融机构的董事和高级管理人员大多实行任职资格管理。我国亦是如此,《银行业监督管理法》第20条明确规定,“国务院银行业监督管理机构对银行业金融机构的董事和高级管理人员实行任职资格管理”。为进一步完善银行业金融机构董事(理事)和高级管理人员任职资格管理,促进银行业合法、稳健运行,原中国银监会还于2012年制定了《银行业金融机构董事(理事)和高级管理人员任职资格管理办法》,使银行业金融机构高级管理层任职资格监管制度落到了实地。金融机构应当确保其董事(理事)和高级管理人员就任时和在任期间始终符合相应的任职资格条件,拥有相应的任职资格;董事(理事)和高级管理人员在任期间出现不符合任职资格条件情形的,金融机构应当令其限期改正或停止其任职,并将相关情况报告监管机构

1. 任职资格条件。所谓任职资格条件,是指金融机构拟任、现任董事(理事)和高级管理人员在品行、声誉、知识、经验、能力、财务状况、独立性等方面应当达到的监管要求。依据现行规定,金融机构拟任、现任董事(理事)和高级管理人员的任职资格基本条件包括:具有完全民事行为能力;具有良好的守法合规记录;具有良好的品行、声誉;具有担任金融机构董事(理事)和高级管理人员职务所需的相关知识、经验及能力;具有良好的经济、金融从业记录;个人及家庭财务稳健;具有担任金融机构董事(理事)和高级管理人员职务所需的独立性;履行对金融机构的忠实与勤勉义务。

此外,《银行业金融机构董事(理事)和高级管理人员任职资格管理办法》还对金融机构拟任、现任董事(理事)和高级管理人员任职的禁止性情形进行了明确规定,具体包括:有故意或重大过失犯罪记录的;有违反社会公德的不良行为,造成恶劣影响的;对曾任职机构违法违规经营活动或重大损失负有个人责任或直接领导责任,情节严重的;担任或曾任被接管、撤销、宣告破产或吊销营业执照机构的董事(理事)或高级管理人员的,但能够证明本人对曾任职机构被接管、撤销、宣告破产或吊销营业执照不负有个人责任的除外;因违反职业道德、操守或者工作严重失职,造成重大损失或者恶劣影响的;指使、参与所任职机构不配合依法监管或案件查处的;被取消终身的董事(理事)和高级管理人员任职资格,或受到监管机构或其他金融管理部门处罚累计达到两次以上的;不具备任职资

格条件的情形，采用不正当手段获得任职资格核准的；本人或其配偶有数额较大的逾期债务未能偿还，包括但不限于在该金融机构的逾期贷款；本人及其近亲属合并持有该金融机构5%以上股份，且从该金融机构获得的授信总额明显超过其持有的该金融机构股权净值；本人及其所控股的股东单位合并持有该金融机构5%以上股份，且从该金融机构获得的授信总额明显超过其持有的该金融机构股权净值；本人或其配偶在持有该金融机构5%以上股份的股东单位任职，且该股东单位从该金融机构获得的授信总额明显超过其持有的该金融机构股权净值，但能够证明相应授信与本人或其配偶没有关系的除外（该规定不适用于企业集团财务公司）；存在其他所任职务与其在该金融机构拟任、现任职务有明显利益冲突，或明显分散其在该金融机构履职时间和精力的情形。存在上述情形的，不符合任职资格基本条件要求，不能担任金融机构的董事（理事）和高级管理人员。

2. 任职资格审查与核准。金融机构董事（理事）和高级管理人员应当在任职前获得任职资格核准，在获得任职资格核准前不得履职。金融机构任命董事（理事）和高级管理人员或授权相关人员履行董事（理事）或高级管理人员职责前，应当确认其符合任职资格条件，并向监管机构提出任职资格申请。国务院银行业监督管理机构应当按照规定条件对任职资格申请进行全面审查，并自收到申请文件之日起30日内作出批准或者不批准的书面决定；决定不批准的，应当说明理由。金融机构收到监管机构核准或不予核准任职资格的书面决定后，应当立即告知拟任人任职资格审核结果。

3. 任职资格终止。有下列情形之一的，监管机构应当撤销已作出的任职资格核准决定：监管机构工作人员滥用职权、玩忽职守、超越职权、违反法定程序对不具备任职资格条件的人员核准其任职资格的；金融机构董事（理事）和高级管理人员申请任职资格时存在不具备任职资格条件的情形，监管机构在审核时未发现，但在核准其任职资格后发现该情形的；不符合任职资格基本条件的人员通过不正当手段取得董事（理事）和高级管理人员任职资格的；依法应当撤销任职资格核准决定的其他情形。

已拥有任职资格的拟任、现任董事（理事）和高级管理人员出现下列情形之一的，该人员任职资格失效，金融机构应当及时将相关情况报告监管机构：监管机构发出任职资格核准文件3个月后，未实际到任履行相应职责，且未向监管机构提供正当理由的；因死亡、失踪，或者丧失民事行为能力，而被金融机构停止其董事（理事）或高级管理人员任职的；因主动辞职、被金融机构解聘、罢免，或退休及身体原因等不再担任金融机构董事（理事）或高级管理人员职务的；因被有权机关限制人身自由或被追究刑事责任而被金融机构停止其董事（理事）或高级管理人员任职的；因在同一法人机构内部调整职务而停止担任董事（理事）或高级管理人员职务的时间持续一年以上的。

## 五、银行业审慎监管制度

审慎监管是指监管部门以防范和化解银行业风险为目的，通过制定一系列金融机构必须遵守的周密而谨慎的经营规则,客观评价金融机构的风险状况,并及时进行风险监测、预警和控制的监管模式,包括微观审慎监管和宏观审慎监管。微观审慎监管是要监测和防范单体金融机构的个体风险,其监管对象一般只覆盖具有较强外部性特征的高杠杆金融机构;而宏观审慎监管对应的是宏观系统性风险,覆盖范围广,其监测范围不仅包括金融体系,还经常需要关注房地产市场、政府债务等其他经济领域。但是,无论微观审慎监管还是宏观审慎监管都属于审慎监管的范畴,其目标都是监测和防范风险,使银行业金融机构稳健运行。我国在借鉴国际银行业监管惯例和巴塞尔委员会的《银行业有效监管核心原则》基本精神的基础上,确立了银行业审慎监管的理念和原则,并将其作为银行业监管的重要制度。

审慎监管一般通过审慎经营规则得以实现。银行业的审慎经营规则,可以由法律、行政法规规定,也可以由国务院银行业监督管理机构依照法律、行政法规制定。目前,中国银监会及其他有关部门已制定了一系列审慎经营规则,包括资本充足率、风险管理、内部控制、资产质量、损失准备金、风险集中、关联交易、资产流动性等方面的内容。银行业金融机构应当严格遵守上述审慎经营规则。在这一系列审慎经营规则中,简要介绍其中的两个主要规则。

### (一)风险管理监管

风险管理指金融机构识别、计量、监测和控制各类风险全过程的管理。随着现代商业银行的不断发展和金融领域竞争的加剧,金融创新使银行业务趋于多样化和复杂化,银行所面临的风险已经由单一的借贷产生的信用风险演变为包括信用风险、市场风险、操作风险等在内的多类型风险,在性质上也从最初的局部风险演变为全球风险。

我国《商业银行法》明确要求,商业银行应当按照有关规定,制定本行的业务规则,建立、健全本行的风险管理和内部控制制度。针对我国银行高风险点和造成银行巨额损失的银行大案要案频繁发生的情况,监管部门陆续颁发了有关商业银行风险管理的规定,如2004年12月29日公布的《商业银行市场风险管理指引》,2005年3月22日公布的《关于加大防范操作风险工作力度的通知》,2018年5月23日公布的《商业银行流动性风险管理办法》。

风险管理的目标是通过将风险控制在商业银行可以承受的合理范围内,实现经风险调整的收益率的最大化。商业银行进行风险管理,必须建立与本行的业务性质、规模和复杂程度相适应的、完善的、可靠的风险管理体系,其董事会和高级管理层应当对风险管理体系实施有效监控,董事会承担对风险管理实施监控的最终责任。商业银行实施风险管理,还应当适当考虑各个风险类别,如信用风险、市场风险、流动性风险、操作风险、法律风险、声誉风险等风险的相关性,并协调各类别风险管理的政策和程序。

商业银行应当按照监管当局关于商业银行内部控制的有关要求,建立完善的风险管理内部控制体系,作为银行整体内部控制体系的有机组成部分。风险管理的内部控制应当有利于促进有效的业务运作，提供可靠的财务和监管报告，促使银行严格遵守相关法律、行政法规、部门规章和内部的制度、程序，确保市场风险管理体系的有效运行。

中国银保监会依法对商业银行的风险水平和风险管理体系实施监督管理。商业银行应当按照规定及时向银保监会报送与风险有关的财务会计、统计报表和其他报告。银保监会应当定期对商业银行的风险管理状况进行现场检查，对于银保监会在监管中发现的有关风险管理的问题，商业银行应当在规定的时限内提交整改方案并采取整改措施。商业银行应当按照银保监会关于信息披露的有关规定，披露其风险状况的定量和定性信息。

### （二）内部控制监管

银行业金融机构的内部控制，是指由银行业金融机构管理者和全体员工参与的，通过制定和实施系统化的制度、流程和方法，实现控制目标的动态过程和机制。有效的内控机制能够对潜在风险进行事前防范、事中控制、事后监督和纠正，有助于与外部金融监管机构监管协同互动，实现监管功能的“乘数效应”，切实防范日益增长的金融风险，保障金融体系安全稳健运行。内部控制缺失或监管的不到位，极易诱发金融风险，不仅将削弱金融机构的竞争力和盈利能力，而且将对金融体系带来负面影响。

国际银行业多年来的实践证明，改善和加强银行内部控制，已经成为银行生存发展的首要的、基础的条件。巴塞尔委员会在 1998 年《银行机构内部控制体系框架》中提出了商业银行内部控制体系框架，强调商业银行建立内控体系的重大意义。我国银行业监管部门也非常重视银行内部控制，不断加强对商业银行内部控制的评估和监督。例如，原中国银监会于 2014 年 9 月发布的《商业银行内部控制指引》是我国商业银行内部控制监管方面最主要的规定。

依据现行规定，商业银行内部控制的主要目标如下：(1)保证国家有关法律法规及规章的贯彻执行；(2)保证商业银行发展战略和经营目标的实现；(3)保证商业银行风险管理的有效性；(4)保证商业银行业务记录、会计信息、财务信息和其他管理信息的真实、准确、完整和及时。

商业银行内部控制应当遵循以下基本原则：(1)全覆盖原则。商业银行内部控制应当贯穿决策、执行和监督全过程，覆盖各项业务流程和管理活动，覆盖所有的部门、岗位和人员。(2)制衡性原则。商业银行内部控制应当在治理结构、机构设置及权责分配、业务流程等方面形成相互制约、相互监督的机制。(3)审慎性原则。商业银行内部控制应当坚持风险为本、审慎经营的理念，设立机构或开办业务均应坚持内控优先。(4)相匹配原则。商业银行内部控制应当与管理模式、业务规模、产品复杂程度、风险状况等相适应，并根据情况变化及时进行调整。

## 六、银行业市场退出和保障制度

建立银行业金融机构市场化退出和保障机制,既是国际通行惯例,也是我国金融改革的必然选择。随着金融改革的深化,银行的股权结构正日趋多元,民间资本控股的民营银行也已登上舞台。在此情况下,延续计划经济时代的思路,由政府承担隐性担保责任,实际上是以全体纳税人的钱为市场化的银行业兜底,显然有失公平。因此,必须要化政府担保为制度保障,建立银行业金融就市场化的退出和保障机制,以确保银行体系的稳定,最大程度保障存款人利益,并实现公共利益的有效维护。就银行业金融机构推出和保障制度体系而言,其核心构成主要有三,分别为市场退出制度、最后贷款人制度和存款保险制度。

### (一)市场退出制度

市场退出,是指停止办理有关金融业务,吊销营业许可证,使银行业金融机构资格的归于灭失。市场退出是依据经济规律而为之的市场化处置措施,目的有二:一是有效保护存款人等当事人的合法权益,二是维护银行体系的平稳运行。市场退出是各国银行业监管制度的重要组成部分,其有助于将优化金融市场生态,促进银行业的健康发展。依据我国现行法律规定,银行业金融机构市场退出的方式主要包括解散、撤销、破产等。例如,因分立、合并或者出现公司章程规定的解散事由出现的,商业银行可以解散,但应当向国务院银行业监督管理机构提出申请,并附解散的理由和支付存款的本金和利息等债务清偿计划,经国务院银行业监督管理机构批准后方能解散;同时,应当依法成立清算组,进行清算,按照清偿计划及时偿还存款本金和利息等债务,国务院银行业监督管理机构依法监督清算过程。又如,因不能支付到期债务,商业银行可以申请破产,但须经国务院银行业监督管理机构同意,并由人民法院依法宣告其破产;商业银行被宣告破产的,由人民法院组织国务院银行业监督管理机构等有关部门和有关人员成立清算组,进行清算;商业银行破产清算时,在支付清算费用、所欠职工工资和劳动保险费用后,应当优先支付个人储蓄存款的本金和利息。

### (二)最后贷款人制度

最后贷款人制度,是指在银行业金融机构因遭遇不利冲击或重大经营困难引起流动性紧张,而银行业金融机构自身又无法解决这一问题时,由金融管理主体(多为中央银行)向其提供流动性支持以确保银行业金融机构体系消除风险、稳健经营的一种制度安排。最后贷款人制度实际上是为了防范和化解金融危机,基于金融体系的稳健性与安全性,对出现系统性危机的银行业金融机构所采取的一种紧急资金援助或支持的制度安排。在银行业监管体系中,最后贷款人制度是随着现代中央银行制度建立而出现的,目前在各国得到了普遍适用。中央银行的出现意味着“政府的银行”“银行的银行”的诞生,在现代商业银行监管中，中央银行充当了重要的角色，它不以盈利为目的，但要考虑成本收益的比率，从而为商业银行提供一种流动性支持或者其他性质的支持。中国人民银行作为我国的中央银行，为商业银行办理资金融通业务，是商业银行的最后贷款者，其为商业银行融通资金的主要方式是票据再贴现和抵押贷款。因此，对于资金融通出现困难、面临退出市场的商业银行，中央银行的最后贷款职能是对其进行拯救的重要措施。现行《人民银行法》第 23 条第 4 项明确规定，“中国人民银行为执行货币政策”可以“向商业银行提供贷款”。

### （三）存款保险制度

存款保险制度是指投保机构向存款保险基金管理机构交纳保费，形成存款保险基金，存款保险基金管理机构依照规定向存款人偿付被保险存款，并采取必要措施维护存款以及存款保险基金安全的制度。作为一种重要的银行业金融机构退出保障制度，存款保险制度属于“事后补救”措施，旨在消除个别主体金融风险的扩散，该制度建立的目的在于，依法保护存款人的合法权益，及时防范和化解金融风险，维护金融稳定。目前已有上百个国家和地区建立了存款保险制度。2014 年 10 月 29 日，国务院第 67 次常务会议通过《存款保险条例》，该《条例》自 2015 年 5 月 1 日起施行，这标志我国存款保险制度的正式确立。

依据现行法律规定，在中华人民共和国境内设立的商业银行、农村合作银行、农村信用合作社等吸收存款的银行业金融机构，应当依法投保存款保险。上述银行业金融机构，应当自工商行政管理部门颁发营业执照之日起 6 个月内，按照存款保险基金管理机构的规定办理投保手续。存款保险费率由基准费率和风险差别费率构成。费率标准由存款保险基金管理机构根据经济金融发展状况、存款结构情况以及存款保险基金的累积水平等因素制定和调整，报国务院批准后执行。各投保机构的适用费率，由存款保险基金管理机构根据投保机构的经营管理状况和风险状况等因素确定。被保险存款包括商业银行等投保机构吸收的人民币存款和外币存款，但是金融机构同业存款、投保机构的高级管理人员在本投保机构的存款以及存款保险基金管理机构规定不予保险的其他存款除外。

存款保险实行限额偿付，最高偿付限额为人民币 50 万元。同一存款人在同一家投保机构所有被保险存款账户的存款本金和利息合并计算的资金数额在最高偿付限额以内的，实行全额偿付；超出最高偿付限额的部分，依法从投保机构清算财产中受偿。存款保险基金管理机构偿付存款人的被保险存款后，即在偿付金额范围内取得该存款人对投保机构相同清偿顺序的债权。此外，法律还规定，中国人民银行会同国务院有关部门可以根据经济发展、存款结构变化、金融风险状况等因素调整最高偿付限额，报国务院批准后公布执行。

## 第二节 证券业监管法律制度

### 一、证券业监管与证券业监管法

#### (一)证券业监管

证券业监管也称证券市场的监管,是指证券监管部门依法对证券市场运行中的各个环节进行组织、协调、监督和管理等法律活动,包括证券监督和管理两个方面。证券监督指的是国家的证券主管机关对证券的发行和交易等一系列活动以及参与证券市场活动的主体进行的经常性监督和检查,旨在促进证券市场的有序发展;证券管理则是指国家证券主管机关在对证券发行和交易等活动进行监督检查的同时,对证券市场主体实施督促检查,并对证券的上市及证券市场主体进行组织、领导和控制的行为。证券监督与管理相互区别、各有侧重,但又紧密联系。

#### (二)证券业监管法

证券监管法是调整证券市场监督管理机构对证券市场主体及其行为进行监督管理过程中发生的经济关系的法律规范的总称。〔6〕 作为证券法律制度内容之一,证券监管法律制度既包括国家对证券业实施监督和管理而形成的各项法律制度,也包括国家调整证券在平等主体之间流通所发生的社会关系而形成的各项法律制度。证券监管法律制度属于经济法的范畴,是经济法体系的重要构成。

现行《中华人民共和国证券法》(以下简称《证券法》)于 1998 年 12 月 29 日由第九届全国人民代表大会常务委员会第六次会议通过,后经 5 次修正,〔7〕共计 14 章 226 条,对证券发行、证券交易、信息披露等问题进行了全面规定;其中,第十二章对“证券监督管理机构”进行专门规定。同时,《公司法》等其他法律对证券监管问题也有规定,如《公司法》第 134 条规定,“公司经国务院证券监督管理机构核准公开发行新股时,必须公告新股招股说明书和财务会计报告,并制作认股书”。此外,《证券公司监督管理条例》《上市公司信息披露管理办法》《上海证券交易所股票上市规则》《深圳证券交易所股票上市规则》《深圳证券交易所公司债券上市规则》等亦是证券监管法律体系的重要组成部分。

---

〔6〕 杨紫烜:《经济法》,355 页,北京,北京大学出版社、高等教育出版社,2006。

〔7〕 具体情况如下:2004 年 8 月 28 日第十届全国人民代表大会常务委员会第十一次会议进行第一次修正,2005 年 10 月 27 日第十届全国人民代表大会常务委员会第十八次会议进行第一次修订,2013 年 6 月 29 日第十二届全国人民代表大会常务委员会第三次会议进行第二次修正;2014 年 8 月 31 日第十二届全国人民代表大会常务委员会第十次会议进行第三次修正;2019 年 12 月 28 日第十三届全国人民代表大会常务委员会第十五次会议进行第二次修订。

## 二、证券业监管体制

证券监管体制是指一个国家通过立法设立或认可的对该国证券市场进行监督、管理、控制与协调的运行机制的总称。从世界范围考察，各国的证券监管体制大体可分为集中型监管体制、自律型监管体制和中间型监管体制三种类型。

### （一）证券业监管体制的类型

1. 集中型监管体制。集中型监管体制是指证券市场监管以政府监管为主，证券交易所与经纪人协会等证券交易组织机构自律管理为辅的监管方式。主要表现在美国和日本的证券监管体制中。

以美国为例，美国对证券市场的管理有一套完整的法律体系，其证券管理法律主要有 1933 年的《证券法》和 1940 年的《投资交易法》等。在管理体制上，实行以"证券交易管理委员会"为全国统一管理证券经营活动的最高管理机构。同时，各大证券交易所和"全美证券商协会"，分别对证券交易所和场外证券业进行管理，形成了以集中统一管理为主、自律管理为辅的较为完整的证券监管体制。政府主导型的集中监管体制具有统一和专门的证券市场法规，证券市场的参与者和监管者均有法可依，增强了监管的权威性。

2. 自律型监管体制。自律型监管体制是指政府除了某些必要的国家立法外，较少地干预证券市场，对证券市场的管理主要由证券交易所及证券商协会等组织进行自律管理。自律组织主要通过其章程和规则对其成员的行为进行引导和制约。自律组织有权拒绝接受某个证券商为会员，并对会员的违章行为进行制裁，甚至可以开除其会籍。英国是证券市场发展最早的国家之一，也是实行自律监管体制的典型国家。

经过 20 世纪 80 至 90 年代数轮体制改革，英国已经逐步告别了传统上完全依靠自律管理的证券监管体制，而凭借更多的政府干预重塑了包含证券市场在内的金融监管体制。但是，作为现行监管主要法律渊源的《金融市场及服务法》主要是在合并原有自律规则与相关法律的基础上形成的，自律组织也保留着特定形式的自律管理，即依靠证券市场及其参与者进行自我管理，所以自律管理在现行体制中仍然发挥独特作用。现在，定位于非政府组织的"金融服务管理局"，由《金融服务及市场法》直接授予其全国的涵盖所有金融业务领域的监管权力。自律型监管体制能调动各证券商的积极性，允许证券商充分参与，证券市场的监管条例更符合实际。

3. 中间型监管体制。中间型监管体制既强调立法管理，又注重自律管理。德国证券市场就是典型的中间型监管体制。

德国的中间型监管体制是把证券业与银行业融为一体，以德国商业银行为综合性的"全能银行"而出现，其证券监管既有"立法管理"成分，也有"自我管理"的色彩。从国家立法监管的角度，德国金融监督局依据德国《银行法》《投资公司法》《证券交易所法》《股份公司法》等法律中的有关条款与规定，对全能银行证券业务的规范发展予以监督；而对全能银行证券业务的监管,大部分来自它们参与其中的证券市场的自我调剂和自我管理。

中间型监管体制介于集中型和自律型监管体制之间。目前,世界上大多数实行政府主导型和自律型这两种监管体制的国家已逐渐向中间型过渡,使两种体制取长补短,发挥各自的优势。不过,中间型监管体制由于没有对证券市场进行全面性管理的机构,在公开原则的实行方面也有所欠缺,所以,还有待更加完善,尤其是公开原则的实行,更要加强。

### (二)我国证券业监管体制

就我国而言,从20世纪80年代初重建证券市场至今,证券监管体制经历了一个由分散监管到集中监管、从地方监管到中央监管的过程,证券监管机构也在不断演变,其发展过程大体上可以分为三个阶段。

第一阶段:从20世纪80年代到1992年5月,在国务院的部署下,主要由上海、深圳两地地方政府管理的阶段。1981年7月,财政部重新发行国债,中国证券市场开始起步。接着,上海、深圳、北京等地的企业开始以股票、债券的形式集资。1986年,沈阳市信托投资公司开办窗口交易,代客买卖股票和企业债券,中国工商银行上海市分行静安区营业部开始证券柜台交易,有价证券转让市场恢复。1988年,国务院决定在上海、深圳等7个城市进行国库存券上市交易试点,国库券交易市场形成。1990年,上海、深圳证券交易所成立,分散的柜台交易迅速转变为场内集中竞价交易。在这一阶段,我国对证券市场没有集中统一的管理,而是在中国人民银行和中国经济体制改革委员会等部门决策下,主要由上海、深圳两地地方政府对证券发行与交易行为进行管理。

第二阶段:从1992年5月到1997年底,是由中央与地方、中央各部门共同参与管理向集中统一管理的过渡阶段。1992年5月,中国人民银行成立证券管理办公室,7月国务院建立国务院证券管理办公会议制度,代表国务院行使对证券业的日常管理职能,这种由中央银行代管证券市场的格局没有持续多久。在震惊全国的“8·10风波”发生后,国务院决定成立国务院证券委员会和中国证监会,同时将发行股票的试点由上海、深圳等少数地方推广到全国。国务院证券委代替了国务院证券管理办公会议制度行使对证券业的日常管理职能,中国证监会替代了中国人民银行证券管理办公室。同时,国务院赋予中央有关部门部分证券监管的职责,形成了各部门共管的局面,如国家计委根据证券委的计划建议编制证券发行计划;中国人民银行负责审批和归口管理证券机构,报证券委备案等。另外,地方政府仍在证券管理中发挥重要作用。上海、深圳证券交易所由当地政府归口管理,由证监会实施监督;地方企业的股份制试点,由省级或计划单列市人民政府授权的部门会同企业主管部门审批。为了把对证券和期货市场监管工作落到实处,中国证监会向隶属于地方政府的地方证券期货监管部门授权,让它们行使部分监管职责。

第三阶段：从1997年底至今，初步建立了集中统一的证券监管体制。1997年底，中共中央、国务院鉴于亚洲金融危机的严重形势，召开了全国金融工作会议，强调防范与化解金融风险。这次会议决定对证券监管体制进行改革，完善监管体系，实行垂直领导，加强对全国证券、期货业的统一监管。1998年12月29日第九届全国人民代表大会常务委员会第六次会议于审议通过的《证券法》第7条第1款明确规定："国务院证券监督管理机构依法对全国证券市场实行集中统一监督管理。"《证券法》后虽经多次修改，但都保留了这一规定。

## 三、证券发行审核制度

### （一）证券发行审核制度的类型

一般认为，作为对证券发行实行监督管理的重要制度依托，所谓证券发行审核制度，是指国家证券监督管理部门对发行人利用证券向社会公开募集资金的有关申报资料进行审查的制度。综观世界立法，证券发行均需要经过国家主管部门的审核，目前主要有三种类型。

1. 注册制。也称"申报制"，或者称"完全公开主义"，是由发行人将证券发行申请文件向国家证券监督管理机构申报注册，国家证券监督管理机构对其进行形式审查，在法定期间内不提出异议的，发行人即可发行证券。注册制是一项较为理想的证券监管制度，在这项制度安排下，优胜劣汰由市场自动完成，而证券监管机构由于只对申请文件作形式审查，工作量大为降低，效率原则也由此得到了充分体现。这种模式以美国1933年《证券法》为代表。

证券发行注册制的基本要求：(1)发行人在准备发行证券时，必须将依法公开的各种资料真实、全面、准确、及时地向证券监管机关呈报并申请注册。(2)证券监管机关的职责是按照信息公开原则，对申报文件的全面性、准确性、真实性和及时性进行形式上的审查。而对于发行人的盈利能力、发展前景、发行数量与发行价格等实质性问题则均不作为审查的内容。(3)提交申报文件后，经过法定期间，主管机关如未提出异议，申请即自动生效。主管机关如果提出异议，则发行人有义务对申请文件进行解释或补正。(4)证券发行注册的目的是向投资者提供会对其投资证券判断产生实质影响的信息，以便其在充分知情的情况下作出投资决定。只要发行公开方式适当，则投资风险，由投资者自负。

2. 核准制。也称准则主义，国家证券监督管理机构对发行人提交的证券发行申请文件是否符合法律规定的形式要件和实质要件两方面进行审查，并在发行申请符合法律规定的准则时，依法予以登记，核准发行的审核制度。核准制要求证券发行不但要满足信息公开的条件，而且还必须符合法律规定的实质条件。证券主管机关除了进行注册制所要求的形式审查外，还必须对各项实质条件进行实体审查，然后在此基础上作出是否批准其发行证券的决定。核准制以美国部分州的证券法(即"蓝天法")和法国、德国等欧洲国家的公司法为代表,我国台湾地区的公司法和证券交易法也都采用核准制。核准制带有较明显的政府干预色彩,但在核准制下证券发行价格、发行方式基本上由发行人和承销商自行确定。由于该法把发行公司提供信息的真实性放在首要位置加以强调,因而它又被称为"证券真实法"。

核准制对上市证券作实质审查,以维护公共利益和社会安全为本位,在很大程度上带有政府干预的特征,只不过这种干预是借助法律的形式来完成的。核准制又吸取了注册制的公开主义的精髓,并使其成为核准制的主要内容之一,因而使投资者获得了双重保障。

3. 审批制。审批制是由国家证券监督管理机构对发行人提交的证券发行申请文件是否符合法律规定的形式要件和实质要件两方面进行审查,对符合条件者批准发行的审核制度。证券发行采用审批制的国家并不多,主要由一些市场经济起步较晚的发展中国家采用,如我国在《证券法》实施以前就一直采用审批制。审批制比核准制带有更浓的国家干预色彩,就其本质而言仍然是一种计划经济的管理模式。审批制是监管部门运用计划管理的方式和国家赋予的行政权力来审查和核批发行人的发行申请,发行人是否可以发行股票,监管部门拥有绝对的权力。审批制透明度不高,可预见性不强,人为因素较为浓厚,是证券市场法治水平较为初级时期所采用的制度。[8]

由于注册制和核准制都存在着各自的优势和不足,因此,近年来,在西方各国出现了两种立法逐步融合的趋势。比如美国证券法在证券发行审核制度上采取注册制,但其在一些州的证券法中却采取发行审核核准制,注重对证券发行实质要件的审查。英国公司法虽然只规定"公开说明书"制度,但是由于伦敦证券交易所拥有上市证券审查权,由此可对上市证券进行实质性的审查,从而排除不良证券。因而,这也体现出实质审查主义的特征。一向采用核准制的我国台湾地区,却在于 1988 年修改的"证券交易法"中,将核准制改为核准与注册相结合的体制。上述例证表明两种不同类型的审核制度已有日益融合的趋势。

### (二)我国的证券发行审核制度

《证券法》实施前,我国对证券发行一直采用审批制,也称严格实质管理主义。例如,国务院于 1993 年 4 月制定的《股票发行与交易管理暂行条例》第 2 条就规定,公开发行股票申请人在聘请会计师事务所、资产评估机构、律师事务所等专业性机构对其资信、资产、财务状况进行审定、评估和就有关事项出具法律意见书后,按照隶属关系,分别向省(自治区、直辖市、计划单列市)人民政府或者中央企业主管部门提出公开发行股票的申请;在国家下达的发行规模内,地方政府对地方企业的发行申请进行审批,中央企业主管部门在与申请人所在地地方政府协商后对中央企业的发行申请进行审批;地方政府、中

---

〔8〕 朱崇实、刘志云:《金融法教程》(第四版),206~207 页,北京,法律出版社,2017。

央企业主管部门应当自收到发行申请之日起 30 个工作日内作出审批决定，并抄报证券委；被批准的发行申请，送证监会复审；证监会应当自收到复审申请之日起 20 个工作日内出具复审意见书，并将复审意见书抄报证券委；经证监会复审同意的，申请人应当向证券交易所上市委员会提出申请，经上市委员会同意接受上市，方可发行股票。

1998 年 12 月 29 日第九届全国人民代表大会常务委员会第六次会议审议通过的《证券法》第 10 条规定，"公开发行证券，必须符合法律、行政法规规定的条件，并依法报经国务院证券监督管理机构或者国务院授权的部门核准或者审批；未经依法核准或者审批，任何单位和个人不得向社会公开发行证券"；该法第 11 条进一步规定，"公开发行股票，必须依照公司法规定的条件，报经国务院证券监督管理机构核准"，"发行公司债券，必须依照公司法规定的条件，报经国务院授权的部门审批"。这标志我国证券发行审核制度由审批制开始向核准制转变，意味着股票发行核准制的正式建立，是我国在走向成熟证券市场发行审核制度的道路上所迈出的重要一步。

2005 年修订的《证券法》第 10 条第 1 款规定："公开发行证券，必须符合法律、行政法规规定的条件，并依法报经国务院证券监督管理机构或者国务院授权的部门核准；未经依法核准，任何单位和个人不得公开发行证券。"这标志我国证券发行核准制的全面建立，有效地保障了证券发行的公开、公平、公正。

2013 年《中共中央关于全面深化改革若干重大问题的决定》明确提出，推进股票发行注册制改革，健全多层次资本市场体系。2019 年修订的《证券法》第 9 条第 1 款规定，"公开发行证券，必须符合法律、行政法规规定的条件，并依法报经国务院证券监督管理机构或者国务院授权的部门注册"，"未经依法注册，任何单位和个人不得公开发行证券"，"证券发行注册制的具体范围、实施步骤，由国务院规定"。这标志着证券发行注册制在我国的正式确立，是推动我国股市走向成熟的重要变革，意义深远，有利于充分发挥金融服务于实体经济的促进作用，进而将为中国经济转型升级提供重要助力。2020 年 8 月 24 日，我国股市迎来了历史性的一刻，注册制改革正式落地，注册制下的首批 18 家公司登陆创业板，最终募资金额达 200.66 亿元。[9]

## 四、证券交易监管制度

### （一）证券上市监管

证券上市是指发行人的股票、债券等按照法定条件和程序，在证券交易所或其他依法设立的证券交易所公开挂牌交易的行为。证券上市与证券交易有密切的联系，证券上市是联结证券发行市场和交易市场的桥梁。证券上市是证券交易的前提，没有证券的上

〔9〕《见证历史：创业板注册制改革正式落地》，载于中国财经网，http://finance.china.com.cn/stock/zqyw/20200824/5349533.shtml，最后访问时间：2021 年 3 月 8 日。

市,就没有可交易的证券,同时,证券交易是证券上市的目的,证券上市就是为实现证券的流通。为了保证上市证券的流通性和安全性,各国都在有关证券法或证券交易法中规定了公司发行的证券必须具备一定的条件方可上市交易。我国有关证券上市及交易的法律规范既体现在《公司法》中,也体现在相关证券立法中。

依据现行法律规定,公司首次公开发行新股,应当符合下列条件:(1)具备健全且运行良好的组织机构;(2)具有持续经营能力;(3)最近3年财务会计报告被出具无保留意见审计报告;(4)发行人及其控股股东、实际控制人最近3年不存在贪污、贿赂、侵占财产、挪用财产或者破坏社会主义市场经济秩序的刑事犯罪;(5)经国务院批准的国务院证券监督管理机构规定的其他条件。

依据现行法律规定,公开发行公司债券,应当符合下列条件:(1)具备健全且运行良好的组织机构;(2)最近3年平均可分配利润足以支付公司债券一年的利息;(3)国务院规定的其他条件。同时,法律还规定,公开发行公司债券筹集的资金,必须按照公司债券募集办法所列资金用途使用;改变资金用途,必须经债券持有人会议作出决议。公开发行公司债券筹集的资金,不得用于弥补亏损和非生产性支出。

### (二) 证券交易的限制与禁止

证券交易是指证券持有人依照法律规定和交易规则,将证券转让给其他投资者的行为。证券交易是一种具有财产价值的特定权利的买卖,也是一种标准化合同的买卖。证券交易的方式包括现货交易、期货交易、期权交易、信用交易和回购。

现行法律规定,禁止证券交易内幕信息的知情人和非法获取内幕信息的人利用内幕信息从事证券交易活动。所谓内幕信息,是指在证券交易活动中,涉及发行人的经营、财务或者对该发行人证券的市场价格有重大影响的尚未公开的信息。证券交易内幕信息的知情人和非法获取内幕信息的人,在内幕信息公开前,不得买卖该公司的证券,或者泄露该信息,或者建议他人买卖该证券。内幕交易行为给投资者造成损失的,应当依法承担赔偿责任。证券交易内幕信息的知情人包括:发行人及其董事、监事、高级管理人员;持有公司5%以上股份的股东及其董事、监事、高级管理人员,公司的实际控制人及其董事、监事、高级管理人员;发行人控股或者实际控制的公司及其董事、监事、高级管理人员;由于所任公司职务或者因与公司业务往来可以获取公司有关内幕信息的人员;上市公司收购人或者重大资产交易方及其控股股东、实际控制人、董事、监事和高级管理人员;因职务、工作可以获取内幕信息的证券交易场所、证券公司、证券登记结算机构、证券服务机构的有关人员;因职责、工作可以获取内幕信息的证券监督管理机构工作人员;因法定职责对证券的发行、交易或者对上市公司及其收购、重大资产交易进行管理可以获取内幕信息的有关主管部门、监管机构的工作人员;国务院证券监督管理机构规定的可以获取内幕信息的其他人员。

现行法律规定,禁止任何人以下列手段操纵证券市场,影响或者意图影响证券交易价格或者证券交易量：(1)单独或者通过合谋，集中资金优势、持股优势或者利用信息优势联合或者连续买卖；(2)与他人串通，以事先约定的时间、价格和方式相互进行证券交易；(3)在自己实际控制的账户之间进行证券交易；(4)不以成交为目的，频繁或者大量申报并撤销申报；(5)利用虚假或者不确定的重大信息，诱导投资者进行证券交易；(6)对证券、发行人公开作出评价、预测或者投资建议，并进行反向证券交易；(7)利用在其他相关市场的活动操纵证券市场；(8)操纵证券市场的其他手段。操纵证券市场行为给投资者造成损失的，应当依法承担赔偿责任。

## 五、强制信息披露制度

### （一）证券发行信息披露制度

证券发行是发行人与证券认购者之间的一种交易关系，由此形成了证券市场中的一级市场，它是形成证券二级市场的前提和基础，证券发行中的信息披露制度是保障证券市场有序发展的基础。现行《证券法》第 32 条第 1 款规定，证券发行申请经注册后，发行人应当依照法律、行政法规的规定，在证券公开发行前公告招股说明书等公开发行募集文件，并将该文件置备于指定场所供公众查阅。证券发行中的信息披露监管是通过强制证券发行人或其承销机构在证券发行前必须依法制作股票的招股说明书和债券募集说明书来实现的。强制公开招股说明书和募集说明书，是为了向投资者公开发行人的有关信息，使投资者在购买证券时有较为充分的判断依据，同时也是防止证券欺诈的有效手段。

1. 招股说明书。招股说明书是公开发行股票最基本的法律文件，是由发行人制定，经中国证监会核准，向社会公众公开披露公司主要事项以及招股情况的文件。发行人首次公开发行股票的信息主要是通过招股说明书进行披露。

以创业板上市为例，依据现行规定，[10]上市公司招股说明书编制应当遵循以下基本要求：(1)凡对投资者作出价值判断和投资决策有重大影响的信息，均应在招股说明书中予以披露。(2)发行人应以投资者投资需求为导向编制招股说明书，为投资者作出价值判断和投资决策提供充分且必要的信息，保证相关信息的内容真实、准确、完整。(3)发行人在招股说明书中披露的财务会计资料应有充分的依据，所引用的发行人的财务报表、盈利预测报告(如有)应由符合《证券法》规定的会计师事务所审计或审核。(4)发行人在招股说明书中披露盈利预测及其他涉及发行人未来经营和财务状况信息，应谨慎、合理。(5)发行人应在招股说明书显要位置提示创业板投资风险，作如下声明："本次股票发行后拟在创业板市场上市，该市场具有较高的投资风险。创业板公司具有创新投入

〔10〕《公开发行证券的公司信息披露内容与格式准则第 28 号——创业板公司招股说明书(2020 年修订)》，载于中国证监会官网，最后访问时间：2021 年 3 月 8 日。

大、新旧产业融合成功与否存在不确定性、尚处于成长期、经营风险高、业绩不稳定、退市风险高等特点,投资者面临较大的市场风险。投资者应充分了解创业板市场的投资风险及本公司所披露的风险因素,审慎作出投资决定。”(6)招股说明书应便于投资者阅读,简明清晰,通俗易懂,尽量使用图表、图片或其他较为直观的披露方式,具有可读性和可理解性。(7)招股说明书引用相关意见、数据或有外文译本的,应符合相应要求。

2. 债券募集说明书。债券募集说明书,也称债券募集办法,是由公司债券的发行人依法编制、经中国证监会核准,记载公司债券发行相关的重要信息的法律文件。依据现行规定,[11]募集说明书的编制应遵循以下要求:(1)使用通俗易懂的事实性描述语言,不得有祝贺性、广告性、恭维性或诋毁性的词句,并尽量采用图表或其他较为直观的方式准确披露发行人及本期债券的情况。(2)引用的数据应提供资料来源,事实依据应充分、客观。(3)引用的数字应采用阿拉伯数字,货币金额除特别说明外,应指人民币金额,并以元、千元或万元为单位。(4)发行人可编制募集说明书外文译本,但应保证中、外文文本的一致性,在对中外文本的理解上发生歧义时,以中文文本为准。

### (二)证券上市持续信息披露制度

持续信息披露也称持续信息公开,主要包括证券发行时初次信息披露和证券交易中的信息披露,包括年度报告、中期报告和季度报告等形式。

1. 上市公告书。是指上市公司按照证券法规和证券交易所业务规则的要求,于其证券上市前,就其公司自身情况及证券上市的有关事宜,通过证券上市管理机构指定的报刊向社会公众公布的宣传和说明材料。

2. 定期报告。定期报告是上市公司定期公布其财务和经营状况的主要形式之一。我国《证券法》第 79 条规定:“上市公司、公司债券上市交易的公司、股票在国务院批准的其他全国性证券交易场所交易的公司,应当按照国务院证券监督管理机构和证券交易场所规定的内容和格式编制定期报告,并按照以下规定报送和公告:(1)在每一会计年度结束之日起 4 个月内,报送并公告年度报告,其中的年度财务会计报告应当经符合本法规定的会计师事务所审计;(2)在每一会计年度的上半年结束之日起 2 个月内,报送并公告中期报告。”

3. 临时报告制度。定期报告制度的缺陷是信息公开滞后,难以满足公司信息公开及时性的需要,不利于投资者的投资判断。为此,许多国家都实行了临时报告制度,我国《证券法》中也规定了临时报告制度。例如,法律规定,发生可能对上市公司、股票在国务院批准的其他全国性证券交易场所交易的公司的股票交易价格产生较大影响的重大事件,投资者尚未得知时,公司应当立即将有关该重大事件的情况向国务院证券监督管理

---

[11] 《公开发行证券的公司信息披露内容与格式准则第 23 号——公开发行公司债券募集说明书(2015 年修订)》,载于中国证监会官网,http://www.csrc.gov.cn/pub/zjhpublic/G00306201/201503/t20150306_269633.htm,最后访问时间:2021 年 3 月 8 日。

机构和证券交易场所报送临时报告，并予公告，说明事件的起因、目前的状态和可能产生的法律后果。

4. 上市公司收购公告制度。上市公司收购公告，是指当一家上市公司通过公开要约收购另一家上市公司的股份而获得该公司控制权时，应按照法律的规定向证券监管机关、证交所及社会公众公开相关信息。上市公司收购行为是一项重要的证券监管内容，世界各国均注重对上市公司收购的信息公开进行监管。因为目标公司被收购后，其经营权可能丧失，而目标公司的股东在收购要约发出时，必须决定是否出售持有的证券，如果没有售出，并且收购成功后，则股东成为另一合并公司的股东，对其权益将产生重大影响。例如，现行《证券法》第 63 条第 1 款规定，通过证券交易所的证券交易，投资者持有或者通过协议、其他安排与他人共同持有一个上市公司已发行的有表决权股份达到 5%时，应当在该事实发生之日起 3 日内，向国务院证券监督管理机构、证券交易所作出书面报告，通知该上市公司，并予公告，在上述期限内不得再行买卖该上市公司的股票，但国务院证券监督管理机构规定的情形除外。收购公告的内容包括：持股人的名称、住所；持有的股票的名称、数额；持股达到法定比例或者持股增减变化达到法定比例的日期、增持股份的资金来源；在上市公司中拥有有表决权的股份变动的时间及方式。

## 第三节　保险业监管法律制度

### 一、保险业监管与保险业监管法

#### （一）保险业监管

保险业监管，也可以称之为保险业的监督管理，是指国家保险行政管理部门依法对保险企业、保险经营活动及保险市场等进行的监督与管理行为。

我国的保险业根据性质和经营方式的不同分为商业保险和社会保险。商业保险，是指投保人根据合同约定，向保险人支付保险费，保险人对于合同约定的可能发生的事故因其发生所造成的财产损失或人身伤害承担赔偿或给付保险金责任的商业行为。社会保险是指收取保险费，形成社会保险基金，用来对其中因年老、疾病、生育、伤残、死亡和失业而导致丧失劳动能力或失去工作机会的成员提供基本生活保障的一种社会保障制度。在我国，商业保险监管由中国保险监督管理委员会负责，社会保险监管则由劳动与社会保障部负责。金融法监管法意义的保险业监管仅指前者，即对商业保险的监管。

#### （二）保险业监管法

关于保险监管法的含义，我国学术界几乎很少提及，更没有统一的定论。但一般认为保险监管法有狭义和广义之分。狭义上的保险监管法，指国家对保险业进行监督和管理的专门法律；广义上的保险监管法，除了包括保险监管的专门法律外，还包括国家对保险业进行监督和管理的其他行政法规和规范性文件。

现代保险法一般包括保险合同法和保险业法两个部分,而保险监管业法是保险业法的核心内容,贯穿保险业法的始终。从世界范围来看,大多数国家在保险立法上基本是通过保险合同法和保险业法这两大支柱来构筑保险法的内容体系。在立法体例上,主要有两种不同模式:一是两法分立模式,即保险合同法和保险业法是两个单行的法律,如德国和日本;二是两法合一模式,即两者合并在一个法典中,统称保险法,如美国纽约州。我国保险立法采用了两法合一的模式。

《中华人民共和国保险法》(以下简称《保险法》)是由第八届全国人民代表大会常务委员会第十四次会议1995年6月30日审议通过的,该法第五章对“保险业的监督管理”问题作出明确规定。[12] 此外,《外资保险公司管理条例》《保险公司管理规定》《保险公司偿付能力管理规定》《保险资金运用管理办法》《保险资金间接投资基础设施项目管理办法》《保险资金境外投资管理暂行办法》《财产保险公司保险条款和保险费率管理办法》《健康保险管理办法》《保险公司养老保险业务管理办法》《人身保险新型产品信息披露管理办法》《保险公司信息披露管理办法》《外资保险公司管理条例实施细则》等行政法规、部门规章亦是保险法律体系的重要组成部分,是保险业监管的直接依据。

## 二、保险机构市场准入与退出监管制度

### (一)保险机构准入监管制度

作为保险业监管体系的核心内容,市场准入监管是确保保险机构能够随时履行其义务,从而使境内外投保人的利益能够得到充分保护的关键制度设计。保险业务必须由依法设立的保险公司以及法律、行政法规规定的其他保险组织经营,其他单位和个人不得经营保险业务,这是保险业市场准入监管的基本原则。

现行法律明确规定,设立保险公司应当经国务院保险监督管理机构批准。国务院保险监督管理机构审查保险公司的设立申请时,应当考虑保险业的发展和公平竞争的需要。设立保险公司的基本条件如下:(1)股东。主要股东具有持续盈利能力,信誉良好,最近三年内无重大违法违规记录,净资产不低于人民币2亿元。(2)章程。有符合《保险法》《公司法》规定的章程。(3)注册资本。设立保险公司,其注册资本的最低限额为人民币2亿元。国务院保险监督管理机构根据保险公司的业务范围、经营规模,可以调整其注册资本的最低限额,但不得低于2亿元的最低限额。保险公司的注册资本必须为实缴货币资本。(4)人员。有具备任职专业知识和业务工作经验的董事、监事和高级管理人

---

[12] 该法后经多次修改,分别是2002年10月28日第九届全国人民代表大会常务委员会第三十次会议进行第一次修正、2009年2月28日第十一届全国人民代表大会常务委员会第七次会议进行修订、2014年8月31日第十二届全国人民代表大会常务委员会第十次会议进行第二次修正、2015年4月24日进行第三次修正,但均对“保险业监督管理”问题作出重点规定。

员。(5)机构和制度。有健全的组织机构和管理制度。(6)场所和设施。有符合要求的营业场所和与经营业务有关的其他设施。(7)其他条件。法律、行政法规和国务院保险监督管理机构规定的其他条件。

申请设立保险公司,应当向国务院保险监督管理机构提出书面申请,并提交下列材料:设立申请书,申请书应当载明拟设立的保险公司的名称、注册资本、业务范围等;可行性研究报告;筹建方案;投资人的营业执照或者其他背景资料,经会计师事务所审计的上一年度财务会计报告;投资人认可的筹备组负责人和拟任董事长、经理名单及本人认可证明;国务院保险监督管理机构规定的其他材料。国务院保险监督管理机构应当对设立保险公司的申请进行审查,自受理之日起 6 个月内作出批准或者不批准筹建的决定,并书面通知申请人。决定不批准的,应当书面说明理由。

保险公司在中华人民共和国境内设立分支机构,应当向保险监督管理机构提出书面申请,并提交下列材料:设立申请书;拟设机构 3 年业务发展规划和市场分析材料;拟任高级管理人员的简历及相关证明材料;国务院保险监督管理机构规定的其他材料。保险监督管理机构应当对保险公司设立分支机构的申请进行审查,自受理之日起 60 日内作出批准或者不批准的决定。决定批准的,颁发分支机构经营保险业务许可证;决定不批准的,应当书面通知申请人并说明理由。

此外,保险公司在中华人民共和国境外设立子公司、分支机构,应当经国务院保险监督管理机构批准;外国保险机构在中华人民共和国境内设立代表机构,应当经国务院保险监督管理机构批准,代表机构不得从事保险经营活动。

### (二) 保险机构退出监管制度

保险机构退出是指保险机构因某种原因而不再存续经营,终止保险业务,离开保险市场的行为,有广义和狭义之分:狭义上的保险机构退出,是指保险机构因经营失败而停止保险产品和服务的市场供应,其核心是保险机构法人资格的消灭,即保险机构因破产而退出保险市场的业务领域;广义上的保险机构退出,则是除了因破产而退出外,还包括了保险机构的合(兼)并、收购以及重组等情况。

保险机构退出可做以下不同类型划分:(1)按照退出意愿的不同,可以分为主动退出和被动退出。主动退出,亦称"自愿退出",是指保险机构因合并、分立或解散等发展需求,依据章程规定、股东大会决议等作出退出决定,在经国务院保险监督管理机构批准后,自行终止其保险业务,注销其法人资格的行为;被动退出,亦称"强制退出",是指保险监管机构通过依法发布行政命令对严重违规经营或资不抵债的保险机构进行强制撤销,或者人民法院依据破产法相关规定作出裁定保险机构破产的行为。(2)按照退出业务规模的不同,可分为全部业务退出和部分业务退出。全部业务退出,是指保险机构清算出售固定资产,处理分配流动资产,停止所经营的全部保险业务的一种退出方式;部分业务退出,是指保险机构将亏损或利润低微的业务出售,停止部分产品或服务的供应,从而将投资和精力放入前景广阔的领域当中。(3)按退出地域的不同,可分为全国市场退出和局部市场退出。全国市场退出,是指保险机构的各个分支机构和业务在全国市场的全面退出;局部市场退出,是指保险机构根据自身发展战略和业务发展需求,将局部亏损和微利的地域机构关闭,停止该地区的产品供应,但其他地区市场不受影响。

依据现行法律规定,保险机构退出方式主要包括:(1)破产。所谓破产,是指保险机构不能支付到期债务,经保险监督管理机构同意,由法院依法宣告破产,而终止公司业务经营活动并消灭其法人资格的一种退出方式。现行法律规定,保险公司有规定情形的,经国务院保险监督管理机构同意,保险公司或者其债权人可以依法向人民法院申请重整、和解或者破产清算;国务院保险监督管理机构也可以依法向人民法院申请对该保险公司进行重整或者破产清算。(2)撤销。所谓撤销,是指保险机构因违法经营等法定原因,被保险监督管理机构经吊销经营保险业务许可证而强制关闭保险公司的一种退出方式。现行《保险法》第 149 条明确规定:"保险公司因违法经营被依法吊销经营保险业务许可证的,或者偿付能力低于国务院保险监督管理机构规定标准,不予撤销将严重危害保险市场秩序、损害公共利益的,由国务院保险监督管理机构予以撤销并公告,依法及时组织清算组进行清算。"

此外,一般认为,整顿、接管亦是保险机构退出的特殊方式。《保险法》第 139 条明确规定:"保险公司未依照本法规定提取或者结转各项责任准备金,或者未依照本法规定办理再保险,或者严重违反本法关于资金运用的规定的,由保险监督管理机构责令限期改正,并可以责令调整负责人及有关管理人员。"保险监督管理机构依照法律规定作出限期改正的决定后,保险公司逾期未改正的,国务院保险监督管理机构可以决定选派保险专业人员和指定该保险公司的有关人员组成整顿组,对公司进行整顿。整顿组有权监督被整顿保险公司的日常业务,被整顿公司的负责人及有关管理人员应当在整顿组的监督下行使职权。整顿过程中,被整顿保险公司的原有业务继续进行。但是,国务院保险监督管理机构可以责令被整顿公司停止部分原有业务、停止接受新业务,调整资金运用。被整顿保险公司经整顿已纠正其违反本法规定的行为,恢复正常经营状况的,由整顿组提出报告,经国务院保险监督管理机构批准,结束整顿,并由国务院保险监督管理机构予以公告。现行《保险法》第 144 条规定,保险公司有下列情形之一的,国务院保险监督管理机构可以对其实行接管:(1)公司的偿付能力严重不足的;(2)违反本法规定,损害社会公共利益,可能严重危及或者已经严重危及公司的偿付能力的。被接管的保险公司的债权债务关系不因接管而变化。接管期限届满,国务院保险监督管理机构可以决定延长接管期限,但接管期限最长不得超过 2 年。接管期限届满,被接管的保险公司已恢复正常经营能力的,由国务院保险监督管理机构决定终止接管,并予以公告。

需要予以特别说明的是,经营有人寿保险业务的保险公司被依法撤销或者被依法宣告破产的,其持有的人寿保险合同及责任准备金,必须转让给其他经营有人寿保险业务的保险公司;不能同其他保险公司达成转让协议的,由国务院保险监督管理机构指定经营有人寿保险业务的保险公司接受转让。

## 三、保险机构经营监管制度

### （一）保险业务监管制度

现行法律规定，保险公司的业务范围包括：人身保险业务，包括人寿保险、健康保险、意外伤害保险等保险业务；财产保险业务，包括财产损失保险、责任保险、信用保险、保证保险等保险业务；国务院保险监督管理机构批准的与保险有关的其他业务。但是，保险公司业务的开展需要经过监管部门的批准，即保险公司应在国务院保险监督管理机构依法批准的业务范围内从事保险经营活动。

同时，依据我国现行法律规定，以兼营禁止为原则，即禁止同一保险公司兼营财产保险业务和人身保险业务，保险业实行分业经营。[13] 但是，需要予以清楚认知的是，《保险法》第 95 条第 2 款规定，经国务院保险监督管理机构批准，经营财产保险业务的保险公司可以经营短期健康保险业务和意外伤害保险业务。

### （二）偿付能力监管制度

偿付能力是指保险机构对保单持有人履行赔付义务的能力。保险机构有无偿付能力直接关系到被保险人的切身利益，各国保险监管机构都把偿付能力监管作为保险监管的核心内容，不断探索适合本国实际的偿付能力监管模式，以求对保险机构偿付能力进行全方位的监管，维持保险机构的偿付能力和保护被保险人的利益。《保险法》第 101 条规定："保险公司应当具有与其业务规模和风险程度相适应的最低偿付能力。"保险公司应当建立健全偿付能力管理体系，有效识别管理各类风险，不断提升偿付能力风险管理水平，及时监测偿付能力状况，编报偿付能力报告，披露偿付能力相关信息，做好资本规划，确保偿付能力达标。2021 年 3 月 1 日起施行的新《保险公司偿付能力管理规定》规定，偿付能力监管指标包括：(1)核心偿付能力充足率，即核心资本与最低资本的比值，衡量保险公司高质量资本的充足状况；(2)综合偿付能力充足率，即实际资本与最低资本的比值，衡量保险公司资本的总体充足状况；(3)风险综合评级，即对保险公司偿付能力综合风险的评价，衡量保险公司总体偿付能力风险的大小。保险公司同时符合以下三项监管要求的，为偿付能力达标公司：(1)核心偿付能力充足率不低于 50%；(2)综合偿付能力充足率不低于 100%；(3)风险综合评级在 B 类及以上。

国务院保险监督管理机构应当建立健全保险公司偿付能力监管体系，对保险公司的偿付能力实施监控。对偿付能力不足的保险公司，国务院保险监督管理机构应当将其列为重点监管对象，并可以根据具体情况采取下列措施：(1)责令增加资本金、办理再保险；(2)限制业务范围；(3)限制向股东分红；(4)限制固定资产购置或者经营费用规模；(5)限

---

〔13〕 贾林青：《保险学》，331 页，北京，中国人民大学出版社，2009。

制资金运用的形式、比例;(6)限制增设分支机构;(7)责令拍卖不良资产、转让保险业务;(8)限制董事、监事、高级管理人员的薪酬水平;(9)限制商业性广告;(10)责令停止接受新业务。

### (三)保险条款和费率的监管

作为保险合同的重要内容,保险条款和保险费率直接关系保险合同当事人的核心利益,直接决定保险合同当事人之间权利义务的配置状况。更为关键的是,鉴于保险机构与投保人、被保险人、受益人之间在信息占有、经济实力等方面的巨大"鸿沟",对保险条款和保险费率予以必要监管是均衡保险合同当事人权利义务配置,尤其是合理保护投保人、被保险人和受益人合法权益的关键举措。因此,现行法律明确规定,保险公司应当按照国务院保险监督管理机构的规定,公平、合理拟订保险条款和保险费率,不得损害投保人、被保险人和受益人的合法权益。关系社会公众利益的保险险种、依法实行强制保险的险种和新开发的人寿保险险种等的保险条款和保险费率,应当报国务院保险监督管理机构批准。国务院保险监督管理机构审批时,应当遵循保护社会公众利益和防止不正当竞争的原则。其他保险险种的保险条款和保险费率,应当报保险监督管理机构备案。保险公司使用的保险条款和保险费率违反法律、行政法规或者国务院保险监督管理机构的有关规定的,由保险监督管理机构责令停止使用,限期修改;情节严重的,可以在一定期限内禁止申报新的保险条款和保险费率。

## 四、保险机构治理监管制度

国际保险监督官协会《保险监管核心原则》规定,保险公司治理是指董事会与管理层之间监督管理保险公司经营的方式,确保董事会与管理层行为的可靠性和责任承担,包括:公司原则、透明度、独立性、可靠性等内容。[14] 保险公司治理结构是否健全对于保险监管目标的实现具有重要意义。治理结构完善的保险公司,一般都会规范经营,其财务状况和经营状况一般良好,能够实现保护被保险人的利益、维护市场公平竞争秩序及防范市场风险等保险监管目标。因此,保险公司治理结构监管是保险监管发展到一定阶段的产物,是保险监管不断深化的结果,是更高形态的保险监管,是一种治本性的监管,其目前已成为现代保险监管制度的三大支柱之一。

### (一)董事和高级管理人员任职资格的监管

为了加强和完善对保险公司董事、监事和高级管理人员的管理,保障保险公司稳健经营,促进保险业健康发展,中国银保监会根据法律和国务院授权,对保险公司董事、监事和高级管理人员任职资格实行统一监督管理。银保监会及其派出机构对保险机构的董事、监事和高级管理人员任职资格实行分级审查、分级管理,规定不同的任职资格条

---

〔14〕 详见国际保险监督官协会(IAIS)《保险监管核心原则》(ICP9)(2003 年 10 月,中译本)。

件。银保监会的派出机构根据授权负责辖区内保险公司分支机构高级管理人员任职资格的监督管理。

现行《保险法》第 81 条第 1 款规定，保险公司的董事、监事和高级管理人员，应当品行良好，熟悉与保险相关的法律、行政法规，具有履行职责所需的经营管理能力，并在任职前取得保险监督管理机构核准的任职资格。依据现行《保险公司董事、监事和高级管理人员任职资格管理规定》的规定，〔15〕所谓高级管理人员，是指对保险机构经营管理活动和风险控制具有决策权或者重大影响的下列人员：总公司总经理、副总经理和总经理助理；总公司董事会秘书、合规负责人、总精算师、财务负责人和审计责任人；分公司、中心支公司总经理、副总经理和总经理助理；支公司、营业部经理；与上述高级管理人员具有相同职权的管理人员。

依据《保险法》第 82 条的规定，有下列情形之一的，不得担任保险公司的董事、监事、高级管理人员：(1)因违法行为或者违纪行为被金融监督管理机构取消任职资格的金融机构的董事、监事、高级管理人员，自被取消任职资格之日起未逾 5 年的；(2)因违法行为或者违纪行为被吊销执业资格的律师、注册会计师或者资产评估机构、验证机构等机构的专业人员，自被吊销执业资格之日起未逾 5 年的。此外，《保险法》还规定，违反《公司法》关于公司高级人员任职资格管理相关规定的，也不得担任保险公司的董事、监事、高级管理人员，禁止情形包括：无民事行为能力或者限制民事行为能力；因贪污、贿赂、侵占财产、挪用财产或者破坏社会主义市场经济秩序，被判处刑罚，执行期满未逾 5 年，或者因犯罪被剥夺政治权利，执行期满未逾 5 年；担任破产清算的公司、企业的董事或者厂长、经理，对该公司、企业的破产负有个人责任的，自该公司、企业破产清算完结之日起未逾 3 年；担任因违法被吊销营业执照、责令关闭的公司、企业的法定代表人，并负有个人责任的，自该公司、企业被吊销营业执照之日起未逾 3 年；个人所负数额较大的债务到期未清偿。

### （二）信息披露监管

信息披露是指保险公司将反映其财务状况、业务经营、偿付能力等方面的主要信息向社会公众予以公开的行为。为建构完善的公司治理结构，实现公司治理的目标，必须加强对保险公司的信息披露监管，提高保险交易的透明度。为此，国际保险监督官协会《保险监管核心原则》第 26 条规定："保险公司被要求提供其财务状况和面临风险的信息。具体地，披露的信息应当是：与市场参与者作出决定有关的、能够在作出决定时及时取得的、市场参与者不需支付不合理费用就能及时取得的、可以全面评价保险公司的情况、可以在不同保险公司之间进行比较的有用信息。"〔16〕

---

〔15〕《保险公司董事、监事和高级管理人员任职资格管理规定》于 2010 年 1 月 8 日制定，后经两次修改，分别是 2014 年 1 月 23 日第一次修正、2018 年 2 月 13 日第二次修正。

〔16〕李扬、陈文辉：《国际保险监管核心原则——理念、规则及中国实践》，144 页，北京，经济管理出版社，2006。

依据现行法律规定,保险公司应当披露下列信息:基本信息,财务会计信息,保险责任准备金信息,风险管理状况信息,保险产品经营信息,偿付能力信息,重大关联交易信息,重大事项信息,中国银行保险监督管理委员会规定的其他信息。其中,保险公司披露的基本信息应当包括公司概况、公司治理概要和产品基本信息。保险公司披露的公司概况应当包括下列内容:公司名称;注册资本;公司住所和营业场所;成立时间;经营范围和经营区域;法定代表人;客服电话、投诉渠道和投诉处理程序;各分支机构营业场所和联系电话。保险公司披露的公司治理概要应当包括下列内容:实际控制人及其控制本公司情况的简要说明;持股比例在5%以上的股东及其持股情况;近3年股东大会(股东会)主要决议,至少包括会议召开的时间、地点、出席情况、主要议题以及表决情况等;董事和监事简历;高级管理人员简历、职责及其履职情况;公司部门设置情况。保险公司披露的产品基本信息应当包括下列内容:审批或者备案的保险产品目录、条款;人身保险新型产品说明书;中国银行保险监督管理委员会规定的其他产品基本信息。

保险公司信息披露应当遵循以下基本要求:(1)保险公司信息披露应当遵循真实、准确、完整、及时、有效的原则,不得有虚假记载、误导性陈述和重大遗漏。保险公司信息披露应当尽可能使用通俗易懂的语言。(2)保险公司应当按照法律、行政法规和中国银行保险监督管理委员会的规定进行信息披露。保险公司可以在法律、行政法规和中国银行保险监督管理委员会规定的基础上披露更多信息。(3)保险公司拟披露的信息属于国家秘密、商业秘密,以及存在其他因披露将导致违反国家有关保密的法律、行政法规等情形的,可以依照规定豁免披露相关内容。(4)中国银行保险监督管理委员会根据法律、行政法规和国务院授权,对保险公司的信息披露行为进行监督管理。

## 【法条链接】

1.《银行业监督管理法》(2003年制定,2006年修正)。

2.《中国人民银行法》(1995年制定,2003年修正)。

3.《商业银行法》(1995年制定,2003年、2015年修正)。

4.《银行业金融机构董事(理事)和高级管理人员任职资格管理办法》(2013年制定)。

5.《存款保险条例》(2015年制定)。

6.《证券法》(1998年制定,2004年、2013年、2014年修正,2005年、2019年修订)。

7.《证券交易所风险基金管理暂行办法》(2020年制定,2011年、2016年修订)。

8.《证券公司风险处置条例》(2008年制定,2016年修订)。

9.《证券公司监督管理条例》(2008年制定,2014年修订)。

10.《保险法》(1995年制定,2002年、2014年、2015年修正,2009年修订)。

11.《保险公司信息披露管理办法》(2018年制定)。

## 【拓展阅读】

1. 岳彩申、盛学军:《金融法学》(第三版),中国人民大学出版社2020年版。

2. 刘隆亨：《银行金融法学》(第七版)，北京大学出版社 2020 年版。

3. 陶广峰：《金融法》(第三版)，中国人民大学出版社 2020 年版。

4. 马亮：《金融法》，中国政法大学出版社 2020 年版。

5. 张学森：《金融法学》(第二版)，复旦大学出版社 2020 年版。

6. 吴弘：《当代金融法研究》，中国法制出版社 2020 年版。

7. 徐孟洲、谭立：《金融法》，高等教育出版社 2019 年版。

8. 朱崇实：《金融法教程》(第四版)，法律出版社 2017 年版。

9. 刘少军：《金融法学》(第二版)，中国政法大学出版社 2016 年版。

10. 朱大旗：《金融法》(第三版)，中国人民大学出版社 2015 年版。

11. 许凌艳：《金融监管法制比较研究：全球金融法制变革与中国的选择》，法律出版社 2016 年版。

12. 徐孟洲：《金融监管法研究》，中国法制出版社 2008 年版。

# 第十章　消费者保护法律制度

**【导语】** 消费者作为在消费交易中与经营者地位平等的一方当事人，之所以得到国家专门性立法的法律保护，主要根源于现代市场经济条件下消费者问题显著恶化这一客观现实，以及由此引发的消费者运动的有力推动。我国在《宪法》中正式确立实行社会主义市场经济体制后，及时制定实施了《消费者权益保护法》，并根据消费者权益保护的发展形势与需要及时进行了修改完善。该法在确立保护消费者权益一般原则规定的基础上，着重就消费者权利、经营者义务、消费者权益的国家和社会保护、消费者权益争议解决及其法律责任等内容作出了全面规定，为保护消费者的合法权益，维护社会经济秩序，促进社会主义市场经济健康发展作出了重要贡献。

## 第一节　消费者问题与消费者保护立法

### 一、消费者的概念

美国《布莱克法律词典》对消费者的定义是："所谓消费者，是指从事消费之人，亦即购买、使用、持有以及处理物品或服务的人"，"消费者是指最终产品或服务的使用人。因此，其地位有别于生产者、批发商、零售商。"《牛津法律辞典》也认为：消费者是指"那些购买、获得、使用各种商品和服务（包括住房）的人"。在 2015 年修订的《联合国消费者保护准则》中，消费者通常指主要为个人、家庭或家居目的而消费的自然人。我国《消费者权益保护法》第 2 条规定："消费者为生活消费需要购买、使用商品或者接受服务，其权益受本法保护；本法未作规定的，受其他有关法律、法规保护。"第 62 条规定："农民购买、使用直接用于农业生产的生产资料，参照本法执行。"这是立法对消费者内涵及其外延的界定。

综上，我们认为消费者是指为生活消费需要购买、使用商品或者接受服务的人，即为满足生活消费需要而购买、使用商品或接受商品性服务的，由国家专门法律确认其主体地位和保护其消费权益的个体社会成员。它是人类社会商品经济阶段出现的具有特定的经济和法律含义的概念。

对于这个概念可以从以下几方面具体理解：第一，消费者是个人，即个体社会成员。第二，消费者是获取生活资料，满足自身生活消费需要的个人。第三，消费者是通过商品交换形式从经营者手中获取生活消费资料和接受生活消费服务的个人。第四，消费者是由国家专门法律确认其主体地位、保护其特定消费权利的个人。

## 二、消费者问题

### （一）消费者问题的内涵

消费者问题是指消费者在购买，使用商品或接受服务过程中，其合法权益遭受来自经营者的不法侵害而产生的社会问题。因瑕疵商品（包括服务）以致生命、身体健康或财产之安全受到侵害，或因不公正契约导致所从事之交易不能获得公平合理待遇等消费者被侵害问题很早就已存在，但在商品经济尚不发达的时候，这种现象是偶发的、个别的，尚未形成社会问题。然而自 20 世纪 50 年代以来，随着社会经济的迅速发展，在市场经济充分发展的国家，消费者问题频繁发生，涉及越来越大的社会群体，消费者问题已经成为一个严重的社会问题，进入政治和法律的视野。

### （二）消费者问题产生的主要原因

从理论上讲，交换、交换中的利益形态差异以及货币使用的普遍化是消费者问题得以发生的基本前提，但导致消费者利益损害和消费者问题发生的原因则主要包括以下几个方面：

1. 人类认识能力的局限性。导致消费者利益损害的客观原因首先表现为人类认识的局限性。客观世界是无限的，而人类对客观世界的认识却是有限的。人类认识客观世界是一个循序渐进的过程，真理永远不可能穷竭。客观的物质世界及其规律总是有某一部分或某一方面对人类来说仍然是未知的。当利用我们还不完全了解的客观物质的时候，就难免会因为我们的无知而受到损害。就经济生活中的消费者而言，他们作为人类的个体，不可能克服人类认识能力的局限性。作为单个的自然人消费者，他们不可能像经营者那样深入、全面地了解、掌握某种消费品的功能、效用及其各方面的特点。当消费者对消费对象缺乏正确消费所必需的知识的时候，就很可能导致消费者利益的损害。

2. 商品经济中的信息不均衡分布。商品经济促成了消费资料的生产者与消费者的分离。在商品经济条件下，消费者取得的消费资料是由他人提供的，这就产生了一个矛盾，即对商品比较了解的生产者、经营者自己并不使用、消费这些商品，而使用、消费这些商品的消费者却对商品的基本构成、基本结构、功能、原理、生产过程以及最佳的消费条件等一系列问题涉及的信息无法充分掌握。他们只能依靠一般常识及经营者提供的信息进行消费。这种由商品经济导致的商品的信息不均衡分布，信息的占有与对信息的需求之间的矛盾，使消费者的弱势地位进一步加剧，消费者的利益受损害的可能性也会大大增加。解决信息不均衡问题，要将信息从占有信息的经营者一方转移到需要信息的消费者一方，然而，信息的转移（传递）并不是不需要任何成本便可以实现的。加工、存储、传递信息、接受信息都需要一定的成本，信息成本的存在表明，经营者只有在传递信息获得的利益大于其信息传递成本的时候,才会有动力将信息传递给消费者。因此,对于与商品、服务有关的信息,经营者不会总是自愿地传递,特别是那些对其不利的信息,经营者不仅不会主动地传递给消费者,甚至还可能采取一定的保密措施防止信息的传递。在虚假的信息可能给其带来更多的利益时,经营者还有可能制造一些虚假信息,欺骗消费者。

3. 消费需求的个体差异。人类的需求是多种多样的,由于自身的具体情况不同,不同的个体之间对消费资料的要求也不一样。对某些消费者来说可以获得最大满足的某种消费品,对其他消费者却会构成损害。当经营者根据一般消费者的普遍的身体状况、知识构成、兴趣爱好、风俗习惯等要求生产某种消费品时,也不能排除会对在上述各方面有特殊要求的特定消费者造成损害。消费者相互之间的个体差异使得至为完美的消费品几乎成为幻想。

4. 商品经济条件下经营者与消费者之间的利益对立。在货币介入商品交换后,经营者与消费者在交易中追求不同的利益,消费者通过支付货币获得消费资料,而经营者通过提供消费资料而获得货币。作为经营者,他所关心的是商品的交换价值能否得到实现;而消费者所关心的则是商品是否具有满足其生活需要的特定效用(使用价值)。然而,在商品经济条件下,经营者控制着消费资料的生产,商品的使用价值的状况完全是由经营者的能力、主观努力及客观的生产条件所决定。从某种意义上讲,由于商品的使用价值与经营者没有直接的利害关系,其生产出来的产品不是为自己所用,而是供他人消费使用,因而,经营者对产品质量漠不关心就在所难免。经营者与消费者之间不仅存在着各自所追求的利益形态的差异,而且,其互相之间还存在着尖锐的利益冲突。对于经营者来说,投入某一商品的劳动很少,而该商品又能以很高的价格出售,这时对他最为有利。而对于消费者来说,某一商品最好既能最大程度地满足其消费需求,又能以较低的价格获得。这里就产生了消费者与经营者之间的利益冲突,当经营者为了满足消费者的需求,对某商品的生产投入过多的劳动而又以较低的价格出售时,其自身的利益就不能得到保障。为了追求自身利益的最大化,经营者往往会牺牲消费者的利益,尽可能地减少生产消费品的劳动投入,并尽可能地提高该产品的价格。从某种意义上说,经营者与消费者之间的利益关系是此消彼长的,由于这种利益关系的存在,经营者为了追求自身利益的最大化,往往会牺牲消费者的利益。

### (三)现代社会消费者问题的恶化

在自给自足的农业社会中,人们生活消费的需求大多通过自己或家庭的劳动而得到直接满足。商品交换仅在很少的情况下发生,消费资料和消费服务的范围亦非常有限。商品由一般常见的物质原料制造,技术含量低,工艺过程简单,人们可以凭经验和常识而对其品质、价值作出准确的判断,并能凭经验、常识正确地使用、消费这些商品。由于交通不便,商品一般来源于附近一定的范围,纵令商品存在缺陷,消费者亦可通过自力或公力而获得及时的救济。消费者与经营者大多同为自然人，其经济实力相当，在交易过程中，相互讨价还价，易于达成对双方都比较公平的交易条件。同时，由于商品结构简单，消费者可以凭借自己的经验和常识来正确鉴别，因此，经营者对商品的不实宣传对消费者的影响也非常有限。在小商品经济的社会中，作为经营者和消费者的人大多同为自然人，他们之间不存在难以逾越的鸿沟，消费者与经营者的位置随时都可能发生互换。经营者与消费者位置的互换性，决定了尽管在作为消费者时其利益可能受到损失，但在其作为经营者时，这种损失又会得到补偿。故从总体上说，消费者与经营者之间的利益冲突不可能尖锐化。所以，尽管商品经济本身就蕴含着对消费者的不利因素，但在自然经济时代，这些不利因素受到自然经济本身的有效制约，不可能充分地表现出来。正因为如此，传统法律体系中并不存在专门以保护消费者利益为宗旨的法律类型，消费者与经营者的关系完全可以由立法者基于当事人地位平等的基础而加以调整。

现代社会，特别是现代市场经济条件下，消费者的地位进一步弱化，这不仅表现在现代生产方式使得商品经济中固有的消费者问题由潜在的问题转化为现实的问题并使之进一步激化，而且，现代市场经济还滋生了使消费者利益更容易受到侵害的新因素，使得消费者的处境更加困难。

1. 现代生活方式使得人类普遍依赖商品而生存。随着商品经济的发展，人们的生活方式也发生了根本性的变化。由于社会分工的日益精细，人们各自从事着非常专业化的劳动，这些劳动往往与个人需求没有任何直接的联系，不可能以劳动的成果直接满足自己的生活需要。同时，现代的社会化生产常常以缔结各种劳动关系的方式而实现。劳动者以自己的劳动与他人提供的生产条件相结合，生产各种商品，获得以货币形式支付的劳动报酬，而对其所生产的产品没有任何支配权。职业劳动者与劳动成果的分配权发生分离，他们获得劳动报酬，并且只能以这些劳动报酬去购买生活资料，满足个人的生活需要。此外，随着商品经济的发展，人们逐步采取了城市化的生活方式，城市使人类各种不同的专业化劳动高度集中，各种商品的生产经营者集于一处，向社会提供着种类繁多的生活消费资料。城市化的生活方式，一方面使得人类的生活内容大大扩展，生活需求的满足至为方便；另一方面，又进一步削弱了人类个体的独立生活能力，使得人类相互之间的依赖性进一步加强。人们不仅需要通过市场提供的各种消费资料，而且也需要他人为其生活提供各种服务。现代社会，人们一刻也离不开商品。

2. 现代经济组织形式改变了消费者与经营者之间交易实力的对比。现代经济组织形式打破了传统商品交易中经营者与消费者之间势均力敌的力量对比，单个消费者难以凭自身的力量与经营者抗衡。现代经济活动大多在组织形式上采用企业的形态，经营者不再是单个的自然人，而是庞大的企业或企业集团（集市贸易等少数情况除外）。它们具有雄厚的经济实力，拥有庞大的组织机构和各类专门人才。特别是现代股份制经济的发展，使得经营者在顷刻之间便可以聚集巨额的资本，形成超级的经济巨人，迅速地取得市场的支配地位。面对强大的企业和企业集团，势单力薄的消费者再也不能像在传统的交易中那样与经营者在平等的地位上讨价还价,他们不得不屈从于经营者单方提出的交易条件。进而言之,随着市场经济的发展,企业股份制改造、收购、兼并等形式的出现,大大加速了资本集中的过程,形成了各种垄断企业。垄断企业利用其在市场中的支配地位,操纵着各类消费品的生产销售,使市场的竞争性受到严重破坏。

3. 现代科技的发展使得消费者对商品的识别遭遇更多困难。随着科学技术的迅猛发展,现代商品的特征发生了根本性变化。这不仅使消费者选购商品的独立判断能力几乎丧失殆尽,还进一步增加了消费风险。首先,现代科技的高速发展,产品的技术含量越来越高,商品成分和构造极为复杂。许多产品,尤其是各种精密的仪器,综合运用了各种科学技术,对其功能、原理,即使作为专业人员的消费者也不易全面了解,一般消费者更是望而生畏。由于产品的技术含量高,对于消费者来讲,很难凭借自己的经验和常识对商品的质量与其标示的价格是否相当以及如何消费、使用这些商品作出正确的判断和回答。其次,包装技术的提高,使消费者难以判断商品的真正价值。许多商品外部包装极为精美,精美的包装一方面刺激了消费者的购买欲,同时又掩盖了商品的一些瑕疵,消费者独立判断能力又一次受到挑战。再次,现代科技的发展导致了新材料、新原料的不断发现和运用,它们在为消费者带来更加丰富多彩的商品的同时,也往往为消费者增加了许多潜在的危险。比如有些有害的原材料、包装材料与同类无害原材料、包装材料根本无法区别,一些不法商人混同使用,致使消费者人身安全与健康时刻受到威胁。总之,现代科技的发展使消费者对其消费的物质资料越来越感到陌生,面对结构、功能、成分异常复杂的各类商品,消费者犹如双目失明的人在危机四伏的迷宫中摸索一样,随时都可能因飞来的横祸而受到伤害。

4. 现代社会化生产使得经营者与消费者在大多数情况下无法实现位置的互换。尽管在今天我们仍然可以在集市上看到小商品经济社会中典型的交易形式,但这种形式只是现代社会化生产的一个例外而已。在现代经济生活中,社会化生产已取得了绝对的优势。商品生产已广泛实现了企业化,人们通过与企业签订劳动合同,实现劳动力与生产资料的结合,制造出各种各样、品质各异的商品。当这些商品投入市场时,人们所面对的已不是生产这些商品的具体的有血有肉的自然人生产者,而是追求利益最大化的企业。企业永远是经营者,而绝大多数的个人却永远只能是消费者,他们只能一次一次地忍受在商品交换中的不公平待遇,而不能与经营者发生位置的互换,享受一次作为经营者的优越。这种社会化生产引起互换的可能性的丧失,使得消费者只能永远是商品交换中的弱者。

5. 现代市场范围的扩展与产销多层化使消费者救济更加困难。随着国内统一大市场和国际市场的形成,消费品的来源越来越广,不同地区、不同国家的各种消费品汇集于市,令人眼花缭乱、目不暇接。这固然丰富了消费生活的内容,但也使消费者与生产者的距离越来越远。商品产销的多层化,使得一个商品通常要经过几个、几十个甚至上百个不同的生产者,才能形成最终产品出厂。在商品出厂后,又要经过几个甚至几十个销售者才能最终由消费者获得，各种不同的经营者在商品产销的各个环节中层层剥削，至消费者手中，商品的价格早已翻了几倍。而且，商品的国际化和产销的多层化，使得消费者与经营者的关系更加复杂。商品的缺陷究竟产生在哪一个环节，消费者无从判断，消费者与生产者相距万里，加上风俗、语言、文化的差异及政府、法律设置的重重障碍，即使能发现有过失的经营者，也难以求得合理补偿，消费者救济出现了前所未有的危机。

6. 现代营销技术的发展，使得消费者不得不面临来自经营者方面的强大的心理攻势。在市场经济条件下，经营者为了获得更多的货币选票，往往不惜动用巨资（最终亦由消费者承担），大肆进行广告宣传，有些甚至违背了法律的硬性规定。他们有的在广告中进行过分夸大宣传，引诱消费者购买；有的利用消费者的投机心理而设置巨奖销售；有的利用人们崇尚名牌的心理，假冒他人著名商标，推销自己的劣质商品；有的利用人们追求时髦的心理，故意为奇形怪状之设计；有的利用人们追求完善的心理，故意将本来可以融于一体的功能分开，制造所谓的系列商品；有的利用人们喜新厌旧的心理，进行有计划的废品化，故意制造内在缺陷，加速产品的更新换代，刺激消费者新的需求欲望；有的利用父母对子女的爱心，对儿童用品漫天要价，等等。人类的一切心理上、情感上的弱点无不被经营者所利用。

7. 电子商务的出现，使得消费方式发生了很大的变化，消费者权益保护面临新的挑战。电子商务的兴起拓宽了消费市场，增加了消费者获得信息的途径，提供了更加方便快捷的消费方式，降低了消费成本，同时商品的信息量以及市场透明度也显著增大，从而使消费者整体受益。但是，由于网络的虚拟性，电子商务交易是一种非现场交易，经营者提供的信息更加芜杂，形式和手段多样，这就为网络消费欺诈提供了更加便利的条件。电子商务消费需要通过网络订立合同，实践中网络消费合同存在大量以格式条款的形式侵害消费者合法权益的情况。此外，在电子商务消费过程中，经营者往往利用数据技术对消费者的个人信息资料进行收集，消费者的隐私极易受到侵害。

总之，现代经济的发展，使隐藏于商品经济中固有的经营者与消费者之间的矛盾日益表面化。消费者的处境每况愈下，基于一切主体完全平等的观念而建立的传统私法体系，由于忽视了消费者与经营者之间的现实差异，逐步暴露出其对消费者利益保护的局限性。这就必然要求国家从保护消费者的利益出发，对经济生活实行适度干预。这种呼声越来越高，终于在全世界范围内掀起一场轰轰烈烈的消费者运动。消费者运动的兴起，迅速地推动了现代消费者保护的立法进程，并为消费者保护法律制度的建立和完善提供了丰富的经验。

## 三、消费者保护立法

### （一）现代消费者保护立法的背景及发展

现代消费者保护立法是在市场经济条件下，基于对消费者的弱者地位的充分认识，为了给予消费者特殊保护而进行的立法。因此,尽管在人类社会早期的法律规范中就存在对商品交换关系进行调整的法律,但其赖以存在的经济基础以及所体现的基本价值与现代消费者保护立法都有本质的差别,因而,不能认为在人类文明社会早期的法律体系中就存在消费者保护法这一法律部门。

现代消费者保护立法是在资本主义进入垄断阶段以后开始的,它的兴起是与世界性的消费者保护运动紧密联系在一起的。在19世纪后半叶以前,资本主义经济处于自由竞争的阶段,经济活动由价值规律自发地进行调节,国家超越于经济生活之外,扮演着"守夜人"的角色,对经济生活实行不干预政策,经济关系的调整主要依赖民商法。受资产阶级启蒙哲学及古典经济学的影响,近代民商法基于"人人平等"的观念确立了四大基本原则,即所有权绝对原则、契约自由原则、主体平等原则、过失责任原则。根据契约自由原则,契约当事人可以自由地选择交易对象,自由地协商交易的条件,契约一经成立,则在当事人之间具有法律效力。在消费交易领域普遍遵循着"买者留意","货物出门,概不退换"的交易准则。在交易双方当事人势均力敌且商品的结构功能不甚复杂的情况下,遵循这一原则,对消费者利益尚不致造成普遍的损害。

19世纪末期,资本主义开始进入垄断阶段,资本主义社会的基本矛盾进一步尖锐化,连续不断的经济危机宣告了古典自由经济理论的缺陷。"看不见的手"对资源的自发配置不仅会出现失灵,而且会将社会引向灾难。随着垄断资本主义的形成,市场竞争的秩序遭到了彻底的破坏,垄断资本家集团利用自己的优势地位操纵市场,人为地控制市场的供求关系,决定着市场的价格形成。一些不法商人为了避免在竞争中两败俱伤,相互联合、统一口径、形成各种形式的价格卡特尔,共同对付广大消费者。垄断的形成,使得垄断资本家可以利用其支配地位,自由地决定商品的价格,从中轻易地谋取超额的剩余价值,而无须通过提高商品和服务质量使自己在竞争中一直保持优势地位,从而严重地阻碍了经济的正常发展。另一方面,垄断的形成也彻底改变了消费者与经营者交易中的力量对比,消费者所面对的不再是一般的经营者,而是庞大的垄断组织。它们垄断了消费品的供应,消费者不得不购买它们的商品,因而,传统消费者所享有的自由选择交易对象的权利已名存实亡。垄断资本家为了获得更多的剩余价值,加速交易过程、减少交易成本,在消费交易中利用标准合同单方面决定交易条件,规定不合理的免责条款。消费者迫于生活需要,不得不违心地接受这些条款,交易公平原则也失去相应保障。因此,在垄断资本主义条件下,所谓的"契约自由",对消费者来说仅仅是徒具形式而已,他们既不能根据自己的意愿自由地选择交易对象,也不能在平等的基础上与交易对方当事人协商决定交易的内容。

资本主义的发展还引起了一系列的外部性问题。在无限度地追逐剩余价值的驱动下,资本家掠夺性地开发和利用资源,从而严重地破坏了资源的代际分配,为人类的未来蒙上了一层浓厚的阴影。无限度地开发利用自然资源,还引起了自然生态平衡的破坏,人类生存环境日益恶化。在市场经济条件下,"货币选票"决定着社会财富的流向,决定着人们的行为选择和模式，随着资本主义的发展，社会分配不公、道德沦丧等社会问题也越来越多。

伴随着各种经济和社会问题的出现，资产阶级政府越来越感到，听任“看不见的手”自发地调节经济生活，不仅不能给其带来更多的利益，而且会动摇其统治的基础。于是，资产阶级政府一改过去“守夜人”的面目，开始对社会经济生活进行适度的介入，通过各种法律、法规的颁布和执行，对各种市场主体的行为进行规制和引导，从而导致作为国家用以干预市场、矫治市场失灵和外部负面效应的经济法这一新的法域的出现。消费者问题涉及每一个人的利益，如果对消费领域中出现的各种损害消费者利益的现象听之任之，必然会影响经济的发展和社会的稳定极大地影响了资产阶级政权的巩固。随着消费者问题的日益普遍和严重，以及消费者由此而进行的争取权利的抗争，使得资产阶级政府明确地意识到再也不能听任自流、不闻不问了。于是，便颁布一系列的旨在保护消费者权益的法律规范。

一般认为，以体现国家对消费关系的适度干预为特征的现代消费者保护法是与现代经济法同时产生的。1890 年美国国会通过的《保护贸易和商业不受非法限制和垄断损害法》(《谢尔曼法》)是最早的现代消费者保护法。尽管该法主要以规制市场垄断行为为宗旨，但由于垄断行为不仅会破坏市场的竞争，损害市场经营者的利益，而且会严重地损害消费者的利益，因此，该法也被认为是第一部现代意义的保护消费者利益的法律。

继美国之后，其他资本主义国家也相继颁布了类似的法律，如德国在 1894 年颁布了《分期付款买卖法》，1896 年制定了《反不正当竞争法》，奥地利和法国也分别于 1896 年、1900 年制定了《分期付款买卖法》。这些法律一改过去基于当事人地位平等而对交易双方一视同仁的立场，开始从交易一方即消费者的利益出发，通过对经营者的权利行使进行限制，而使消费者能获得更充分的保护。由于受自由主义经济学的影响，资产阶级政府深恐国家干预过度会破坏经济的发展，因而对经济的干预显得特别谨慎。这些早期保护消费者利益的法律大多表现为对传统私法的修正，其对消费者利益的保护亦大多表现为间接的形式。但从这些法律中，人们也不难看出，由《法国民法典》首先确立的作为近代民法的四大原则之一的“契约自由原则”在这里已开始发生动摇。

进入 20 世纪，由于经济发展而导致消费者问题的日益恶化，加上消费者运动的兴起，资产阶级政府更深切地认识到消费者问题的严重性。资产阶级国家，一方面继续通过对传统私法进行有利于消费者的修正而对消费领域的社会关系重新进行调整；另一方面，又开始更直接地干预经济，运用国家公权强化消费领域的管理，制定各种消费者保护方面的管理规范。自 1906 年美国的《联邦食品和药品法》在这方面开了先河之后，美国和其他国家都相继颁布了大量旨在保护消费者利益的管理性法律规范。其涉及的领域，从一开始的食物和药品逐渐扩展到化妆品等一般日用消费品，以及汽车、家用电器等高科技消费品和服务。到目前为止，各发达资本主义国家都形成了结构严密、内容完善的庞大的消费者保护法律体系。消费者保护立法的发展状况，已经成为衡量一个国家社会文明发展程度和法制建设完善程度的一个重要标志。

### (二)现代消费者保护法的特点

从现代消费者保护的发展轨迹中,我们可以看出,现代消费者保护法与传统法律体系中偶尔出现的涉及消费者利益保护的零星规定根本不可同日而语。与后者相比,它具有以下特点:

1. 现代消费者保护法是商品经济发展到一定阶段的产物,是国家通过法律干预经济生活的重要体现。商品经济的发展经历了不同的时期,在早期的简单商品经济时代,市场对社会资源的配置只能起到非常有限的作用。在这种条件下,虽然也存在涉及消费者利益保护的法律,但由于消费者问题并未普遍化,因而这类法律规范大多以与其他法律合体的形态而存在。在我国古代,它主要存在于古代刑法体系中;而在古代罗马社会,则分散存在于罗马公法与私法规范中。这些规定与其他法律规范一起,形成简单商品生产条件下对经济关系进行调整的法律规范。进入资本主义社会,商品经济迈入市场经济阶段,市场在社会资源的配置过程中逐渐取得支配地位。早期的资本主义经济,属于自由竞争的市场经济,在这种商品经济条件下,国家的职能有限,经济关系主要由基于平等观念而制定的民商法进行调整。消费者保护法律规范的存在遇到了难以克服的制度上的障碍,在数量上极其贫乏。这些零碎的规范只不过是资本家胡作非为的最低界限,是政府对资本家胡作非为的最大容忍限度,因而,它们的存在不可能发挥对市场的矫治作用。资本主义进入垄断阶段以后,随着资产阶级国家公权对经济的介入,资本主义经济进入现代市场经济阶段。在现代市场经济条件下,国家制定了各种保护消费者利益的法律,这些法律不仅在数量上急剧膨胀,在性质上也发生了变化,它体现了国家对市场的干预,是对市场配置资源而产生的负面效应的有效救治。因此,现代消费者保护法与体现在传统民商法中涉及消费者的规定在性质上是不同的。

2.现代消费者保护立法是在充分认识到消费者的弱者地位的基础上对消费者利益的特殊保护。传统法律体系中的各种保护消费者利益的规定,无论是在简单商品经济还是在自由资本主义的条件下,一般都是基于双方地位平等的观念将经营者和消费者同视为交易双方当事人给予同等的保护。而现代消费者保护法则是基于对消费者的具体人格识别,在充分认识到消费者弱者处境的前提下,站在消费者的立场上,对消费者所给予的特殊保护。因此,它往往对消费者一方规定更多的权利,对于经营者一方则设置更多的义务。现代消费者保护法具有与传统法律中涉及消费者的规定完全不同的价值取向。

3. 现代消费者保护立法已在形式和内容上获得了充分的发展,形成了完整、有机的法律体系。随着经济、社会的发展,各国消费者保护法逐步形成了相当完善的法律体系。许多国家都制定了保护消费者利益的基本法,它们与各种保护消费者利益的具体法律制度相配套,形成了庞大的消费者保护法律系统。在内容方面,它们涉及消费生活的各个领域,从一般日用品到高档消费品,直到服务领域,都有相应的消费者保护法律。从其保护的利益来看，它不仅涉及消费者的人身安全与健康，而且也涉及消费交易的公平、消费环境的改善以及消费者的社会角色等各个方面。这更是散见于其他法律法规、适用范围极为有限的传统消费者保护规范所无法比拟的。

### （三）我国消费者保护立法

在我国，消费者保护立法主要是在改革开放以后逐步制定的。在改革开放前，我国实行高度集中的计划经济体制，由于消费品供应普遍存在短缺现象，因此，消费者面临的主要问题是消费需求得不到满足。随着改革开放的深入发展，社会主义市场经济体制逐步形成，依赖商品生活的人越来越多，侵犯消费者利益的事件也不断发生。在这种情况下，国家充分意识到消费者问题的严重性，并采取各种手段保护消费者的利益，通过法律保护消费者利益是其中最重要的手段之一。1993 年 10 月 31 日第八届全国人大常委会第四次会议通过了《消费者权益保护法》，这是我国第一部消费者权益保护专门法。这部法律的实施为我国市场经济体制的建立和发展，特别是对于商品经济的发展和消费者权益的保护作出了突出贡献。但是随着社会经济的发展，这部法律的滞后性逐渐显现出来，已经不能适应新时期保护消费者合法权益，促进社会经济发展的需要。2009 年 8 月 27 日第十一届全国人民代表大会常务委员会第十次会议，对其内容进行了部分修改。2013 年 10 月 25 日，第十二届全国人大常委会第五次会议再次对其修改，修正后的《消费者权益保护法》自 2014 年 3 月 15 日起施行。新修正的《消费者权益保护法》在内容上扩展了消费者的权利、增加了义务主体、加大了惩罚性赔偿力度等，回应了现阶段商品经济条件下，消费者权益保护的呼声。

### （四）消费者保护的国际立法

20 世纪 70 年代以来，消费者保护法的发展还呈现出国际化的趋势。一方面，各国消费者保护立法日益趋同；另一方面，在这一领域还出现了一批国际规范。这种国际化趋势，是国际贸易的发展及国际统一市场形成的必然结果。目前，以全球性或区域性消费者保护条约为主要渊源的国际消费者保护法律体系已经形成。[1] 截至 2019 年底，全球性或区域性的消费者保护条约已经达到 60 多个。全球性消费者保护条约主要有：1973 年海牙国际私法会议通过的《产品责任法律适用公约》，1985 年联合国《保护消费者准则》(2015 年修订)，1998 年联合国《消费者保护和可持续消费准则》等。区域性消费者保护条约主要有：1973 年欧洲理事会《消费者保护宪章》，1998 年欧洲联盟《消费者保护法》等。

---

〔1〕 刘益灯：《国际消费者保护法：一个新的特殊国际法部门》，载《政治与法律》，2020(7)。

# 第二节 消费者保护法律制度的主要内容

## 一、消费者的权利和经营者的义务

### (一)消费者的权利

消费者权利也称消费者权益,是消费主体的权利和利益的合称。消费者利益由多种利益因素构成,主要包括物质经济利益、精神文化利益、安全健康利益、时效利益、环境利益等。消费者的合法权益,指的是消费者所享有的,由法律、法规确认,受法律、法规保护的权利。消费者的权利是保护消费者的权益的核心问题。

消费者权利作为消费者保护法的核心制度之一,具有复合性和层次性特征:首先,各项具体的消费者权利其性质并不一致。消费者的所有基本权利均是人权,主要属于经济、社会和文化权利(社会权);部分基本消费者权利不仅是人权,还同时是民事权利;部分基本消费者权利则仅是人权而不具有私权性。是为消费者权利性质的复合性。其次,作为人权的消费者权利与作为私权的消费者权利并非处于同一个层次。作为人权的消费者权利是整个消费者保护法的统率和灵魂,贯穿于所有消费者保护制度之中;作为私权的消费者权利则仅存在于消费者保护民事特别规范之中,属于民事权利中的债权并主要通过债法制度和民事责任制度得到保障。是为消费者权利性质的层次性。

根据2015年联合国修订的《保护消费者准则》,消费者权利具体包括以下内容:①消费者能够获得基本商品和服务;②保护消费者的健康和安全免遭危害;③促进和保护消费者的经济利益;④使消费者得到适足信息,使他们能够按照个人愿望和需要作出知情的选择;⑤接受消费者教育;⑥提供有效的争议解决与补救机制;⑦有成立消费者组织及其他有关的团体或组织的自由等。

根据《消费者权益保护法》的规定,我国消费者权利有以下内容构成:

1. 安全保障权。安全保障权是消费者的最基本权利,是指消费者在购买、使用商品或接受服务时所享有的保障其人身、财产安全不受损害的权利。它是消费者各项权利的基础,是消费者应该享有的首要权利。根据《消费者权益保护法》第7条规定,消费者安全保障权主要包括两个方面:第一,消费者的人身安全权;第二,消费者的财产安全权。消费者人身安全权只限于消费者的生命健康权,也就是说消费者在购买使用商品或接受服务过程中享有保证身体各器官及其机能的完整,及其生命不受危害的权利。财产安全权包括两个方面:消费者购买使用商品本身的财产安全,消费者购买使用商品之外的财产安全。同时,根据《消费者权益保护法》第29条规定,消费者还享有个人信息安全的权利,即经营者收集、使用消费者个人信息,应当遵循合法、正当、必要的原则,明示收集、使用信息的目的、方式和范围,并经消费者同意。经营者收集、使用消费者个人信息,应当公开其收集、使用规则，不得违反法律、法规的规定和双方的约定收集、使用信息。经营者及其工作人员对收集的消费者个人信息必须严格保密，不得泄露、出售或者非法向他人提供。经营者应当采取技术措施和其他必要措施，确保信息安全，防止消费者个人信息泄露、丢失。在发生或者可能发生信息泄露、丢失的情况时，经营者应当立即采取补救措施。

2. 知悉真情权。知悉真情权又称知情权，是消费者享有的知悉其购买、使用的商品或接受服务的真实情况的权利。根据《消费者权益保护法》第 8 条规定，这项权利的规定实际包含两层意思：一是消费者在购买、使用商品或接受服务时，有权要求经营者提供商品的价格、产地 、生产者、用途、性能、规格、等级、主要成分、生产日期、有效期限、检验合格证明、使用说明书、售后服务或者服务的内容、规格、费用等有关情况；二是经营者提供的商品或者服务的情况必须是真实的，不得做引人误解的虚假宣传。对于消费者来说，知情权是消费者活动中心必不可少的，它是消费者决定购买某种商品、接受某种服务的前提。

3. 自主选择权。自主选择权是指消费者可以根据自己的经验、喜好、判断、自主选择商品或者服务的权利。在消费领域中，每一个消费者的心理偏好及习惯不同，其对商品和服务的要求也就不同，这是十分普遍的现象。《消费者权益保护法》第 9 条规定，消费者享有自主选择商品或者服务的权利。也就是说，消费者有权根据自己的需求、意向和兴趣，自主选择自己满意的商品或服务。具体而言，主要包括以下几个方面：自主选择提供商品或者服务的经营者的权利；自主选择商品品种或者服务方式的权利；自主决定购买或者不购买任何一种商品，接受或者不接受任何一项服务的权利；在自主选择商品或服务时享有进行比较、鉴定和挑选的权利。

随着信息技术的进步和人们消费方式的变化，人们越来越多地采用网上购物、电视购物等非现场的消费方式，来满足个体的消费需求。在这些新的消费方式下，赋予消费者一定情形下的反悔权，是有效保护消费者选择权的必要方式。《消费者权益保护法》第 25 条规定：经营者采用网络、电视、电话、邮购等方式销售商品，消费者有权自收到商品之日起 7 日内退货，且无须说明理由，但下列商品除外：(1)消费者定作的；(2)鲜活易腐的；(3)在线下载或者消费者拆封的音像制品、计算机软件等数字化商品；(4)交付的报纸、期刊。

4. 公平交易权。公平交易权是指消费者在购买商品或者接受服务时所享有的获得质量保障、价格合理、计量准确等公平交易条件的权利。在消费法律关系中，消费者与经营者的法律地位平等，他们之间的行为属于市场交易行为，因而应当遵循市场交易的基本原则，从而保障公平交易的实现。为了保障消费者的公平交易权的实现，必须依反垄断法和反不正当竞争法等对劣质销售、价格不公、计量失度等不公平交易行为加以禁止。此外，消费者还有权拒绝经营者的强制交易行为。《消费者权益保护法》第 10 条第 1 款规定，消费者享有公平交易的权利，为消费者切实享有公平交易权给予了法律上的保证。

消费者所享有的公平交易权主要体现在两方面：一是有权获得质量保障、价格合理、计量正确等公平交易条件。质量保障是消费者在购买商品或接受服务时对经营者的基本要求,这是关系到人体健康和人身安全的重大问题。价格合理充分地体现了等价交换的原则。计量的准确性则直接涉及消费者的经济利益。二是消费者有权拒绝经营者的强制交易行为。有的经营者在掌握了人们非常需要而又十分紧俏的商品或服务时,往往违反平等自愿、公平交易的市场准则,违背消费者的意愿强制交易,从而损害了消费者自主选择商品或者服务的权利,侵害了消费者的合法权益。因此,消费者在自己的公平交易权受到侵害时,有权拒绝强制交易。

5. 依法求偿权。依法求偿权是指消费者在因购买、使用商品或者接受服务而受到人身、财产损害时,依法请求获得赔偿的权利。它是弥补消费者所受损害的必不可少的救济性权利。根据《消费者权益保护法》的规定,享有依法求偿权的主体是因购买、使用商品或者接受服务而受到人身、财产损害的消费者,具体包括：商品的购买者、商品的使用者、服务的接受者和第三人。第三人是指除商品的购买者、接受者或者服务的接受者之外的因为偶然原因而在事故发生现场受到损害的其他人。消费者的依法求偿权,除具有一般民事索赔权的特征外,还有符合其自身特点的一些制度和规定：

(1) 消费求偿中的举证责任。尽管消费者的求偿权本质上是一种侵权损害赔偿的请求权,但由于在消费关系中,消费者处于弱势,特别是消费者与经营者之间信息严重不对称,因此《消费者权益保护法》第23条规定：经营者提供的机动车、计算机、电视机、电冰箱、空调器、洗衣机等耐用商品或者装饰装修等服务,消费者自接受商品或者服务之日起6个月内发现瑕疵,发生争议的,由经营者承担有关瑕疵的举证责任。

(2) 消费者的求偿权中惩罚性赔偿的规定。《消费者权益保护法》第55条规定：经营者提供商品或者服务有欺诈行为的,应当按照消费者的要求增加赔偿其受到的损失,增加赔偿的金额为消费者购买商品的价款或者接受服务的费用的3倍;增加赔偿的金额不足500元的,为500元。法律另有规定的,依照其规定。

(3) 关于责任主体。《消费者权益保护法》第44条规定,消费者通过网络交易平台购买商品或者接受服务,其合法权益受到损害的,可以向销售者或者服务者要求赔偿。网络交易平台提供者不能提供销售者或者服务者的真实名称、地址和有效联系方式的,消费者也可以向网络交易平台提供者要求赔偿;网络交易平台提供者作出更有利于消费者的承诺的,应当履行承诺。网络交易平台提供者赔偿后,有权向销售者或者服务者追偿。

(4) 消费者求偿公益诉讼。为降低消费者求偿的诉讼成本,《消费者权益保护法》第37条第1款第(7)项规定了消费者协会应承担支持受损害的消费者提起诉讼或者直接提起诉讼的公益性责任。

6. 依法结社权。依法结社权是指消费者享有的依法成立维护自身合法权益的社会团体的权利。我国《宪法》明确规定：中华人民共和国公民享有依法结社的权利。消费者依法成立维护自身合法权益的社会团体,属于公民结社权的组成部分,也是宪法规定在消费者权益保护法中的具体化。在消费领域中,消费者与经营者相比,在经济上仍处于弱势地位,消费者依法成立维护自身合法权益的社会团体仍然有不可忽视的作用,它使消费者能够从分散、弱小走向集中和强大,并通过集体的力量改变自己的弱者地位,以与实力雄厚的经营者相抗衡。因此,对消费者的依法结社权必须予以保障,其最具典型的组织形式就是中国消费者协会和地方各级消费者协会。

中国消费者协会于 1984 年 12 月经国务院批准成立,是对商品和服务进行社会监督的保护消费者合法权益的全国性社会团体。中国消费者协会的宗旨是:对商品和服务进行社会监督,保护消费者的合法权益,引导广大消费者合理、科学消费,促进社会主义市场经济健康发展。根据《消费者权益保护法》第 37 条的规定,消费者协会履行下列公益性职责:(1)向消费者提供消费信息和咨询服务,提高消费者维护自身合法权益的能力,引导文明、健康、节约资源和保护环境的消费方式;(2)参与制定有关消费者权益的法律、法规、规章和强制性标准;(3)参与有关行政部门对商品和服务的监督、检查;(4)就有关消费者合法权益的问题,向有关部门反映、查询,提出建议;(5)受理消费者的投诉,并对投诉事项进行调查、调解;(6)投诉事项涉及商品和服务质量问题的,可以委托具备资格的鉴定人鉴定,鉴定人应当告知鉴定意见;(7)就损害消费者合法权益的行为,支持受损害的消费者提起诉讼或者依照本法提起诉讼;(8)对损害消费者合法权益的行为,通过大众传播媒介予以揭露、批评。

各级人民政府对消费者协会履行职责应当予以必要的经费等支持。消费者协会应当认真履行保护消费者合法权益的职责,听取消费者的意见和建议,接受社会监督。依法成立的其他消费者组织依照法律、法规及其章程的规定,开展保护消费者合法权益的活动。

7. 接受教育权。接受教育权也称获取知识权,是指消费者所享有的获得有关消费者和消费者权益保护方面的知识。这方面的知识主要包括:消费观念知识、市场基本知识、消费者权益保护的法律和政策、消费者权益保护机构、消费者权益保护的途径等知识。在现代社会条件下,消费者是以他人生产、经营的产品及提供的服务作为消费对象的,消费信息偏存于经营者一方;现代科技的发展,使商品服务的种类越来越多,商品的结构功能日益复杂,危险性越来越大,因此,消费者作为产品的使用者及服务的接受者,所面对的是不断更新、日益复杂的商品和服务。这就使得消费者很难凭一般经验对商品服务价值作出正确的判断,对商品及服务进行安全、合理的消费。这就决定了他们正确地选择和使用商品都要求必须以获得商品的有关真实情况为条件,否则,就难免在进行消费交易及使用消费品或接受服务的过程中受到损害。

同时消费者要保护自己,必须明确他自己的利益是否受到侵害,哪些损害可以获得救济,可以通过什么途径来维护自己的权利。这就要求消费者应当了解有关消费者保护方面的法律知识,只有这样,才能提高消费者的权利意识,增强自我保护能力。因此,除了及时地将有关消费知识传授给消费者外,还必须将有关保护消费者的法律知识传授给消费者,而这些都需要通过实施消费者教育来实现。正因为如此,我国《消费者权益保护法》第13条明确规定,消费者享有获得有关消费和消费者权益保护方面的知识的权利。

8. 人格尊严和民族风俗习惯受尊重权。人格尊严和民族风俗习惯受尊重权是指消费者在购买、使用商品和接受服务时所享有的其人格权尊严、民族风俗习惯得到尊重的权利。尊重消费者的人格尊严和民族风俗,是社会文明进步的表现,也是尊重和保障人权的重要内容。根据《消费者权益保护法》第14条的规定,首先,消费者在购买、使用商品和接受服务时,应当享有人格尊严受到尊重的权利。人格尊严是公民人身权的重要组成部分,我国宪法对公民人格尊严不可侵犯作出了明确规定。因此,尊重消费者在生活消费活动中的人格尊严是消费者享有的最起码的权利,任何人都无权加以污辱和诽谤。公民的人格尊严权利包括姓名权、名誉权、荣誉权、肖像权等。对于侵犯消费者人格尊严的行为,法律视情节轻重予以相应的民事制裁。情节特别严重构成犯罪的,还要予以刑事制裁。其次,消费者在购买、使用商品或接受服务时,享有民族风俗习惯得到尊重的权利。我国是一个多民族国家,各民族的饮食、服饰、居住、婚葬、节庆、娱乐、礼节、禁忌等风俗习惯都有所不同。尊重少数民族的风俗习惯是党和国家民族政策的一项重要内容,是关系到处理好民族关系,促进安定团结的大问题。因此,经营者侵害消费者的人格尊严、侵犯消费者人身自由或者侵害消费者个人信息依法得到保护的权利的,应当停止侵害、恢复名誉、消除影响、赔礼道歉,并赔偿损失。

9. 监督批评权。依据《消费者权益保护法》第15条的规定,消费者享有对商品和服务及保护消费者权益工作进行监督的权利。同时,消费者有权检举、控告侵害消费者权益的行为和国家机关及其工作人员在保护消费者权益工作中的违法失职行为,有权对保护消费者权益工作提出批评、建议。这项权利对于维护其自身的合法权益有着重要作用,具体包括以下主要内容:(1)消费者有权对商品和服务质量、价格、计量等进行监督。(2)有权对保护消费者权益工作提出批评、建议,进行监督;(3)有权对保护消费者权益工作中的违法失职行为进行检举、控告。

### (二)经营者的义务

经营者是向消费者提供其生产、销售的商品或者提供服务的公民、法人或者其他经济组织,是以营利为目的从事生产经营活动并与消费者相对应的另一方当事人。《消费者权益保护法》规定的经营者,具有以下三个基本特征:(1)经营者包括生产者、销售者和服务者。经营者的经营活动,不单指商品销售,也包括商品的生产和有偿服务活动,这是市场经济条件下经营的基本含义。(2)经营者是与消费者相对应的另一方当事人。按照我国有关法律法规的规定,经营者应当是依法登记注册的从事生产经营活动的单位和个人。但在实践中,向消费者提供商品或服务的单位和个人也存在未登记注册的,这其中有依法不需登记注册的,如进入集贸市场销售自产的农副产品的农民等,其在向消费者提供商品或服务时,处于与消费者对应的另一方当事人的地位,属于《消费者权益保护法》中的经营者。(3)经营者提供商品或服务以营利为目的。

所谓经营者的义务,是指法律(主要是与消费者权益保护相关的法律、法规、规章)规定或者消费者与经营者约定的,在消费过程中经营者必须对消费者作出一定行为或者不作出一定行为的约束。经营者的义务与消费者的权利是对立统一的概念。经营者的义务可以从以下几个方面理解:(1)义务主体是经营者,具体包括生产者、销售者和提供服务者;(2)义务可以表现为消费者要求经营者作出一定行为,也可以表现为要求经营者必须抑制一定的行为;(3)经营者的义务是由法律规定的或是与消费者约定的;(4)经营者义务的履行是由国家强制力保障的。

《消费者权益保护法》第16条规定:"经营者向消费者提供商品或者服务,应当依照《产品质量法》和其他有关法律、法规的规定履行义务。经营者与消费者有约定的,应当按照约定履行义务,但双方的约定不得违背法律、法规的规定。"据此,可将经营者的义务划分为法律规定的义务和当事人双方约定的义务两种类型,即法定义务和约定义务。法定义务是指由法律、法规、规章直接规定的经营者应当承担的义务,是消费者与经营者进行交易时无须另行约定的义务,经营者必须予以履行。约定义务按照民事活动的意思自治原则,经营者与消费者在进行某项具体消费交易时,可以就双方的义务进行约定。约定义务在很大程度上是经营者义务的扩大化。但应指出,经营者与消费者的约定义务不能违背法律法规的规定,否则就会因违法而无效。同时,就约定义务与法定义务的关系而言,法定义务是对经营者最基本的要求,是经营者应当履行的最低标准,它具有不可抛弃性与不可更改性。因此,经营者与消费者的约定义务,不得减轻或免除经营者的法定义务。经营者对消费者的约定义务一旦依法确立,就对经营者具有法律约束力,经营者必须依法履行。

在消费交易法律关系中,消费者是与经营者直接进行交易的另一方,消费者所享有的权利,从某种意义上讲就是经营者的义务,因此,明确经营者的义务对于保护消费者权益至关重要。根据《消费者权益保护法》的规定,经营者的义务主要包括以下几个方面:

1. 依法或依约履行义务。经营者向消费者提供商品或者服务,应当依照我国《产品质量法》和其他有关法律、法规的规定履行义务,即经营者必须依法履行其法定义务。此外,经营者和消费者有约定的,应当按照约定履行义务,但双方的约定不得违背法律、法规的规定。换言之,经营者提供商品或者服务,按照国家规定或者与消费者的约定,承担保修、包换、包退或者其他责任的,应当按照国家规定或者约定履行,不得故意拖延或者无理拒绝。不管是法律法规的规定,还是双方的约定,都是对经营者提供商品和服务行为的规范,经营者必须履行其应尽的义务。

2. 听取意见和接受监督。经营者应当听取消费者对其提供的商品或者服务提出的意见,接受消费者的监督。这是与消费者的监督批评权相对应的经营者的义务。法律规定经营者的这一义务,有利于提高和改善消费者的地位。

3. 保证商品和服务的安全。这是与消费者的保障安全权相对应的经营者的义务。

经营者应当保证其提供的商品或者服务符合保障人身、财产安全的要求。对可能危及人身、财产安全的商品和服务,应当向消费者作出真实的说明和明确的警示,并说明和表明正确使用商品或者接受服务的方法及防止危害发生的方法。经营者发现其提供的商品或者服务存在严重缺陷,即使正确使用商品或者接受服务仍然可能对人身、财产安全造成危害的,应当立即向有关行政部门报告和告知消费者,并采取防止危害发生的措施。在举证责任上实行举证责任倒置。"谁主张,谁举证"是我国《民事诉讼法》规定的一般证据规则。消费者要想证明某个商品存在瑕疵就必须拿出证据来,但因为不掌握相关技术等信息,消费者举证非常困难。新修订的《消费者权益保护法》将消费者的"拿证据维权"转换为经营者的"自证清白",实行举证责任倒置,确解了消费者举证难问题。

4. 提供商品和服务的真实信息。这是与消费者的知悉真情权相对应的经营者的义务。经营者应当向消费者提供有关商品或者服务的真实信息,不得做引人误解的虚假宣传,否则即构成侵犯消费者权益的行为和不正当竞争的行为。经营者对消费者就其提供的商品或者服务的质量和使用方法等具体问题提出的询问,应当作出真实、明确的答复。在价格标示方面,销售者提供商品应当明码标价。

针对网络购物中经营者提供的信息不真实、不完整问题,《消费者权益保护法》规定:采用网络、电视、电话、邮购等方式提供商品或者服务的经营者,以及提供证券、保险、银行等金融服务的经营者,应当向消费者提供经营地址、联系方式、商品或者服务的数量和质量、价款或者费用、履行期限和方式、安全注意事项和风险警示、售后服务、民事责任等信息。该条规定的核心是保障消费者的知情权。要求经营者提供经营地址、联系方式,有助于明确经营主体,解决非现场购物面临的突出问题;安全注意事项和风险警示等信息有助于消费者全面、客观地进行分析和决策;售后服务、民事责任事前明确,便于发生问题从速解决。

5. 标明真实名称和标记。经营者应当标明真实名称和标记,租赁他人柜台或者场地的经营者,也应当标明其真实名称和标记。

6. 出具购货凭证和服务单据。经营者提供商品或者服务,应当按照国家有关规定或者商业惯例向消费者出具购货凭证或者服务单据;消费者索要购货凭证或者服务单据的,经营者必须出具。由于购货凭证或者服务单据具有重要的证据价值,对于界定消费者和经营者的权利义务具有重要意义,因此,明确经营者出具相应的凭证和单据的义务,有利于保护消费者的权益。

7. 提供符合要求的商品和服务。经营者应当保证在正常使用商品或者接受服务的情况下,其提供的商品或者服务应当具有符合要求的质量、性能、用途和有效期限(但消费者在购买该商品或者接受该服务前已经知道其存在瑕疵的除外);经营者以广告、产品说明、实物样品或者其他方式表明商品或者服务的质量状况的,应当保证其提供的商品或者服务的实际质量与表明的质量状况相符。

8. 不得从事不公平、不合理的交易。为了保障消费者的公平交易权,经营者不得不以格式合同、通知、声明、店堂告示等方式作出对消费者不公平、不合理的规定，或者减轻、免除其损害消费者合法权益时应当承担民事责任。格式合同、通知、店堂告示等含有对消费者不公平、不合理的规定或者减轻、免除经营者损害赔偿责任等内容的，其内容无效。

9. 不得侵犯消费者的人身权。消费者的人身权是最基本的人权，消费者的人身自由、人格尊严不受侵犯。经营者不得对消费者进行侮辱、诽谤，不得搜查消费者的身体及其携带的物品，不得侵犯消费者的人身自由。

10. 不得侵犯消费者个人信息。个人信息被随意泄露或买卖，消费者的正常生活受到严重干扰。为此，新修订的《消费者权益保护法》，首次将个人信息保护作为消费者权益确认下来，是消费者权益保护领域的一项重大突破。《消费者权益保护法》第 29 条规定：经营者收集、使用消费者个人信息，应当遵循合法、正当、必要的原则，明示收集、使用信息的目的、方式和范围，并经消费者同意。经营者收集、使用消费者个人信息，应当公开其收集、使用规则，不得违反法律、法规的规定和双方的约定收集、使用信息。经营者及其工作人员对收集的消费者个人信息必须严格保密，不得泄露、出售或者非法向他人提供。经营者应当采取技术措施和其他必要措施，确保信息安全，防止消费者个人信息泄露、丢失。在发生或者可能发生信息泄露、丢失的情况时，应当立即采取补救措施。

## 二、国家和社会对消费者权益的保护

在消费者权益的保护方面，不仅经营者负有直接的义务，而且国家、社会也都负有相应的义务。只有各类主体都有效地承担起相应的保护消费者权益的义务，消费者的各项权益才能得到有效的保障。为此，我国《消费者权益保护法》对于国家和社会在保护消费者权益方面的义务也作出了规定。

### （一）国家对消费者权益的保护

国家对消费者权益的保护一般是通过国家机关的职权活动实现的。国家机关依据其行使权力的性质不同，可以划分为立法机关、行政执法机关和司法机关。对消费者权益的保护就是通过这三种不同的国家机关的职权活动实现的，与此相适应，国家对消费者权益的保护也主要体现在以下三个方面：

1. 在立法方面的保护。立法机关通过对消费者权益保护法的制定、修改、颁布、废止等活动来保护消费者的利益。具体表现为：一是通过法律向社会宣示消费者的合法权利及法律对各种侵犯消费者利益行为的禁止，从而警示经营者不得实施侵犯消费者利益的行为；二是通过法律规定，为国家行政机关即司法机关的执法、司法活动提供依据，当侵犯消费者利益的行为发生时，行政机关、司法机关能予以及时有效的制止和采取补救措施；三是通过对行政、司法活动的法律监督，保证消费者权益保护法的全面实施。

这里必须强调的是，通过立法保护消费者权益时，必须反映消费者的呼声，反映消费者的要求和愿望。为此,《消费者权益保护法》第 26 条规定:“国家在制定有关消费者权益的法律、法规和政策时,应当听取消费者的意见和要求。”只有在广泛听取消费者的意见和要求的基础上,制定出来的法律才能充分体现对消费者利益的保护。

2. 在行政方面的保护。政府的行政管理工作与消费者权益的保护水平直接相关。各级人民政府应当加强领导,组织、协调、督促有关行政部门做好保护消费者合法权益的工作。《消费者权益保护法》除对各级政府在消费者权益保护方面的义务作出规定以外,还特别强调政府的一些具体职能部门在消费者权益保护方面的义务。各级市场监督管理部门和其他有关行政部门,应当依照法律、法规的规定,在各自的职责范围内,采取措施,预防危害消费者人身、财产安全行为的发生,及时制止危害消费者人身、财产安全的行为,切实保护消费者的合法权益。

3. 在司法方面的保护。人民法院应当采取措施,方便消费者提起诉讼。对于符合我国《民事诉讼法》起诉条件的消费者权益争议,人民法院必须受理,并应及时审理,以使消费者权益争议尽快得到解决。对于严重侵害消费者权益构成犯罪的违法行为,应当依照刑法的有关规定,打击犯罪行为,切实保护消费者的合法权益。

### (二) 社会对消费者权益的保护

保护消费者的合法权益也是全社会的共同责任,国家鼓励、支持社会组织和个人对损害消费者合法权益的行为进行有效的批评和揭露,充分发挥其作用。其中,消费者协会是最普遍、最重要的社会组织之一,它是消费者的依法结社权的具体体现,同时,这些消费者协会职能的实现,又能够使具体的消费者更好地实现其获取信息权、依法求偿权、监督批评权等权利。为此,各级人民政府对消费者协会履行职责应当予以必要的经费等支持。消费者协会应当认真履行保护消费者合法权益的职责,听取消费者的意见和建议,接受社会监督。依法成立的其他消费者组织依照法律、法规及其章程的规定,开展保护消费者合法权益的活动。

## 三、消费者权益争议的解决

### (一) 消费者权益争议的解决途径

所谓消费者权益争议,是指消费者与经营者之间发生的与消费者权益有关的争议。消费争议的一方当事人是消费者,另一方当事人是经营者。根据《消费者权益保护法》第 39 条的规定,消费者与经营者发生消费争议的,可以通过下列途径解决:

1. 与经营者协商和解。协商和解,是指消费者与经营者发生争议后,就与争议有关的问题进行协商,达成和解协议,使纠纷得以解决的活动。协商和解是解决消费者纠纷最常见的形式之一,消费者在发现自己的权利受到侵害就与自己利益有关的问题与经营者协商解决。协商和解具有及时、便利、经济、有利于维护当事人之间友好关系的优点,因此，协商和解实际生活中运用得最为普遍。

2. 请求消费者协会进行调解。消费者协会进行调解，是由消费者协会对争议双方当事人进行说服劝导、沟通调和，以促成争议双方达成解决纠纷协议的活动。《消费者权益保护法》规定，消费者协会有调解消费纠纷的职责，因此，对属于其受理范围的争议，在消费者提出请求时，不得拒绝调解。消费者协会在调解过程中，应当站在公正的立场上，通过宣传法律、政策，明确利害关系，积极主动促成当事人达成协议，并鼓励当事人自行履行。

3. 向有关行政部门申诉。消费者和经营者发生纠纷后，除协商和解或向消费者协会申请调解外，还可以向有关行政机关提出申诉，要求行政机关保护自己的合法权益。市场监督管理部门负有对一般商品、服务进行综合管理的职责。消费者与经营者发生一般性民事争议的，可以向市场监督管理机关申诉。

4. 根据与经营者达成的仲裁协议提请仲裁机构仲裁。根据《消费者权益保护法》的规定，对消费者权益争议，如当事人之间存在仲裁协议，可以将纠纷提交仲裁机构仲裁。有关消费者争议的仲裁，应根据《仲裁法》的规定进行。仲裁机构依法作出的仲裁裁决，具有法律效力。对生效的仲裁裁决，当事人应当履行。一方当事人不履行的，另一方当事人可以向人民法院申请强制执行。

5. 向人民法院提起诉讼。这是解决消费争议的最后途径。消费者争议发生后，消费者和经营者在没有仲裁协议的情况下，可以向人民法院起诉。消费争议是消费者与经营者的权益争议，一般为民事案件，可依照民事诉讼法的规定向人民法院提起民事诉讼。

针对具体消费争议，在选择具体的争议解决途径时，消费者要权衡争议的解决成本，考虑交易费用，从而作出理性的选择。

### （二）消费者权益争议的责任主体

1. 一般情形的责任主体。根据《消费者权益保护法》第40条、第43条的规定：

(1) 消费者在购买、使用商品时，其合法权益受到损害的，可以向销售者要求赔偿。销售者赔偿后，属于生产者的责任或者属于销售者提供商品的其他销售者的责任的，销售者有权向生产者或者其他销售者追偿。

(2) 消费者或者其他受害人因商品缺陷造成人身、财产损害的，可以向销售者要求赔偿，也可以向生产者要求赔偿。属于生产者责任的，销售者赔偿后，有权向生产者追偿。属于销售者责任的，生产者赔偿后，有权向销售者追偿。

(3) 消费者在接受服务时，其合法权益受到损害的，可以向提供服务者要求赔偿。

(4) 消费者在展览会、租赁柜台购买商品或者接受服务，其合法权益受到损害的，可以向销售者或者提供服务者要求赔偿。展览会结束或者柜台租赁期满后，也可以向展览会的举办者、柜台的出租者要求赔偿。展览会的举办者、柜台的出租者赔偿后，有权向销售者或者服务提供者追偿。

2. 企业变动的责任主体。根据《消费者权益保护法》第 41 条的规定,消费者在购买、使用商品或者接受服务,其合法权益受到损害,原企业分立、合并的,可以向变更后承受其权利义务的企业要求赔偿。

3. 违法经营的责任主体。根据《消费者权益保护法》第 42 条的规定,使用他人营业执照的违法经营者提供商品或者服务,损害消费者合法权益的,消费者可以向其要求赔偿,也可以向营业执照的持有人要求赔偿。

4. 虚假广告行为的责任主体。根据《消费者权益保护法》第 45 条的规定,消费者因经营者利用虚假广告提供商品或者服务,其合法权益受到损害的,可以向经营者要求赔偿。广告的经营者发布虚假广告的,消费者可以请求行政主管部门予以惩处。广告的经营者不能提供商品或服务经营者的真实名称、地址的,应当承担赔偿。

5. 网络交易的责任主体。根据《消费者权益保护法》第 44 条的规定,消费者通过网络交易平台购买商品或者接受服务,其合法权益受到损害的,可以向销售者或者服务者要求赔偿。网络交易平台提供者不能提供销售者或者服务者的真实名称、地址和有效联系方式的,消费者也可以向网络交易平台提供者要求赔偿;网络交易平台提供者作出更有利于消费者的承诺的,应当履行承诺。网络交易平台提供者赔偿后,有权向销售者或者服务者追偿。网络交易平台提供者明知或者应知销售者或者服务者利用其平台侵害消费者合法权益,未采取必要措施的,依法与该销售者或者服务者承担连带责任。

## 四、法律责任

经营者侵犯消费者的合法权益,将依违法行为的性质、情节、社会危害等因素分别或同时承担民事责任、行政责任和刑事责任。

### (一)民事责任

1. 关于承担民事责任的概括性规定。根据《消费者权益保护法》第 48 条的规定,经营者提供商品或者服务有下列行为之一的,除该法另有规定外,应当按照其他有关法律、法规的规定,承担民事责任:(1)商品存在缺陷的;(2)不具备商品应当具备的使用性能而在出售时未做说明的;(3)不符合在商品或者其包装上注明采用的商品标准的;(4)不符合商品说明、实物样式等方式表示的质量状况的;(5)生产国家命令淘汰的商品或者销售失效、变质的商品的;(6)销售的商品数量不足的;(7)服务的内容和费用违反约定的;(8)对消费者提出的修理、重做、更换、退货、补足商品数量、退还货款和服务费用或者赔偿损失的要求,故意拖延或者无理拒绝的;(9)法律、法规规定的其他损害消费者权益的情形。

2. 侵犯消费者人身权的民事责任。人身权是重要的民事权利,《消费者权益保护法》对侵犯消费者人身权的民事责任作出了专门规定,主要内容如下:

(1) 经营者提供商品或者服务,造成消费者或者其他受害人人身伤害的,应当支付医疗费、治疗期间的护理费、因误工减少的收入等费用;造成残疾的,还应当支付残疾者生活自助用具费、生活补助费、残疾赔偿金及由其抚养的人所必需的生活费等费用。

(2) 经营者提供商品或服务,造成消费者或者其他受害人死亡的,应当支付丧葬费、死亡赔偿金及由死者生前抚养的人所必需的生活费等费用。

(3) 经营者侵害消费者的人格尊严或者侵犯消费者人身自由的,应当停止侵害、恢复名誉、消除影响、赔礼道歉,并赔偿损失。

3. 侵犯消费者财产权的民事责任。在消费者权益争议中,大量涉及的是财产权之争。《消费者权益保护法》对侵害财产权的民事责任也作出了专门规定,主要内容如下:

(1) 经营者提供商品或者服务,造成消费者财产损害的,应当按照消费者的要求,以修理、重做、更换、退货、补足商品数量、退还货款和服务费用或者赔偿损失等方式承担民事责任。消费者与经营者另有约定的,按照约定履行。

(2) 对国家规定或者经营者与消费者约定包修、包换、包退的商品,经营者应当负责修理、更换或者退货。在保修期内两次修理仍不能正常使用的,经营者应当负责更换或者退货。对包修、包换、包退的大件商品,消费者要求经营者修理、更换、退货的,经营者应当承担运输费用等合理费用。

(3) 经营者以邮购方式提供商品或者服务的,应当按照约定提供。未按照约定提供的,应当按照消费者的要求履行约定或者退回货款;并应当承担消费者必须支付的合理费用。

(4) 经营者以预收款方式提供商品或者服务的,应当按照约定提供,未按照约定提供的,应当按照消费者的要求履行约定或者退回预付款;并应承担预付款的利息和消费者必须支付的合理费用。

(5) 依法经有关行政部门认定为不合格的商品,消费者要求退货的,经营者应当负责退货。

(6) 经营者提供商品或者服务有欺诈行为的,应当按照消费者的要求增加赔偿其受到的损失。根据《消费者权益保护法》第 55 条的规定,经营者提供商品或者服务有欺诈行为的,应当按照消费者的要求增加赔偿其受到的损失,增加赔偿的金额为消费者购买商品的价款或者接受服务的费用的 3 倍;增加赔偿的金额不足 500 元的,为 500 元。法律另有规定的,依照其规定。但是,此赔偿原则仅针对经营者存在欺诈消费者的行为。所谓欺诈消费者的行为,是指经营者在提供商品或者服务中,采取虚假或者其他不正当手段欺骗、误导消费者,使消费者的合法权益受到损害的行为。但是,经营者明知商品或者服务存在缺陷,仍然向消费者提供,造成消费者或者其他受害人死亡或者健康严重损害的,受害人有权要求经营者依法赔偿损失,并有权要求所受损失 2 倍以下的惩罚性赔偿。

### (二) 行政责任

根据《消费者权益保护法》第 56 条的规定,经营者有下列情形之一,除承担相应的民事责任外,还应依法承担行政责任:(1)提供的商品或者服务不符合保障人身、财产安全要求的;(2)在商品中掺杂、掺假,以假充真,以次充好,或者以不合格商品冒充合格商品的;(3)生产国家明令淘汰的商品或者销售失效、变质的商品的;(4)伪造商品的产地,伪造或者冒用他人的厂名、厂址,篡改生产日期,伪造或者冒用认证标志等质量标志的;(5)销售的商品应当检验、检疫而未检验、检疫或者伪造检验、检疫结果的;(6)对商品或者服务作虚假或者引人误解的宣传的;(7)拒绝或者拖延有关行政部门责令对缺陷商品或者服务采取停止销售、警示、召回、无害化处理、销毁、停止生产或者服务等措施的;(8)对消费者提出的修理、重作、更换、退货、补足商品数量、退还货款和服务费用或者赔偿损失的要求,故意拖延或者无理拒绝的;(9)侵害消费者人格尊严、侵犯消费者人身自由或者侵害消费者个人信息依法得到保护的权利的;(10)法律、法规规定的对损害消费者权益应当予以处罚的其他情形。

对于上述行为,其他有关法律、法规对处罚机关和处罚方式有规定的,依照法律、法规的规定执行;法律、法规未作规定的,由市场监督管理部门或者其他有关行政部门责令改正,可以根据情节单处或者并处警告、没收违法所得、处以违法所得一倍以上十倍以下的罚款,没有违法所得的,处以50万元以下的罚款;情节严重的,责令停业整顿、吊销营业执照。此外,对于经营者的上述情形,除依照法律、法规规定予以处罚外,处罚机关应当记入信用档案,向社会公布。

同时,《消费者权益保护法》也规定了国家机关工作人员的行政责任,即国家机关工作人员玩忽职守或者包庇经营者侵害消费者合法权益的行为的,由其所在单位或者上级机关给予行政处分。

当然,为了保护经营者的合法权益不受行政机关的违法侵害,经营者有权寻求救济。根据《消费者权益保护法》第59条的规定,经营者对行政处罚决定不服的,可以依法申请行政复议或者提起行政诉讼。

### (三) 刑事责任

根据《消费者权益保护法》的有关规定,追究刑事责任的情况主要包括以下几种:

1. 经营者提供商品或者服务,造成消费者或者其他受害人人身伤害或死亡,构成犯罪的,依法追究刑事责任。

2. 以暴力、威胁等方法阻碍有关行政部门的工作人员依法执行职务的,依法追究刑事责任。

3. 国家机关工作人员有玩忽职守或者包庇经营者损害消费者合法权益的行为,情节严重,构成犯罪的,依法追究刑事责任。

## 【法条链接】

1.《消费者权益保护法》(1993年制定,2009年、2013年修正)。

2.《民法典》(2020年制定)

3. 国家市场监督管理总局《侵害消费者权益行为处罚办法》(2015年制定,2020年

修订）

4. 国家工商行政管理总局《关于处理侵害消费者权益行为的若干规定》（2004 年制定）。

## 【拓展阅读】

1. 李昌麒、许明月：《消费者保护法》（第四版），法律出版社 2020 年版。

2. 吴宏伟：《消费者权益保护法》，中国人民大学出版社 2020 年版。

3. 袁远：《互联网金融消费者权益保护研究：以 P2P 网贷平台监管为视角》，法律出版社 2020 年版。

4. 王兴运：《消费者权益保护法》，北京大学出版社 2020 年版。

5. 康临芳、马超雄：《互联网消费纠纷裁判规则与法律适用》，中国法制出版社 2020 年版。

6. 吴景明：《〈中华人民共和国电子商务法〉消费者权益保护法律制度：规则与案例》，中国法制出版社 2019 年版。

# 第三编　宏观调控法律制度

# 第十一章　规划、产业、投资法律制度

**【导语】** 无论是宏观经济学还是现代法学理论，都认为规划是宏观调控的重要手段之一，规划调控能够克服市场调节的滞后性、短期性和盲目性，弥补市场机制的内在缺陷，在现代市场经济条件下具有普遍意义。产业法与规划法之间的关系较为复杂，一方面，产业法和产业政策是规划调控的重要手段和作用方式；另一方面，产业政策又不限于规划调控一种政策手段。因此产业法是现代国家宏观调控的重要组成部分。在宏观调控中，规划与投资的关系也极为密切。国家的投资必须符合规划的目标和方向，接受规划的调控，同时投资作为基本的经济行为也是落实国民经济和社会发展规划的主要手段之一。规划、产业、投资法律制度构成了我国经济法宏观调控制度的重要组成部分。其中，规划法律制度集中体现为以规划权为核心的规划管理体制和规划程序；产业法则以产业结构法律制度、产业组织法律制度、产业技术法律制度和产业空间布局法律制度为主要内容；而投资法律制度具体包括投资主体制度、投资管理制度、投资程序制度、涉外投资制度和投资责任制度等方面。

## 第一节　规划法律制度

### 一、计划、规划与规划法

计划与规划是两个含义相近的概念，在我国经济法治视野中探讨规划法律制度离不开计划法律制度的传统。计划一词的基本含义是：人们在行事前对行动的内容、目标、办法、步骤等进行考虑，是较为微观的一个概念；规划的含义是：比较全面的长远的发展计划，是战略层面的宏观概念。从 1953 年开始，我国制定第一个“五年计划”，到 2006 年 3 月 14 日，十届全国人大四次会议表决通过《中华人民共和国国民经济和社会发展第十一个五年规划纲要(2006—2010 年)》，标志着我国完成了从计划向规划的过渡。国民经济和社会发展规划是国家加强和改善宏观调控的重要手段，也是政府履行经济调节、市场监管、社会管理和公共服务职责的重要依据。科学编制并组织实施国民经济和社会发展规划，有利于合理有效地配置公共资源，引导市场发挥资源配置的基础性作用，促进国民经济持续、快速、协调、健康发展和社会全面进步。经过 2011 年的“十二五”规划、2016 年的“十三五”规划，2020 年 10 月 29 日，党的十九届五中全会通过《中共中央关于制定国民经济和社会发展第十四个五年规划和二〇三五年远景目标的建议》(以下简称《建议》)。

《建议》按照党的十九大对实现第二个百年奋斗目标作出的分两个阶段推进的战略安排，综合考虑未来一个时期国内外发展趋势和我国发展条件，紧紧抓住我国社会主要矛盾，深入贯彻新发展理念，对"十四五"时期我国发展作出了系统谋划和战略部署。

规划的制定、执行需要法律的规范、约束和保障。根据全面依法治国的要求，必须加强规划的法治化建设。《建议》指出："坚持依法制定规划、依法实施规划的原则，将党中央、国务院关于统一规划体系建设和国家发展规划的规定、要求和行之有效的经验做法以法律的形式固定下来，加快出台发展规划法，强化规划编制实施的法治保障。"所谓规划法，是指调整国家制定和实施国家规划调控过程中发生的社会关系的法律规范的总称。一般来说，我国的规划法律制度有规划管理体制、规划基本内容和规划法律责任等部分构成。

## 二、规划管理体制

规划管理体制是指国家编制、审批、管理、调整、监督规划的权力设定、划分、行使的基本规定。国民经济和社会发展规划按行政层级分为国家级规划、省(区、市)级规划、市县级规划；按对象和功能类别分为总体规划、专项规划、区域规划。

规划管理体制的要素包括规划权、规划管理机构、规划管理程序等。

### (一) 规划权

规划权是规划管理体制的核心，它是指国家机关依法享有的开展规划活动和规划管理的权力。

规划权的权能包括：

1. 规划编制权。规划编制权是指有权机关根据经济和社会发展情况和人们的发展愿景，依照法定的程序、方式和科学手段，编制规划草案的权力。国家总体规划和省(区、市)级、市县级总体规划分别由同级人民政府组织编制，并由同级人民政府发展改革部门会同有关部门负责起草；专项规划由各级人民政府有关部门组织编制；跨省(区、市)的区域规划，由国务院发展改革部门组织国务院有关部门和区域内省(区、市)人民政府有关部门编制。

2. 规划审批权。规划审批权是指有权机关依法行使审议和批准国民经济和社会发展总体规划的权力。根据《国务院关于加强国民经济和社会发展规划编制工作的若干意见》(2005年)，总体规划草案由各级人民政府报同级人民代表大会审议批准。关系国民经济和社会发展全局、需要国务院审批或者核准重大项目以及安排国家投资数额较大的国家级专项规划，由国务院审批；其他国家级专项规划由国务院有关部门批准，报国务院备案。跨省(区、市)的区域规划由国务院批准。

经审批机关审议批准的规划具备法律效力，应当贯彻执行。

3. 规划执行权。国务院及其职能部门负责组织规划的执行和实施，各地方政府及其规划管理部门应当组织中央规划和地方规划的实施。各地区、各部门要加强对规划实施的组织、协调和督导。开展规划实施情况动态监测和评估工作，把监测评估结果作为改进政府工作和绩效考核的重要依据，并依法向全国人民代表大会常务委员会报告规划实施情况，自觉接受人大监督。规划确定的约束性指标以及重大工程、重大项目、重大政策和重要改革任务，要明确责任主体、实施进度要求，确保如期完成。对纳入规划的重大工程项目，要简化审批核准程序，优先保障规划选址、土地供应和融资安排，确保规划得以切实执行。

4. 规划调整权。经过法定程序审批的规划，具有法律效力，一般不得变动和调整，但是，由于客观环境和实施条件的变化而难以继续实施或者必须进行调整时，应根据影响规划执行的重大情况对规划进行适当调整。经评估或者因其他原因需要对规划进行修订的，规划编制部门应当提出规划修订方案(需要报批、公布的要履行报批、公布手续)。规划调整权包括规划调整建议权和规划调整审批权。

5. 规划监督权。规划在执行和实施过程中必须接受检查和监督。规划监督主体有广义和狭义之分。狭义的规划监督主体主要是指各级人民代表大会及其常务委员会。国务院有关部门要加强对规划相关领域实施情况的评估，接受全国人民代表大会及其常务委员会的监督检查。规划主管部门要对约束性指标和主要预期性指标完成情况进行评估，并向国务院提交规划实施年度进展情况报告，以适当方式向社会公布。在规划实施的中期阶段，由国务院组织开展全面评估，并将中期评估报告提交全国人民代表大会常务委员会审议。此外，审计机关对规划实施的审计监督具有重要作用。广义的监督主体除了各级人民代表大会之外，还包括规划编制主体、规划执行主体以及人民群众、社会组织和社会舆论等。

### （二）规划管理机构

1949 年，中央财经委员会内部设立计划局，中央各部委及其所属各单位分别设置计划司(局)、处、科等机构，具体负责各级各类计划的编制。1953 年，我国开始仿照苏联实行“五年计划”制度，为加强中央对计划的统一管理，成立了全国计划委员会，此后各级地方政府也对应设置了相应的机构。1998 年，国家计划委员会，更名为国家发展计划委员会。2003 年，国务院对该机构进行改革，将原国家经贸委的部分职能和原国务院经济体制改革办公室一同并入，并改组为国家发展和改革委员会。2008 年，国务院继续实行机构改革，根据《国务院关于机构设置的通知》，设立国家发展和改革委员会，为国务院组成部门。目前，国家发展和改革委员会的主要规划职权有：

(1) 拟订并组织实施国民经济和社会发展战略、中长期规划和年度计划。牵头组织统一规划体系建设。负责国家级专项规划、区域规划、空间规划与国家发展规划的统筹衔接。起草国民经济和社会发展、经济体制改革和对外开放的有关法律法规草案，制定部门规章。

(2) 提出加快建设现代化经济体系、推动高质量发展的总体目标、重大任务以及相关政策。组织开展重大战略规划、重大政策、重大工程等评估督导,提出相关调整建议。

(3) 统筹提出国民经济和社会发展主要目标,监测预测预警宏观经济和社会发展态势趋势,提出宏观调控政策建议。综合协调宏观经济政策,牵头研究宏观经济应对措施。调节经济运行,协调解决经济运行中的重大问题。拟订并组织实施有关价格政策,组织制定少数由国家管理的重要商品、服务价格和重要收费标准。参与拟订财政政策、货币政策和土地政策。

(4) 推进落实区域协调发展战略、新型城镇化战略和重大政策,组织拟订相关区域规划和政策。统筹推进实施国家重大区域发展战略。组织拟订和实施老少边贫及其他特殊困难地区发展规划和政策,组织实施易地扶贫搬迁等。统筹协调区域合作和对口支援工作。组织编制并推动实施新型城镇化规划。

(5) 组织拟订综合性产业政策。协调一二三产业发展重大问题并统筹衔接相关发展规划和重大政策。协调推进重大基础设施建设发展,组织拟订并推动实施服务业及现代物流业战略规划和重大政策。综合研判消费变动趋势,拟订实施促进消费的综合性政策措施。

(6) 推动实施创新驱动发展战略。会同相关部门拟订推进创新创业的规划和政策,提出创新发展和培育经济发展新动能的政策。会同相关部门规划布局国家重大科技基础设施。组织拟订并推动实施高技术产业和战略性新兴产业发展规划政策,协调产业升级、重大技术装备推广应用等方面的重大问题。

(7) 负责社会发展与国民经济发展的政策衔接,协调有关重大问题。组织拟订社会发展战略、总体规划,统筹推进基本公共服务体系建设和收入分配制度改革,提出促进就业、完善社会保障与经济协调发展的政策建议。

地方专门规划机构依法对本地区社会经济发展的各项事业进行规划,并受上级规划管理部门的指导和监督。国务院其他各部委和地方各级政府职能部门在各自职责范围内行使规划权。

### (三) 规划程序

规划程序,是指国家规划活动的程序,主要包括规划的编制、审批、执行、调整、检查与监督等。规划活动必须符合法定的程序。

1. 规划编制程序。国家规划的编制至关重要。规划编制应当体现出战略性、宏观性、科学性和协调性,力求规划符合社会发展实际。计划的编制程序一般包括以下几个步骤:一是深入实际,进行广泛的调查研究,搜集和听取各界建议,了解和掌握规划编制所需的各种基础信息和数据;二是关注国内外政治经济形势,把握规划编制的环境;三是根据搜集的各种信息,形成对经济和社会发展的预判;四是根据国家发展的总体思路和人民的根本利益和意愿,提出规划的初步方案;五是反复论证,对初步方案进行修改,形成递交审批机关的规划草案。

2. 规划审批程序。规划编制完毕后就进入审批程序。我国各级人民代表大会是规划审议、批准的权力机关。其中，全国人民代表大会负责审议批准全国性的综合规划和专项规划。地方人民代表大会审议批准同级的地方规划。作为规划决策的关键环节，规划审批主要由三个步骤：首先由规划编制部门向审批部门提出报告，详细阐述、说明、论证规划草案的有关内容，确保审议机关充分了解规划草案；二是审批机关组织专家对规划草案进行评审；三是审批机关进行民主表决，以决定是否通过报审的规划草案。

3. 规划执行与调整程序。规划经审批后，就进入执行阶段。规划管理部门负责组织规划的实施，有义务执行规划的主体必须依法执行规划。

如遇重大变化，需要对规划的内容作出调整，应即启动规划调整程序。规划调整程序包括：由有关部门提出规划修改建议，阐述修改的原因、理由和具体的修改内容；规划审批机关对规划修改的必要性进行确认；确认需要修改时，审批机关将规划修改建议和相关材料交规划编制机关进行修改；规划编制机关对规划进行修改后，送交审批机关进行审议、批准。

4. 规划检查与监督程序。各级人民代表大会、各级规划管理机关应在规划执行过程中对规划执行情况和规划实施主体执行规划的行为进行检查与监督，对规划编制和执行的程序合法性、内容合法性、执行效果等进行监督。

### （四）规划体系及表现形式

规划体系主要表现为中央和地方各级有权规划机关制定的各种规范性文件。其内容涉及广泛，从效力层次和作用范围来看，规划体系包括：

1. 中央综合性规划。中央综合性规划主要是关于中长期国家规划和经济调控的法规、政策，包括：第一，中长期规划，如 2021 年 3 月 11 日，第十三届全国人民代表大会第四次会议审查批准的《中华人民共和国国民经济和社会发展第十四个五年规划和二〇三五年远景目标纲要》。第二，五年规划，是关于国民经济和社会发展的五年期纲领性规划文件。如 2016 年发布的《国民经济和社会发展第十三个五年规划纲要》，2021 年发布的《国民经济和社会发展第十四个五年规划纲要》。“五年”规划是我国规划体系的核心和主要表现形式。第三，年度计划，是关于每个财政年度国家计划制定和落实的综合性计划，每年全国人大会议期间，需要审议并批准上年度国民经济和社会发展计划执行情况和本年度国民经济和社会发展计划。如 2021 年 3 月，第十三届全国人民代表大会第四次会议，审议通过了《关于 2020 年国民经济和社会发展计划执行情况与 2021 年国民经济和社会发展计划草案的报告》，批准了 2021 年国民经济和社会发展计划。

2. 中央专项规划。这是指国务院有关职能部门依法制定的专项规划政策、规章，包括常规性的规划政策规章、中长期专项规划、年度或临时规划。如，2018 年 9 月中共中央、国务院印发的《乡村振兴战略规划（2018－2022 年）》，2016 年 11 月国务院发布的

《“十三五”国家战略性新兴产业发展规划》2020 年 10 月国家发展改革委员会、文化和旅游部发布的《太行山旅游业发展规划(2020—2035 年)》等,这些规划是对中央综合性规划的分解落实。

3. 地方综合性规划。地方综合性规划是指地方依法制定的关于本地区社会经济发展的综合性规划,是各地方根据本地社会和经济发展条件和愿景对地方发展以及落实中央综合规划所做的设想和部署。如 2021 年 2 月 22 日河北省第十三届人民代表大会第四次会议审议通过《河北省国民经济和社会发展第十四个五年规划和二〇三五年远景目标纲要》。

4. 地方专项规划。地方专项规划是指地方就某个领域或某项事业发展进行的专门规划。如《内蒙古自治区粮食行业“十三五”发展规划纲要》(2017 年)《青岛市现代高效农业发展规划(2018—2022 年)》(2018 年)等。

## 三、国民经济和社会发展规划的基本内容

我国的规划体系极为庞大,层次复杂,内容涉及国民经济和社会发展的方方面面。其中,国民经济和社会发展五年规划是整个规划体系的核心和主要表现形式,其内容和结构在很大程度上决定着年度国民经济和社会发展计划以及地方综合性规划,同时也是各级各类专项规划的基本依据。以“十四五”规划为例,其基本内容包括:

### (一) 发展环境

“十四五”规划对我国当前面临的发展环境进行了系统深刻的分析,我国进入新发展阶段,“十三五”时期各项事业有长足进步,发展基础更加坚实,但是我国发展环境面临深刻复杂变化,进一步发展面临新的机遇和挑战。

### (二) 指导方针

“十四五”时期经济社会发展,必须高举中国特色社会主义伟大旗帜,深入贯彻党的十九大和十九届二中、三中、四中、五中全会精神,坚持以马克思列宁主义、毛泽东思想、邓小平理论、“三个代表”重要思想、科学发展观、习近平新时代中国特色社会主义思想为指导,全面贯彻党的基本理论、基本路线、基本方略,统筹推进经济建设、政治建设、文化建设、社会建设、生态文明建设的总体布局,协调推进全面建设社会主义现代化国家、全面深化改革、全面依法治国、全面从严治党的战略布局,坚定不移贯彻创新、协调、绿色、开放、共享的新发展理念,坚持稳中求进工作总基调,以推动高质量发展为主题,以深化供给侧结构性改革为主线,以改革创新为根本动力,以满足人民日益增长的美好生活需要为根本目的,统筹发展和安全,加快建设现代化经济体系,加快构建以国内大循环为主体、国内国际双循环相互促进的新发展格局,推进国家治理体系和治理能力现代化,实现经济行稳致远、社会安定和谐,为全面建设社会主义现代化国家开好局、起好步。

### （三）主要目标

“十四五”规划从经济发展、改革开放、社会文明、生态文明、民生福祉、国家治理效能等方面对提出了“十四五”期间国民经济和社会发展的主要目标。

1. 经济发展取得新成效。必须坚持新发展理念，在质量效益明显提升的基础上实现经济持续健康发展，增长潜力充分发挥，国内生产总值年均增长保持在合理区间、各年度视情提出，全员劳动生产率增长高于国内生产总值增长，国内市场更加强大，经济结构更加优化，创新能力显著提升，全社会研发经费投入年均增长7%以上、力争投入强度高于“十三五”时期实际，产业基础高级化、产业链现代化水平明显提高，农业基础更加稳固，城乡区域发展协调性明显增强，常住人口城镇化率提高到65%，现代化经济体系建设取得重大进展。

2. 改革开放迈出新步伐。社会主义市场经济体制更加完善，高标准市场体系基本建成，市场主体更加充满活力，产权制度改革和要素市场化配置改革取得重大进展，公平竞争制度更加健全，更高水平开放型经济新体制基本形成。

3. 社会文明程度得到新提高。社会主义核心价值观深入人心，人民思想道德素质、科学文化素质和身心健康素质明显提高，公共文化服务体系和文化产业体系更加健全，人民精神文化生活日益丰富，中华文化影响力进一步提升，中华民族凝聚力进一步增强。

4. 生态文明建设实现新进步。国土空间开发保护格局得到优化，生产生活方式绿色转型成效显著，能源资源配置更加合理、利用效率大幅提高，单位国内生产总值能源消耗和二氧化碳排放分别降低13.5%、18%，主要污染物排放总量持续减少，森林覆盖率提高到24.1%，生态环境持续改善，生态安全屏障更加牢固，城乡人居环境明显改善。

5. 民生福祉达到新水平。实现更加充分更高质量就业，城镇调查失业率控制在5.5%以内，居民人均可支配收入增长与国内生产总值增长基本同步，分配结构明显改善，基本公共服务均等化水平明显提高，全民受教育程度不断提升，劳动年龄人口平均受教育年限提高到11.3年，多层次社会保障体系更加健全，基本养老保险参保率提高到95%，卫生健康体系更加完善，人均预期寿命提高1岁，脱贫攻坚成果巩固拓展，乡村振兴战略全面推进，全体人民共同富裕迈出坚实步伐。

6. 国家治理效能得到新提升。社会主义民主法治更加健全，社会公平正义进一步彰显，国家行政体系更加完善，政府作用更好发挥，行政效率和公信力显著提升，社会治理特别是基层治理水平明显提高，防范化解重大风险体制机制不断健全，突发公共事件应急处置能力显著增强，自然灾害防御水平明显提升，发展安全保障更加有力，国防和军队现代化迈出重大步伐。

这些主要目标又分解为经济社会发展的主要指标，形成规划中的指标体系。这些指标有些属于预期性指标，例如：2025年常住人口城镇化率达到65%，数字经济核心产业增加值占 GDP 比重达到 10%。有些指标属于约束性指标，例如：城镇调查失业率年均低于 5.5%，单位 GDP 能源消耗降低 13.5%等。国民经济和社会发展规划指标体系，成为指导规划实施、考评的基本依据。

### （四）各领域的规划部署

“十四五”规划从科技创新、产业体系、市场体系、数字化、深化改革、乡村振兴、新型城镇化、区域协调发展、文化建设、生态与环境保护、对外开放与国际合作、国民素质、公共服务、国家与公共安全、国防和军队、民主法治、祖国统一等方面对“十四五”期间各方面事业进行了科学的谋划和安排。

### （五）实施保障

规划的实施，是规划编制的目的和实际意义所在，是规划体系中的重要一环。“十四五”规划提出，要坚持党的全面领导，健全规划实施保障机制，更好履行政府职责，最大程度激发各类主体的活力和创造力，形成全面建设社会主义现代化国家的强大合力。要加强对规划实施的组织、协调和督导，建立健全规划实施监测评估、政策保障、考核监督机制，落实规划实施责任。

## 四、规划的法律责任

在目前的规划法律制度中，规划的法律责任相对较软，没有形成其他部门法那样成熟、明确、严谨的法律责任体系。规划中的法律责任主要分散于各类规划编制和实施的规范性文件和规划本身的规定。在各级各类规划编制、实施等活动中，相关主体违反有关规范性要求的责任，按照不同的标准有不同的分类。根据责任主体的不同，规划责任可以划分为规划编制主体的责任与规划实施主体的责任。规划编制主体的责任主要表现为负有规划编制职责的机关及其工作人员，应当规划而未编制的或者未按规定程序编制、审批、调整规划的，或者规划内容违反国家法律法规、标准规程和上级规划要求的责任。这种责任性质上属于行政责任，其责任形式主要表现为责令限期编制、限期改正等。规划实施主体的责任又可以分为两类：一类是政府责任。一般来说，对于国民经济和社会发展规划这样的宏观性战略规划，其实施过程主要体现为政府的各类专项规划、重大项目安排等，规划的实施要求各级政府更好履行职责。因此规划实施中政府作为规划实施主体的责任转化为政府相关部门及其工作人员的行政责任。另一类是市场主体责任。对于各类内容相对具体的专项规划往往涉及市场主体的责任。如果市场主体的活动不符合相关规划的，一般由相关主管部门予以纠正。

## 第二节 产业法律制度

### 一、产业政策与产业法

#### （一）产业政策

产业政策是指一个国家为了实现其经济发展目标，根据产业发展规律的客观要求，调整产业结构，规范产业组织，推动产业技术进步，以实现社会资源优化配置，经济持续、稳定、健康发展的政策体系。产业政策是国家宏观经济政策的重要组成部分。产业政策主要由产业结构政策、产业组织政策、产业技术政策以及产业布局政策构成。

1. 产业结构政策。产业结构政策是指政府通过调整产业间的构成比例、相互关系及发展序列，以达到产业间资源优化配置的政策。产业结构政策的内容主要包括：确定经济发展某一阶段的产业结构优化的目标和产业发展序列，选择主导产业，并在投资、信贷、税收及经济立法等方面采取扶持、援助或调整措施，以指导社会资源向急需发展和高效率的产业流动。

2. 产业组织政策。产业组织政策是指为实现产业内部，即企业间资源最优配置而制定的政策。其核心是协调自由竞争和规模经济之间的关系，以更好地利用规模经济并充分发挥竞争活力，保证资源有效配置。产业组织政策主要包括：反垄断政策，反不正当竞争、促进合理竞争的政策，制定和实施规模经济的政策，发展中小企业的政策，等等。

3. 产业技术政策。产业技术政策是指为优化产业结构，引导、扶持、推动高新技术发展，促进产业技术进步的政策。产业技术政策主要包括：技术引进政策、技术设备更新与改造政策及高新技术发展政策，等等。

4. 产业布局政策。产业布局政策是指有关产业空间分布、区际经济协调发展的政策。主要包括国家宏观产业布局政策和地区中观产业布局政策两个层次。

政府制定和实施产业政策，促进国家经济的发展，这一方面是由于市场自身的缺陷决定了不能完全依靠市场来实现资源的最优配置；另一方面也是保护国内产业，增强国内经济在国际上的竞争能力以及维持社会稳定的需要。市场配置资源具有时滞性和波动性，并且在现实生活中存在不完全竞争、垄断、外部不经济等情况，因而市场机制并不能实现资源的最优配置，需要政府实施一定的产业政策以弥补市场机制的不足。同时，对于一国的新兴产业来说，其成长是一个漫长的过程，如果政府不采取措施予以扶持和保护，它的成长将是十分艰难的。经济欠发达地区要改变自身经济落后的状态，也需要政府实施一定的产业政策，为新兴产业的发展提供足够的支持。此外，在一国的经济发展中，产业结构的升级变化往往容易造成社会不稳定，某些产业进入衰退期造成大量剩余生产力，而退出障碍的存在，使该产业陷入困境，这时就需要政府采取必要的产业政策,帮助转移这些剩余生产力,缓解由于产业结构的变动而引起的一系列经济及社会问题。

实施产业政策主要依靠三种手段:经济手段、行政手段和法律手段。这些手段是相互联系、相互补充的,其中法律手段的重要性日益突显出来。在现实生活中,产业政策若不被赋予法律的强制力,往往容易出现诸多变数,难以达到预期的效果。因而,在制定和实施产业政策时,应当将它与国家的法治建设联系起来,为产业政策的制定和实施奠定法律基础、确定法律依据,即将产业政策法律化、规范化,以确保产业政策的稳定性和有效性。这种规范产业政策制定和实施行为的基本准则,有的学者称之为产业法,也有学者称其为产业政策法、产业调节法。我国现阶段对于产业的调节,主要运用的是经济手段和行政手段,而较少运用法律手段,产业政策实施的效果由于产业政策自身的效力问题而达不到预期的目的。世界上许多发达国家早已意识到产业立法的重要性,纷纷出台各项法律、法规,以优化本国的产业结构,促进本国经济的发展。如美国著名的反垄断法——《谢尔曼法》和《克莱顿法》,日本的《通商产业政策设想》等。对于我国这样的发展中国家,要想尽快赶上发达国家,在未来的竞争中发挥后发优势,就必须为产业政策立法,以法律的强制力保证国内产业的顺利发展。

### (二)产业法

1. 产业法的概念和特点。产业法是调整国家产业政策制定和实施过程中所发生的经济关系的法律规范的总称。通过规范本国产业的基本发展方向,规范产业政策制定和实施的具体程序,对国民经济实行宏观调控,促进产业结构的升级,实现国民经济持续、健康、稳定的发展有着重大作用。产业法除具备经济法共同的特征外,作为一部有关产业发展、产业结构演变和优化的宏观调控法,还有其自身的特点:

(1) 综合性。这是由产业政策的综合性决定的。产业政策本身是一个多种经济政策综合运用的、复杂的政策体系。首先,它要协调产业内企业之间的关系,保证市场竞争有序地进行;其次,它要促进一国的产业结构升级,优化社会资源配置;最后,也是它的最终目标,即改善一国的产业环境,发展科技,提高福利水平,从而推动经济发展和社会全面进步。因此,产业法在调整对象、调整方法方面具有明显的综合性。就调整对象而言,它调整的是制定和实施产业法过程中所发生的产业结构关系、产业组织关系、产业技术关系及其他相关的社会关系。比如:产业发展的序列问题,企业间的竞争问题,行业管理问题等。就调整方法而言,如:对于新兴产业予以鼓励和倡导,对于支柱产业予以激励和扶持,对于衰退产业予以调整和援助,对于促进市场有效竞争的行为予以鼓励,对于滥用垄断支配地位的行为予以限制和禁止,等等。综合性是产业法最显著的特征,随着产业的升级换代,产业结构将日趋复杂化,这更加要求产业法具有综合性。

(2) 协调性。产业法制定的目的就是通过协调产业间及产业内部各企业间的关系,促进产业结构的合理化、科学化和协调性,以实现社会资源的最优配置。在处理产业间和产业内部各企业间的关系时，需要协调各种社会利益，包括整体利益和局部利益、长远利益和当前利益、国家利益和地区利益、个人利益和公共利益等。此外，就产业法制定和实施的过程来看，产业法是由众多法律制度相互配套形成的有机整体，其实施也不是单个法律制度运行的结果，而是众多的法律制度综合运用的结果。因此，产业法本身就是一个由不同行业法、不同部门法组成的结合体，需要各部门之间的相互协调。

(3) 灵活性。一个国家的产业政策不可能一成不变，随着经济和社会的发展，将不断涌现出新兴产业，同时有些产业经过成长期、成熟期后成为衰退产业；产业组织在竞争条件下，也会存在成长、兼并、破产等不断的变化；产业技术革新非常迅速；产业空间布局也在不断的调整。因而，产业政策应依据形势的变化作出适宜的调整，并应具有预见性、前瞻性。基于此，作为经济政策法律化的产业法当然也应适应这一要求，适时地作出修改。这与产业法的稳定性并不冲突，将产业政策法律化的目的就是要用法律的稳定性和强制性保证产业政策的顺利实施。只不过，产业法相对于其他部门法在立法方面更具灵活性。把稳定性和灵活性有机结合是产业法最佳立法选择。

2. 产业法的调整对象。产业法以国家产业政策在制定和实施过程中所发生的经济关系为调整对象，具体包括以下几类：

(1) 产业结构关系。产业结构关系主要包括：在社会再生产过程中各产业之间及产业内部各行业、各部门之间形成的比例协调关系，各产业之间和产业内部各行业、各部门之间形成的社会投资比例协调关系，社会就业人员在各产业之间及产业内部各行业、各部门之间的分布比例关系等。

(2) 产业组织关系。产业组织关系主要是指产业内部即企业之间的组织结构关系，具体包括：企业与企业之间的竞争与垄断关系，国家对自然垄断产业的管制关系及国家经济参与国际竞争与国际分工关系等。

(3) 产业技术关系。产业技术关系主要包括：产业技术的引进、应用、创新及保护关系，促进高新技术的发展及其应用、创新关系及由技术设备改造、更新所引起的社会经济关系等。

(4) 产业布局关系。产业布局关系主要是指为优化产业地域的分布和组合，对地区产业进行扶持、调整和保护所产生的社会经济关系。具体包括：国家对地区主导产业的扶持关系；当地区产业结构不合理时，国家对地区产业的调整关系及对地区尚处于初级发展阶段的产业开发和保护关系等。

(5) 其他相关的社会关系。其他相关的社会关系主要包括制定和实施产业政策的组织、机构、人员之间的职权职责关系，保障决策科学化、民主化的各种程序所涉及的社会关系，国家为纠正或弥补单纯市场机制下市场主体无力承担或不愿承担社会责任而给产业调整带来负面影响时所产生的社会关系等。

## 二、产业法的基本制度

### (一)产业结构法律制度

产业结构法是产业结构政策的立法表现,其目标是通过国家有意识的依法干预使产业结构优化。其中,主要包括产业结构规划,对战略和支柱产业的保护和扶持,对衰退产业的调整和援助等有关立法和政策规范。产业结构法的立法目的在于明确各个产业部门在社会经济发展中的地位和作用,从而促使产业结构和经济结构的合理化调整与发展。

产业结构是整个国民经济结构的主要内容,也可以称为国民经济的部门结构。调整产业结构从产业部门上来讲,主要是解决农业、工业与第三产业等部门之间的关系,以及各产业部门的内部关系。目前,我国农业作为第一产业基础地位有待巩固和加强,劳动生产率低;第二产业中各类产业发展不均衡不协调,有些产业发展过热,产能过剩现象突出;第三产业发展缓慢。产业结构不合理已经成为了制约我国国民经济发展的一个重要因素。国民经济是一个整体,合理的产业结构是国民经济健康发展的前提条件,为此,国家必须确定产业发展政策,加强和完善产业结构立法。

产业结构法包括综合性立法和单项立法,各类产业结构法共同承担调整、优化产业结构的功能。

1. 综合性产业结构法。我国尚未制定综合性产业结构基本法律。2005 年国务院曾发布《促进产业结构调整暂行规定》,该规定规定了产业结构调整的目标、原则、方向、重点等基本内容,同时规定了配套产业结构调整指导目录制度,根据行业类别分别归入鼓励类、限制类和淘汰类。自 2005 年发展和改革委员会发布第一个《产业结构调整指导目录》版本后,2011 年、2013 年、2019 年三次更新目录。依据现有的政策法规,并借鉴国外有关立法,可以概括出产业结构法的以下基本内容:

(1) 对产业结构长期政策的规定。要根据产业发展的演变规律,特别是现阶段发展水平和进一步发展的要求,提出较长一段时期内产业发展的目标和方向。例如,根据“十四五”规划,在“十四五”期间我国经济发展的目标是:坚持新发展理念,在质量效益明显提升的基础上实现经济持续健康发展,增长潜力充分发挥,国内市场更加强大,经济结构更加优化,创新能力显著提升,产业基础高级化、产业链现代化水平明显提高,农业基础更加稳固,城乡区域发展协调性明显增强,现代化经济体系建设取得重大进展。

(2) 对战略产业保护和促进的规定。这是产业结构法的核心内容。这里的战略产业,是指具有较高需求弹性和收入弹性,能够带动国民经济其他部门发展的产业。战略产业一般包括新兴产业,即那些在技术基础上发展起来的朝阳型产业;成长产业,即那些由于技术革新而取得飞跃发展并在国民经济中起着举足轻重作用的传统产业;出口产业,即那些已经具备国际贸易竞争力的出口型产业。“十四五”规划指出,加快壮大新一代信息技术、生物技术、新能源、新材料、高端装备、新能源汽车、绿色环保以及航空航天、海洋装备等产业。推动互联网、大数据、人工智能等同各产业深度融合,推动先进制造业集群发展,构建一批各具特色、优势互补、结构合理的战略性新兴产业增长引擎,培育新技术、新产品、新业态、新模式。促进平台经济、共享经济健康发展。

(3) 对基础产业的巩固和促进的规定。基础产业是指在国民经济发展过程中,为其他产业部门的生产提供基础性必需品(包括产品或者服务)的产业部门。基础产业与战略产业不同,后者在国民经济发展过程中更多地体现为龙头作用,可以带动和促进其他产业甚至整个社会经济的发展,而前者在国民经济发展过程中更多地体现为一种基础性的支撑作用,其本身往往是国民经济中的薄弱环节,容易被人们忽视。因此,产业法应体现对基础产业的巩固和促进,以协调整个产业结构的和谐发展。继续巩固和加强农业的基础地位,坚持走中国特色农业现代化道路,把保障国家粮食安全作为首要目标,加快转变农业发展方式,提高农业综合生产能力、抗风险能力和市场竞争能力。

(4) 对衰退产业的调整和援助规定。衰退产业是指一个地区或一个国家的产业结构中不适应市场需求变化、不具备区位优势、缺乏竞争力的产业群,也就是不景气产业。产业衰退是产业从兴盛走向不景气进而走向衰败的过程。产业衰退是客观的必然,是产业发展过程和产业兴衰的最后一个阶段。对衰退产业的调整、援助,其政策立足点是帮助衰退产业实行有秩序的收缩、撤让,并引导其资本存量向高增长率产业部门有效转移。衰退产业政策主要有:采取法律或法规的形式,规定衰退产业设备的报废时间和报废数量,加速固定资产折旧;通过提供转产贷款、减免税、发放转产补贴等方法,促进衰退产业资本转移;通过立法的形式规定某个衰退产业部门减少或停止生产某些产品等。应当注意的是传统产业结构政策对衰退产业援助不是维持衰退产业的生存,而是帮助衰退产业有序地收缩或转移,并引导其资本存量向高增长率产业部门转移。由于产业融合比较容易发生在高新技术产业和传统产业之间,通过推动衰退产业高新技术化,可以生产出品质、性能更好的产品和提高产业的技术含量,从而使衰退产业重现生机。因此,在产业融合的条件下,政府应制定政策促进衰退产业与高新技术产业的融合,而不是一味地寻求衰退产业的收缩和转移。

(5) 对幼稚产业的推动和扶持规定。幼稚产业,指在工业发展比较落后的国家中刚刚建立起来但是仍未成熟和稳定的产业。例如,中国的电子信息产业、汽车产业、环保产业等。这里所说的不成熟和不稳定是相对于工业发达国家而言的。幼稚产业由于正处于起步阶段,因此相对比较薄弱,往往无法依靠自身力量与发达国家同一类型的产业进行竞争和抗衡,这就需要国家通过产业政策和产业法,对幼稚产业进行推动和扶持,以加快其发展,确保其顺利度过“成长期”。

2. 单项产业结构法。为了贯彻国家总的产业结构政策,还需要对各个产业结构进行单独立法。单项产业结构法的针对性很强,我国已经制定了《农业法》《铁路法》《航空法》等法律。与此相关的问题:一是对于那些需要重点扶持和重点限制的产业制定单行法律或法规。需要限制的产业是指那些供给远远大于需求的产业,如钢铁、水泥、电解铝、平板玻璃等。需要扶持的产业主要有两类:一类是国民经济中薄弱环节或基础环节的产业,如农业、交通、环保、新能源等;另一类是可以带动国民经济现代化或者全面发展的支柱产业,如机械电子、石油化工、汽车制造等。对于这两类需要扶持的产业的具体部门的产业结构立法,有些表现为全国人大及其常委会制定的法律,有些表现为国务院颁布的行政法规。二是市场经济条件下,各个产业部门的产业结构立法应反映依法运用经济手段优化产业结构的特点,即依法对不同的产业,采取有差异的财政、税收、信贷、利率、工资等经济手段,同时政府也要采取指引、劝导协调的方式,必要时还要依法采取行政手段。三是各个产业部门的产业结构优化的经济政策的依法运用,涉及与这些经济政策相关的经济法律(如财政法、金融法等)的协调一致问题。为此,有必要将产业结构政策通过法律的形式加以规范化。这种法律的典型,如农业法、交通运输法、公用事业法等。这些法律除了调整同一产业结构关系,还调整该产业内部的管理关系。其主要内容,包括产业发展的基本方针和政策,产业内部各个企业遵循的共同准则和标准,产业管理体制和政府有关产业管理部门的职权和职责,有关产业的自律组织(行业协会)及职权等。

由于在市场经济条件下,不同的产业有不同的经济活动特点,因而有不同的产业规则及相应的法律规范。这些法律规范可划分为以下几类:

(1) 农业的产业管理法律规范。从规范的体系来看,它包括我国《农业法》中的农业产业管理法律规范,还包括有关种植业、林业、畜牧业、渔业等行业的单行法律、法规中的有关法律规范。因为农业是关系国计民生和整个社会稳定的基础性产业,因此从规范的内容来看,它应该体现以下宗旨:一是巩固和加强农业基础地位,加大对农业的投入和支持,加快农业科技进步和农村基础设施建设;二是推动农业和农村经济结构调整,积极发展农业产业化经营,形成生产、加工、销售有机结合和相互促进的机制,推进农业向商品化、专业化、现代化转变;三是完善以家庭承包经营为基础、统分结合的双层经营体制,通过农村土地所有权、承包权、经营权三权分置,逐步发展适度规模经营,推动农村经营体制创新;四是开拓和发展农村市场,搞活农产品流通,健全农产品市场体系;五是加快小城镇建设,以现有县城和有条件的建制镇为基础,科学规划,合理布局,同发展乡镇企业和农村服务业结合起来,引导农村劳动力合理、有序流动,建立健全农业社会化服务体系,等等。

此外,与农业产业发展紧密相关的是国家乡村振兴战略规划。自 2017 年 10 月,党的十九大正式提出以来,乡村振兴战略已经成为"三农"工作的重要抓手和开展各项具体工作的重要依据。2018 年 9 月,中共中央、国务院印发《国家乡村振兴战略规划(2018—2022 年)》,按照"产业兴旺、生态宜居、乡风文明、治理有效、生活富裕"的总要求,提出要加快农业现代化步伐,坚持质量兴农、品牌强农,深化农业供给侧结构性改革,构建现代农业产业体系、生产体系、经营体系,推动农业发展质量变革、效率变革、动力变革,持续提高农业创新力、竞争力和全要素生产率。

(2) 工业的产业管理法律规范。从规范的体系来看，可以就工业中各业的共同问题制定工业产业管理法律规范，也可以根据工业中各业的特殊问题，分业制定各业的产业管理法律规范（如钢铁、装备制造、汽车业等各业的产业管理法律规范），还可以根据各业中的某一方面，制定有关法律规范（如计算机软件著作权这一信息产业管理法律规范）等。对工业的产业管理和调控要坚持以市场为导向，以企业为主体，以技术进步为支撑，突出重点，有进有退，努力提高我国工业的整体素质和国际竞争力。工业改组改造要遵循市场经济规律，正确引导投资方向，依靠现有基础，防止盲目扩大规模和重复建设。坚持引进技术与自主创新相结合，先进技术与适用技术相结合。重点强化对传统产业的改造升级，进一步发挥劳动密集型产业的比较优势。积极发展高新技术产业和新兴产业，形成新的比较优势。以信息化带动工业化，发挥后发优势，实现社会生产力的跨越式发展。

(3) 第三产业管理法律规范。具体包括生产性服务业管理法律规范（如金融服务业、现代物流业、高技术服务业、商务服务业等法律规范）和生活性服务业管理法律规范（如商贸服务业、旅游业、家庭服务业、体育事业和体育产业等法律规范）。“十四五”规划确定的现代服务业发展的总体部署是：推动生产性服务业向专业化和价值链高端延伸，推动各类市场主体参与服务供给，加快发展研发设计、现代物流、法律服务等服务业，推动现代服务业同先进制造业、现代农业深度融合，加快推进服务业数字化。推动生活性服务业向高品质和多样化升级，加快发展健康、养老、育幼、文化、旅游、体育、家政、物业等服务业，加强公益性、基础性服务业供给。推进服务业标准化、品牌化建设。生产性服务业要深化专业化分工，加快服务产品和服务模式创新，促进生产性服务业与先进制造业融合，推动生产性服务业加速发展。有序拓展金融服务业，金融业要服务实体经济，防范系统性风险，有序发展和创新金融组织、产品和服务，全面提升金融服务水平。发挥大型金融机构的综合性服务功能，积极发展中小金融机构，围绕促进小型微型企业发展、推动科技创新、发展绿色经济、支持企业跨境经营，以及发展网上交易等新型服务业态，创新金融产品和服务模式。大力发展现代物流业。加快建立社会化、专业化、信息化的现代物流服务体系，大力发展第三方物流，优先整合和利用现有物流资源，加强物流基础设施的建设和衔接，提高物流效率，降低物流成本。以高技术的延伸服务和支持科技创新的专业化服务为重点，大力发展高技术服务业。加快发展研发设计业，促进工业设计从外观设计向高端综合设计服务转变。大力发展会计、审计、税务、工程咨询、认证认可、信用评估、经纪代理、管理咨询、市场调查等专业服务。积极发展律师、公证、司法鉴定、经济仲裁等法律服务。加快发展项目策划、并购重组、财务顾问等企业管理服务。规范发展人事代理、人才推荐、人员培训、劳务派遣等人力资源服务。

生活性服务业要面向城乡居民生活，丰富服务产品类型，扩大服务供给，提高服务质量，满足多样化需求。优化商贸服务业的网店结构和布局，方便群众生活；积极发展旅游业，推动旅游业特色化发展和旅游产品多样化发展，完善旅游服务体系，提高旅游服务质量;鼓励发展家庭服务业。

从上述三类产业管理法律规范的形式上看,各类产业管理法律规范,除采取法律形式外,还较多采取了行政法规和部门规章的形式。

### (二)产业组织法律制度

产业组织法是同一产业组织政策的法律化,其法律调整的目标是促进企业的合理竞争,实现规模经济和专业协作。其主要内容包括有关市场秩序、产业合理化、产业保护的政策规范。这里所谓的"同一产业",指具有相同使用功能的产品或者劳务的集合,实际上是指具有竞争关系的卖方企业的集合。产业组织政策正是调整和处理同一产业各企业之间的关系,其目的是实现产业组织的合理化。产业组织法规范不仅反映在《反垄断法》《反不正当竞争法》等有关市场竞争的立法中,而且体现在单项产业法及相关法律(如《铁路法》《保险法》)中;产业组织法不仅采取法律的形式,而且较多采用行政法规的形式。综合这些立法规范,产业组织法涉及的内容主要包括以下几个方面:

1. 对产业组织政策目标的规定。我国产业组织的政策目标是:促进企业合理竞争,实现规模经济和专业化协作;规模经济效益显著的企业,应该形成以少数大型企业集团为主体的市场结构;其他产业,形成大、中、小企业合理分工或者大、中、小企业并存和企业数量较多的市场结构。

2. 对同一产业内企业竞争规则的规定。要设立同一产业内企业的竞争规则,依法鼓励竞争,限制垄断。政府对企业和市场实行反垄断管理,应该处理好两个方面的关系:一方面,对于违反市场竞争规则通过各种方式进行市场垄断,政府应该通过强制性手段限制和排除这种危害;另一方面,要科学地区分市场垄断和产业规模化生产经营两者的关系,同时要充分考虑涉及国家经济发展根本利益和实质安全的需要。对于某些垄断,政府应予以允许、提倡和扶持,对于能源、军工等产业甚至可以采取国家垄断的形式。

3. 对同一产业内企业规模合理化的规定。为了防止过度竞争,依法控制同一产业内部企业组织的规模和数量,确保规模经济效益的充分发挥。对大、中、小型企业在不同产品上具有互补优势的产业,应当发展大企业与中、小企业的经济联合关系,组建企业集团,提高该产业国内企业在国际市场上的竞争力。国家在引导、鼓励和支持企业集团发展的过程中,应该为提高企业集团国际竞争力创造公平竞争的环境和必要条件。其具体的政策和措施包括以下几个方面:一是资金投入方面的支持。国家应该从金融服务方面为企业集团提供资金支持,同时要支持企业集团通过合法途径多渠道融积资金。二是财政税收方面的支持。国家应该为企业集团的发展提供财政税收上的支持,如在某些领域或者某个发展阶段为企业集团提供税收优惠。三是技术创新方面的支持。国家应该改革项目审批办法,支持企业技术创新,鼓励企业集团建立技术中心,重视技术人才的培养。四是企业内部管理的支持。指导企业建立规范科学的治理结构,优化企业集团成员之间的股权控制和契约安排,实现集团控制的稳定性和协调性。

4. 对产业组织保护的规定。一方面，对幼稚产业的国内企业实现各种保护政策和优惠，以减少国外企业对本国幼稚产业的冲击；另一方面，在关于产业组织保护方面的规定中，还要鼓励和扶持中小企业、特别是科技型中小企业的发展。由于中小企业在资金规模、劳动力规模、生产技术、信息把握能力、抗风险能力等方面无法与大型企业抗衡，因此需要国家依照"积极扶持、加强引导、完善服务、依法规范、保障权益"的方针，通过法律、行政和经济手段为中小企业设立和发展创造有利的环境。

5. 对行业协会的规定。行业协会是在同一行业内，各企业自愿参加并参与民主管理的非营利性自律组织。在市场经济条件下，单个企业的作用是有限的，在某些情况下需要团结一致才能保护和实现单个企业的利益，加之同一行业的企业之间的矛盾、利益需要相互合作来协调，所以在产业共同利益基础上就出现了行业协会。其主要职责一方面是代表政府行使部分行业管理的职能，另一方面是向政府反映和表达企业的呼声和诉求，影响政府对行业的行政管理和相关法律、法规的制定。它是维护产业组织合法权益的一个重要补充，是产业组织法的重要组成部分。

### （三）产业技术法律制度

产业技术法是产业技术政策的法律化，其法律调整的目标是促进应用技术开发，鼓励科研与生产相结合，努力提高我国产业的技术水平。产业技术政策，是产业政策的又一项重要内容。它包括两方面内容：一是产业技术结构的选择和开发政策，主要涉及具体的技术标准，规定各产业的技术发展方向，鼓励采用先进技术等方面；二是促进资源向技术开发领域投入的政策，主要包括技术引进政策，促进技术开发政策和基础技术研究的资助与组织政策。关于产业技术法的体系，一般认为，应该包括科技进步法、产业技术创新法、落后技术淘汰法、技术成果转化制度、技术引进法等。

1. 科技进步法。科技进步法是指调整由科技进步引起的社会关系的法律规范的总称。由于其内容体现在科学技术领域，科技进步法更具社会性。1993 年 7 月 2 日，由全国人大常委会通过的《中华人民共和国科学技术进步法》（简称《科技进步法》），是推动我国科技进步的一部重要法律。该法总结了我国科技体制改革的经验，将党和国家关于科技进步的基本方针、政策法律化，以保证长期坚持贯彻执行。这一法律的颁布是我国科技立法向体系化、完善化发展的新起点。随着社会的发展和科技的进步，第十届全国人民代表大会常务委员会第三十一次会议于 2007 年 12 月 29 日通过了对《科技进步法》的修订。我国现行《科技进步法》包括 8 章 75 条，主要内容有：

（1）国家推行科学技术进步的基本方针。国家坚持科学发展观，实施科教兴国战略，实行自主创新、重点跨越、支撑发展、引领未来的科学技术工作指导方针，构建国家创新体系，建设创新型国家。

（2）国家对科技进步的投入支持。国家设立自然科学基金，资助基础研究和科学前沿探索，培养科学技术人才。国家设立科技型中小企业创新基金，资助中小企业开展技术创新。国家在必要时可以设立其他基金,资助科学技术进步活动。单位和个人从事技术开发、技术转让、技术咨询、技术服务或进口国内不能生产或者性能不能满足需要的科学研究或者技术开发用品;以及为实施国家重大科学技术专项、国家科学技术计划重大项目,进口国内不能生产的关键设备、原材料或者零部件的根据国家有关政策给予税收优惠。鼓励和引导金融机构在信贷等方面支持科学技术应用和高新技术产业发展。利用财政性资金设立的科学技术基金项目或者科学技术计划项目所形成的技术成果知识产权,除涉及国家安全、国家利益和重大社会公共利益的外,由项目承担者依法取得。

(3) 鼓励技术交易。国家培育和发展技术市场,鼓励创办从事技术评估、技术经纪等活动的中介服务机构,引导建立社会化、专业化和网络化的技术交易服务体系,推动科学技术成果的推广和应用。

(4) 企业技术进步制度。国家建立以企业为主体,以市场为导向,企业同科学技术研究开发机构、高等学校相结合的技术创新体系,引导和扶持企业技术创新活动,发挥企业在技术创新中的主体作用。县级以上人民政府及其有关部门确定科学技术计划项目,应当鼓励企业参与实施和平等竞争;对具有明确市场应用前景的项目,应当鼓励企业联合科学技术研究开发机构、高等学校共同实施。国家鼓励企业设立内部科学技术研究开发机构,培养、吸引和使用科学技术人员,或实现多层次的与科研院所的联合。国家鼓励企业增加研究开发和技术创新的投入,自主确立研究开发课题,开展技术创新活动。企业开发新技术、新产品、新工艺发生的研究开发费用可以按照国家有关规定,税前列支并加计扣除,企业科学技术研究开发仪器、设备可以加速折旧。国家鼓励设立创业投资引导基金,引导社会资金流向创业投资企业,对企业的创业发展给予支持。国家依法保护企业研究开发所取得的知识产权。

(5) 科学技术研究开发机构。国家统筹规划科学技术研究开发机构的布局,建立和完善科学技术研究开发体系。鼓励公民、法人或者其他组织依法设立科学技术研究开发机构,开展科学技术研究,明确科学技术研究开发机构的权利,依法加强管理。

(6) 科学技术人员。科学技术人员是社会主义现代化建设事业的重要力量。国家采取各种措施,提高科学技术人员的社会地位,通过各种途径,培养和造就各种专门的科学技术人才,创造有利的环境和条件,充分发挥科学技术人员的作用。依法保障科学技术人员各项权益,不断提高科学技术人员的待遇水平。

(7) 健全科技进步保障措施。这些保障措施主要包括:逐步提高国家科技经费投入的总体水平;鼓励企业增加科技研究和开发的投入,企业的技术开发费计入成本费用;国家在信贷、税收方面支持科技成果的商品化等。

(8) 法律责任。为了保障《科技进步法》的实施,《科技进步法》对违反该法的行为规定了相应的罚则。违反该法的行为具体包括:挪用、克扣和截留科学技术经费的行为,滥用职权压制科学技术发明或者合理化建议的行为,对科学技术成果故意作出虚假鉴定的行为,非法窃取技术秘密的行为等。

2. 产业技术创新法。产业技术创新是指通过应用新的知识或者新的生产技术，运用新的生产工艺或流程，改进企业的生产经营，提高产品的质量和生产效率，以促进国家产业发展。产业技术创新法，首先要依法加快开发能够推动产业结构升级和促进科学发展的根本技术和关键技术创新，重点在农产品加工、节水农业、农作物品种选育、装备制造、航空航天、新材料、新能源、交通通讯等方面。其次要依法积极推进基础理论和基础技术研究，力争取得突破，为应用技术创新提供坚实基础和有力的理论支撑。再次要依法优化科技资源配置，进一步解决科技与经济与社会发展脱节的问题，解决科研领域内的部门所有和单位分割等问题。建立企业技术创新体系，鼓励并引导企业建立研究开发机构，推动企业成为技术进步和创新的主体。运用人才政策、财政支持、税收优惠、金融服务等方式和手段，引导和鼓励科技资源在企业的集聚，提高企业面向市场的科技创新体系。

3. 落后技术淘汰法。产业技术的发展和进步既涉及技术的创新和设备的更新，也涉及落后技术的淘汰。对落后的产业技术定期进行强制性的依法淘汰既是出于国家产业发展的考虑，也是节能减排，提高效能和环境友好的要求，还是生产安全的需要。目前我国在落后技术淘汰方面尚没有制定专门法律，只有一些行政法规和政策性文件。例如，《国务院关于进一步加强淘汰落后产能工作的通知》《产业结构调整指导目录(2019 年本)》等。随着我国工业化进程的加快，我国的经济和产业发展将逐步实现从劳动密集向知识密集转型，科技创新将日益发挥更加重要的作用。在此过程中，产业更新和技术淘汰的速率将更快。因此，完善相应的产业立法，对产业技术更新的指导原则、管理体制、更新方式和程序、鼓励措施等问题作出明确的规定。

4. 技术成果转化法。技术成果转化是指为提高生产力水平而对科学研究与技术开发所产生的具有实用价值的科技成果所进行的后续试验、开发、应用、推广直至形成新产品、新工艺、新材料，发展新产业等活动。科技成果转化的途径主要有直接和间接两种转化方式。科技成果的直接转化主要方式包括：科技人员自己创办企业；科研机构与企业开展联合研发；研究机构与企业开展人才交流等。科技成果的间接转化主要是通过各类中介机构来开展的。机构类型和活动方式多种多样。在体制上，有官办的、民办的，也有官民合办的；在功能上，有大型多功能的机构(如既充当科技中介机构，又从事具体项目的开发等)，也有小型单一功能的组织。

我国科技体制的一个很大的弊端，就是大量的科研机构独立于企业之外，长期形成了科技与经济相分离的局面，所以，有大量的科技成果转化的问题。对于我国这种由计划经济向市场经济转换过程中的特殊阶段出现的特殊问题，各级政府应积极引导，大力支持企业建立自己的科研机构，尽快承担科技成果转化主体的重任，搞好科技成果的转化。政府有关部门应尽快制订有效的产业政策和相应的产业技术政策及产业结构政策，促使企业组织集团化，从而集中资金、人力和物力，发挥整体优势，提高技术开发，形成规模能力。

5. 技术引进法。技术引进是产业技术国际化的重要途径和表现。对于经济比较落后、生产技术不发达的发展中国家来说,引进先进的产业技术具有重要的意义。改革开放以来,我国对国外先进产业技术的引进日益重视。相应地,我国曾制定过有关引进技术管理的法规,如《技术引进合同管理条例》等。但是,目前在产业技术引进方面仍然存在不少问题,为了规范和引导产业技术引进工作,完善和加强相关立法至关重要。

### (四) 产业空间布局法律制度

产业空间布局法是区域经济政策的法律化。所谓区域经济政策,是指政府旨在改善一国范围内经济的空间结构所制定的公共干预的准则及所采取的干预行为。政府制定和实施区域经济政策的目的,是纠正市场机制造成的国民经济空间结构的某些缺陷,以达到提高经济效率和实现社会公平的总体目标。由于区域经济政策直接体现产业布局政策,其目标是实现产业结构布局的合理化,所以区域经济政策是产业政策的重要组成部分,进而区域经济政策的法律化——产业空间布局法,具有产业法律制度的基本特征。有关产业空间布局法的法律形式,既可以表现为综合性基本法律,也可以表现为单项性的行政法规,并在一些相关的宏观调控法和产业法律制度中设有相关的规范。

改革开放以来,我国采取了向东南沿海地区实现优惠政策的地区倾斜政策,并在有关的法律和行政法规中做了相应的规定。虽然这有利于发挥东部沿海地区的经济优势,并使改革开放政策能够在东部沿海地区先行突破,因而在一定时期是必要的。但是这拉大了东部和中西部的经济差距,不利于中、西部经济资源的合理利用和国民经济整体均衡发展,进而成为制约我国经济发展和市场化改革深入的重要因素。此外东北地区老工业基地以及其他能源枯竭性城市和地区发展困顿的情况日益凸显,因此有针对性地制定产业空间布局政策,促进产业空间布局的协调极为重要。为了协调区域经济发展,促进落后地区和重点地区的经济建设,在科学发展观指导下,按照统筹区域协调发展的要求,中央明确提出了我国区域发展总体战略布局,这就是实施西部大开发战略,振兴东北地区等老工业基地,促进中部地区崛起,鼓励东部地区率先发展,形成东中西互动、优势互补、相互促进、共同发展的新格局。

与上述区域经济发展规划相适应,我国产业法律法规也做了相应的规定。例如《国务院关于实施西部大开发若干政策措施》《国务院振兴东北老工业基地科技行动方案》等。综合这些规范化的区域经济协调发展政策和相关的法律法规,可以总结出区域经济协调发展法的基本制度。

1. 区域经济发展总体规划制度。区域经济发展总体规划是指在中央政府层面对全国各区域经济和社会发展的宏观方向和目标的描述。“十四五”规划指出:推动区域协调发展,推动西部大开发形成新格局,推动东北振兴取得新突破,促进中部地区加快崛起,鼓励东部地区加快推进现代化。支持革命老区、民族地区加快发展,加强边疆地区建设,推进兴边富民、稳边固边。推进京津冀协同发展、长江经济带发展、粤港澳大湾区建设、长三角一体化发展，打造创新平台和新增长极。推动黄河流域生态保护和高质量发展。高标准、高质量建设雄安新区。坚持陆海统筹，发展海洋经济，建设海洋强国。健全区域战略统筹、市场一体化发展、区域合作互助、区际利益补偿等机制，更好促进发达地区和欠发达地区、东中西部和东北地区共同发展。这些原则性的规定为我国区域经济发展指明了基本方向。

2. 区域经济发展具体规划制度。(1) 区域经济发展财政制度。对欠发达地区、贫困地区进行财政倾斜，通过财政补贴、税收减免优惠等手段，引导资本和其他生产要素向这些地区集聚，激发区域经济发展活力，提高区域经济发展速度和水平。例如《国务院关于实施西部大开发若干政策措施》中区域发展财政制度主要有：第一，提高中央财政性建设资金用于西部地区的比例。中央有关部门在制定行业发展规划和政策、安排专项资金时，要充分体现对西部地区的支持。第二，国家政策性银行贷款、国际金融组织和外国政府优惠贷款，在按贷款原则投放的条件下，尽可能多安排西部地区的项目。第三，逐步加大中央对西部地区一般性转移支付的规模。在农业、社会保障、教育、科技、卫生、计划生育、文化、环保等专项补助资金的分配方面，向西部地区倾斜。

(2) 区域经济发展金融制度。对欠发达分地区在信贷资金使用上放宽条件，给予优惠。例如，在西部大开发中金融信贷支持的有关政策主要包括：第一，银行根据商业信贷的自主原则，加大对西部地区基础产业建设的信贷投入。第二，加快国债配套贷款项目的评估审贷，根据建设进度保证贷款及早到位。第三，对投资大、建设期长的基础设施项目，根据项目建设周期和还贷能力，适当延长贷款期限。第四，国家开发银行新增贷款逐年提高用于西部地区的比重。第五，扩大以基础设施项目收费权或收益权为质押发放贷款的范围。第六，增加对西部地区农业、生态环境保护建设，优势产业发展，小城镇建设，企业技术改造、高新技术企业和中小企业发展的信贷支持。

(3) 区域经济发展投资和开发制度。建立中央和地方专项投资基金，重点支持经济欠发达地区的农业综合开发、基础设施建设、资源综合开发、扶贫开发项目的建设。改善投资环境，鼓励发达地区和外商向经济欠发达地区投资等，主要的措施包括：第一，大力改善投资的软环境。深化西部地区国有企业改革，加快建立现代企业制度，搞好国有经济的战略性调整和国有企业的资产重组。加大对西部地区国有企业减负脱困、改组改造的支持力度。加强西部地区商品和要素市场的培育和建设。积极引导西部地区个体、私营等非公有制经济加快发展，依照有关法律法规，凡对外商开放的投资领域，原则上允许国内各种所有制企业进入。加快建立中小企业信用担保体系和中小企业服务机构。要进一步转变政府职能，实行政企分开，减少审批事项，简化办事程序，强化服务意识，消除行政垄断、地区封锁和保护，加强依法行政，保护投资者合法权益。第二，实行税收优惠政策。对设在西部地区国家鼓励类产业的内资企业和外商投资企业，在一定期限内，减按15%的税率征收企业所得税。民族自治地方的企业经省级人民政府批准，可以定期减征或免征企业所得税。对在西部地区新办交通、电力、水利、邮政、广播电视等企业，企业所得税实行两年免征、三年减半征收。第三,实行土地和矿产资源优惠政策。对西部地区荒山、荒地造林种草及坡耕地退耕还林还草,实行谁退耕、谁造林种草、谁经营、谁拥有土地使用权和林草所有权的政策。各种经济组织和个人可以依法申请使用国有荒山荒地,进行恢复林草植被等生态环境保护建设,在建设投资和绿化工作到位的条件下,可以出让方式取得国有土地使用权,减免出让金,实行土地使用权 50 年不变,期满后可申请续期,可以继承和有偿转让。

(4) 区域经济发展贸易制度。进一步扩大西部等欠发达地区生产企业对外贸易经营自主权,鼓励发展优势产品出口、对外工程承包和劳务合作、到境外特别是周边国家投资办厂,放宽人员出入境限制。对欠发达地区经济发展急需的技术设备,在进口管理上给予适当照顾。实行更加优惠的边境贸易政策,在出口退税、进出口商品经营范围、进出口商品配额、许可证管理、人员往来等方面,放宽限制,推动我国欠发达地区同毗邻国家地区相互开放市场,促进与周边国家区域经济技术合作健康发展。

(5) 区域经济发展市场制度。制定适当的有利于市场公平竞争和规范经营的市场规则,特别是对本地区内人民生活需求稳定,而供给容易波动的产品,要制定相应的保护性市场规则。

(6) 区域经济发展劳动力制度。制定吸引人才、留住人才、鼓励人才创业的便利政策。吸引国内外专门人才投身于区域开发和建设。鼓励农业富余劳动力合理转移和跨地区人口合理流动。扩大区域间的人才交流。

## 第三节 投资法律制度

### 一、投资与投资法

投资是指投资主体为了获得经济利益,把资金或者其他资源投入企业或金融市场的活动。根据投资的主体、对象、方式等不同的角度,投资的分类千差万别。按投资主体的不同,可以分为政府投资、企业与公民个人投资和国外投资。按投资形式的不同可以分为直接投资和间接投资:直接投资是伴有企业经营管理权的投资,即投资者投入某一实体资金后需掌管这一实体的经营和运作;间接投资是投资者通过资本市场购买股票、债券等方式实现投资收益。作为掌控资金这一重要经济要素的活动,投资对经济和社会发展起着至关重要的作用。依法对投资行为进行调控,便构成了宏观调控法中的投资法律制度。

投资法是调整在国家对投资主体的直接投资活动进行调控过程中所发生的经济关系的法律规范的总称。这种经济关系,既包括国家对私人主体参与的竞争性投资项目,运用经济杠杆间接调控发生的经济关系,也包括国家作为投资主体的而进行政策性、公益性投资而发生的经济关系。

我国目前尚没有制定统一的投资法，根据不同的投资主体分别立法予以规范。2019年5月5日，国务院发布《政府投资条例》，将政府投资纳入了法治轨道，这对于依法规范政府投资行为，充分发挥政府投资作用，提高政府投资效益，激发社会投资活力，具有十分重要的意义。2019年3月15日，中华人民共和国第十三届全国人民代表大会第二次会议通过《中华人民共和国外商投资法》（以下简称《外商投资法》），从投资促进、投资保护、投资管理、法律责任等方面对外商投资活动进行了规定。对于其他主体的投资行为主要以鼓励和引导为主，如《国务院关于鼓励和引导民间投资健康发展的若干意见》等。

## 二、投资法的基本制度

### （一）投资主体制度

投资主体制度是指政府依法确立、约束和规范投资主体的法律规范的总称。这些规范体现了政府对投资主体的依法直接调控。在市场经济条件下，投资主体多元化是一个重要特征。目前，我国的投资主体主要有政府、企业、事业单位、公民个人以及外国的自然人、法人和其他主体，不同的投资主体投资的范围、方式以及法律对其规制和调控的力度也有所不同。

在经济体制改革以前，政府是我国最主要的投资主体，随着改革的深入和市场经济体制的确立和巩固，政府投资的范围越来越窄，政府投资一般只涉及社会公共利益的项目。《政府投资条例》规定：政府投资资金应当投向市场不能有效配置资源的社会公益服务、公共基础设施、农业农村、生态环境保护、重大科技进步、社会管理、国家安全等公共领域的项目，以非经营性项目为主。

涉及基础建设的项目一般由政府成立各种专业投资公司或者由企业作为投资主体进行投资，或者由政府与企业合作投资。因为基础建设的投资较大，风险较高，而回收又比较缓慢，有的基础建设项目关系到国计民生或者国家的核心利益，有的基础项目是国家专营或者政府的垄断行业，这样的项目就需要政府承担主要的投资；但是由于基础建设的投资具有营利性，所以可以通过BOT等方式吸收社会其他主体来参与投资建设，减少政府财政支出。

对于公益性和基础性项目之外的其他投资项目，可以依靠市场进行调节，由企业或者私人进行自由投资，政府只起引导和监督作用。在这个领域，也可以吸收外国投资主体进行投资。

### （二）投资管理制度

投资管理制度是指政府依法通过经济、行政等手段的综合作用对投资活动产生影响，从而使投资主体的活动符合国家规划要求的各种制度。从投资管理的纵向层次来看，投资管理制度可以分为中央政府的管理和地方政府的管理两个层次。国务院及与投资关系密切的职能部门依据国民经济和社会发展规划,编制各个领域的发展建设规划,包括必要的专项发展建设规划,明确发展的指导思想、战略目标,总体布局和主要建设项目等,要综合运用规划、金融、财政、税收等经济手段对投资进行管理。地方政府的投资管理,要求各级地方政府及其有关部门要努力提高政府投资效益,营造公平合理的投资环境,引导和规范社会投资。

从投资管理的横向层面看,投资管理制度主要由以下几项制度组成:

1. 规划管理。投资规划管理的内容,是确定规划期间内投资规模、结构、布局、项目投资来源、效率等。它是国家经济和社会发展规划的重要组成部分。投资规划是政府对投资活动进行宏观调控的作用、原则和方法的集中体现,是投资管理的基本依据。

2. 财政管理。财政管理是政府依法运用财政杠杆调控投资活动,同其他投资管理制度相配合实现调控目标的过程。政府依法通过财政分配和再分配活动改变投资活动的收益率,以此来引导投资行为。主要的制度设计主要是通过税率、补贴等手段的高低调节来发挥作用。例如,通过与投资相关的税种、税目、税率、税收减免等国家税收制度,实现投资调控目标;通过国家预算收入和支出结构与规模变化的国家预算制度,来调节投资在各产业部门的分配比例关系;通过生产性财政补贴制度,来调节社会资金投资的方向等。

3. 金融管理。金融管理的主体是中央银行。其调控和管理投资的手段主要有:一是,通过控制货币发行量和供应量来调节投资规模、结构和方向;二是,通过投资贷款计划、贷款利率、贴现等货币政策对投资成本进行调节;三是,加强对社会集资方式的投资活动进行管理。

### (三)投资程序制度

投资程序制度,是指投资及其管理活动的一系列流程规则。投资程序制度具有程序法意义,它能够从程序上保障投资管理实体法的落实。根据投资主体的不同,其程序要求差别很大。对于私人主体,其投资决策、实施等程序是市场行为,在市场经济条件下,这些行为不应受到政府不当的干预和限制。但是,政府在某些特殊的投资领域通过一定的行政审批程序设置适当的准入限制是必要的。

对于政府投资或者其他投资主体使用财政资金进行的投资建设项目须有严格的程序要求和限制。投资程序一般分为以下几个阶段:

1. 投资决策程序。对于政府投资项目,首先由投资管理部门(发展和改革委员会)编制和上报项目建议书、可行性研究报告。项目建议书应包括下列内容:(1)项目建设的必要性和依据;(2)初步确定的规划选址、建设规模、建设内容、建设标准及其依据;(3)项目总投资及需要政府资金投资的理由及具体数额;(4)初步确定建设用地规模、环保要求以及其他相关材料;(5)有关招标的内容;(6)有关节能的内容。

可行性研究报告应包括下列主要内容:(1)项目概况;(2)项目提出的可行性和依据;

(3)建设内容和建设规模;(4)项目建设选址;(5)环境和生态影响分析;(6)节能方案分析;(7)项目总投资估算和资金来源落实情况;(8)招标方案;(9)风险管理方案;(10)经济效益和社会效益分析。

2. 投资资金拨付程序。在政府投资项目中应依法加强财政性资金的使用管理。财政部门根据年度政府投资项目计划下达基本建设预算支出指标,严格按照政府投资项目财务管理的有关办法实施管理,做到专款专用。财政部门凭项目建议书、可行性研究报告、初步设计批复和招投标资料等有关文件,以及勘察、设计、施工、监理等合同,严格按照"基本建设年度支出计划、基本建设年度支出预算、项目建设进度及各种资金来源的同比例匹配到位"的原则拨付建设资金,同时,要在质量保证金以外适当保留部分工程尾款,待工程通过竣工财务决算审批、验收合格后,按规定予以结算。对财政全额投资的项目要逐步实行财政直接支付制度。

3. 政府投资项目绩效评价程序。对政府投资建设的重大项目,有选择地进行项目后评价,项目后评价包括前期工作、实施情况、工程质量、投资效益、环境效益、社会效益等绩效内容。

4. 投资监督程序。投资监督程序是国家机关依据有关投资法律和法规,对投资活动的合法性、效益性进行审查监督的法定程序。对投资活动依法审查监督,有利于及时准确反映投资情况,发现投资运行中的不规范等问题,适时采取有力补救措施,减少投资损失,打击投资领域的腐败行为,提高投资效益。因此对于政府投资行为要依法予以监督。

### (四)涉外投资制度

涉外投资是指资本来源或者资本投向具有涉外因素的投资活动。涉外投资制度包括外商投资制度和境外投资制度。

1. 外商投资制度。外商投资是指外国的自然人、企业或其他组织直接或者间接在中国境内进行的投资活动,主要包括:(1)外国投资者单独或者与其他投资者共同在中国境内设立外商投资企业;(2)外国投资者取得中国境内企业的股份、股权、财产份额或者其他类似权益;(3)外国投资者单独或者与其他投资者共同在中国境内投资新建项目。我国坚持对外开放的基本国策,鼓励外国投资者依法在中国境内投资。

依据我国《外商投资法》,外商投资制度主要包括以下内容:

(1) 对外商投资的促进。为了积极促进外商投资,《外商投资法》在总则中规定,国家实行高水平投资自由化便利化政策,建立和完善外商投资促进机制,营造稳定、透明、可预期和公平竞争的市场环境。同时,设"投资促进"专章,主要包括以下内容:一是,提高外商投资政策的透明度。《外商投资法》第 10 条规定,制定与外商投资有关的法律、法规、规章,应当采取适当方式征求外商投资企业的意见和建议;与外商投资有关的规范性文件、裁判文书等,应当依法及时公布。二是,保障外商投资企业平等参与市场竞争。《外商投资法》体现了外商投资企业平等参与、内外资规则一致的精神。三是,加强外商投资服务。《外商投资法》第 11 条规定,国家建立健全外商投资服务体系,为外国投资者和外商投资企业提供法律法规、政策措施、投资项目信息等方面的咨询和服务;第 19 条规定,各级人民政府及其有关部门应当按照便利、高效、透明的原则,进一步提高外商投资服务水平。四是,依法依规鼓励和引导外商投资。《外商投资法》第 13 条规定:国家根据需要,设立特殊经济区域,或者在部分地区实行外商投资试验性政策措施,促进外商投资,扩大对外开放;第 14 条规定,国家根据国民经济和社会发展需要,鼓励和引导外国投资者在特定行业、领域、地区投资,并可以依照法律、行政法规或者国务院的规定给予优惠。

(2) 关于外商投资保护。为了加强对外商投资合法权益的保护,《外商投资法》在总则一章中规定,国家依法保护外国投资者在中国境内的投资、收益和其他合法权益同时,设"投资保护"专章,主要包括以下内容:一是加强对外商投资企业的产权保护。国家对外国投资者的投资不实行征收;在特殊情况下,国家为了公共利益的需要,可以依照法律规定对外国投资者的投资实行征收或者征用,征收、征用应当依照法定程序进行,并及时给予公平、合理的补偿。外国投资者在中国境内的出资、利润、资本收益、资产处置所得、知识产权许可使用费、依法获得的补偿或者赔偿、清算所得等,可以依法以人民币或者外汇自由汇入、汇出。国家保护外国投资者和外商投资企业的知识产权,鼓励基于自愿原则和商业规则开展技术合作。二是强化对制定涉及外商投资规范性文件的约束。政府及其有关部门制定涉及外商投资的规范性文件,应当符合法律法规的规定;没有法律、行政法规依据的,不得减损外商投资企业的合法权益或者增加其义务,不得设置市场准入和退出条件,不得干预外商投资企业的正常生产经营活动。三是促使地方政府守约践诺。《外商投资法》第 24 条规定,地方各级人民政府及其有关部门应当履行向外国投资者、外商投资企业依法作出的政策承诺以及依法订立的各类合同;因国家利益、社会公共利益需要改变政策承诺、合同约定的,应当依照法定权限和程序进行,并依法对外国投资者、外商投资企业因此受到的损失予以补偿。四是建立外商投资企业投诉工作机制。国家建立外商投资企业投诉工作机制,协调完善外商投资企业投诉工作中的重大政策措施,及时处理外商投资企业或者其投资者反映的问题;外商投资企业或者其投资者认为行政机关及其工作人员的行政行为侵犯其合法权益的,可以通过外商投资企业投诉工作机制申请解决。

(3) 关于外商投资管理。《外商投资法》规定的对外商投资的管理主要包括准入管理、信息报告、安全审查等制度。

我国对外商投资实行准入前国民待遇加负面清单管理制度。所称准入前国民待遇,是指在投资准入阶段给予外国投资者及其投资不低于本国投资者及其投资的待遇;所称负面清单,是指国家规定在特定领域对外商投资实施的准入特别管理措施;国家对负面清单之外的外商投资,给予国民待遇。负面清单由国务院发布或者批准发布。负面清单规定禁止投资的领域,外国投资者不得投资;负面清单规定限制投资的领域,外国投资者进行投资应当符合负面清单规定的条件。根据《外商投资准入特别管理措施(负面清单)(2020年版)》,我国对于农业、采矿业、制造业、教育等12个领域采取33项特别管理措施。外商投资信息报告制度要求外国投资者或者外商投资企业应当通过企业登记系统以及企业信用信息公示系统向商务主管部门报送投资信息,以便我国相关行政管理部门及时准确掌握外商投资企业及外商投资者的必要信息。对影响或者可能影响国家安全的外商投资进行安全审查是确保国家经济安全的需要。对外商投资的管理还包括:外商投资需要办理投资项目核准、备案的,按照国家有关规定执行;外国投资者在依法需要取得许可的行业、领域进行投资的,应当依法办理相关许可手续;外商投资企业的组织形式、组织机构,适用公司法、合伙企业法等法律的规定;外商投资企业开展生产经营活动,应当依照有关法律、行政法规和国家有关规定办理税收、会计、外汇等事宜,并接受有关主管部门依法实施的监督检查;外国投资者并购中国境内企业或者以其他方式参与经营者集中的,应当依照反垄断法的规定接受经营者集中审查。

2. 境外投资制度。境外投资是指中华人民共和国境内企业(以下称"投资主体")直接或通过其控制的境外企业,以投入资产、权益或提供融资、担保等方式,获得境外所有权、控制权、经营管理权及其他相关权益的投资活动。境内投资者到香港特别行政区、澳门特别行政区和台湾地区投资也参照适用有关境外投资的法律制度。境外投资对于提高我国的产品出口能力,开拓国际市场,增加外汇收入,扩大国际影响具有重要作用。因此,必须对境外投资进行必要的监督和管理,促使其健康快速发展是投资法的重要内容。我国目前的境外投资管理制度主要包括以下几个方面的内容:

(1) 境外投资指导和服务。国家发展改革委是为投资者开展境外投资提供指导和服务的主体。根据《企业境外投资管理办法》,国家发展改革委提供的境外投资指导和服务主要包括三个方面:一是,根据国民经济和社会发展需要制定完善相关领域专项规划及产业政策,为投资主体开展境外投资提供宏观指导;二是,根据国际投资形势分析,发布境外投资有关数据、情况等信息,为投资主体提供信息服务;三是,参与国际投资规则制定,建立健全投资合作机制,加强政策交流和协调,推动有关国家和地区为我国企业开展投资提供公平环境。

(2) 境外投资项目核准和备案。投资主体依法享有境外投资自主权,自主决策、自担风险。但是国家对境外投资仍需要进行备案和核准管理。投资主体直接或通过其控制的境外企业开展的敏感类项目投资实现核准管理。所谓敏感类项目投资是指涉及敏感国家和地区的项目以及涉及敏感行业的项目。[2] 实行核准管理的项目,投资主体应当通过网络系统向核准机关提交项目申请报告并附具有关文件。项目申请报告应当包括

---

〔2〕 敏感国家和地区包括:(1)与我国未建交的国家和地区;(2)发生战争、内乱的国家和地区;(3)根据我国缔结或参加的国际条约、协定等,需要限制企业对其投资的国家和地区;(4)其他敏感国家和地区。敏感行业包括:(1)武器装备的研制生产维修;(2)跨境水资源开发利用;(3)新闻传媒;(4)根据我国法律法规和有关调控政策,需要限制企业境外投资的行业。

以下内容：①投资主体情况；②项目情况，包括项目名称、投资目的地、主要内容和规模、中方投资额等；③项目对我国国家利益和国家安全的影响分析；④投资主体关于项目真实性的声明。项目申请报告和附件齐全、符合法定形式的，核准机关应当予以受理。对于不违反我国法律法规；不违反我国有关发展规划、宏观调控政策、产业政策和对外开放政策；不违反我国缔结或参加的国际条约、协定；不威胁、不损害我国国家利益和国家安全的投资项目，核准机关予以核准，并向投资主体出具书面核准文件。投资项目违反有关法律法规、违反有关规划或政策、违反有关国际条约或协定、威胁或损害我国国家利益和国家安全的，核准机关可以不经过征求意见、委托评估等程序，直接作出不予核准的决定。

非敏感类项目投资实行备案管理。实行备案管理的项目中，投资主体是中央管理企业的，备案机关是国家发展改革委；投资主体是地方企业，且中方投资额3亿美元及以上的，备案机关是国家发展改革委；投资主体是地方企业，且中方投资额3亿美元以下的，备案机关是投资主体注册地的省级政府发展改革部门。

(3) 境外投资监管。国家发展改革委和省级政府发展改革部门根据境外投资有关法律法规和政策，通过在线监测、约谈函询、抽查核实等方式对境外投资进行监督检查，对违法违规行为予以处理。

### (五) 投资责任制度

投资责任制度，是强化投资主体和投资管理制度的关键。因为依法建立投资主体的责任制度，才能使投资主体的法律地位得到真正确立；而投资主体的责任制度的依法确定，将增强投资管理制度对投资主体的约束力。

投资责任制度首先要依法明确投资责任主体，必须先有投资主体，后有进行投资的项目建设。由投资主体对投资项目的筹划、筹资、人事任免、招标定标、建设实施直至生产经营、债务偿还以及资产保障、增值，实行全过程负责。这种责任的法律形式，即包括偿还投资债务的民事责任，也包括对行政机关审批、监管中违法行为的行政处罚责任以及对触犯刑法规定的行为追究的刑事责任。

**【法条链接】**

1.《农业法》(1993年，2002年、2009年、2012年修正)。

2.《铁路法》(1990年，2009年、2015年修正)。

3.《科学技术进步法》(2007年修订)。

4.《外商投资法》(2019年)。

5. 国务院《关于加强国民经济和社会发展规划编制工作的若干意见》(2005年)。

6.《中华人民共和国国民经济和社会发展第十三个五年规划纲要》(2016年)。

7. 国务院《“十三五”旅游业发展规划》(2016年)。

8. 国务院《“十三五”国家战略性新兴产业发展规划》(2016年)。

9. 国务院《"十三五"促进就业规划》(2017年)。

10. 国务院《"十三五"推进基本公共服务均等化规划》(2017年)。

11. 国家发展改革委员会《西部大开发"十三五"规划》(2017年)。

12. 国务院《政府投资条例》(2018年)。

13. 国家发展和改革委员会《中央预算内直接投资项目管理办法》(2014年)。

14. 国家发展改革委员会《产业结构调整指导目录(2019年本)》(2019年)。

15. 国家发展和改革委员会《企业境外投资管理办法》(2017年)。

## 【拓展阅读】

1. [美]莫里斯:《东西方的经济计划》,商务印书馆1998年版。

2. 张雪楳:《产业结构法研究》,中国人民大学出版社2005年版。

3. 刘文华、张雪楳:《论产业法的地位》,载《法学论坛》2002年第1期。

4. 卢炯星:《论宏观经济法中产业调节法理论及体系的完善》,载《政法论坛》2004年第1期。

5. 杨紫烜:《对产业政策和产业法的若干理论问题的认识》,载《法学》2010年第9期。

6. 金励:《于反思中前行:第三次经济转型期的产业立法与理论问题研究》,载《经济法论坛》2012年第9卷。

7. 冯辉:《产业法和竞争法的冲突与协调》,载《社会科学家》2012年第12期。

8. 邱本:《发展规划法研究》,载《盛京法律评论》2016年第2辑。

# 第十二章 财政法律制度

**【导语】** 财政是人类社会发展到一定历史阶段而出现的一种经济活动，它是一个历史范畴，且伴随国家的出现而产生与发展。财政法律制度作为调整财政关系的法律规范的总称，在一个国家的宏观经济调控和保障社会公平方面发挥着十分重要的作用。在财政法律制度体系中，预算法居于基础地位。我国1994年出台的《预算法》对加强财政资金的管理具有重要的意义，但近年来已无法适应我国未来财税体制改革的需要和财政法治建设的进程。2014年全国人大常委会表决通过了新《预算法》，该法更新了立法宗旨，对预算编制、审批和执行提出新的要求，增加了预算审查批准、地方债券发行、财政转移支付、国库集中支付等内容，补充和完善了财政违法行为的法律责任，代表着我国财政法治建设的最新成就。2002年制定出台的《政府采购法》在规范政府采购行为，提高政府采购资金的使用效益，维护国家利益和社会公共利益，保护政府采购当事人的合法权益，促进廉政建设方面同样发挥了重要作用，但也急需在适用范围、采购合同性质等精细化制度建设方面加快步伐。与预算法和政府采购法形成鲜明对比的是，国债法律制度和财政转移支付法律制度建设尚不足以有效规范和保障国债和转移支付行为和关系的秩序性和有效性，与其在财政法律制度体系中的地位和作用是不相称的，需要在提高立法层级、完善制度体系等方面加快建设进程。

## 第一节 财政与财政立法

### 一、财政的一般界定

#### （一）财政的含义和特点

所谓财政，是指国家为满足其公共职能需要而无偿地参与社会产品收支与分配的各种活动和制度。财政是一个与国家相伴而生的历史范畴，对一个国家的生存、发展和强大起着重要作用。这是由于国家要维护自身存在和实施各项职能，必然要利用各种资源，然而国家并不直接从事生产，如果要获得充足的物质资料，就必须依靠国家权力，强制性、无偿性地把一部分社会产品占为己有，以维持国家发展所需。因此，国家机器运转需要必要的财政作为动力支撑，没有了财政国家就失去了存在和发展的物质基础。同时，财政与国家互为支撑，财政也离不开国家权力的保证，否则财政分配将无法实施。对于财政这一概念，我们可以从以下方面来理解：(1) 财政可以看作是一种行为，即国家为了满足公共需要参与国民收入分配的活动，其着眼于财政主体的动态过程。(2)财政也可以看作一种制度，即财政活动得以运行的机构和规则体系，其着眼于财政运行的外部环境。(3)财政还可以指一种社会关系，一方面指财政行政关系，即国家机关之间以及其与财政行政相对人之间，在财政活动过程中发生的相互制约的或管理性质的社会关系；另一方面指财政经济关系，即各种主体之间的经济利益分配关系，[1]其着眼于财政现象之间的内在联系。现在通常将财政界定为国家在公共收支中产生的各种社会关系。

财政具有以下基本特征：(1)公共性。财政是为了实现一定的政府职能，不以盈利为目的的公共性质的财政管理活动。国家调整财政关系的公共性与私人财货管理的性质有本质区别，因此公共性是财政的首要特征。(2)无偿性。在财政关系中，国家取得财政收入具有无偿性，例如国家根据法定税种，依据税率实施征税行为。国家在财政支出方面也具有无偿性，国家可以集中财力，也可以向地方无偿转移支付，支持地方经济建设和社会发展。(3)强制性。国家要管理公共事务，为社会提供公共产品，增进社会公众福利，那么国家提供公共服务使公众受益，而公众必定要接受国家对公共支出的分摊，国家正是依靠国家公权的强制力按照法定程序取得资金和财货。

### （二）财政的基本职能

财政的基本职能是指财政担负的职责和任务，是人们赋予财政的目标追求，是财政在社会经济生活中所发挥的实际作用。财政的职能是一个随着社会经济变迁而不断丰富的发展性概念，在不同的历史时期、不同的经济形态和经济体制下是不同的。在自然经济条件下，财政是“家计财政”，其职能主要是满足国家及其自身需要，满足统治阶层的消费需要，同时也满足国防和其他公共需要。在自由市场经济条件下，财政的职能主要是满足“夜警国家”运转需要，主要用来提供政府经费开支、国防开支、基础公共建设开支和维持市场经济秩序的开支等。在垄断资本主义阶段，财政增加了配置资源、调节分配和稳定经济的职能。而在计划经济体制下，财政又增加了生产投资、调节经济和经济监督的职能。在我国社会主义市场经济体制下，财政除满足现代国家运转所需的通常职能外，还具有以下职能：

1. 收入分配职能。选择和实行市场经济，也就是确立了市场在社会产品初次分配中的主导性作用，即按生产要素的贡献分配。然而，市场分配是建立在市场主体竞争和优胜劣汰基础上的，容易导致社会分配不公，不利于维护社会公平的整体局面。这就需要国家通过财政机制对社会产品进行再分配或二次分配，以维护社会分配的公平性。

2. 资源配置职能。市场经济与计划经济相比较，最大的不同就是确立了市场在资源配置方面的决定性作用，及时、合理、高效则是市场配置资源的天然优势。但市场也不是

---

[1] 参见王源扩：《财政法基本理论问题研究回顾与探析》，载《江西财经大学学报》，2004(2)。

万能的,也有失灵和功能缺陷。为了克服市场失灵,修补市场缺陷,在市场不能较好发挥作用的领域,由国家或政府通过财政机制配置资源就成为一种现实和必需。

3. 宏观调控职能。自由市场经济具有自发性、周期性和波动性,如果任由市场经济波动起伏,势必会导致国民经济宏观形势的不稳定和经济秩序的动荡,甚至是整个经济的崩溃。为此,现代国家大多接受了逆向干预的策略,通过运用包括财政在内的经济政策和经济手段来干预经济关系和经济运行,以维护国民经济的稳定与发展。

## 二、财政法的基本问题

### (一) 财政法的概念和特征

财政法是指调整国家在取得、使用和管理公共资金或物资过程中发生的一系列财政关系的法律规范的总称。基于对财政关系的类型化分析,财政法具体包括预算法律制度、国债法律制度、政府采购法律制度、财政转移支付法律制度和财政监督法律制度等方面的内容,在国家宏观调控和社会保障方面发挥着非常重要的作用,是一个国家经济法律制度体系的重要组成部分。

财政法具有以下特征:(1)财政法的公法性。财政法的公法性这一特征是与私法及其他各部门法对比来讲的。这里的公法性体现的是财政法主体一方恒定为国家,在法律关系中各方地位不是平等的,国家处于命令、指派、监督的地位。(2)财政法的特殊性。财政法的特殊性主要区别于经济法体系中的其他部门法,财政法比其他部门法具有更强的公法性,公法范围更突出在特殊的财政领域。(3)调整对象的独特性。财政法具有独特的调整对象——财政关系。基于特定的调整对象与之相适应的作为财政收支方式的调整手段也具有独特性。

### (二) 财政法的功能

1. 保障资源有效配置。为实现资源结构优化,使社会稀缺资源得到最有效开发和利用,实现经济效益最大化和社会福利最优化,就要发挥财政法的合理分配资源的功能和作用,对我国现有人力资源、自然资源等进行优化配置。

2. 促进收支分配合理。财政活动主要是财政收入和财政支出两个环节。财政收入是社会产品的分配流程,财政支出是对财政收入的再分配过程,无论是收入还是支出都必须严格按照法律程序合理有效分配,保障国家财政关系的平稳有序。国家和各级政府还应当把公平、公正原则贯穿于整个财政分配过程中。

3. 巩固经济安全稳定。财政还具有保障国民经济安全和经济稳定的重要功能。财政要为社会公众提供公共产品和公共服务,如果社会的公共需求未能得到满足,不仅国民经济发展受到严重影响,而且社会稳定将受到威胁。因此,必须发挥财政“稳定器”的功能,通过有效的制度设计实现社会供求总量均衡。

### （三）财政法的基本原则

财政法的基本原则是指贯穿整个财政立法及财政执法活动中具有一般指导意义和普遍约束力的根本性原理和准则。财政法的基本原则是体现财政法的基本精神和价值的根本准则，是经济法基本原则的具体化，主要有下几个方面：

1. 财政法定原则。财政法定原则是指国家的重要财政事项只能由法律来规定，而且法律应当作出明确规定，并依法实施财政活动。即依照法律规定国家财政权，财政立法、财政执法、财政收支活动等也依照法定程序进行。具体而言，财政法定原则体现在以下几个方面：财政预算等要经过依法编制、审查和批准、执行、调整、决算、监督，保证公开、公正；财政活动具体内容和形式要依法进行，例如，税收征收、国债发行等依法实施；财政活动的程序要合法，通过法定程序维护财政关系主体的合法权益，完善监督监管法律责任体系。

2. 财政适度原则。财政适度是指财政收支的适度，对于财政收支的安排既要做到适应国家法律规定，接受法律的规范与约束，取之有度、用之有据，确保政府提供公共物品和公共服务的正当性、公平性和合理性；同时，国家还要做到通过财政法律制度适度协调资源配置和实现宏观调控职能。

3. 财政绩效原则。国家通过财政活动，保障财政收入和财政支出适度均衡，最终实现公共服务和公共物品的有效供给，因此，财政绩效对于财政活动而言非常重要。具体包括实现效率最大化，也即最小投入最大产出原则，在发挥市场的决定性作用实现资源的高效利用之外，还应当辅之以财政克服市场失灵，实现资源的有效配置。另外，财政法的调整应当适当降低财政主体的管理成本，降低财政活动中的交易费用，实现公共管理的高效率。

### （四）财政法的基本内容和体系

1. 财政法基本原理。这属于财政法总则范畴，是财政法的基本行为准则。财政法总则部分应当包括财政法宗旨、任务、基本原则和适用范围，以及财政法主体的法律地位、财政管理体制等，对财政收入、财政支出和财政资金的管理具有普遍效力。

2. 预算法。预算体现的是国家的基本财政分配关系。预算法在整个财政法律体系中处于基础地位，是调整国家基本财政分配关系的基本法律准则。预算法规定了预算的概念、结构、管理职能、收支范围、预算编制、预算执行和监督、预算程序和预算法律责任等相关内容。我国《预算法》包含了一些财政收支划分法、财政转移支付法、政府债务法的内容，甚至还承担了财政基本法的部分功能。国家的所有收入都纳入财政预算，所有的开支也要通过财政预算，因此，预算可以作为国家调整和监督财政收支状况的基本方式。

3. 国债法。国债法是调整在国债的发行、使用、偿还和管理过程中发生的社会关系的法律规范的总称。国债法也是财政法的重要部门法，该法许多基本原理都与财政法是一致的。国债法具体包括国债基本原则、国债的分类、国债市场以及国债的发行、偿还与管理等。

4. 政府采购法。政府采购是指各级国家机关、事业单位和团体组织,使用财政性资金采购依法制定的集中采购目录以内或者采购限额标准以内的货物、工程和服务的行为。政府采购的法律定义涉及政府采购制度的基本要素,包括政府采购主体、政府采购资金来源、政府采购的范围、政府采购的方式、程序和采购合同以及政府采购监督检查与法律责任。

5. 财政转移支付法。财政转移支付法律制度是指调整在财政转移支付过程中发生的社会关系的法律规范的总称。转移支付法也是财政支出法的重要组成部分,它在财政法中具有特殊地位,它起着沟通和桥梁的作用,转移支付法连接了财政法和社会保障法,疏通了经济法与社会法。

## 三、财政法的地位和作用

财政法的地位和作用,是指财政法在我国法律体系中的存在价值以及如何调整市场在宏观调控下对资源配置的决定性作用。分析财政法的地位和作用有利于更深地认识和理解财政法的概念和调整对象,有利于加强财政立法和法学研究,在财政法理论和实践方面都有重大意义。

在我国的市场经济法律体系中,财政法比其他法律部门更具有宏观调控的性质。通常认为,财政法是对社会主义市场经济运行宏观调控的最重要法律部门之一。进一步完善社会主义市场经济体制是全面深化改革的重要目标之一,创造一系列配套措施和良好的外部环境,是社会主义市场经济完善、发展的必要条件。从有计划的商品经济到发挥市场的基础性作用再到发挥市场的决定性作用的过程,体现了人们观念上的更新,这要求政府机关要切实转变职能,减少不必要的行政干预,逐步运用法律手段和经济杠杆对国民经济进行宏观调控和有效引导。财政法的核心是公共财产法,其调整公共财产的取得、使用和管理关系,正是在公共财产法的运行过程中,财政法与其他部门法发生了联系,或是财政法借用了其他部门法的规则和制度,例如行政法;或是其他法律借用了财政法手段,这些均可以归入财政法的外延,但是其核心是公共财产法,即以调控公共财产关系的方式,填补市场失灵,并防范政府的过度干预。

财政处于国民收入分配的核心地位,它对国民收入分配和其他方面都有着直接制约作用。这就决定了财政调控机制在宏观调控体系中处于举足轻重的地位。财政法规范财政主体的组织结构,依法授予该主体相应的财政权力,通过法定程序调整财政行为,规定相应的法律责任,依法监督财政机关正确履行职责,以财政权力的“授权—运行—监督”的逻辑直接制约着国民收入分配。国家财政制度涉及对财政管理关系、预算关系、国债关系以及财政监督关系等财政关系的调整,发挥宏观调控作用。因此,财政法对我国社会主义市场经济体系建设具有十分重要的作用。[2]

## 四、财政立法概况

### （一）国外的财政立法简况

财政是历史范畴，是随着国家的出现而产生发展的，作为调整财政关系的财政法也近乎随国家相伴而出现，财政法是保障实现国家职能的重要工具，因此，世界各国都非常重视财政立法。目前世界上最早、最完整的成文法典《汉谟拉比法典》中，就已经出现了有关财政法律制度的规定。然而，这种制度规定未体现民主、法治精神，与现代财政法精神相去甚远。

人类发展步入资本主义社会，近现代意义上的财政法获得了较大发展。能够体现近现代法治精神的财政法最早出现在英国，其中，英国1215年的《大宪章》体现了“无代表则无税”的精神；1628年的《权利请愿书》则体现了对国王财政收支权利加以限制；1689年的《权利法案》明确规定了国王财政收支违法的具体类型。

法国的财政立法是在18世纪的大革命中逐渐系统化的，1789年《人权与公民权宣言》在宣布自由、财产安全是不可剥夺的“天赋人权”的同时，还规定了财政收支和税务方面的专门条款。上述财政法方面的规定，为现代财政法的发展奠定了十分重要的基础。

德国1919年《魏玛宪法》规定了一系列财政方面的条款。德国没有制定单独的财政法律，其财政体制和财政法律源于1949年制定的《基本法》。其中规定了有关财政事项、财政税收法律制度、各地区财政均衡发展制度等。在财政立法体制和立法程序上，德国是联邦制国家，联邦与地方的财权和事权是有明确区分的，因此，其在财政立法上也是有区分的。

美国于1787年在《美利坚合众国宪法》中，规定了国会在税收、国债等方面的权利，并赋予国会制定违反财政法规的罚则之权。

日本在1947年施行的宪法有许多财政方面的规定，包括预算程序，对财政给以具体规定。为了贯彻宪法中关于财政的规定，日本于1947年制定《财政法》，作为财政基本法形成了比较完备的财政法律制度。

### （二）我国财政立法的历史演化

我国有记载的最早财政制度出现在夏商周时期，表现为税赋制度。在奴隶制社会，财政制度较为简单，还未系统化或体系化，这种制度萌芽的发展符合当时的生产力发展状况。封建社会时期，财政制度继续发展。秦朝商鞅变法时期，规定田赋和人头税；汉武帝时期规定了保障国库收入的专卖制度，开始用法律手段加强财政管理，是我国财政法史上的重大进步。秦汉时期，中央设立了专司财政事务的机构和官员。唐朝时期规定了

---

〔2〕 徐孟洲：《经济法学原理与案例教程》（第二版），375页，北京，中国人民大学出版社，2010。

租庸调制、两税法,对后世影响深远。明朝时期,制订了"一条鞭法",由实物税转向征收货币税,这是我国财政法发展的一次重大转折。清朝末年《十九信条》规定预算要经国会议决,这体现了现代财政法的精神,但事实上此法并未有效实施。

中华民国时期法制发展受到西方制度的深刻影响,这一时期主要颁布了《临时约法》《中华民国宪法》,制定了相关的财政法规范。

1949 年中华人民共和国成立,新中国成立初期我国的财政立法活动比较活跃,中央政府统一全国税收、建立新税制,制定了《全国税政实施要则》。由于历史原因我国财政立法在 1958—1979 年期间经历了发展的停滞期。"文化大革命"给我国财政工作带来了严重冲击,财政立法工作也受到严重影响。

1978 年我国实行税制改革,经历了放权让利、利改税、财政包干制、利税分流等阶段。1984 年全国人大常委会颁布了《关于授权国务院改革工商税制和发布试行有关税收条例(草案)的决定》。

### (三)当代我国财政立法的现状及特点

我国财政立法的快速发展时期是从 1994 年开始的。为了适应市场经济的需要,根据统一税法、公平税负、简化税制、合理分权、理顺分配关系、保障财政收入、建立符合社会主义市场经济要求的新税制体系的指导思想,1994 年的税制改革成为了当代财政立法的重要标志。1994 年 3 月 22 日第八届全国人民代表大会第二次会议通过《中华人民共和国预算法》(以下简称《预算法》),这是我国预算方面的基本法律规范。1995 年 11 月 22 日国务院颁行《中华人民共和国预算法实施条例》(以下简称《预算法实施条例》),进一步细化该法的预算管理职权、预算编制和执行方面的规定。2002 年 6 月 29 日第九届全国人大常委会第二十八次会议通过《中华人民共和国政府采购法》(以下简称《政府采购法》),该法成为了我国规范政府采购行为的基本法律规范。2014 年 8 月 31 日第十二届全国人民代表大会常务委员会第十次会议《关于修改〈中华人民共和国预算法〉的决定》第一次修正《预算法》,并于 2018 年 12 月 29 日第十三届全国人民代表大会常务委员会第七次会议《关于修改〈中华人民共和国产品质量法〉等五部法律的决定》通过了第二次修正。经过修正的《预算法》,更新了立法宗旨,对预算编制、审批和执行提出了很多新的要求,增加了预算审查批准、地方债券发行、财政转移支付、预算公开透明、国库集中支付等内容,并补充和完善了违法行为的法律责任部分,代表了我国财政法治建设的最新成就。此外,财政部陆续制定了一系列的配套性管理办法等部门规章,共同构筑起我国财政法律制度体系。

通过考察我国当代财政立法的过程,不难发现我国财政法呈现以下基本特征:

(1) 财政法律体系趋于完善。当前中国特色社会主义法律体系基本建立,当代财政法律制度作为法律体系的重要部门已经初具规模。财政法律体系具备了较为完备法律门类;法律部门内部的财政法律规范较为齐备;财政法律体系内部不同的门类之间、不同法律规范之间、不同层次法律规范之间，逻辑较为严谨、结构相对合理。

(2) 财政立法质量逐步提高。当前我国整体立法状况已经走出了片面追求数量和规模的立法时代，在立法方式上越来越强调提高立法质量、解决相关立法难题。由于过去我国立法主体多元化，一定程度上造成了财政法律规范数量众多，但是其中由全国人大及其常委会制定的财税法律只有《预算法》《政府采购法》《税收征收管理法》《企业所得税法》《个人所得税法》《车船税法》《资源税法》《环境保护税法》《车辆购置税法》《耕地占用税法》《烟叶税法》《契税法》(2021 年 9 月 1 日实施)《城市维护建设税法》(2021 年 9 月 1 日实施)等为数不多的法律，整体上的立法层次相对不高；另外，法律效力等级表现为一定无序化。基于以上问题，我国在财政立法方面逐步强调质量优先，提高立法层次。例如，我国《立法法》第 8 条规定，"下列事项只能制定法律：……(9)基本经济制度以及财政、税收、海关、金融和外贸的基本制度……"该条明确规定了对财政法律制度只能由立法机关制定法律加以规定，财政活动应当通过国家立法机关进行立法从而提高了财政立法层次。

(3) 财政立法理念面向国际化。在全球化背景下世界主要发达国家通常遵循公开立法原则，这也是能够体现一国立法民主化程度的重要标志。在加入 WTO 和发布《推动共建丝绸之路经济带和 21 世纪海上丝绸之路的意愿与行动》(即提出"一带一路"建设规划)之后，我国在立法理念方面适当体现国际化精神，吸收世界各国先进法律制度和文化，做到立法民主化与公开化并行，国际化与多元化并举。例如，为实现投资贸易的便利化，消除投资和贸易壁垒，构建区域内和各国之间良好的营商环境，"一带一路"沿线国家应当加强信息互换、监管互认、执法互助的海关合作，减低通关成本和非关税壁垒，等等。这些均需要财政立法理念的国际化，在财政立法方面立法过程最大限度地公开，召开立法听证会、网上征求意见等形式保证公众的知情权和参与权。

(4) 国家财政与公共财政的结合性。国家财政是基于立法自身的规律性和技术性，应当将过去的、现在的、将来的立法统一起来做整体性研究。公共财政是基于法之理在法外的道理，结合了公共财政的理论因素考察财政立法。[3] 我国财政立法的演进、调整，要求将两者的研究范式结合，实现我国财政立法范围的丰富化。

从财政与国家关系的一般原理看，财政历来是国家的财政，没有国家也就没有财政，没有财政也就没有国家；财政历来是为国家职能服务的。国家的性质决定财政的性质，财政的性质集中表现在为国家职能服务上，并且随着国家职能的变化而变化。国家在发展不同的阶段，其职能也是不同的。因此财政的服务职能也是不同的。国家财政的根本属性和特点是，以国家为主体的财政分配关系，简称为国家分配论。例如，在新中国成立初期，我们的财政是为解放全中国和恢复国民经济服务的。其总方针是发展生产保障供给。在进入有计划的经济建设年代，我们的财政是为有计划的经济建设服务的，在这些

〔3〕 丛中笑：《当代财税立法的生成与演进路径》，载《政法论丛》，2012(2)。

年代财政的政治因素、经济因素也都是比较强的,但突出的还是政治因素。

在我国进入市场经济以后,财政的市场因素、社会因素加大了,特别是在我国进入完善的市场经济以后,计划经济时代国家财政包揽一切、经营一切逐渐被社会因素、市场因素所替代。公共财政逐渐成为主要因素。在财政改革的进程中,我国也接受了公共财政的观念,财政的活动范围和未来发展方向也根据是否具有公共性及公共性的大小进行了大幅度的调整。所谓公共性,是指某种物品(包括制度、服务)可以用来满足人们的一般需要,却不能由市场交换而实现的特性。如果某类物品完全不能由市场来供给,只能由财政全额来负担,即是完全公共性;如果某类物品完全可以通过市场供给来获得,即是不具有公共性;如果某类物品部分可以由市场来供给,差额部分由财政负担,即是部分公共性。例如,对于设计院、工程局等能够完全进入市场的单位,财政不再对其提供资金;对于高等院校等具有公共性和市场性的单位,则实行差额财政,剩余部分可以通过收费;对于社会保障等纯粹公共性的领域则不断加大投入,从下岗职工到最低生活保障线以下人员,并向农村地区推进;在财政投资领域,缩小对竞争性领域的重点投入,向基础设置、基础产业、战略新兴产业进行财政资金的明显倾斜。因此,是否具有公共性以及公共性的大小已经成为界定我国财政活动范围的一条准则,公共财政已经成为我国财政改革的基本目标。

但是公共财政不能和国家财政画等号,完全替代国家财政。国家财政的根本属性和特点没有完全改变。尤其是在我们社会主义国家,有些财政的内容就不是公共财政所能解决得了的,例如,国家政府机构的经费支出、国家对外无偿援助的支出、突发事件的紧急预案支出、国有资产的监督管理支出等,这都是国家财政的范畴,国家财政、国家利益、国家的宏观调控仍然存在。

因此只有把公共财政和国家财政结合与统一起来,而不是把它们矛盾和对立起来,这才是具有中国特色的公共财政。在国家没有消亡之前,财政仍然具有国家的性质。即使在纯粹实施公共财政的国家,也还是包含了国家财政的因素。尤其是在当代国际形势复杂多变,国际市场竞争十分激烈的情况下,国家观念、国家利益、国家职能、国家财政不能淡化。[4]

### (四)财政立法与财政政策

所谓财政政策是指国家为了实现一定的宏观调控经济目标在财政管理方面确定的实施目标和采取的各种措施。基于调节国民经济总量方面的功能不同,财政政策可分为:扩张性财政政策、紧缩性财政政策和稳健性财政政策。扩张性财政政策是指通过财政分配活动来增加和刺激社会的总需求;紧缩性财政政策是指通过财政分配活动来减少和抑制总需求;稳健性财政政策则是指财政的分配活动对社会总需求的影响保持中性。

---

〔4〕 刘隆亨、闫蓓:《公共财政立法研究》,载《北京政法职业学院学报》,2006(1)。

财政立法与财政政策关系非常密切，两者的关系同经济立法与经济政策的关系是一致的，因为财政立法是经济立法的重要领域之一，财政政策也是经济政策的一个重要组成部分。根据经济法基本理论，经济政策是经济立法的前提，经济立法是经济政策的法律化，是实施经济政策的法律保障。因此，财政政策是财政立法的前提和源泉，财政立法是财政政策的法律化，是财政政策有效实施的法律保障。

在现代市场经济条件下，财政政策是非常重要的宏观调控手段，财政立法的地位也随之非常重要。为了更好地加强财政法制建设，应当认真研究财政立法与财政政策的关系。在经济法学领域，经济政策与经济立法的关系受到学界长期关注。同样在财政法学领域，财政政策和财政立法的关系也受到许多学者的关注。由于该领域的学者大多为经济法学者，因此，他们关于财政政策和财政立法的关系的论述的逻辑与经济政策和经济立法的关系的逻辑基本上是一致的。但正如有学者所指出的，从财税改革的视角指出，我国当前的财政改革主要依赖于行政力量的推动，属于技术层面的改良，难以解决实质问题，财税改革要想取得真正的成功，根本出路是尽快构建宪政基础。[5]

## 第二节　财政法律制度的主要内容

### 一、预算法律制度

#### （一）预算和预算法

1. 预算的概念和特征。一般而言，预算是存在于人类经济活动中的一种预先考量行为。具体来说，当人们对自身所掌握的稀缺资源进行有效配置时，必然要对资源的使用和流向进行考察和评估，这种行为就是预算。预算的种类非常广泛，按照不同的划分标准有不同的类型。按照预算范围划分，包括私人预算和公共预算；按照预算主体划分，包括个人预算、企业预算和政府预算；按照政府级别划分，包括中央预算和地方预算。

预算法上的预算专指政府预算，或称国家预算，即一国政府按照法定程序在会计年度内编制、审查和批准的财政收入和支出的预先估算，是政府组织与分配财政资金的重要工具，也是宏观调控的重要经济杠杆。政府通过对资金集中收集和有效分配，实现对社会经济生活有效调节的财政效果。预算是政府以一年为期的会计年度内的财政收支计划，它包括预算收入和预算支出两部分，因而，预算收入和预算支出也称为岁入和岁出。

预算具有如下几个方面的特征：

(1) 法定性。预算必须要按照法定程序编制方案，并经由特定的法定机构审批后具

---

〔5〕 孙健波：《财税改革的理想与现实》，215页，北京，经济科学出版社，2008。

有法律效力,预算的法定性表现在立法和执行中。首先,《预算法》第1条规定,为了规范政府收支行为,强化预算约束,加强对预算的管理和监督,建立健全全面规范、公开透明的预算制度,保障经济社会的健康发展,根据宪法,制定本法。该条款体现了预算法的制定严格依据宪法规定,强调依法对政府收支行为的约束。其次,具有法律效力的预算方案必须要严格依法执行,预算方案一经审查批准产生法律效力不能随意变更,如果现实中需要根据实际加以变更,应当严格依法定程序实施,预算方案执行完毕之后应当向法定机构提交预算执行报告,并由法定机构审议批准决算报告。以上预算各个环节体现了预算法定原则的基本要求。

(2)科学性。预算作为一项重要的财政活动,必须遵循一定的科学规律,从而才能实现财政收支的均衡状态,促进社会经济生活和谐有序。首先,预算是在一定期限内根据资源总量提前预估收入与支出比例。政府预算一般是要实现收支均衡,但在特殊情况下,可以允许出现与国家经济发展相适应的赤字财政。在协调均衡、经济发展与财政赤字过程中就必须采取科学的方法进行评估预算。其次,预算作为一项资金收支测算工作,应当根据准确的经济信息进行预测和计算,科学制定和规划政府预算收支一览表,反映财政收支全貌、编制内容特点以及财政各项收支性质等。最后,预算的实施、调整等需要科学的监测、评估和论证。

(3)年度性。预算具有严格的年度性,通常情况是以公历的一个自然年度作为标准的会计年度,即一年就是一个预算年度。各国规定的预算年度的起止时间不同,有的采用公历年制,即公历1月1日至12月31日;有的采用跨年制。我国采取的是公历年制。[6] 预算的年度性要求,使得预算与政府的施政计划保持一致,便于根据项目安排资金,同时有利于监督和问责。不过,随着预算管理理念和技术的不断发展,周期预算活滚动预算的理念开始出现。中共中央十八届三中全会决定提出,要建立跨年度预算平衡机制,2014年《预算法》修正之后也增加了这一要求。但是,跨年度预算只是年度预算的滚动,其依然是以年度预算为基础,因此年度性依然是预算的一般特性。

2. 预算法的概念。预算法是指一国政府在进行调整预算收支过程中所发生的社会关系的法律规范的总称。预算法的调整对象是在政府调整预算收支过程中发生的社会关系,即预算关系。包括预算的编制、预算的审议、预算的执行以及组织、取得和分配、使用预算资金过程中所发生的一系列社会关系。

1991年10月21日国务院发布了《国家预算管理条例》。该行政法规被1995年1月1日生效实施的《预算法》所替代。随着时代的变迁,《预算法》中的一些制度和条款已经不能适应时代的要求,因此,适时修改《预算法》备受各界关注。

预算法是财政法律制度的重要部门法。这是因为财政活动的主要内容是进行预算资金的调配,同时,财政工作的主要任务是组织和实现国家权力机关批准的国家预算,因

〔6〕 李昌麒:《经济法学》,564页,北京,中国政法大学出版社,2011。

此财政与预算密切联系在一起。简言之,没有预算就没有财政。所以,调整预算关系的预算法必然成为财政法律制度的核心。正因为预算法极为重要,直接影响着财政法基本原理的提炼和基本制度的构成,没有预算法就相当于没有财政法,所以,应当加强和完善预算立法。[7]《预算法》的修订启动于2004年,第十届、第十一届和第十二届全国人大常委会均将其列入立法规划,中共十八大之后《预算法》修改进度开始加快,十八届三中全会之后,预算体制改革被确定为财税体制改革的排头兵。2014年8月31日,全国人大常委会表决通过了《关于修改〈中华人民共和国预算法〉的决定》,标志着预算法的修改正式告一段落,2018年12月29日全国人大常委会通过了《关于修改〈中华人民共和国产品质量法〉等五部法律的决定》,对《预算法》进行了小幅度的修正。《预算法》修改前,根据其第1条立法宗旨的规定,预算被定位为"政府管理的工具",《预算法》修改后,立法宗旨有了很大变化,其第1条立法宗旨规定,"为了规范政府收支行为,强化预算约束,加强对预算的管理和监督,建立健全全面规范、公开透明的预算制度,保障经济社会的健康发展,根据宪法,制定本法。"据此,预算法不再是"政府管理的工具",其重新定位为"人民管理政府的工具",这也为新《预算法》定下了基调。

### (二)预算管理体制

我国《预算法》第3条明确规定,国家实行一级政府一级预算,设立中央,省、自治区、直辖市,设区的市、自治州,县、自治县、不设区的市、市辖区,乡、民族乡、镇五级预算。全国预算由中央预算和地方预算组成。地方预算由各省、自治区、直辖市总预算组成。地方各级总预算由本级预算和汇总的下一级总预算组成;下一级只有本级预算的,下一级总预算即指下一级的本级预算。没有下一级预算的,总预算即指本级预算。根据《预算法》的规定,全国人民代表大会及其常务委员会,县以上地方各级人民代表大会及其常务委员会,乡、民族乡、镇的人民代表大会是预算的审批机构;国务院以及县以上地方各级政府是预算的编制和管理机构,乡、民族乡、镇政府编制本级预算、决算草案,经省、自治区、直辖市政府批准,乡、民族乡、镇本级预算草案、预算调整方案、决算草案,可以由上一级政府代编。

1. 预算审批机关。

(1) 全国人民代表大会及其常务委员会的预算职权。根据《预算法》第20条的规定,全国人民代表大会享有审查、批准、改变或者撤销等预算职权,具体包括:第一,审查权。它有权审查中央和地方预算草案及中央和地方预算执行情况的报告。第二,批准权。它有权批准中央预算和中央预算执行情况的报告。第三,变更、撤销权。它有权改变或者撤销全国人民代表大会常务委员会关于预算、决算的不适当的决议。

全国人民代表大会常务委员会的预算职权:第一,监督权。它有权监督中央和地方

[7] 张守文:《财税法学》,49页,北京,中国人民大学出版社,2011.

预算的执行。第二,审批权。它有权审查和批准中央预算的调整方案;有权审查和批准中央决算。第三,撤销权。它有权撤销国务院制定的同宪法、法律相抵触的关于预算、决算的行政法规、决定和命令;有权撤销省、自治区、直辖市人民代表大会及其常务委员会制定的同宪法、法律和行政法规相抵触的关于预算、决算的地方性法规和决议。

(2) 县级以上地方各级人民代表大会及其常务委员会的预算职权。根据《预算法》第21条的规定,县级以上地方各级人民代表大会的预算职权主要包括:第一,审查权。它有权审查本级总预算草案及本级总预算执行情况的报告。第二,批准权。它有权批准本级预算和本级预算执行情况的报告。第三,改变、撤销权。它有权改变或撤销本级人民代表大会常务委员会关于预算、决算的不适当的决议;有权撤销本级政府关于预算、决算的不适当的决定和命令。

县级以上地方各级人民代表大会常务委员会的预算职权:第一,监督权。它有权监督本级总预算的执行。第二,审批权。它有权审查和批准本级预算的调整方案;有权审查和批准本级政府决算。第三,撤销权。它有权撤销本级政府和下一级人民代表大会及其常务委员会关于预算、决算的不适当的决定、命令和决议。

乡级人民代表大会的预算职权:第一,审批权。它有权审查和批准本级预算及本级预算执行情况的报告;有权审查和批准本级预算的调整方案和本级决算。第二,监督权。它有权监督本级预算的执行。第三,撤销权。它有权撤销本级政府关于预算、决算的不适当的决定和命令。

2. 预算草案、预算调整初步方案、决算草案的初步审查机关。

预算草案的初步方案是指预算草案形成之前的状态,或者说是即将提交立法机关的预算草案。不过,由于初步方案尚未正式向立法机关提交,也就不具备预算草案的效力,可以进行协商和修改。设置这种非正式的沟通和协调机制,对于促进政府与立法机关的互动、完善预算草案具有积极意义。

根据《预算法》第22条规定,中央和地方各级预算草案、预算调整初步方案、决算草案的初步审查机关的职权如下:

中央预算草案初步方案及上一年预算执行情况、中央预算调整初步方案和中央决算草案,由全国人民代表大会财政经济委员会进行初步审查,提出初步审查意见。

省、自治区、直辖市人民代表大会有关专门委员会对本级预算草案初步方案及上一年预算执行情况、本级预算调整初步方案和本级决算草案进行初步审查,提出初步审查意见。

设区的市、自治州人民代表大会有关专门委员会对本级预算草案初步方案及上一年预算执行情况、本级预算调整初步方案和本级决算草案进行初步审查,提出初步审查意见,未设立专门委员会的,由本级人民代表大会常务委员会有关工作机构研究提出意见。

县、自治县、不设区的市、市辖区人民代表大会常务委员会对本级预算草案初步方案及上一年预算执行情况进行初步审查,提出初步审查意见。县、自治县、不设区的市、市辖区人民代表大会常务委员会有关工作机构对本级预算调整初步方案和本级决算草案研究提出意见。

3. 预算编制和管理机关。

根据《预算法》第 23 条规定，国务院的预算管理职权包括：第一，编制权。它有权编制中央预算、决算草案；有权编制中央预算调整方案。第二，报告权。它有权向全国人民代表大会作关于中央和地方预算草案的报告；有权将省、自治区、直辖市政府报送备案的预算汇总后报全国人民代表大会常务委员会备案；有权向全国人民代表大会、全国人民代表大会常务委员会报告中央和地方预算的执行情况。第三，执行权。它有权组织中央和地方预算的执行。第四，决定权。它有权决定中央预算预备费的动用。第五，监督权。它有权监督中央各部门和地方政府的预算执行。第六，变更、撤销权。它有权改变或撤销中央各部门和地方政府关于预算、决算的不适当的决定、命令。

根据《预算法》第 24 条规定，县级以上地方各级政府的预算职权包括：第一，编制权。县级以上地方各级政府有权编制本级预算、决算草案；有权编制本级预算的调整方案。第二，报告权。县级以上各级政府有权向本级人民代表大会作关于本级总预算草案的报告；有权将下一级政府报送备案的预算汇总后报本级人民代表大会常务委员会备案；有权向本级人民代表大会、本级人民代表大会常务委员会报告本级总预算的执行情况。第三，执行权。县级以上地方各级政府有权组织本级总预算的执行。第四，决定权。县级以上各级政府有权决定本级预算预备费的动用。第五，监督权。县级以上地方各级政府有权监督本级各部门和下级政府的预算执行。第六，变更、撤销权。县级以上地方各级政府有权改变或撤销本级各部门和下级政府关于预算、决算的不适当的决定、命令。

乡、民族乡、镇政府享有以下预算管理职权：第一，编制权。有权编制本级预算、决算草案；有权编制本级预算的调整方案。第二，报告权。有权向本级人民代表大会作关于本级预算草案的报告；有权向本级人民代表大会报告本级预算的执行情况。第三，执行权。有权组织本级预算的执行。第四，决定权。有权决定本级预算预备费的动用。此外，经省、自治区、直辖市政府批准，乡、民族乡、镇本级预算草案、预算调整方案、决算草案，可以由上一级政府代编，并依照《预算法》第 21 条的规定报乡、民族乡、镇的人民代表大会审查和批准。

按照《预算法》的规定，我国各级政府机关中的财政部门同样也具有一定的预算管理职能，这些职能只不过是各级政府预算职能的具体化。不仅如此，《预算法》还对更为具体的各部门、各单位在预算管理方面规定了详细的职权和职责。具体包括：编制权、执行权、提案权和报告权。各部门、各单位在实施预算管理职权过程中要接受有关部门的监督。

### （三）预算收支范围

1994 年我国开始实行中央和地方分税制。《预算法》“总则”第 4 条规定，预算由预算收入和预算支出组成。政府的全部收入和支出都应当纳入预算。相较于允许预算外收入的存在,现行立法的规定无疑是巨大的进步。不过我国实行复式预算体系,《预算法》第5条规定,预算包括一般公共预算、政府性基金预算、国有资本经营预算、社会保险基金预算。一般公共预算是对以税收为主体的财政收入,安排用于保障和改善民生、推动经济社会发展、维护国家安全、维持国家机构正常运转等方面的收支预算。政府性基金预算是对依照法律、行政法规的规定在一定期限内向特定对象征收、收取或者以其他方式筹集的资金,专项用于特定公共事业发展的收支预算。国有资本经营预算是对国有资本收益作出支出安排的收支预算。社会保险基金预算是对社会保险缴款、一般公共预算安排和其他方式筹集的资金,专项用于社会保险的收支预算。

复式预算体系也就意味着预算类型的不同,收支范围也有所不同,但其间会存在联系和互通。《预算法》第三章"预算收支范围"的规定确立了预算收入和预算支出的范围。《预算法》划定了一般公共预算的收支范围。

1. 一般公共预算的预算收入。从分税制所形成的中央与地方预算收入的纵向范围划分来看,《预算法》第6条规定,中央一般公共预算包括中央各部门(含直属单位,下同)的预算和中央对地方的税收返还、转移支付预算。中央一般公共预算收入包括中央本级收入和地方向中央的上解收入。

《预算法》第7条规定,地方各级一般公共预算包括本级各部门(含直属单位,下同)的预算和税收返还、转移支付预算。地方各级一般公共预算收入包括地方本级收入、上级政府对本级政府的税收返还和转移支付、下级政府的上解收入。

此外,《预算法》第27条,对一般公共预算收入的类型作出了法定分类,包括:(1)各项税收收入;(2)行政事业性收费收入;(3)国有资源(资产)有偿使用收入;(4)转移性收入;(5)其他收入。

2. 一般公共预算的预算支出。根据《预算法》第27条的规定,一般公共预算的支出范围按照功能和经济性质进行了分类。按照其功能分类,包括:一般公共服务支出,外交、公共安全、国防支出,农业、环境保护支出,教育、科技、文化、卫生、体育支出,社会保障及就业支出和其他支出。按照其经济性质分类,包括:工资福利支出、商品和服务支出、资本性支出和其他支出。

3. 政府性基金预算、国有资本经营预算、社会保险基金预算的收支范围。

对于政府性基金预算、国有资本经营预算、社会保险基金预算的收支范围,按照《预算法》第28条的规定,则要求其按照法律、行政法规和国务院的规定执行,《预算法》中对这三类预算的收入范围并未进行规定。

### (四)预算管理程序

1. 预算编制。是指国家制定取得和分配、使用预算资金的年度计划的活动。这是预算管理过程中的第一个基础性程序。

实施预算编制应当遵循一定原则：(1)复式预算原则；(2)不列赤字原则或收支平衡原则；(3)真实适度原则；(4)节约统筹原则。各级预算收支的编制应当与国民生产总值的增长率相适应，只有遵循以上原则才能实现宏观调控目标，实现国民经济适度均衡发展。

预算编制的内容。其中，中央一般公共预算包括中央各部门(含直属单位，下同)的预算和中央对地方的税收返还、转移支付预算。中央一般公共预算收入包括中央本级收入和地方向中央的上解收入。中央一般公共预算支出包括中央本级支出、中央对地方的税收返还和转移支付。

地方各级政府一般公共预算包括本级各部门(含直属单位，下同)的预算和税收返还、转移支付预算。地方各级一般公共预算收入包括地方本级收入、上级政府对本级政府的税收返还和转移支付、下级政府的上解收入。地方各级一般公共预算支出包括地方本级支出、对上级政府的上解支出、对下级政府的税收返还和转移支付。

一般性转移支付应当按照国务院规定的基本标准和计算方法编制。专项转移支付应当分地区、分项目编制。县级以上各级政府应当将对下级政府的转移支付预计数提前下达下级政府。地方各级政府应当将上级政府提前下达的转移支付预计数编入本级预算。

2. 预算草案初步审查。根据《预算法》第 44 条的规定，国务院财政部门应当在每年全国人民代表大会会议举行的 45 日前，将中央预算草案的初步方案提交全国人民代表大会财政经济委员会进行初步审查。

省、自治区、直辖市政府财政部门应当在本级人民代表大会会议举行的 30 日前，将本级预算草案的初步方案提交本级人民代表大会有关专门委员会进行初步审查。

设区的市、自治州政府财政部门应当在本级人民代表大会会议举行的 30 日前，将本级预算草案的初步方案提交本级人民代表大会有关专门委员会进行初步审查，或者送交本级人民代表大会常务委员会有关工作机构征求意见。

县、自治县、不设区的市、市辖区政府应当在本级人民代表大会会议举行的 30 日前，将本级预算草案的初步方案提交本级人民代表大会常务委员会进行初步审查。

3. 预算审批和备案。根据《预算法》第 47 条的规定，国务院在全国人民代表大会举行会议时，向大会作关于中央和地方预算草案以及中央和地方预算执行情况的报告。地方各级政府在本级人民代表大会举行会议时，向大会作关于总预算草案和总预算执行情况的报告。《预算法》第 43 条规定，中央预算由全国人民代表大会审查和批准。地方各级预算由本级人民代表大会审查和批准。

《预算法》第 50 条、第 51 条规定了备案制度：

(1) 乡、民族乡、镇政府应当及时将经本级人民代表大会批准的本级预算报上一级政府备案。

(2) 县级以上地方各级政府应当及时将经本级人民代表大会批准的本级预算及下一

级政府报送备案的预算汇总,报上一级政府备案。

(3) 县级以上地方各级政府将下一级政府依照前款规定报送备案的预算汇总后,报本级人民代表大会常务委员会备案。

(4) 国务院将省、自治区、直辖市政府依照前款规定报送备案的预算汇总后,报全国人民代表大会常务委员会备案。

(5) 国务院和县级以上地方各级政府对下一级政府依照本法第 50 条规定报送备案的预算,认为有同法律、行政法规相抵触或者有其他不适当之处,需要撤销批准预算的决议的,应当提请本级人民代表大会常务委员会审议决定。

4. 预算执行和调整。预算执行是指各级财政部门和其他预算主体组织预算收入和划拨预算支出的活动。预算执行属于预算管理过程中的至为重要的程序,是经过批准的预算得以实施的重要阶段。

预算经过审查批准后,即具有了法律效力,各地区、各部门、各单位必须认真执行。具体而言,各级预算由本级政府组织执行,具体工作由本级政府财政部门负责。预算收入征收部门和单位,必须依照法律、行政法规的规定,及时、足额征收应征的预算收入。各级政府财政部门必须依照法律、行政法规和国务院财政部门的规定,及时、足额地拨付预算支出资金,加强对预算支出的管理和监督。各级政府、各部门、各单位的支出必须按照预算执行,不得虚假列支。各级政府、各部门、各单位应当对预算支出情况开展绩效评价。

预算调整是指在预算执行中由于特殊情况对原来收支平衡的预算进行一定的调整和变更。《预算法》规定了预算调整,即经全国人民代表大会批准的中央预算和经地方各级人民代表大会批准的地方各级预算,在执行中出现下列情况之一的,应当进行预算调整:(1)需要增加或者减少预算总支出的;(2)需要调入预算稳定调节基金的;(3)需要调减预算安排的重点支出数额的;(4)需要增加举借债务数额的。

### (五) 决算制度

决算是对国家预算年度收支执行情况的总结。决算是国家经济活动在财政上的综合反映,它由中央总决算和地方总决算汇编构成。决算草案由各级政府、各部门、各单位,在每一预算年度终了后按照国务院规定的时间编制。编制决算草案的具体事项,由国务院财政部门部署。编制决算草案,必须符合法律、行政法规,做到收支真实、数额准确、内容完整、报送及时。决算草案应当与预算相对应,按预算数、调整预算数、决算数分别列出。一般公共预算支出应当按其功能分类编列到项,按其经济性质分类编列到款。国务院财政部门编制中央决算草案,经国务院审计部门审计后,报国务院审定,由国务院提请全国人民代表大会常务委员会审查和批准。县级以上地方各级政府财政部门编制本级决算草案,经本级政府审计部门审计后,报本级政府审定,由本级政府提请本级人民代表大会常务委员会审查和批准。乡、民族乡、镇政府编制本级决算草案,提请本级人民代表大会审查和批准。

### （六）预算法律责任

所谓预算法律责任，是指相关主体违反我国预算法应当承担的法律责任，具体指预算法主体因违反了预算法规定的义务而承担的法律后果。预算法律责任是财政法律责任的重要组成部分，对于确保国家实现宏观调控目标意义重大。

《预算法》第十章在以下几个方面作了具体规定：

1. 擅自变更预算的法律责任。各级政府未经依法批准擅自变更预算，使经批准的收支平衡的预算的总支出超过总收入，或者使经批准的预算中举借债务的数额增加的，对负有直接责任的主管人员和其他直接责任人员追究行政责任。

2. 擅自动用库款的法律责任。违反法律、行政法规的规定，擅自动用国库库款或者擅自以其他方式支配已入国库的库款的，由政府财政部门责令退还或者追回国库库款，并由上级机关对负有直接责任的主管人员和其他直接责任人员依法给予降级、撤职、开除的处分。

3. 超出预算使用财政资金的法律责任。违反本法规定举借债务或者为他人债务提供担保，或者挪用重点支出资金，或者在预算之外及超预算标准建设楼堂馆所的，责令改正，对负有直接责任的主管人员和其他直接责任人员给予撤职、开除的处分。

4. 预算收支违法的法律责任。隐瞒预算收入或者将不应当在预算内支出的款项转为预算内支出的，由上级政府或者本级政府财政部门责令纠正，并由上级机关给予负有直接责任的主管人员和其他直接责任人员依法给予处分。

## 二、国债法律制度

### （一）国债与国债法

1. 国债的概念。所谓国债即国家公债，是指国家以其信用为基础，按照债的一般原理，向国内外举债的债务。在这种特殊的债权债务法律关系中，国家处于债务人地位，以对内发行债券或者对外进行借款的方式来汇聚必要的财政资金，获得财政收入。国家通过举债的方式可以适度调节国民经济、弥补财政赤字。

2. 国债的特征。国债不同于一般的债权债务关系。国债具有以下几个方面的特征：(1)国债的主体具有特殊性。国债的债务人只能是国家，国债的债权人既可以是国内外的公民、法人或其他组织，也可以是某一国家或地区的政府以及国际金融组织。(2)国债举借方式有偿性和自愿性。国家通过发行国债以筹措资金，从而作为国家财政收入的特殊方式。这主要是政府通过发行国债如期还本付息的有偿方式实现。同时，国家不得强制认购人认购国债。(3)国债是国家信用的重要形式。国债是信用等级最高、最具安全性、风险性最小的债权债务关系。国债以国家信用和国家财政作担保，债权债务关系容易实现。(4)国债是一个重要的经济杠杆。目前,世界上大多数国家都以发行国债作为平衡预算、弥补财政赤字以及调节经济、实现宏观调控、促进经济稳定和发展的重要的经济手段。

3.国债法的概念。所谓国债法是调整在国债的发行、使用、偿还和管理过程中发生的社会关系的法律规范的总称。国债法也是财政法的重要部门法,其许多基本原理都与财政法是一致的。自1979年开始,我国不断加强和完善国债法律制度建设。1987年8月27日公布了《外债统计监测暂行规定》,1989年11月公布了《外汇(转)贷款登记管理办法》,1990年5月24日财政部发布了《关于扩大国债券上市转让券种的通知》等行政法规。1992年3月18日,由国务院公布了《国库券条例》,对国库券发行、转让等问题作了原则性规定,成为调整国债关系的一个基本法规。

### (二)国债的分类

依据不同的划分标准,国债可以分为以下类型:

1. 按照偿还的期限不同,可以分为短期国债、中期国债和长期国债。短期国债通常指发行期限在1年以内的国债。短期国债具有较大的灵活性,国家可以根据调控需要随时发行,不仅是补充财政资金不足的经常性手段,而且是中央银行通过公开市场操作进行宏观调控的主要对象。中期国债是指发行期限在1年以上、10年以下的国债。由于发行中期国债可以使国家在较长时间内使用国债资金,因而中期国债在各国均占有重要地位。政府可以把通过发行中期国债所筹得的资金用于弥补赤字和投资,债权人所承受的因货币贬值而带来的投资风险也相对较小。长期国债是指发行期限在10年以上的国债。发行长期国债虽然可以使国家能够较长时间地使用国债资金,但由于发行期限过长,持券人面临的货币贬值风险较大,人们不太乐意接受,因而长期国债是不易推销的,不适于经常性的宏观调控。

2. 按照发行地域的不同,可以分为国内债务和国外债务。国内债务是指在国内发行的国债,其债权人一般是本国的公民、法人或其他组织,并以本国货币还本付息;国外债务是指在本国境外举债,债权人一般是外国政府、国际组织或外国企业和居民,一般以外币支付本息。

3. 按照是否上市的不同,可以分为上市国债和非上市国债。上市国债是指依法在证券市场上自由买卖的国债,投资者在证券交易所中可按行市自由买卖,该国债的价格取决于市场供求。非上市国债是指不能在证券市场上自由买卖的国债。该国债一般期限较长,利率也比较高,由于不能在证券市场上自由买卖,因此须由政府以现金偿还或者转变为其他国债。

4. 按照用途的不同,可以分为赤字国债、建设国债和特种国债。赤字国债是指用于弥补财政赤字的国债。建设国债是指筹措资金用于国家经济建设项目的国债。特种国债指的是就特定范围内为满足某种特别需要或用途而发行的国债。

此外，还有学者按照其他不同的标准进行的类型划分，例如：普通国债和有奖国债，等等。这些国债的种类体现了国债的不同形式，这是与国债职能中的宏观调控密切联系的。

### （三）国债市场

所谓国债市场是国家发行债券和使其顺利流通的规范场所。国债市场具体包括两种类型：国债的发行市场，即一级市场，是通过差额招标方式向一级承销商出售可上市国债；通过承销方式向承销商（商业银行、财政部门等所属的国债经营机构）销售非上市的储蓄国债；通过定向私募方式向社会保障机构和保险公司出售定向国债。国债流通市场，即二级市场，我国从 1988 年开始在全国 7 个城市试点开展了国库券流通转让；到 1990 年 12 月上海证券交易所正式开业，促进了国库券地区间交易的发展；1991 年时，全国 400 个地区市一级以上的城市国债可以流通转让，国债流通市场进一步壮大成熟。目前，我国国债流通市场的结构已经形成以场内交易为主、以证券经营网点的场外交易为辅的发展布局。

### （四）国债的发行、偿还与管理

1. 国债的发行。所谓国债的发行，一般是指国债的售出或被认购的过程。国债的发行是国债运行的起点和运用国债进行宏观调控的前提，也是国债法中重要的内容。国债发行中的重要内容包括国债发行条件和国债的发行方式。通常的国债发行方式包括以下四种：

（1）公募法，即直接发行法，是指由国家向社会公众公开募集国债的方式。

（2）包销法，即间接发行法，是指由国家将发行的债券统一售于银行或其他金融机构，再由银行或其他金融机构向外发行的方式。

（3）公卖法，即销售发行法，是指政府委托经纪人在证券交易所出售公债的方式。这种方式可以吸收大量社会游资，促进社会资金的运转。

（4）公摊法，是指政府根据情况通过行政性力量来分配国债认购任务指标的一种强制性发行方式。

2. 国债的偿还。所谓国债的偿还，是指国家依法定和约定，对到期国债支付本金和利息的过程。它是国债运行的终点。国债偿还的主要方式包括以下几个方面：

（1）一次性偿还法，是指国家定期发行的国债，在债券到期后一次性还本付息。我国从 1985 年以来发行的国库券就是规定发行期限到后一次还本付息完毕。目前，我国大多数公债实行一次性偿还法。

（2）买销偿还法，是指由国家委托证券公司或其他有关机构，从流通市场上以市场价格买进政府所发行公债。这种方式偿还成本低，可以以市场时价买进债券，及时体现政府的经济政策。

（3）比例偿还法，即直接偿还法，是指国家按照公债的数额，分期按比例而不经过市场予以偿还。

(4) 调换偿还法,是指国家通过发行新债券来替换到期债券的偿还方法。

用以偿还国债的资金来源各有不同,另外,国债偿还的方式还有基金偿还、预算盈余偿还和预算列支偿还等形式。一般而言,发达国家长期实行的是基金偿还制度;其他国家实行预算列支偿还或预算盈余偿还制度。由于不同的偿债资金形式直接影响国家资金的运用和国家对经济的宏观调控,所以,这些内容应该由国债法予以规定。

3. 国债的管理。所谓国债管理是指国家通过国债的发行、使用、偿还和市场买卖等活动,对国债的总额增减、价格变化、利率升降和期限长短等方面进行调整,通过制定方针和采取措施,实现筹措财政资金和稳定国民经济的目的。国债管理内容包括以下几个方面:

(1) 国债的债务管理。分为对国内债务管理和对国外债务管理。对国内债务管理是指为了充分发挥国内债务的积极作用,避免可能产生的不良效果而依法实行的管理方式;对国外债务的管理是指国家为了充分利用外国政府、国际金融机构等外国政府组织或国际组织提供的资金,以确保资金的适度规模和建立合理外债资金结构的管理方式。2005 年 12 月 18 日,十届全国人大常委会通过了关于实现国债余额管理的意见,这意味着从 2006 年起我国将参照国际通行做法,采用国债余额管理方式管理国债发行。所谓国债余额,是指中央政府历年的预算差额,即预算赤字和预算盈余相互冲抵后的赤字累计额、向国际金融组织和外国政府借款统借统还部分和经全国人大常委会批准的特别国债累计额,是中央政府以后年度必须偿还的国债价值总额,其能够客观反映国债负担情况。

(2) 国债的规模和结构管理。通常认为,国债的规模和结构管理属于国内债务管理范围。针对国债规模的管理主要是对国债总量的控制,即对一国当年新债务总量与历年债务量的总和。国家主要是通过对财政部或中央银行在市场上买卖国债实现对国债规模的控制。对国债结构的管理意义非常重大,原因在于国家可以在经济周期的不同阶段通过采取不同方法,利用改变国债结构实现稳定国民经济的目标。具体而言,国债结构管理包括对国债的类型结构、所有权结构和期限结构的调整和控制。2014 年修正的《预算法》第 34 条规定,中央一般公共预算中必需的部分资金,可以通过举借国内和国外债务等方式筹措,举借债务应当控制适当的规模,保持合理的结构。对中央一般公共预算中举借的债务实行余额管理,余额的规模不得超过全国人民代表大会批准的限额。修正后的《预算法》关于国债的规定,沿袭并吸收了我国前期改革的成果。

此外,国债的利率管理在国债结构管理中处于非常重要的地位,国债的利率是调控经济运行的重要杠杆,在实践中应当给予足够重视。

## 三、政府采购法律制度

### （一）政府采购的概念和特征

政府采购制度在西方国家出现已有200多年历史。英国在1782年设立了文具公用局，是负责政府部门使用办公用品的特别采购部门，后来发展成为物资供应部，政府所需各种物资均由该部门负责。[8] 1996年上海市财政局首先实施政府采购试点工作，政府采购逐渐成为我国政府支出的重要形式。根据《政府采购法》第2条第2款规定："本法所称政府采购，是指各级国家机关、事业单位和团体组织，使用财产性资金采购依法制定的集中采购目录以内或者采购限额标准以上的货物、工程和服务的行为。"由此可见，政府采购具有以下法律特征：

（1）政府采购资金的特定性。政府采购所用资金属于国家财政性资金，这是我国政府采购区别于私人采购的最大区别，私人采购一般是个人或企业法人动用私有资金，购买生活生产所需物品的行为。政府采购是运用国家财政资金购买政府运行所需货物、工程和服务的行为。因此，政府采购规模巨大，动用财政性资金数额也较大，对社会经济能够产生很大的影响力，这就要求必须对采购的各个环节进行规范管理。

（2）政府采购主体的特殊性。政府采购主体是依靠国家预算资金运作的政府机关、事业单位和团体组织等。同时，政府采购人包括集中采购人和分散采购人。集中采购的采购机构必须经批准才能成立。分散采购的采购人虽然是使用人，但是必须经过批准才能进行采购，并且只限于使用财政资金的国家机关、事业单位和团体组织。因此，政府采购主体的特殊性主要意味着主体性质和程序的特殊性。

（3）政府采购行为的非盈利性。政府采购行为是为了实现政府职能和社会公共利益，不以盈利为目的而实施的一种非商业性采购行为。

（4）政府采购程序的法定性。政府采购必须按照《政府采购法》的具体规定，为了确保财政资金的合理、有效使用，遵循公开、竞争、诚信等原则，按照法定程序在采购对象和采购时间范围内进行采购和供应。

（5）政府采购对象的丰富性。政府采购的对象从一般的办公用品到武器装备，大型交通工具等门类多样，涉及货物、工程和服务等，范围广泛。

### （二）政府采购主体

政府采购主体即政府采购当事人，指在政府采购活动中享有权利和承担义务的各类主体，包括采购人、供应商和采购代理机构。

1. 采购人。《政府采购法》第15条的规定将采购主体称为采购人，是指依法进行政府采购的国家机关、事业单位和团体组织。

---

[8] 参见曹富国、何景成：《政府采购管理・国际规范与实务》，15页，北京，企业管理出版社，1998。

2. 供应商。供应商是指向采购人提供货物、工程或者服务的法人、其他组织或者自然人。作为供应商应当具备一定条件:(1)具备独立的民事责任能力;(2)具备出众的商业信誉和规范的财务会计制度;(3)具备履行合同所必须的设备和专业技术能力;(4)具备依法缴纳税收和社会保障资金的良好记录;(5)参加政府采购活动的前 3 年内,在经营活动中没有重大违法记录;(6)法律、行政法规规定的其他条件。

3. 采购代理机构。采购代理机构是指接受采购人的委托集中办理采购事宜的非营利事业法人。采购人采购纳入集中采购目录的政府采购项目,必须委托集中采购机构代理采购;采购未纳入集中采购目录的政府采购项目,可以自行采购,也可以委托集中采购机构在委托的范围内代理采购。纳入集中采购目录属于通用的政府采购项目的,应当委托集中采购机构代理采购;属于本部门、本系统有特殊要求的项目,应当实行部门集中采购;属于本单位有特殊要求的项目,经省级以上人民政府批准,可以自行采购。

### (三) 政府采购的方式、程序和采购合同

1. 采购方式。根据《政府采购法》第 26 条规定,政府采购采用以下方式:(1)公开招标;(2)邀请招标;(3)竞争性谈判;(4)单一来源采购;(5)询价;(6)国务院政府采购监督管理部门认定的其他采购方式。其中,政府采购主要采用公开招标方式。

2. 采购程序。政府采购包含的程序很多,《政府采购法》第四章对不同类型的政府采购方式涉及的程序都作出了具体规定,包括一般采购程序和特殊采购程序:

(1) 一般采购程序是指公开招标采购程序。具体包括:编制政府采购计划,发出招标书,招标,投标,开标、评标和议标,签订政府采购合同等。

(2) 特殊采购程序具体包括:竞争性谈判采购程序;单一来源采购程序;询价采购程序。

此外,采购人、采购代理机构对政府采购项目每项采购活动的采购文件应当妥善保管,不得伪造、变造、隐匿或者销毁。采购文件的保存期限为从采购结束之日起至少保存 15 年。

负有编制部门预算职责的部门在编制下一财政年度部门预算时,应当将该财政年度政府采购的项目及资金预算列出,报本级财政部门汇总。部门预算的审批,按预算管理权限和程序进行。

3. 采购合同。依据《政府采购法》的规定,采购人和供应商之间的权利和义务,应当按照平等、自愿的原则以合同方式约定。政府采购合同适用《民法典》中关于合同的规定,应当采用书面合同。政府采购项目的采购合同自签订之日起 7 个工作日内,采购人应当将合同副本报同级政府采购监督管理部门和有关部门备案。

### (四) 政府采购监督检查与法律责任

1. 政府采购的监督检查。政府采购的监督管理部门应当加强对政府采购活动及集中采购机构的监督检查。具体包括以下内容:(1)有关政府采购的法律、行政法规和规章

的执行情况;(2)采购范围、采购方式和采购程序的执行情况;(3)政府采购人员的职业素质和专业技能。

政府采购监督管理部门不得设置集中采购机构,不得参与政府采购项目的采购活动。采购代理机构与行政机关不得存在隶属关系或者其他利益关系。政府采购监督管理部门应当对政府采购项目的采购活动实施必要地检查工作,采购当事人应当客观及时反映采购情况,提供必要的采购相关材料。同时,政府采购监督管理部门还应当针对集中采购机构的采购价格、资金利用率、采购行为表现等事项定期考核,并将考核结果公示。

2. 政府采购的法律责任。政府采购的法律责任是指相关主体违反《政府采购法》而应当承担的法律责任。可以分为采购人、代理机构的法律责任;供应商的法律责任;政府采购监督管理部门的法律责任。

(1) 采购人、代理机构的法律责任。采购人、代理机构有下列情形之一的,责令限期改正,给予警告,可以并处罚款,对直接负责的主管人员和其他直接责任人员,由其行政主管部门或者有关机关给予处分,并予通报:①应当采用公开招标方式而擅自采用其他方式采购的;②擅自提高采购标准的;③以不合理的条件对供应商而实行差别待遇或歧视待遇的;④在招标采购过程中与投标人进行协商谈判的;⑤中标、成交通知书发出后不与中标、成交供应商签订采购合同的;⑥拒绝有关部门依法实施监督检查的。另外,采购人、采购代理机构及其工作人员行为构成犯罪的,按照有关法律承担相应的刑事责任。

(2) 供应商的法律责任。供应商有下列情形之一的,处以采购金额5‰以上10‰以下的罚款,列入不良行为记录名单,在1至3年内禁止参加政府采购活动,有违法所得的,并处没收违法所得,情节严重的,由工商行政管理机关吊销营业执照;构成犯罪的,依法追究刑事责任:①提供虚假材料谋取中标、成交的;②采取不正当手段诋毁、排挤其他供应商的;③与采购人、其他供应商或者采购代理机构恶意串通的;④向采购人、采购代理机构行贿或者提供其他不正当利益的;⑤在招标采购过程中与采购人进行协商谈判的;⑥拒绝有关部门监督检查或者提供虚假情况的。供应商有前述情形之一的,中标、成交无效。

(3) 政府采购监督管理部门的法律责任。政府采购监督管理部门的工作人员在实施监督检查中违反法律规定滥用职权,玩忽职守,徇私舞弊的,依法给予行政处分;构成犯罪的,依法追究刑事责任。政府采购监督管理部门对供应商的投诉逾期未作处理的,给予直接负责的主管人员和其他直接责任人员行政处分。

## 四、财政转移支付法律制度

### (一) 财政转移支付与财政转移支付制度

1. 财政转移支付的概念和特征。转移支付属于财政支出范畴,一般也称为转移支出、无偿支出,具体指国家各级政府在既定的财权、事权和财力划分框架下,通过特定方式和途径,将部分财政资金无偿地转移给相关主体而发生的支出,国家的转移支出并不能在经济上直接地获得补偿。从广义上讲,转移支付是中央政府或地方政府将部分财政收入按照法定标准和程序无偿或者附条件让渡给其他各级政府、企业或居民时发生的财政资金的相互转移。狭义的转移支付仅指政府之间财政资金的相互转移或财政资金在各级政府之间的再分配。这里所讲的转移支付就是狭义的财政转移支付。财政转移支付是政府购买性支付的对称,是财政资金的一种无偿使用的形式,是政府间财政关系制度的重要组成部分。财政转移支付具有以下特征:

(1) 财政转移支付的无偿性。财政转移支付的定义明确了该行为的无偿性,转移支付即无偿支出,具体而言是资金无偿的、单向的转移过程,支出人不以获得直接的经济补偿为目的,因此,转移支付具有无偿性。

(2) 财政转移支付的复杂性。财政转移支付既可以是中央将预算收入部分地转移给地方政府,也可以是地方政府将其预算收入部分地转移给中央政府,还可以是同级政府之间部分的财政收入的相互转移,因此,转移支付存在一定的复杂性。

(3) 财政转移支付的规制性。在分税制条件下,财政转移支付是强化财政职能和用以进行宏观调控的重要手段,具有明显的规制性特征,它能够配合其他财政政策、货币政策等经济政策,运用激励机制,实现鼓励或者限制主体行为或地域发展的目标。[9]

2. 财政转移支付制度。财政转移支付制度主要是指中央政府或上级政府对地方政府或下级政府进行无偿的财政资金转移所制定的制度。它对于调节不同地区和不同社会成员收入分配格局,防止和消除贫富两极分化,最大程度地维护社会公正,具有十分重要的功能和意义。西方国家在过去数十年的时间已经建立起了一套行之有效的财政转移支付制度体系。这一法律制度一般包括转移支付的目标和原则、形式、资金来源、核算标准、分配方法、支付规模和程序、转移支付的管理和分配机构、监督和法律责任等内容。我国没有专门的转移支付法,我国现行的财政转移支付制度是在1994年开始实行的分税制财政管理体制的基础上建立起来的,就中央与地方之间的关系,国务院和财政部制定了一些有关转移支付的规则,例如国务院《关于实行分税制财政管理体制的决定》中,就有一些内容涉及转移支付,这是我国关于转移支付最基本的法律依据。1995年财政部制定和实施的《过渡期财政转移支付办法》,开启了建立规范的转移支付制度的步伐,尝试通过一般性的转移支付缩小地区间的差距,逐步实现财政均等化,并在实践中不断地加以修改和补充。基于此,财政部发布《2002年一般性转移支付办法》,将过渡期转移支付更名为一般性转移支付,并逐年延续下来。

2014年修正的《预算法》第16条规定,国家实行财政转移支付制度。财政转移支付应当规范、公平、公开,以推进地区间基本公共服务均等化为主要目标。财政转移支付包

---

[9] 参见张守文:《财税法学》,110页,北京,中国人民大学出版社,2011。

括中央对地方的转移支付和地方上级政府对下级政府的转移支付，以为均衡地区间基本财力、由下级政府统筹安排使用的一般性转移支付为主体。按照法律、行政法规和国务院的规定可以设立专项转移支付，用于办理特定事项。建立健全专项转移支付定期评估和退出机制。市场竞争机制能够有效调节的事项不得设立专项转移支付。上级政府在安排专项转移支付时，不得要求下级政府承担配套资金。但是，按照国务院的规定应当由上下级政府共同承担的事项除外。这是我国关于转移支付的最高法律效力的规定，也是转移支付制度的基本规定。该条确认国家实现财政转移支付制度，并对转移支付的原则、目标、结构作出要求，特别是对专项转移支付作出了明确的限制。

综合比较与考察世界各国的财政转移支付制度的创制和运行情况，大体具有以下几个方面的共同性：

第一，从财政转移支付制度的目标来看，尽管各国的财政转移支付制度的创设各有侧重，并与其特定的社会政策紧密相连，但是实现财政在纵向和横向两个方面的平衡构成各国财政转移支付制度的根本任务。实现纵向财政平衡的重要目的在于确保地方政府拥有与其事权相适应的财力，克服财政初次分配后中央政府财力超出所需与地方政府财力不能完全满足事权需求的矛盾。实现横向财政平衡的主要目的在于消除各地之间公共服务水平的过大差距，保障各地区政府拥有基本同等的施政能力和辖区居民享有同等的教育、就业、医疗、交通服务、居住环境等方面的机会及服务水平。

第二，从财政转移支付制度的运行基础来看，国外比较成功的转移支付制度都是建立在彻底的分税制财政体制基础上的，严格、清楚地界定各级政府间的事权和财权是财政转移支付制度得以顺利实施的重要外部条件。因为只有明确中央政府与地方各级政府之间的事权与财权，各级政府才能客观地计算本级财政的收入、支出以及收支差额，进而为上级政府转移财力与下级政府接受补助提供基本核算依据。同时，也只有在事权明晰的前提下，中央政府将属于自己事权范围的事项，或应由中央和地方共同完成的事项交给地方政府完成，中央政府只须相应地将全部或部分财力转移给地方即可，操作较为便利，有助于避免各级政府之间在财政支出责任问题上相互推诿与扯皮，也为规范化的财政转移支付制度的实施创造了极为重要的基础性条件。

第三，中央政府拥有较多财力是政府间财政转移支付制度的物质基础。中央财政在全国财政收入中占据主导地位，是一个国家，特别是幅员辽阔、地区经济发展不平衡的国家，维护国家统一和稳定的重要前提。因为只有中央政府拥有足够的财力，才能通过转移支付逐步促进落后地区的经济发展、提高社会公共服务水平，缩小地区发展差距，维护社会稳定。如果中央政府不掌握超出其需要的财力，那么它对地方政府之间的财政调控也就无从谈起。

第四，在财政转移支付的方式选择上，注重多种方式的综合运用，以实现各种不同的支付目的。无论何种体制的国家，其转移支付方式一般都包括这样几个部分：一是一般性补助方式，有的采用税收分享，如日本、法国；有的采用定额补助，如英国。但它们的目的是一致的,都是为了实现国内不同层级的政府间的纵向财政平衡和同一层级政府间的横向财政均衡,保障地区间公共服务水平的基本一致性。这些补助一般是无偿的,不带附属条件的。二是特殊性转移支付补助方式。这类补助有美国的分类补助、专项补助,日本的国库支出金和德国的专项拨款等。[10] 它们一般带有一定的附加条件,在资金的使用方向、用途、地方政府的配套资金等方面有所限定。通过这些带附加条件的补助,支持地方完成难以承担的公共服务项目或带有全国性的项目,鼓励那些符合国家经济政策的行业和项目的发展。

第五,采用因素分析法来测算核定政府间的财政转移支付数额,是规范性财政转移支付的基本方法。国外在确定一般性财政转移支付时,基本根据是一个地区的财政能力指数与财政需求指数的差额,差额为负数表示需要转移支付补助,补助额为差额乘以地区调整系数。这里的指数、系数都是根据各有关因素综合考虑后确定的。财政能力方面要考虑影响该地区财政收入的每个因素,如社会总产值、国民收入、税源、税基、税率的发展变化等。财政需求方面要考虑人口、面积、交通、公共服务水平等条件的影响。调整系数则要根据本地自然、社会、经济等多方面因素作用的实际状况来确定。这些因素都是客观存在的,也是为各地共同接受或认可的,它对各地财政收支影响大小有异,一般也可进行定量分析。这种按客观因素来测定财政收支,确定转移支付的方法比较科学合理,也相当公平透明,既减少了各级政府间人为因素引起的盲目攀比,又便于实施执行。

第六,突出财政分配的特征,强化财政转移支付资金投入的方向性,是提高财政资金使用效率的有效途径。国外的财政转移支付除了运用一般性转移支付以平衡各地区之间公共服务水平和差异外,还利用特殊性的转移支付以体现投资政策意图和投资方向。这是一项值得借鉴的成功经验。这类补助一般都投向于社会保险、劳动就业、教育、医疗、住房、交通、水资源保护、社会发展等基础设施和生活环境改善等方向。在所有这些方面,财政资金的投入并不是面面俱到,而是区分轻重缓急,集中财力用于急需发展的薄弱环节,从而既体现了政府的政策意图,又提高了财政资金的使用效率。

### (二)财政转移支付制度的作用

在现代市场经济条件下,财政转移支付法对加强国家的宏观经济调控、合理安排居民收入的再分配、加大对中西部地区和民族地区的财政支持,保证社会经济的发展和社会的安定具有重要作用。具体表现在以下几个方面:

(1) 协调财政、促进宏观调控。财政转移支付行为是重要的财政手段,在协调财政职能方面具有工具性作用。依法实施转移支付将财政收入在各级政府以及相关主体之间进行再次分配,有助于优化经济结构、协调我国各地区经济发展不平衡状态,实现经济的宏观调控。

---

〔10〕 刘永祯等:《政府间转移支付制度:国际比较与经验借鉴》,载《财经问题研究》,1997(4)。

(2) 化解地方政府财政收支不平衡的矛盾。一般认为，我国地缘广袤，地区间发展不平衡，东部沿海地区经济发达，中部地区经济增长强劲，西部地区发展滞后，因此，必然出现地区间财政失衡问题。国家可以通过财政转移支付制度来化解财政失衡问题，支持欠发达地区经济社会发展，缩小我国地区间发展差异，从而实现地区间公共服务的均衡发展。

(3) 实现国家的安全稳定。中央政府一方面可以集中财力办大事，解决国家发展战略布局中的重大项目工程；另一方面，国家还可以通过财政转移支付支持地方政府经济建设和社会发展。从而实现国家经济安全和社会稳定。

### （三）财政转移支付的类型

1. 一般性转移支付和专项转移支付。根据修正后《预算法》第 16 条规定，转移支付可以划分为一般性转移支付和专项转移支付。一般性转移支付是由原本的财力性转移支付更名而来，是指非专属集体项目或者特定目的的转移支付，都可以划入此范畴。一般性转移支付又可以进一步划分为均衡性转移支付和民族地区转移支付。均衡性转移支付是为了实现政府间纵向和横向财力均衡和基本公共服务均等化的有效措施，是 1994 年分税制改革的配套措施。现行的均衡性转移支付资金按照公平、公平，循序渐进的原则，并体现向少数民族适当倾斜的政策，主要参照各地标准财政收入和标准财政支出及可用于转移支付的资金数量等客观因素，按照统一公式计算确定。民族地区转移支付是指中央政府第民族地区安排的一种财力性转移支付。为了配合西部大开发战略，从 2000 年起实施民族地区转移支付，呈现转移支付的规模快速增长、范围逐步扩大、办法不断完善等特点。2019 年 5 月，财政部重新制定《民族地区转移支付办法》，不断加大民族地区转移支付的力度。

专项转移支付是指附条件的政府间财政转移支付，拨款主体在某种程度上制定了资金的用途，拨款接受主体必须按照规定的方式使用这些资金，专款专用是其最基本的特征，按照有无配套资金要求，专项转移支付可以区分为非配套拨款和配套拨款两种形式，前者不要求拨款接受主体提供一定的配套资金，后者则要求拨款接受主体提供一定比例的配套资金。按照专项转移支付资金的用途，《2014 年中央对地方税收返还和转移支付预算表》中列出 20 类 135 项专项转移支付。目前，一些专项转移支付资金已经采用客观因素分配，并制定有专门的管理办法。

2. 依据转移支付对拨款资金的使用是否附条件，分为有条件拨款和无条件拨款。有条件拨款即专项拨款，是指附带条件的拨款，拨款支出主体明确告知了该资金的使用方式，拨款接收主体应当按照告知的要求专款专用，不能擅自挪作他用。通常情况下，有条件拨款由中央政府拨付，不列入地方的财政支出范围。其主要特点在于附条件性，由拨付方根据具体情况和需要来确定资金的项目、对象、金额和时间。其用途主要在支持地方救灾、防汛抗旱以及其他有助于地区经济发展方面。

无条件拨款即一般性拨款或收入分享,拨款主体并不规定资金的具体使用用途,拨款接收主体可以按照自己的意愿使用所得资金。

3. 依据转移支付主体的不同,分为政府间的转移支付、政府对居民的转移支付。政府间的转移支付包括上一级政府对下一级政府的转移支付、下一级政府对上一级政府的转移支付以及同一级政府之间的转移支付,一般而言上下级之间的称为纵向转移支付,同一级之间的称为横向转移支付。关于政府间的转移支付,人们更关心的是上一级政府对下一级政府的转移支付效果,政府对居民的转移支付主要是体现在社会保障、教育支出等方面。

### (四) 财政转移支付的方式和条件

财政转移支付的方式包括转移支付的进行过程和具体操作程序等问题。一般而言,中央向地方转移支付要根据程序和步骤逐年制定,这样便于科学管理,适时调整。另外,要统计地方税收能力指数和平衡指数,作为地区间的财政平衡的基本依据。地方的税收能力指数小于平衡指数时,将有可能获得财政转移支付资金。

现行的转移支付制度保留了原有体制资金双向转移模式,依然存在资金由下级财政向上级财政流动的现象,不利于财政资金使用效率的提高。中央对地方的专项拨款补助还缺乏比较规范的法律依据和合理的分配标准。此外,财政补助分配的透明度不高,随意性很大。为了改变这一不利局面,在财政转移支付的具体操作程序上,一般转移支付通常采用就地抵留的方式,这样可以避免财政资金上解下划的烦琐程序,从而保证了地方财政正常支出的需要。对于专项转移支付,中央财政应当及时足额地向地方追加资金,以满足地方的需要。通常情况下,基层地方政府承担事务具体繁重,但是政府财政状况普遍欠佳,因此,应当加大财政转移支付能力,解决地方政府具体实际问题。2019 年中央对地方转移支付预算数为 7.5 万亿,但是如此巨大的资金数量,至今却没有法律、行政法规,连国务院的规章都没有,在未来应当加快转移支付领域的立法,细化《预算法》第 16 条的规定,制定规范转移支付的法律法规。

### (五) 财政转移支付的监督管理

一般而言,上一级政府向下一级政府转移支付资金作为狭义上的财政转移支付方式,受到广泛的关注和重视。因此,上一级政府的财政部门作为转移支付的监督管理主体。在监督管理方式上,不同形式的转移支付可以有不同的监督管理方式。一般性转移支付因其可以就地抵留,成为地方固有财力的组成部分,地方财政可以独立地安排使用,因而对一般性转移支付的监督管理只能依据《预算法》,通过同级人大和上一级财政部门对预算、决算的审查和对预算执行的监督来实现。专项转移支付可以通过上一级财政部门采用验收项目、考核效益等方式监督管理。[11]

---

[11] 张守文:《财税法学》,110 页,北京,中国人民大学出版社,2011。

## 【法条链接】

1.《预算法》(2018年修正)。

2.《预算法实施条例》(2020年修订)。

3.《政府采购法》(2014年修正)。

## 【拓展阅读】

1. 刘隆亨主编:《当代财税法基础理论及热点问题》,北京大学出版社2004年版。

2. 张守文:《财税法疏议》,北京大学出版社2005年版。

3. 刘剑文:《财税法专题研究》,北京大学出版社2007年版。

4. 刘剑文、熊伟:《财政税收法》(第八版),法律出版社2019年版。

5. 张怡:《财税法学》,法律出版社2019年版。

6. 徐孟洲等:《财税法律制度改革与完善》,法律出版社2009年版。

7. 张守文:《财税法学》,中国人民大学出版社2011年版。

8. 刘剑文:《财税法学前沿问题研究》,法律出版社2012年版。

9. 郭维真:《中国财政支出制度的法学解析(以合宪性为视角)》,法律出版社2012年版。

10. 张献勇:《财政立宪与预算法变革》,知识产权出版社2013年版。

# 第十三章　税收法律制度

**【导语】** 税法在现行法律体系中是一个特殊的综合性领域。其中，既有涉及国家根本关系的宪法性法律规范，又有深深浸透宏观调控精神的经济法内容，更包含着大量的规范管理关系的行政法则。除此之外，税收犯罪方面的定罪量刑也具有很强的专业性，税款的保护措施还必须借鉴民法的具体制度。随着社会主义法治进程的深入，依法治税越来越成为广大人民群众日益关心的现实问题。人们不仅关心税收行为的经济效果，更关心如何通过周密细致的法律措施保证自己的合法权益不受侵害。税法的功能不仅在于保障政府正当行使职权，同时也在于以法律的形式对相关主体的行为进行约束和监督，使其在既定的框架中运转，不至于侵犯公民的权利和利益。基于税收法定主义的目标定位，中国税收立法任务还相当艰巨。从中国税收法治的实际情况来看，依然延续着流转税法和所得税法并重的税收实体法格局，前者以增值税法、消费税法和关税法为主要内容，后者则由企业所得税法和个人所得税构成。伴随纳税人权利意识的觉醒，税收征管法亦需加强以税务管理、税款征收和税收检查为主要内容的制度建设。

## 第一节　税收与税收立法

### 一、税收的含义

税收是一个古老的经济范畴，它从产生至今，已有几千年的历史。对于税收的基本内涵，人们的认识有所不同。对于税收的概念，目前税法理论界尚无定论。按照目前我国税法学界较为公认的观点，税收是国家为了实现其阶级统治及满足社会公共需要，凭借政治权力，强制、无偿地取得财政收入的一种形式。税收的概念可从以下几方面理解：

1. 税收是国家取得财政收入的一种重要工具，其本质是一种分配关系。国家要行使职能必须有一定的财政收入作为保障。取得财政收入的手段多种多样，如税收、发行国债、收费、罚没等，而税收收入是大部分国家财政收入的最主要来源。我国自 1994 年税制改革以来，税收收入占财政收入的比重基本维持在 90%以上。税收是对全社会各种收入进行强制性调节的分配形式，是财政实现收入分配与再分配的最常用的手段。税收是社会财富从私人领域向公共经济领域转移，也是从高收入人群向低收入人群转移，其本质是一种分配关系。

2. 国家征税凭借的是政治权力，它有别于按要素进行的分配。国家通过征税，将一部分社会产品由纳税人所有转变为国家所有，因此征税的过程实际上是国家参与社会产品分配的过程。国家与纳税人之间形成的这种分配关系与社会再生产中的一般分配关系不同。分配涉及两个基本问题：一是分配的主体；二是分配的依据。一般分配是以各生产要素的所有者为主体所进行的分配，而税收分配则是以国家为主体所进行的分配；一般分配是基于生产要素所进行的分配，税收分配则是国家凭借政治权力进行的分配。

3. 征税的目的是满足社会公共需要。公共财政论在我国 20 世纪 90 年代中后期兴起，是新时期政府职能转变和资源配置模式转换对财政体制提出新要求的产物。市场和财政作为同一社会中两种不同的资源配置方式，它们的目的和目标是共同的，即都是满足社会需要。然而由于二者在机制和作用上存在差异，所以又有所分工，即通过市场满足个人需要，通过财政满足社会公共需要。国家征税的目的是满足国家提供公共产品的需要，其中包括政府弥补市场失灵，促进公平分配等需要。同时，国家征税也要受到所提供公共产品规模和质量的制约。

4. 税收具有无偿性、强制性和固定性的形式特征。税收特征，亦称“税收形式特征”，是指税收分配形式区别于其他财政分配形式的质的规定性。税收特征是由税收的本质决定的，是税收本质属性的外在表现，是区别税与非税的外在尺度和标志。税收的形式特征通常概括为税收“三性”，即无偿性、强制性和固定性。

第一，税收的无偿性。这是指国家征税以后对具体纳税人既不需要直接偿还，也不付出任何直接形式的报酬，纳税人从政府支出所获利益通常与其支付的税款不完全成一一对应的比例关系。无偿性是税收的关键特征，它使税收明显地区别于国债等财政收入形式，决定了税收是国家筹集财政收入的主要手段，并成为调节经济和矫正社会分配不公的有力工具。但是从税款征收到财政支出整个过程看，正如马克思所说，“从一个处于私人地位的生产者身上扣除的一切，又会直接或间接地用来为处于社会成员地位的该生产者谋福利”，即“取之于民，用之于民”。[1]

第二，税收的强制性。这是指税收是国家凭借政治权力，通过法律形式对社会产品进行的强制性分配，而非纳税人的一种自愿交纳，纳税人必须依法纳税，否则会受到法律制裁。强制性是国家的权力在税收上的法律体现，是国家取得税收收入的根本前提。它也是与税收的无偿性特征相对应的一个特征。正因为税收具有无偿性，才需要通过税收法律的形式规范征纳双方的权利和义务，对纳税人而言依法纳税既是一种权利，更是一种义务。

第三，税收的固定性。这是指税收是国家通过法律形式预先规定了对什么征税及其征收比例等税制要素，并保持相对的连续性和稳定性，即使税制要素的具体内容会因经济发展水平、国家经济政策的变化而进行必要的改革和调整，但这种改革和调整也总是要通过法律形式事先规定，而且改革调整后要保持一定时期的相对稳定。由于税收固定

〔1〕 参见《马克思恩格斯全集》第 19 卷，20 页，北京，人民出版社，2008。

性始终是税收的固有形式特征,税收固定性对国家和纳税人都具有十分重要的意义。对国家来说,可以保证财政收入的及时、稳定和可靠,可以防止国家不顾客观经济条件和纳税人的负担能力,滥用征税权力;对于纳税人来说,可以保护其合法权益不受侵犯,增强其依法纳税的法律意识,同时也有利于纳税人通过税收筹划选择合理的经营规模、经营方式和经营结构等,降低经营成本。

税收三性是一个完整的统一体,它们相辅相成、缺一不可。其中无偿性是税收这种特殊分配手段本质的体现,强制性是实现税收无偿征收的保障,固定性是对强制性和无偿性的一种规范和约束。

## 二、税收的分类

根据不同的标准,税收有不同的分类。

### (一) 征税对象标准

依据征税对象,税收可分为流转税、财产税、所得税、行为税,这是税收最重要、最基本的分类。

### (二) 税负能否转嫁标准

依据税负能否转嫁标准,可分为直接税和间接税。凡税负不能转嫁给他人,而是由纳税人直接来承担税负的税种,即为直接税。凡税负可以转嫁他人,纳税人只是间接承担税负的税种,即为间接税。直接税包括全部财产税、所得税以及行为税中的印花税。间接税包括全部商品税,行为税中的城市维护建设税、烟叶税以及全部资源税。

### (三) 税权归属标准

依据税权归属,税收可分为中央税和地方税。凡税权(包括税收立法权、税收征管权和税收收益权)归属于中央政府的税收,为中央税,也简称国税。凡税权归属于地方政府的税收,为地方税,也简称地税。我国中央税包括关税、消费税等,地方税包括部分城市维护建设税、资源税、城镇土地使用税、耕地占用税、土地增值税、车船使用税、契税等。中央与地方共享税包括增值税和所得税。

### (四) 税收计征标准

依据税收计征标准,税收可分为从量税和从价税。凡以征税对象的数量、重量、容量等为标准从量计征的税种,为从量税。凡以征税对象的价格为标准从价计征的税种,为从价税。

### (五) 税收与价格的关系标准

依据税收与价格的关系,税收可分为价内税和价外税。凡在征税对象的价格中包含税款的,为价内税;凡税款独立于征税对象的价格之外的税,为价外税。

### （六）税收是否独立标准

依据课税标准是否具有依附性，税收可分为独立税和附加税。凡不需依附于其他税种而仅依自己的课税标准独立课征的税，为独立税，也称主税。凡需附加于其他税种之上课征的税，为附加税。如城市维护建设税即属于附加税种，必须附加在增值税、消费税之上课征。

## 三、税法的概念及体系

税法是国家制定的用以规范税收行为、调整税收关系的法律规范的总称。税收行为包括纳税行为和征收行为，税收关系主要是国家与纳税人之间、中央与地方之间的税收利益分配关系。税法是国家及纳税人依法征税、依法纳税的行为准则，其目的是保障国家利益和纳税人的合法权益，维护正常的税收秩序，保证国家的财政收入。

税法内容十分丰富，涉及范围也极为广泛，各单行税收法律法规结合起来，形成了完整配套的税法体系，共同规范和制约税收分配的全过程，是实现依法治税的前提和保证。按税法内容的不同，可以将税法分为税收实体法和税收程序法。税收实体法是规定税收法律关系主体的实体权利、义务的法律规范的总称，其主要内容包括纳税主体、征税客体、计税依据、税目、税率、减免税等。税收程序法是指以国家税收活动中所发生的程序关系为调整对象的税法，是规定国家征税权行使程序和纳税人纳税义务履行程序的法律规范的总称，其内容主要包括税收确定程序、税收征收程序、税收检查程序和税务争议的解决程序。

在现代社会中，世界各国一般都采用多种税并存的复税制税收制度。一个国家为了有效取得财政收入或调节社会经济活动，必须设置一定数量的税种，并规定每种税的征收和缴纳办法，包括对什么征税、向谁征税、征多少税以及何时纳税、何地纳税、按什么手续纳税、不纳税如何处理等。因此，税法的体系主要有三个层次：一是不同的要素构成税种，构成税种的要素主要包括纳税人、征税对象、税目、税率、纳税环节、纳税期限、减税免税等。二是不同的税种构成税收制度。构成税收制度的具体税种，国与国之间差异较大，但一般都包括所得税、流转税、财产税等。三是规范税款征收程序的法律法规。

## 四、我国税制改革及税收立法的历史沿革

改革开放四十多年来，我国税收制度先后经历几次大的调整，初步建立起了适应社会主义市场经济要求的复合税制体系。改革开放后的中国税收立法进程大致可划分为：有计划商品经济时期的税收立法（1978—1993 年）、社会主义市场经济初期的税收立法（1994—2000 年）、社会主义市场经济完善时期的税收立法（2001—2016 年）和中国特色社会主义新时代的税收立法（2017 年至今）四个阶段。

### (一) 有计划的商品经济时期的税收立法(1978—1993 年)

这一时期的税收立法主要围绕涉外税制的建立、两步“利改税”方案的实施和 1984 年工商税制改革展开。从 1980 年 9 月到 1981 年 12 月,为适应我国对外开放初期引进外资、开展对外经济合作的需要,五届人大先后通过了《中外合资经营企业所得税法》《个人所得税法》和《外国企业所得税法》,初步形成了一套大体适用的涉外税收制度。1983 年,国务院决定在全国试行国营企业“利改税”,将新中国成立后实行了三十多年的国营企业向国家上缴利润的制度改为缴纳企业所得税,成为国家与国有企业分配关系的一个历史性转折。第一步利改税基本内容是:对小型国营企业实行较彻底的利改税,征收所得税后的利润归企业自行支配,实行自负盈亏。少数利润较多的企业,再上缴部分承包费,税率按照八级超额累进税率征收;对中大型国营企业利润按 55%的比例征收企业所得税。税后利润企业合理留利外,再采取递增包干,定额包干、固定比例包干等多种形式上缴利润。为加快城市经济体制改革的步伐,国务院决定从 1984 年 10 月起在全国实施第二步“利改税”和工商税制改革,发布关于国营企业所得税、国营企业调节税、产品税、增值税、营业税、盐税、资源税等一系列行政法规,成为我国改革开放后第一次大规模的税制改革。第二步利改税的基本内容是:国营企业按八个税种向国家缴税,税后利润归企业自行安排使用,即由“税利并存”逐步过渡到完全的“以税代利”。其中国营大中型企业按 55%的比例税率缴纳所得税后,还要征收调节税,调节税税率按企业的不同情况分别核定。此后,国务院又陆续发布关于征收集体企业所得税、私营企业所得税、城乡个体工商户所得税、个人收入调节税、城市维护建设税、奖金税、国营企业工资调节税、固定资产投资方向调节税、特别消费税、房产税、车船使用税、城镇土地使用税、印花税、筵席税等税收的法规。1991 年,七届人大四次会议将中外合资企业所得税法与外国企业所得税法合并,颁布《外商投资企业和外国企业所得税法》。

### (二) 社会主义市场经济初期的税收立法(1994—2000 年)

1994 年我国启动了新中国成立以来规模最大、范围最广、内容最深刻、力度最强的工商税制改革。

1. 全面改革流转税。以实行规范化的增值税为核心,调整原增值税和营业税的征收范围,新设消费税,建立新的流转税课税体系。对外资企业停止征收原工商统一税,实行新的流转税制。1993 年 12 月 13 日国务院颁布了《增值税暂行条例》《消费税暂行条例》和《营业税暂行条例》。此外国家财政部、税务总局发布了一系列配套的实施细则。

2. 对内资企业实行统一的企业所得税。取消原来分别设置的国营企业所得税、国营企业调节税、集体企业所得税和私营企业所得税,同时国有企业不再执行承包企业所得税的做法。1993 年 12 月 13 日国务院颁布了《企业所得税暂行条例》,同时国家财政部、税务总局发布了实施细则。

3. 统一个人所得税。将过去对外国人征收的个人所得税、对中国人征收的个人收入调节税和个体工商业户所得税合并为统一的个人所得税，使我国个人所得税制步入统一、规范与符合国际惯例的轨道。1993 年 10 月 31 日由第八届全国人民代表大会常务委员会第四次会议通过《关于修改〈中华人民共和国个人所得税法〉的决定》，同时公布了修改后的《个人所得税法》，从 1994 年 1 月 1 日起施行。1999 年第九届全国人大常委会第十一次会议通过了第二次修正的《个人所得税法》。2000 年财政部、国家税务总局制定了《关于个人独资企业和合伙企业投资者征收个人所得税的规定》，明确从 2000 年 1 月 1 日起，个人独资企业和合伙企业投资者将依法缴纳个人所得税。

4. 调整、撤并和新开征一些税种。对资源税、特别目的税、财产税、行为税做了大幅度的调整，如扩大了资源税的征收范围，开征了土地增值税，取消了盐税、奖金税、集市交易税等 7 个税种，并将屠宰税、筵席税的管理权下放到省级地方政府，新设了遗产税和证券交易税。

### （三）社会主义市场经济完善时期的税收立法（2001—2016 年）

1994 年的工商税制改革初步确定了市场经济下我国税收制度的基本格局，在此后的十几年间，随着社会主义市场经济的不断完善，我国又推行以费改税、内外资企业所得税合并、增值税的转型为主要内容的税制改革。

2000 年 10 月 22 日国务院颁布了《车辆购置税暂行条例》，自 2001 年 1 月 1 日起在全国范围内征收车辆购置税，取消了车辆购置附加费。同时，为切实减轻农民负担，中央决定从 2000 年开始在农村开展税费改革，根据“减轻、规范、稳定”的原则对农（牧）业税和农业特产税进行了调整，明确在五年内逐步取消农业税。2006 年 3 月 14 日，十届人大四次会议通过决议在全国范围内彻底取消农业税。

自 1999 年修改《个人所得税法》以来，2005 年、2007 年和 2011 年又进行了四次修正。在 2005 年修正案中把个人所得税免征额由之前的 800 元调至 1600 元，此后经 2007 年、2011 年修正案又把个人所得税免征额提至 3500 元。在个人所得税税率方面，2011 年的第 6 次修正案将 9 级超额累进税率修改为 7 级，取消 15％和 40％两档税率，将最低档 5％的税率下调到 3％，扩大 3％和 10％两个低档税率和 45％最高档税率的适用范围，充分体现了税收调节收入的作用。在纳税申报方面，2011 年的第 6 次修正案将将纳税申报时间由 7 日延长到 15 日，纳税申报时间的延长使个人所得税法更加人性化。

2007 年 1 月，第十届全国人民代表大会第五次会议审议通过了《企业所得税法》，该法自 2008 年 1 月 1 日起施行，结束了我国长期以来执行《企业所得税暂行条例》和《外商投资企业和国外企业所得税法》两套内外有别的企业所得税的历史，内外资企业所得税实现了合并，同时也在此基础上根据新的经济形势的变化，对企业所得税制度进行了完善和补充。

2008 年 11 月 10 日，国务院公布修订后的《增值税暂行条例》《消费税暂行条例》和《营业税暂行条例》。新修订的三个条例于 2009 年 1 月 1 日起施行。此后 2016 年对《增值税暂行条例》进行第一次修订,这样通过对原暂行条例的修订,我国增值税实现了由生产型向消费型转变的重大改革。同时,为促进第三产业发展,从2012年1月1日起,我国在部分地区和行业开展深化增值税制度改革试点,自2016年5月1日起全面实施了增值税改革。营改增不但是我国税收制度的重要变革,同时承担起减轻企业税收负担,促进经济发展方式转变的历史重任。

除上述重大改革措施外,在此期间我国在税收方面还相继出台了其他多项改革举措。主要有改革出口退税机制;完成了《耕地占用税暂行条例》和《城镇土地使用税暂行条例》的修订工作;改革车船使用税制度,统一和规范了内、外资企业的车船使用税制度;颁布并实施《烟叶税条例》,成功实现了对烟叶农业特产税的替代等。

党的十八届三中全会所提出的落实税收法定原则、财税体制"三大改革"(税制改革、预算改革、中央与地方财政关系的改革)等举措将财税提到了国家治理的新高度。《环境保护税法》作为落实税收法定原则提出后的第一部新税法已经于2016年审议通过。经过三十多年的税收立法进程,中国的税制不断趋于规范和统一。

### (四)中国特色社会主义新时代的税收立法(2017年至今)

中国特色社会主义进入了新时代以来,我国在税收领域积极开展税制改革和税收立法等多个维度的法治建设,且取得了斐然的成绩。

1. 税制改革成效显著。首先,税制改革释放减税降费红利。2017年以来,我国将制度性减税与阶段性政策减税相结合,开展了力度空前的减税降费工作。一是通过全面推行营改增、简并增值税税率、完善留抵退税制度以及统一小规模纳税人标准等改革措施对企业减负,从而降低企业经营成本,为广大企业纾困解难,增强其生产、创新和竞争能力。二是2018年通过《个人所得税法》的修改,建立综合与分类相结合的个人所得税制度,提高综合所得基本费用扣除标准,优化税率级距以及建立专项附加扣除制度等改革实现了对居民的减负,使得中低收入群体税负明显降低,彰显税收公平。其次,车船税、烟叶税、耕地占用税、资源税完成立法并全面实施,使我国建立了绿色税制体系,为生态文明建设提供税收制度保障。再次,消费税、房地产税改革保障地方税收收入,推动地方税体系的不断完善。最后,直接税所占比重提升,优化了税制结构,有利于发挥税收调节收入分配、促进社会公平的功能。

2. 税收立法稳步推进。制定税收良法既是税收法治之前提,亦是对税制改革成果之确认。在税收实体立法上,"一税一法"逐步落实。现行18个税种,包括2016年通过的《环境保护税法》,目前已有11部税收实体法被制定或修订(见表13-1)。目前,未完成税收立法的税种有7个,其中,房地产税将会取代房产税和城镇土地使用税,因此实际需要完成税收立法的税种有6个。在这6个税种中,增值税、消费税、印花税、土地增值税立法已经处于公众征求意见的阶段,关税与房地产税立法处在起草完善阶段。而在税收程序立法上,2015年公布的《税收征收管理法修订草案(征求意见稿)》在内容上具备一定先进性，曾拟于2019年提交全国人大常委会审议，受经济形势和疫情影响，其提交审议工作暂被搁置。《税收征管法修订草案（征求意见稿）》具有较大的进步性，在立法宗旨上一定程度上淡化了征管色彩，具有“去管理”化的思路。其修订的具体内容主要包括涉税信息共享、纳税前置制度优化、建立税收评估制度、优化税收利息和滞纳金、与相关法律对接等方面。在立法技术上增加了一定数量的定义性条款，增强了《税收征管法》的精确性。

**表 13-1　2017 年至 2020 年我国税收立法落实概况**

| 2017 年 | 2018 年 | 2019 年 | 2020 年 |
|---|---|---|---|
| 修订《企业所得税法》；通过《烟叶税法》和《船舶吨税法》 | 修订《个人所得税法》和《企业所得税法》；通过《车辆购置税法》和《耕地占用税法》 | 修订《车船税法》；通过《资源税法》 | 通过《契税法》和《城市维护建设税法》 |

## 五、税法基本理论

### （一）税法的基本原则

税法的原则反映税收活动的根本属性，贯穿于税收立法和适用的整个过程，是税收法律制度建立的基础。税法基本原则是统领所有税收规范的根本准则，是包括税收立法、执法、司法在内的一切税收活动所必须遵守的。

1. 税收法定原则。税收法定原则是税法至为重要的基本原则，或称税法的最高法律原则，它是民主和法治原则等现代宪法原则在税法上的体现，对保障人权、维护国家利益和社会公益具有重要意义。正因为如此，各国宪法一般对其加以肯定，且都是从征税主体的征税权和纳税主体的纳税义务这两方面予以规范，并尤其强调征税权的行使必须限定在法律规定的范围内，确定征纳双方的权利义务必须以法律规定为依据，任何主体行使权利和履行义务均不得超越法律的规定，从而使当代通行的税收法定主义具有了宪法原则的位阶。中国宪法目前既未对财政税收制度作专门的规定，也未对税收立法权作专门的规定，仅是在“公民的基本义务”一节规定“公民有依照法律纳税的义务”，故而税收法定主义在宪法上未得到明确的肯定。因为该规定仅能说明公民的纳税义务要依照法律产生和履行，并未说明更重要的方面，即征税主体应依照法律的规定征税。为了弥补这一立法上的缺失，《税收征管法》特别规定，税收的开征、停征以及减税、免税、退税、补税，依照法律、行政法规的规定执行，任何机关、单位和个人不得违反。这一规定使得税收法律主义只是在法律上而不是在宪法上得到了确立，尽管其积极意义是应当得到肯定的，但是由于《税收征管法》位阶低，其效力、效益深受局限。

税收法定原则也称税收法律主义，是指税法主体的权利义务必须由法律加以规定，税法的各类构成要素必须且只能由法律予以明确。它要求课税只能在法律的授权下进行，超越法律的课税是无效的。税收法定原则的内容，一般由以下三项具体原则组成：

(1)税收要素法定原则。税收要素法定原则要求征税主体、纳税人、征税对象、计税依据、税率、税收优惠等税收要素必须且只能由立法机关在法律中加以规定,即只能由狭义上的法律来规定税收的构成要件,并依此确定纳税主体纳税义务的有无及大小。在税收立法方面,立法机关根据宪法的授权而保留专属于自己的立法权力,除非它愿意就一些具体而微的问题授权其他机关立法,任何主体均不得与其分享立法权力。行政机关不得在行政法规中对税收要素作出规定,至于部委规章、法院判决、习惯等更不得越雷池半步。立法机关之所以严格保留税收要素的立法权,是因为税法同刑法一样,均关系到对相关主体的自由和财产权利的限制或剥夺。税收法定原则同刑法上的罪刑法定主义的法理是一致的,凡涉及可能不利于国民或加重其负担的规定,均应严格由人民选举出来的立法机关制定,而不应由政府决定。(2)税收要素明确原则。依据税收法定原则的要求,税收要素、征税程序等不仅要由法律作出专门规定,而且还必须尽量明确,以避免出现漏洞和歧义,给权力的恣意滥用留下空间。所以,有关税收要素的法律规定不应是模糊的一般条款,否则便会形成过大的行政自由裁量权。当然,税收要素的绝对明确也是很难做到的。为了实现税法上的公平正义,在一定的条件下和范围内使用一些不确定的概念也是允许的,如“在必要时”“基于正当的理由”等。但是,不确定概念的使用,应该做到根据法律的宗旨和具体的事实可以明确其意义。(3)征税合法性原则。在税收要素及与其密切相关的、涉及纳税人权利义务的程序法要素均由形式意义上的法律明确规定的前提下,征税机关必须严格依据法律的规定征收税款,无权变动法定税收要素和法定征收程序,这就是征税合法性原则。据此,没有法律依据,征税机关无权开征、停征、减免、退补税收。依法征税既是其职权,也是其职责,征税机关无权超越法律决定是否征税及何时征税,不允许征纳双方之间达成变更税收要素或征税程序的税收协议。但是为了保障公平正义,该原则的适用在如下几种特殊情况下应当受到限制:第一,对于纳税人有利的减免税的行政先例法成立时应适用该先例法;第二,征税机关已通常广泛地作出的有利于纳税人的解释,在相同情况下对每个特定的纳税人均应适用;第三,在税法上亦应承认诚实信用原则和禁止反悔的法理,以进行个别救济,因而在个别情况下,诚信原则应优先适用。

2. 税收公平原则。在现代各国的税收法律关系中,所有纳税人的地位都是平等的,因此,税收负担在国民之间的分配也必须公平合理。税收公平原则是近代平等性的政治和宪法原则在税收法律制度中的具体体现。至于何谓公平,不同历史时期的学者的认识也是不同的。亚当·斯密认为,个人应按个人的能力来支持政府,即以个人在国家保护下所获得的利益,按比例缴纳税收,此即为课税公平的意义。这一公平观念后经瓦格纳引申,并加入社会政策观念,便形成了“课税公平原则”,即根据社会政策的观点,按纳税能力的大小,采用累进税率课税,以求得实质上的平等,并不承认财富的自然分配状态。同时,对最低生活费免税,并重课财产所得税。瓦格纳还以每单位所得效用将随所得的增加而递减为前提,主张公平的税收负担应以相同的牺牲为依据。这是瓦格纳的社会政策的公平，而不是亚当·斯密的自然正义的公平。此后，福利经济学派的艾吉沃斯，立足于福利的观点，认为税收公平相当于边际牺牲。于是税收公平原则就由最早的绝对公平原则演变成利益说、负担能力说，并从福利的观点，使公平的意义与福利观念相结合。近代学者马斯格雷夫认为，税收公平应是，凡具有相等经济能力的人，应负担相等的税收；不同经济能力的人，则负担不同的税收。也就是说公平的概念包括两种，一为水平的公平，一为垂直的公平。水平的公平是指处于同等经济状况的人应纳同等的税收，如当两个人税前有相等的福利水准时，则其税后的福利水准亦应相同；而垂直公平的目的在于探讨不同等福利水准的人应课征不同等的税收。为此，首先必须决定课税后每人效用相对降低的程度，而这又牵涉人与人之间效用比较的价值判断。

综上所述，在抛弃绝对公平地按人头或其他定额标准征税的主张后，学术界对公平原则的理解主要有两派，一为受益说，一为负担能力说。

在受益说中，水平公平是指凡自政府得到相同利益者应负担相同的税收，垂直公平是指凡自政府所得利益不同者应负担不同的税收。富者的财产、生命受政府的保护比穷者为多，故享有的利益也多，因此，只有富者负担较多的税收、穷者负担较少的税收才算是公平。受益说要求按照从以税款为基础的财政支出中得到的利益来分配税收负担，这的确可以适用于公路使用的课税和社会保险方面，以及许多城市设施的建设。但受益说不适用于大多数的公共产品，如国防和教育等，因此对税收公平而言，只是提供了一个解决局部问题的补充办法，不宜作为税收公平原则的普遍体现。相比而言，负担能力说能够较好地做到这一点。

负担能力说的代表人物是穆勒和庇古，他们引入相对牺牲的概念，认为凡具有相同纳税能力者应负担相同的税收，不同纳税能力者应负担不同的税收。这个观点被税法学界和税收立法者引进税法的观念中，并发展成税法上体现税收公平原则的量能课税原则。所谓税收负担能力，是指各纳税人的经济负担能力，其基础有所得、财产和消费三种。西方学者认为，把消费当作税收负担能力的尺度不适。消费税依其课税对象的选定方法容易产生累退性。若只对奢侈品课税，虽然可以避免累退性，却无法保证充裕的财政收入；若将课税对象扩及生活必需品和准生活必需品，税收收入倒是可以保证，但税收负担又易变成累退性。对财产课税的效果当然会比对消费课税好，因为财产代表了一种支付能力，并且已成为个人收入的一个重要来源，但是如果只对个别财产征收财产税，同样无法满足财政的需求；如果对所有的财产不加区别地征税，由于相同价值的财产在不同收入阶层的纳税人中有不同的效用，因此也不一定符合公平原则。另外，财产课税还很难做到对低收入阶层的税前扣除等，而对富裕阶层征税过重也会影响其投资和生产的积极性。故而选择所得作为衡量税收负担能力的标准最为合适，因为所得是一种可以用货币衡量的收入，易于度量，且稳定规范，可以作为现代社会支撑纳税能力的基础。加之所得是一种扣除各项费用之后的纯收入，能够真实反映各类纳税人真实的收入状态和纳税能力，且可以根据最低生活费标准进行税前扣除，还能适用累进税率和根据不同性质和来源的所得使用不同的征税办法。故以所得为依据设计税收负担可以实现水平和垂直的公平,特别是无负担能力不纳税的观念可以保障纳税人的生存权。

3. 税收效率原则。在一般含义上,税收效率原则所要求的是以最小的费用获取最大的税收收入,并利用税收的经济调控作用最大限度地促进经济的发展,或者最大限度地减轻税收对经济发展的妨碍。它包括税收行政效率和税收经济效率两个方面。

税收的行政效率可以从征税费用和纳税费用两方面来考察。征税费用是指税务部门在征税过程中所发生的各种费用。比如,税务机关的房屋、建筑、设备购置和日常办公所需要的费用,税务人员的工薪支出等。这些费用占所征税额的比重即为征税效率。征税效率的高低和税务人员本身的工作效率又是密切相关的。而且对不同的税种,其征税效率也会存在很大的差异。一般而言,所得税的征收,单位税额所耗费的征税费用最高,增值税次之;而按销售额征收的销售税,单位税款耗费的征收费用又低于增值税。纳税费用是纳税人依法办理纳税事务所发生的费用。比如,纳税人完成纳税申报所花费的时间和交通费用,纳税人雇佣税务顾问、会计师所花费的费用,公司为个人代扣代缴税款所花费的费用等。相对于征税费用,纳税费用的计算比较困难,如将纳税申报的时间折算成货币,这本身就不是一件容易的事。又如,由于征税使纳税人忧虑不安,实际上付出了心理费用。因此,有人把纳税费用称为税收隐蔽费用。税收的行政效率问题实际上早在亚当·斯密时期就受到了研究者的重视,亚当·斯密的便利原则、最少征收费用原则,以及其后瓦格纳的税务行政原则其实都是着眼于此。为了提高税收的行政税率,一方面应当采用先进的征收手段,节约费用,提高效率,堵塞漏洞,严厉打击偷税、骗税行为;另一方面,也应尽可能简化税制,使税法语言准确明白,纳税手续便利透明,尽量减少纳税费用。

税收的经济效率的主旨在于如何通过优化税制,尽可能地减少税收对社会经济的不良影响,或者最大程度地促进社会经济良性发展。处在不同历史时期和不同经济体制背景下的学者对这个问题有着不同的结论。在资本主义经济兴起的初期和以自由竞争为基础的市场机制较好地运行的发展时期,人们所关注的税收效率完全被理解为税收中性的同义词,税收中性原则成为了人们判断税收是否高效和优良的重要标准。税收中性原则起源于亚当·斯密的"看不见的手"的理论,并在19世纪末首先由英国新古典学派的代表人物马歇尔所倡导。税收中性原则的基本含义是,国家课税时,除了使人民因纳税而发生负担以外,最好不要再使人民遭受其他额外负担或经济损失。据此原则,一个比较理想的税收制度对个人的生产和消费决策皆无影响,不会扭曲资源的配置。随着社会的发展,税收效率原则的内涵也在演变之中。如从20世纪30年代末到70年代初,西方发达国家的税收政策受凯恩斯主义国家干预经济的理论所左右,即主张运用税收纠正市场存在的缺陷,调节经济的运行。到了20世纪70年代中后期,在政府干预经济部分失灵或失效的情况下,凯恩斯的宏观经济理论不断受到货币主义、供给学派、新自由主义学派的冲击和挑战。这些学派极力主张减少国家干预,依靠市场经济自身的力量来保证经济的运转。税收中性思想又有所复归和再发展，并已成为以美国为代表的西方发达国家进行税制改革的基本理论依据。

非市场经济的社会主义国家以及其他一些发展中国家在看待税收的经济效率问题时其出发点和着眼点是不同的。如何利用税收的财政职能、经济调节职能、社会政策职能促进社会的稳定和经济的发展是这些国家最为关心的，至于税收对资源的市场配置效果的负面影响则没有必要考虑，因为市场不是这些国家配置资源的主导方式。如果说税收中性思想所要求的是应当尽可能减少税收的负面效应，使市场能更大限度地发挥其对资源配置的作用的话，那么在非市场经济国家，税收的经济效率则被理解为应如何利用税收固有的职能最大可能地使经济朝着预定目标发展。当然，在一些市场取向型改革的国家中，出于培育市场、扩大市场机制作用范围和力度的考虑，税收的中性要求如同自由竞争这个原本遭到拒绝的经济现象一样，也开始在这些国家有所发展了。如中国 1994 年税制改革时指导思想中提出的“简化税制”“降低税率”等在一定程度上即受到了税收中性思想的影响，特别是增值税的引进和大力推广就是有力的例证。

4. 税收社会政策原则。税法的税收社会政策原则是指税法是国家用以推行各种社会政策，主要是经济政策的最重要的基本手段之一，其实质就是税收的经济基本职能的法律原则化。这一原则主要是资本主义从自由竞争阶段进入垄断阶段以后才提出并随即为各国普遍奉行的税法基本原则。资本主义进入垄断阶段后，国家需要通过税收杠杆大量介入社会经济生活，税收固有的调节经济的功能被重视和自觉运用，不再仅仅当作国家筹集财政收入的工具，而被广泛地用来作为推行国家经济政策和社会政策的手段。正是在这种情况下，通过税法来推行贯彻社会政策，才被确立为税法的基本原则。

社会政策原则确立以后，税法的其他基本原则，特别是税收公平原则，受到了一定程度的制约和影响。如何衡量税收公平，不仅要看各纳税人的负担能力，还要考虑社会全局和整体利益。为了国民经济的均衡发展和社会总体利益，有时对各纳税人来说，虽然需要放弃公平原则，使其税负不公平，但这样做有利于整个国民经济的发展，有利于社会总体利益，因而对整个社会来说又是公平的。社会政策原则的确定及其对税收公平原则的影响，是税法基本原则在现代以来发生的重大变化之一。中国的社会主义市场经济也存在许多社会经济问题，需要国家依据税法通过税收杠杆予以协调，因此，税收社会政策原则也应成为中国税法的基本原则。

### （二）税收法律关系

税收法律关系是税法所确认和调整的，国家与纳税人之间在税收分配过程中形成的权利与义务关系。税收法律关系主要包括国家与纳税人之间的税收宪法性法律关系，征税机关与纳税主体之间的税收征纳法律关系，相关国家机关的税收权限划分法律关系，国际税收收益分配法律关系，税收救济法律关系等。税收法律关系是法律关系的一种具体形式，具有法律关系的一般特征。了解税收法律关系，对于正确理解税法的本质，严格依法纳税、依法征税都具有重要的意义。

1. 税收法律关系的性质。对税收法律关系性质的研究，主要争论集中在税收法律关系究竟是“权力关系”，还是“债务关系”，现就两种观点做一简要介绍。

(1) 税收权力关系说。税收权力关系说是德国行政法学的创始人奥托·迈耶首先提出的。该学说从传统行政法学的观念出发，认为税收法律关系属于权力关系，国家为维持国家机器的正常运转，必须拥有经济上的收支权力。派生于国家主权的税权，使得国家当然地拥有了课税权和税的使用权。国家在税收法律关系中的地位优于人民，行政权起着主导作用，作为纳税人则处于行政法律关系中的行政客体位置，对于行政命令只有服从的义务。奥托·迈耶的理论是德国行政法学中的传统观点。这种观点把国家的课税权和一般的行政权，如警察权同样看待，从而得出税收法律关系是以“查定处分”这一行政行为为中心所构成的权力服从关系，进而认为税法与其他行政法在性质上没有差异。所以税法属于特别行政法。据此，有观点认为，奥托·迈耶的税收权力关系说与19世纪末、20世纪初德国的历史背景、国家观念以及社会政策学派的税收观一脉相承，体现了国家利益至上的国家主义理论。

税收权力关系说存在一定的合理性。首先，税收权力关系理论区别了税收与利息、利润等分配形式。税收是国家特有的权力，这种分配形式的存在是凭借着国家的政治权力，是有国家保障的，与国家所有制联系在一起。从税收的本质来看，若依据税收债权债务说将税收的本质理解为“债”，实际上体现的是税收应该是什么，而非真正的税收的本质。从这一角度来看，税收权力关系说更能够揭示税收的本质。其次，税收权力关系理论也体现着分配形式固有的功能。税收使得原本属于公民所有的财产其所有权转移到国家，合理的征税体制能够实现在不同的阶层中的利益调节功能，可以进一步促进社会分配与再分配，保障社会的公平正义。再次，从其他税收理论来看。相较于其他的税收法律关系理论来看，“公需说”强调的只有社会的公共福利，而忽视了国家政府的其他的职能；以契约关系为基础的“交换说”“债权债务关系说”等理论，并不能很好地揭示税收的本质问题；而“社会政策说”“经济调节说”等理论，虽然从不同的角度出发，但是却过于侧重税收某一方面的功能。由此看来，税收权力关系说更能体现出税收的实质意义，并且也可以体现税收的功能，更具有合理性。

税收权力关系说有着其存在的合理性，但是随着时代的变化与发展，在国家和公民的关系上，以及国家的权力与义务的侧重上也发生着变化。因此实际上税收权力关系说也面临着挑战。例如，税收法律关系性质理论是为了说明税收的性质问题，也就是体现税收的正当性。很多的学者认为税收权力关系说强调的是国家单方面的意志，从国家权力的角度来说明税收正当性，不足以解释社会主义国家税收要“取之于民，用之于民”的要求和性质。

(2) 税收债务关系说。税收债务关系说认为，税收法律关系属于公法上的债权债务关系，国家与公民的地位对等，行政机关不享有优越地位。该学说最早由德国法学家阿尔伯特·亨泽尔所创立。针对当时德国税法学界普遍流行的“税收权力关系说”理论，以1919年《帝国税收通则》的制定为契机，亨泽尔在实质法治国家观的基础上提出了税收法律关系性质为公法上的债权债务关系的崭新理论。《帝国税收通则》第81条规定“租税债务在法律规定的租税要件充分时成立。为确保租税债务而须确定税额的情形不得阻碍该租税债务的成立”。由于该法明确规定租税债务不以行政权的介入为必要条件，因此，在该法制定后，亨泽尔在他的《税法》一书中对此问题及时进行了阐述，明确提出了税收债务关系说。这种学说把税收法律关系定性为国家对纳税人请求履行税收债务的关系，国家和纳税人之间乃是公法上的债权人和债务人的关系。在税收法律关系中，权力因素已退居次要地位，行政权应最大限度地受法律制约，行政机关和私人具有对等性。据此税收债务关系说以《帝国税收通则》有关租税债务的规定为依据，全面否定了传统“权力关系说”中由征税机关的“查定处分”这一行政行为创设纳税义务的观点，提出只要满足税法规定的课税要素，税收债务即纳税义务就随即产生，征税机关的行政行为仅具有确定具体的纳税义务内容的效力。可见，亨泽尔的学说主张国家应以保障个人自由和平等为中心，强调约束国家权力尤其是行政权为内容的自由主义实质法治观。

税收债务关系说的创立在理论上具有十分重要的意义，在某种意义上可以说，税收债务关系说带来了税法学的革命与税法学的重生，税法学的独立直接可归因于税收债务关系说的提出及其发展完善。在税收债务关系说提出以前，在税法学领域(如果还有一个相对可以确定的税法学领域的话)占主导的学说是税收权力关系说，在这种学说之下，税法只是行政法的一个特别行政法，或者说是与警察法等相并列的特别行政法的一个分支，税法没有独立的地位可言，作为研究税法的税法学当然也就没有独立地位可言。正是由于税收债务关系说的提出，才使得税法脱离了行政法的羁绊而成为一个独立的法律领域，同时，也正由于税法的独立，才使得以税法及其发展规律为主要研究对象的税法学得以成为法学体系中的独立分支学科而存在。税收债务关系说之所以能导致税法和税法学的独立，乃是因为它与传统的税收权力关系说在理论基础、价值追求、目标设定、规范设计等诸方面均存在本质的区别。当然，税收债务关系说之所以能取代税收权力关系说而占据主导地位并由此导致税法和税法学的独立，最根本的原因在于传统的权力关系说已经无法胜任解释现代民主法治国家税法的重任，也不利于现代民主法治国家的税法实践，现代民主法治国家的税法实践需要税收债务关系说，现实的需要是理论得以产生以及发展和繁荣的最根本动因。从这一点来说，税收债务关系说的提出以及税法和税法学的独立均是人类社会发展的现实需要和必然趋势。

税收债务关系说同样具有十分重要的实践意义。首先，税收债务关系说可以更好地保障纳税人权利的实现。在税法领域，体现人民主权和个人与国家法律地位平等的法律是税收债法，而体现和维护国家权力的法律则是以“权力关系”说为指导原则的传统税法。传统税法以国家权力为本位，特别强调国家的征税权，而忽视对纳税人权利的保障，甚至根本就没有意识到纳税人享有权利。在税收债务关系说之下，国家和纳税人是债权人和债务人的关系,其法律地位和法律人格是平等的,国家所享有的仅仅是请求纳税人为一定行为,而不能直接支配纳税人的财产和对纳税人的人身予以强制。在税收债务法律关系之下,国家和纳税人均享有一定的权利,也均承担一定的义务,也就是说,它们均是权利主体,同时也是义务主体,这样就改变了传统税法学所认为的纳税人仅仅是义务主体,而不是权利主体的观点。把纳税人视为权利主体,且是与国家具有同等法律地位的主体,那么,税收债法将对纳税人与国家的权利同等保护。显然,在税收债务关系说之下,纳税人所享有的权利更丰富、更充实,也更具有保障性,更具有实现的可能性。其次,税收债务关系说不仅有利于维护纳税人权利,也可以更好地保护国家税收债权的实现。在国家与人民的关系中,国家并不总是强大的一方。因为国家所面对的是广大纳税人,要确保每个纳税人都能依法纳税是一个十分浩大的工程,而且国家本身也是由许许多多具体的机构组成的,自身的众多机构也并不总是与国家保持一致,特别是其中的工作人员,腐化变质的可能性始终是存在的。另外,国家的立法本身也难以尽善尽美,漏洞始终是存在的,面对众多纳税人钻法律的漏洞,国家往往是无能为力的。由此我们可以发现强大的国家其实也是相当弱小的,这也是我国每年税收大量流失而国家却往往束手无策的原因所在。面对国家的弱小,面对大量税收的流失,在现代社会唯一可行的办法就是依靠完善的法律来保护自己。税收债务关系说通过借鉴传统债法的基本制度可以更好地保护国家税收债权的实现。当国家通过税收债务关系说把自己的权利界定清晰以后,国家与纳税人之间的关系就是债权人与债务人之间的关系了。国家不仅可以运用私法之债的保障措施,而且可以使用公法之债的保障措施来保障自己债权的充分实现。在私法和公法严密的保障措施之下,纳税人偷逃税款的可能性就大大降低了。在税收债务关系说的体系之下,纳税义务是否成立、何时成立都由法律明确规定,征税机关对此没有自由裁量权,征税机关与纳税人之间的税收协议也是没有效力的,由此也就避免或减少了征税机关及其工作人员腐化变质的可能性。税收债务关系说阐明了税收的真正本质,使得纳税人更倾向于主动、自愿履行自己的税收债务,也就更好地维护了国家的税收债权。

其实,对税收法律关系的性质,现阶段学者们虽然未达成完全的一致,但其对最基本的、最中心的关系的性质是债务关系是没有很大异议的,日本著名税法学家金子宏就持此种观点。我国长期以来深受马克思国家学说的影响,过于强调税收的财政功能,因此税收法律关系也就必然地表现为权力关系说。2002 年《税收征收管理法》的颁布实施,使我国税收债务关系在法律上得以确立。税法主要还是一种公法上的债权债务,尽管其与私法上的债权债务关系有一些差异,但两者都符合债的形式属性,都属于特定主体之间请求为特定行为的法律关系。虽不能将税法定性为私法或权利法,但税法具有某些私法或权利法属性是不争的事实。将私法或权利法的某些理论引入税法是税法学对私法理论的一次借鉴,根本上不同于以前移植纯粹的行政法模式。自从德国《租税通则》颁布以后,世界税法学界对税法的民法援引屡试不爽,在中国台湾较早就有学者用此方法研究税法,在大陆也有学者用民法理论架构出了中国自己的税法总论,无疑把沉闷中的税法研究向前推进了一大步，以至于出现了大陆大有税法民法化的趋势，《税收征收管理法》的颁布和实施进一步加剧了这种趋势。税法实践证实，过于强调税法的公法和权力法色彩，并不符合税法实践的发展脉络。

2. 税收法律关系的要素。法律关系通常由主体、客体、内容三个要素构成，税收法律关系也是如此。

税收法律关系的主体即税收法律关系中享有权利和承担义务的当事人。在我国税收法律关系中，权利主体一方是代表国家行使征税职责的国家行政机关，包括国家各级税务机关、海关和财政机关，另一方是履行纳税义务的人，包括法人、自然人和其他组织，在华的外国企业、组织、外籍人、无国籍人，以及在华虽然没有机构、场所但有来源于中国境内所得的外国企业或组织。这种对税收法律关系中权利主体另一方的确定，在我国采取的是属地兼属人的原则。在税收法律关系中权利主体双方法律地位平等，只是因为主体双方是行政管理者与被管理者的关系，所以双方的权利与义务不对等，因此，与一般民事法律关系中主体双方权利与义务平等是不一样的，这是税收法律关系的一个重要特征。

客体即税收法律关系主体的权利、义务所共同指向的对象，也就是征税对象。例如，所得税法律关系客体就是生产经营所得和其他所得，财产税法律关系客体即是财产，流转税法律关系客体就是货物销售收入或劳务收入。税收法律关系客体也是国家利用税收杠杆调整和控制的目标，国家在一定时期根据客观经济形势发展的需要，通过扩大或缩小征税范围调整征税对象，以达到限制或鼓励国民经济中某些产业、行业发展的目的。

税收法律关系的内容就是权利主体所享有的权利和所应承担的义务，这是税收法律关系中最实质的东西，也是税法的灵魂。它规定权利主体可以有什么行为，不可以有什么行为，若违反了这些规定，须承担相应的法律责任。税务机关的权利主要表现在依法进行征税、税务检查以及对违章者进行处罚；其义务主要是向纳税人宣传、咨询、辅导、解读税法，及时把征收的税款解缴国库，依法受理纳税人对税收争议的申诉等。纳税义务人的权利主要有多缴税款申请退还权、延期纳税权、依法申请减免税权、申请复议和提起诉讼权等。其义务主要是按税法规定办理税务登记、进行纳税申报、接受税务检查、依法缴纳税款等。

### （三）税法的构成要素

从法理上讲，法的要素包括规则、原则和概念。在此，税法的构成要素仅指实体税法的构成要素，而非法理意义上的构成要素，即各种单行税法具有的共同的基本要素的总称。税法的构成要素，又称课税要素、税法要素、税制要素等，一般包括纳税义务人、征税对象、税目、税率、纳税环节、纳税期限、纳税地点、税收特别措施等项目。

1. 纳税义务人。纳税义务人又叫纳税主体、纳税人，是税法规定的直接负有纳税义务的单位和个人。任何一个税种首先要解决的就是国家对谁征税的问题。

纳税人与负税人存在联系和区别。负税人是经济学概念,即税收的实际负担者,纳税人是法律用语,即依法缴纳税收的人。二者有时是同一人,有时则不相同。如个人所得税的纳税人与负税人是相同的,增值税的纳税人与负税人就不一定一致。税法只规定纳税人,不规定负税人。

与纳税人紧密联系的两个概念是代扣代缴义务人和代收代缴义务人。前者是指虽不承担纳税义务,但依照有关规定,在向纳税人支付收入、结算货款、收取费用时有义务代扣代缴其应纳税款的单位和个人。如果代扣代缴义务人按规定履行了代扣代缴义务,税务机关将支付一定的手续费。反之,未按规定代扣代缴税款,造成应纳税款流失或将已扣缴的税款私自截留挪用、不按时缴入国库,一经税务机关发现,将要承担相应的法律责任。代收代缴义务人,是指有义务借助经济往来关系向纳税人收取应纳税款并代为缴纳的单位和个人。代收代缴义务人目前仅存在于消费税中的委托加工业务中。

2. 征税对象。征税对象又叫课税对象、征税客体,指税法规定对什么征税,是征纳税双方权利义务共同指向的客体或标的物,是一种税区别于另一种税的重要标志。如消费税的征税对象是消费税条例所列举的应税消费品,房产税的征税对象是房屋等。征税对象是税法最基本的要素,因为它体现着征税的最基本界限,决定着某一种税的基本征税范围。征税对象按其性质的不同,通常可划分为流转额、所得额、财产、特定行为四大类,通常也因此将税收分为相应的四大类即流转税或称商品和劳务税、所得税、财产税、和行为税。

3. 计税依据。计税依据又叫税基,是据以计算征税对象应纳税款的直接数量依据,它解决对征税对象课税的计算问题,是对课税对象的量的规定。计税依据按照计量单位的性质划分,有两种基本形态:价值形态和物理形态。价值形态包括应纳税所得额、销售收入、营业收入等,物理形态包括面积、体积、容积、重量等。以价值形态作为税基,又称为从价计征,即按征税对象的货币价值计算。另一种是从量计征,即直接按征税对象的自然单位计算。

4. 税目。税目是在税法中对征税对象分类规定的具体的征税项目,反映具体的征税范围,是对课税对象质的界定。设置税目的目的首先是明确具体的征税范围,凡列入税目的即为应税项目,未列入税目的,则不属于应税项目。其次,划分税目也是贯彻国家税收调节政策的需要,国家可根据不同项目的利润水平以及国家经济政策等为依据制定高低不同的税率,以体现不同的税收政策。

5. 税率。税率是对征税对象的征收比例或征收额度。税率是计算税额的尺度,也是衡量税负轻重与否的重要标志。我国现行的税率主要有:

(1) 比例税率。即对同一征税对象,不分数额大小,规定相同的征收比例。比例税率在适用中又可分为三种具体形式:单一比例税率、差别比例税率、幅度比例税率。比例税率具有计算简单、税负透明度高、有利于保证财政收入、有利于纳税人公平竞争、不妨碍商品流转额或非商品营业额扩大等优点,符合税收效率原则。但比例税率不能针对不同的收入水平实施不同的税收负担，在调节纳税人的收入水平方面难以体现税收的公平原则。

(2) 累进税率。累进税率是指随着征税对象数量增大而随之提高的税率，即按征税对象数额的大小划分为若干等级，不同等级的课税数额分别适用不同的税率，课税数额越大，适用税率越高。累进税率一般在所得课税中使用，可以充分体现对纳税人收入多的多征、收入少的少征、无收入的不征的税收原则，从而有效地调节纳税人的收入，正确处理税收负担的纵向公平问题。具体来讲，累进税率又分为全额累进税率和超额累进税率，全率累进税率和超率累进税率。

(3) 定额税率。定额税率又称为固定税率，是指按征税对象确定的计算单位，直接规定一个固定的税额。目前采用定额税率的有资源税、城镇土地使用税、车船税等。定额税率一般适用于从量计征，比如资源税中盐以吨数作为计量单位，天然气以立方米为计量单位。

6. 纳税环节。纳税环节是指税法规定的征税对象在从生产到消费的流转过程中应当缴纳税款的环节。纳税环节有广义和狭义之分。广义的纳税环节指全部课税对象在再生产中的分布情况。狭义的纳税环节特指应税商品在流转过程中应纳税的环节。商品从生产到消费要经历诸多流转环节，各环节都存在销售额，都可能成为纳税环节。但考虑到税收对经济的影响、财政收入的需要以及税收征管的能力等因素，国家常常对在商品流转过程中所征税种规定不同的纳税环节。按照某种税征税环节的多少，可以将税种划分为一次课征制或多次课征制。合理选择纳税环节，对加强税收征管、有效控制税源、保证国家财政收入的及时、稳定、可靠，方便纳税人生产经营活动和财务核算，灵活机动地发挥税收调节经济的作用，具有十分重要的理论和实践意义。

7. 纳税期限。纳税期限是指税法规定的关于税款缴纳时间方面的限定。税法关于纳税期限的规定，有三个概念：一是纳税义务发生时间。纳税义务发生时间，是指应税行为发生的时间。二是纳税期限。纳税人每次发生纳税义务后，不可能马上去缴纳税款。税法规定了每种税的纳税期限，即每隔固定时间汇总一次纳税义务的时间。纳税人的具体纳税期限，由主管税务机关根据纳税人应纳税额的大小分别核定；不能按照固定期限纳税的，可以按次纳税。三是缴库期限。即税法规定的纳税期满后，纳税人将应纳税款缴入国库的期限。

8. 纳税地点。纳税地点指根据各个税种纳税对象的纳税环节和有利于对税款的源泉控制而规定的纳税人（包括代征、代扣、代缴义务人）的具体纳税地点。

9. 税收特别措施。税收特别措施包括税收优惠和税收重课措施。税收优惠措施以减轻纳税人的税负为主要目标，在税收方面采取的激励和照顾措施，如税收减免、税收抵免。税收重课措施，是以加重税负为内容的税收特别措施，如税款的加成、加倍征收等。

### （四）税法的运行

1. 税收立法。税收立法是指国家机关依照具体职权范围，通过一定程序制定（包括修改和废止)税收法律规范的活动,即特定的同家机关就税收问题所进行的立法活动。理解税收立法的概念,应注意以下几点:第一,从税收立法的主体来看,国家机关包括全国人大及其常委会、国务院及其有关职能部门、拥有地方立法权的地方政权机关等,按照宪法和国家法律的有关规定,可以制定有关调整税收分配活动的法律规范。第二,税收立法权的划分,是税收立法的核心问题。立法权限不清,税收立法就必然会出现混乱,这也是易于引发立法质量不高的重要因素。第三,税收立法必须经过法定程序。税收立法严格遵守各种形式法律规范制定的程序性规定,这是法的现代化的基本标志之一。第四,制定税法是税收立法的重要部分,但不是其全部,修改、废止税法也是其必要的组成部分。

具体地说,我国税收立法权划分的层次是这样的:

(1) 全国性税种的立法权,即包括全部中央税、中央与地方共享税和在全国范围内征收的地方税税法的制定、公布和税种的开征、停征权,属于全国人民代表大会(简称全国人大)及其常务委员会(简称常委会)。

(2)经全国人大及其常委会授权,全国性税种可先由国务院以“条例”或“暂行条例”的形式发布施行。经一段时期后,再行修订并通过立法程序,由全国人大及其常委会正式立法。

(3) 经全国人大及其常委会授权,国务院有制定税法实施细则、增减税目和调整税率的权力。

(4) 经全国人大及其常委会的授权,国务院有税法的解释权;经国务院授权,国家税务主管部门(财政部和国家税务总局)有税收条例的解释权和制定税收条例实施细则的权力。

(5) 省级人民代表大会及其常务委员会会根据本地区经济发展的具体情况和实际需要,在不违背国家统一税法,不影响中央的财政收入,不妨碍我国统一市场的前提下,开征全国性税种以外的地方税种的税收立法权。税法的公布,税种的开征、停征,由省级人民代表大会及其常务委员会统一规定,所立税法在公布实施前须报全国人大常委会备案。

(6) 经省级人民代表大会及其常务委员会授权,省级人民政府有本地区地方税法的解释权和制定税法实施细则、调整税目、税率的权力,也可在上述规定的前提下,制定一些税收征收办法,还可以在全国性地方税条例规定的幅度内,确定本地区适用的税率或税额。上述权力除税法解释权外,在行使后和发布实施前须报国务院备案。

地区性地方税收的立法权应只限于省级立法机关或经省级立法机关授权同级政府,不能层层下放。所立税法可在全省(自治区、直辖市)范围内执行,也可只在部分地区执行。

关于我国现行税收立法权的划分问题,迄今为止,尚无一部法律对之加以完整规定,只是散见于若干财政和税收法律、法规中,尚有待于未来的税收基本法对此作出统一规定。

2. 税收执法。税收执法又称税收行政执法，实质是税收执法主体将深藏在税法法律规范中的国家意志贯彻落实到社会经济生活与税收活动之中，具体包括税款征收管理、税务稽查、税务检查、税务行政复议裁决及其他税务管理。

目前，我国的税收分别由财政、税务、海关等系统负责征收管理。海关系统负责征收和管理的项目有关税、船舶吨税，同时负责代征进出口环节的增值税和消费税，在大部分地区，契税仍由地方财政部门征收和管理，其余税种大多由中央和地方税务机关负责征收管理。

税务检查时税务机关依据国家的税收法律、法规对纳税人等管理相对人履行法定义务的情况进行审查、监督的执法活动。有效的税务检查可以抑制不法纳税人的侥幸心理，提高税法的威慑力，减少税收违法犯罪行为，保证国家收入，维护税收公平与合法纳税人的合法利益。税务检查包括两类：税务机关为取得确定税额所需资料，证实纳税人纳税申报的真实性与准确性而进行的经常性检查，其依据是税法赋予税务机关的强制行政检查权；为打击税收违法犯罪而进行的特别调查，它可以分为行政性调查和刑事调查两个阶段。

税务稽查是税务机关依法对纳税人、扣缴义务人履行纳税义务、扣缴义务情况所进行的税务检查和处理工作的总称。税务稽查权是税收执法的一个重要组成部分，也是整个国家行政监督体系中的一种特殊的监督权行使形式。根据相关法律规定，税务稽查的基本任务是：依照国家税收法律、法规，查处税收违法行为，保障税收收入，维护税收秩序，促进依法纳税，保证税法的实施。税务稽查必须以事实为根据，以税收法律、法规、规章为准绳，依靠人民群众，加强与司法机关及其他有关部门的联系和配合。各级税务机关设立的税务稽查机构，按照各自的税收管辖范围行使税务稽查职能。

税务行政复议裁决权的行使是税收执法权的有机组成部分，该权力的实现在保障和监督税务机关依法行使税收执法权，防止和纠正违法或者不当的具体税务行政行为，保护纳税人和其他有关当事人的合法权益方面发挥着积极作用。根据《行政复议法》《税收征收管理法》和其他有关规定，为了防止和纠正税务机关违法或者不当的具体行政行为，保护纳税人及其他当事人的合法权益，保障和监督税务机关依法行使职权，纳税人及其他当事人认为税务机关的具体行政行为侵犯其合法权益，可依法向税务行政复议机关申请行政复议。税务行政复议机关受理行政复议申请，作出行政复议决定。税务行政复议机关，是指依法受理行政复议申请，对具体行政行为进行审查并作出行政复议决定的税务机关。

在除上述税收执法的几个方面之外，根据法律规定，税务机关还享有其他相关税收执法权，其中主要的有税务行政处罚权等。税务行政处罚是指税务机关依法对纳税主体违反税法尚未构成犯罪，但应承担相应法律责任的行为实施制裁措施。税务行政处罚是行政处罚的基本组成部分，税务行政处罚权的行使对于保证国家税收利益，督促纳税人依法纳税有重要作用。税务行政处罚权的法律依据是行政处罚法和税收征管法等法律法规。根据《税收征收管理法》相关规定,税务行政处罚的种类应当有警告(责令限期改正)、罚款、停止出口退税权、没收违法所得、收缴发票或者停止发售发票、提请吊销营业执照、通知出境管理机关阻止出境等。

## 第二节 税收实体法律制度

### 一、增值税法

增值税法是指国家制定的用以调整增值税征收与缴纳之间权利及义务关系的法律规范。目前规范和调整增值税的主要是 2017 年修订的《增值税暂行条例》和 2011 年修订的《增值税暂行条例实施细则》。

#### (一)增值税的概念及特征

增值税是以商品(含应税劳务)在流转过程中产生的增值额作为计税依据而征收的一种流转税。按照我国增值税法的规定,增值税是对在我国境内销售货物或者提供加工、修理修配劳务,销售服务、无形动产、不动产以及进口货物的单位和个人,就其货物销售或提供劳务的增值额和货物进口金额为计税依据而课征的一种流转税。

增值税得以推广,最主要的原因是其改变了传统的流转税按全额道道重复征税的做法,改由对每一生产流通环节的增值额进行征税,由此产生一些自身独特的功能。

1. 保持税收中性。有利于促进专业化协作生产的发展。根据增值税的计税原理,流转额中的非增值因素在计税时被扣除,以避免重复征税。因此,对同一商品而言,无论流转环节的多与少,只要增值额相同,税负就相等,不会影响商品的生产结构、组织结构和产品结构。

2. 普遍征收。有利于保证财政收入及时、稳定地增长。从增值税的征税范围看,对从事商品生产经营和劳务提供的所有单位和个人,在商品增值的各个生产流通环节向纳税人普遍征收。

3. 税收负担由商品最终消费者承担。虽然增值税是向企业主征收,但企业主在销售商品时又通过价格将税收负担转嫁给下一生产流通环节,最后由最终消费者承担。

4. 实行价外税制度。在计税时,作为计税依据的销售额中不包含增值税税额,这样有利于形成均衡的生产价格,并有利于税负转嫁的实现。这是增值税与传统的以全部流转额为计税依据的流转税或商品课税的一个重要区别。

#### (二)增值税的类型

现实生活中,实行增值税的国家据以征税的增值额都是一种法定增值额,并非理论上的增值额。所谓法定增值额是指各同政府根据各自的国情、政策要求,在增值税制度中人为地确定的增值额，其可以等于理论上的增值额，也可以大于或小于理论上的增值额。造成法定增值额与理论增值额不一致的原因主要是各国税法确定计税依据时对购入固定资产已纳税款的处理方式不同。据此，可以将增值税分为生产型增值税、收入型增值税和消费型增值税三种类型。

生产型的增值税是以纳税人的销售收入（或劳务收入）减去用于生产、经营的外购原材料、燃料、动力等物质资料价值后的余额作为法定的增值额，其购入的固定资产及其折旧均不予扣除。从整个国民经济来看，这一课税基数大体相当于国民生产总值的统计口径，所以称为生产型增值税。此种类型的增值税对固定资产存在重复征税，而且越是资本有机构成高的行业，重复征税就越严重。收入型的增值税是以纳税人的销售收入（或劳务收入）减去用于生产、经营的外购原材料、燃料、动力等物质资料价值以及固定资产已提折旧的价值后的余额作为法定的增值额。从整个国民经济来看这一课税基数相当于国民收入部分故称为收入型增值税。此种类型的增值税从理论上讲是一种标准的增值税，但由于外购固定资产价款是以计提折旧的方式分期转入产品价值的，且转入部分没有逐笔对应的外购凭证，故给凭发票扣税的计算方法带来困难，从而影响了这种方法的广泛采用。消费型增值税除了可以将用于生产、经营的外购原材料、燃料、动力等物质资料价值扣除外，还可以在购置固定资产的当期将用于生产、经营的固定资产价值总所含的增值税税款全部一次性扣除。从整个同民经济来看，这一课税基数仅限于消费资料价值的部分，故称为消费型增值税。此种类型的增值税在购进固定资产的当期因扣除额大大增加，会减少财政收入。但这种方法最宜规范凭发票扣税的计算方法，因为凭固定资产的外购发票可以一次将其已纳税款全部扣除，既便于操作，也便于管理，所以是最简便、最能体现增值税优越性的一种类型。

新中国引进增值税，在最初试行时选择了生产型增值税，主要原因是考虑到一方面要使增值税的改革顺利进行；另一方面要使财政收入不能出现太大的波动。生产型增值税尽管与规范的消费型增值税相比，在重复征税方面还存在不彻底性，但它毕竟比传统的流转税前进了很大一步。2003 年，我国增值税转型改革工作开始启动。自 2004 年 7 月 1 日起，在东北地区实行增值税转型试点。这项工作既是中央为振兴东北老工业基地采取的重大措施，也是为今后全国实施增值税转型改革积累经验。2007 年 5 月，为了促进中部地区崛起，国家又将试点范围扩大到了中部 6 省的 26 个老工业基地城市的电力业、采掘业等八大行业。2008 年 11 月 5 日，国务院第 34 次常务会议修订通过《增值税暂行条例》，将消费型增值税推广到全国范围。

### （三）增值税法的主要内容

1. 纳税义务人。根据《增值税暂行条例》的规定，凡在中华人民共和国境内销售货物或者加工、修理修配劳务，销售服务、无形资产、不动产以及进口货物的单位和个人都是增值税纳税义务人。单位，是指企业、行政单位、事业单位、军事单位、社会团体及其他单位。个人,是指个体工商户和其他个人。

另外,增值税实行凭专用发票抵扣税款的制度,客观上要求纳税人具备健全的会计核算制度和能力。为了既简化增值税计算和征收,也有利于减少税收征管漏洞,将增值税纳税人按会计核算水平和经营规模分为一般纳税人和小规模纳税人两类纳税人,分别采取不同的增值税计税方法。

2. 征税范围。现行增值税征收范围的一般规定包括:销售或者进口的货物,提供的加工、修理修配劳务,销售的服务、无形资产、不动产。

3. 税率和征收率。我国增值税是采用比例税率,按照一定的比例征收。为了发挥增值税的中性作用,原则上增值税的税率应该对不同行业不同企业实行单一税率,称为基本税率。实践中为照顾一些特殊行业或产品也增设了一档低税率。

增值税一般纳税人销售货物、劳务、有形动产租赁服务或者进口货物,税率一律为17%,这就是通常所说的基本税率。增值税一般纳税人销售或者进口下列货物,按低税率11%计征增值税:(1)销售交通运输、邮政、基础电信、建筑、不动产租赁服务;(2)销售不动产;(3)转让土地使用权;(4)销售或者进口下列货物:粮食等农产品、食用植物油、食用盐;自来水、暖气、冷气、热水、煤气、石油液化气、天然气、二甲醚、沼气、居民用煤炭制品;图书、报纸、杂志、音像制品、电子出版物;饲料、化肥、农药、农机、农膜;国务院规定的其他货物。增值税一般纳税人销售服务、无形资产按低税率6%计征增值税。

纳税人出口货物,税率为零,但是国务院另有规定的除外。税率为零不是简单地等同于免税。出口货物免税仅指在出口环节不征收增值税,而零税率是指对出口货物除了在出口环节不征增值税外还要对该产品在出口前已经缴纳的增值税进行退税使该出口产品在出口时完全不含增值税税款,从而以无税产品进入国际市场。当然我国目前并非对全部出口产品都完全实行零税率。我们根据经济形势的变化和调节出口产品结构规定了出口退税率,对大部分出口产品实行零税率,对某些出口产品也并非完全实行零税率。同时规定境内单位和个人跨境销售国务院规定范围内的服务、无形资产,税率为零。

增值税对小规模纳税人采用简易征收办法,对小规模纳税人适用的税率称为征收率。自2009年1月1日起,小规模纳税人增值税征收率一律调整为3%。

4. 应纳税额的计算。

(1) 售货物和提供应税劳务。我国目前增值税一般纳税人采用的计税方法是国际上通行的购进扣税法,即先按当期销售额和适用税率计算出销项税额(这是对销售全额的征税),然后对当期购进项目已经缴纳的税款(所含税款)进行抵扣,从而间接计算出对当期增值额部分的应纳税额。其计算公式为:

当期应纳税额=当期销项税额-当期进项税额

=当期销售额×适用税率-当期进项税额

销售额是指纳税人发生应税销售行为向购买方收取的全部价款和价外费用。特别需要强调的是尽管销项税额也是销售方向购买方收取的,但是增值税采用价外计税方式，用不含税价作为计税依据，因而销售额中不包括向购买方收取的销项税额。

纳税人购进货物、劳务、服务、无形资产、不动产支付或者负担的增值税额，为进项税额。进项税额是与销项税额相对应的另一个概念。在开具增值税专用发票的情况下，它们之间的对应关系是，销售方收取的销项税额，就是购买方支付的进项税额。对于任何一个一般纳税人而言，由于其在经营活动中，既会发生销售货物或提供应税劳务，又会发生购进货物或接受应税劳务，因此，每一个一般纳税人都会有收取的销项税额和支付的进项税额。增值税的核心就是用纳税人收取的销项税额抵扣其支付的进项税额，其余额为纳税人实际应缴纳的增值税税额。

根据《增值税暂行条例》第 8 条的规定，准予从销项税额中抵扣的进项税额，限于下列增值税扣税凭证上注明的增值税税额和按规定的扣除率计算的进项税额：从销售方取得的增值税专用发票上注明的增值税额；从海关取得的海关进口增值税专用缴款书上注明的增值税额；购进农产品，除取得增值税专用发票或者海关进口增值税专用缴款书外，按照农产品收购发票或者销售发票上注明的农产品买价和 11％的扣除率计算的进项税额；自境外单位或者个人购进劳务、服务、无形资产或者境内的不动产，从税务机关或者扣缴义务人取得的代扣代缴税款的完税凭证上注明的增值税额。另外需要注意的是，并不是纳税人支付的所有进项税额都可以从销项税额中抵扣。为体现增值税的配比原则，即购进项目金额与销售产品销售额之间应有配比性，当纳税人购进的货物、劳务、服务、无形资产、不动产不是用于增值税应税项目，而是用于非应税项目、免税项目或用于集体福利、个人消费等情况时，其支付的进项税额就不能从销项税额中抵扣。税法对不能抵扣进项税额的项目作了严格的规定，如果违反税法规定，随意抵扣进项税额就将以偷税论处。

小规模纳税人发生应税销售行为，实行按照销售额和征收率计算应纳税额的简易办法，并不得抵扣进项税额。其应纳税额计算公式是：应纳税额＝销售额×征收率。

(2) 进口货物。纳税人进口货物，按照组成计税价格和《增值税暂行条例》规定的税率计算应纳税额。我们在计算增值税销项税额时直接用销售额作为计税依据或计税价格就可以了，但在进口产品计算增值税时我们不能直接得到类似销售额这么一个计税依据，而需要通过计算得到，即要计算组成计税价格。组成计税价格是指在没有实际销售价格时，按照税法规定计算出作为计税依据的价格。进口货物计算增值税组成计税价格和应纳税额计算公式：

组成计税价格＝关税完税价格＋关税＋消费税

应纳税额＝组成计税价格×税率

5. 出口货物退(免)税。出口货物退(免)税是国际贸易中通常采用的并为世界各国普遍接受的、目的在于鼓励各国出口货物公平竞争的一种退还或免征间接税的税收措施，即对出口货物已承担或应承担的增值税和消费税等间接税实行退还或者免征。由于这项制度比较公平合理，因此它已成为国际社会通行的惯例。我国的出口货物退(免)税是指在国际贸易业务中,对我国报关出口的货物退还或免征其在国内各生产和流转环节按税法规定缴纳的增值税和消费税,即对增值税出口货物实行零税率,对消费税出口货物免税。

增值税出口货物的零税率,从税法上理解有两层含义:一是对本道环节生产或销售货物的增值部分免征增值税;二是对出口货物前道环节所含的进项税额进行退付。当然,由于各种货物出口前涉及征免税情况有所不同,且国家对少数货物有限制出口政策,因此,对货物出口的不同情况国家制定了不同的税务处理办法。目前新修订的《增值税暂行条例》及其《增值税暂行条例实施细则》,仍然贯彻“纳税人出口货物,税率为零;但是,国务院另有规定的除外”的政策。

当前,我国适用增值税退(免)税政策的出口货物劳务,按照下述规定实行增值税免抵退税或免退税办法。生产企业出口自产货物和视同自产货物及对外提供修理修配劳务,免征增值税,相应的进项税额抵减应纳增值税额,未抵完部分予以退还。不具有生产能力的出口企业(以下称外贸企业)或其他单位出口货物劳务,免征增值税,相应的进项税额予以退还。

6. 税收优惠。《增值税暂行条例》规定的免税项目包括:(1)农业生产者销售的自产农产品。(2)避孕药品和用具。(3)古旧图书。古旧图书,是指向社会收购的古书和旧书。(4)直接用于科学研究、科学试验和教学的进口仪器、设备。(5)外国政府、国际组织无偿援助的进口物资和设备。(6)由残疾人的组织直接进口供残疾人专用的物品。(7)销售的自己使用过的物品。自己使用过的物品,是指其他个人自己使用过的物品。另外,财政部、国家税务总局在其职责范围内还规定了一些增值税的其他免征项目。

增值税起征点的规定实际也是税收优惠的一个方面,纳税人未达到起征点的不列入增值税的征税范围。我国增值税起征点的适用范围限于个人。增值税起征点的幅度规定如下:销售货物的,为月销售额5000～20000元;销售应税劳务的,为月销售额5000～20000元;按次纳税的,为每次(日)销售额300～500元。省、自治区、直辖市财政厅(局)和国家税务局应在规定的幅度内,根据实际情况确定本地区适用的起征点,并报财政部、国家税务总局备案。纳税人销售额未达到国务院财政、税务主管部门规定的增值税起征点的,免征增值税;达到起征点的,依照本条例规定全额计算缴纳增值税。

7. 征收管理。《增值税暂行条例》明确规定了增值税纳税义务的发生时间。纳税义务发生时间,是纳税人发生应税行为应当承担纳税义务的起始时间。税法明确规定纳税义务发生时间的作用在于:一是正式确认纳税人已经发生属于税法规定的应税行为,应承担纳税义务;二是有利于税务机关实施税务管理,合理规定申报期限和纳税期限,监督纳税人切实履行纳税义务。销售货物或者应税劳务的纳税义务发生时间可以分为一般规定为:纳税人发生应税销售行为,其纳税义务发生时间为收讫销售款项或者取得索取销售款项凭据的当天。先开具发票的,为开具发票的当天;纳税人进口货物,其纳税义务发生时间为报关进口的当天;增值税扣缴义务发生时间为纳税人增值税纳税义务发生的当天。

在明确了增值税纳税义务发生时间后，还需要掌握具体纳税期限，以保证按期缴纳税款。根据《增值税暂行条例》的规定，增值税的纳税期限分别为1日、30日、5日、10日、15日、1个月或者1个季度。纳税人的具体纳税期限，由主管税务机关根据纳税人应纳税额的大小分别核定；不能按照固定期限纳税的，可以按次纳税。以1个季度为纳税期限的规定仅适用于小规模纳税人。小规模纳税人的具体纳税期限，由主管税务机关根据其应纳税额的大小分别核定。纳税人以1个月或者1个季度为1个纳税期的，自期满之日起15日内申报纳税；以1日、3日、5日、10日或者15日为1个纳税期的，自期满之日起5日内预缴税款，于次月1日起15日内申报纳税并结清上月应纳税款。纳税人进口货物，应当自海关填发进口增值税专用缴纳书之日起15日内缴纳税款。纳税人出口货物适用退(免)税规定的，应当向海关办理出口手续，凭出口报关单等有关凭证，在规定的出口退(免)税申报期内按月向主管税务机关申报办理该项出口货物的退(免)税。境内单位和个人跨境销售服务和无形资产适用退(免)税规定的，应当按期向主管税务机关申报办理退(免)税具体办法由国务院财政、税务主管部门制定。

为了保证纳税人按期申报纳税，根据企业跨地区经营和搞活商品流通的特点及不同情况，税法还具体规定了增值税的纳税地点：(1)固定业户应当向其机构所在地的主管税务机关申报纳税。总机构和分支机构不在同一县(市)的，应当分别向各自所在地的主管税务机关申报纳税；经国务院财政、税务主管部门或者其授权的财政、税务机关批准，可以由总机构汇总向总机构所在地的主管税务机关申报纳税。(2)固定业户到外县(市)销售货物或者劳务，应当向其机构所在地的主管税务机关报告外出经营事项，并向其机构所在地的主管税务机关申报纳税；未报告的，应当向销售地或者劳务发生地的主管税务机关申报纳税；未向销售地或者劳务发生地的主管税务机关申报纳税的，由其机构所在地的主管税务机关补征税款。(3)非固定业户销售货物或者劳务，应当向销售地或者劳务发生地的主管税务机关申报纳税；未向销售地或者劳务发生地的主管税务机关申报纳税的，由其机构所在地或者居住地的主管税务机关补征税款。(4)进口货物，应当向报关地海关申报纳税。

## 二、消费税法

消费税法是指国家制定的用以调整消费税征收与缴纳之间权利及义务关系的法律规范。现行消费税法的基本规范，是2008年11月5日经国务院第34次常务会议修订通过并颁布，自2009年1月1日起施行的《消费税暂行条例》，以及2008年12月15日财政部、国家税务总局第51号令颁布的《消费税暂行条例实施细则》。

### (一) 消费税概念及特点

消费税是指对消费品和特定的消费行为按消费流转额征收的一种商品税。消费税以消费品为课税对象,在此情况下,税收随价格转嫁给消费者负担,消费者是间接纳税人,实际负税人。消费税的征收具有较强的选择性,是国家贯彻消费政策、引导消费结构从而引导产业结构的重要手段,因而在保证国家财政收入,体现国家经济政策等方面具有十分重要的意义。具体来讲,我国消费税呈现以下的特点:

(1) 征收范围具有选择性。我国仅选择部分消费品征收消费税,而不是对所有消费品都征收消费税。我国消费税目前共设置15个税目,征收的具体品目采用正列举,征税界限清晰,征税范围是有限的。

(2) 征税环节具有单一性。消费税的最终负担人是消费者,但是,为了加强税款的源泉控制,防止税款流失,消费税的纳税环节主要确定在产制环节或进口环节。也就是说,应税消费品在生产环节或进口环节征税之后,除个别消费品的纳税环节为零售环节外,再继续转销该消费品不再征收消费税。这样,既可以减少纳税人的数量,降低税款征收费用和税源流失的风险,又可以防止重复征税。

(3) 平均税率水平比较高且税负差异大。消费税属于国家运用税收杠杆对某些消费品进行特殊调节的税种。为了有效体现国家政策,消费税的平均税率水平一般定得比较高,并且不同征税项目的税负差异较大,对需要限制或控制消费的消费品,通常税负较重。我国现行消费税是同增值税相互配合而设置的。这种办法在对某些需要特殊调节的消费品在征收增值税的同时,再征收一道消费税,从而形成了一种交叉调节的间接税体系。

(4) 征收方法具有灵活性。消费税在征收方法上,既可以采用对消费品制定单位税额,依消费品的数量实行从量定额的征收方法,也可以采用对消费品制定比例税率,依消费品的价格实行从价定率的征收方法。

### (二) 消费税法的主要内容

1. 纳税义务人。在中华人民共和国境内生产、委托加工和进口消费税暂行条例规定的消费品的单位和个人,以及国务院确定的销售消费税暂行条例规定的消费品的其他单位和个人,为消费税的纳税义务人。

2. 征税范围。生产应税消费品的销售是消费税征收的主要环节,因消费税具有单一环节征税的特点,在生产销售环节征税以后,货物在流通环节无论再转销多少次,不用再缴纳消费税。生产应税消费品除了直接对外销售应征收消费税外,纳税人将生产的应税消费品换取生产资料、消费资料、投资入股、偿还、债务,以及用于继续生产应税消费品以外的其他方面都应缴纳消费税。

委托加工应税消费品是指委托方提供原料和主要材料,受托方只收取加工费和代垫部分辅助材料加工的应税消费品。由受托方提供原材料或其他情形的一律不能视同加工应税消费品。委托加工的应税消费品收回后,再继续用于生产应税消费品销售的,其加工环节缴纳的消费税款可以扣除。

单位和个人进口货物属于消费税征税范围的，在进口环节也要缴纳消费税。为了减少征税成本，进口环节缴纳的消费税由海关代征。

经国务院批准，自 1995 年 1 月 1 日起，金银首饰消费税由生产销售环节征收改为零售环节征收。

3. 税目与税率。按照《消费税暂行条例》的规定，消费税的税目包括烟、酒、高档化妆品等 15 个税目，有的税目还进一步划分了若干子目。消费税采用比例税率和定额税率两种形式，以适应不同应税消费品的实际情况。(具体可参见表 13-2)

**表 13-2　消费税税目税率**

| 税　目 | | 税　率 |
|---|---|---|
| 烟 | 卷烟 | |
| | (1) 甲类卷烟 | 56%加 0.003 元/支 |
| | (2) 乙类卷烟 | 36%加 0.003 元/支 |
| | (3)商业批发 | 11%加 0.005 元/支 |
| | 雪茄烟 | 36% |
| | 烟丝 | 30% |
| 酒及酒精 | 白酒 | 20%加 0.5 元/500 克(或者 500 毫升) |
| | 黄酒 | 240 元/吨 |
| | 啤酒 | |
| | (1) 甲类啤酒 | 250 元/吨 |
| | (2) 乙类啤酒 | 220 元/吨 |
| | 其他酒 | 10% |
| 高档化妆品 | | 30% |
| 贵重首饰及珠宝玉石 | 金银首饰、铂金首饰和钻石及钻石饰品 | 5% |
| | 其他贵重首饰和珠宝玉石 | 10% |
| 鞭炮、焰火 | | 15% |
| 成品油 | 汽油 | 1.52 元/升 |
| | 柴油 | 1.2 元/升 |
| | 航空煤油 | 1.2 元/升 |
| | 石脑油 | 1.52 元/升 |
| | 溶剂油 | 1.52 元/升 |
| | 润滑油 | 1.52 元/升 |
| | 燃料油 | 1.2 元/升 |

续表

| 税目 | | 税率 |
|---|---|---|
| 摩托车 | 汽缸容量(排气量,下同)为250毫升的 | 3% |
| | 汽缸容量在250毫升以上的 | 10% |
| 小汽车 | 乘用车 | |
| | (1) 汽缸容量(排气量,下同)在1.0升(含1.0升)以下的 | 1% |
| | (2) 汽缸容量在1.0升以上至1.5升(含1.5升)的 | 3% |
| | (3) 汽缸容量在1.5升以上至2.0升(含2.0升)的 | 4% |
| | (4) 汽缸容量在2.0升以上至2.5升(含2.5升)的 | 9% |
| | (5) 汽缸容量在2.5升以上至3.0升(含3.0升)的 | 12% |
| | (6) 汽缸容量在3.0升以上至4.0升(含4.0升)的 | 25% |
| | (7) 汽缸容量在4.0升以上的 | 40% |
| | 中轻型商用客车 | 5% |
| | 超豪华小汽车 | 10% |
| 高尔夫球及球具 | | 10% |
| 高档手表 | | 20% |
| 游艇 | | 10% |
| 木制一次性筷子 | | 5% |
| 实木地板 | | 5% |
| 电池 | 无汞原电池、金属氢化物镍蓄电池(又称“氢镍蓄电池”或“镍氢蓄电池”)、锂原电池、锂离子蓄电池、太阳能电池、燃料电池、全钒液流电池 | 4%(免征消费税) |
| | 铅蓄电池 | 4% |
| 涂料 | 施工状态下挥发性有机物含量≤420克/升的涂料 | 4%(免征消费税) |

4. 应纳税额的计算。(1)生产销售环节应纳消费税的计算。在从价定率计算方法下,应纳消费税额等于销售额乘以适用税率。基本计算公式为:

应纳税额=应税消费品的销售额×比例税率

销售额为纳税人销售应税消费品向购买方收取的全部价款和价外费用。实行从价定率办法计算应纳税额的应税消费品连同包装销售的,无论包装是否单独计价,也不论在会计上如何核算,均应并入应税消费品的销售额中征收消费税。如果包装物不作价随同产品销售,而是收取押金,此项押金则不应并入应税消费品的销售额中征税。但对因逾期未收回的包装物不再退还的或者已收取的时间超过12个月的押金,应并入应税消费品的销售额,按照应税消费品的适用税率缴纳消费税。对既作价随同应税消费品销售，又另外收取押金的包装物的押金，凡纳税人在规定的期限内没有退还的，均应并入应税消费品的销售额，按照应税消费品的适用税率缴纳消费税。

应税消费品在缴纳消费税的同时，与一般货物一样，还应缴纳增值税。按照《消费税暂行条例实施细则》的规定，应税消费品的销售额，不包括应向购货方收取的增值税税款。如果纳税人应税消费品的销售额中未扣除增值税税款或者因不得开具增值税专用发票而发生价款和增值税税款合并收取的，在计算消费税时，应将含增值税的销售额换算为不含增值税税款的销售额。

在从量定额计算方法下，应纳税额等于应税消费品的销售数量乘以单位税额。基本计算公式为：应纳税额＝应税消费品的销售数量×定额税率。

在从价定率和从量定额复合计算方法下，基本计算公式为：应纳税额＝应税销售数量×定额税率＋应税销售额×比例税率。

（2）委托加工环节应税消费品应纳税的计算。企业、单位或个人由于设备、技术、人力等方面的局限，或其他方面的原因，常常要委托其他单位代为加工应税消费品，然后，将加工好的应税消费品收回，直接销售或自己使用。这是生产应税消费品的另一种形式，也需要纳入征收消费税的范围。委托加工的应税消费品，由受托方在向委托方交货时代收代缴税款。

委托加工的应税消费品，按照受托方的同类消费品的销售价格计算纳税。没有同类消费品销售价格的，按照组成计税价格计算纳税。组成计税价格的计算公式为：

实行从价定率办法：组成计税价格＝（材料成本＋加工费）÷（1－比例税率）。

实行复合计税办法：组成计税价格＝（材料成本＋加工费＋委托加工数量×定额税率）÷（1－比例税率）。

（3）进口环节应纳消费税的计算。进口的应税消费品，于报关进口时缴纳消费税。纳税人进口应税消费品，按照组成计税价格和规定的税率计算应纳税额。计算方法如下：

从价定率计征：应纳税额＝组成计税价格×消费税比例税率。

组成计税价格＝（关税完税价格＋关税）÷（1－消费税比例税率）。

实行从量定额计征：应纳税额＝应税消费品数量×消费税定额税率。

实行复合计税办法：组成计税价格＝（关税完税价格＋关税＋进口数量×消费税定额税率）÷（1－消费税比例税率）。

应纳税额＝组成计税价格×消费税税率＋应税消费品进口数量×消费税定。

5. 已纳消费税的扣除。为了避免重复征税，现行消费税规定，将外购应税消费品和委托加工收回的应税消费品继续生产应税消费品销售的，可以将外购应税消费品和委托加工收回应税消费品已缴纳的消费税给予扣除。

由于某些应税消费品是用外购或委托加工收回的已缴纳消费税的应税消费品连续生产出来的，在对这些连续生产出来的应税消费品计算征税时，税法规定应按当期生产领用数量计算准予扣除外购或委托加工收回的应税消费品已纳的消费税税款。扣除范围包括：已税烟丝生产的卷烟；已税化妆品生产的化妆品；已税珠宝玉石生产的贵重首饰及珠宝玉石；已税鞭炮焰火生产的鞭炮焰火；已税汽车轮胎(内胎和外胎)生产的汽车轮胎；已税摩托车生产的摩托车(如用外购两轮摩托车改装三轮摩托车)；已税杆头、杆身和握把为原料生产的高尔夫球杆；已税木制一次性筷子为原料生产的木制一次性筷子；已税实木地板为原料生产的实木地板；已税石脑油为原料生产的应税消费品；已税润滑油为原料生产的润滑油。

6. 征收管理。纳税人生产的应税消费品于销售时纳税，进口消费品应当于应税消费品报关进口环节纳税，但金银首饰、钻石及钻石饰品在零售环节纳税。消费税纳税义务发生的时间，以货款结算方式或行为发生时间分别确定。

按照《消费税暂行条例》的规定，消费税的纳税期限分别为1日、3日、5日、10日、15日、1个月或者1个季度。纳税人的具体纳税期限，由主管税务机关根据纳税人应纳税额的大小分别核定；不能按照固定期限纳税的，可以按次纳税。纳税人以1个月或以1个季度为一期纳税的，自期满之日起15日内申报纳税；以1日、3日、5日、10日或者15日为一期纳税的，自期满之日起5日内预缴税款，于次月1日起至15日内申报纳税并结清上月应纳税款。纳税人进口应税消费品，应当自海关填发海关进口消费税专用缴款书之日起15日内缴纳税款。

纳税人销售的应税消费品，以及自产自用的应税消费品，除国务院财政、税务主管部门另有规定外，应当向纳税人机构所在地或者居住地的主管税务机关申报纳税。委托个人加工的应税消费品，除受委托方为个人外，由受托方向机构所在地或者居住地的主管税务机关解缴消费税税款。进口的应税消费品，由进口人或者其代理人向报关地海关申报纳税。

## 三、关税法

关税法是指国家制定的调整关税征收与缴纳权利义务关系的法律规范。现行关税法律规范以全国人民代表大会于2017年11月修正颁布的《海关法》为法律依据，以国务院于2016年2月修订的《进出口关税条例》，以及由国务院关税税则委员会审定并报国务院批准，作为条例组成部分的《海关进出口税则》和《海关入境旅客行李物品和个人邮递物品征收进口税办法》为基本法规，由负责关税政策制定和征收管理的主管部门依据基本法规拟定的管理办法和实施细则为主要内容。

### (一) 关税的概念及分类

关税是海关依法对进出境货物、物品征收的一种税。所谓“境”指关境，又称“海关境域”或“关税领域”，是国家《海关法》全面实施的领域。在通常情况下，一国关境与国境是一致的，包括国家全部的领土、领海、领空。但当某一同家在国境内设立了自由港、自由贸易区等，这些区域就进出口关税而言处在关境之外，这时，该国家的关境小于国境，如我国。根据《香港特别行政区基本法》和《澳门特别行政区基本法》，香港和澳门保持自由港地位，为我国单独的关税地区，即单独关境区。单独关境区是不完全适合该国海关法律、法规或实施单独海关管理制度的区域。

依据不同的分类标准和依据，关税可以划分为不同的种类：(1)按征收对象分，有进口税、出口税和过境税。(2)按征收目的划分，有财政关税和保护关税。(3)按计征方式划分，有从量关税、从价关税、混合关税、选择性关税和滑动关税。(4)按税率制定划分，有自主关税和协定关税。(5)按差别待遇和特定的实施情况划分，有进口附加税、差价税、特惠税和普遍优惠制。

## （二）关税法的主要内容

1. 纳税义务人。进口货物的收货人、出口货物的发货人、进出境物品的所有人，是关税的纳税义务人。进出口货物的收、发货人是依法取得对外贸易经营权，并进口或者出口货物的法人或者其他社会团体。进出境物品的所有人包括该物品的所有人和推定为所有人的人。一般情况下，对于携带进境的物品，推定其携带人为所有人；对分离运输的行李，推定相应的进出境旅客为所有人；对以邮递方式进境的物品，推定其收件人为所有人；以邮递或其他运输方式出境的物品，推定其寄件人或托运人为所有人。

2. 进出口税则。进出口税则是一国政府根据国家关税政策和经济政策，通过一定的立法程序制定公布实施的进出口货物和物品应税的关税税率表。《海关进出口税则》是我国海关凭以征收关税的法律依据，也是我国关税政策的具体体现。我国现行税则包括《进出口关税条例》《税率适用说明》《海关进口税则》《海关出口税则》及进口商品从量税、复合税、滑准税税目税率表、进口商品关税配额税目税率表、进口商品税则暂定税率表、出口商品税则暂定税率表、非全税目信息技术产品税率表等附录。

税率表作为税则主体，包括税则商品分类目录和税率栏两大部分。税则商品分类目录是把种类繁多的商品加以综合，按照其不同特点分门别类地简化成数量有限的商品类目，分别编号按序排列，称为税则号列，并逐号列出该号中应列入的商品名称。商品分类的原则即归类规则，包括归类总规则和各类、章的具体注释。税率栏是按商品分类目录逐项定出的税率栏。我国现行进口税则为四栏税率，出口税则为一栏税率。按税则商品分类目录体系划分。

3. 税率。在我国加入世界贸易组织(WTO)之前，我国进口税则设有两栏税率，即普通税率和优惠税率。对原产于与我国未订有关税互惠协议的国家或者地区的进口货物，按照普通税率征税；对原产于与我国订有关税互惠协议的国家或者地区的进口货物，按照优惠税率征税。在我国加入 WTO 之后，为履行我国在加入双 WTO 关税减让谈判中承诺的有关义务，享有 WTO 成员应有的权利，自 2002 年 1 月 1 日起，我国进口税则设有最惠国税率、协定税率、特惠税率、普通税率、关税配额税率等税率。对进口货物在一定期限内可以实行暂定税率。最惠国税率适用原产于与我国共同适用最惠国待遇条款的WTO成员或地区的进口货物,或原产于我国签订有相互给予最惠国待遇条款的双边贸易协定的国家或地区进口的货物,以及原产于我同境内的进口货物;协定税率适用原产于我国参加的含有关税优惠条款的区域性贸易协定有关缔约方的进口货物,特惠税率适用原产于我国签订有特殊优惠关税协定的国家或地区的进口货物,普通税率适用于原产于上述国家或地区以外的其他国家或地区的进口货物。按照普通税率征税的进口货物,经国务院关税税则委员会特别批准,可以适用最惠国税率。适用最惠国税率、协定税率、特惠税率的国家或者地区名单,由国务院关税税则委员会决定,报国务院批准后执行。

按征收关税的标准,可以分成从价税、从量税、复合税、滑准税。从价税,即以进口货物的完税价格作为计税依据,以应征税额占货物完税价格的百分比作为税率。从量税,是以进口商品的重量、长度、容量、面积等计量单位为计税依据。从量税是每一种进口商品的单位应税额固定,不受该商品进口价格的影响,因此,这种计税方法的特点是税额计算简便,通关手续快捷,并能起到抑制质次价廉商品或故意低瞒价格商品的进口。目前我国对原油、部分鸡产品、啤酒、胶卷进口分别以重量、容量、面积计征从量税。复合税,是对某种进口商品同时使用从价和从量计征的一种计征关税的方法。复合税既可发挥从量税抑制低价商品进口的特点,又可发挥从价税税负合理、稳定的特点。目前我国对录像机、放像机、摄像机、数字照相机和摄录一体机实行复合税。滑准税,是一种关税税率随进门商品价格由高到低而由低到高设置计征关税的方法,可以使进口商品价格越高,其进口关税税率越低,进口商品的价格越低,其进口关税税率越高。其主要特点是可保持滑准税商品的国内市场价格的相对稳定,尽可能减少国际市场价格波动的影响。目前我国对新闻纸实行滑准税。

我国出口税则为一栏税率,即出口税率。国家仅对少数资源性产品及易于竞相杀价、盲目进口、需要规范出口秩序的半制成品征收出口关税。1992年对47种商品计征出口关税,税率为20%～40%。根据《国务院关税税则委员会关于2019年进出口暂定税率等调整方案的通知》,自2019年1月1日起继续对铬铁等108项出口商品征收出口关税或实行出口暂定税率,税率维持不变,取消94项出口暂定税率。

3. 关税完税价格。《海关法》规定,进出口货物的完税价格,由海关以该货物的成交价格为基础审查确定。一般进口货物的完税价格包括货物的货价、货物运抵我国境内输入地点起卸前的运输及其相关费用、保险费。我国境内输入地为入境海关地,包括内陆河、江口岸,一般为第一口岸。货物的货价以成交价格为基础。进口货物的成交价格是指买方为购买该货物,并按《完税价格办法》有关规定调整后的实付或应付价格。出口货物的完税价格,由海关以该货物向境外销售的成交价格为基础审查确定,并应包括货物运至我国境内输出地点装载前的运输及其相关费用、保险费,但其中包含的出口关税税额,应当扣除。

4. 应纳税额的计算。

从价税应纳税额的计算：关税税额＝应税进(出)口货物数量×单位完税价格×税率。

从量税应纳税额的计算：关税税额＝应税进(出)口货物数量×单位货物税额。

复合税应纳税额的计算：我国目前实行的复合税都是先计征从量税，再计征从价税，关税税额＝应税进(出)口货物数量×单位货物税额＋应税进(出)口货物数量×单位完税价格×税率。

准税应纳税额的计算：关税税额＝应税进(出)口货物数量×单位完税价格×滑准税税率。

5. 税收优惠。关税减免是对某些纳税人和征税对象给予鼓励和照顾的一种特殊调节手段。正是有了这一手段，使关税政策工作兼顾了普遍性和特殊性、原则性和灵活性。因此，关税减免是贯彻国家关税政策的一项重要措施。关税减免分为法定减免税、特定减免税和临时减免税。根据《海关法》规定，除法定减免税外的其他减免税均由国务院决定。减征关税在我国加入世界贸易组织之前以税则规定税率为基准，在我国加入世界贸易组织之后以最惠国税率或者普通税率为基准。

法定减免税是税法中明确列出的减税或免税。符合税法规定可予减免税的进出口货物，纳税义务人无须提出申请，海关可按规定直接予以减免税。我国《海关法》和《进出口条例》明确规定，下列货物、物品予以减免关税：(1)关税税额在人民币50元以下的一票货物，可免征关税；(2)无商业价值的广告品和货样，可免征关税；(3)外国政府、国际组织无偿赠送的物资；(4)进出境运输工具装载的途中必需的燃料、物料和饮食用品；(5)经海关核准暂时进境或者暂时出境，并在6个月内复运出境或者复运进境的货物、展览品、施工机械、工程车辆等，在货物收发货人向海关缴纳相当于税款的保证金或者提供担保后，可予暂时免税；(6)为境外厂商加工、装配成品和为制造外销产品而进口的原材料、辅料、零件和包装物材料，海关按照实际加工出口的成品数量免征进口关税，或者对进口料、件先征进口关税，再按照实际加工出口的成品数量予以退税；(7)因故退还的中国出口货物，经海关审查属实，可予免征进口关税，但已征收的出口关税不予退还；(8)因故退还的境外进口货物，经海关审查属实，可予免征出口关税，但已征收的进口关税不予退还；(9)进口货物如有以下情形，经海关查明属实，可酌情减免进口关税。第一，在境外运输途中或者在起卸时，遭受损坏或者损失的。第二，起卸后海关放行前，因不可抗力遭受损失或者损坏的。第三，海关查验时已经破漏、损坏或者腐烂，经证明不是保管不慎造成的。(10)无代价抵偿货物，即进口货物在征税放行后，发现货物残损、短少或品质不良，而由国外承运人、发货人或保险公司免费补偿或更换的同类货物，可以免税。如未退运，其进口的无代价抵偿货物应照章征税。(11)我国缔结或者参加的国际条约规定减征、免征关税的货物、物品，按照规定予以减免关税。(12)法律规定减征、免征的其他货物。

特定减免税也称政策性减免税，在法定减免税之外，国家按照国际通行规则和我国实际情况,制定发布的有关进出口货物减免关税的政策,称为特定或政策性减免税。特定减免税货物一般有地区、企业和用途的限制,海关需要进行后续管理,也需要进行减免税统计。主要包括如下几类:科教用品,残疾人专用品,扶贫、慈善性捐赠物资,加工贸易产品,边境贸易进口物资,出口加工区进出口货物,进口设备,特定行业或用途的减免税政策,等等。

临时减免税是指法定减免税和特定减免税以外的其他减免税,即由国务院根据《海关法》,对某个单位、某类商品、某个项目或某批进出口货物的特殊情况,需要对其进出口应税货物特别给予的关税减免。临时减免一般必须在货物进出口前,向所在地海关提出书面申请,并随附必要的证明资料,经所在地海关审核后,转报海关总署或海关总署会同国家税务总局、财政部审核批准。为了适应社会主义市场经济的要求,自 1994 年起,取消了临时减免税的政策。

## 四、企业所得税法

企业所得税法是指国家制定的用以调整企业所得税征收与缴纳之间权利及义务关系的法律规范。现行企业所得税法的基本规范,是 2018 年 12 月 29 日第十三届全国人民代表大会常务委员会第七次会议通过的修正后的《企业所得税法》和 2019 年 4 月 23 日首次修改后的《企业所得税实施条例》。

### (一)企业所得税的概念和特点

企业所得税是对我国境内的企业和其他取得收入的组织的生产经营所得和其他所得征收的所得税。

所得税的特点主要是:第一,通常以纯所得为征税对象。第二,通常以经过计算得出的应纳税所得额为计税依据。第三,纳税人和实际负担人通常是一致的,因而可以直接调节纳税人的收入。

所得税的计税依据是应纳税所得,它以利润为主要依据,但不是直接意义上的会计利润,更不是收入总额。因此在计算所得税时,计税依据的计算涉及纳税人的成本、费用的各个方面,使得所得税计税依据的计算较为复杂。而且企业所得税在征收过程中,为了发挥所得税对经济的调控作用,也会根据调控目的和需要,在税制中采取各种税收激励或限制措施,因而使所得税的计算更为复杂。

### (二)企业所得税法的主要内容

1. 纳税义务人。企业所得税的纳税义务人是指在中华人民共和国境内的企业和其他取得收入的组织。《企业所得税法》第 1 条规定,除个人独资企业、合伙企业不适用企业所得税法外,凡在我国境内,企业和其他取得收入的组织(以下统称企业)为企业所得税的纳税人,依照本法规定缴纳企业所得税。

企业所得税的纳税人包括居民企业和非居民企业。居民企业是指依法在中国境内成立，或者依照外国(地区)法律成立但实际管理机构在中国境内的企业；非居民企业是指依照外国(地区)法律成立且实际管理机构不在中国境内，但在中国境内设立机构、场所的，或者在中国境内未设立机构、场所，但有来源于中国境内所得的企业。这是根据企业纳税义务范围的宽窄进行的分类方法。

2. 征税对象。企业所得税的征税对象是纳税人取得的所得，包括销售货物所得、提供劳务所得、转让财产所得、股息红利所得、利息所得、租金所得、特许权使用费所得、接受捐赠所得和其他所得。

居民企业应就来源于中国境内、境外的所得缴纳企业所得税。非居民企业在中国境内设立机构、场所的，应当就其所设机构、场所取得的来源于中国境内的所得，以及发生在中国境外但与其所设机构、场所有实际联系的所得，缴纳企业所得税，非居民企业在中国境内未设立机构、场所的，或者虽设立机构、场所但取得的所得与其所设机构、场所没有实际联系的，应当就其来源于中国境内的所得缴纳企业所得税。

3. 税率。企业所得税税率是体现国家与企业分配关系的核心要素。现行规定是：基本税率为25%，适用于居民企业和在中国境内设有机构、场所且所得与机构、场所有关联的非居民企业。现行企业所得税基本税率设定为25%，从世界各国比较而言还是偏低的。这充分考虑了我国财政承受能力，又考虑了企业负担水平。低税率为20%，适用于在中国境内未设立机构、场所的，或者虽设立机构、场所但取得的所得与其所设机构、场所没有实际联系的非居民企业。

企业所得税按纳税年度计算。纳税年度自公历1月1日起至12月31日止。企业所得税实现按月或按季预缴、年终汇算清缴、多退少补的征收办法。

4. 应纳税所得额。应纳税所得额是企业所得税的计税依据，按照企业所得税法的规定，应纳税所得额为企业每一个纳税年度的收入总额，减除不征税收入、免税收入、各项扣除，以及允许弥补的以前年度亏损后的余额。

企业的收入总额包括以货币形式和非货币形式从各种来源取得了的收入，具体有销售货物收入、提供劳务收入、转让财产收入、股息、红利等权益性投资收益，以及利息收入、租金收入、特许权使用费收入、接受捐赠收入和其他收入。不征税收入主要包括财政拨款、依法收取并纳入财政管理的行政事业性收费、政府性基金和国务院规定的其他不征税收入。

企业所得税法规定，企业实际发生的与取得收入有关的、合理的支出，包括成本、费用、税金、损失其他支出，准予在计算应纳税所得额时扣除。

亏损是指企业依照企业所得税法和实施条例的规定，将每一纳税年度的收入总额减除不征税收入、免税收入和各项扣除后小于零的数额。税法规定，企业某一纳税年度发生的亏损可以用下一年度的所得弥补，下一年度的所得不足以弥补的，可以逐年延续弥补，但最长不得超过5年。

5. 应纳税额的计算。

(1) 居民企业应纳税额的计算。

基本计算公式为：居民企业应纳税额=应纳税所得额×适用税率－减免税额－抵免税额。

抵免限额，是指企业来源于中国境外的所得，依照企业所得税法及实施条例的规定计算的应纳税额。

(2) 非居民企业应纳税额的计算。

基本计算公式为：应纳税额=应纳税所得额×实际征收率

对于非居民企业的所得，按照下列方法计算应纳税所得额：股息、红利等权益性投资收益和利息、租金、特许权使用费所得，以收入全额为应纳税所得额；转让财产所得，以收入全额减除财产净值后的余额为应纳税所得额；其他所得，参照前两项规定的方法计算应纳税所得额。

实际征收率是指企业所得税法及其实施条例等相关法律法规规定的税率，或者税收协定规定的更低的税率。

扣缴义务人在每次向非居民企业支付或者到期应支付所得时，应从支付或者到期应支付的款项中扣缴企业所得税。

6. 税收优惠。税收优惠，是指国家运用税收政策在税收法律、行政法规中规定对某一部分特定企业和课税对象给予减轻或免除税收负担的一种措施。税法规定的企业所得税的税收优惠方式包括免税、减税、加计扣除、加速折旧、减计收入、税额抵免等。

(1) 免征与减征。企业的下列所得，可以免征、减征企业所得税：从事农、林、牧、渔业项目的所得；从事国家重点扶持的公共基础设施项目投资经营的所得；从事符合条件的环境保护、节能节水项目的所得；符合条件的技术转让所得。

(2) 高新技术企业优惠。国家需要重点扶持的高新技术企业，减按 15%的税率征收企业所得税。

(3) 小型微利企业优惠。符合条件的小型微利企业减按 20%的税率征收企业所得税。

(4) 加计扣除优惠。主要包括：企业为开发新技术、新产品、新工艺发生的研究开发费用，按照研究开发费用的 50%加计扣除。企业安置残疾人员所支付工资费用，按照支付给残疾职工工资的 100%加计扣除。另外，符合条件的企业共同合作开发项目、企业委托给外单位进行开发的研发费用均可按照规定计算加计扣除计扣除等。

(5) 创投企业优惠。创业投资企业采取股权投资方式投资于未上市的中小高新技术企业 2 年以上的，可以按照其投资额的 70%在股权持有满 2 年的当年抵扣该创业投资企业的应纳税所得额。

(6) 加速折旧优惠。企业的固定资产由于技术进步等原因，确需加速折旧的，可以缩短折旧年限或者采取加速折旧的方法。

(7) 税额抵免优惠。税额抵免,是指企业购置并实际使用《环境保护专用设备企业所得税优惠目录》《节能节水专用设备企业所得税优惠目录》和《安全生产专用设备企业所得税优惠目录》规定的环境保护、节能节水、安全生产等专用设备的,该专用设备的投资额的 10%可以从企业当年的应纳税额中抵免;当年不足抵免的,可以在以后 5 个纳税年度结转抵免。

另外,按照相关法律法规的规定,企业所得税还存在民族自治地方的优惠、非居民企业优惠、其他有关行业的优惠等。

## 五、个人所得税法

个人所得税法,是指国家制定的用以调整个人所得税征收与缴纳之间权利及义务关系的法律规范。现行个人所得税的基本规范是 1980 年 9 月 10 日第五届全国人民代表大会第三次会议制定、根据 1993 年 10 月 31 日第八届全国人民代表大会常务委员会第四次会议决定修改的《个人所得税法》(2018 年 8 月 31 日第七次修正),以及 2018 年 12 月 18 日修订的《个人所得税法实施条例》。

### (一) 个人所得税的概念及征收模式

个人所得税是以自然人取得的各类应税所得为征税对象而征收的一种所得税,是政府利用税收对个人收入进行调节的一种手段。个人所得税的纳税人不仅包括个人还包括具有自然人性质的企业。

一般说来,个人所得税的征收模式有三种:分类征收制、综合征收制和混合征收制。分类征收制,就是将纳税人不同来源、性质的所得项目,分别规定不同的税率征税;综合征收制,是对纳税人全年的各项所得加以汇总,就其总额进行征税;混合征收制,是对纳税人不同来源、性质的所得先分别按照不同的税率征税,然后将全年的各项所得进行汇总征税。三种不同的征收模式各有其优缺点。就第一种征收模式而言,其优点是对纳税人全部所得区分性质进行区别征税,能够体现国家的政治、经济与社会政策。缺点是对纳税人整体所得把握得不一定全面,容易导致实际税负的不公平。就第二种方式而言,可以对纳税人的全部所得征税,从收入的角度体现税收公平的原则,但它不利于针对不同收入进行调节,不利于体现国家有关社会、经济政策。就第三种方式而言,集中了前面两种的优点,既可实现税收的政策性调节功能,也可体现税收的公平原则。

2018 年《个人所得税法》修改之前,我国个人所得税的征收采用的是第一种模式,即分类征收制。在我国开征个人所得税之初,居民个人的收入水平比较低,收入来源比较单一,政府征税的目的主要在于对一部分居民畸高的收入进行调节。21 世纪的今天,我国居民个人的收入水平有了很大提高,而且收入的来源种类呈日益多样化趋势,因此对我国个人所得税制模式进行改革是大势所趋。2018 年《个人所得税法》的第七次大修的最大亮点正是历史性地实现了个税制度由分类税制向综合与分类相结合的税制转变。

修订后的法律规定对工资薪金、劳务报酬、稿酬、特许权使用费采用综合计税的方式,将这四者合为一项,主要是考虑到工资薪金、劳务报酬及稿酬均为劳务所得。对股息红利、财产转让所得、财产租赁所得等其他税目依然采用分类计征的方式,逐步建立起综合与分类相结合的税制。着眼于税制公平的角度,对于单一收入来源的纳税人来说,比如拿“死工资”的人、只拿稿费的作家,将四项劳动性所得纳入综合征税范围,将有效地减轻他们的纳税负担,当然对于有多处收入来源的纳税人,综合征税后可能税负减少不明显甚至略有增加,这正是税收公平性原则的体现。未来随着个税改革的不断推进,更多收入或将纳入综合征税,从而更好地发挥个人所得税对缩小收入分配差距的调节作用,更好地实现税负公平。

### (二)个人所得税法的主要内容

1. 纳税义务人。个人所得税的纳税义务人,包括中国公民、个体工商业户以及在中国有所得的外籍人员(包括无国籍人员)和中国香港、澳门、台湾同胞。纳税义务人依据住所和居住时间两个标准,区分为居民个人和非居民个人,分别承担不同的纳税义务。

居民纳税义务人负有无限纳税义务。其所取得的应纳税所得,无论是来源于中国境内还是中国境外任何地方,都要在中国缴纳个人所得税。根据《个人所得税法》的规定,居民纳税义务人是在中国境内有住所,或者无住所而一个纳税年度内在中国境内居住累计满 183 天的个人。

非居民纳税义务人,在中国境内无住所又不居住,或者无住所而一个纳税年度内在中国境内居住累计不满 183 的个人,为非居民个人。非居民纳税义务人仅就其来源于中国境内的所得,向中国缴纳个人所得税。

2. 征税对象和税目。个人所得税的征税对象是个人所得。下列各项个人所得,应纳个人所得税:(1)工资、薪金所得;(2)劳务报酬所得;(3)稿酬所得;(4)特许权使用费所得;(5)经营所得;(6)利息、股息、红利所得;(7)财产租赁所得;(8)财产转让所得;(9)偶然所得。

上述第(1)至(4)项,即工资、薪金所得,劳务报酬所得,稿酬所得和特许权使用费所得合称综合所得,居民个人按照纳税年度合并计算个人所得税,非居民个人按月或者按次分项计算个人所得税。经营所得和其他所得按照《个人所得税法》规定分别计算个人所得税。

3. 计税依据。

(1) 居民个人的综合所得,以每一纳税年度的收入额减除费用 6 万元以及专项扣除、专项附加扣除和依法确定的其他扣除后的余额,为应纳税所得额。专项扣除包括居民个人按照国家规定的范围和标准缴纳的基本养老保险、基本医疗保险、失业保险等社会保险费和住房公积金等;专项附加扣除包括子女教育、继续教育、大病医疗、住房贷款利息和住房租金、赡养老人等支出。

（2）非居民个人的工资、薪金所得，以每月收入额减除费用5000元后的余额为应纳税所得额；劳务报酬所得、稿酬所得、特许权使用费所得，以每次收入额为应纳税所得额。

（3）经营所得，以每一纳税年度的收入总额减除成本、费用以及损失后的余额，为应纳税所得额。

（4）财产租赁所得，每次收入不超过4000元的，减除费用800元；4000元以上的，减除20%的费用，其余额为应纳税所得额。

（5）财产转让所得，以转让财产的收入额减除财产原值和合理费用后的余额，为应纳税所得额。

（6）利息、股息、红利所得，偶然所得和其他所得，以每次收入额为应纳税所得额。

稿酬所得的收入额按照所取得收入的70%计算。个人将其所得对教育事业和其他公益慈善事业捐赠的部分，按照国务院有关规定从应纳税所得中扣除。专项附加扣除的具体范围、标准和实施步骤，由国务院财政、税务主管部门商有关部门确定。

有下列情形之一的，税务机关有权按照合理方法进行纳税调整：①个人与其关联方之间的业务往来不符合独立交易原则而减少本人或者其关联方应纳税额，且无正当理由；②居民个人控制的，或者居民个人和居民企业共同控制的设立在实际税负明显偏低的国家（地区）的企业，无合理经营需要，对应当归属于居民个人的利润不作分配或者减少分配；③个人实施其他不具有合理商业目的的安排而获取不当税收利益。税务机关作出纳税调整，需要补征税款的，应当补征税款，并依法加收利息。

4. 税率。

（1）综合所得，适用3%至45%的超额累进税率。

（2）经营所得，适用5%至35%的超额累进税率。

（3）利息、股息、红利所得，财产租赁所得，财产转让所得，偶然所得和其他所得，适用比例税率，税率为20%。

5. 应纳税额的计算。

依照税法规定的适用税率和费用扣除标准，各项所得的应纳税额计算公式为：应纳税额＝应纳税所得额×适用税率。

6. 税收优惠。

（1）免征范围：省级人民政府、国务院部委和中国人民解放军军以上单位，以及外国组织、国际组织颁发的科学、教育、技术、文化、卫生、体育、环境保护等方面的奖金；国债和国家发行的金融债券利息；按照国家统一规定发给的补贴、津贴；福利费、抚恤金、救济金；保险赔款；军人的转业费、复员费、退役金；按照国家统一规定发给干部、职工的安家费、退职费、基本养老金或者退休费、离休费、离休生活补助费；依照我国有关法律规定应予免税的各国驻华使馆、领事馆的外交代表、领事官员和其他人员的所得；中国政府参加的国际公约、签订的协议中规定免税的所得；国务院规定的其他免税所得。

（2）减征范围：残疾、孤老人员和烈属的所得；因严重自然灾害造成重大损失的；国务院可以规定其他减税情形,报全国人民代表大会常务委员会备案。

## 第三节 税收征管法律制度[2]

税收征收管理法是有关税收征收管理法律规范的总称。《税收征收管理法》于1992年9月4日第七届全国人民代表大会常务委员会第二十七次会议通过,并于1995年2月28日、2001年4月28日和2015年4月24日三次修订。《税收征收管理法实施细则》于2002年9月7日公布并于2002年10月15日起实施,2016年2月6日进行了第三次修正。税收征收管理的主要制度包括以下四个方面。

### 一、税务管理

税务管理主要包括税务登记、账簿凭证和纳税申报管理。

#### (一)税务登记管理

税务登记是税务机关对纳税人的生产、经营活动进行登记并据此对纳税人实施税务管理的一种法定制度。税务登记又称纳税登记,它是税务机关对纳税人实施税收管理的首要环节和基础工作,是征纳双方法律关系成立的依据和证明,也是纳税人必须依法履行的义务。税务登记分为开业登记、变更登记和注销登记。

从事生产、经营的纳税人自领取营业执照之日起30日内,持有关证件,向税务机关申报办理税务登记。税务机关应当于收到申报的当日办理登记。市场监督管理机关应当将办理登记注册、核发营业执照的情况,定期向税务机关通报。

纳税人税务登记内容发生变化的,自市场监督管理机关办理变更登记之日起30日内或者在向市场监督管理机关申请办理注销登记之前,持有关证件向税务机关申报办理变更或者注销税务登记。

纳税人应当按照国家有关规定,持营业执照,在银行或者其他金融机构开立基本存款账户和其他存款账户,并将其全部账号向税务机关报告。

#### (二)账簿凭证管理

账簿是纳税人、打缴义务人连续地记录其各种经济业务的账册或簿籍;凭证是纳税人用来记录经济业务,明确经济责任,并据以登记账簿的书面证明。账簿凭证管理是税

---

[2] 近年来,我国在税收领域积极开展税制改革和税收立法等多个维度的法治建设,随着国家简政放权和国务院机构改革,各种规范性文件陆续出台,后续出台的规范性文件中的某些规定是对既有立法的修正。例如,2016年6月30日国务院办公厅发布《关于加快推进"五证合一、一照一码"登记制度改革的通知》,在全国范围内实施"五证合一、一证一码"登记;2019年7月24日国家税务总局出台的《关于公布取消一批税务证明事项以及废止和修改部分规章规范性文件的决定》取消了税务登记证件、营业执照等在内的一些税务证明事项。《税收征收管理法》尚在修订中,现有法律文本还未能体现最新的规定,本教材着眼于最新规定,对不合时宜的滞后性立法内容进行了修改。

务登记后税收征管的又一重要环节。账簿凭证管理制度主要包括账簿凭证设置、备案、账簿凭证的文字、发票管理、税控管理和账簿凭证的保管等。

1. 账簿凭证的设置。从事生产、经营的纳税人应当自领取营业执照或者发生纳税义务之日起 15 日内,按照国家有关规定设置账簿。

2. 备案。从事生产、经营的纳税人的财务、会计制度或者财务、会计处理办法和会计核算软件,应当报送税务机关备案。

3. 账簿凭证的文字。账簿、会计凭证和报表,应当使用中文。民族自治地方可以同时使用当地通用的一种民族文字。外商投资企业和外国企业可以同时使用一种外国文字。

4. 发票管理。单位、个人在购销商品、提供或者接受经营服务以及从事其他经营活动中,应当按照规定开具、使用、取得发票。税务机关是发票的主管机关,负责发票印制、领购、开具、取得、保管、缴销的管理和监督。增值税专用发票由国务院税务主管部门指定的企业印制;其他发票,分别由省、自治区、直辖市国家税务局、地方税务局指定企业印制。

5. 税控装置。纳税人应当按照规定安装、使用税控装置,不得损毁或者擅自改动税控装置。

6. 账簿凭证的保管。账簿、记账凭证、报表、完税先证、发票、出口凭证以及其他有关涉税资料应当合法、真实、完整。账簿、记账凭证、报表、完税先证、发票、出口凭证以及其他有关涉税资料应当保存 10 年。法律、行政法规另有规定的除外。

### (三) 纳税申报管理

纳税申报是指纳税人、扣缴义务人按照法律、行政法规的规定,在申报期限内就纳税事项向税务机关书面申报的一种法定手续。纳税人、扣缴义务人不能按期办理纳税申报或者报送代扣代缴、代收代缴税款报告表的,经税务机关核准,可以延期申报。纳税人办理纳税申报的期限最后一日,如遇公休、节假日的,可以顺延。

## 二、税款征收

税款征收是税务机关按照税收法律、法规规定将纳税人应当缴纳的税款组织征收入库的一系列活动的总称。税款征收是税收征收管理工作中的中心环节,是全部税收征管工作的目的和归宿,在整个税收工作中占据着极其重要的地位。

### (一) 税款征收的方式

税款征收方式是指税务机关根据各税种的不同特点、征纳双方的具体条件而确定的计算征收税款的方法和形式。税款征收的方式主要有查账征收、查定征收、查验征收、定期定额征收、委托代征税款、邮寄纳税、其他方式。

### (二)税款征收制度

1. 代扣代缴、代收代缴税款制度。扣缴义务人依照法律、行政法规的规定履行代扣、代收税款的义务。扣缴义务人依法履行代扣、代收税款义务时,纳税人不得拒绝。纳税人拒绝的,扣缴义务人应当及时报告税务机关处理。税务机关按照规定付给扣缴义务人代扣、代收手续费。

2. 延期缴纳税款制度。纳税人和扣缴义务人必须在税法规定的期限内缴纳、解缴税款。纳税人因有特殊困难,不能按期缴纳税款的,经省、自治区、直辖市国家税务局、地方税务局批准,可以延期缴纳税款,但最长不得超过 3 个月。

3. 税收滞纳金征收制度。纳税人未按照规定期限缴纳税款的,扣缴义务人未按照规定期限解缴税款的,税务机关除责令限期缴纳外,从滞纳税款之日起,按日加收滞纳税款万分之五的滞纳金。

4. 减免税收制度。纳税人申请减免税,应向主管税务机关提出书面申请,并按规定附送有关资料。减免税的申请须经法律、行政法规规定的减税、免税审查批准机关审批。

5. 税额核定和税收调整制度。纳税人有不设置账簿、账目混乱、擅自销毁账簿、计税依据明显偏低等情形的,税务机关有权核定其应纳税额。企业或者外国企业在中国境内设立的从事生产、经营的机构、场所与其关联企业之间的业务往来,应当按照独立企业之间的业务往来收取或者支付价款、费用;不按照独立企业之间的业务往来收取或者支付价款、费用,而减少其应纳税的收入或者所得额的,税务机关有权进行合理调整。

6. 未按照规定办理税务登记的从事生产、经营的纳税人,以及临时从事经营纳税人的税款征收制度。此类纳税人由税务机关核定其应纳税额,责令缴纳。

7. 税收保全措施。税务机关有根据认为从事生产、经营的纳税人有逃避纳税义务行为的,可以在规定的纳税期之前,责令限期缴纳税款;在限期内发现纳税人有明显的转移、隐匿其应纳税的商品、货物以及其他财产迹象的,税务机关应责令其提供纳税担保。如果纳税人不能提供纳税担保,经县以上税务局(分局)局长批准,税务机关可以采取税收保全措施。

8. 税收强制执行措施。从事生产、经营的纳税人、扣缴义务人未按照规定的期限缴纳或者解缴税款,纳税担保人未按照规定的期限缴纳所担保的税款,由税务机关责令限期缴纳,逾期仍未缴纳的,经县以上税务局(分局)局长批准,税务机关可以书面通知其开户银行或者其他金融机构,从其存款中扣缴税款,或者扣押、查封、依法拍卖或者变卖其价值相当于应纳税款的商品、货物或者其他财产,以拍卖或者变卖所得抵缴税款。

9. 欠税清缴制度。从事生产、经营的纳税人、扣缴义务人未按照规定的期限缴纳或者解缴税款的,纳税担保人未按照规定的期限缴纳所担保的税款的,由税务机关发出限期缴纳税款通知书,责令缴纳或者解缴税款的最长期限不得超过 15 日。

10. 税款的退还和追征制度。纳税人超过应纳税额缴纳的税款,税务机关发现后应当立即退还；纳税人自结算缴纳税款之日起 3 年内发现的，可以向税务机关要求退还多缴的税款并加算银行同期存款利息。因税务机关责任，致使纳税人、扣缴义务人未缴或者少缴税款的，税务机关在 3 年内可要求纳税人、扣缴义务人补缴税款，但是不得加收滞纳金。

11. 税款入库制度。税务机关依照税收法律、行政法规的规定，将应收的税款、滞纳金按照国家规定的税收征收管理范围和税款入库预算级次缴入国库。

## 三、税务检查

税务检查制度是税务机关根据国家税法和财务会计制度的规定，对纳税人履行纳税义务的情况进行的监督、审查制度。常见的税务检查的形式包括：重点检查、分类计划检查、集中性检查、临时性检查、专项检查等。

税务人员进行税务检查时，应当出示税务检查证和税务检查通知书。纳税人、扣缴义务人必须接受税务机关依法进行的税务检查，如实反映情况，提供有关资料，不得拒绝、隐瞒。税务机关对纳税人、扣缴义务人及其他当事人处以罚款或者没收违法所得时，应当开付罚没凭证。

## 四、法律责任

### （一）违反税务管理基本规定行为的处罚

纳税人有下列行为之一的，由税务机关责令限期改正，可以处 2000 元以下的罚款；情节严重的，处 2000 元以上 1 万元以下的罚款：未按照规定的期限申报办理税务登记、变更或者注销登记的；未按照规定设置、保管账簿或者保管记账凭证和有关资料的；未按照规定将财务、会计制度或者财务、会计处理办法和会计核算软件报送税务机关备查的；未按照规定将其全部银行账号向税务机关报告的；未按照规定安装、使用税控装置，或者损毁或擅自改动税控装置的；纳税人未按照规定办理税务登记证件验证或者换证手续的。

纳税人不办理税务登记的，由税务机关责令限期改正；逾期不改正的，由工商行政管理机关吊销其营业执照。

纳税人未按照规定使用税务登记证件，或者转借、涂改、损毁、买卖、伪造税务登记证件的，处 2000 元以上 1 万元以下的罚款；情节严重的，处 1 万元以上 5 万元以下的罚款。

### （二）纳税人、扣缴义务人未按规定进行纳税申报的法律责任

纳税人未按照规定的期限办理纳税申报和报送纳税资料的. 或者扣缴义务人未按照规定的期限向税务机关报送代扣代缴、代收代缴税款报告表和有关资料的，由税务机关责令限期改正，可以处 2000 元以下的罚款；情节严重的，可以处 2000 元以上 1 万元以下

的罚款。

### (三)偷税的法律责任

纳税人伪造、变造、隐匿、擅自销毁账簿、记账凭证,或者在账簿上多列支出或者不列、少列收入,或者经税务机关通知申报而拒不申报或者进行虚假的纳税申报,不缴或者少缴应纳税款的,是偷税。对纳税人偷税的,由税务机关追缴其不缴或者少缴的税款、滞纳金,并处不缴或者少缴的税款50%以上5倍以下的罚款;构成犯罪的,依法追究刑事责任。

### (四)进行虚假申报或不进行申报行为的法律责任

纳税人、扣缴义务人编造虚假计税依据的,由税务机关责令限期改正,并处5万元以下的罚款。纳税人不进行纳税申报,不缴或者少缴应纳税款的,由税务机关追缴其不缴或者少缴的税款、滞纳金,并处不缴或者少缴税款50%以上5倍以下的罚款。

### (五)逃避追缴欠税的法律责任

纳税人欠缴应纳税款,采取转移或者隐匿财产的手段,妨碍税务机关追缴欠缴的税款的,由税务机关追缴欠缴的税款、滞纳金,并处欠缴税款50%以上5倍以下的罚款;构成犯罪的,依法追究刑事责任。

### (六)抗税的法律责任

以暴力、威胁方法拒不缴纳税款的,是抗税,除由税务机关追缴其拒缴的税款、滞纳金外,依法追究刑事责任。情节轻微,未构成犯罪的,由税务机关追缴其拒缴的税款、滞纳金,并处拒缴税款1倍以上5倍以下的罚款。

### (七)不配合税务机关依法检查的法律责任

纳税人、扣缴义务人逃避、拒绝或者以其他方式阻挠税务机关检查的,由税务机关责令改正,可以处1万元以下的罚款;情节严重的,处1万元以上5万元以下的罚款。

### (八)渎职行为的法律责任

税务人员利用职务上的便利,收受或者索取纳税人、扣缴义务人财物或者谋取其他不正当利益,构成犯罪的,依法追究刑事责任;尚不构成犯罪的,依法给予行政处分。税务人员徇私舞弊或者玩忽职守,不征收或者少征应征税款,致使国家税收遭受重大损失,构成犯罪的,依法追究刑事责任;尚不构成犯罪的,依法给予行政处分。税务人员滥用职权,故意刁难纳税人、扣缴义务人的,调离税收工作岗位,并依法给予行政处分。税务人员对控告、检举税收违法违纪行为的纳税人、扣缴义务人以及其他检举人进行打击报复,依法给予行政处分;构成犯罪的,依法追究刑事责任。税务人员违反法律、行政法规的规定,故意高估或者低估农业税计税产量,致使多征或者少征税款,侵犯农民合法权益或者损害国家利益,构成犯罪的,依法追究刑事责任;尚不构成犯罪的,依法给予行政处分。

**【法条链接】**

1.《增值税暂行条例》(1993年,2008年、2016年、2017年修订)。

2.《增值税暂行条例实施细则》(2008年,2011年修订)。

3.《消费税暂行条例》(1993年,2008年修订)。

4.《消费税暂行条例实施细则》(2008年)。

5.《海关法》(1987年,2000年、2013年、2016年、2017年修正)。

6.《进出口关税条例》(1985年、2010年、2013年、2016年修订)。

7.《企业所得税法》(2007年,2018年修正)。

8.《企业所得税法实施条例》(2007年,2019年修订)。

9.《个人所得税法》(1980年,1993年、1999年、2005年、2007年、2011年、2018年修正)。

10.《个人所得税法实施条例》(1994年,2005年、2008年、2011年、2018年修订)。

11.《环境保护税法》(2016年)

12.《税收征收管理法》(1992年,1995年、2001年、2015年修订)。

13.《税收征收管理法实施细则》(2002年,2012年、2013年、2016年修正)。

**【拓展阅读】**

1. [美]罗伊·鲍尔:《中国的财政政策——税制与中央和地方的关系》,许善达译,中国税务出版社2000年版。

2. [美]凯文·E.墨菲、马克·希金斯:《美国联邦税制》,解学智等译,东北财经大学出版社2001年版。

3. [日]金子宏:《日本税法》,战宪斌等译,法律出版社2004年版。

4. [日]北野弘久:《税法学原论》(第五版),郭美松等译,中国检察院出版社2008年版。

5. [美]霍尔姆斯·桑斯坦:《权利的成本——为什么自由依赖于税》,毕竟悦译,北京大学出版社2011年版。

6. [美]休·奥尔特、[加]布赖恩·阿诺德:《比较所得税法——结构性分析》(第三版),丁一、崔威译,北京大学出版社2013年版。

7. [日]中里实等:《日本税法概论》,郑林根译,法律出版社2014年版。

8. 葛克昌:《税法基本问题》,北京大学出版社2004年版。

9. 葛克昌:《所得税与宪法》,北京大学出版社2004年版。

10. 葛克昌:《行政程序与纳税人基本权利》,北京大学出版社2005年版。

11. 刘剑文等:《财税法成案研究》,北京大学出版社2012年版。

12. 刘剑文:《财税法专题研究》(第三版),北京大学出版社2015年版。

13. 刘剑文:《税法学》,北京大学出版社2017年版。

14. 刘剑文:《财税法——原理、案例与材料》(第四版),北京大学出版社2020年版。
15. 刘剑文、熊伟:《财政税收法》,法律出版社2019年版。
16. 熊伟主编:《税法解释与判例评注》(第十二卷),法律出版社2019年版。
17. 张守文:《税法原理》,北京大学出版社2016年版。
18. 张守文:《财税法疏议》,北京大学出版社2016年版。
19. 施正文:《税法要论》,中国税务出版社2007年版。
20. 施正文:《税收债法论》,中国政法大学出版社2008年版。
21. 汤洁茵:《金融创新的税法规制》,法律出版社2010年版。
22. 朱大旗、胡明:《〈税收征收管理法〉修订问题研究》,法律出版社2018年版。
23. 陈少英:《税法基本理论专题研究》,北京大学出版社2009年版。
24. 陈清秀:《税法总论》,台湾元照出版公司2010年版。
25. 严振生:《税法》,中国政法大学出版社2008年版。
26. 徐孟洲、徐阳光:《税法》(第四版),中国人民大学出版社2012年版。
27. 张怡等:《衡平税法研究》,中国人民大学出版社2012年版。
28. 翟继光编著:《税法学原理——理论·实务·案例》,清华大学出版社2012年版。

# 第十四章　金融调控法律制度

【导语】　金融调控是国家宏观经济调控的重要组成部分，以中央银行或货币当局为主体，以货币政策为核心，以稳定币值、稳定物价、充分就业和促进经济增长为目标。以规范和保障金融调控为使命的金融调控法律制度，主要由中央银行法、政策性银行法、货币法以及黄金、外汇管理法等构成。1995 年 3 月 18 日第八届全国人民代表大会第三次会议通过的《中国人民银行法》是我国第一部国家金融调控立法，正式确立了中国人民银行作为中央银行在国家金融调控方面的主体地位、组织架构和职责权限，在保证国家货币政策的正确制定和执行，建立和完善中央银行宏观调控体系，维护金融稳定方面发挥了极其重要的作用。2003 年 12 月 27 日第十届全国人大常委会第六次会议通过《中国人民银行法》修正案，适应国家金融监管体制改革需要，理顺中国人民银行法与银行业监督管理委员会之间关系，有利于更好地发挥其作为中央银行在宏观调控和防范与化解金融风险中的作用。进入 2020 年以来，为深入贯彻落实党中央、国务院的金融改革部署，建设现代中央银行制度，已经准备修改《中国人民银行法》，并且已列入立法规划。由国家开发银行、中国农业发展银行和中国进出口银行构成的我国政策性银行体系，在运用融资手段，实施国家产业政策，支持国家区域发展战略的实现，维护国家整体利益和社会效益等方面发挥了重要作用，但其法律地位、组织机构和职责权限等仍有待国家通过专门立法予以确认与规范。在其他金融法律中也包括相关内容，主要指商业银行法中的调控制度和外汇管理法中的调控制度。

## 第一节　金融调控与金融调控法

### 一、金融调控的含义和特征

#### （一）金融调控概念

金融调控，又称为金融宏观调控或宏观金融调控，是宏观经济调控的重要组成部分，是以中央银行或货币当局为主体，以货币政策为核心，借助于各种金融工具调节货币供应量或信用量，影响社会总需求进而实现社会总供求均衡，促进金融与经济协调稳定发展的机制与过程。金融调控直接的作用对象是货币经济（也称虚拟经济），通过货币经济的结构和总量发生变化,进而对实体经济(也称真实经济)产生重大影响。[1]

在市场经济体制的国家,建设现代中央银行制度,就是要提高对金融市场变迁的敏感度和适应能力。在这方面,要完善基础货币投放机制,健全基准利率和市场化利率体系。为此,就要增强中央银行的独立性,让中国中央银行真正成为一个社会的银行;就要理顺基准利率和市场化利率的传导机制,让货币的价格灵活、精准、有效地作用于货币的数量,从而服务于实体经济。上述五个方面既是现阶段金融宏观调控的关注点,也是建设现代中央银行的诉求。[2]

### (二)金融调控的特征

关于金融调控的特征,学界有不同的认识。有学者认为,金融调控是国家在经济发展过程中由于经济形势发生了扭曲或震荡,出于维护社会整体利益而作出的活动,是国家根据具体经济、金融情势作出的调节和控制行为,具有诸如公共性、宏观性、专业性和裁量性等显著特征。[3] 有学者认为,金融调控的特征包括如下方面:[4]第一,金融调控的主体一方恒定是中央银行。第二,金融调控的目的是实现宏观经济总量均衡协调发展。第三,金融调控的手段以货币政策为核心,采用货币政策工具。第四,金融调控依法进行。有学者认为,金融调控有如下特征:[5]第一,金融调控主体是中央银行。第二,金融调控的手段以货币政策和宏观审慎政策为双支柱。第三,金融调控必须依法进行。第四,金融调控的目的是稳定币值以促进经济的发展。有学者归纳金融调控有三个特征:[6]第一,金融调控主体是中央银行。第二,金融调控的手段主要是货币政策。第三,金融调控必须在法律框架下运作。

金融调控实际上至少包含三方面的要素,即调控主体、调控方式和调控目标,[7]上述三方面要素涉及金融调控的主体方面的特征、调控目标的属性以及调控方式方面的特征。需要明确的是,金融调控的特征的确定应当同与其最接近的事物比较才更合理,就是要与同属宏观调控范畴的其他调控比较,才能更能明确其特征。在宏观调控范畴中,财政税收调控被公认为最直接相关的调控方式和工具。由此视角观之,金融调控的特征突出体现在两个方面:首先,金融调控主体为中央银行;其次,金融调控手段是以货币政策和宏观审慎政策为双支柱。至于"依法进行"或者"法治化",在当今依法治国时代不应成为某种具体调控行为的特征。

---

[1] 冯果主编:《经济法:制度·学说·案例》,493页,武汉,武汉大学出版社,2012。

[2] 曾康霖、罗晶:《论金融宏观调控——再为中国金融立论》,载《征信》,2020(10)。

[3] 周昌发:《金融调控法律制度论》,16~18页,北京,法律出版社,2013。

[4] 徐孟州:《金融法》,276~277页,北京,高等教育出版社,2007。

[5] 张守文主编:《经济法学》(第二版),174~176页,北京,法律出版社,2018。

[6] 岳彩申、盛学军主编:《金融法学》(第三版),188~189页,北京,中国人民大学出版社,2020。

[7] 周昌发:《金融调控法律制度论》,16页,北京,法律出版社,2013。

## 二、金融调控的历史变迁

### （一）国外金融调控历史

金融调控的实践始于美国。历史上，美国遭遇了两次大危机，即 20 世纪 30 年代的经济危机和 2007 年由次贷危机引发的金融危机，美国政府均采取了诸多金融调控措施。[8] 在 20 世纪 30 年代罗斯福新政对美国经济起到了成功干预的范式效应后，世界上很多国家，诸如英国、法国和德国等也开始注重政府对经济的干预，政府干预经济已风靡西方资本主义世界，而作为干预经济重要组成部分的金融调控便形成了世界性潮流。在 2007 年爆发了的巨大金融危机后，美国无论是在立法上，还是在政策调控上都实施积极干预，其采取的金融调控措施强度非常大。与之相对，在 20 世纪发生的另一场著名金融危机即亚洲金融危机中，亚洲各国，诸如泰国、印度尼西亚、韩国、马来西亚等国都运用国家权力干预经济，实施各种金融调控措施，刺激和推动经济的复苏和发展。

2020 年，由于受新型冠状病毒肺炎疫情的影响，全球经济发展进入衰退停滞状态，为做好相应应对，全球货币政策全面转向宽松。货币政策宽松一定程度上降低了融资利率，能够刺激消费和投资，在一定程度上能够推动经济增长，不过，也会压低全球投资回报率，这可能导致金融机构追求高收益资产等冒险行为，由此增加金融风险。

### （二）我国金融调控历史沿革

我国金融调控的产生与市场经济的发展紧密相关。[9] 在计划经济体制下，金融资源由政府控制，配置方式以计划为主，金融资源的计划配置方式决定了货币政策传导机制的非市场化特征，金融调控无从产生。以信贷制度为例，1985 年，中国人民银行的信贷管理实行“统一计划、分级管理、存贷挂钩、差额包干”的制度，简称“差额包干”。这一制度对信贷数量的控制主要体现在以下几个方面：首先，中国人民银行通过“统一计划”进行总量控制。全国各类各级银行按照中国人民银行总行统一的规定编制信贷差额计划，逐级汇编上报，由人民银行总行统一平衡，编制全国信贷计划上报国务院批准，后由人民银行总行对各国有银行总行及人民银行分行分配差额包干计划，之后再逐级分配。其次，各级各类银行要将吸收的存款与发放的贷款挂钩，即“存贷挂钩”，在规定的差额计划内，各银行的存差须上缴，借差由上级银行弥补。各银行多存可多贷，少存则要少贷。最后，各级各类银行应当争取完成存差计划，但不能突破借差计划。整个信贷市场不存在现代市场经济意义上的宏观经济运行不稳，自然也没有金融调控的必要，市场经济中的货币政策工具是不存在的。

在确立建设社会主义市场经济的战略目标后，我国金融宏观调控体系逐步建立。

---

〔8〕 周昌发：《金融调控法律制度论》，21 页，北京，法律出版社，2013。

〔9〕 冯果主编：《经济法：制度·学说·案例》，493～494 页，武汉，武汉大学出版社，2012。

1984年,党中央、国务院决定中国人民银行专门行使中央银行职能,中国人民银行从此肩负起金融宏观调控的重大使命。党的十四届三中全会通过的《关于建立社会主义市场经济体制若干问题的决定》明确提出,社会主义市场经济必须有健全的宏观调控体系。中央银行以稳定币值为首要目标,调节货币供应总量,并保持国际收支平衡。党的十六届三中全会《关于完善社会主义市场经济体制若干问题的决定》进一步提出,"进一步健全国家计划和财政政策、货币政策等相互配合的宏观调控体系……货币政策要在保持币值稳定和总量平衡方面发挥重要作用,健全货币政策的传导机制"。

伴随着经济金融体制改革和社会主义市场经济体制建设进程,我国金融宏观调控体系也在不断探索、调整、完善,中国人民银行根据经济形势的变化采取不同的货币政策。1993—1999年,我国执行的是适度从紧的货币政策;1999—2007年,我国执行的是稳健的货币政策;从2008年起,我国开始执行从紧的货币政策。从紧货币政策是为防止经济增长过热和通货膨胀所采取的宏观调控政策,其内涵:一是人民银行通过货币政策工具减少货币供应量,控制信贷规模过快增长;二是严格限制对高耗能、高污染和产能过剩行业中落后企业贷款投放,加大对"三农"、中小企业、节能环保和自主创新等薄弱环节的支持。

2010年以后,我国经济面临着高房价和通货膨胀的巨大压力,中国人民银行运用货币政策工具试图抑制房价上涨过快以及通货膨胀的态势。在"十三五"时期(2016—2020年),中国人民银行结合中国国情率先开展宏观审慎政策实践,建立货币政策和宏观审慎政策双支柱调控框架;同时推进金融市场化改革,提升宏观调控的有效性,为币值稳定、经济高质量发展营造良好的货币金融环境。[10]

2020年新型冠状病毒肺炎疫情在全世界爆发,中美贸易纠纷加剧,全球金融风险加剧,经济形势下滑严重。在这种形势下,为深入贯彻落实党中央、国务院的金融改革部署,建设现代中央银行制度,中国人民银行组织起草了《中国人民银行法(修订草案征求意见稿)》。其中,突出强调我国建立货币政策和宏观审慎政策双支柱调控框架。《中共中央关于制定国民经济和社会发展第十四个五年规划和二〇三五年远景目标的建议》强调要搞好跨周期政策设计,提高逆周期调节能力,建设现代中央银行制度,完善货币供应调控机制。

## 三、金融调控的要素

### (一)金融调控目标

理论界对于金融调控目标的具体认识存在一定分歧,但是关于金融调控目标的主要

---

〔10〕 李国辉:《金融宏观调控:"双支柱框架日趋完善"》,载《中国金融家》,2020(12)。

方面，大家认为有四个，即稳定币值、稳定物价、充分就业和促进经济增长。[11] 也有学者认为，基于经济社会的重大变化，结合国内外的实际，金融宏观调控应重点关注五个基点：要关注国民实际收入的变化，要关注区域经济的建设和发展，要把社会就业始终作为金融宏观调控的首要目标，要密切关注财政信贷收支的综合平衡，要关注经济周期和金融周期。[12] 中国人民银行研究成果表明：虽然近年来特别是2008年国际金融危机爆发以来，不少中央银行转向多目标制，但是价格稳定仍是中央银行的首要目标，现代中央银行制度更加注重运用价格型调控框架。现代中央银行制度更加注重与公众的沟通，更加注重独立性，更加注重金融监管。[13]

实践中，在各国中央银行立法中，不同的国家往往根据自身国情的需要，选取其中的一个或若干个目标为中央银行的政策目标，从而形成单一目标、双重目标、多重目标等模式。根据《中国人民银行法》第3条，我国货币政策目标有两个，即币值稳定和经济增长。从法律条文上进行解释，就是"稳定货币币值是基础，发展经济是在稳定币值的基础上进行的。或者说，稳定币值的目的是发展经济，稳定币值就是要促进经济的发展。"[14]

### （二）金融调控主体

如前所述，金融调控主体一方具有特定性，一般都是中央银行。从各国金融调控实践看，金融调控主体在各国几乎都局限于中央银行。[15] 有学者通过考察世界各国的金融调控机关，发现基本上都是各国中央银行。[16]

根据《1933年银行法》和《1935年银行法》，美国美联储获得法律意义上的金融调控权。美国联邦储备系统的最高权力机构是联邦储备委员会，由7名委员组成。委员经参议院同意，由总统任命，任期14年，每两年改选1人。总统有权指派两名委员分别担任委员会的主席和副主席，任期4年。另外，联储还设有联邦公开市场委员会，该委员会由联邦委员会成员7人和联邦储备银行总裁5人共12人组成，决定联储系统在公开市场和外汇市场上的买卖活动。需要说明，与美国国家体制相一致，美国实行多元中央银行体制，联邦和地方两级的中央银行都有自己的权力机构。不过，地方中央银行无权独立制定货币政策，要服从联邦中央银行权力机构的统一的货币政策。

根据1998年《英格兰银行法》，英国设有英格兰银行货币政策委员会，负责独立地制定英国的货币政策。该委员会有9名成员，包括：英格兰银行的行长和两名副行长；英格兰银行行长在征求财政大臣意见后任命两名委员（其中一名是行内货币政策分析方面的负责人，另一名是行内货币政策操作的负责人）；财政大臣任命四名委员，这四名委员必

---

〔11〕 周昌发：《金融调控法律制度论》，18～21页，北京，法律出版社，2013。

〔12〕 曾康霖、罗晶：《论金融宏观调控——再为中国金融立论》，载《征信》，2020(10)。

〔13〕 中国人民银行办公厅课题研究小组：《建设现代中央银行制度》，载《中国金融》，2020(8)。

〔14〕 吴志攀：《金融法概论》，15页，北京，北京大学出版社，2011。

〔15〕 吴弘、李有星：《金融法》，26页，北京，高等教育出版社，2013。

〔16〕 周昌发：《金融调控法律制度论》，88页，北京，法律出版社，2013。

须要有与委员会职责相关的知识和经历。

在欧盟,欧洲中央银行享有金融调控职权,它是世界上第一个管理超国家货币的中央银行。欧洲中央银行的主要决策机构是行长理事会和执行理事会。其中行长理事会是欧洲中央银行的最高决策机构,负责制定欧元区的货币政策,并就涉及货币政策的中介目标、指导利率以及法定准备金等作出决策,同时确定其实施的行动指南。目前,行长理事会由执行董事会成员和欧元区 12 个成员国中央银行行长组成,每个成员拥有一份表决权,采取简单多数表决决定要实施的货币政策,欧洲中央银行行长担任行长理事会主席,并且拥有在表决中出现赞成票反对票相等时作出最后裁决的权力。需要特别注意的是,欧元区成员国中央银行属于欧洲中央银行系统,负责执行欧洲中央银行作出的决策。

在我国,金融调控权主体是中国人民银行。《中国人民银行法》第 1 条规定制定该法的目的是建立和完善中央银行宏观调控体系,维护金融稳定。第 2 条规定:中国人民银行是中华人民共和国的中央银行。中国人民银行在国务院领导下,制定和执行货币政策,防范和化解金融风险,维护金融稳定。有学者认为,根据法律规定,“中国人民银行是我国的中央银行,但须在国务院领导下工作。可见,我国的金融调控主体是国务院和中央银行。”〔17〕也有学者认为,我国的金融调控主体包括中国人民银行、国家外汇管理局、国家发展与改革委员会和财政部。〔18〕

应当明确,就目前我国金融实际情况看,中国人民银行承担主要的金融调控工作。中国人民银行内部设有货币政策委员会,作为其制定货币政策的咨询议事机构。货币政策委员会基本职责是在综合分析国家宏观经济形势的基础上,依据国家宏观经济调控目标,讨论货币政策事项,并提出建议。中国人民银行根据货币政策委员会建议,进行金融调控工作。

### (三) 金融调控权

金融调控反映在权力形态上就呈现为金融调控权。金融调控权是国家宏观经济调控权的一个重要组成部分,是国家金融调控机关为稳定金融市场,以引导资金流向,控制信用规模为目的,对有关金融变量实行调节和控制的权力。金融调控权具体包括货币政策制定权与货币政策执行权。《中国人民银行法》第 5 条规定:“中国人民银行就年度货币供应量、利率、汇率和国务院规定的其他重要事项作出的决定,报国务院批准后执行。中国人民银行就前款规定以外的其他有关货币政策事项作出决定后,即予执行,并报国务院备案。”根据这一规定,中国人民银行有权就货币供应量政策、利率政策、汇率政策等作出决定,并且有权依法行使自己作出、经国务院批准或备案后的货币政策。

在我国,经国务院批准或备案的货币政策包括货币供应量政策、利率政策、汇率政

〔17〕 周昌发:《金融调控法律制度论》,98 页,北京,法律出版社,2013。
〔18〕 吴弘、李有星:《金融法》,26~27 页,北京,高等教育出版社,2013。

策、存款准备金政策、再贴现政策以及公开市场业务等。

## 四、金融调控法

金融调控法是调整金融调控关系的法律规范的总称。与世界上其他国家一样，我国没有一部专门的金融调控法，有关金融调控的法律规范分散制定于多部法律规范性文件中，包括法律、法规和规章。金融调控法主要包括中央银行法、政策性银行法、货币法以及黄金、外汇管理法等。[19]《商业银行法》等相关金融法中金融宏观审慎管理制度也有助于金融调控目标实现，例如《商业银行法》和《银行业监督管理法》对存贷利率、同业拆借、境外借款、系统性银行业风险等作出了相应规定，而《外汇管理条例》则对人民币汇率和外汇市场调控关系等作出了规定。从法律内容来看，《中国人民银行法》规定的中国人民银行职能突出强调其金融调控特点，并对中国人民银行的地位、性质、职能、职责、调控方法、调控手段以及法律责任作了比较全面的规定。在我国，《中国人民银行法》是金融调控法的主要规范性文件，是我国金融调控法的核心大法。

# 第二节　中央银行法律制度

## 一、中央银行概述

### （一）中央银行的产生

中央银行是指在一个国家或一个区域内，行使监督管理金融事业，调节和控制一国或一区域内货币流通和信用活动职能的机构。从银行发展史上看，中央银行的产生主要有两种情形，即自发产生的中央银行与人为创设的中央银行。

1. 自发产生型的中央银行。1694 年 4 月，以伦敦商人为主组成了“英格兰银行董事公司”，通过购买及包销国债、开具银行券等方式为政府提供资金支持。英格兰银行的出现及国债制度的确立是“光荣革命”在英国金融、财政领域里的一次延续，而“光荣革命”其实并不是一次革命或变革，而只是对传统的恢复，是英国从《大宪章》以来就有的“自由”价值观的延续。英格兰银行从为政府提供资金开始，逐渐丰富其他职能，主要包括如下方面：集中银行券发行、统一货币流通；建立全国票据清算中心，提供票据结算服务；保障金融安全，充当最后贷款人；协助政府进行金融管理和调节。

2. 人为创设型的中央银行。美国的中央银行是人为创设型中央银行的代表。在美国，由于传统的政治倾向与宪法争议的存在，中央银行的产生历经曲折。美国人民一向

---

〔19〕 漆多俊主编：《经济法学》，420 页，北京，高等教育出版社，2010；强力、王志诚：《中国金融法》，27 页，北京，中国政法大学出版社，2010。

不信任强大而集中的实体,特别是那种有权力创造货币和信贷的机构。清教背景下的美国天然地反对出现一家大型金融机构。相关合宪性争议较早出现在1818年"麦克洛克对马里兰州"一案中,该案最终确认国会有权力设立政府银行。

1791年,华盛顿总统签署了美国第一银行成立的特许状,1816年,詹姆斯·麦迪逊总统签署特许状批准美国第二银行成立。1832年,杰克逊总统对第二银行使否决权。一个可能成为像英格兰银行一样强有力的金融机构就此夭折。1913年,美国国会建立联邦储备系统(The Federal Reserve System,简称美联储)。美联储的宗旨是"为全国提供一个更安全、更富有弹性以及更稳定的货币与金融系统。"但是在20世纪"大萧条"中,美联储的表现让人失望。2010年后,"大美联储"(broad Fed)产生。

美国中央银行形成得很晚。1913年建立的美联储在罗斯福新政(1933—1935年)中才逐渐取得较大权力,一直到1951年才取得相对独立地位。

### (二)中央银行种类与法定组织形式

根据中央银行采取的体制,中央银行可以分为集中制、复合制、跨国制和准中央银行制。集中制又称总行分行制,是指一国设立一元化的中央银行,并根据需要设立分支机构的中央银行体制。复合制是指国家在中央和地方分别设立两级相互独立的中央银行机构,并组成一个复合体共同行使中央银行的职能。地方一级的中央银行在本辖区内拥有较大的权力,与中央一级机构保持相当的独立性。跨国制是指几个国家共同组成一个货币联盟,由该联盟或联盟所属的中央银行对所有成员国共同行使中央银行职能的组织体制。准中央银行是指在一些尚未成立专门的中央银行机构的国家或地区,其中央银行的职能由若干机构共同行使的中央银行体制。

从各国相关立法看,中央银行的法定组织形式主要有如下几种:[20]第一,法人型中央银行模式。这种模式的主要特点是将中央银行定位为法人,而不是政府机构。例如,《德意志联邦银行法》第2条规定,德意志联邦银行是按公法设立的联邦直接法人。《罗马尼亚国家银行章程》明确规定,国家银行是法人,并实行经济核算原则。第二,政府型中央银行模式。这种模式的主要特点是把中央银行作为国家的职能部门,负责制定和实施国家货币政策。例如:瑞典在1934年6月30日制定,经1974年5月10日修订的《瑞典国家银行法》第1条规定,瑞典国家银行是直属国会的官方组织。第三,混合型中央银行模式。在这种模式下,中央银行既是国家的金融管理机关,又是经营国家银行业务的经济实体,具有独立的法人资格。中国人民银行具有这种双重性质。

### (三)中央银行的法律地位与职能

中央银行的法律地位是指其在国家权力体系中的地位,主要考察其与立法机关、中央政府以及财政部门之间的关系。中央银行法律地位的高低标志着中央银行独立性的

---

〔20〕 徐孟州:《金融法》,24页,北京,高等教育出版社,2007。

强弱，也表明了中央银行对外部压力的敏感程度。

关于中央银行的法律地位，各国情形不一。在美国，美联储地位较高，具有相当的独立性：首先，美联储委员任期时间长，委员每届任期长达 14 年(主席任期短)，几乎接近终身制。这种任期制度有效地保证了委员们的独立性，保证委员不必因为国会、总统以及公众的压力而扭曲自己的决策。其次，美联储的资金来源不依赖于国会拨款。第三，美联储的行为透明度小，可以不受美国《信息自由法》管制，可以进行秘密讨论。第四，美联储对于自己的工作有足够的独立决策权。美联储与政府之间的关系相对独立，白宫遵循的一条行为底线是："我们不会对美联储进行任何评价。"

从历史传统上看，中央银行的职能主要为发行的银行、银行的银行和政府的银行。

(1) 发行的银行。这一职能主要表现为中央银行垄断货币发行权，是一国之内唯一的货币发行机构。发行货币是中央银行代表国家向社会提供流通和支付手段并以此对外负债的一种行为。

(2) 银行的银行。所谓银行的银行主要是指中央银行对于商业银行的有用性而言，中央银行为商业银行提供存贷款及结算的便利，并充当资金困难的商业银行最后可以求助的贷款人。这一职能体现在三方面：第一，中央银行集中保管存款准备金。第二，中央银行主持全国银行间债权债务的清算事宜。第三，中央银行是商业银行的最后贷款人。也有学者将这一职能称为"金融机构的银行"，原因在于随着中央银行在经济生活中重要性的扩大，中央银行"最后贷款人"职能不仅对普通的商业银行意义重大，而且对于其他类型金融机构(如保险公司、投资银行等金融机构)也发挥着日益重要的作用。[21] 对此见解，我们予以认同。

(3) 政府的银行。中央银行被称为政府的银行，是指中央银行与本国政府有密切联系，服务于政府，代表政府处理有关的金融事务。政府的银行职能主要表现为：第一，经理国库。国库是国家金库的简称，是办理预算收入的收纳、划分、留解和库款支拨的专门机构。第二，制定和执行货币政策。第三，对政府提供一定的资金支持。第四，代表政府从事有关国际金融活动，参加国际金融组织和金融会议。第五，负责保管国家的黄金储备和外汇储备。第六，代表政府对金融业进行监督管理。

随着经济和社会实践的发展变化，人们对中央银行职能的认识也随之改变。学者认为，进入 20 世纪 30 年代以来，随着国家对宏观经济的干预不断强化，各国将中央银行职能进一步确定为金融调控、金融监管和金融服务三大职能。[22] 有学者认为，2008 年金融危机以来，学术界和政策界对中央银行的职能形成了三个重要共识和一个重大分歧。三个共识是：第一，以"单一目标、单一工具"为特征的通胀目标制过度强化了中央银行锚定物价的功能，但物价稳定不是金融稳定的充分条件；第二，中央银行的起源和定位决定了

〔21〕 汪洋：《中央银行的逻辑》，44 页，北京，机械工业出版社，2018。

〔22〕 漆多俊：《经济法学》(第二版)，422 页，北京，高等教育出版社，2010。

其具有金融稳定的基础职能,金融危机爆发凸显了中央银行金融稳定职能的重要性;第三,加入金融稳定目标后,中央银行面临多目标权衡,需要拓展新政策框架尤其是宏观审慎政策来匹配“多目标”。各界对于如何更好地发挥中央银行金融稳定职能存在较大争议,核心分歧在于央行是不是宏观审慎政策的最佳主体。[23] 但是,中国人民银行的研究成果表明:虽然近年来特别是 2008 年国际金融危机爆发以来,不少中央银行转向多目标制,但是价格稳定仍是中央银行的首要目标,现代中央银行制度更加注重运用价格型调控框架。现代中央银行制度更加注重与公众的沟通,更加注重独立性,更加注重金融监管。[24]

## 二、中国人民银行的法律性质、地位、职能与职责

### (一)中国人民银行的法律性质与地位

中国人民银行是在 1948 年 12 月 1 日在河北省石家庄市宣告成立的,是在当时华北银行、北海银行、西北农民银行的基础上合并而成的。在不同历史阶段,中国人民银行履行着法律赋予的不同职责,其性质和地位也有相应变化。

《中国人民银行法》第 2 条规定:“中国人民银行是中华人民共和国的中央银行。中国人民银行在国务院领导下,制定和实施货币政策,防范和化解金融风险,维护金融稳定。”《中国人民银行法》第 7 条规定:“中国人民银行在国务院领导下依法独立执行货币政策,履行职责,开展业务,不受地方政府、各级政府部门、社会团体和个人的干涉。”《中国人民银行法》第四章规定了中国人民银行可以开展的业务。《中国人民银行法》第五章规定了中国人民银行的金融宏观调控权以及金融监督管理权。根据《中国人民银行法》的相关规定,中国人民银行的法律性质呈现双重性,它既是国家机关,又是从事法定金融业务的特殊金融机构。

就其法律地位而言,中国人民银行的法律地位具有如下特点:

第一,中国人民银行在行政上隶属国家最高行政机关——国务院。

第二,中国人民银行同时受国家权力机关——全国人民代表大会的监督。

第三,中国人民银行在货币政策的制定和执行过程中,根据不同事项享有不同权力。就年度货币供应量、利率、汇率和国务院规定的其他重要事项作出的决定,报国务院批准后执行;中国人民银行就上述以外的其他货币政策事项作出决定后,即予执行,并报国务院备案。

第四,中国人民银行的全部开支来源于财政,其全部资本由国家出资,列入中央预算单独管理。其从事公开市场业务以及其他业务活动形成的净利润全部上缴国库,亏损由

---

〔23〕 郑联盛:《中央银行职能演进与拓展的脉络》,载《经济学动态》,2019(3)。

〔24〕 中国人民银行办公厅课题研究小组:《建设现代中央银行制度》,载《中国金融》,2020(8)。

中央财政拨款弥补。

### （二）中国人民银行的职能和职责

中国人民银行的中央银行法律地位，是通过其职能和具体职责体现的。根据《中国人民银行法》的规定，它主要行使金融调控、金融监管和金融服务三大职能：一是金融调控职能。通过制定和实施货币政策，使货币供应和货币需求总体上保持平衡，以此促进国民经济稳定发展。二是金融监管职能。中国人民银行承担和履行与其宏观调控职能有关的部分必要监管职能，主要为对包含银行业在内的金融机构进行监管。三是服务职能。主要体现为充当政府的银行和充当金融机构的银行。

根据《中国人民银行法》第4条规定，中国人民银行履行的职责有：(1)发布与履行其职责有关的命令和规章；(2)依法制定和执行货币政策；(3)发行人民币，管理人民币流通；(4)监督管理银行间同业拆借市场和银行间债券市场；(5)实施外汇管理，监督管理银行间外汇市场；(6)监督管理黄金市场；(7)持有、管理、经营国家外汇储备、黄金储备；(8)经理国库；(9)维护支付、清算系统的正常运行；(10)指导、部署金融业反洗钱工作，负责反洗钱的资金监测；(11)负责金融业的统计、调查、分析和预测；(12)作为国家的中央银行，从事有关的国际金融活动；(13)国务院规定的其他职责。

## 三、中国人民银行从事金融业务的限制

中国人民银行在办理业务时，需要处理好币值稳定与经济增长的矛盾，这种矛盾主要体现在：国家发展经济需要货币投放，而货币投放过多时，又会导致通货膨胀。中国人民银行货币政策的目的就是要稳定货币的币值，所以，通货膨胀式的投放货币是违反货币政策的。是，中国人民银行如果限制货币的投放，又可能会限制经济的增长，导致币值虽然稳定，经济增长却放缓了的情况。为了保证其执行货币政策，中国人民银行在办理业务时，也要受到一些法定的限制。[25] 根据《中国人民银行法》的规定，中国人民银行办理业务时，要受到如下限制：

1. 对商业银行贷款期限的限制。《中国人民银行法》第28条规定，中国人民银行可以根据执行货币政策的需要，决定对商业银行贷款的数额、期限、利率和方式，但贷款的期限不得超过1年。为什么中央银行原则上不向证券公司提供贷款？这是因为向证券公司贷款实际上会对货币发行产生冲击，这种现象在我国尤为明显；中央银行向证券公司提供贷款会鼓励证券公司冒险行为，会产生道德风险。此外，由于中央银行不负责日常监管，所以不宜由它提供贷款。

2. 中国人民银行可以根据需要，为银行业金融机构开立账户，但不得对银行业金融机构的账户透支。所谓银行业金融机构是指在中华人民共和国境内设立的商业银行、城

---

〔25〕 吴志攀：《金融法概论》，21页，北京，北京大学出版社，2011。

市信用合作社、农村信用合作社等吸收公众存款的金融机构以及政策性银行。《中国人民银行法》第26条规定,中国人民银行可以根据需要,为银行业金融机构开立账户,但不得对银行业金融机构的账户透支。中国人民银行对商业银行不能透支,主要目的是防止通货膨胀。当商业银行资金短缺时,可以通过再贴现的方式,从中国人民银行获得贷款,但一般不能从中国人民银行透支。〔26〕

3. 中国人民银行不得对政府财政透支,不得直接认购、包销国债和其他政府债券。这种禁止性规定的主要目的在于:第一,防范通货膨胀,防止货币发行与国债发行的双重失控。财政预算资金主要来源于税收和国债发行,对政府透支无异于多发放了人民币,自然会导致通货膨胀。第二,央行直接购买国债意味着国债收益率的市场化定价机制将被彻底打破,收益率更多地取决于中央银行而非市场。

4. 中国人民银行不得向地方政府、各级政府部门提供贷款,不得向非银行金融机构以及其他单位和个人提供贷款,但国务院决定中国人民银行可以向特定的非银行金融机构提供贷款的除外。这一条禁止性规定目的在于避免出现通货膨胀,因为向地方政府提供贷款会面临着一种风险:如果地方政府不能偿还贷款,中国人民银行必然要多发货币才能确保货币总量,如此则会引起通货膨胀。因此,《中国人民银行法》第30条第1款规定,中国人民银行不得向地方政府、各级政府部门、非银行金融机构以及其他单位和个人提供贷款,但是国务院决定中国人民银行可以向特定的非银行金融机构提供贷款的除外。根据《中国人民银行法》第48条的规定,中国人民银行违反第30条第1款的规定提供贷款的,对负有直接责任的主管人员和其他直接责任人员,依法给予行政处分;构成犯罪的,依法追究刑事责任;造成损失的,负有直接责任的主管人员和其他直接责任人员应当承担部分或者全部赔偿责任。

5. 中国人民银行不得向任何单位和个人提供担保。中国人民银行不是经营单位,没有商业客户,所以,中国人民银行不能参与商业贷款的担保活动。如果参与商业贷款的担保活动,当借款人不能偿还时,中国人民银行就有义务偿还,但是,中国人民银行并没有相应资金来履行这种义务。中国人民银行的资金只能用于执行符合货币政策目的的有关项目,而不能用来支付商业贷款。〔27〕《中国人民银行法》第30条、第49条明文规定禁止这种行为。

## 四、中国人民银行的组织机构

《中国人民银行法》第二章对中国人民银行的组织机构作出了专门规定。

### (一)中国人民银行的领导机构及领导体制

根据《中国人民银行法》第10条和第11条的规定,中国人民银行设行长一人,副行

〔26〕 吴志攀:《金融法概论》,21页,北京,北京大学出版社,2011。
〔27〕 吴志攀:《金融法概论》,21页,北京,北京大学出版社,2011。

长若干人。中国人民银行行长的人选，根据国务院总理的提名，由全国人民代表大会决定；全国人民代表大会闭会期间，由全国人民代表大会常务委员会决定，由中华人民共和国主席任免。中国人民银行副行长由国务院总理任免。中国人民银行实行行长负责制。行长领导中国人民银行的工作，副行长协助行长工作。据此，中国人民银行的领导机构及领导体制非常明确，相当于国家行政机关的首长负责制。

中国人民银行由行长主持工作和承担责任。行长的主要职责是：召集并主持行务工作会议，讨论决定中国人民银行的重大问题；负责中国人民银行的全面工作，签署中国人民银行上报国务院的重要文件，签发给各个分支机构的文件和指示；根据国务院有关规定，发布中国人民银行令和重要规章。行长负责制的优势在于职责权限明确，办事效率高。

### （二）货币政策委员会

《中国人民银行法》第 12 条规定，中国人民银行设立货币政策委员会。货币政策委员会的职责、组成和工作程序，由国务院规定，报全国人民代表大会常务委员会备案。中国人民银行货币政策委员会应当在国家宏观调控、货币政策制定和调整中，发挥重要作用。1997 年 4 月 15 日，国务院发布《中国人民银行货币政策委员会条例》，规定了货币政策委员会的性质和地位、职责、组织机构、委员的权利和义务以及工作程序。

货币政策委员会是中国人民银行的货币政策咨询议事机构，设立目的在于确保中央货币政策的正确制定。货币政策委员会有三个特点：第一，货币政策委员会是中国人民银行的内设机构。第二，货币政策委员会不同于中国人民银行的一般内设机构，具有相对独立性，地位高于中国人民银行内设的一般职能机构。第三，货币政策委员会的职责、组成和工作程序由国务院规定，报全国人民代表大会常务委员会备案。

货币政策委员会的职责是，在综合分析宏观经济形势的基础上，依据国家宏观调控目标，讨论货币政策的制定和调整、一定时期内的货币政策控制目标、货币政策工具的运用、有关货币政策的重要措施、货币政策与其他宏观经济政策的协调等涉及货币政策等重大事项，并提出建议。

根据《中国人民银行货币政策委员会条例》第 5 条，货币政策委员会由下列单位的人员组成：中国人民银行行长；中国人民银行副行长二人；国家计划委员会副主任一人；国家经济贸易委员会副主任一人；财政部副部长一人；国家外汇管理局局长；中国证券监督管理委员会主席；国有独资商业银行行长二人；金融专家一人。货币政策委员会组成单位的调整，由国务院决定。2010 年 3 月，货币政策委员会人员发生重大调整，经国务院批准，增补两名专家委员，专家委员由一人增加至三人。目前，货币政策委员会现有 14 名组成成员。[28]

货币政策委员会设主席一人,副主席一人。主席由中国人民银行行长担任;副主席由主席指定。

中国人民银行行长、国家外汇管理局局长、中国证券监督管理委员会主席为货币政策委员会的当然委员。货币政策委员会其他委员人选,由中国人民银行提名或者中国人民银行商有关部门提名,报请国务院任命。

货币政策委员会委员应当具备下列条件:(1)年龄一般在65周岁以下,具有中华人民共和国国籍;(2)公正廉洁,忠于职守,无违法、违纪记录;(3)具有宏观经济、货币、银行等方面的专业知识和实践经验,熟悉有关法律、法规和政策。货币政策委员会中的金融专家除应当符合上述条件外,还应当具备下列条件:(1)具有高级专业技术职称,从事金融研究工作10年以上;(2)非国家公务员,并且不在任何营利性机构任职。

货币政策委员会委员中的国有独资商业银行行长以及金融专家,任期2年。

货币政策委员会委员有下列情形之一的,由中国人民银行报请国务院免去其货币政策委员会委员职务:(1)本人提出书面辞职申请的;(2)任职期间因职务变动,已经不能代表有关单位担任货币政策委员会委员的;(3)不履行委员义务或者因各种原因不能胜任委员工作的。更换货币政策委员会委员,由中国人民银行提名或者中国人民银行商有关部门提名,报请国务院任命。

货币政策委员会设立秘书处,作为货币政策委员会的常设办事机构。

货币政策委员会委员享有下列权利:(1)了解金融货币政策方面的情况;(2)对货币政策委员会所讨论的问题发表意见;(3)向货币政策委员会就货币政策问题提出议案,并享有表决权。货币政策委员会委员应当出席货币政策委员会会议,并就有关货币政策事项提出意见和建议。货币政策委员会委员因特殊情况不能出席会议时,应当委托熟悉情况的有关人员作为代表携其书面意见参加会议,代表不享有表决权。

货币政策委员会委员应当承担如下义务:(1)恪尽职守,不得滥用职权、徇私舞弊;(2)保守国家秘密、商业秘密,遵守货币政策委员会的工作制度,不得违反规定透露货币政策及有关情况。货币政策委员会委员违反规定泄露国家秘密、商业秘密的,撤销货币政策委员会委员的职务,并依法追究法律责任;(3)在任职期内和离职以后一年内,不得公开反对已按法定程序制定的货币政策。

货币政策委员会的工作程序要遵守如下规定:(1)实行例会制度,在每季度的第一个月份中旬召开例会。货币政策委员会主席或者1/3以上委员联名,可以提议召开临时会议。(2)货币政策委员会秘书处应当在货币政策委员会例会召开的10日前,将会议议题

---

〔28〕 截至2021年2月,货币政策委员会人员组成如下:主席易纲(人民银行行长),委员有丁学东(国务院副秘书长)、连维良(发展改革委副主任)、邹加怡(财政部副部长)、陈雨露(人民银行副行长)、刘国强(人民银行副行长)、宁吉喆(统计局局长)、郭树清(银保监会主)、易会满(证监会主席)、潘功胜(外汇局局长)、田国立(中国银行业协会会长)、刘世锦(中国发展研究基金会副理事长)、刘伟(中国人民大学校长)、马骏(清华大学金融与发展研究中心主任)。

及有关资料送达全部委员;在会议召开时,向全部委员提供最新统计数据及有关技术分析资料。(3)货币政策委员会会议有2/3以上委员出席,方可举行。货币政策委员会会议由主席主持。主席因故不能履行职务时,由副主席代为主持。(4)货币政策委员会会议应当以会议纪要的形式记录各种意见。货币政策委员会委员提出的货币政策议案,经出席会议的2/3以上委员表决通过,形成货币政策委员会建议书。(5)中国人民银行报请国务院批准有关年度货币供应量、利率、汇率或者其他货币政策重要事项的决定方案时,应当将货币政策委员会建议书或者会议纪要作为附件,一并报送。中国人民银行报送国务院备案的有关货币政策其他事项的决定,应当将货币政策委员建议书或者会议纪要,一并备案。(6)货币政策委员会的内部工作制度,由货币政策委员会制定。

### (三)中国人民银行总行组织机构与分支机构

中国人民银行总行设在北京,总行内设若干个职能部门,它们是办公厅(党委办公室)、条法司、货币政策司、宏观审慎管理局、金融市场司、金融稳定局、调查统计司、会计财务司、支付结算司、科技司、货币金银局(保卫局)、国库局、国际司(港澳台办公室)、内审司、人事司(党委组织部)、研究局、征信管理局、反洗钱局、金融消费权益保护局等。

中国人民银行分支机构的设立是基于履行职责的需要,是中央银行组织体系的重要组成部分。中国人民银行分支机构是中国人民银行的派出机构,不具有独立地位,不具备法人资格,中国人民银行对其实行统一领导和管理;中国人民银行的分支机构根据中国人民银行的授权,负责本辖区的金融监督管理,承办有关业务。中国人民银行的分支机构原来是按照行政区划来设立的,除在北京设立总行外,在省、直辖市和自治区设分行,在地(市)设立地(市)分行,在县设县支行。1998年中国人民银行管理体制改革,撤销省级分行,设立跨省区分行。目前,九个跨省区市分行分别是天津分行、沈阳分行、上海分行、南京分行、济南分行、武汉分行(管辖江西、湖北、湖南)、广州分行、成都分行、西安分行。撤销北京分行和重庆分行,在北京和重庆设立中国人民银行总行营业管理部。在不设中国人民银行分行的省会城市及深圳、大连、青岛、宁波、厦门设立中心支行,履行中央银行职能。

## 五、《中国人民银行法》修改动态

为贯彻党的十九大、十九届四中全会、第五次全国金融工作会议等重要会议和习近平总书记关于金融工作的重要论述精神,落实十三届全国人大常委会立法规划,健全金融法治顶层设计,支持金融业稳健发展,中国人民银行积极推进《中国人民银行法》修改工作,起草了《中国人民银行法(修订草案征求意见稿)》,于2020年10月23日向社会公开征求意见。

可以说,《中国人民银行法》的修改具有一定的必要性,这是落实中央金融改革部署,建设现代中央银行制度的需要,是推进金融供给侧结构性改革,防范化解系统性金融风险的需要,也符合国际金融监管改革的趋势。《征求意见稿》包括总则、组织机构、人民币、业务、监督管理职责、监督管理措施、财务会计、法律责任和附则,共9章73条。从《征求意见稿》内容来看,修改内容主要包括如下八方面:

第一,强调金融服务实体经济,加强金融宏观调控。《征求意见稿》将“促进金融服务实体经济”明确写入立法目的,引导金融体系回归服务实体经济的根本定位。为更好地进行金融宏观调控,服务我国经济高质量发展,《征求意见稿》从全局出发,明确了人民银行制定和执行宏观审慎政策的职责定位,提升了货币政策和信贷政策监管的有效性。

第二,落实党中央、国务院对人民银行的新职责要求。根据党和国家机构改革方案、国务院机构改革方案以及人民银行“三定”方案,《征求意见稿》修改完善人民银行职责,明确拟订金融业重大法律法规草案、制定审慎监管基本制度、牵头负责系统性金融风险防范和应急处置、三个“统筹”、组织实施国家金融安全审查等职责;落实金融稳定发展委员会办公室的职责,加强监管协调与信息共享。

第三,建立货币政策和宏观审慎政策双支柱调控框架。《征求意见稿》完善了货币政策工具箱,适度增加货币政策工具的灵活性,保证货币政策调控科学合理有效。为填补宏观审慎政策的制度空白,《征求意见稿》建立宏观审慎政策框架,明确宏观审慎政策目标,以加强逆周期调节和穿透式监管为重点,健全金融机构逆周期资本缓冲、风险准备金、压力测试等宏观审慎政策工具箱。

第四,健全系统重要性金融机构、金融控股公司和重要金融基础设施的统筹监管制度。明确系统重要性金融机构的评估、识别、监测分析、并表监管以及恢复和处置计划的制定实施。明确金融控股公司的审批和监管规定。明确重要金融基础设施的建设规划、认定、检查评估和监管。此外,《征求意见稿》还完善了金融业综合统计管理和信息报送规定。

第五,进一步发挥人民银行维护金融稳定和防范、处置系统性金融风险的作用。《征求意见稿》规定了人民银行对金融体系整体的稳健性状况进行监测评估,牵头防范和化解系统性金融风险;建立明确的金融风险处置责任体系,完善系统性金融风险处置措施,包括监督问题机构实施自救、对债权人依法实施债务减记、提供流动性支持、设立特殊目的实体等。

第六,完善人民币管理规定。《征求意见稿》规定人民币包括实物形式和数字形式,为发行数字货币提供法律依据;防范虚拟货币风险,明确任何单位和个人禁止制作和发售数字代币。

第七,完善人民银行的治理制度。继续坚持中国人民银行不直接认购、包销国债和其他政府债券,不向地方政府提供贷款的原则。为保证中央银行资产负债表持续健康稳定,《征求意见稿》规定人民银行制定中央银行会计制度和独立的财务预算管理制度,报经国务院批准后组织实施,保持公开透明,依法接受审计监督;完善财务缓冲和利润分配制度,增加对金融风险的应对能力。

第八，健全人民银行的履职手段，加大对金融违法行为的处罚力度。坚持依法履职是现代中央银行制度的内在要求，《征求意见稿》以依法行政为原则，提升法治能力，完善人民银行履职所需的检查监督和监管措施规定，增加限期整改、整改承诺制度。针对金融市场违法成本低的问题，《征求意见稿》加大对金融违法行为的处罚力度，规定对情节严重的违法行为可以加重处罚，罚款上限提高至2000万元；对取得人民银行许可的机构增加责令暂停业务、吊销许可证、市场禁入等处罚措施。

## 第三节　政策性银行法律制度

### 一、政策性银行的概念和特征

政策性银行是指由政府创立、参股、保证或扶持，专门从事某一方面的政策性货币信用业务，不以营利或利润最大化为经营目标的金融机构。政策性金融机构，一般以银行形式存在，但也有一些例外，如日本的金融公库、加拿大的出口发展公司、澳大利亚的出口融资保险公司等。

与中央银行、行业银行相比，政策性银行具有如下特征：〔29〕

1. 政策性银行不以营利为目的，其目的在于国家整体利益和社会公共利益。设立政策性银行的目的主要在于实施国家产业政策，支持国家区域发展战略的实现，运用融资手段贯彻国家经济政策，是为了实现国家整体利益以及社会效益。这一点与营利为目的的商业银行存在根本区别。

2. 政策性银行的资金和财产主要源于政府创立、参股或保证，其独立性弱于商业银行，受政府干预较多。政策性银行往往与政府有着密切的联系，多数国家的政策性银行由政府提供全部或部分资金创立，这种以政府为后盾的模式，是其开展政策性金融业务的前提与基础。如《德国复兴开发银行》规定，复兴开发银行为政府所有，其中联邦政府占80%的股份，各州政府占20%。我国的三家政策性银行的注册资本，都由财政部核拨。随着社会发展，一些国家的政策性银行正逐步弱化自身政策性融资机构的地位，并逐渐实现私有化。例如，美国联邦政府于1933年出资设立的农业合作银行，在1960年实现全部股份的私有化。但是总体而言，目前还在运作的政策性银行，多在注册资本、资信保证等方面与政府保持密切关系。由于与政府财产方面存在千丝万缕的关系，因而政策性银行无论是在机构设置，还是在经营业务上，均会受到较多的政府干预。

3. 业务领域具有专一性。政策性银行的业务对象是受国家经济政策保护和鼓励、符

---

〔29〕 吴弘、李有星：《金融法》，185～186页，北京，北京大学出版社，2013；强力、王志诚：《中国金融法》，43页，北京，中国政法大学出版社，2010；徐孟州：《金融法》，30页，北京，高等教育出版社，2007；岳彩申、盛学军主编：《金融法学》（第三版），48～49页，北京，中国人民大学出版社，2020。

合国家经济发展战略目标的项目,这些项目往往是为实现某一特定的政策目标服务,具有明显的专一性。因此,它们是政府的专业银行。政策性银行的业务领域主要为农业、住房、进出口贸易,中小企业以及经济技术开发等基础部门。政策性银行的扶植重点可能随着国家经济产业政策的变化而变化,但其服务的特定领域不会发生根本性变化。

4. 政策性银行融资原则比较特殊。政策性银行有比较特殊的融资原则。首先,政策性银行的融资对象特定,只有在从其他金融机构不易得到所需资金的条件下,才有从政策性银行获得资金的资格;其次,政策性银行融入资金以国家财政拨款或贷款为基础,同时向国内外筹集资金,但是并不吸收公众存款;再次,政策性银行资金融出时主要为中长期信贷资金,且贷款利率低于商业银行同期利率;最后,政策性银行积极鼓励其他金融机构参与政策性金融业务,通过给予偿付保证、利息补贴或者再融资,支持、引导其他商业金融机构按照国家政策意图开展融资活动。

5. 单独立法。大多数国家都以单独的法律或条例规范每一政策性银行的宗旨、目标、业务领域以及组织结构等。如日本规范输出入银行的《输出入银行法》,普通银行法不适用于政策性银行。政策性银行的立法模式有两种,一是制定一部专门的统一的政策性金融机构法,对组织形式、权利义务、运行机制和监督体系等共同性问题进行统一法律规制。二是不同的政策性金融机构各自适用单行的金融法律。[30] 我国目前没有专门的政策性银行法,每家政策银行都是依据单独的组建方案设立。关于未来我国政策性银行的立法模式,也有两种主张:一种认为,我国政策性银行目前处于发展和完善阶段,应当尽早制定《政策性银行法》,用法律形式确定其组织形式,明确其法律地位。[31] 另一种认为,在我国现有立法格局下,最好采用"一行一法"模式,例如制定《国家开发银行法》《中国进出口银行法》等。[32]

## 二、政策性银行的职能

理论上,政策性银行的职能可以分为一般职能和特有职能。一般职能包括基础职能与核心职能,而特有职能则包括补充职能和引导职能。[33]

在一般性职能中,基础职能主要指交易结算的服务职能和资金融通的中介职能,这两者是现代银行业其他衍生金融职能的基础。政策性银行业务作为一种特殊金融活动,也具有上述两种基础职能。由于政策性银行的目的、服务对象和运作机制有其特殊性,因此其基础职能并不扮演主要角色。金融的核心职能是资源配置职能。政策性银行的核心职能也是金融资源配置,但是,政策性银行是以国家战略为金融资源配置的导向,结

---

[30] 王予予:《论我国政策性银行向开发性金融机构转型的立法完善》,载《海南金融》,2016(2)。

[31] 徐孟州:《金融法》,30页,北京,高等教育出版社,2007。

[32] 王予予:《论我国政策性银行向开发性金融机构转型的立法完善》,载《海南金融》,2016(2)。

[33] 黄蓓:《改革背景下我国政策性银行法律制度研究》,45~47页,华东政法大学博士论文,2016年。

合市场和政府两种资源配置机制，在特定领域发挥金融资源的配置作用。

政策性银行的特有职能与其政策性目的直接相关。政策性银行进入市场领域，参与融资和投资，对金融资源进行配置，都是以国家发展战略为转移，具有很强的政策性目的：其一是为克服金融市场"失灵"，即将金融资金配置到商业性金融资金不愿进入的领域或政府财力无法直接保障的领域，这体现政策性银行对市场的补充职能。就是说，补充职能体现为弥补市场的不足，同时补充职能本质上体现为一种辅助性，有且只能在市场失灵的领域，不必进入商业金融可以发挥作用的领域。其二是发展中国家为实现赶超，将资金率先引入国家重点扶持和发展的领域，并带动商业性资金的跟进，这就是政策性银行对市场的引导职能。政策性银行通过先期支持某些对整体国民经济具有重大意义的产业或区域，向商业银行传递国家发展战略方面的信号，推动该产业或地区的发展，提高其收益率水平和商业银行的收益预期，从而引导商业银行跟进。〔34〕

## 三、我国政策性银行体系

1993 年 12 月国务院颁布《关于金融体制改革的决定》，提出设立三家政策性银行。1994 年我国国家开发银行、中国农业发展银行和中国进出口银行成立，正式组成了我国政策性银行体系。

### （一）国家开发银行

1. 国家开发银行发展概述。国家开发银行 1994 年 3 月在北京成立，是直属于国务院领导的、政府全资拥有的国有商业性银行。中央汇金公司和国家开发银行于 2007 年 12 月 31 日在北京签署协议，向国家开发银行注资 200 亿美元。2008 年 2 月，国务院批准了国家开发银行改革实施总体方案。2008 年 12 月，经国务院批准，国家开发银行整体改制成国家开发银行股份有限公司。2015 年 4 月国务院发布《关于同意国家开发银行深化改革方案的批复》，明确将国家开发银行定位为开发性金融机构，终止商业化改革尝试。2017 年 4 月，"国家开发银行股份有限公司"名称变更为"国家开发银行"，组织形式由股份有限公司变更为有限责任公司。

国家开发银行自成立以来，以国家重点建设项目为主要融资对象，办理相关建设的政策性贷款及贴息业务，支持国家基础设施、基础产业、支柱产业等重点领域建设，促进投融资体制改革，积极开展金融创新和金融合作，在支持经济社会发展中发挥了重要作用。当然，国家开发银行也有违法行为。2021 年 1 月中国银保监会针对国家开发银行为违规的政府购买服务项目提供融资、违规收取小微企业贷款承诺费等多项违法违规行为，依法予以罚款 4880 万元；针对其控股子公司国银租赁不良资产非洁净出表的违法违

〔34〕 白钦先、谭庆华：《政策性金融功能研究——兼论中国政策性金融发展》，231～232 页，北京，中国金融出版社，2008，转引自黄蓓：《改革背景下我国政策性银行法律制度研究》，45～47 页，华东政法大学博士论文，2016 年。

规行为,依法予以罚款100万元;同时,对2名责任人员予以警告处罚。

2. 国家开发银行的公司治理结构。目前,国家开发银行为有限责任公司,注册资本4212.48亿元,股东是财政部、中央汇金投资有限责任公司、梧桐树投资平台有限公司和全国社会保障基金理事会,持股比例分别为36.54%、34.68%、27.19%、1.59%。公司治理结构如下:(1)开发银行党委发挥领导核心作用,把方向、管大局、保落实,保证监督党和国家的方针、政策得到贯彻执行,把党的领导融入公司治理各个环节。(2)开发银行设立董事会,董事会由执行董事、非执行董事组成。2017年11月6日,开发银行召开新一届董事会成立大会暨董事会第一次会议,审议通过董事会议事规则、董事会各专门委员会议事规则、行长工作规则等制度,以及董事会各专门委员会组成方案等14项议案,标志着开发银行新一届董事会成立运作。(3)开发银行监事会由国务院根据《国有重点金融机构监事会暂行条例》等法律、法规委任派出并对国务院负责,对开发银行董事和高级管理人员的履职行为、尽职情况进行监督,对开发银行经营决策、风险管理和内部控制等进行检查监督,定期向国务院有关部门报告。(4)开发银行高级管理层依据《国家开发银行章程》《国家开发银行董事会对行长(高管层)授权方案》等规定行使职权,负责全行经营管理工作。

国开发银行目前在中国内地设有37家一级分行和4家二级分行,同时设有香港分行和开罗等10家代表处。旗下拥有国开金融、国开证券、国银租赁、中非基金和国开发展基金等子公司。

3. 国家开发银行的主要任务和业务范围。国家开发银行的主要任务是:按照国家的法律、法规和方针、政策,筹集和引导社会资金,支持国家基础设施、基础产业和支柱产业大中型基本建设和技术改造等政策性项目及其配套工程的建设,从资金来源上对固定资产投资总量进行控制和调节,优化投资结构,提高投资效益,促进国民经济持续、快速、健康地发展。

国家开发银行经营和办理下列业务:(1)管理和运用国家核拨的预算内经营性建设基金和贴息资金;(2)向国内金融机构发行金融债券和向社会发行财政担保建设债券;(3)办理有关的外国政府和国际金融组织贷款的转贷,经国家批准在国外发行债券,根据国家利用外资计划筹借国际商业贷款等;(4)向国家基础设施、基础产业和支柱产业的大中型基本建设和技术改造等政策性项目及其配套工程发放政策性贷款;(5)办理建设项目贷款条件评审、咨询和担保等业务,为重点建设项目物色国内外合资伙伴,提供投资机会和投资信息;(6)经批准的其他业务。

4. 国家开发银行的资金来源。国家开发银行的资金来源,包括:(1)财政部拨付的资本金和重点建设基金。国家开发银行的注册资本,全部由财政部拨付。(2)国家开发银行对社会发行的国家担保债券和对国内金融机构发行的人民币金融债券,发行额度由国家发改委和中国人民银行确定。(3)吸收与贷款项目有关的存款。(4)境外筹资,包括出口信贷、境外发债、商业贷款、政府贷款和国际金融组织贷款等。(5)当国家开发银行资金出现短缺时,可向中国人民银行申请再贷款。从实践中看,开发银行的资金来源以国内外债券市场筹资为主。

5. 国家开发银行的监督管理。国家开发银行设立监事会,由国家发改委、财政部、中国人民银行、审计署、商务部等部门各出一位负责人以及国务院指定的其他人员组成。监事会主席由监事会成员单位定期轮换担任,任期为3年。监事会的主要职责是:监督国家开发银行执行国家方针政策的情况;监督国家开发银行资金使用方向和资产经营状况;提出国家开发银行行长的任免建议。但是监事会不干预银行的具体业务。

国家开发银行执行财政部规定的财务会计制度,每年向财政部报送年度财务决算。国家开发银行的财务,接受具有审计职能的部门、会计师事务所的审计监督。其基本财务报表为资产负债表和损益表,每年定期公布,并由注册会计师和审计事务所出具审计报告。

### (二)中国农业发展银行

1. 中国农业发展银行发展概述。中国农业发展银行成立于1994年,是国家出资设立、直属国务院领导、支持农业农村持续健康发展、具有独立法人地位的国有政策性银行。中国农业发展银行是直属国务院领导的我国唯一的一家农业政策性银行,成立于1994年11月。主要职责是按照国家的法律、法规和方针、政策,以国家信用为基础,筹集资金,承担国家规定的农业政策性金融业务,代理财政支农资金的拨付,为农业和农村经济发展服务。其主要任务是以国家信用为基础,以市场为依托,筹集支农资金,支持"三农"事业发展,发挥国家战略支撑作用。全系统共有31个省级分行、300多个二级分行和1800多个营业机构,服务网络遍布中国大陆地区。

中国农业发展银行服从和服务于国家宏观调控,落实国家各项强农惠农政策,把实现良好的社会效益作为最重要的价值追求。目前,形成了以支持国家粮棉购销储业务为主体、以支持农业产业化经营和农业农村基础设施建设为两翼的业务发展格局,初步建立现代银行框架,在农村金融中发挥着骨干和支柱作用。

2. 中国农业发展银行的组织机构。根据国务院的有关规定,中国农业发展银行在机构设置上实行总行、一级分行、二级分行、支行制;管理上实行总行一级法人制,总行行长为法定代表人;系统内实行垂直领导的管理体制,各分行机构在总行授权范围内依法开展业务经营活动。

中国农业发展银行总行设行长一人,副行长若干人,均由国务院任命。行长负责全行工作,副行长协助行长工作。中国农业发展银行行长主持行长会议,研究决定以下重大事项:本行的业务方针、计划和重要规章制度;行长的工作报告;国家重点农业政策性贷款项目;本行年度决算报告;有关本行的其他重大事项。中国农业发展银行分行正、副行长由总行任命;支行正、副行长由所在省、自治区、直辖市分行任命。截至2021年1月31日,中国农业发展银行四级各类机构多个。共有总行1个,总行部室27个,省级分行

31 个、省级分行营业部 30 个、地(市)分行 338 个、地(市)分行营业部 137 个、县级支行 1693 个(含县级办事处 2 个)。

3. 中国农业发展银行的主要任务、经营宗旨和业务范围。中国农业发展银行的主要任务是：以国家信用为基础，以市场为依托，筹集支农资金，支持"三农"事业发展，发挥国家战略支撑作用。经营宗旨是紧紧围绕服务国家战略，建设定位明确、功能突出、业务清晰、资本充足、治理规范、内控严密、运营安全、服务良好、具备可持续发展能力的农业政策性银行。

中国农业发展银行的业务包括资产业务、负债业务和中间业务三类。中国农业发展银行的主要业务有：办理粮食、棉花、油料、食糖、猪肉、化肥等重要农产品收购、储备、调控和调销贷款；办理农业农村基础设施和水利建设、流通体系建设贷款；办理农业综合开发、生产资料和农业科技贷款；办理棚户区改造和农民集中住房建设贷款；办理易地扶贫搬迁、贫困地区基础设施、特色产业发展及专项扶贫贷款；办理县域城镇建设、土地收储类贷款；办理农业小企业、产业化龙头企业贷款；组织或参加银团贷款；办理票据承兑和贴现等信贷业务；吸收业务范围内开户企事业单位的存款，吸收居民储蓄存款以外的县域公众存款，吸收财政存款；发行金融债券；办理结算、结售汇和代客外汇买卖业务；按规定设立财政支农资金专户并代理拨付有关财政支农资金；买卖、代理买卖和承销债券；从事同业拆借、存放；代理收付款项及代理保险；资产证券化；企业财务顾问服务；经批准后可与租赁公司、涉农担保公司和涉农股权投资公司合作等方式开展涉农业务；经国务院银行业监督管理机构批准的其他业务。

4. 中国农业发展银行的资金来源。中国农业发展银行成立时的注册资本一部分从中国农业银行、中国工商银行原有信贷基金中划转，其余由财政部划拨。中国农业发展银行运营资金的来源包括：业务范围内开户企事业单位的存款；发行金融债券；财政支农资金；向中国人民银行申请再贷款；境外筹资。

5. 中国农业发展银行的监督管理。中国农业发展银行设监事会，监事会由国务院根据《国有重点金融机构监事会暂行条例》(国务院令第 282 号)等法律、法规委任派出并对国务院负责，代表国家对中国农业发展银行的资产质量及国有资产保值增值状况实施监督。中国农业发展银行监事会由中国人民银行、国家发改委、财政部、农业部、商务部等有关部门选派人员组成，报国务院批准。监事会设主席一人，由国务院任命。监事会每年举行两次会议：由监事会主席召集并主持。必要时可召开临时会议。监事会会议应有全部成员的 2/3 以上出席(包括委托代表出席)方可召开。决议事项须经全体监事会成员半数以上通过。监事会的主要职责是：监督中国农业发展银行执行国家方针政策的情况；检查中国农业发展银行的业务经营和财务状况；查阅、审核中国农业发展银行的财务会计报告和其他财务会计资料；监督、评价中国农业发展银行行长的工作，提出任免、奖惩建议。监事会不干预中国农业发展银行的具体业务。

中国农业发展银行每年向财政部报送年度财务决算，其基本财务报表为资产负债表和损益表，每年定期公布，并由注册会计师和审计事务所出具审计报告。

### （三）中国进出口银行

1. 中国进出口银行的发展概述。中国进出口银行是由国家出资设立、直属国务院领导、支持中国对外经济贸易投资发展与国际经济合作、具有独立法人地位的国有政策性银行。中国进出口银行注册资本为1500亿元人民币，其中财政部持有股权占比10.74%，梧桐树投资平台有限责任公司持有股权占比89.26%。中国进出口银行成立于1994年，是直属国务院领导、政府全资拥有的政策性银行，其国际信用评级与国家主权评级一致。它不以营利为目的，专为贯彻国家外贸政策和出口产业政策，直接或间接地从事政策性融资活动，实行自主、保本经营。中国进出口银行是我国外经贸支持体系的重要力量和金融体系的重要组成部分，是我国机电产品、成套设备和高新技术产品出口及对外承包工程及各类境外投资的政策性融资主渠道、外国政府贷款的主要转贷行和中国政府援外优惠贷款的承贷行。

截至2020年末，进出口银行在国内设有32家营业性分支机构和香港代表处；在海外设有巴黎分行、东南非代表处、圣彼得堡代表处、西北非代表处；与数百家银行建立代理行关系。2013年10月29日，中国进出口银行巴黎分行在法国巴黎正式挂牌营业，这是中国进出口银行在境外设立的第一家营业性分支机构。中国进出口银行自1995年开始承接外国政府贷款转贷工作，项目遍布包全国36个省、自治区、直辖市和计划单列市。在我国利用外国政府贷款安排的项目和借入的资金中，进出口银行一直是我国外国政府贷款最大的转贷银行。

2. 中国进出口银行的组织机构。中国进出口银行设立董事会、监事会，董事会领导高级管理层。按照国务院批准的《中国进出口银行章程》，董事会由13名董事组成，包括3名执行董事（含董事长）、10名非执行董事。10名非执行董事包括4名部委董事、6名股权董事。董事会下设战略发展和投资管理委员会、审计委员会、风险管理委员会、关联交易控制委员会、人事与薪酬委员会。监事会由国务院根据《国有重点金融机构监事会暂行条例》等法律、法规委任派出并对国务院负责。进出口银行监事会目前由三名监事组成，包括1名监事会主席，2名专职监事。进出口银行高级管理人员由行长、副行长、行长助理、董事会秘书及其他高级管理人员构成。

中国进出口银行董事会定期召开会议，如遇重大事件时，可以临时召开会议。董事会由董事长召集和主持，董事长因故不能出席时，可委托副董事长召集和主持。董事会会议应由全部董事的2/3以上出席方可举行。董事会作出决议，必须经全体董事的过半数通过。

董事会的职责主要包括：根据国家产业政策和外贸政策，审定本行的中长期发展规划、经营方针和年度计划；听取和审定行长的工作报告，监督本行的财务会计和国有资产的保值增值工作；审查通过本行的财务预算、决算方案以及税后利润分配方案；讨论决定提供出口信贷的国别政策及担保、信贷风险等重大决策;审定银行内部机构的设立、撤销和职能的变动;审定重要的财务管理等规章制度;审议重要的人事管理规章制度及其他重大事项。

中国进出口银行设行长一人、副行长若干人,行长、副行长由国务院任命,其他人事任免按有关规定和程序办理。中国进出口银行行长负责主持银行全面经营管理工作,副行长按照分工协助行长工作,行长的职责主要是:负责本行全面经营管理工作;组织实施董事会决议;定期向董事会报告工作;组织制订本行的发展规划、经营方针和年度经营计划;组织制订本行的财务预算、决算方案以及税后利润分配方案;组织拟订本行的人事管理、财务管理等规章制度;组织拟订本行的机构设立、撤销和职能方案;董事会授予的其他职责。

3. 主要职责与业务范围。中国进出口银行的主要职责是贯彻执行国家产业政策、对外经贸政策、金融政策和外交政策,为扩大中国机电产品、成套设备和高新技术产品出口,推动有比较优势的企业开展对外承包工程和境外投资,促进对外关系发展和国际经贸合作,提供政策性金融支持。

中国进出口银行的主要业务范围为:(1)经批准办理配合国家对外贸易和"走出去"领域的短期、中期和长期贷款,含出口信贷、进口信贷、对外承包工程贷款、境外投资贷款、中国政府援外优惠贷款和优惠出口买方信贷等;(2)办理国务院指定的特种贷款;(3)办理外国政府和国际金融机构转贷款(转赠款)业务中的三类项目及人民币配套贷款;(4)吸收授信客户项下存款;(5)发行金融债券;(6)办理国内外结算和结售汇业务;(7)办理保函、信用证、福费廷等其他方式的贸易融资业务;(8)办理与对外贸易相关的委托贷款业务;(9)办理与对外贸易相关的担保业务;(10)办理经批准的外汇业务;(11)买卖、代理买卖和承销债券;(12)从事同业拆借、存放业务;(13)办理与金融业务相关的资信调查、咨询、评估、见证业务;(14)办理票据承兑与贴现;(15)代理收付款项及代理保险业务;(16)买卖、代理买卖金融衍生产品;(17)资产证券化业务;(18)企业财务顾问服务;(19)组织或参加银团贷款;(20)海外分支机构在进出口银行授权范围内经营当地法律许可的银行业务;(21)按程序经批准后以子公司形式开展股权投资及租赁业务;(22)经国务院银行业监督管理机构批准的其他业务.

4. 中国进出口银行的资金来源。中国进出口银行成立时的注册资本全部由财政部拨付。中国进出口银行主要通过在境内发行金融债券和在境外发行有价证券(不含股票)筹集运营资金。在资金出现临时性不足时,通过银行间市场拆人资金和向中国人民银行申请短期再贷款予以解决。中国进出口银行的财务决算由财政部审批,经营中出现的政策性亏损,由财政部给予弥补。

5. 中国进出口银行的监督管理。中国进出口银行设立监事会,监事会由国务院根据《国有重点金融机构监事会暂行条例》委派,对国务院负责,并对进出口银行的财务状况和经营管理情况实施监督。

中国进出口银行按国家有关规定向政府有关部门报送会计报表，并接受财政部、审计署的监督。同时，中国进出口银行建立内部稽核制度，在行长领导下对银行财务收支进行审计。

**【法条及立法动态链接】**

1.《中国人民银行法》(1995 年，2003 年修订)。

2.《中国人民银行法(修订草案征求意见稿)》(中国人民银行 2020 年 10 月 23 日)。

**【拓展阅读】**

1. 周昌发：《金融调控法律制度论》，法律出版社 2013 版。

2. 刘蕾：《金融调控权研究》，中国民主法制出版社 2014 年版。

3. 吴志攀：《金融法概论》，北京大学出版社 2011 年版。

4. 岳彩申、盛学军：《金融法学》，中国人民大学出版社 2020 年版。

5. 吴弘、李有星：《金融法》，高等教育出版社 2013 年版。

6. 黄蓓：《改革背景下我国政策性银行法律制度研究》，华东政法大学博士论文 2016 年。

7. 闫江奇：《中国政策性银行市场化路径研究》，经济科学出版社 2015 年版。

8. 李波主编：《构建货币政策和宏观审慎政策双支柱调控框架》，中国金融出版社 2020 年版。

# 第十五章　价格法律制度

**【导语】** 合理的市场价格的形成，需要比较充分公平的市场竞争环境，同时，合理的价格也是良好公平竞争市场形成的标志和基础。依法规范经营者的价格行为和政府的定价行为，理顺价格关系，是市场经济健康发展的客观要求。1997 年 12 月 29 日第八届全国人大常委会第二十九次会议通过的《价格法》，是我国价格领域的一部基本法律。该法共 7 章，48 条，对经营者的价格行为、政府的定价行为、价格总水平调控、价格检查监督等作出了法律规定。这部法律的颁布实施对于规范价格行为，发挥价格合理配置资源的作用，稳定市场价格总水平，保护消费者和经营者的合法权益，促进社会主义市场经济健康发展，发挥了重要作用。

## 第一节　价格与价格立法

### 一、价格

价格是商品价值的货币表现，它反映着一定的生产关系，非常广泛地存在于商品交换的过程中，体现为经营者与消费者之间的经济关系。在市场经济中，价格是大量经济信息的载体，是显示供求关系变化的信号系统。价格为国家对经济的宏观调控提供信息，同时也是国家实现宏观调控的一种有效手段。

我国价格法所称的价格包括商品价格和服务价格。具体来说，商品价格是指各类有形产品和无形资产的价格，服务价格是指各类有偿服务的收费。目前，我国除了少数不适合由市场形成价格的商品和服务实行政府指导价和政府定价外，绝大多数商品和服务的价格都由经营者自主定价，国家实行并逐步完善宏观经济调控下主要由市场形成价格的机制。

### 二、价格法

价格法是专门规范价格行为的法律。价格法的概念有广义和狭义之分。狭义的价格法指的是 1997 年 12 月 29 日第八届全国人民代表大会常务委员会第二十九次会议通过的，1998 年 5 月 1 日起施行的《中华人民共和国价格法》（以下简称《价格法》）。这部调整我国价格关系的重要法律自发布以来，至今未作修改。《价格法》共 7 章 48 条，包括总则、经营者的价格行为、政府的定价行为、价格总水平调控、价格监督检查、法律责任和附则。广义的价格法还包括与《价格法》配套的法规和规章，如《价格违法行为行政处罚规定》《政府制定价格行为规则》《禁止价格欺诈行为的规定》《禁止垄断协议暂行规定》《禁止滥用市场支配地位行为暂行规定》等法规和规章。

价格法为市场经济中的价格活动主体确立了统一的行为规则，为维护正常的价格秩序提供了有力的法律保障，为公正合理调整价格关系确立了权威的规范。价格法的制定和实施能够进一步提高我国价格宏观调控水平。

## 三、价格法的作用

《价格法》的宗旨在于规范价格行为，发挥价格合理配置资源的作用，稳定市场价格总水平，保护消费者和经营者的合法权益，促进社会主义市场经济健康发展。价格法用法律形式确保合理的价格形成机制，维系市场机制正常运行，为充分发挥市场在资源配置中的决定性作用创造公平有序的竞争环境。

价格法保护经营者合法的定价权益，为增强企业活力提供了有力的法律保障。价格法明确规定我国大多数商品和服务价格实行经营者自主定价，既明确了经营者在价格形成中的主体地位，使经营者能够根据市场供求和价格的变化灵活决定生产经营活动，同时又对经营者的价格行为进行了规范，明确了合法与非法的界限。这些都有助于市场经济的健康发展。

价格法不仅规范了经营者的价格活动范围，而且规范了政府的定价行为。价格法明确规定了实行政府指导价和政府定价的范围，定价的方式、程序及原则，这有利于提高政府管理价格的科学性，避免政府定价行为的随意性。价格法还明确规定稳定市场价格总水平是国家重要的宏观调控目标，国家将市场价格总水平调控目标列入国民经济和社会发展计划，并采取一系列经济、法律、行政措施，保证价格总水平的基本稳定。这对于加强和改善宏观经济调控，促进国民经济健康发展发挥着重要作用。

保护消费者的价格权益是价格法的一个重要目的。价格法严格禁止价格欺诈、价格歧视、价格垄断、牟取暴利以及变相涨价、乱涨价等损害消费者利益的各种不正当价格行为。经营者因价格违法行为给消费者造成损害的，应当依法承担赔偿责任。价格法规定的听证制度明确赋予消费者参与政府定价的权利，要求政府在制定关系人民群众切身利益的公用事业价格、公益性服务价格以及自然垄断经营的商品价格时，不但要听取经营者的意见，更要通过听证会制度听取消费者的意见。价格违法举报制度明确规定消费者有权对各种价格活动进行监督，有权对价格违法行为进行举报，并受到价格部门的保护。

## 第二节 价格法律制度的主要内容

### 一、价格形成机制

在中国特色社会主义市场经济发展的过程中,国家实行并逐步完善宏观经济调控下主要由市场形成价格的机制。价格的制定应当符合价值规律,大多数商品和服务价格实行市场调节价,极少数商品和服务价格实行政府指导价或者政府定价。

根据《价格法》第3条的规定,市场调节价,是指由经营者自主制定,通过市场竞争形成的价格。政府指导价,是指依照本法规定,由政府价格主管部门或者其他有关部门,按照定价权限和范围规定基准价及其浮动幅度,指导经营者制定的价格。政府定价,是指依照本法规定,由政府价格主管部门或者其他有关部门,按照定价权限和范围制定的价格。

### 二、经营者的价格行为

经营者是指从事生产、经营商品或者提供有偿服务的法人、其他组织和个人。根据《价格法》第6条规定,商品价格和服务价格,除适用政府指导价或者政府定价外,实行市场调节价,由经营者依法自主制定。经营者定价,应当遵循公平、合法和诚实信用的原则。经营者定价的基本依据是生产经营成本和市场供求状况。经营者进行价格活动时,除享有法定的权利外,还要履行不为不正当价格行为的义务。

#### (一)经营者进行价格活动的权利

根据《价格法》第11条的规定,经营者进行价格活动,享有下列权利:自主制定属于市场调节的价格;在政府指导价规定的幅度内制定价格;制定属于政府指导价、政府定价产品范围内的新产品的试销价格,特定产品除外;检举、控告侵犯其依法自主定价权利的行为。

此外,根据价格法的相关规定,经营者可以向定价机关提出制定价格的建议。经营者可以对政府指导价、政府定价提出调整建议;对于价格主管部门作出的行政处罚决定,经营者有陈述、申辩的权利。

经营者应当努力改进生产经营管理,降低生产经营成本,为消费者提供价格合理的商品和服务,并在市场竞争中获取合法利润。经营者应当根据其经营条件建立、健全内部价格管理制度,准确记录与核定商品和服务的生产经营成本,不得弄虚作假。

#### (二)经营者进行价格活动的义务

根据《价格法》有关的规定,经营者进行价格活动,应当履行下列义务:

1. 经营者进行价格活动，应当遵守法律、法规，执行依法制定的政府指导价、政府定价和法定的价格干预措施、紧急措施。

2. 经营者销售、收购商品和提供服务，应当按照政府价格主管部门的规定明码标价，注明商品的品名、产地、规格、等级、计价单位、价格或者服务的项目、收费标准等有关情况。经营者不得在标价之外加价出售商品，不得收取任何未予标明的费用。

3. 经营者不得有下列不正当价格行为：

(1) 相互串通，操纵市场价格，损害其他经营者或者消费者的合法权益。

(2) 在依法降价处理鲜活商品、季节性商品、积压商品等商品外，为了排挤竞争对手或者独占市场，以低于成本的价格倾销，扰乱正常的生产经营秩序，损害国家利益或者其他经营者的合法权益。

(3) 捏造、散布涨价信息，哄抬价格，推动商品价格过高上涨的。

(4) 利用虚假的或者使人误解的价格手段，诱骗消费者或者其他经营者与其进行交易。

(5) 提供相同商品或者服务，对具有同等交易条件的其他经营者实行价格歧视。

(6) 采取抬高等级或者压低等级等手段收购、销售商品或者提供服务，变相提高或者压低价格。

(7)违反法律、法规的规定牟取暴利。

(8) 法律、行政法规禁止的其他不正当价格行为。

4. 经营者不得从事价格垄断行为。

价格垄断行为包括经营者达成价格垄断协议和具有市场支配地位的经营者使用价格手段，排除、限制竞争。

(1) 价格垄断协议。价格垄断协议是指在价格方面排除、限制竞争的协议、决定或者其他协同行为。2019 年 6 月 26 日国家市场监督管理总局令第 10 号公布的《禁止垄断协议暂行规定》对此进行了明确规定。

一是禁止具有竞争关系的经营者就商品或者服务价格达成如下垄断协议：第一，固定或者变更价格水平、价格变动幅度、利润水平或者折扣、手续费等其他费用；第二，约定采用据以计算价格的标准公式；第三，限制参与协议的经营者的自主定价权；第四，通过其他方式固定或者变更价格。

二是禁止经营者与交易相对人就商品价格达成下列垄断协议：第一，固定向第三人转售商品的价格水平、价格变动幅度、利润水平或者折扣、手续费等其他费用；第二，限定向第三人转售商品的最低价格，或者通过限定价格变动幅度、利润水平或者折扣、手续费等其他费用限定向第三人转售商品的最低价格；第三，通过其他方式固定转售商品价格或者限定转售商品最低价格。

(2) 价格手段排除限制竞争。具有市场支配地位的经营者使用价格手段，排除、限制竞争。2019 年 6 月 26 日国家市场监督管理总局令第 11 号公布的《禁止滥用市场支配地位行为暂行规定》对此进行了明确规定：

第一，禁止具有市场支配地位的经营者以不公平的高价销售商品或者以不公平的低价购买商品，规定认定“不公平的高价”或者“不公平的低价”，可以考虑下列因素：一是销售价格或者购买价格是否明显高于或者明显低于其他经营者在相同或者相似市场条件下销售或者购买同种商品或者可比较商品的价格；二是销售价格或者购买价格是否明显高于或者明显低于同一经营者在其他相同或者相似市场条件区域销售或者购买商品的价格；三是在成本基本稳定的情况下，是否超过正常幅度提高销售价格或者降低购买价格；四是销售商品的提价幅度是否明显高于成本增长幅度，或者购买商品的降价幅度是否明显高于交易相对人成本降低幅度；五是需要考虑的其他相关因素。此外，认定市场条件相同或者相似，应当考虑销售渠道、销售模式、供求状况、监管环境、交易环节、成本结构、交易情况等因素。

第二，禁止具有市场支配地位的经营者没有正当理由，以低于成本的价格销售商品，规定认定低于成本的价格销售商品，应当重点考虑价格是否低于平均可变成本。平均可变成本是指随着生产的商品数量变化而变动的每单位成本。涉及互联网等新经济业态中的免费模式，应当综合考虑经营者提供的免费商品以及相关收费商品等情况。所谓“正当理由”包括：降价处理鲜活商品、季节性商品、有效期限即将到期的商品和积压商品的；因清偿债务、转产、歇业降价销售商品的；在合理期限内为推广新商品进行促销的；能够证明行为具有正当性的其他理由。

第三，禁止具有市场支配地位的经营者没有正当理由搭售商品，或者在交易时在价格之外附加不合理费用。所称“正当理由”包括：符合正当的行业惯例和交易习惯；为满足产品安全要求所必须；为实现特定技术所必须；能够证明行为具有正当性的其他理由。

第四，禁止具有市场支配地位的经营者没有正当理由，对条件相同的交易相对人在交易条件上实行下列差别待遇，如实行不同的交易价格、数量、品种、品质等级；实行不同的数量折扣等优惠条件；实行不同的付款条件、交付方式；实行不同的保修内容和期限、维修内容和时间、零配件供应、技术指导等售后服务条件。条件相同是指交易相对人之间在交易安全、交易成本、规模和能力、信用状况、所处交易环节、交易持续时间等方面不存在实质性影响交易的差别。所称“正当理由”包括：根据交易相对人实际需求且符合正当的交易习惯和行业惯例，实行不同交易条件；针对新用户的首次交易在合理期限内开展的优惠活动；能够证明行为具有正当性的其他理由。

此外，反垄断执法机构认定上述所称的“不公平”和“正当理由”，还应当考虑的因素有：有关行为是否为法律、法规所规定；有关行为对社会公共利益的影响；有关行为对经济运行效率、经济发展的影响；有关行为是否为经营者正常经营及实现正常效益所必须；有关行为对经营者业务发展、未来投资、创新方面的影响；有关行为是否能够使交易相对人或者消费者获益。

5. 经营者不得从事价格欺诈行为。国家发展计划委员会于 2002 年施行《禁止价格

欺诈行为的规定》,对价格欺诈行为作出了具体规定。根据该规定:

(1) 经营者收购、销售商品和提供有偿服务的标价行为,有下列情形之一的,属于价格欺诈行为:第一,标价签、价目表等所标示商品的品名、产地、规格、等级、质地、计价单位、价格等或者服务的项目、收费标准等有关内容与实际不符,并以此为手段诱骗消费者或者其他经营者购买的;第二,对同一商品或者服务,在同一交易场所同时使用两种标价签或者价目表,以低价招徕顾客并以高价进行结算的;第三,使用欺骗性或者误导性的语言、文字、图片、计量单位等标价,诱导他人与其交易的;第四,标示的市场最低价、出厂价、批发价、特价、极品价等价格表示无依据或者无从比较的;第五,降价销售所标示的折扣商品或者服务,其折扣幅度与实际不符的;第六,销售处理商品时,不标示处理品和处理品价格的;第七,采取价外馈赠方式销售商品和提供服务时,不如实标示馈赠物品的品名、数量或者馈赠物品为假劣商品的;第八,收购、销售商品和提供服务带有价格附加条件时,不标示或者含糊标示附加条件的;第九,其他欺骗性价格表示。

(2) 经营者收购、销售商品和提供有偿服务,采取下列价格手段之一的,属于价格欺诈行为:第一,虚构原价,虚构降价原因,虚假优惠折价,谎称降价或者将要提价,诱骗他人购买的;第二,收购、销售商品和提供服务前有价格承诺,不履行或者不完全履行的;第三,谎称收购、销售价格高于或者低于其他经营者的收购、销售价格,诱骗消费者或者经营者与其进行交易的;第四,采取掺杂、掺假,以假充真,以次充好,短缺数量等手段,使数量或者质量与价格不符的;第五,对实行市场调节价的商品和服务价格,谎称为政府定价或者政府指导价的;第六,其他价格欺诈手段。

## 三、政府的定价行为

《价格法》第 3 条规定,国家实行并逐步完善宏观经济调控下主要由市场形成价格的机制。价格的制定应当符合价值规律,大多数商品和服务价格实行市场调节价,极少数商品和服务价格实行政府指导价或者政府定价。

### (一) 政府定价的范围

根据《价格法》第 18 条规定,下列商品和服务价格,政府在必要时可以实行政府指导价或者政府定价:(1)与国民经济发展和人民生活关系重大的极少数商品价格;(2)资源稀缺的少数商品价格;(3)自然垄断经营的商品价格;(4)重要的公用事业价格;(5)重要的公益性服务价格。

根据《价格法》第 19 条规定,政府指导价、政府定价的定价权限和具体适用范围,以中央的和地方的定价目录为依据。中央定价目录由国务院价格主管部门制定、修订,报国务院批准后公布。地方定价目录由省、自治区、直辖市人民政府价格主管部门按照中央定价目录规定的定价权限和具体适用范围制定,经本级人民政府审核同意,报国务院价格主管部门审定后公布。省、自治区、直辖市人民政府以下各级地方人民政府不得制定定价目录。定价目录应当根据经济社会发展情况适时调整,并及时向社会公布。

根据《价格法》第 20 条规定,国务院价格主管部门和其他有关部门,按照中央定价目录规定的定价权限和具体适用范围制定政府指导价、政府定价;其中重要的商品和服务价格的政府指导价、政府定价,应当按照规定经国务院批准。省、自治区、直辖市人民政府价格主管部门和其他有关部门,应当按照地方定价目录规定的定价权限和具体适用范围制定在本地区执行的政府指导价、政府定价。市、县人民政府可以根据省、自治区、直辖市人民政府的授权,按照地方定价目录规定的定价权限和具体适用范围制定在本地区执行的政府指导价、政府定价。

### (二)政府定价的指导原则

根据《价格法》第 21 条规定和 2017 年 9 月 18 日经国家发改委主任办公会讨论通过的《政府制定价格行为规则》相关规定,政府定价工作应该按照以下指导原则进行:

第一,定价机关应当按照法定的权限制定价格,不得越权定价。

第二,制定价格应当遵循公平、公开、公正和效率的原则。

第三,依据有关商品或者服务的社会平均成本和市场供求状况、国民经济与社会发展要求以及社会承受能力,实行合理的购销差价、批零差价、地区差价和季节差价。

第四,商品和服务价格与国际市场价格、替代商品和服务价格联系紧密的,可以参考相关价格。网络型自然垄断环节价格,按照"准许成本加合理收益"的原则制定。

第五,定价目录应当依照法定程序制定,逐项明确定价内容和定价机关,并根据经济社会发展情况适时调整,及时向社会公布。

第六,国务院价格主管部门及有关部门,省、自治区、直辖市人民政府价格主管部门及有关部门应当根据不同行业特点,逐步建立商品和服务的定价机制,实现商品和服务价格调整机制化。

第七,定价机关应当根据经济社会发展情况、社会各方面的反映以及价格执行期限等,适时制定价格。

### (三)政府定价的程序

根据《价格法》和《政府制定价格行为规则》的有关规定,政府定价主要遵循以下程序:

1. 价格(成本)调查。政府价格主管部门和其他有关部门制定政府指导价、政府定价,应当开展价格、成本调查,听取消费者、经营者和有关方面的意见。消费者、经营者及有关方面可以向定价机关提出制定价格的建议。定价机关制定价格,可以要求相关经营者、行业组织提供制定价格所需的资料。政府价格主管部门开展对政府指导价、政府定价的价格、成本调查时,有关单位应当如实反映情况,提供必需的账簿、文件以及其他有关资料。定价机关制定价格时,应当对市场供求、社会承受能力进行调查,分析对相关行业、消费者的影响。依法应当开展成本监审的,按照成本监审的有关规定执行。

2. 政府定价听证。制定关系群众切身利益的公用事业价格、公益性服务价格、自然垄断经营的商品价格等政府指导价、政府定价，应当实行定价听证，由政府价格主管部门主持，征求消费者、经营者和有关方面的意见，论证其必要性、可行性。对依法不实行听证的，定价机关可以选择座谈会、书面或者互联网等形式，听取消费者、经营者和有关方面的意见。制定专业技术性较强的商品和服务价格时，定价机关应当聘请有关方面的专家进行论证。

3. 制定价格的方案。定价机关履行完以上法定程序后，应当形成制定价格的方案。方案应当载明以下内容：现行价格和拟制定的价格、单位调价幅度；制定价格的依据和理由；制定价格对相关行业和消费者的影响；成本监审报告或者成本调查报告；经营者、消费者或其代表，以及有关方面的主要意见及采纳情况；经过听证的，附听证报告；经过专家论证的，附专家论证意见及采纳情况；经过风险评估的，附风险评估意见；价格的执行时间、期限和范围。制定价格的方案原则上实行集体审议制。集体审议可以采用价格审议委员会讨论、办公会议讨论等方式。实行集体审议的方式、人员组成和工作规则，由省级以上定价机关规定。国务院价格主管部门和其他部门制定重要的商品和服务价格，应当按照规定报国务院批准。定价机关是行业主管部门的，作出制定价格决定前应当书面征求同级价格主管部门的意见。

4. 合法性审查。定价机关制定价格，应当开展合法性审查。实行合法性审查的方式、机构和工作规则，由定价机关规定。合法性审查内容包括：制定价格事项是否符合定价目录规定的权限和范围；制定价格的程序是否符合法定程序；需要审查的其他事项。

5. 制定价格的决定。制定价格的方案经集体审议后，认为需要制定价格的，定价机关应当适时作出制定价格的决定。制定价格的决定应当载明以下内容：制定价格的项目、制定的价格；制定价格的依据；价格的执行时间和范围；作出决定的定价机关名称和作出决定的日期。制定价格的决定原则上应当由定价机关制发。授权市、县人民政府制定价格的，经市、县人民政府批准，可以由价格主管部门或者有关部门制发并抄报市、县人民政府。

6. 公布。政府指导价、政府定价制定后，由制定价格的部门向消费者、经营者公布。除涉及国家秘密外，制定价格的决定作出后，由作出决定的定价机关在指定的报刊、网站等媒体上向社会公布。

7. 跟踪调查和监测。制定价格的决定实施后，定价机关应当对价格决定执行情况进行跟踪调查和监测。跟踪调查和监测的内容应当包括：价格的执行情况，执行中存在的问题及原因；经营者经营状况、成本、劳动生产率和市场供求变化对价格的影响；相关商品和服务市场供求状况和价格的变化情况；社会各方面对所制定价格的意见；制定的价格对经济社会发展和消费者、经营者的影响。

8. 定价调整。政府指导价、政府定价的具体适用范围、价格水平，应当根据经济运行情况，按照规定的定价权限和程序适时调整。消费者、经营者可以对政府指导价、政府定价提出调整建议。

## 四、价格总水平调控

市场价格总水平也叫一般价格水平，是指一个国家或地区在一定的时期内，在全社会范围内各种商品和服务价格变动的平均或综合。稳定市场价格总水平是国家重要的宏观经济政策目标。国家根据国民经济发展的需要和社会承受能力，确定市场价格总水平调控目标，列入国民经济和社会发展计划，并综合运用货币、财政、投资、进出口等方面的政策和措施，予以实现。根据《价格法》第四章规定，国家采取下列措施调控市场价格总水平：

1. 重要商品储备制度和价格基金。为实现对市场价格总水平的调控，政府可以建立重要商品储备制度，设立价格调节基金，调控价格，稳定市场。

2. 价格监测制度。为适应价格调控和管理的需要，政府价格主管部门应当建立价格监测制度，对重要商品、服务价格的变动进行监测。

3. 价格保护制度。政府在粮食等重要农产品的市场购买价格过低时，可以在收购中实行保护价格，并采取相应的经济措施保证其实现。

4. 限价制度。当重要商品和服务价格显著上涨或者有可能显著上涨，国务院和省、自治区、直辖市人民政府可以对部分价格采取限定差价率或者利润率、规定限价、实行提价申报制度和调价备案制度等干预措施。省、自治区、直辖市人民政府采取前款规定的干预措施，应当报国务院备案。

5. 价格紧急干预制度。当市场价格总水平出现剧烈波动等异常状态时，国务院可以在全国范围内或者部分区域内采取临时集中定价权限、部分或者全面冻结价格的紧急措施。由于价格紧急干预是临时措施，《价格法》规定，实行干预措施、紧急措施的情形消除后，应当及时解除干预措施、紧急措施。

## 五、价格监督检查

由于社会主义市场经济在价格的形成方面实行大多数商品和服务价格实行市场调节价，由经营者依法自主制定，极少数商品和服务价格实行政府指导价或者政府定价的价格形成机制，在对价格的管理上实行市场调节为主，必要时国家进行适度干预。因此，国家对价格的管理已由过去以行政手段直接管理为主转变为运用法律、经济手段进行间接管理为主，直接管理为辅。在这种情况下，对价格活动的监督检查包括国家监督和社会监督两种形式。国家监督指的是价格主管部门依法对价格活动进行监督检查。社会监督包括价格主管部门外的其他社会组织的监督、新闻舆论监督和对价格违法行为的举报。

对于价格活动的监督检查主要集中于价格形成方面和价格运行方面。对这两方面的价格活动的监督检查集中于经营者和政府的定价活动是否符合价格法的规定，是否有违反价格法的行为。

通过对价格活动的监督检查，可以约束经营者的价格行为和政府的定价行为，维护市场价格秩序。可以保障价格法律、法规的贯彻落实，及时发现价格违法行为。可以保障政府指导价、政府定价及价格调控措施的贯彻落实以及价格总水平调控目标的顺利实现，以促进社会主义市场经济体制下价格机制的正常运转。

### （一）价格主管部门的监督检查

对于经营者的价格行为，县级以上各级人民政府价格主管部门，依法对价格活动进行监督检查，并依照价格法的规定对价格违法行为实施行政处罚。根据《价格法》第 34 条规定，政府价格主管部门进行价格监督检查时，可以行使下列职权：

（1）询问当事人或者有关人员，并要求其提供证明材料和与价格违法行为有关的其他资料。

（2）查询、复制与价格违法行为有关的账簿、单据、凭证、文件及其他资料，核对与价格违法行为有关的银行资料。

（3）检查与价格违法行为有关的财物，必要时可以责令当事人暂停相关营业。

（4）在证据可能灭失或者以后难以取得的情况下，可以依法先行登记保存，当事人或者有关人员不得转移、隐匿或者销毁。

经营者接受政府价格主管部门的监督检查时，应当如实提供价格监督检查所必需的账簿、单据、凭证、文件以及其他资料。政府部门价格工作人员不得将依法取得的资料或者了解的情况用于依法进行价格管理以外的任何其他目的，不得泄露当事人的商业秘密。

### （二）社会监督

根据《价格法》第 37 条规定，除政府价格主管部门依职权对价格行为的监督检查以外，消费者组织、职工价格监督组织、居民委员会、村民委员会等组织以及消费者，有权对价格行为进行社会监督。政府价格主管部门应当充分发挥群众的价格监督作用。新闻单位有权进行价格舆论监督。

### （三）对价格违法行为的举报

根据《价格法》第 37 条规定，为保证对价格违法行为的社会监督，政府价格主管部门应当建立对价格违法行为的举报制度。任何单位和个人均有权对价格违法行为进行举报。为此，国家发展和改革委员会于 2014 年 1 月 15 日发布修订后的《价格违法行为举报处理规定》，为保障公民、法人或者其他组织依法举报价格违法行为的权利，规范价格主管部门对价格违法行为举报的受理、办理、告知等工作，作出了详细规定。

公民、法人或者其他组织（以下简称举报人）认为经营者有下列行为之一的，可以采用书信、来访、电话等形式,向价格主管部门举报,价格主管部门应当按照本规定予以受理:相互串通,操纵市场价格,损害其他经营者或者消费者合法权益的行为;在依法降价处理鲜活商品、季节性商品、积压商品等商品外,为了排挤竞争对手或者独占市场,以低于成本的价格倾销,扰乱正常的生产经营秩序,损害国家利益或者其他经营者的合法权益的行为;提供相同商品或者服务,对具有同等交易条件的其他经营者实行价格歧视的行为;捏造、散布涨价信息,哄抬价格,推动商品价格过高上涨的行为;利用虚假的或者使人误解的价格手段,诱骗消费者或者其他经营者与其进行交易的行为;采取抬高等级或者压低等级等手段收购、销售商品或者提供服务,变相提高或者压低价格的行为;违反法律、法规的规定牟取暴利的行为;不执行政府指导价、政府定价的行为;不执行法定的价格干预措施、紧急措施的行为;违反明码标价规定的行为;在接受价格监督检查时提供虚假资料的行为;应当由价格主管部门受理的其他价格违法行为。

举报人举报价格违法行为,应当提供以下内容:被举报人的名称、地址;被举报人违反价格法律、法规、规章或者规范性文件的事实及有关证据;举报人要求答复的,应当提供联系方式。

县级以上各级价格主管部门是价格违法行为举报的主管机关。价格主管部门办理价格违法行为举报的主要职责是:对举报内容进行审查,提出分类处理意见;依法办理本级价格主管部门直接受理、上级机关交办或者其他部门转交的价格违法行为举报;指导下级价格主管部门办理价格违法行为举报工作;对价格违法行为举报情况进行统计、分析,视情况公布相关信息;对举报价格违法行为的有功人员进行鼓励;负责价格违法行为举报工作的其他有关事宜。价格违法行为举报由价格违法行为发生地的价格主管部门受理。有管辖权的两级以上(含两级)价格主管部门同时收到举报的,由上级价格主管部门决定受理机关。价格主管部门收到举报,予以登记,对举报的具体内容进行审查。价格主管部门对受理的价格违法行为举报,应当依法处理,并承担相应的法律责任。政府价格主管部门应当对举报者给予鼓励,并负责为举报者保密。

## 六、违反价格法的法律责任

对于价格违法行为的处理,除《价格法》以专章形式规定以外,为了依法惩处价格违法行为,维护正常的价格秩序,保护消费者和经营者的合法权益,国务院于 1999 年 7 月批准发布了《价格违法行为行政处罚规定》。迄今,该规定历经 2006 年、2008 年和 2010 年三次修订,最近一次修订是在 2010 年 12 月。该规定在《价格法》对价格活动违法行为处理的基础上,具体细化了对价格违法行为的行政处罚。

### (一) 经营者的法律责任

1. 经营者不执行政府指导价、政府定价以及法定的价格干预措施、紧急措施的,责令改正,没收违法所得,可以并处违法所得 5 倍以下的罚款;没有违法所得的,可以处以罚款;情节严重的,责令停业整顿。

2. 经营者有《价格法》第14条所禁止从事的不正当价格行为的，责令改正，没收违法所得，可以并处违法所得5倍以下的罚款；没有违法所得的，予以警告，可以并处罚款；情节严重的，责令停业整顿，或者由工商行政管理机关吊销营业执照。有关法律对《价格法》第14条所列行为的处罚及处罚机关另有规定的，可以依照有关法律的规定执行。

3. 经营者因价格违法行为致使消费者或者其他经营者多付价款的，应当退还多付部分；造成损害的，应当依法承担赔偿责任。

4. 经营者违反明码标价规定的，责令改正，没收违法所得，可以并处5000元以下的罚款。

5. 经营者被责令暂停相关营业而不停止的，或者转移、隐匿、销毁依法登记保存的财物的，处相关营业所得或者转移、隐匿、销毁的财物价值1倍以上3倍以下的罚款。

6. 拒绝按照规定提供监督检查所需资料或者提供虚假资料的，责令改正，予以警告；逾期不改正的，可以处以罚款。

### （二）政府及其部门的法律责任

地方各级人民政府或者各级人民政府有关部门违反本法规定，超越定价权限和范围擅自制定、调整价格或者不执行法定的价格干预措施、紧急措施的，责令改正，并可以通报批评；对直接负责的主管人员和其他直接责任人员，依法给予行政处分。

### （三）价格工作人员的法律责任

价格工作人员泄露国家秘密、商业秘密以及滥用职权、徇私舞弊、玩忽职守、索贿受贿，构成犯罪的，依法追究刑事责任；尚不构成犯罪的，依法给予处分。

### 【法条链接】

1.《价格法》(1997年)。

2. 国务院《价格违法行为行政处罚规定》(2010年)。

3. 国家发展和改革委员会《政府制定价格行为规则》(2017年)。

4. 国家发展计划委员会《禁止价格欺诈行为的规定》(2001年)。

5. 国家发展和改革委员会《价格违法行为举报处理规定》(2014年)。

6. 国家市场监管总局《禁止垄断协议暂行规定》(2019年)。

7. 国家市场监管总局《禁止滥用市场支配地位行为暂行规定》(2019年)。

### 【拓展阅读】

1. 卞耀武主编：《中华人民共和国价格法释义》，法律出版社1998年版。

2. 孟庆瑜等：《论政府价格干预及其制度完善》，载《价格理论与实践》2009年第8期。

3. 秦勇：《经济法视野中的临时价格干预》，载《价格理论与实践》2008年第5期。

4. 徐丽红：《价格宏观调控法律问题研究》，中国社会科学出版社2013年版。

5. 尹少成：《价格听证制度研究——行政法与法经济学的双重视角》，中国政法大学出版社2017年版。

# 第十六章 会计、审计、统计法律制度

**【导语】** 会计法、审计法和统计法是国家对会计、审计、统计的专门立法。其中，1985年制定并经1993年、1999年两次修订的《会计法》，共7章52条，对会计核算，公司、企业会计核算的特别规定，会计监督，会计机构和会计人员，及其法律责任等作出了具体规定。它的有效实施对于规范会计行为，保证会计资料真实、完整，加强经济管理和财务管理，提高经济效益，维护社会主义市场经济秩序具有重要意义。1994年制定并经2006年修改的《审计法》，共7章54条，对于审计机关和审计人员、审计机关职责、审计机关权限、审计程序及其法律责任等作出了具体规定，它的有效实施对于加强国家的审计监督，维护国家财政经济秩序，提高财政资金使用效益，促进廉政建设，保障国民经济和社会健康发展具有重要价值。1983年制定并经1996修正和2009年修订的《统计法》，共7章50条，对于统计调查管理、统计资料的管理和公布、统计机构和统计人员、监督检查、法律责任等作出了具体规定，它的有效实施对于科学、有效地组织统计工作，保障统计资料的真实性、准确性、完整性和及时性，发挥统计在了解国情国力、服务经济社会发展中的重要作用，对促进社会主义现代化建设事业的发展发挥了积极作用。

## 第一节 会计法律制度

### 一、会计

会计是以货币作为计量单位，采用专门的方法，对国家机关、社会团体、公司、企业、事业单位和其他组织的经济业务事项进行核算、监督的一种管理活动。

会计核算和会计监督是会计工作的两个重要组成部分。会计核算真实、准确、完整地记录各单位实际发生的经济业务事项。会计监督依法规范会计工作的正常开展，保证国家统一的会计制度的正确实施。

### 二、会计法

会计法是调整会计关系的法律规范的总称。会计关系是指会计机构、会计人员在办理会计事务过程中发生的经济关系以及国家在监督管理会计工作过程中发生的会计关系。我国会计法的概念有广义和狭义之分。狭义的会计法是指在1985年第六届全国人民代表大会常务委员会第九次会议通过的，后经 1993 年、1999 年两次修订和 2017 年修正的《中华人民共和国会计法》（以下简称《会计法》）。《会计法》共 7 章 52 条，包括总则，会计核算，公司、企业会计核算的特别规定，会计监督，会计机构和会计人员，法律责任，附则。广义的会计法指的是会计法律体系，它包括《会计法》在内的一系列调整会计关系的法律、法规和行政规章。会计法是经济法体系中的一个组成部分。

我国《会计法》第 8 条规定，国家实行统一的会计制度。一切国家机关、社会团体、公司、企业、事业单位和其他组织都必须依照会计法办理会计事务。国家统一的会计制度由国务院财政部门根据《会计法》制定并公布。国务院有关部门可以依照《会计法》和国家统一的会计制度制定对会计核算和会计监督有特殊要求的行业实施国家统一的会计制度的具体办法或者补充规定，报国务院财政部门审核批准。

会计法的制定和实施能够从法律上规范会计行为，保证会计资料真实、完整，加强经济管理和财务管理，提高经济效益，维护社会主义市场经济秩序。同时，会计法对于各种违反会计法的行为规定了相应的法律责任，这对于纠正违法行为，打击经济犯罪有重要意义。

## 三、会计核算

### （一）会计核算的基本规定

根据《会计法》的规定，各单位必须依法设置会计账簿，并保证其真实、完整。在进行会计核算时，各单位必须根据实际发生的经济业务事项进行会计核算，填制会计凭证，登记会计账簿，编制财务会计报告。

对于会计核算的范围，《会计法》第 10 条明确规定，下列经济业务事项，应当办理会计手续，进行会计核算：(1)款项和有价证券的收付；(2)财物的收发、增减和使用；(3)债权债务的发生和结算；(4)资本、基金的增减；(5)收入、支出、费用、成本的计算；(6)财务成果的计算和处理；(7)需要办理会计手续、进行会计核算的其他事项。

为防止会计核算过程中弄虚作假行为的出现，会计法在总则和分则中都提出了保证会计工作和会计资料真实性的要求。任何单位不得以虚假的经济业务事项或者资料进行会计核算。任何单位和个人不得伪造、变造会计凭证、会计账簿及其他会计资料，不得提供虚假的财务会计报告。

为了与财政、税收、计划、统计等国家宏观经济管理制度保持一致，我国会计年度采用公历制。会计年度自公历 1 月 1 日起至 12 月 31 日止。

会计核算以人民币为记账本位币。业务收支以人民币以外的货币为主的单位，可以选定其中一种货币作为记账本位币，但是编报的财务会计报告应当折算为人民币。

### （二）对会计核算资料的要求

会计核算资料的真实、完整是会计核算工作符合法律规定的重要保证。《会计法》具体规定了对会计核算资料的要求：

1. 会计凭证、会计账簿、财务会计报告和其他会计资料，必须符合国家统一的会计制度的规定。

2. 使用电子计算机进行会计核算的，其软件及其生成的会计凭证、会计账簿、财务会计报告和其他会计资料，以及会计账簿的登记、更正，应当符合国家统一的会计制度的规定。

3. 会计法规定会计凭证包括原始凭证和记账凭证。办理会计核算范围内的经济业务事项，必须填制或者取得原始凭证并及时送交会计机构。会计机构、会计人员必须按照国家统一的会计制度的规定对原始凭证进行审核，对不真实、不合法的原始凭证有权不予接受，并向单位负责人报告；对记载不准确、不完整的原始凭证予以退回，并要求按照国家统一的会计制度的规定更正、补充。原始凭证记载的各项内容均不得涂改；原始凭证有错误的，应当由出具单位重开或者更正，更正处应当加盖出具单位印章。原始凭证金额有错误的，应当由出具单位重开，不得在原始凭证上更正。记账凭证应当根据经过审核的原始凭证及有关资料编制。

4. 会计账簿(包括总账、明细账、日记账和其他辅助性账簿)登记，必须以经过审核的会计凭证为依据，并符合有关法律、行政法规和国家统一的会计制度的规定。会计账簿应当按照连续编号的页码顺序登记。会计账簿记录发生错误或者隔页、缺号、跳行的，应当按照国家统一的会计制度规定的方法更正，并由会计人员和会计机构负责人(会计主管人员)在更正处盖章。

### (三) 对会计核算工作的要求

1. 各单位发生的各项经济业务事项应当在依法设置的会计账簿上统一登记、核算，不得违反本法和国家统一的会计制度的规定私设会计账簿登记、核算。

2. 各单位应当定期将会计账簿记录与实物、款项及有关资料相互核对，保证会计账簿记录与实物及款项的实有数额相符、会计账簿记录与会计凭证的有关内容相符、会计账簿之间相对应的记录相符、会计账簿记录与会计报表的有关内容相符。各单位采用的会计处理方法，前后各期应当一致，不得随意变更；确有必要变更的，应当按照国家统一的会计制度的规定变更，并将变更的原因、情况及影响在财务会计报告中说明。

3. 单位提供的担保、未决诉讼等或有事项，应当按照国家统一的会计制度的规定，在财务会计报告中予以说明。

4. 财务会计报告应当根据经过审核的会计账簿记录和有关资料编制，并符合本法和国家统一的会计制度关于财务会计报告的编制要求、提供对象和提供期限的规定；其他法律、行政法规另有规定的，从其规定。财务会计报告由会计报表、会计报表附注和财务情况说明书组成。向不同的会计资料使用者提供的财务会计报告，其编制依据应当一致。有关法律、行政法规规定会计报表、会计报表附注和财务情况说明书须经注册会计师审计的，注册会计师及其所在的会计师事务所出具的审计报告应当随同财务会计报告一并提供。

5. 财务会计报告应当由单位负责人和主管会计工作的负责人、会计机构负责人（会计主管人员）签名并盖章；设置总会计师的单位，还须由总会计师签名并盖章。单位负责人应当保证财务会计报告真实、完整。

6. 各单位对会计凭证、会计账簿、财务会计报告和其他会计资料应当建立档案，妥善保管。会计档案的保管期限和销毁办法，由国务院财政部门会同有关部门制定。

### （四）公司、企业会计核算的特别规定

由于公司、企业是市场经济的重要主体，公司、企业在进行会计核算时，除应当遵守会计核算的一般规定外，还应当遵守特别规定。

公司、企业必须根据实际发生的经济业务事项，按照国家统一的会计制度的规定确认、计量和记录资产、负债、所有者权益、收入、费用、成本和利润。

为防止公司、企业进行会计核算时弄虚作假，《会计法》第 26 条规定，公司、企业进行会计核算不得有下列行为：(1)随意改变资产、负债、所有者权益的确认标准或者计量方法，虚列、多列、不列或者少列资产、负债、所有者权益；(2)虚列或者隐瞒收入，推迟或者提前确认收入；(3)随意改变费用、成本的确认标准或者计量方法，虚列、多列、不列或者少列费用、成本；(4)随意调整利润的计算、分配方法，编造虚假利润或者隐瞒利润；(5)违反国家统一的会计制度规定的其他行为。

## 四、会计监督

我国的会计监督体系由单位内部会计监督、国家外部监督检查和社会会计监督组成。实行会计监督有利于强化各单位内部的经营管理，有助于维护国家统一的会计制度。

### （一）单位内部会计监督

《会计法》规定，各单位应当建立、健全本单位内部会计监督制度。单位内部的会计机构、会计人员依照会计法的规定实行会计监督。《会计法》第 27 条规定，单位内部会计监督制度应当符合下列要求：(1)记账人员与经济业务事项和会计事项的审批人员、经办人员、财物保管人员的职责权限应当明确，并相互分离、相互制约；(2)重大对外投资、资产处置、资金调度和其他重要经济业务事项的决策和执行的相互监督、相互制约程序应当明确；(3)财产清查的范围、期限和组织程序应当明确；(4)对会计资料定期进行内部审计的办法和程序应当明确。

单位负责人对本单位的会计工作和会计资料的真实性、完整性负责。单位负责人应当保证会计机构、会计人员依法履行职责，不得授意、指使、强令会计机构、会计人员违法

办理会计事项。会计机构、会计人员对违反本法和国家统一的会计制度规定的会计事项,有权拒绝办理或者按照职权予以纠正。会计机构、会计人员发现会计账簿记录与实物、款项及有关资料不相符的,按照国家统一的会计制度的规定有权自行处理的,应当及时处理;无权处理的,应当立即向单位负责人报告,请求查明原因,作出处理。

### (二)国家监督检查

根据《会计法》第32条规定,财政部门作为会计工作的主管部门对各单位的下列情况实施监督:(1)是否依法设置会计账簿;(2)会计凭证、会计账簿、财务会计报告和其他会计资料是否真实、完整;(3)会计核算是否符合本法和国家统一的会计制度的规定;(4)从事会计工作的人员是否具备从业资格。此外,审计、税务、人民银行、证券监管、保险监管等部门应当依照有关法律、行政法规规定的职责,对有关单位的会计资料实施监督检查。

各单位必须依照有关法律、行政法规的规定,接受有关监督检查部门依法实施的监督检查,如实提供会计凭证、会计账簿、财务会计报告和其他会计资料以及有关情况,不得拒绝、隐匿、谎报。

### (三)社会会计监督

社会会计监督主要指由会计师事务所和注册会计师对有关单位的会计工作进行监督。根据《注册会计师法》等法律、行政法规规定,须经注册会计师进行审计的单位,应当向受委托的会计师事务所如实提供会计凭证、会计账簿、财务会计报告和其他会计资料以及有关情况。任何单位或者个人不得以任何方式要求或者示意注册会计师及其所在的会计师事务所出具不实或者不当的审计报告。为保证社会会计监督符合国家统一会计制度的要求,财政部门有权对会计师事务所出具审计报告的程序和内容进行监督。

除了单位内部会计监督、财政部门等政府部门的监督和社会监督外,任何单位和个人对违反会计法和国家统一的会计制度规定的行为,有权检举。收到检举的部门有权处理的,应当依法按照职责分工及时处理;无权处理的,应当及时移送有权处理的部门处理。收到检举的部门、负责处理的部门应当为检举人保密,不得将检举人姓名和检举材料转给被检举单位和被检举人个人。

## 五、会计机构和会计人员

### (一)会计机构和会计人员的设置

根据《会计法》第36规定,各单位应当根据会计业务的需要,设置会计机构,或者在有关机构中设置会计人员并指定会计主管人员;不具备设置条件的,应当委托经批准设立从事会计代理记账业务的中介机构代理记账。

国有的和国有资产占控股地位或者主导地位的大、中型企业必须设置总会计师。总会计师的任职资格、任免程序、职责权限由国务院规定。1990 年 12 月 31 日国务院发布，2011 年 1 月 8 日修订的《总会计师条例》对总会计师的设置、职责、权限、任免和奖惩作了具体规定。

会计机构内部应当建立稽核制度。出纳人员不得兼任稽核、会计档案保管和收入、支出、费用、债权债务账目的登记工作。

### （二）会计人员的资格

从事会计工作的人员，应当具备会计工作所需要的专业能力。担任单位会计机构负责人(会计主管人员)的，应当具备会计师以上专业技术职务资格或者从事会计工作 3 年以上经历。会计人员的范围由国务院财政部门规定。

会计人员应当遵守职业道德，提高业务素质。对会计人员的教育和培训工作应当加强。

因有提供虚假财务会计报告，做假账，隐匿或者故意销毁会计凭证、会计账簿、财务会计报告，贪污，挪用公款，职务侵占等与会计职务有关的违法行为被依法追究刑事责任的人员，不得取得或者重新取得会计从业资格证书。因违法违纪行为被吊销会计从业资格证书的人员，自被吊销会计从业资格证书之日起 5 年内，不得重新取得会计从业资格证书。

会计人员调动工作或者离职，必须与接管人员办清交接手续。一般会计人员办理交接手续，由会计机构负责人(会计主管人员)监交；会计机构负责人(会计主管人员)办理交接手续，由单位负责人监交，必要时主管单位可以派人会同监交。

会计机构、会计人员依法进行会计核算，实行会计监督。任何单位或者个人不得以任何方式授意、指使、强令会计机构、会计人员伪造、变造会计凭证、会计账簿和其他会计资料，提供虚假财务会计报告。任何单位或者个人不得对依法履行职责、抵制违反本法规定行为的会计人员实行打击报复。对认真执行会计法，忠于职守，坚持原则，作出显著成绩的会计人员，给予精神的或者物质的奖励。

## 六、违反会计法的法律责任

### （一）违反会计工作一般规定的法律责任

《会计法》第 42 条规定了违反会计工作一般规定的各种行为：不依法设置会计账簿的；私设会计账簿的；未按照规定填制、取得原始凭证或者填制、取得的原始凭证不符合规定的；以未经审核的会计凭证为依据登记会计账簿或者登记会计账簿不符合规定的；随意变更会计处理方法的；向不同的会计资料使用者提供的财务会计报告编制依据不一致的；未按照规定使用会计记录文字或者记账本位币的；未按照规定保管会计资料，致使会计资料毁损、灭失的;未按照规定建立并实施单位内部会计监督制度或者拒绝依法实施的监督或者不如实提供有关会计资料及有关情况的;任用会计人员不符合本法规定的。

有前面所列违反会计法规定的行为之一的,由县级以上人民政府财政部门责令限期改正,可以对单位并处3000元以上5万元以下的罚款;对其直接负责的主管人员和其他直接责任人员,可以处2000元以上2万元以下的罚款;属于国家工作人员的,还应当由其所在单位或者有关单位依法给予行政处分。有前面所列行为之一,构成犯罪的,依法追究刑事责任。会计人员有前面所列行为之一,情节严重的,5年内不得从事会计工作。有关法律对前面所列行为的处罚另有规定的,依照有关法律的规定办理。

### (二)伪造、变造会计凭证、会计账簿,编制虚假财务会计报告的法律责任

伪造、变造会计凭证、会计账簿,编制虚假财务会计报告,构成犯罪的,依法追究刑事责任。尚不构成犯罪的,由县级以上人民政府财政部门予以通报,可以对单位并处5000元以上10万元以下的罚款;对其直接负责的主管人员和其他直接责任人员,可以处3000元以上5万元以下的罚款;属于国家工作人员的,还应当由其所在单位或者有关单位依法给予撤职直至开除的行政处分;对其中的会计人员,并由县级以上人民政府财政部门吊销会计从业资格证书。其中的会计人员,5年内不得从事会计工作。

### (三)隐匿或者故意销毁依法应当保存的会计凭证、会计账簿、财务会计报告的法律责任

隐匿或者故意销毁依法应当保存的会计凭证、会计账簿、财务会计报告,构成犯罪的,依法追究刑事责任。尚不构成犯罪的,由县级以上人民政府财政部门予以通报,可以对单位并处5000元以上10万元以下的罚款;对其直接负责的主管人员和其他直接责任人员,可以处3000元以上5万元以下的罚款;属于国家工作人员的,还应当由其所在单位或者有关单位依法给予撤职直至开除的行政处分;其中的会计人员,5年内不得从事会计工作。

### (四)授意、指使、强令会计机构、会计人员及其他人员伪造、变造会计凭证、会计账簿,编制虚假财务会计报告或者隐匿、故意销毁依法应当保存的会计凭证、会计账簿、财务会计报告的法律责任

授意、指使、强令会计机构、会计人员及其他人员伪造、变造会计凭证、会计账簿,编制虚假财务会计报告或者隐匿、故意销毁依法应当保存的会计凭证、会计账簿、财务会计报告,构成犯罪的,依法追究刑事责任;尚不构成犯罪的,可以处5000元以上5万元以下的罚款;属于国家工作人员的,还应当由其所在单位或者有关单位依法给予降级、撤职、开除的行政处分。

### （五）单位负责人对依法履行职责、抵制违反本法规定行为的会计人员以降级、撤职、调离工作岗位、解聘或者开除等方式实行打击报复的法律责任

单位负责人对依法履行职责、抵制违反本法规定行为的会计人员以降级、撤职、调离工作岗位、解聘或者开除等方式实行打击报复，构成犯罪的，依法追究刑事责任；尚不构成犯罪的，由其所在单位或者有关单位依法给予行政处分。对受打击报复的会计人员，应当恢复其名誉和原有职务、级别。

### （六）其他法律责任

财政部门及有关行政部门的工作人员在实施监督管理中滥用职权、玩忽职守、徇私舞弊或者泄露国家秘密、商业秘密，构成犯罪的，依法追究刑事责任；尚不构成犯罪的，依法给予行政处分。收到检举的部门、负责处理的部门违反规定，将检举人姓名和检举材料转给被检举单位和被检举人个人的，由所在单位或者有关单位依法给予行政处分。

# 第二节　审计法律制度

## 一、审计

审计是一种独立的经济监督活动。在我国，审计是指审计机关依法独立检查被审计单位的会计凭证、会计账簿、财务会计报告以及其他与财政收支、财务收支有关的资料和资产，监督财政收支、财务收支真实、合法和效益的行为。这种以政府主管部门为主导的审计是国家审计。在我国，除国家审计外，还有单位内部审计和社会机构审计。与其他经济监督活动相比，审计具有独立性、权威性和公正性的特征。

## 二、审计法

审计法是调整审计关系的法律规范的总称。审计法有广义和狭义之分。狭义上的审计法是指 1994 年 8 月 31 日第八届全国人民代表大会常务委员会第九次会议通过，2006 年 2 月 28 日第十届全国人民代表大会常务委员会第二十次会议修订的《中华人民共和国审计法》（以下简称《审计法》）。《审计法》共 7 章 54 条，包括总则、审计机关和审计人员、审计机关职责、审计机关权限、审计程序、法律责任和附则。广义的审计法指的是审计法律体系，它包括《审计法》在内的一系列调整审计关系的法律、法规和行政规章。审计法是经济法体系中的一个组成部分。

审计法的制定和实施能够从法律上规范审计行为，加强国家的审计监督，维护国家财政经济秩序，提高财政资金使用效益，促进廉政建设，保障国民经济和社会健康发展。

同时,审计法对于各种违反审计法的行为规定了相应的法律责任,这对于纠正违法行为有重要意义。

## 三、审计监督制度

《审计法》第 2 条规定,我国实行审计监督制度。

国务院和县级以上地方人民政府设立审计机关。审计机关依照法律规定的职权和程序,进行审计监督。国务院各部门和地方各级人民政府及其各部门的财政收支,国有的金融机构和企业事业组织的财务收支,以及其他依照本法规定应当接受审计的财政收支、财务收支,依照审计法规定接受审计监督。审计机关对各级政府及其各部门的财政收支或者财务收支的真实、合法和效益,依法进行审计监督。

审计监督范围内的财政收支,是指依照《中华人民共和国预算法》和国家其他有关规定,纳入预算管理的收入和支出,以及下列财政资金中未纳入预算管理的收入和支出:行政事业性收费;国有资源、国有资产收入;应当上缴的国有资本经营收益;政府举借债务筹措的资金;其他未纳入预算管理的财政资金。

审计监督范围内的财务收支,是指国有的金融机构、企业事业组织以及依法应当接受审计机关审计监督的其他单位,按照国家财务会计制度的规定,实行会计核算的各项收入和支出。

国务院和县级以上地方人民政府应当每年向本级人民代表大会常务委员会提出审计机关对预算执行和其他财政收支的审计工作报告。审计工作报告应当重点报告对预算执行的审计情况。必要时,人民代表大会常务委员会可以对审计工作报告作出决议。国务院和县级以上地方人民政府应当将审计工作报告中指出的问题的纠正情况和处理结果向本级人民代表大会常务委员会报告。

## 四、审计机关审计

### (一)审计机关和审计人员

根据《审计法》规定,国务院设立审计署,在国务院总理领导下,主管全国的审计工作。审计长是审计署的行政首长。省、自治区、直辖市、设区的市、自治州、县、自治县、不设区的市、市辖区的人民政府的审计机关,分别在省长、自治区主席、市长、州长、县长、区长和上一级审计机关的领导下,负责本行政区域内的审计工作。地方各级审计机关对本级人民政府和上一级审计机关负责并报告工作,审计业务以上级审计机关领导为主。审计机关根据工作需要,经本级人民政府批准,可以在其审计管辖范围内设立派出机构。派出机构根据审计机关的授权,依法进行审计工作。省、自治区人民政府设有派出机关的,派出机关的审计机关对派出机关和省、自治区人民政府审计机关负责并报告工作,审计业务以省、自治区人民政府审计机关领导为主。审计机关派出机构依照法律、法规和审计机关的规定，在审计机关的授权范围内开展审计工作，不受其他行政机关、社会团体和个人的干涉。

审计人员应当具备与其从事的审计工作相适应的专业知识和业务能力。审计人员实行专业技术资格制度，具体按照国家有关规定执行。审计人员办理审计事项，与被审计单位或者审计事项有利害关系的，应当回避。审计人员对其在执行职务中知悉的国家秘密和被审计单位的商业秘密，负有保密的义务。审计人员依法执行职务，受法律保护。任何组织和个人不得拒绝、阻碍审计人员依法执行职务，不得打击报复审计人员。审计机关负责人依照法定程序任免。审计机关负责人没有违法失职或者其他不符合任职条件的情况的，不得随意撤换。地方各级审计机关负责人的任免，应当事先征求上一级审计机关的意见。

### （二）审计机关职责

1. 审计机关对本级各部门（含直属单位）和下级政府预算的执行情况和决算以及其他财政收支情况，进行审计监督。

2. 审计署在国务院总理领导下，对中央预算执行情况和其他财政收支情况进行审计监督，向国务院总理提出审计结果报告。地方各级审计机关分别在省长、自治区主席、市长、州长、县长、区长和上一级审计机关的领导下，对本级预算执行情况和其他财政收支情况进行审计监督，向本级人民政府和上一级审计机关提出审计结果报告。

3. 审计署对中央银行的财务收支，进行审计监督。审计机关对国有金融机构的资产、负债、损益，进行审计监督。

4.审计机关对国家的事业组织和使用财政资金的其他事业组织的财务收支，进行审计监督。

5. 审计机关对国有企业的资产、负债、损益，进行审计监督。

6. 对国有资本占控股地位或者主导地位的企业、金融机构的审计监督，由国务院规定。

7. 审计机关对政府投资和以政府投资为主的建设项目的预算执行情况和决算，进行审计监督。

8. 审计机关对政府部门管理的和其他单位受政府委托管理的社会保障基金、社会捐赠资金以及其他有关基金、资金的财务收支，进行审计监督。

9. 审计机关对国际组织和外国政府援助、贷款项目的财务收支，进行审计监督。

10. 审计机关按照国家有关规定，对国家机关和依法属于审计机关审计监督对象的其他单位的主要负责人，在任职期间对本地区、本部门或者本单位的财政收支、财务收支以及有关经济活动应负经济责任的履行情况，进行审计监督。

11. 除本法规定的审计事项外，审计机关对其他法律、行政法规规定应当由审计机关进行审计的事项，依照本法和有关法律、行政法规的规定进行审计监督。

12. 审计机关有权对与国家财政收支有关的特定事项,向有关地方、部门、单位进行专项审计调查,并向本级人民政府和上一级审计机关报告审计调查结果。

13. 审计机关根据被审计单位的财政、财务隶属关系或者国有资产监督管理关系,确定审计管辖范围。审计机关之间对审计管辖范围有争议的,由其共同的上级审计机关确定。上级审计机关可以将其审计管辖范围内的审计事项,授权下级审计机关进行审计;上级审计机关对下级审计机关审计管辖范围内的重大审计事项,可以直接进行审计,但是应当防止不必要的重复审计。

### (三) 审计机关权限

1. 审计机关有权要求被审计单位按照审计机关的规定提供预算或者财务收支计划、预算执行情况、决算、财务会计报告,运用电子计算机储存、处理的财政收支、财务收支电子数据和必要的电子计算机技术文档,在金融机构开立账户的情况,社会审计机构出具的审计报告,以及其他与财政收支或者财务收支有关的资料,被审计单位不得拒绝、拖延、谎报。被审计单位负责人对本单位提供的财务会计资料的真实性和完整性负责。

2. 审计机关进行审计时,有权检查被审计单位的会计凭证、会计账簿、财务会计报告和运用电子计算机管理财政收支、财务收支电子数据的系统,以及其他与财政收支、财务收支有关的资料和资产,被审计单位不得拒绝。

3. 审计机关进行审计时,有权就审计事项的有关问题向有关单位和个人进行调查,并取得有关证明材料。有关单位和个人应当支持、协助审计机关工作,如实向审计机关反映情况,提供有关证明材料。审计机关经县级以上人民政府审计机关负责人批准,有权查询被审计单位在金融机构的账户。审计机关有证据证明被审计单位以个人名义存储公款的,经县级以上人民政府审计机关主要负责人批准,有权查询被审计单位以个人名义在金融机构的存款。

4. 审计机关进行审计时,被审计单位不得转移、隐匿、篡改、毁弃会计凭证、会计账簿、财务会计报告以及其他与财政收支或者财务收支有关的资料,不得转移、隐匿所持有的违反国家规定取得的资产。审计机关对被审计单位违反前款规定的行为,有权予以制止;必要时,经县级以上人民政府审计机关负责人批准,有权封存有关资料和违反国家规定取得的资产;对其中在金融机构的有关存款需要予以冻结的,应当向人民法院提出申请。审计机关对被审计单位正在进行的违反国家规定的财政收支、财务收支行为,有权予以制止;制止无效的,经县级以上人民政府审计机关负责人批准,通知财政部门和有关主管部门暂停拨付与违反国家规定的财政收支、财务收支行为直接有关的款项,已经拨付的,暂停使用。审计机关采取前两款规定的措施不得影响被审计单位合法的业务活动和生产经营活动。

5. 审计机关认为被审计单位所执行的上级主管部门有关财政收支、财务收支的规定与法律、行政法规相抵触的,应当建议有关主管部门纠正;有关主管部门不予纠正的,审计机关应当提请有权处理的机关依法处理。

6. 审计机关可以向政府有关部门通报或者向社会公布审计结果。审计机关通报或者公布审计结果，应当依法保守国家秘密和被审计单位的商业秘密，遵守国务院的有关规定。

7. 审计机关履行审计监督职责，可以提请公安、监察、财政、税务、海关、价格、工商行政管理等机关予以协助。

### （四）审计程序

审计机关应当按照法定程序开展审计工作。审计人员应当依法实施审计。根据《审计法》的规定，审计工作按照下列程序进行：

1. 组成审计组。审计机关根据审计项目计划确定的审计事项组成审计组，并应当在实施审计 3 日前，向被审计单位送达审计通知书；遇有特殊情况，经本级人民政府批准，审计机关可以直接持审计通知书实施审计。被审计单位应当配合审计机关的工作，并提供必要的工作条件。审计机关应当提高审计工作效率。

2. 开始审计，取得审计材料。审计人员通过审查会计凭证、会计账簿、财务会计报告，查阅与审计事项有关的文件、资料，检查现金、实物、有价证券，向有关单位和个人调查等方式进行审计，并取得证明材料。审计人员向有关单位和个人进行调查时，应当出示审计人员的工作证件和审计通知书副本。

3. 提出审计组审计报告。审计组对审计事项实施审计后，应当向审计机关提出审计组的审计报告。审计组的审计报告报送审计机关前，应当征求被审计对象的意见。被审计对象应当自接到审计组的审计报告之日起 10 日内，将其书面意见送交审计组。审计组应当将被审计对象的书面意见一并报送审计机关。

4. 提出审计机关审计报告并作出审计决定。审计机关按照审计署规定的程序对审计组的审计报告进行审议，并对被审计对象对审计组的审计报告提出的意见一并研究后，提出审计机关的审计报告；对违反国家规定的财政收支、财务收支行为，依法应当给予处理、处罚的，在法定职权范围内作出审计决定或者向有关主管机关提出处理、处罚的意见。审计机关应当将审计机关的审计报告和审计决定送达被审计单位和有关主管机关、单位。审计决定自送达之日起生效。

对于审计机关的审计决定，上级审计机关认为下级审计机关作出的审计决定有违反国家有关规定的，可以责成下级审计机关予以变更或者撤销，必要时也可以直接作出变更或者撤销的决定。

被审计单位对审计机关作出的有关财务收支的审计决定不服的，可以依法申请行政复议或者提起行政诉讼。被审计单位对审计机关作出的有关财政收支的审计决定不服的，可以提请审计机关的本级人民政府裁决，本级人民政府的裁决为最终决定。

## 五、单位内部审计与社会审计

《审计法》第29条规定,依法属于审计机关审计监督对象的单位,应当按照国家有关规定建立健全内部审计制度。国家审计署2003年2月10日发布的《关于内部审计工作的规定》指出,内部审计是独立监督和评价本单位及所属单位财政收支、财务收支、经济活动的真实、合法和效益的行为,以促进加强经济管理和实现经济目标。

国家机关、金融机构、企业事业组织、社会团体以及其他单位,应当按照国家有关规定建立健全内部审计制度。法律、行政法规规定设立内部审计机构的单位,必须设立独立的内部审计机构。法律、行政法规没有明确规定设立内部审计机构的单位,可以根据需要设立内部审计机构,配备内部审计人员。有内部审计工作需要且不具有设立独立的内部审计机构条件和人员编制的国家机关,可以授权本单位内设机构履行内部审计职责。设立内部审计机构的单位,可以根据需要设立审计委员会,配备总审计师。内部审计机构在本单位主要负责人或者权力机构的领导下开展工作。内部审计工作应当接受审计机关的业务指导和监督。

依法属于审计机关审计监督对象的单位,可以根据内部审计工作的需要,参加依法成立的内部审计自律组织。审计机关可以通过内部审计自律组织,加强对内部审计工作的业务指导和监督。

对于社会审计机构的审计活动,《审计法》第30条的规定,社会审计机构审计的单位依法属于审计机关审计监督对象的,审计机关按照国务院的规定,有权对该社会审计机构出具的相关审计报告进行核查。《审计法实施条例》第27条的规定,审计机关进行审计或者专项审计调查时,有权对社会审计机构出具的相关审计报告进行核查。审计机关核查社会审计机构出具的相关审计报告时,发现社会审计机构存在违反法律、法规或者执业准则等情况的,应当移送有关主管机关依法追究责任。此外,根据《注册会计师法》的相关规定,充分发挥注册会计师在社会经济活动中的鉴证和服务作用,维护社会公共利益和投资者的合法权益,促进社会主义市场经济的健康发展制定的法规,必须加强注册会计师、会计师事务所与被审计单位之间权利与义务关系的界定,促进国家审计监督和社会审计监督的互补衔接,确保国家审计监督全覆盖。

## 六、违反审计法的法律责任

### (一)被审计单位、直接负责的主管人员和其他直接责任人员的违法责任

1. 被审计单位违反审计法的规定,拒绝或者拖延提供与审计事项有关的资料的,或者提供的资料不真实、不完整的,或者拒绝、阻碍检查的,由审计机关责令改正,可以通报批评,给予警告;拒不改正的,依法追究责任。

2. 被审计单位违反审计法的规定,转移、隐匿、篡改、毁弃会计凭证、会计账簿、财务

会计报告以及其他与财政收支、财务收支有关的资料,或者转移、隐匿所持有的违反国家规定取得的资产,审计机关认为对直接负责的主管人员和其他直接责任人员依法应当给予处分的,应当提出给予处分的建议,被审计单位或者其上级机关、监察机关应当依法及时作出决定,并将结果书面通知审计机关;构成犯罪的,依法追究刑事责任。

3. 被审计单位的财政收支、财务收支违反法律、行政法规的规定,构成犯罪的,依法追究刑事责任。

4. 报复陷害审计人员的,依法给予处分;构成犯罪的,依法追究刑事责任

### (二)审计机关、人民政府或者有关主管部门对违法行为的处理

1. 对本级各部门(含直属单位)和下级政府违反预算的行为或者其他违反国家规定的财政收支行为,审计机关、人民政府或者有关主管部门在法定职权范围内,依照法律、行政法规的规定,区别情况采取下列处理措施:责令限期缴纳应当上缴的款项;责令限期退还被侵占的国有资产;责令限期退还违法所得;责令按照国家统一的会计制度的有关规定进行处理;其他处理措施。

2. 对被审计单位违反国家规定的财务收支行为,审计机关、人民政府或者有关主管部门在法定职权范围内,依照法律、行政法规的规定,区别情况采取前条规定的处理措施,并可以依法给予处罚。

3. 审计机关在法定职权范围内作出的审计决定,被审计单位应当执行。审计机关依法责令被审计单位上缴应当上缴的款项,被审计单位拒不执行的,审计机关应当通报有关主管部门,有关主管部门应当依照有关法律、行政法规的规定予以扣缴或者采取其他处理措施,并将结果书面通知审计机关。

4. 被审计单位的财政收支、财务收支违反国家规定,审计机关认为对直接负责的主管人员和其他直接责任人员依法应当给予处分的,应当提出给予处分的建议,被审计单位或者其上级机关、监察机关应当依法及时作出决定,并将结果书面通知审计机关。

### (三)审计人员的违法责任

审计机关和审计人员办理审计事项,应当客观公正,实事求是,廉洁奉公,保守秘密。审计人员滥用职权、徇私舞弊、玩忽职守或者泄露所知悉的国家秘密、商业秘密的,依法给予处分;构成犯罪的,依法追究刑事责任。

## 第三节　统计法律制度

## 一、统计

统计是一种集信息、咨询、监督于一体的综合性经济活动。作为一种方法、工具,统计具有综合性和广泛性;从其结果看,统计具有综合度量、比较的功能。一般而言,统计

包括政府统计和民间统计调查。在我国，所谓政府统计，是指国家机关(主要是行政机关)依法运用各种统计方法对国民经济和社会发展情况进行统计调查、统计分析、提供统计资料和统计咨询意见，实行统计监督等活动的总称；所谓民间统计调查，是指除各级人民政府、县级以上人民政府统计机构和有关部门组织实施的统计活动以外，由民间统计调查机构或者其他单位组织实施的统计调查活动。

县级以上人民政府统计机构和有关部门应当加强统计规律研究，健全新兴产业等统计，完善经济、社会、科技、资源和环境统计，推进互联网、大数据、云计算等现代信息技术在统计工作中的应用，满足经济社会发展需要。国家有计划地推进县级以上人民政府统计机构和有关部门通过向社会购买服务组织实施统计调查和资料开发，研究建立统计部门向社会力量购买服务的机制，积极推进部分统计业务工作由社会调查机构和其他社会力量承担。健全购买服务后的统计验收核验制度，进一步促进和规范民间统计调查业发展，充分发挥民间统计调查在了解和促进经济社会发展、服务科学研究中的重要作用，使其成为政府统计的有益补充。

## 二、统计法

统计法是调整统计活动过程中所发生的社会关系的法律规范的总称。统计法有广义和狭义之分。狭义上的统计法是指 1983 年 12 月 8 日第六届全国人民代表大会常务委员会第三次会议通过，1996 年 5 月 15 日第八届全国人民代表大会常务委员会第十九次会议修正，2009 年 6 月 27 日第十一届全国人民代表大会常务委员会第九次会议修订并自 2010 年 1 月 1 日起施行的《中华人民共和国统计法》(以下简称《统计法》)。《统计法》共 7 章 50 条，包括总则、统计调查管理、统计资料的管理和公布、统计机构和统计人员、监督检查、法律责任和附则。广义的统计法指的是统计法律体系，它包括《统计法》在内的一系列调整统计关系的法律、法规和行政规章。当前，我国已建立了以《统计法》为统领，以 9 部统计行政法规、9 部统计行政规章、30 部地方性统计法规和 18 个规范性统计文件为主体的系统完整的统计法律体系。统计法是经济法体系的组成部分，是经济法体系中的基础法。

依照《统计法》第 2 条的规定，《统计法》适用于各级人民政府、县级以上人民政府统计机构和有关部门组织实施的统计活动，调整政府统计法律关系。鉴于民间统计调查活动的具体情况比较复杂，在同一部法律中对政府统计和民间统计同时作出具有操作性的规范不现实，因此，《统计法》第 49 条第 1 款授权国务院制定管理办法，规范民间统计调查活动。

《统计法》第 3 条、第 4 条和第 5 条规定，国家建立集中统一的统计系统，实行统一领导、分级负责的统计管理体制；国务院和地方各级人民政府、各有关部门应当加强对统计工作的组织领导，为统计工作提供必要的保障；国家加强统计科学研究，健全科学的统计指标体系，不断改进统计调查方法，提高统计的科学性；国家有计划地加强统计信息化建设，推进统计信息搜集、处理、传输、共享、存储技术和统计数据库体系的现代化。同时，《统计法》第 6 条规定，统计机构和统计人员依照本法规定独立行使统计调查、统计报告、统计监督的职权，不受侵犯。地方各级人民政府、政府统计机构和有关部门以及各单位的负责人，不得自行修改统计机构和统计人员依法搜集、整理的统计资料，不得以任何方式要求统计机构、统计人员及其他机构、人员伪造、篡改统计资料，不得对依法履行职责或者拒绝、抵制统计违法行为的统计人员打击报复；《统计法》第 7 条规定，国家机关、企业事业单位和其他组织以及个体工商户和个人等统计调查对象，必须依照本法和国家有关规定，真实、准确、完整、及时地提供统计调查所需的资料，不得提供不真实或者不完整的统计资料，不得迟报、拒报统计资料。

统计法的制定和实施能够从法律上规范政府统计工作，保障统计资料的真实性、准确性、完整性和及时性，发挥统计在了解国情国力、服务经济社会发展中的重要作用，促进社会主义现代化建设事业发展。对于各种违反统计法的行为规定了相应的法律责任，这对于纠正违法行为，着力提高统计数据真实性准确性，为实现“两个一百年”奋斗目标、实现中华民族伟大复兴的中国梦提供扎实的统计保障。

## 三、统计调查管理

所谓统计调查，就是向被调查者搜集统计资料的活动。实践中，统计调查实施项目制管理。所谓统计调查项目，是指在一定时期为实现特定统计调查目的而组织实施的统计调查。根据统计法规定，统计调查项目包括国家统计调查项目、部门统计调查项目和地方统计调查项目。国家统计调查项目、部门统计调查项目、地方统计调查项目应当明确分工，互相衔接，不得重复。统计调查项目的审批机关应当对调查项目的必要性、可行性、科学性进行审查，对符合法定条件的，作出予以批准的书面决定，并公布；对不符合法定条件的，作出不予批准的书面决定，并说明理由。

国家统计调查项目是指全国性基本情况的统计调查项目。国家统计调查项目由国家统计局制定，或者由国家统计局和国务院有关部门共同制定，报国务院备案；重大的国家统计调查项目报国务院审批。

部门统计调查项目是指国务院有关部门的专业性统计调查项目。部门统计调查项目由国务院有关部门制定。统计调查对象属于本部门管辖系统的，报国家统计局备案；统计调查对象超出本部门管辖系统的，报国家统计局审批。

地方统计调查项目是指县级以上地方人民政府及其部门的地方性统计调查项目，由县级以上地方人民政府统计机构和有关部门分别制定或者共同制定。其中，由省级人民政府统计机构单独制定或者和有关部门共同制定的，报国家统计局审批，统计设计管理司为具体承办机构；由省级以下人民政府统计机构单独制定或者和有关部门共同制定的,报省级人民政府统计机构审批;由县级以上地方人民政府有关部门制定的,报本级人民政府统计机构审批。

制定统计调查项目,应当同时制定该项目的统计调查制度,并依法审批或者备案。统计调查制度应当对调查目的、调查内容、调查方法、调查对象、调查组织方式、调查表式、统计资料的报送和公布等作出规定。

重大国情国力普查由国务院统一领导,国务院和地方人民政府组织统计机构和有关部门共同实施。重大国情国力普查所需经费,由国务院和地方人民政府共同负担,列入相应年度的财政预算,按时拨付,确保到位。

## 四、统计资料的管理和公布

统计资料又称统计信息或数量信息,是统计工作的成果。保障统计资料的真实性、准确性、完整性和及时性是《统计法》立法目的重要内容。统计资料的管理和公布时是确保和体现统计资料的真实性、准确性、完整性和及时性的重要环节。因此,严格统计资料的管理和公布,是《统计法》的重要内容。

### (一)统计资料的管理

统计的目的是获得统计信息,统计信息源自统计资料,统计资料来源于统计调查,因此,统计资料的管理不仅关涉统计信息的质量,也关乎统计调查相关方的统计工作和相关信息,统计法对统计调查主体的统计资料管理责任、统计调查对象的统计资料管理责任和政府内部统计资料的提供与报送责任等方面进行明确规定。

第一,统计调查主体的统计资料的管理责任。县级以上人民政府统计机构和有关部门以及乡、镇人民政府,应当按照国家有关规定建立统计资料的保存、管理制度,建立健全统计信息共享机制。统计调查中取得的统计调查对象的原始资料,应当至少保存2年;汇总性统计资料应当至少保存10年,重要的汇总性统计资料应当永久保存。国家建立统计资料灾难备份系统。国家建立健全统计信息共享机制,实现县级以上人民政府统计机构和有关部门统计调查取得的资料共享。制定机关共同制定的统计调查项目,可以共同使用获取的统计资料。

第二,统计调查对象的统计资料的管理责任。国家机关、企业事业单位和其他组织等统计调查对象,应当按照国家有关规定设置原始记录、统计台账,建立健全统计资料的审核、签署、交接、归档等管理制度。统计资料的审核、签署人员应当对其审核、签署的统计资料的真实性、准确性和完整性负责。统计调查对象按照国家有关规定设置的原始记录和统计台账,应当至少保存2年。

第三,政府内部统计资料的提供与报送责任。县级以上人民政府有关部门应当及时向本级人民政府统计机构提供统计所需的行政记录资料和国民经济核算所需的财务资料、财政资料及其他资料,并按照统计调查制度的规定及时向本级人民政府统计机构报送其组织实施统计调查取得的有关资料。县级以上人民政府统计机构应当及时向本级人民政府有关部门提供有关统计资料。

### （二）统计资料的公布

统计的价值在于信息传递、咨询服务和治理监督，统计资料的公布既是展示统计工作成果，也是显示统计价值，更关涉和影响相关主体的后续行为，因此，统计资料的公布是统计工作的关键环节。统计法围绕统计资料公布的职权分工、保密责任等问题进行了明确规定。

一是统计资料公布的职权分工。县级以上人民政府统计机构按照国家有关规定，定期公布统计资料。国家统计数据以国家统计局公布的数据为准；县级以上人民政府有关部门统计调查取得的统计资料，由本部门按照国家有关规定公布。国家统计局统计调查取得的全国性统计数据和分省、自治区、直辖市统计数据，由国家统计局公布或者由国家统计局授权其派出的调查机构或者省级人民政府统计机构公布。国务院有关部门统计调查取得的统计数据，由国务院有关部门按照国家有关规定和已批准或者备案的统计调查制度公布。已公布的统计数据按照国家有关规定需要进行修订的，县级以上人民政府统计机构和有关部门应当及时公布修订后的数据，并就修订依据和情况作出说明。县级以上人民政府统计机构和有关部门应当及时公布主要统计指标含义、调查范围、调查方法、计算方法、抽样调查样本量等信息，对统计数据进行解释说明。

二是统计资料的保密责任。统计调查中获得的能够识别或者推断单个统计调查对象身份的资料应当依法严格管理，任何单位和个人不得对外提供、泄露，除作为统计执法依据外，不得直接作为对统计调查对象实施行政许可、行政处罚等具体行政行为的依据，不得用于完成统计任务以外的目的。

县级以上人民政府统计机构和有关部门统计调查取得的统计资料，除依法应当保密的外，应当及时公开，供社会公众查询。

## 五、统计机构和统计人员

健全的统计机构和统计工作队伍是统计工作的基础，统计法为系统高效的统计机构建设和高素质的统计人员的培养提供了法律保障。统计机构、统计人员应当依法履行职责，如实搜集、报送统计资料，不得伪造、篡改统计资料，不得以任何方式要求任何单位和个人提供不真实的统计资料，不得有其他违反《统计法》规定的行为。

### （一）统计机构

根据统计法的相关规定，从开展统计调查、统计资料管理、统计咨询和统计监督等活动的视角，我国统计工作组织机构可分为三类：部门统计机构和企业事业组织统计机构。

一是政府综合统计机构。国务院设立国家统计局，依法组织领导和协调全国的统计工作,国家统计局根据工作需要设立的派出调查机构,承担国家统计局布置的统计调查等任务。县级以上地方人民政府设立独立的统计机构,乡、镇人民政府设置统计工作岗位,配备专职或者兼职统计人员,依法管理、开展统计工作,实施统计调查。县级以上地方人民政府统计机构受本级人民政府和上级人民政府统计机构的双重领导,在统计业务上以上级人民政府统计机构的领导为主。乡、镇人民政府应当设置统计工作岗位,配备专职或者兼职统计人员,履行统计职责,在统计业务上受上级人民政府统计机构领导。乡、镇统计人员的调动,应当征得县级人民政府统计机构的同意。

二是部门统计机构。县级以上人民政府有关部门根据统计任务的需要设立统计机构,或者在有关机构中设置统计人员,并指定统计负责人,依法组织、管理本部门职责范围内的统计工作,实施统计调查,在统计业务上受本级人民政府统计机构的指导。县级以上人民政府有关部门在统计业务上受本级人民政府统计机构指导。

三是企事业组织统计机构。国家机关、企业事业单位和其他组织应当加强统计基础工作,为履行法定的统计资料报送义务提供组织、人员和工作条件保障。

### (二)统计人员

《统计法》对统计人员的职业规范、道德操守和职业能力等方面进行了明确规定。

一是统计职业规范方面,统计人员进行统计调查时,有权就与统计有关的问题询问有关人员,要求其如实提供有关情况、资料并改正不真实、不准确的资料。统计人员进行统计调查时,应当出示县级以上人民政府统计机构或者有关部门颁发的工作证件;未出示的,统计调查对象有权拒绝调查。

二是统计职业道德操守方面,统计人员应当坚持实事求是,恪守职业道德,对其负责搜集、审核、录入的统计资料与统计调查对象报送的统计资料的一致性负责。

三是统计人员职业能力方面,国家实行统计专业技术职务资格考试、评聘制度,提高统计人员的专业素质,保障统计队伍的稳定性。统计人员应当具备与其从事的统计工作相适应的专业知识和业务能力。县级以上人民政府统计机构和有关部门应当加强对统计人员的专业培训和职业道德教育。

统计信息的价值和统计工作的特点决定统计机关和统计人员必须加强职业技能、组织管理、独立性和保密性等方面的建设,围绕国家和社会发展以及社会公众对统计信息的需求,确保统计信息的真实性、准确性、完整性和及时性。

## 六、监督检查

为了保障和提高统计数据质量,规范相关主体的统计行为,提高统计工作效率,保护公民、法人和其他组织的合法权益,必须加强统计监督检查,加大统计执法监督检查力度,规范统计执法监督检查行为。统计法对统计监督检查的职责分工、工作原则、监督检查职权、监督检查内容和措施等方面进行了明确规定。

### （一）统计监督检查职责分工及工作原则

县级以上人民政府统计机构对执行统计法律法规规章情况的监督检查和对统计违法行为的查处；畅通统计违法举报渠道，公布统计违法举报电话、通信地址、网络专栏、电子邮箱等，认真受理、核实、办理统计违法举报；建立统计违法行为查处情况报告制度，定期向上一级统计机构报告统计违法举报、统计执法监督检查和统计违法行为查处情况；建立行政执法监督检查责任制和问责制，切实保障统计执法监督检查所需的人员、经费和其他工作条件。

国家统计局统计执法监督局在国家统计局领导下，具体负责对全国统计执法监督检查工作的组织管理，指导监督地方统计机构和国家调查队统计执法监督检查机构工作，检查各地方、各部门统计法执行情况，查处重大统计违法行为。省级及市级统计执法监督检查机构在所属统计局或者国家调查队领导下，具体负责指导监督本地区、本系统统计执法监督检查工作，对本地区、本系统统计法执行情况的检查和查处统计违法行为。县级统计执法监督检查机构或者执法检查人员在所属统计局或者国家调查队领导下，依据法定分工负责本地区、本系统统计执法监督检查工作。地方统计机构和国家调查队应当建立统计执法监督检查沟通协作机制。县级以上人民政府有关部门在同级人民政府统计机构的组织指导下，负责监督本部门统计调查中执行统计法情况，对本部门统计调查中发生的统计违法行为，移交同级人民政府统计机构予以处理。

统计执法监督检查应当贯彻有法必依、执法必严、违法必究的方针，坚持预防、查处和整改相结合，坚持教育与处罚相结合，坚持实事求是、客观公正、统一规范、文明执法、高效廉洁原则。统计执法监督检查中，与执法监督检查对象有利害关系以及其他可能影响公正性的人员，应当回避。

### （二）统计监督检查主体及其职责、职权和要求

根据《统计法》的相关规定，县级以上人民政府统计机构健全统计执法监督检查队伍，完善统计执法监督检查机制，建立统计执法骨干人才库，确保在库人员服从设库机构的调用。

1. 统计执法监督检查机构和执法检查人员的主要职责是：(1)起草制定统计法律法规规章和规范性文件；(2)宣传、贯彻统计法律法规规章；(3)组织、指导、监督、管理统计执法监督检查工作；(4)依法查处统计违法行为，防范和惩治统计造假、弄虚作假；(5)组织实施统计执法“双随机”抽查，受理、办理、督办统计违法举报；(6)建立完善统计信用制度，建立实施对统计造假、弄虚作假的联合惩戒机制；(7)监督查处涉外统计调查活动和民间统计调查活动中的违法行为；(8)法律、法规和规章规定的其他职责。

2. 县级以上人民政府统计机构在调查统计违法行为或者核查统计数据时，有权采取下列措施：(1)发出统计检查查询书，向检查对象查询有关事项；(2)要求检查对象提供有关原始记录和凭证、统计台账、统计调查表、会计资料及其他相关证明和资料；(3)就与检

查有关的事项询问有关人员;(4)进入检查对象的业务场所和统计数据处理信息系统进行检查、核对;(5)经本机构负责人批准,登记保存检查对象的有关原始记录和凭证、统计台账、统计调查表、会计资料及其他相关证明和资料;(6)对与检查事项有关的情况和资料进行记录、录音、录像、照相和复制。

3. 统计监督执法检查人员应当参加培训,经考试合格,取得由国家统计局统一颁发的统计执法证。经县级以上人民政府统计机构批准,可以聘用专业技术人员参与统计执法监督检查。统计执法监督检查机构应当加强对所属执法检查人员的法律法规、统计业务知识、职业道德教育和执法监督检查技能培训,健全管理、考核和奖惩制度。

### (三)统计执法监督检查事项、程序和要求

根据《统计法》的相关规定,县级以上人民政府统计机构和有关部门应当建立统计执法监督检查工作机制和相关制度,综合运用"双随机"抽查、专项检查、重点检查、实地核查等方式,组织开展本地区、本部门、本单位统计执法监督检查工作。按照国家有关规定,实施统计执法监督检查全过程记录制度。

1. 统计执法监督检查事项包括:(1)地方各级人民政府、政府统计机构和有关部门以及各单位及其负责人遵守、执行统计法律法规规章和国家统计规则、政令情况;(2)地方各级人民政府、政府统计机构和有关部门建立防范和惩治统计造假、弄虚作假责任制和问责制情况;(3)统计机构和统计人员依法独立行使统计调查、统计报告、统计监督职权情况;(4)国家机关、企业事业单位和其他组织以及个体工商户和个人等统计调查对象遵守统计法律法规规章、统计调查制度情况;(5)依法开展涉外统计调查和民间统计调查情况;(6)法律法规规章规定的其他事项。

2. 统计执法监督检查程序:(1)统计机构对接到的举报应当严格按照规定予以受理,经审核可能存在统计违法行为的,应当采取立案查处、执法检查办理,市级以上人民政府统计机构也可以按照规定将举报转交下级统计机构办理;(2)统计机构在组织实施统计执法监督检查前应当拟定检查方案,明确检查的依据、时间、范围、内容和组织形式等;(3)统计执法监督检查机构或者执法检查人员组织实施执法监督检查前,应报所属人民政府统计机构负责人批准;(4)检查对象和有关单位应当按照统计法律法规规定,积极配合执法监督检查工作,为检查工作提供必要的条件保障,有关人员应当如实回答询问、反映情况,提供相关证明和资料,核实笔录,并在有关证明、资料和笔录上签字,涉及单位的加盖公章,拒绝签字或者盖章的,由执法检查人员现场记录原因并录音录像;(5)统计执法监督检查机构在执法监督检查过程中,应当及时按规定制作执法文书,如实记录执法检查人员询问情况和检查对象反映的情况以及提供的证明和资料,由执法检查人员在有关笔录上签名;(6)统计执法监督检查机构应当在调查结束后,及时向所属人民政府统计机构提交监督检查报告,报告检查中发现的问题并提出处理建议。

3. 统计执法监督检查要求:(1)统计执法监督检查机构进行执法监督检查时,执法检

查人员不得少于2名，并应当出示国家统计局统一颁发的统计执法证，告知检查对象和有关单位实施检查的人民政府统计机构名称，检查的依据、范围、内容和方式，以及相应的权利、义务和法律责任；未出示统计执法证的，有关单位和个人有权拒绝接受检查；(2)统计机构调查统计违法行为或者核查统计数据时，依据《统计法》第35条的规定，行使统计执法监督检查职权；(3)统计机构履行监督检查职责时，有关单位和个人应当如实反映情况，提供相关证明和资料，不得拒绝、阻碍检查，不得转移、隐匿、篡改、毁弃原始记录和凭证、统计台账、统计调查表、会计资料及其他相关证明和资料；(4)统计机构和执法检查人员对在执法监督检查过程中知悉的国家秘密、商业秘密、个人信息资料和能够识别或者推断单个调查对象身份的资料，负有保密义务。

### （四）统计违法行为的处罚

查处统计违法案件应当做到事实清楚，证据确凿，定性准确，处理恰当，适用法律正确，符合法定程序。国家统计局负责查处情节严重或影响恶劣的统计造假、弄虚作假案件，对国家重大统计部署贯彻不力的案件，重大国情国力调查中发生的严重统计造假、弄虚作假案件，其他重大统计违法案件。省级统计局依法负责查处本行政区域内统计造假、弄虚作假案件，违反国家统计调查制度以及重要的地方统计调查制度的案件。但是国家调查总队组织实施的统计调查中发生的统计造假、弄虚作假案件，违反国家统计调查制度案件，由组织实施统计调查的国家调查总队进行查处。市级、县级统计局和国家统计局市级、县级调查队，发现本行政区域内统计造假、弄虚作假违法行为的，应当及时报告省级统计机构依法查处；依法负责查处本行政区域内其他统计违法案件。

统计执法监督检查机构具体负责查处统计违法行为，统计执法队接受所属统计机构委托开展有关执法检查工作。

## 七、违反统计法的法律责任

### （一）统计机构和统计人员的法律责任

1. 地方人民政府、政府统计机构或者有关部门、单位的负责人有下列行为之一的，由任免机关或者监察机关依法给予处分，并由县级以上人民政府统计机构予以通报：(1)自行修改统计资料、编造虚假统计数据的；(2)要求统计机构、统计人员或者其他机构、人员伪造、篡改统计资料的；(3)对依法履行职责或者拒绝、抵制统计违法行为的统计人员打击报复的；(4)对本地方、本部门、本单位发生的严重统计违法行为失察的。

2. 县级以上人民政府统计机构或者有关部门在组织实施统计调查活动中有下列行为之一的，由本级人民政府、上级人民政府统计机构或者本级人民政府统计机构责令改正，予以通报；对直接负责的主管人员和其他直接责任人员，由任免机关或者监察机关依法给予处分：(1)未经批准擅自组织实施统计调查的；(2)未经批准擅自变更统计调查制度的内容的;(3)伪造、篡改统计资料的;(4)要求统计调查对象或者其他机构、人员提供不真实的统计资料的;(5)未按照统计调查制度的规定报送有关资料的。统计人员有(3)(4)(5)所列行为之一的,责令改正,依法给予处分。

3. 县级以上人民政府统计机构或者有关部门有下列行为之一的,对直接负责的主管人员和其他直接责任人员由任免机关或者监察机关依法给予处分:(1)违法公布统计资料的;(2)泄露统计调查对象的商业秘密、个人信息或者提供、泄露在统计调查中获得的能够识别或者推断单个统计调查对象身份的资料的;(3)违反国家有关规定,造成统计资料毁损、灭失的。统计人员有上述行为之一的,依法给予处分。

统计机构、统计人员泄露国家秘密的,依法追究法律责任。

### (二) 作为统计调查对象的机关企业事业单位或者其他组织的法律责任

1. 作为统计调查对象的国家机关、企业事业单位或者其他组织有下列行为之一的,由县级以上人民政府统计机构责令改正,给予警告,可以予以通报;其直接负责的主管人员和其他直接责任人员属于国家工作人员的,由任免机关或者监察机关依法给予处分:(1)拒绝提供统计资料或者经催报后仍未按时提供统计资料的;(2)提供不真实或者不完整的统计资料的;(3)拒绝答复或者不如实答复统计检查查询书的;(4)拒绝、阻碍统计调查、统计检查的;(5)转移、隐匿、篡改、毁弃或者拒绝提供原始记录和凭证、统计台账、统计调查表及其他相关证明和资料的。企业事业单位或者其他组织有上述各项所列行为之一的,可以并处5万元以下的罚款;情节严重的,并处5万元以上20万元以下的罚款;个体工商户有本条上述所列行为之一的,由县级以上人民政府统计机构责令改正,给予警告,可以并处1万元以下的罚款。

2. 作为统计调查对象的国家机关、企业事业单位或者其他组织迟报统计资料,或者未按照国家有关规定设置原始记录、统计台账的,由县级以上人民政府统计机构责令改正,给予警告。企业事业单位或者其他组织有上述所列行为之一的,可以并处1万元以下的罚款;个体工商户迟报统计资料的,由县级以上人民政府统计机构责令改正,给予警告,可以并处1000元以下的罚款。

3. 县级以上人民政府统计机构查处统计违法行为时,认为对有关国家工作人员依法应当给予处分的,应当提出给予处分的建议;该国家工作人员的任免机关或者监察机关应当依法及时作出决定,并将结果书面通知县级以上人民政府统计机构。

4. 作为统计调查对象的个人在重大国情国力普查活动中拒绝、阻碍统计调查,或者提供不真实或者不完整的普查资料的,由县级以上人民政府统计机构责令改正,予以批评教育。

### (三) 其他法律责任及责任追究救济

违反《统计法》规定,利用虚假统计资料骗取荣誉称号、物质利益或者职务晋升的,除对其编造虚假统计资料或者要求他人编造虚假统计资料的行为依法追究法律责任外,由作出有关决定的单位或者其上级单位、监察机关取消其荣誉称号，追缴获得的物质利益，撤销晋升的职务。违反《统计法》的规定，构成犯罪的，依法追究刑事责任。

当事人对县级以上人民政府统计机构作出的行政处罚决定不服的，可以依法申请行政复议或者提起行政诉讼。其中，对国家统计局在省、自治区、直辖市派出的调查机构作出的行政处罚决定不服的，向国家统计局申请行政复议；对国家统计局派出的其他调查机构作出的行政处罚决定不服的，向国家统计局在该派出机构所在的省、自治区、直辖市派出的调查机构申请行政复议。

**【法条链接】**

1.《会计法》(1985 年，1993 年、1999 年修订、2017 年修正)。

2.《审计法》(1994 年，2006 年修订)。

3.《统计法》(1983 年，1996 年修正，2009 年修订)

4.《注册会计师法》(1993 年，2014 年修正)

5.《企业财务会计报告条例》(2000 年)

6.《审计法实施条例》(1997 年，2010 年修订)。

7.《统计法实施条例》(2017 年)

8.《总会计师条例》(1990 年，2011 年修订)。

9.《企业会计准则—基本准则》(2006 年，2014 修正)

10.《政府会计准则—基本准则》(2015 年)

11. 国家审计署《关于内部审计工作的规定》(2003 年)。

12.《统计执法监督检查办法》(2017 年，2018 年、2019 年修订)

**【拓展阅读】**

1. 刘燕：《会计法》(第二版)，北京大学出版社 2009 年版。

2. 陈少英：《会计法学》，格致出版社 2009 年版。

3. 中华人民共和国财政部：《企业会计准则 2006》，经济科学出版社 2006 年版。

4. 审计署法制司：《审计法修订释义读本》，中国时代经济出版社 2006 年版。

5.《中华人民共和国国家审计准则》，法律出版社 2010 年版。

6. 聂兴凯、翟继光：《会计法权威解读与典型案例分析》，立信会计出版社 2018 年版。

7. 刘旺洪：《审计法学》，高等教育出版社 2020 年版。

# 后 记

经济法作为中国特色社会主义法律体系中的一个重要法律部门，在理顺政府与市场之间的关系，规范广大经济法律关系主体行为，维护社会主义市场经济秩序，推进依法治国，建设社会主义法治国家进程等方面发挥着越来越重要的作用。同时，经济法作为中国特色法学学科体系中的一个重要部门法学科，在夯实经济法理论基础，完善经济法律制度体系，构建经济法纠纷解决机制，形成经济法话语体系等方面已经取得了显著成果和广泛共识。为了适应日益深化的高等法学教育教学改革对于教材建设的需要，巩固地方高等院校在推进法律人才培养模式改革方面的成果，我们组织部分高等院校的从事经济法学教学科研一线工作的高水平教师撰写了这部《经济法》教材。本教材的框架体系是在所有撰稿人进行专题研讨的基础上形成的，具体的写作分工如下：

孟庆瑜（河北大学）：绪论、第一章、第二章；

赵树文（河北大学）：第三章、第四章；

霍艳梅（河北工程大学）：第五章、第六章；

郭辉（中央司法警官学院）：第七章；

崔嘉欣（中央司法警官学院）：第八章；

张雪菲（河北金融学院）：第九章；

杜媛媛（衡水学院）：第十章；

房建恩（河北农业大学）：第十一章；

张爱华（石家庄学院）：第十二章；

张文镔（石家庄经济学院）：第十三章；

赵金龙（河北大学）：第十四章；

赵民兴（保定学院）：第十五章、第十六章。

本教材先由霍艳梅、房建恩和张文镔三位副主编初审统稿，再由主编孟庆瑜教授全面修改定稿。

我们深知，编写一本能够正确阐释经济法基本原理和制度构成、全面反映经济法理论研究前沿和实践动态，又能在课堂教学中为广大教师和学生方便使用的《经济法》教材并非易事。但是，作为长期从事经济法的课堂教学与理论研究的一线教师，心中又时时泛起组织编写一本好读好用的《经济法》教材的闪念和冲动。因此，当此提议一出，各位同仁纷纷响应。尽管我们在撰写过程中都倾尽所学所思，努力做到精益求精，但其中难免有遗漏、不妥甚至错误之处，敬请各位同仁和广大读者批评指正。

最后，在本教材付梓之时，谨向清华大学出版社和刘晶编辑表达诚挚谢意！向各位经济法同仁为本书的顺利完成所付出的努力表达深深敬意！向各位同仁所在单位和领导给予本教材的宝贵支持表达衷心感谢！

编　者

2014 年 4 月

# 第二版后记

本次教材修订坚持以习近平新时代中国特色社会主义思想为指导，坚持以习近平法治思想为全面依法治国根本遵循，聚焦新时代法学教育和法治人才培养的目标定位，主要做了以下方面工作：一是适应新时代高等学校法学专业教材建设的高质量需要，调整和优化编写团队，吸收相关领域优秀专家学者承担具体修订工作；二是瞄准法学理论发展前沿，特别是经济法学基础理论研究最新成果，不断修正和完善经济法理论体系；三是追踪国家立法实践动态，特别是经济法的立、改、废、释，适时更新和发展经济法律制度体系；四是总结该教材在课堂使用中的既有经验和存在的不足，充分回应高校师生和社会读者的合理诉求，不断提升法学教材的针对性和实用性。

本次修订历经集体会商确定方案、限期完成文稿修改、审阅定稿等环节最终完成。具体修订分工如下：

孟庆瑜（河北大学）：绪论、第一章；

黄茂钦（西南政法大学）：第二章；

赵树文（河北大学）：第三章、第四章；

霍艳梅（河北工程大学）：第五章、第六章；

郭辉（中央司法警官学院）：第七章；

刘广明（河北大学）：第八章、第九章；

房建恩（河北农业大学）：第十章、第十一章；

徐超（河北大学）：第十二章；

李蕊（中国政法大学）：第十三章；

赵金龙（温州大学）：第十四章；

马立民（河北工业大学）：第十五章、第十六章。

最后，在本教材再版付梓之际，谨向为本次修订提出意见和建议的广大读者表示敬意！向各位经济法同仁为修订工作顺利完成所付出的努力表示感谢！向清华大学出版社和刘晶编辑表达谢忱！

孟庆瑜

2021 年 3 月